개정 6판

TAXNET
세무/회계 전문 재경비즈니스 포털 서비스

원가관리회계실무

공인회계사 **오세훈** 저

조세통람

개정6판을 내면서

그동안 많은 분들이 저자의 강의와 저서를 찾아주신 덕분에 2007년 초판 발행 이후 16년 만에 개정 제6판을 발간하게 되었다.

그동안 한국채택국제회계기준 등이 제정되는 등 회계분야에 많은 변화가 있었다. 이러한 회계기준의 변화가 원가관리회계분야에 영향을 미치는 효과는 제한적이기는 하지만 원가관리회계도 엄연한 회계의 일부분이므로 원가관리회계 관련 저서에도 그러한 변화가 반영되어야 할 것이다.

본서에는 그동안 이러한 회계기준의 변화가 미치는 영향을 좀 더 세밀하게 반영하였으며 저자가 강의를 하면서 만난 많은 분들이 실무적으로 궁금해하고 이해하기 힘들어하는 사항도 보완하여 반영하였다. 따라서 이 저서는 실무적인 측면을 강조하는 특징을 갖고 있으며 이론서들에서 설명하는 순수이론모형 등은 생략하였다.

또한 이번 개정판에서 보완 혹은 추가된 주요내용은 원가의 흐름을 매출원가율, 매출액판매관리비율 및 매출액영업이익률와 연계하여 최근 12년간 제조업 등의 데이터를 제시 및 설명하였고 제조업 3대 기업의 데이터도 함께 제시하였다는 점이다. 또한 제품원가 구성내용도 가장 최근 발표된 2022년 자료를 활용하였다.

본서의 구성은 기존과 동일하게 1, 2부로 구성되어 있다. 제1부에서는 제1편 제조형태에 따른 원가계산제도에서 원가의 기초, 개별원가계산, 종합원가계산, 결합원가계산 등을 설명하고 있으며, 제2편 원가속성별 원가계산제도에서는 정상원가계산, 표준원가계산을 설명하고, 제3편 제품원가범위별 원가계산에서는 전부원가계산과 변동원가계산에 대하여 설명하고 있다.

제2부에서는 제4편 예산 및 의사결정회계에서 CVP분석, 의사결정회계, 투자예산, 종합예산 등을 다루고 있고, 제5편 성과평가분야에서는 성과평가회계, 대체가격을 다루고, 제6편 기타관리회계분야에서는 재고관리모형, 원가추정, 최신원가이론 등을 다루고 있다.

본서의 제1부 원가회계분야는 주로 생산, 회계, 원가, 영업, 연구개발 등의 분야에 근무하는 분들이 원가의 기본개념과 원가계산을 습득하기 위하여 살펴보아야 하며 제2부 관리회계분야는 기획, 영업 등의 분야에 근무하는 분들이 합리적 의사결정과 성과평가를 이해하기 위하여 살펴보아야 할 것이다.

마지막으로 저자의 강의와 집필을 위하여 항상 많은 도움을 주시는 ㈜조세통람의 서원진 대표이사 및 직원 분들께 감사드리고, 한국생산성본부 권성훈위원, 노재훈위원, 최동덕위원에게도 감사의 말씀을 드리고 싶다.

2023년 11월

저자 씀

차 례

제1부 원가회계

제2부 관리회계

제1부

원가회계

제1편 제조형태별 원가계산제도

제2편 원가속성별 원가계산제도

제3편 제품원가범위별 원가계산제도

원가회계(cost accounting)는 제품원가계산 및 이익결정을 주목적으로 하는 회계분야로서 일반목적 재무제표 작성의 기본과정 중 하나이기도 하다. 원가회계는 다음과 같은 분야로 구성된다.

〈원가계산제도의 구분〉

제조형태	원가의 속성	제품원가의 범위
개별원가계산	실제원가계산	전부원가계산
종합원가계산	정상원가계산	변동원가계산
	표준원가계산	

본서에서는 정확한 개념정립과 실무적 적용가능성을 감안하여 위의 내용을 다음과 같이 살펴보도록 한다.

구 분	내 용
제1편 제조형태별 원가계산제도	원가의 기초, 개별원가계산, 종합원가계산, 결합원가계산
제2편 원가속성별 원가계산제도	정상원가계산, 표준원가계산
제3편 제품원가범위별 원가계산제도	전부원가계산과 변동원가계산

제1편

제조형태별 원가계산제도

제1장 원가의 기초

제1절 회계시스템의 의의

1. 회계시스템

회계시스템(accounting system)이란 기업에서 일어나는 거래사항을 측정, 분류, 요약하여 기업의 이해관계자에게 보고하는 정보제공시스템을 말한다. 이러한 회계시스템은 정보보고의 대상인 이해관계자에 따라 다음과 같이 2가지의 분야로 구분된다.

(1) 재무회계(financial accounting)

재무회계는 기업의 외부 이해관계자인 투자자나 채권자 등에게 경제적 의사결정에 유용한 재무정보를 측정·보고하는 것을 목적으로 한다. 기업의 재무상태, 경영성과, 현금흐름 등에 관한 정보제공을 주 내용으로 하며 재무회계시스템을 통하여 작성되는 재무제표(financial statements : 재무상태표, 포괄손익계산서, 자본변동표, 현금흐름표)는 광범위한 이용자를 대상으로 하고 있다는 점에서 일반목적회계(general purpose accounting)라고도 한다.

(2) 원가관리회계(cost and managerial accounting)

원가관리회계란 기업의 내부 이해관계자인 경영자가 경영의사결정을 하는 데 필요한 회계정보를 제공하는 내부보고목적의 회계분야를 말하며, 보통 원가회계, 의사결정회계, 성과평가회계 등을 포함한다. 본서가 다루고자 하는 내용이다.

구 분	재 무 회 계	관리회계(원가관리회계)
1. 의의	• 기업의 재무상태, 경영성과, 현금흐름의 변동을 측정·보고하는 회계 • 외부보고 목적회계	• 경영의사결정과 성과평가를 위한 정보를 제공하는 회계 • 내부보고 목적회계
2. 이해관계자	주주, 채권자, 정부, 노조 등 불특정 다수의 외부이해관계자	내부이해관계자인 경영자
3. 회계원칙	일반적으로 인정된 회계원칙(GAAP) 등	통일적 기준이 없음
4. 정보성격	• 과거정보 지향 • 화폐적 정보 • 신뢰성을 강조	• 과거 및 미래정보 지향 • 화폐적·비화폐적 정보 • 목적적합성 강조
5. 보고서	재무상태표, 포괄손익계산서, 자본변동표, 현금흐름표 등의 재무제표	일정한 양식이 없음
6. 보고주기	1년, 반기, 분기 단위	연, 분기, 월, 주, 일 단위 등
7. 회계단위	기업 전체가 하나의 단위	기업 전체, 사업부별, 제품별 보고가능

2. 원가관리회계시스템

원가관리회계는 원가회계와 관리회계로 구분할 수 있는데 각각에 대하여 살펴보면 다음과 같다.

(1) 원가회계(cost accounting)

제품·재공품 등의 원가계산을 수행하는 회계분야로서 1차적으로는 기업의 외부공포용 재무제표를 작성하는 과정 중 가장 중요한 절차이며, 2차적으로는 원가계산에서 산출된 정보를 이용하여 기업이 의사결정이나 성과평가를 할 수 있는 기본적인 경영정보를 제공하여 주는 분야라고 할 수 있다. 따라서 원가회계는 기업의 결산절차라는 측면에서 어느 정도 기업회계기준 등 일반적으로 인정된 회계원칙(GAAP : generally accepted accounting principle)의 통제를 받게 되며, 주주·채권자·정부 등과 같은 기업외부의 여러 이해관계자에게 원가정보를 제공하게 된다. 그러나 기업내부의 경영정보를 산출하는 과정에서는 기업회계기준과 관계없이 자유롭게 정보를 측정·분류·보고하게 되며 정보보고의 대상도 기업의 내부이해관계자인 경영자에 국한된다.

(2) 관리회계(managerial accounting)

원가회계에서 산출된 정보를 이용하여 경영의사결정과정에 활용하거나, 경영의사결정 후에 성과평가에 활용하는 분야로서 주로 기업의 내부이해관계자를 위하여 정보를 제공하게 된다. 관리회계는 정보보고의 대상이 내부이해관계자인 경영자로 국한되기 때문에 일반적으로 인정된 회계원칙이 존재하지 않으며, 회계보고서도 재무제표처럼 회계원칙의 지배를 받지 않기 때문에 자유로운 형식에 따라 보고하고, 경영자의 경영의사결정에 목적적합한 정보를 제공하기 위하여 과거정보뿐 아니라 미래정보도 보고대상에 포함된다.

원가관리회계시스템을 그림으로 표시하면 다음과 같다.

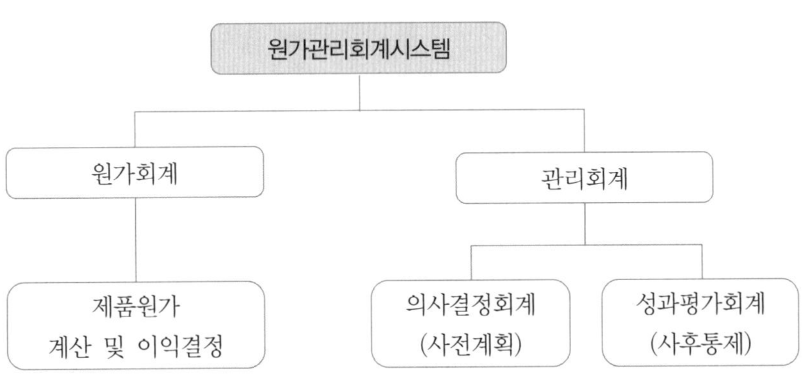

위의 그림에서 원가회계와 관리회계는 단지 강조하는 점만 차이가 나는 것이며 양자가 함께 원가관리회계시스템을 구축하게 되므로 관리회계라는 용어로 포괄적으로 사용하기도 하고 양자를 합하여 원가관리회계라고도 한다. 본서는 위의 개념도에 따라 제1부에서 원가회계분야를 다루고 제2부에서는 관리회계분야를 다루도록 한다.

제2절 원가의 분류

원가의 분류체계를 살펴보기 전에 짚고 넘어가야 할 것은 원가(原價)에 대한 기본적인 정의이다.

이론적인 원가에 대한 정의와 달리 실무적으로 총원가(總原價)는 제조원가와 판매관리비의 합계로 구성된다. 물론 원가를 협의로 해석해서 제조원가만을 지칭하는 경우도 있기는 하지만 일반적으로는 재료비·노무비·경비 등으로 구성된 제조원가와 판매관리비를 지칭한다. 이를 그림으로 표현하면 다음과 같다.

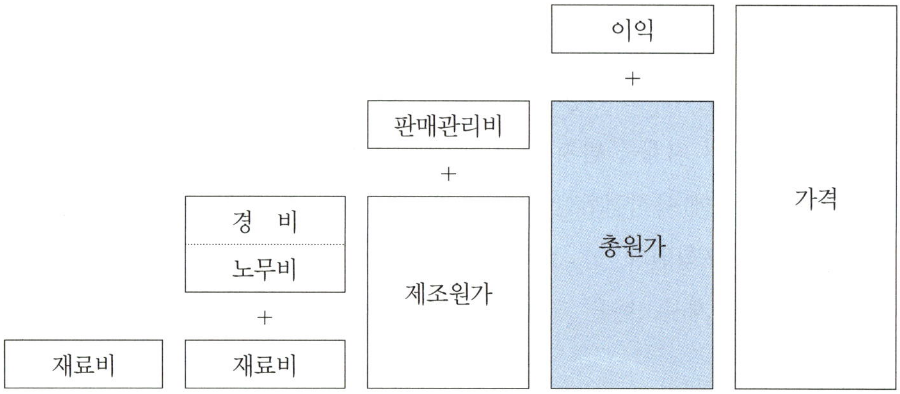

그림을 오른쪽부터 살펴본다면 가격은 원가와 이익으로 구성된다. 원가는 제조원가와 판매관리비로 구성되며 제조원가는 재료비, 노무비, 경비 등으로 구성된다.

이를 하나의 그림으로 합치면 다음과 같다.

<table>
<tr><td rowspan="6">판매가격</td><td colspan="3">이 익</td></tr>
<tr><td rowspan="5">총원가</td><td colspan="2">판매관리비</td></tr>
<tr><td rowspan="4">제조원가</td></tr>
<tr><td>경 비</td></tr>
<tr><td>노무비</td></tr>
<tr><td>재료비</td></tr>
</table>

2022년 말 기준으로 제조업 평균의 판매가격 구성은 다음과 같다.

<table>
<tr><td rowspan="5">판매가격</td><td rowspan="5">100%</td><td colspan="4">이 익 5.72%</td></tr>
<tr><td rowspan="4">총원가 94.28%</td><td colspan="3">판매관리비 12.22%</td></tr>
<tr><td rowspan="3">제조원가 82.06%</td><td>경 비</td><td>20.02%</td></tr>
<tr><td>노무비</td><td>6.15%</td></tr>
<tr><td>재료비</td><td>55.89%</td></tr>
</table>

원가의 분류체계를 손익계산서와 연결하여 생각해 볼 수 있는데 손익계산서에서 수익과 비용은 기본적으로 영업활동과의 관련성에 따라 구분하여 각각 영업항목과 영업외항목으로 구분된다.

	수 익	비 용
영업성 ➡	영업수익	영업비용(=총원가)
	영업외수익	영업외비용

비용과 원가를 엄격하게 달리 설명하는 회계이론과 달리 총원가의 정의를 지극히 실무적인 측면에서 살펴본다면 위의 비용의 구분체계에서 영업비용을 지칭하는 의미로 사용된다. 따라서 앞으로 총원가에 대하여 살펴볼 때에는 영업외비용(제조업 등을 전제로 이자비용, 외환차손, 외화환산손실, 유형자산처분손실, 지분법손실, 기부금, 잡손실 등)은 포함되지 않는다.

1. 기능에 따른 분류

원가의 가장 기본적인 분류로 원가의 기능에 따라 다음과 같이 구분한다.

(1) 제조원가(manufacturing cost)

제품의 제조 및 생산을 위하여 발생한 원가로 제품의 생산을 위하여 공장에서 발생한 재료비, 노무비, 경비 등으로 구성된다. 제조원가는 제품의 원가를 구성하여 재고로 남아 있다가 판매될 때 비용화되어 '매출원가'로 인식된다.

(2) 비제조원가(non-manufacturing cost)

제조원가 이외의 원가로 주로 판매 및 관리활동과 관련한 원가들이다. 이는 제품의 제조와는 직접적인 관련이 없으나 수익창출과는 관련이 있으므로 기간수익과 대응되는 기간비용으로 인식된다. 일반적으로 판매비와 관리비가 여기에 속한다.

〈제조원가와 판매관리비의 구분사례〉

제조원가	판매비와 관리비
생산직 사원의 노무비	관리부서·판매부서 사원의 급여
기계장치의 감가상각비	본사건물 혹은 비품의 감가상각비
공장건물보험료, 수도광열비	본사건물의 보험료, 수도광열비
생산부서의 복리후생비	판매부서의 복리후생비
공장의 세금과공과	본사건물의 세금과공과

실무적으로는 대기업의 경우 통상 본사와 공장이 분리되어 있기 때문에 공장에서 발생하는 일체의 원가는 제조원가로 구분하고, 본사의 영업·관리·기획·재무·회계파트 등에서 발생하는 원가는 비제조원가(판매관리비)로 처리하고 하는 것이 일반적이다.

하지만 중소기업의 경우에는 본사와 공장이 구분되어 있지 않은 경우가 대부분이므로 부서단위로 구분하여 생산파트에서 발생하는 원가는 제조원가, 비생산파트(영업·관리·기획·재무·회계 등)에서 발생하는 원가는 비제조원가(판매관리비)로 구분하기도 한다. 다만, 특정부서에 귀속시킬 수 없는 회사전체에서 발생하는 원가는 일정한 기준을 설정하여 제조원가와 비제조원가로 구분하는데 배분기준으로는 인원수, 점유면적 등을 선택하여 구분하기도 한다.

〈대기업 등의 경우〉

〈중소기업 등의 경우〉

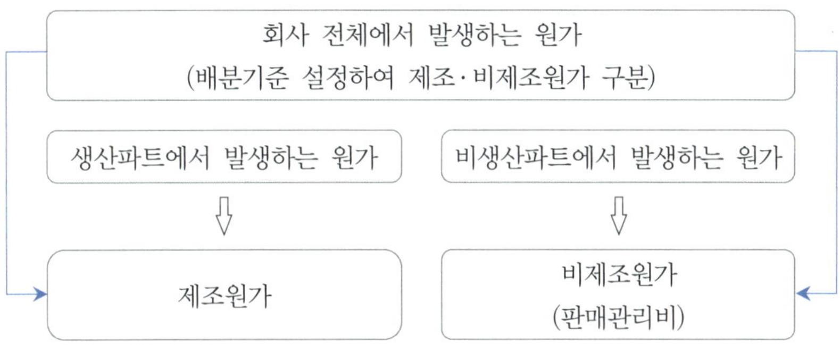

한편, 연구개발과 관련하여 발생하는 원가는 기본적으로 해당 원가의 발생단계에 따라 회계처리가 달라진다.

"연구단계"에서 발생한 원가는 발생한 시점에 비용(성격에 따라 제조원가 혹은 판매관리비 중 "연구비" 등의 과목)으로 회계처리된다.

"개발단계"에서 발생한 원가는 조건충족여부에 따라 일정조건을 충족하는 경우는 재무상태표의 "개발비"라는 자산으로 인식하고, 충족하지 못하는 경우에는 발생한 시점에 비용(성격에 따라 제조원가 혹은 판매관리비 중 "경상개발비" 등의 과목)으로 회계처리한다.

개발비(무형자산)로 인식될 수 있는 조건은 다음의 사항을 모두 만족하는 경우에만 가능하다.

① 무형자산을 사용하거나 판매하기 위해 그 자산을 완성할 수 있는 기술적 실현가능성

② 무형자산을 완성하여 사용하거나 판매하려는 기업의 의도

③ 무형자산을 사용하거나 판매할 수 있는 기업의 능력

④ 무형자산이 미래경제적효익을 창출하는 방법. 그 중에서도 특히 무형자산의 산

출물이나 무형자산 자체를 거래하는 시장이 존재함을 제시할 수 있거나 또는 무형자산을 내부적으로 사용할 것이라면 그 유용성을 제시할 수 있다.

⑤ 무형자산의 개발을 완료하고 그것을 판매하거나 사용하는 데 필요한 기술적, 재정적 자원 등의 입수가능성

⑥ 개발과정에서 발생한 무형자산 관련 지출을 신뢰성 있게 측정할 수 있는 기업의 능력

〈연구·개발관련 원가〉

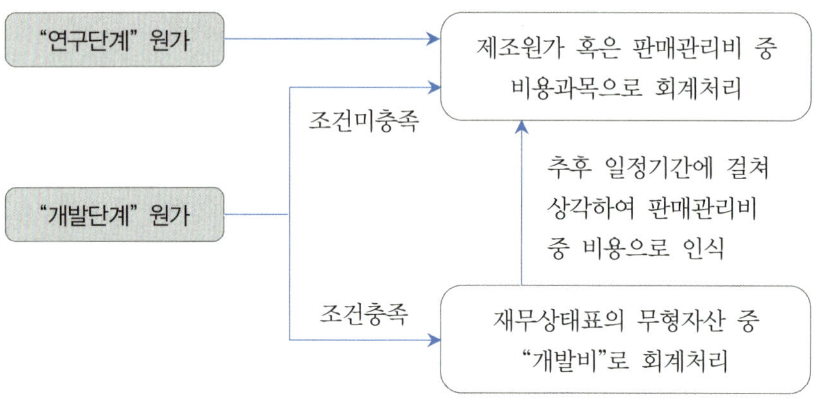

2. 제조원가의 요소별 분류

제품생산을 위한 제조원가는 생산요소의 종류에 따라 다음과 같이 나누어진다.

① 재료비 : 제품생산에 필수적인 원재료, 부품 등의 원가

② 노무비 : 제품을 생산하는 작업자의 근로에 대가로 지출되는 원가로서 기본급, 수당, 상여, 잡급, 퇴직급여 등이 포함된다.

③ 경비 : 재료비와 노무비를 제외한 기타의 원가로서 복리후생비, 전력비, 가스수도비, 운반비, 지급수수료, 감가상각비, 임차료, 보험료 등을 말한다.

참고

위에서 언급한 "연구비"와 "경상개발비"는 실무적 편의를 위하여 "경상연구개발비"라는 명칭으로 통합되는 경우가 많으며, 제조원가보다는 판매관리비의 과목으로 분류되는 경우가 대부분이다. 물론, "개발비상각"은 무형자산상각비이므로 판매관리비로 분류된다.

3. 추적가능성에 따른 분류

제조원가는 요소별 구분 외에 "개별제품"이나 "특정생산라인"에 대한 추적가능성에 따라 다음과 같이 나누어진다.

(1) 직접원가(direct cost)

특정제품 혹은 특정부문에 직접 관련시킬 수 있는 원가로 재료비 중에서 직접재료비, 노무비 중에서 직접노무비 등이 있다. 즉 개별작업이나 제품별로 추적할 수 있는 원가로 자동차의 경우 엔진, 컴퓨터의 경우 CPU나 하드디스크 등이 직접원가의 사례라 할 수 있다.

(2) 간접원가(indirect cost)

제조 및 생산과정상 발생하기는 하였지만 특정제품 혹은 특정부문에 직접 추적할 수 없는 원가로 간접재료비, 간접노무비, 간접경비 등으로 구성된다. 예를 들어 공장에서 발생하는 전력비, 기계수선비, 감가상각비, 보험료 등은 제품의 생산과는 관련이 있지만 개별제품과의 관련성을 추적하는 것은 일반적으로 곤란하므로 간접원가로 분류된다.

원가의 구분은 원가의 집적대상(cost object : 제품, 작업, 사업부 등)에 따라 달라지므로 특정원가가 직접원가인가 혹은 간접원가인가는 항상 고정되어 있는 것은 아니다. 예를 들어 건설부문, 섬유부문, 가구부문의 3개 사업부로 구성되어 있는 회사의 경우 회사 전체의 인지도를 높이기 위한 광고비는 각각의 사업부에 간접원가가 되지만 건설부문에서 건설하는 아파트를 선전하기 위한 광고비는 건설부문의 직접원가가 된다.

원가를 추적가능성에 따라 분류하는 경우 직접원가는 각 원가집적대상에 직접 부과하고, 간접원가는 별도의 부과방법에 따라 원가집적대상에 부과하는데 이렇게 간접원가를 원가집적대상에 부과하는 절차를 원가배부(cost application)라 하며, 원가배부는 후술하는 개별원가계산이나 종합원가계산에서 다루게 되는 중요한 내용 중 하나가 된다.

4. 원가행태에 따른 분류_ 조업도에 따른 분류

원가는 원가행태(cost behavior)에 따라 다음과 같이 구분되는데 원가행태란 조업도가 변함에 따라 총원가가 일정한 양상으로 변화하는 형태를 말한다. 원가의 행태에 따른 구분은 뒤에 다루게 되는 변동원가계산뿐 아니라 의사결정회계와 성과평가회계에서도 매우 중요하다.

조업도는 업종에 따라 달리 정의될 수 있는데 제조업은 생산량, 레저업종은 입장객수, 호텔 등은 투숙객실수(객실점유율), 병원은 침상 수(환자 수) 등으로 조업도가 정의되기도 한다.

(1) 변동비(variable cost)

조업도의 증감에 따라 총원가가 증감하는 원가이며 단위당 변동비는 조업도에 관계없이 일정하다. 직접재료비가 대표적이라 할 수 있다.

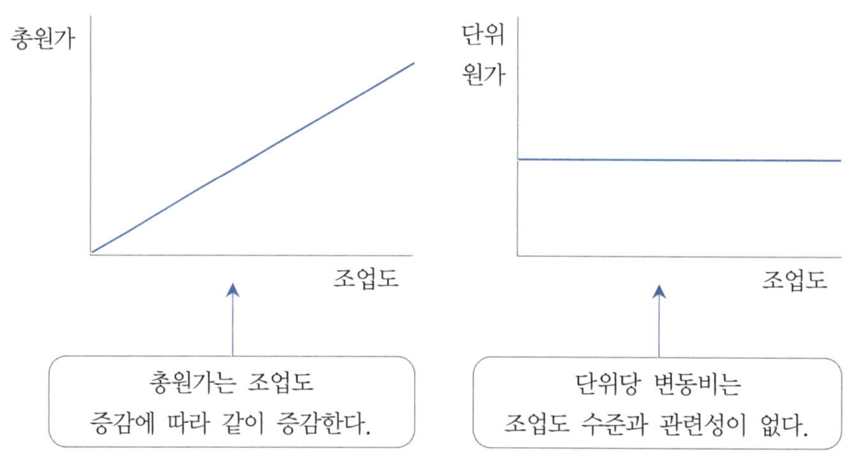

(2) 고정비(fixed cost)

조업도의 증감에 관계없이 항상 일정한 금액이 발생하는 원가로 단위당 고정비는 조업도와 반비례하게 된다. 제조간접비 중 감가상각비, 임차료, 보험료 등이 여기에 해당한다.

총원가는 조업수준과 관계없이 매기간 일정하게 발생한다.

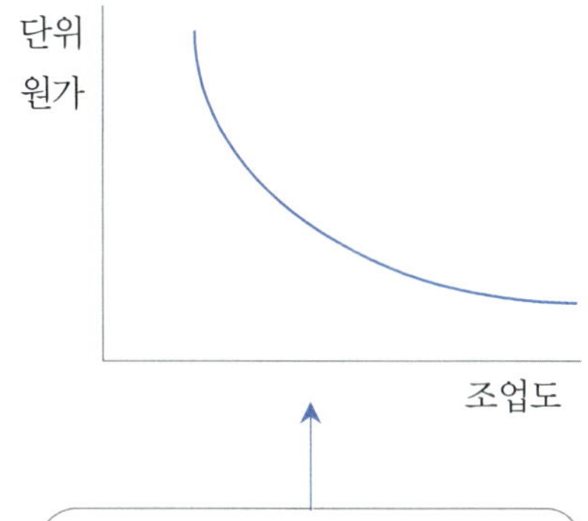

단위당 고정비는 조업도와 반비례하므로 조업수준과 밀접한 관련성이 있다.

참고로 고정비는 원가발생에 대한 경영자의 통제가능성에 따라 기초고정원가와 재량고정원가로 구분하기도 한다. 기초고정원가(committed fixed cost)는 생산시설을 유지하는 경우 반드시 발생하는 원가로서 비교적 장기적인 측면에서 정의되며, 설비구입시 결정되므로 현재의 의사결정여부에 따라 영향을 받지 않는다. 대표적인 기초고정원가로는 감가상각비가 있다. 즉 감가상각비는 설비를 한 번 구입하면 어차피 발생하는 원가로 감가상각방법이 변하지 않는 한 감가상각비는 항상 일정한 금액으로 발생한다. 반면, 재량고정원가(discretionary fixed cost)는 조업도수준과는 관계가 없으나 그 총액을 경영자의 재량에 의해 결정할 수 있는 원가로, 통상 1년 정도는 그 금액이 확정되어 있다. 따라서 재량고정원가는 회계연도별로는 그 금액을 변경시킬 수 있지만, 특정회계기간 동안에는 조업도에 따라 변하지 않고 고정되어 있다.

(3) 혼합원가(mixed cost)

조업도의 증감과 관계없이 일정하게 발생하는 고정비와 조업도의 증감에 따라 비례하여 발생하는 변동비를 모두 가지고 있는 원가로, 준변동비(semi-variable cost)라고도 한다.

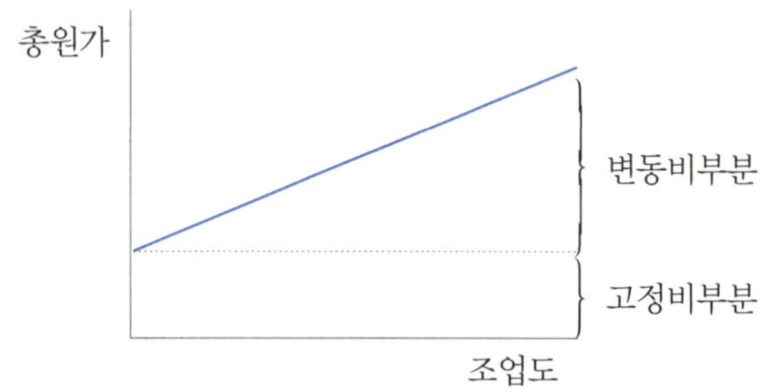

이를 수식으로 표현하면

$y = ax + b$로서

a : 그래프상 기울기로서 단위당 변동비를 의미하고

b : 그래프상 y절편으로 고정비를 의미한다.

혼합원가는 추후 제조간접비예산을 이해하는 데 중요한 의미를 갖는다.

(4) 단계원가(step cost)

일정 관련범위 내에서는 고정비처럼 발생하지만 관련범위를 벗어나면 총원가가 증가 또는 감소하는 원가로서 준고정비(semi−fixed cost)라고도 한다. 준고정비는 원가발생의 불가분성(indivisibility) 때문에 발생하는 것으로 감독자급료 등이 여기에 해당한다. 즉 감독 1명이 생산직 사원 50명을 통제할 수 있는 경우 공장에 생산직 사원의 수가 50명 이내인 경우에는 감독이 1명 필요하지만, 생산직 사원이 70명인 경우에는 감독을 1.4명 고용할 수는 없으므로 2명 고용하게 된다. 결국 생산직 사원의 수가 51명에서 100명인 경우에는 인원수와 관계없이 2명의 감독을 고용하게 되므로 감독의 급료는 그림과 같이 준고정비가 된다.

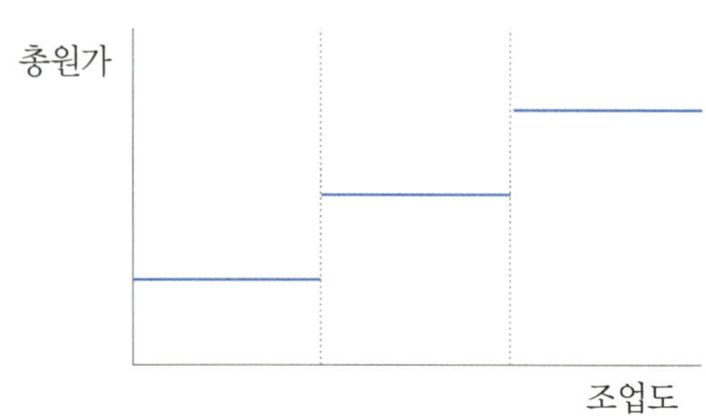

5. 조업도의 정의

제조업의 경우에는 통상 생산량 등으로 조업도가 정의되는 경우가 많다. 하지만 다양한 제품을 생산하는 기업의 경우에는 제품별로 투입되는 시간 등이 다른 경우 상황에 따라서는 생산량과 원가와의 관계를 설명하기 곤란한 경우도 발생하곤 한다. 아래의 예제를 통하여 살펴보도록 한다.

〈생산량 및 원가발생〉

예를 들어 X회사는 A제품과 B제품을 생산하고 있으며 1월에는 다음과 같이 A, B제품의 생산량이 200단위이며 2월에는 A, B제품의 생산량이 220단위가 되었다. 한편 회사에서 분석하고자 하는 중요한 원가항목이 전력비인데 1월 전력비가 ₩1,200,000이고 2월 전력비가 ₩600,000이다. A, B제품을 생산하기 위한 단위당 전력비를 구한다면?

구 분	월별 생산량	
	1월	2월
A제품	100	20
B제품	100	200
계	200	220
전력비	₩1,200,000	₩600,000
각 제품별 단위당 전력비는?		

〈원가분석〉

위와 같은 상황에서 생산량과 원가발생이 연관관계가 전혀 없으므로 일반적인 경우 분석하기가 매우 어려울 것이다. 하지만 다음과 같은 상황이라면 원가분석이 쉽게 해결될 수도 있을 것이다.

> 제품특성상 제품별 생산난이도 차이로 인하여 투입되는 기계시간이 다른데
> A제품에는 제품단위당 10시간, B제품에는 제품단위당 2시간이 투입된다.

위의 추가 정보를 감안하여 원가분석을 한다면

구 분	월별 기계시간 및 전력비			
	1월		2월	
A제품	100단위×10H=	1,000H	20단위×10H=	200H
B제품	100단위×2H=	200H	200단위×2H=	400H
계		1,200H		600H
전력비		₩1,200,000		₩600,000
☞ 월별 기계시간과 전력비와의 관계는 기계시간당 ₩1,000으로 분석된다.				

이와 같은 경우 단순하게 제품의 월별 총생산량과 전력비와의 관계(1월에는 200단위생산에 ₩1,200,000, 2월에는 220단위생산에 ₩600,000)를 분석하면 도저히 연관관계를 찾을 수 없을 것이다. 이러한 경우에는 조업도를 기계시간으로 전환하여 설정하고, 즉 월별 생산량을 기계시간으로 전환하여 전력비와 관계를 분석한 후 각 제품에 투입되는 기계시간을 감안하여 제품별 전력비를 분석한다면 원가분석이 쉽게 해결될 수 있다.

〈기계시간과 전력비의 관계 분석〉

1월	2월
₩1,200,000	₩600,000
1,200H	600H
기계시간당 전력비는 ₩1,000	

→

〈제품별 단위당 전력비 분석〉

구 분	A제품	B제품
투입시간	10H	2H
시간당 전력비	₩1,000	₩1,000
단위당 전력비	**₩10,000**	**₩2,000**

※ 월별 전력비 검증			
	1월	A 100단위×@10,000=₩1,000,000	
		B 100단위×@2,000= 200,000	₩1,200,000
	2월	A 20단위×@10,000= ₩200,000	
		B 200단위×@2,000= 400,000	₩600,000

제3절 원가의 흐름

1. 원가의 흐름

(1) 일반적인 경우

앞에서 살펴본 바와 같이 원가의 분류는 그 기준에 따라 여러 가지로 나누어지는데 이를 전체적 흐름으로 손익계산서와 연결하여 보자. 우선 원가는 제조·생산활동과 관련된 '제조원가'와 판매·관리활동과 관련된 '비제조원가'로 나누어진다. 한편, 제조원가는 요소별 구분에 따라 재료비·노무비·경비로 나누어진다.

원가분류시스템이 정교하지 않은 기업의 경우에는 제조원가를 재료비·노무비·경비로만 구분하는 정도가 일반적이다. 따라서 이러한 경우 원가의 흐름은 다음과 같다.

〈제조원가의 흐름〉

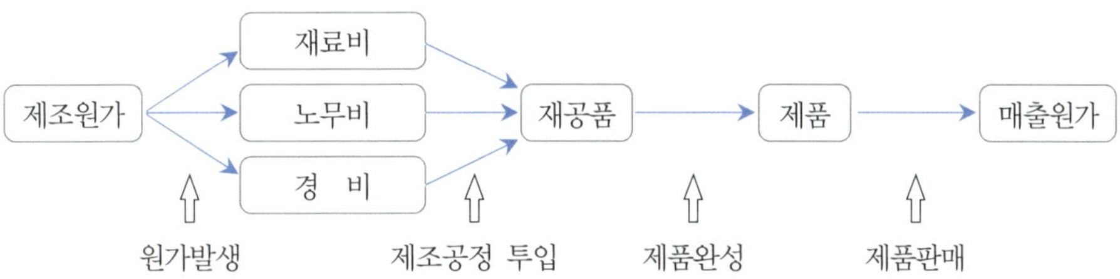

한편, 비제조원가는 판매 및 관리활동과 관련한 원가로 손익계산서상 판매비와 관리비로 인식된다.

〈비제조원가의 흐름〉

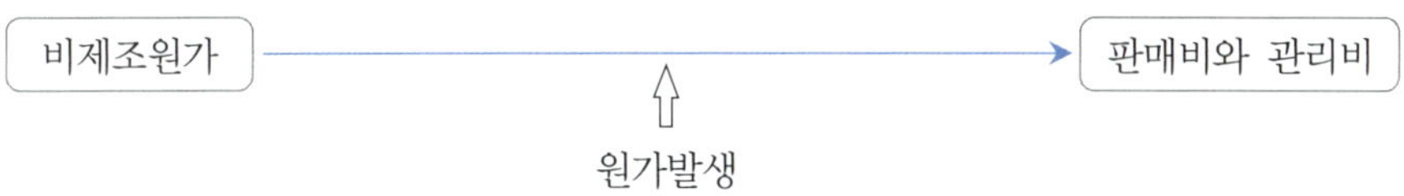

위의 내용을 종합하면 다음과 같다.

〈원가의 흐름〉

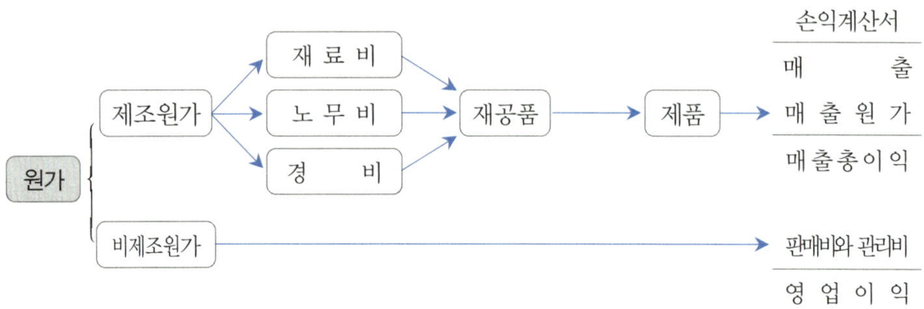

(2) 직·간접원가 구분을 적용하는 경우

정교한 원가시스템을 구축하기 위해서는 추적가능성에 따른 원가의 분류체계가 필수적이므로 제조원가는 다음과 같이 분류하기도 한다.

〈제조원가의 구분〉

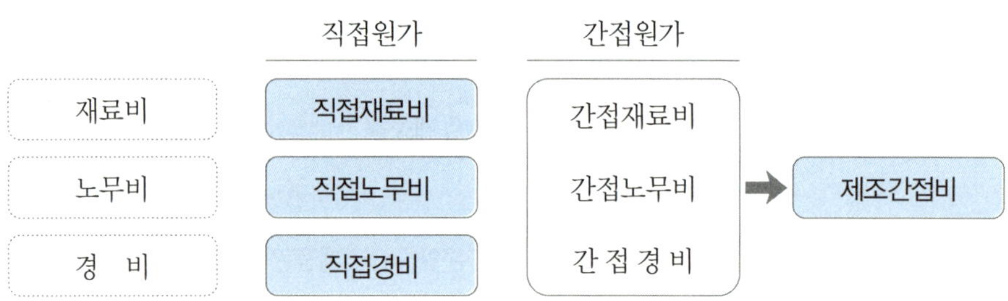

대부분의 재료비는 직접재료비이므로 간접재료비의 경우에는 실무적으로 고려하지 않거나 소모품비 등으로 하여 경비로 분류하는 경우도 있다. 또한 제조형태에 따라서는 직접경비(예 : 특정제품을 위한 전용설비의 감가상각비·외주가공비·시험검사비 등)가 중요한 항목으로 발생하는 경우도 있는데 이러한 경우에는 직접경비를 별도의 항목으로 취급하여 원가계산을 하게 된다.

다만, 직접경비의 경우에는 상당수의 기업에서 발생하지 않거나 발생한다 하더라도 금액적 중요성이 적은 경우가 많으므로 직접경비를 제외하고 다음과 같이 직접재료비(direct material cost), 직접노무비(direct labor cost), 제조간접비(factory overhead cost)로 분류하기도 한다.

〈직접경비를 고려하지 않는 경우 제조원가의 구분〉

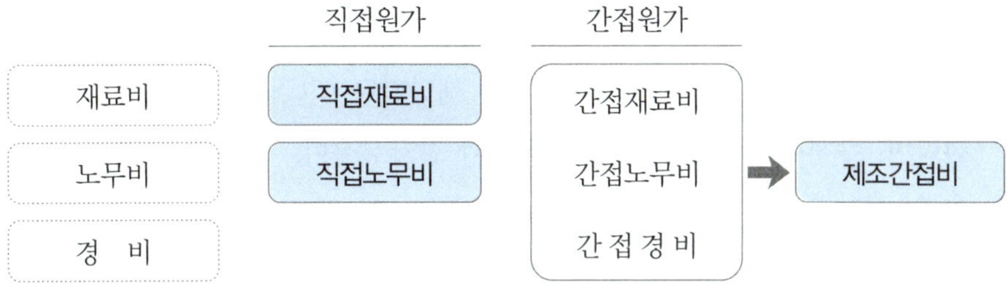

직·간접원가를 고려한 원가분류체계를 선택하는 경우 원가의 흐름은 다음과 같다.

〈제조원가의 흐름〉

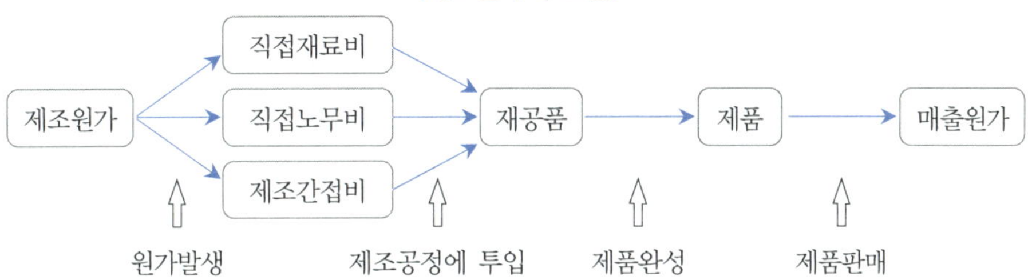

한편, 비제조원가는 판매 및 관리활동과 관련한 원가로 손익계산서상 판매비와 관리비로 인식된다.

〈비제조원가의 흐름〉

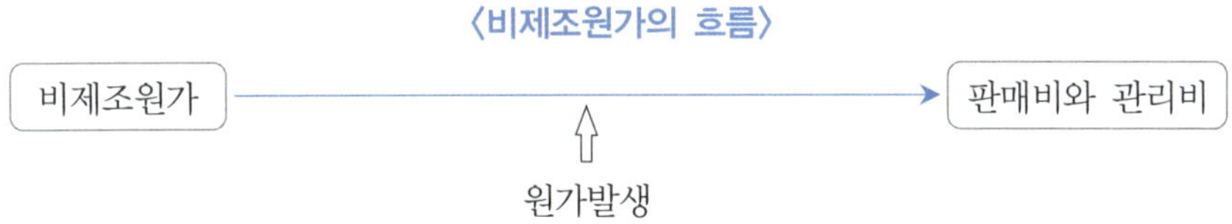

위의 내용을 종합하면 다음과 같다.

〈원가의 흐름〉

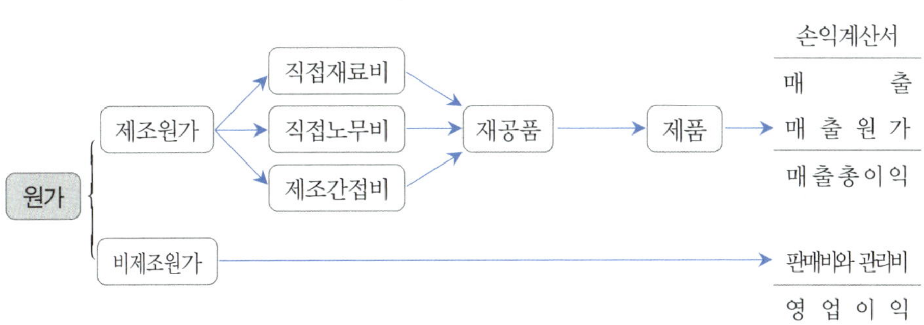

한편, 앞에서 제조원가의 3가지 분류, 즉 직접재료비·직접노무비·제조간접비를 원가의 행태와 관련하여 살펴보면 직접재료비와 직접노무비는 제품생산량의 증감에 따라 증가하거나 감소하므로 변동비에 해당한다. 그러나 제조간접비는 수도광열비, 전력비, 수선비 등 변동비성격의 원가와 감가상각비, 보험료, 임차료 등 고정비성격의 원가로 구성되어 있으므로 제조간접비는 변동제조간접비와 고정제조간접비로 나누어진다. 따라서 제조원가의 구분은 직접재료비·직접노무비·제조간접비의 3가지로 구분하기도 하고, 원가계산목적에 따라 직접재료비·직접노무비·변동제조간접비·고정제조간접비의 4가지로 구분하기도 한다.

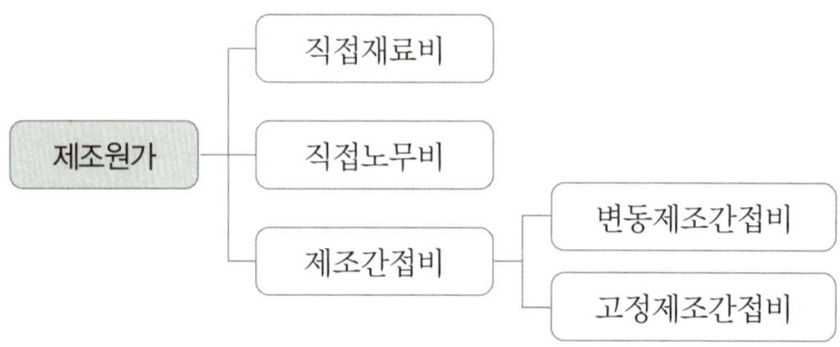

참고로 원가는 직접재료비·직접노무비·제조간접비로 나누어지는데 이 중 직접재료비와 직접노무비를 합하여 기본원가(prime cost) 또는 직접원가라고도 하며, 직접노무비와 제조간접비를 합하여 가공비(conversion cost) 또는 전환원가라고도 한다.

2. 기업회계기준 관련 원가체계

한국채택국제회계기준(K-IFRS)에서는 이익개념을 포괄이익개념으로 접근하며 포괄손익계산서의 작성방식에 있어서는 단일포괄손익계산서와 두 개의 보고서 중에서 선택적용이 가능하다.

- 단일포괄손익계산서(a single statement of comprehensive income)
- 두 개의 보고서(two statements)
  당기순손익의 구성요소를 표시하는 보고서(별개의 손익계산서)와 당기순손익에서 시작하여 기타포괄손익의 구성요소를 표시하는 보고서(포괄손익계산서)

다만, 본서는 재무회계분야가 아니기에 "두 개의 보고서"방식을 전제로 설명하며 기타포괄손익부분에 대한 설명은 생략하고 별개의 손익계산서에 대해서만 설명하도록 한다.

별개의 손익계산서는 작성방식에 있어 성격별 분류법과 기능별 분류법 중에서 신뢰성 있고 더욱 목적적합한 정보를 제공할 수 있는 방법을 선택하여 적용할 수 있다. 성격별 분류법과 기능별 분류법을 적용한 별개의 손익계산서를 각각 살펴보면 다음과 같다(단, 향후 본서에서는 설명의 편의를 위하여 별개의 손익계산서를 "손익계산서"로 지칭하도록 한다).

- 성격별 분류법

손익계산서

구 분	당 기		전 기	
매출액		×××		×××
영업비용		×××		×××
제품과 재공품의 변동액	×××		×××	
원재료와 소모품의 사용액	×××		×××	
종업원급여비용	×××		×××	
감가상각비와 기타 상각비	×××		×××	
기타비용	×××		×××	
영업이익		×××		×××

■ 기능별 분류법

손익계산서

구 분	당 기	전 기
매출액	×××	×××
매출원가	×××	×××
매출총이익	×××	×××
판매비와 관리비	×××	×××
영업이익	×××	×××

실무적으로 기업들은 위의 성격별 분류법과 기능별 분류법 중 선택적용이 가능한데 어떠한 방식을 선택하든 앞에서 설명한 원가의 분류와 흐름에 대한 이해와 적용은 동일하다. 한국채택국제회계기준(K-IFRS)의 재고자산 관련규정은 다음과 같다.

K-IFRS

한국채택국제회계기준(K-IFRS) 기업회계기준서 제1002호 문단 10~12
재고자산 취득원가 규정

재고자산의 취득원가는 매입원가, 전환원가 및 재고자산을 현재의 장소에 현재의 상태로 이르게 하는 데 발생한 기타원가 모두를 포함한다.

■ 매입원가

재고자산의 매입원가는 매입가격에 수입관세와 제세금, 매입운임, 하역료 그리고 완제품, 원재료 및 용역의 취득과정에 직접 관련된 기타원가를 가산한 금액이다. 매입할인, 리베이트 및 기타 유사한 항목은 매입원가를 결정할 때 차감한다.

■ 전환원가

재고자산의 전환원가는 직접노무원가 등 생산량과 직접 관련된 원가를 포함한다. 또한 원재료를 완제품으로 전환하는 데 발생하는 고정 및 변동제조간접원가의 체계적인 배부액을 포함한다. 고정제조간접원가는 공장건물이나 기계장치의 감가상각비와 수선유지비 및 공장관리비처럼 생산량과는 상관없이 비교적 일정한 수준을 유지하는 간접제조원가를 말한다. 변동제조간접원가는 간접재료원가나 간접노무원가처럼 생산량에 따라 직접적으로 또는 거의 직접적으로 변동하는 간접제조원가를 말한다.

성격별 분류법을 선택하는 경우 손익계산서에서 제조원가와 비제조원가를 별도로 표시하지 않고 비용(원가)의 성격에 따라 구분하지만 '제품과 재공품의 변동액'을 표시하여야 하므로 기업 내부적으로는 제조원가와 비제조원가를 구분하여 제품원가계산을 하여야 한다.

기능별 분류법을 선택하는 경우에는 제조원가와 비제조원가를 구분하여, 제조원가는 재공품과 제품의 원가를 구성하며 판매된 제품의 원가는 매출원가가 된다. 그리고 비제조원가는 매출총이익 밑에 판매비와 관리비로 표시된다.

일반기업회계기준에서는 원가의 기능별 분류법을 적용하므로 본서에서 설명한 것과 동일한 절차와 흐름에 따라 원가를 분류하고 손익계산서를 작성한다.

다음의 사례를 통하여 원가의 기능별 분류법과 성격별 분류법에 따른 손익계산서를 작성하고 원가의 분류체계에 대하여 검토하도록 한다.

예제 01 손익계산서 작성사례

발해산업은 당기 초 영업을 시작하였으며 당기에 발생한 원가내역은 다음과 같다.

구 분	금 액	분 류	
		제조원가	판매관리비
재료비	₩4,000	₩4,000	−
급여	5,000	3,000	2,000
감가상각비	2,000	1,000	1,000
계	₩11,000	₩8,000	₩3,000

• 재료는 ₩4,000을 구입하여 모두 당기 중 사용하였다.
• 제품은 800개를 생산하여 700개를 개당 ₩20에 판매하고 100개가 재고로 남았다.
• 재공품은 기말 현재 남아있지 않다.

해설

1. 기능별 분류법에 의한 손익계산서

제조원가 ₩8,000을 투입하여 800개의 제품을 생산하였으므로 단위당 제조원가는 ₩10이다.

$$\frac{8,000}{800\text{개}} = @10$$

800개 중 700개가 판매되었으므로 매출원가는 ₩7,000이 된다.

손 익 계 산 서		
매출액		₩14,000
매출원가		7,000
매출총이익		7,000
판매관리비		
급여	2,000	
감가상각비	1,000	3,000
영업이익		4,000

2. 성격별 분류법에 의한 손익계산서

발해산업은 당기 초 영업을 개시하였으므로 재고자산이 없지만 기말에는 제품재고 100개가 남게 되므로 재고자산은 다음과 같다.

구 분	기 초	기 말	재고의 변동
제 품	–	₩1,000	₩1,000

손 익 계 산 서		
매출액		₩14,000
영업비용		10,000
제품 및 재공품 변동액	(1,000)	
원재료 사용액	4,000	
종업원급여비용	5,000	
감가상각비	2,000	
영업이익		₩4,000

제4절 원가요소별 계산 및 제조원가명세서

1. 재료비의 계산

재료계정은 다음과 같이 차변에 기초재료재고액과 당기구입액이 기록되고 대변에 재료사용액(재료비)과 기말재료재고액이 기록된다.

재 료

차변	대변
기초재료재고액	재료비 (재료사용액)
당기구입액	
	기말재료재고액

⇨ 재료비발생액

재료비발생액은 당기 중 사용한 재료소비액을 말하므로 기초재료재고액에 당기구입액을 합산하고 기말재료재고액을 차감하여 계산된다.

재료비＝기초재료재고액＋당기구입액－기말재료재고액

위의 재료비 발생액 중 개별제품이나 작업으로 추적가능한 원가는 직접재료비로 분류되고, 추적불가능한 원가는 간접재료비가 되어 제조간접비로 분류된다. 실무적으로 재료비는 대부분 직접비에 해당하므로 간접재료비는 발생하지 않을 수 있으며, 간접재료비의 계산이 번거로운 경우에는 처음부터 재료비로 취급하지 않고 경비항목 중 '소모품비' 등의 과목으로 처리하는 경우도 있다.

예제 02 재료비발생액의 계산

재료비관련원가계산자료는 다음과 같다.

기초 재료재고액	₩100,000
당기구입액	1,000,000
기말 재료재고액	300,000

요구사항

당기에 발생한 재료비를 계산하시오.

해설

재료비＝기초 재료재고액＋당기매입액－기말 재료재고액
＝₩100,000＋1,000,000－300,000＝₩800,000

재료비의 계산과정에서 원재료의 수불(受拂)관리는 매우 중요한 절차인데 이는 별도의 내용으로 하여 제5절에서 후술하도록 한다.

2. 노무비의 계산

비용의 인식은 발생주의에 따라 인식하므로 미지급노무비가 있는 경우에는 발생주의에 따라 노무비발생액을 계산하여야 한다. 즉 기말 미지급노무비는 당기 중 발생하였으나 지급하지 못한 노무비이므로 당기발생액으로 인식한다. 기초 미지급노무비는 전기 이전에 발생한 노무비이므로 당기발생액을 계산하는 과정에서는 차감하여 계산한다. 따라서 노무비발생액은 당기지급액에 기말 미지급노무비를 가산하고 기초(전기말) 미지급노무비는 차감하여 계산한다.

> 노무비＝당기지급액＋당기말 미지급노무비－전기말 미지급노무비

위의 노무비발생액 중 개별제품이나 작업으로 추적가능한 원가는 직접노무비로, 추적불가능한 원가는 간접노무비가 되어 제조간접비로 분류된다.

3. 경비의 계산

경비는 재료비와 노무비를 제외한 나머지 제조원가로 전력비, 수도광열비, 수선비, 보험료, 임차료, 감가상각비 등으로 구성된다. 경비도 노무비와 마찬가지로 발생주의에 따라 발생액을 계산하며 경비의 특성상 많은 계정과목이 있어 계정과목마다 선급 또는 미지급이 발생할 수 있다. 미지급비용의 경우는 노무비에서 살펴보았으므로 여기에서는 선급비용에 관하여 살펴보도록 하자.

기말 선급경비는 차기 이후에 발생할 비용을 당기에 미리 지급한 것이므로 당기 발생비용은 아니다. 따라서 기말 선급경비는 당기지급액에서 차감하여 계산한다. 기초(전기말)선급경비는 당기에 발생할 비용을 전기 이전에 미리 지급한 것이므로 당기발생액으로 인식한다. 따라서 전기말 선급경비는 당기지급액에 가산하여 계산한다.

> 경비＝당기지급액＋당기말 미지급경비－전기말 미지급경비
> 　　－당기말 선급경비＋전기말 선급경비

앞에서 설명한 바와 같이 경비발생액은 대부분 간접원가이므로 제조간접비로 분류된다.

4. 당기총제조원가

당기에 발생하여 공정에 투입된 재료비, 노무비, 경비의 합계를 당기총제조원가(current manufacturing cost)라고 한다. 회계상으로는 재료비, 노무비, 경비가 공정에 투입될 때 이를 "재공품"계정에서 처리한다.

> 당기총제조원가 = 재료비 + 노무비 + 경비

다만, 제조원가에 대하여 직·간접 분류체계를 선택하는 경우 당기총제조원가는 다음과 같이 정의되기도 한다.

> 당기총제조원가 = 직접재료비 + 직접노무비 + 제조간접비

재 공 품

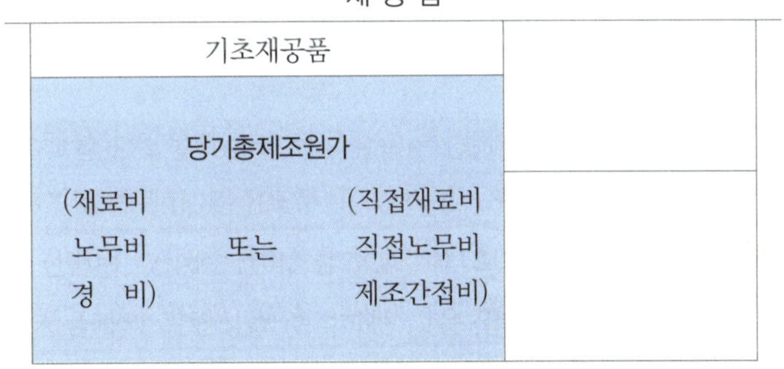

5. 당기제품제조원가

당기제품제조원가(cost of goods manufactured)는 당기에 완성된 제품의 제조원가를 의미하는 것으로 기초재공품재고액에 당기총제조원가를 가산하고 기말재공품재고액을 차감하여 계산한다. 재공품계정은 공정을 의미하므로 재공품계정의 차변합계금액, 즉 기초재공품재고액과 당기총제조원가의 합계는 전기에 완성하지 못하고 이월된 미완성품과 당기에 투입된 원가의 합계를 의미한다. 여기에서 당기에 완성하지 못하고 기말에 남아 있는 기말재공품재고액을 차감하면 당기에 완성된 제품의 원가, 즉 당기제품제조원가가 계산된다.

> 당기제품제조원가 = 기초재공품재고액 + 당기총제조원가 − 기말재공품재고액

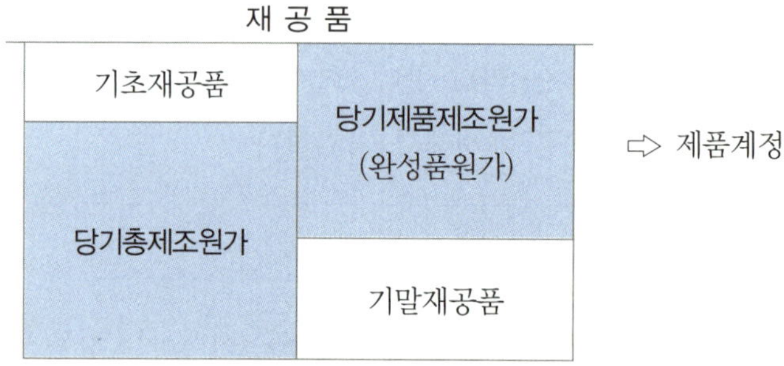

한편, 당기에 제품제조를 위하여 제조공정에 투입된 생산요소와 재공품계정의 증감을 일목요연하게 파악할 수 있도록 제조원가명세서를 다음과 같이 작성한다.

재료비, 노무비, 경비 등 제조원가의 3요소별 구성비율을 살펴보면 다음과 같다.

〈제조원가 구성비율〉

(단위 : %)

구 분	2013년	2014년	2015년	2016년	2017년	2018년	2019년	2020년	2021년	2022년
재료비	70.70	68.55	65.51	65.09	67.02	66.47	65.39	64.00	66.27	68.11
노무비	6.85	7.30	8.14	8.67	8.48	8.26	8.54	9.00	8.15	7.50
경 비	22.45	24.15	26.35	26.24	24.50	25.27	26.07	27.00	25.58	24.39
제조원가	100.00	100.00	100.00	100.00	100.00	100.00	100.00	100.00	100.00	100.00

※ 자료출처 : 한국은행 기업경영분석

2022년 일부 업종의 제조원가의 구성은 다음과 같다.

(단위 : %)

구 분	전자	자동차	조선	식료품	자동차부품	화학	제약	건설
재료비	43.90	82.54	54.94	76.32	72.15	75.83	49.70	31.15
노무비	8.76	7.98	9.83	7.38	8.39	4.45	13.80	15.45
경 비	47.34	9.48	35.23	16.30	19.46	19.72	36.50	53.40
계	100.00	100.00	100.00	100.00	100.00	100.00	100.00	100.00

주) 전자업종은 총제조원가 중 감가상각비가 15.11%
주) 조선업종은 총제조원가 중 외주가공비가 19.62%
주) 제약업종은 총제조원가 중 외주가공비가 12.47%
주) 건설업종은 총제조원가 중 외주가공비가 31.17%

제조원가명세서

과 목	금 액	
Ⅰ. 재 료 비		×××
1. 기 초 재 료 재 고 액	×××	
2. 당 기 재 료 매 입 액	×××	
계	×××	
3. 기 말 재 료 재 고 액	(−)×××	
Ⅱ. 노 무 비		×××
1. 기 본 급	×××	
2. 수 당	×××	
3. 상 여	×××	
4. 퇴 직 급 여	×××	
Ⅲ. 경 비		×××
1. 전 력 비	×××	
2. 가 스 수 도 비	×××	
3. 운 반 비	×××	
4. 감 가 상 각 비	×××	
5. 수 선 비	×××	
6. 세 금 과 공 과	×××	
7. 임 차 료	×××	
8. 보 험 료	×××	
9. 여 비 교 통 비	×××	
10. 통 신 비	×××	
11. 소 모 품 비	×××	
12. 잡 비	×××	
Ⅳ. 당 기 총 제 조 원 가		×××
Ⅴ. 기 초 재 공 품 원 가		×××
합 계		×××
Ⅵ. 기 말 재 공 품 원 가		(−)×××
Ⅶ. 당 기 제 품 제 조 원 가		×××

제조원가명세서에서 재료비는 앞에서 살펴본 바와 같이 기초재료재고액에 당기구입액을 가산하고 기말재료재고액을 차감하여 계산하며, 노무비와 경비는 발생주의에 따라 인식한 금액을 제조원가명세서에 기록한다. Ⅳ에서 재료비, 노무비, 경비를 합하여 당기총제조원가를 계산하며, 이에 기초재공품재고액을 합산하고 기말재공품재고액을 차감하여 Ⅶ에서 당기제품제조원가, 즉 당기완성품원가를 계산한다. 결국 제조원가명세서는 기업의 제조활동에 따른 완성품의 원가가 계산되는 과정을 작성한 부속명세서이다. 또한 제조원가명세서에서 계산된 당기제품제조원가는 손익계산서에서 매출원가를 계산하는 과정에 포함되므로 부속명세서와 재무제표가 연결되어 기업의 제조활동과 판매활동을 표시하게 된다.

예제 03 원가흐름 및 제조원가명세서

예제 2에서 노무비는 ₩1,000,000이고 경비내역은 다음과 같다.

전 력 비	400,000
수 도 광 열 비	300,000
임 차 비	320,000
보 험 료	380,000
감 가 상 각 비	300,000

기초재공품재고액이 ₩150,000이고 기말재공품재고액이 ₩200,000일 때 다음의 사항에 답하시오.

1. 당기총제조원가
2. 당기제품제조원가
3. 제조원가명세서

해설

1. 당기총제조원가 = 재료비 + 노무비 + 경비
   = ₩800,000 + 1,000,000 + 1,700,000 = ₩3,500,000
2. 당기제품제조원가 = 기초재공품재고액 + 당기총제조원가 − 기말재공품재고액
   = ₩150,000 + 3,500,000 − 200,000 = ₩3,450,000

3. 제조원가명세서

Ⅰ. 재 료 비		₩800,000
1. 기 초 재 료 재 고 액	100,000	
2. 당 기 재 료 매 입 액	1,000,000	
계	1,100,000	
3. 기 말 재 료 재 고 액	300,000	
Ⅱ. 노 무 비		1,000,000
Ⅲ. 경 비		1,700,000
1. 전 력 비	400,000	
2. 수 도 광 열 비	300,000	
3. 임 차 비	320,000	
4. 보 험 료	380,000	
5. 감 가 상 각 비	300,000	
Ⅳ. 당 기 총 제 조 원 가		3,500,000
Ⅴ. 기 초 재 공 품 원 가		150,000
합 계		3,650,000
Ⅵ. 기 말 재 공 품 원 가		200,000
Ⅶ. 당 기 제 품 제 조 원 가		₩3,450,000

6. 매출원가

재공품계정에서 대체된 당기제품제조원가는 제품계정 차변에 기록되며 기초제품재고액에 당기제품제조원가를 가산하고 기말제품재고액을 차감하여 매출원가(cost of goods sold)를 계산한다. 즉 매출원가는 당기 중 판매된 제품의 원가를 의미한다. 참고로 제품계정 차변 합계금액을 판매가능제품재고액이라고도 한다.

제 품

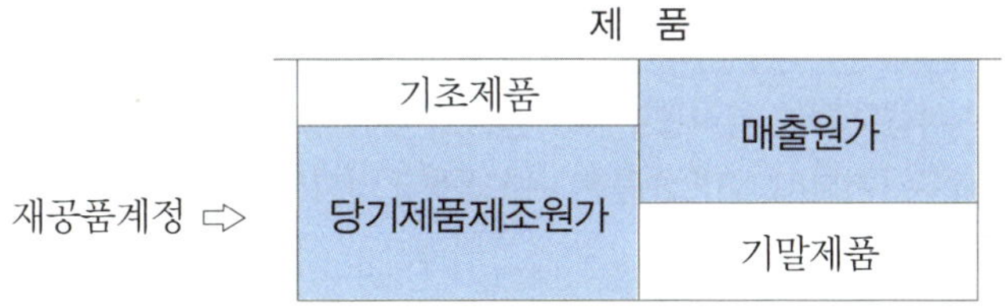

> 매출원가=기초제품재고액+당기제품제조원가-기말제품재고액

제조업의 매출원가는 유통업의 매출원가와 같은 의미이다. 다만, 제조업은 제품을 판매하는 데 비하여 유통업은 상품을 판매한다는 점만 차이가 날 뿐이다. 유통업에서는 상품을 구매하여 판매하므로 재무회계에서 다루는 상기업의 매출원가는 다음과 계산된다.

> 매출원가=기초상품재고액+상품순매입액-기말상품재고액

매출원가는 손익계산서에 표시되므로 제조업의 손익계산서와 유통업의 손익계산서를 살펴보면 다음과 같다(기능별 분류법을 적용하는 경우).

제조업 손익계산서

매출액		×××
매출원가		×××
기초제품재고액	×××	
당기제품제조원가	×××	
계	×××	
기말제품재고액	×××	
매출총이익		×××
판매관리비		×××
영업이익		×××

유통업 손익계산서

매출액		×××
매출원가		×××
기초상품재고액	×××	
상품매입액	×××	
계	×××	
기말상품재고액	×××	
매출총이익		×××
판매관리비		×××
영업이익		×××

참고 - 위탁생산(예 : OEM 방식)하는 경우에도 제조업에 해당하는지?

자기가 제품을 직접 제조하지 아니하고 제조업체(사업장이 국내 또는 개성공업지구에 소재하는 업체에 한한다)에 의뢰하여 제조하는 사업으로서 다음 각 호의 요건을 충족하는 경우 제조업으로 본다.

1. 생산할 제품을 직접 기획(고안·디자인 및 견본제작 등을 말한다)할 것
2. 해당 제품을 자기명의로 제조할 것
3. 해당 제품을 인수하여 자기책임하에 직접 판매할 것

예제 04 매출원가와 손익계산서

매출 및 원가관련자료는 다음과 같다.

매출액	₩5,000,000
기초제품재고액	250,000
기말제품재고액	400,000
판매부 사원급여	60,000
관리부 소모품비	50,000
영업부 여비교통비	100,000
본사 세금과공과	90,000

요구사항

예제 3과 위의 자료를 이용하여 매출원가를 계산하고 손익계산서를 작성하시오.

해설

1. 매출원가

매출원가 = 기초제품재고액 + 당기제품제조원가 − 기말제품재고액
= ₩250,000 + 3,450,000 − 400,000 = ₩3,300,000

2. 손익계산서

Ⅰ. 매출액		₩5,000,000
Ⅱ. 매출원가		3,300,000
1. 기초제품재고액	250,000	
2. 당기제품제조원가	3,450,000	
계	3,700,000	
3. 기말제품재고액	400,000	
Ⅲ. 매출총이익		1,700,000
Ⅳ. 판매관리비		300,000
1. 급여	60,000	
2. 소모품비	50,000	
3. 여비교통비	100,000	
4. 세금과공과	90,000	
Ⅴ. 영업이익		₩1,400,000

앞에서 살펴본 원가의 흐름을 종합적으로 살펴보면 다음과 같다.

제조원가는 재료비, 노무비, 경비로 분류하며 재공품계정에서는 당기에 투입된 재료비, 노무비, 경비의 합계, 즉 당기총제조원가와 기초재공품원가를 합산하고 기말재공품원가를 차감하여 당기에 완성된 제품의 원가인 당기제품제조원가를 계산하며 이는 제품계정으로 대체된다. 제품계정에서는 기초제품재고액과 재공품계정에서 대체된 당기제품제조원가를 합하여 판매가능제품재고액을 구성하고 기말제품재고액을 차감하여 매출원가를 계산한다. 이러한 계산의 과정 중 원재료 등 생산요소의 발생액에서 당기 완성품원가계산까지의 과정(재공품계정)은 제조원가명세서에 표시되며 제품계정에서 계산되는 매출원가는 손익계산서에 표시된다.

한편, 재료나 제품 중에서 제조과정이나 판매과정이 아닌 다른 목적(기부, 접대, 광고선전 등)으로 전용되는 부분은 '타계정대체'라는 과목으로 처리 및 표시한다.

손익계산서(타계정대체가 있는 경우)

매출액		×××
매출원가		×××
기초제품재고액	×××	
당기제품제조원가	×××	
계	×××	
타계정으로 대체액	(×××)	
기말제품재고액	(×××)	
매출총이익		×××
판매비와 관리비		×××
영업이익		×××

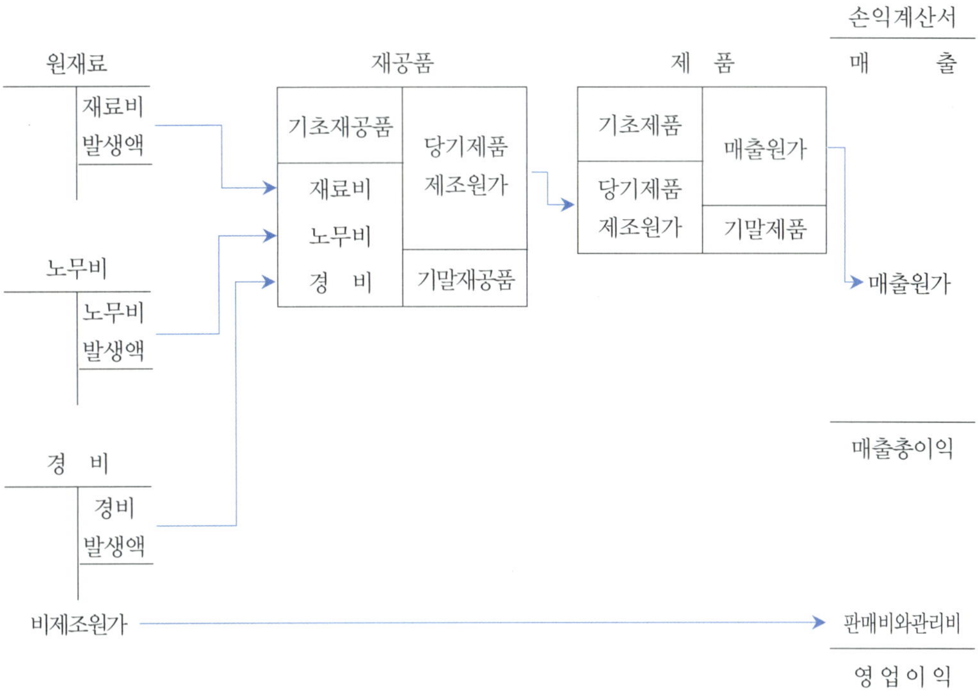

7. 원가관련 재무비율

원가와 관련하여 손익계산서에서 파악할 만한 재무비율을 살펴보면 다음과 같다.

(1) 매출원가율

가. 매출원가율의 의미

매출원가율(cost of goods sold to sales)은 매출원가를 매출액으로 나누어 계산하는데 기업의 생산과 판매의 효율성을 집약적으로 측정하는 중요한 지표로 사용되며 낮을수록 양호한 것으로 평가된다.

$$\text{매출원가율} = \frac{\text{매출원가}}{\text{매출액}} \times 100$$

매출원가율이 낮다는 것은 매출원가, 즉 제조원가가 적거나 매출액이 많다는 의미이다. 동일한 매출수준에서 제조원가의 투입이 적다는 것은 생산성이 양호하다는 의미이며, 동일한 매출원가 수준하에서 매출액이 많다는 것은 판매가격을 높게 받거나 많은 물량을 판매하는 등 기업의 영업활동이 원활하다는 것을 의미한다.

수익성지표는 손익계산서항목이 산식에 포함되므로 단기적 경영성과에 영향을 받아 재무비율이 단기적으로 변화하는 성향을 갖는 데 비하여 매출원가율은 비교적 장기적으로도 잘 변하지 않는 성향을 갖고 있다. 이는 매출원가율이 기업의 제품구성, 판매가격, 제조설비, 원가구조 등에 영향을 받기 때문이다. 따라서 매출원가율은 기업의 기본적 원가구조를 파악하는 데 매우 중요한 재무비율이라고 할 수 있다.

〈제조업 매출원가율 추세〉(단위 : %)

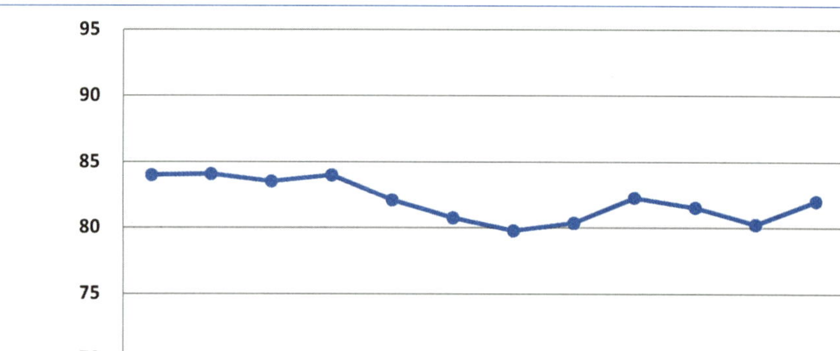

	2011	2012	2013	2014	2015	2016	2017	2018	2019	2020	2021	2022
매출원가율	84.05	84.13	83.58	84.04	82.16	80.80	79.83	80.42	82.32	81.58	80.30	82.06

모든 재무비율이 경제상황이나 산업의 특성 등에 따라 많은 영향을 받지만 매출원가율은 산업의 특성에 따라 그 모습을 상당히 달리하는 편이다. 몇몇 업종을 중심으로 매출원가율을 살펴보면 다음과 같다.

따라서 특정기업에 대한 분석을 하고자 하는 경우 해당 기업이 속하는 업종 전체에 대한 사전분석이 필수적이라 할 수 있다.

〈2022년 업종별 매출원가율〉(단위 : %)

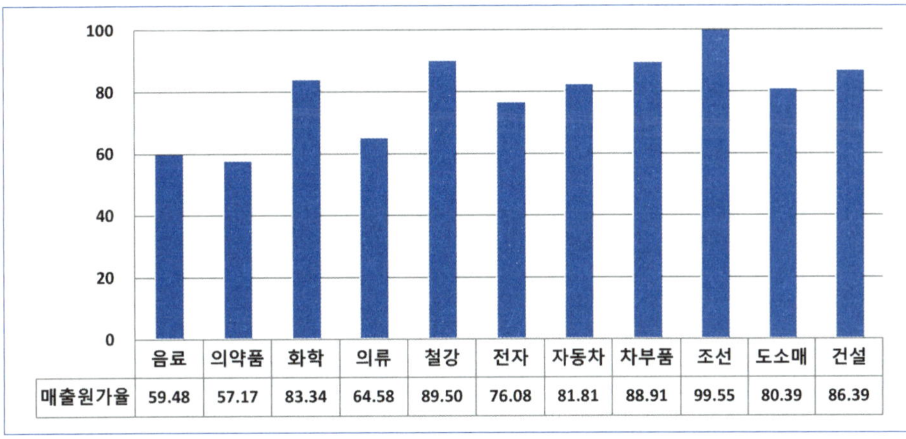

〈매출원가율〉

(단위 : %)

구분 \ 연도	2012	2013	2014	2015	2016	2017	2018	2019	2020	2021	2022
S 전 자	70.42	69.92	71.97	73.71	72.63	62.63	59.67	73.41	70.20	68.00	72.02
H 자동차	76.02	76.67	76.77	75.14	76.72	78.41	84.35	82.03	80.94	83.70	81.36
P 스 코	87.04	86.74	85.41	83.86	81.82	83.47	83.92	87.91	91.75	80.50	93.09

주) 별도재무제표 기준

주) 2022년 P스코는 물적분할 된 (주)P스코의 별도재무제표

나. 변동비 및 고정비와 매출원가율의 변동성

매출원가율에 대한 올바른 이해를 위해서는 변동비와 고정비에 대한 정확한 인식이 필요하다.

제조원가는 변동비와 고정비로 구분할 수 있다. 변동비는 총원가가 조업도(생산·판매량)의 증감에 따라 같이 변동하는 원가를 말하는데 재료비·전력비·용수비·가스비 등을 예로 들 수 있다. 반면, 고정비는 총원가가 조업도와는 관계없이 일정금액이 발생하는 원가로서 임차료·감가상각비·보험료 등을 예로 들 수 있다.

제조원가는 변동비와 고정비로 구성되므로 매출이 늘어나게 되면 변동비는 증가하지만 고정비는 조업수준과 관계없이 일정금액이 발생하므로 매출액이 증가함에 따라 매출원가율은 예외적 사항이 없는 한 점차 낮아지는 것이 일반적이다.

또한 매출이 감소하게 되면 변동비도 감소하지만 고정비는 조업수준과 관계없이 일정금액이 발생하므로 매출액이 감소함에 따라 매출원가율은 예외적 사항이 없는 한 점차 증가하는 것이 일반적이다.

〈사례 1〉

예를 들어 A회사의 변동비율(매출액 대비 변동비의 비율)이 40%이고 고정비는 매년 40억원 발생한다고 가정하면 100억원, 120억원, 150억원의 매출수준에 대한 매출원가율은 다음과 같이 점차 낮아진다.

구분	20×1년			20×2년			20×3년	
매출액		100			120			150
매출원가								
변동비	40			48			60	
고정비	40	80		40	88		40	100
매출총이익		20			32			50
매출원가율		80.0%	➜		73.3%	➜		66.7%

〈사례 2〉

변동비율 40%이고 고정비는 매년 30억원 발생하며 100억원, 80억원, 60억원으로 감소하는 경우 매출원가율은 다음과 같이 점차 높아진다.

구분	20×1년			20×2년			20×3년	
매출액		100			80			60
매출원가								
변동비	40			32			24	
고정비	30	70		30	62		30	54
매출총이익		30			18			6
매출원가율		70.0%	➜		77.5%	➜		90.0%

다만, 물가수준의 변화에 따라 가격 혹은 변동비가 달라지는 경우 위의 경우처럼 변동비율이 일률적으로 나타나지는 않으므로 가격 혹은 변동비의 변화가 매출원가율에 미치는 영향도 분석하여야 한다.

한편, 고정비의 경우 일정시간(일정 조업도)이 지나게 되면 총원가가 일정금액 증가하게 되는 단계원가로 변하게 된다. 단계원가를 그림으로 표현하면 다음과 같다.

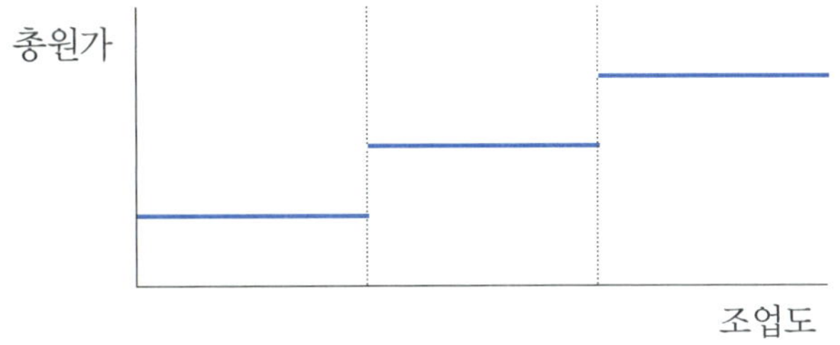

고정비는 주로 설비자산과 관련하여 발생하게 되는데 기업의 설비능력이 일정수준 이상 증가하기 위해서는 추가적인 설비투자가 필요하게 되고 이러한 경우 고정비는 과거와는 달리 일정금액 증가해서 발생하게 된다. 따라서 이러한 상황이 분석기간 내에 포함되는 경우에는 매출이 증가하여도 오히려 매출원가율은 증가하는 현상이 발생하기도 한다.

예를 들어 위의 <사례 1>에서 20×3년에 비하여 20×4년에 매출이 30억원 증가하여 180억원이 되고 고정비가 설비투자로 인하여 감가상각비 혹은 임차료가 15억원 증가한다면 20×4년의 매출원가율은 다음과 같이 증가하게 된다.

구분	20×3년		20×4년	
매출액		150		180
매출원가				
변동비	60		72	
고정비	40	100	55	127
매출총이익		50		53
매출원가율		66.7%	→	70.6%

매출원가율에 대한 분석은 기업의 원가구조에 대한 이해와 기업의 판매, 생산 및 구매 등 여러 가지 요소를 고려하여야 정확한 분석이 가능하다 할 수 있다.

(2) 매출액판매관리비율

매출액판매관리비율(selling and administrative expenses to sales)은 매출액에 대한 판매관리비의 비율을 말하는데 낮을수록 양호한 것으로 평가된다. 기업의 판매활동 및 관리활동의 효율성을 의미하는 재무비율이다.

$$\text{매출액판매관리비율} = \frac{\text{판매비와관리비}}{\text{매출액}} \times 100$$

간혹 R&D활동과 관련하여 지출이 많은 기업의 경우에는 개발비 상각액이 판매관리비로 계상되거나 경상연구개발비가 판매관리비로 계상하므로 R&D활동과 관련하여 매출액판매관리비율이 높게 산출되는 경우가 있다. 하지만 이러한 경우 해당 비율의 수준만 보고 판매관리활동이 비효율적으로 수행된다고 판단하는 것은 매우 어리석은 판단이 될 수 있다.

〈제조업 매출액판매관리비율 추세〉(단위 : %)

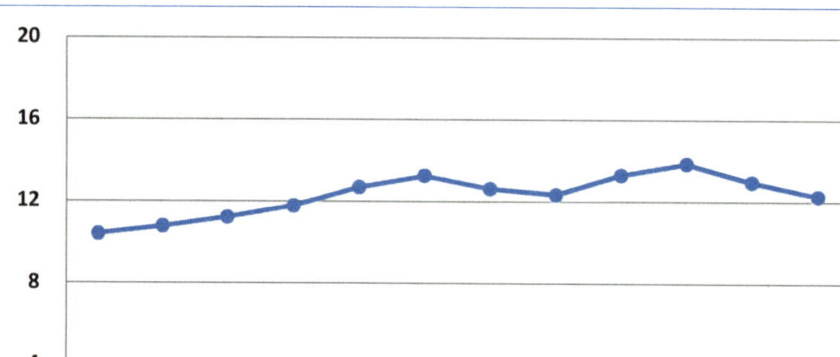

	2011	2012	2013	2014	2015	2016	2017	2018	2019	2020	2021	2022
매출액 판매관리비율	10.37	10.74	11.17	11.74	12.66	13.21	12.58	12.30	13.25	13.81	12.91	12.22

매출액판매관리비율 또한 산업의 특성에 따라 그 모습을 상당히 달리하는 편이다. 몇몇 업종을 중심으로 매출액판매관리비율을 살펴보면 다음과 같다. 따라서 특정기업에 대한 분석을 하고자 하는 경우 해당 기업이 속하는 업종 전체에 대한 사전분석이 필수적이라 할 수 있다.

〈2022년 업종별 판매관리비율〉(단위 : %)

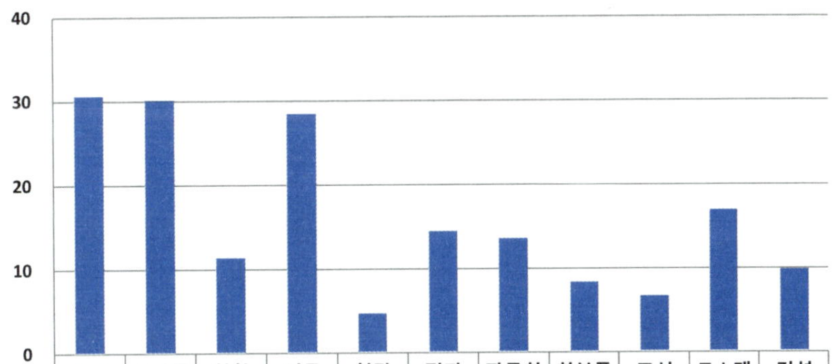

	음료	의약품	화학	의류	철강	전자	자동차	차부품	조선	도소매	건설
판매관리비율	30.48	29.96	11.23	28.32	4.60	14.31	13.45	8.23	6.62	16.80	9.72

〈매출액 판매관리비율〉

(단위 : %)

구분 \ 연도	2012	2013	2014	2015	2016	2017	2018	2019	2020	2021	2022
S 전 자	16.48	16.31	17.93	16.38	17.18	15.85	14.68	17.47	17.46	15.98	16.03
H 자동차	14.03	14.41	14.55	15.25	16.81	16.39	15.79	14.75	17.54	15.11	14.30
P 스 코	5.14	6.00	6.55	7.40	7.34	6.37	3.66	3.58	3.97	2.84	2.81

주) 별도재무제표 기준
주) 2022년 P스코는 물적분할 된 (주)P스코의 별도재무제표

(3) 매출액영업이익률

매출액영업이익률(operating income to sales)은 매출액에 대한 영업이익의 비율을 말하는데 기업의 영업활동에 의한 성과와 효율성을 측정하기 위하여 사용된다. 높을수록 양호한 것으로 평가된다.

매출액영업이익률은 영업외수익·비용과 같은 투자 및 재무활동으로 인한 손익이 반영되지 않으므로 기업의 본질적인 영업구조의 효율성을 측정한다.

$$\text{매출액영업이익률} = \frac{\text{영업이익}}{\text{매출액}} \times 100$$

제조업 전체 매출액영업이익율의 추세는 다음과 같다.

〈제조업 매출액영업이익율 추세〉(단위 : %)

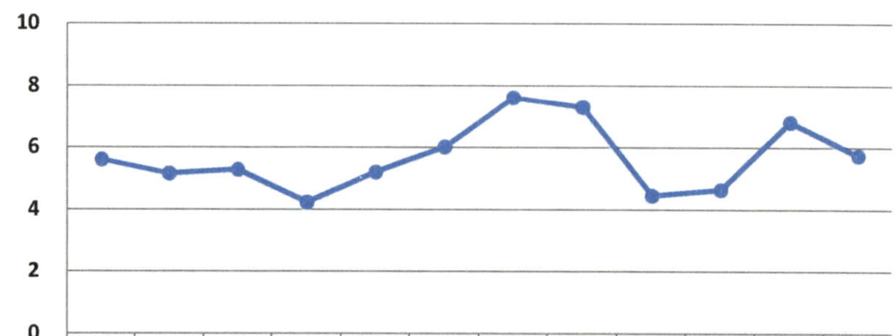

	2011	2012	2013	2014	2015	2016	2017	2018	2019	2020	2021	2022
매출액 영업이익율	5.57	5.13	5.25	4.21	5.18	5.99	7.59	7.28	4.43	4.62	6.79	5.72

앞서 살펴본 몇몇 업종의 영업이익률은 다음과 같다.

〈2022년 업종별 영업이익률〉

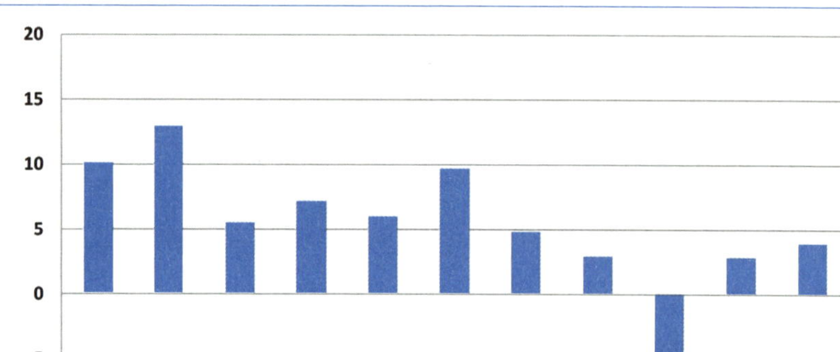

	음료	의약품	화학	의류	철강	전자	자동차	차부품	조선	도소매	건설
영업이익률	10.04	12.87	5.43	7.10	5.91	9.61	4.75	2.87	-6.16	2.81	3.89

〈매출액 영업이익률〉

(단위 : %)

구분 \ 연도	2012	2013	2014	2015	2016	2017	2018	2019	2020	2021	2022
S 전 자	13.11	13.77	10.10	9.91	10.19	21.53	25.65	9.12	12.34	16.02	11.95
H 자동차	9.96	8.93	8.68	9.60	6.47	5.20	(-)0.14	3.21	1.52	1.19	4.33
P 스 코	7.82	7.25	8.04	8.74	10.83	10.16	12.42	8.52	4.28	16.66	4.10

주) 별도재무제표 기준

주) 2022년 P스코는 물적분할 된 (주)P스코의 별도재무제표

제5절 재고수불관리

원가계산을 하기 위한 절차 중 가장 중요한 절차는 원재료 등 재고자산의 수불(受拂)이라고 할 수 있다. 재고자산의 수불은 자산관리라는 측면에서도 중요하지만 원재료의 불출금액(출고금액)이 제품의 재료비를 구성하게 되고, 제품의 출고금액은 매출원가를 구성하므로 원가계산에서도 매우 중요한 절차라고 할 1수 있다. 따라서 재고자산을 정확하게 기록·유지할 수 있는 시스템이 없다면 원가계산을 할 수 없다고 보아도 과언이 아닐 것이다.

재고자산의 수불관리는 가격(단가)과 수량에 의하여 결정되므로 가격을 관리하는 방법과 수량을 관리하는 방법에 대하여 각각 살펴보도록 한다.

1. 단가결정방법

재고자산의 출고금액을 계산할 때 동일한 재고라 할지라도 취득원가(즉 매입가격이나 제조원가)가 매입시점에 따라 다른 경우에는 어떤 재고가 출고되었는가에 따라 출고금액이 달라지므로 이러한 원가흐름의 가정은 매우 중요한 문제로 부각된다.

(1) 개별법(Specific Identification Method)

재고자산을 개별적으로 식별하여 출고된 재고와 기말에 남은 것을 구별하여 재고자산원가를 결정하는 방법이다. 재고를 매입할 때 재고별로 원가를 표시하였다가 판매된 재고의 원가합계는 매출원가로, 기말에 남은 재고의 원가합계는 기말재고액으로 계산하는 방법으로서 재고별로 가격표를 붙이는 방법과 유사하다고 하여 tagging method라고도 한다. 개별법은 거래수량 및 거래빈도가 많지 않고 고가인 상품 등의 수불에 적용하기 용이하다.

개별법은 원가흐름과 실제 물량흐름(actual physical flow)이 일치하는 가장 이상적인 방법이므로 수익·비용의 대응이 적절히 이루어진다는 장점이 있다. 하지만 개별재고의 원가를 달리 선택하여 이익조작에 악용될 위험도 있다. 이후의 사례는 상품을 전제로 하여 수불관리를 살펴보도록 한다.

기업회계기준에서 재고자산원가결정의 원칙으로 사용되는 방법이다.

예제 05 개별법

㈜태백산의 5월 상품수불부는 다음과 같다.

일 자	입 고			출 고			잔 고		
	단가	수량	금액	단가	수량	금액	단가	수량	금액
5월 1일	₩200	200	₩40,000						
5월 10일					100			100	
5월 14일	230	500	115,000					600	
5월 24일	240	300	72,000					900	
5월 30일					700			200	
계		1,000	₩227,000		800				

5월 30일 출고된 700개는 개당 ₩230인 재고 450개와 개당 ₩240인 재고 250개로 구성되어 있다(이 가정은 개별법에만 적용된다).

요구사항

1. 매출원가를 계산하시오.
2. 기말제품재고액을 계산하시오.

해설

1. 매출원가 = @200×100개 + @230×450개 + @240×250개 = ₩183,500
2. 기말제품재고액 = @200×100개 + @230×50개 + @240×50개 = ₩43,500

(2) 선입선출법(FIFO : First－in First－out Method)

먼저 매입된 재고가 먼저 출고되는 것으로 가정하여 계산하는 방법이다. 이 방법은 실제의 물량흐름과 원가흐름이 비슷해지는 효과가 있으나 상품을 개별적으로 식별하지 않으므로 개별법과는 차이가 발생한다. 선입선출법에 의하여 계산하는 경우 기말재고액은 최근의 원가가 반영되며 매출원가는 비교적 오래된 원가가 반영된다. 실무에서 간혹 사용되는 방법이다.

예제 06 선입선출법

예제 5의 자료를 이용하여 선입선출법으로 계산하시오.

해설

일 자	입 고			출 고			잔 고		
	단가	수량	금액	단가	수량	금액	단가	수량	금액
5월 1일	₩200	200	₩40,000						
5월 10일				₩200	100	₩20,000	₩200	100	₩20,000
5월 14일	230	500	115,000				200 230	100 500	20,000 115,000
5월 24일	240	300	72,000				200 230 240	100 500 300	20,000 115,000 72,000
5월 30일				200 230 240	100 500 100	20,000 115,000 24,000	240	200	48,000
계		1,000	₩227,000		800	₩179,000			

(3) 후입선출법(LIFO : Last－in First－out Method)

나중에 매입된 상품이 먼저 판매(불출)되는 것으로 가정하여 계산하는 방법이다. 실제의 물량흐름과 원가흐름이 선입선출법과는 달리 반대로 나타나게 된다.

후입선출법에 의하여 계산하는 경우 기말재고액은 비교적 오래 전의 원가가 반영되며 매출원가는 최근의 원가가 반영된다. 지속적인 물가상승으로 인하여 재고의 매입가격이 오르는 경우 후입선출법에서는 최근의 원가가 매출원가에 반영되는 특성으로 인하여 타방법에 의한 매출원가보다 크게 표시되며 이로 인하여 매출총이익이 낮아지는 효과가 있다. 이는 결국 법인세부담액을 줄이는 효과로 나타나게 된다. 이를 후입선출법에 의한 법인세절감효과(tax shield effect)라고도 한다. 이론적으로는 인플레이션의 영향을 어느 정도 억제하는 효과가 있다고 분석되지만 한국채택국제회계기준에서는 인정되지 않는 방법이다.

예제 07 후입선출법

예제 5의 자료를 이용하여 후입선출법으로 계산하시오.

해설

일 자	입 고			출 고			잔 고		
	단가	수량	금액	단가	수량	금액	단가	수량	금액
5월 1일	₩200	200	₩40,000						
5월 10일				₩200	100	₩20,000	₩200	100	₩20,000
5월 14일	230	500	115,000				200 230	100 500	20,000 115,000
5월 24일	240	300	72,000				200 230 240	100 500 300	20,000 115,000 72,000
5월 30일				230 240	400 300	92,000 72,000	200 230	100 100	20,000 23,000
계		1,000	₩227,000		800	₩184,000			

(4) 평균법(Average Cost Method)

재고자산의 원가를 평균하는 방식으로 취득원가를 결정하는 방법이다. 평균법에는 후술하는 수량결정방식에 따라 다음의 두 가지 방법이 있다. 앞서 설명한 선입선출법, 후입선출법에 비하여 매출원가와 기말재고금액이 평균적인 수준에서 결정되므로 인플레이션의 여부와 관계없이 이익의 유연화효과(smoothing effect)가 있으며 적용하기 쉽기 때문에 실무적으로 많이 사용되는 방법이다.

① 이동평균법(Moving Average Method)

새로운 재고가 매입(입고)될 때마다 기존의 재고와 평균하여 원가를 계산하는 방법이다. 재고의 매입(입고)이 있을 때마다 재고의 원가가 달라지므로 계속기록법에서만 사용가능하다는 특징이 있다.

예제 08 이동평균법

예제 5의 자료를 이용하여 이동평균법으로 계산하시오.

해설

일 자	입 고			출 고			잔 고		
	단가	수량	금액	단가	수량	금액	단가	수량	금액
5월 1일	₩200	200	₩40,000						
5월 10일				₩200	100	₩20,000	₩200	100	₩20,000
5월 14일	230	500	115,000				225*	600	135,000
5월 24일	240	300	72,000				230**	900	207,000
5월 30일				230	700	161,000	230	200	46,000
계		1,000	₩227,000		800	₩181,000			

* 225＝(₩20,000＋115,000)÷(100개＋500개)
** 230＝(₩135,000＋72,000)÷(600개＋300개)

② 총평균법(Weighted Average Method)

가중평균법이라고도 하는데 일정기간 동안 재고자산의 원가를 총평균하여 취득원가를 결정하는 방법이다. 즉 일정기간의 기초재고와 당기매입(입고)분을 모두 합하여 총평균을 계산하고 산정된 총평균단가를 매출원가와 기말재고계산에 적용하는 방법이다. 총평균법은 매월말 혹은 회계기말에만 적용되므로 재고의 수불이 이루어지는 회계연도 중에는 재고의 평균단가를 계산하지 못하며, 이로 인하여 실지재고조사법에서만 적용가능하다는 특징이 있다.

예제 09 총평균법

예제 5의 자료를 이용하여 총평균법으로 계산하시오.

해설

총평균원가의 계산＝(₩40,000＋115,000＋72,000)÷(200개＋500개＋300개)
＝₩227,000÷1,000개＝₩227

일 자	입 고			출 고			잔 고		
	단가	수량	금액	단가	수량	금액	단가	수량	금액
5월 1일	₩200	200	₩40,000						
5월 10일				₩227	100	₩22,700			
5월 14일	230	500	115,000						
5월 24일	240	300	72,000						
5월 30일				227	700	158,900	227	200	₩45,400
계		1,000	₩227,000		800	₩181,600			

(5) 한국채택국제회계기준 및 일반기업회계기준 관련 재고자산 단위원가 결정

한국채택국제회계기준에서는 재고자산의 단위원가 결정방법에 대하여 통상적으로 상호 교환될 수 없는 재고자산항목의 원가와 특정 프로젝트별로 생산되고 분리되는 재화 또는 용역의 원가는 개별법을 사용하도록 하고 있다.

한편, 개별법을 적용할 수 없는 재고자산의 단위원가는 선입선출법이나 가중평균법을 사용하도록 하고 있다. 단, 성격과 용도면에서 유사한 재고자산에는 동일한 단위원가 결정방법을 적용하여야 하며, 성격이나 용도면에서 차이가 있는 재고자산에는 서로 다른 단위원가 결정방법을 적용할 수 있다.

후입선출법은 재고자산의 흐름을 충실하게 표현하지 못하는 단점 때문에 한국채택국제회계기준에서는 인정되지 않고 있다.

일반기업회계기준에서 후입선출법은 다른 방법과 동일하게 재고자산의 단가결정 방법으로 인정되고 있다. 하지만 일반기업회계기준을 적용하는 회사도 후입선출법을 사용하는 경우는 극히 드물다고 할 수 있다.

2. 수량결정방법

(1) 실지재고조사법(Periodic Inventory System)

실사법이라고도 하는데 당기입고수량은 기록하되 당기출고수량은 기록하지 않는다. 대신 기말에 재고수량을 일괄조사하여 기말재고수량을 확정하고 출고수량을 최종적으로 결정하는 방법을 말한다. 재고수량이 많고 입출고가 빈번하여 출고 때마다 기록하기 불편한 저가품 등의 경우에 적용하기 편안한 방법이다. 그러나 실지재고조사법을 적용하면 회계기간 중에는 재고수량을 파악할 수 없다는 단점이 있다.

> 기초재고수량+당기입고수량−기말재고수량=당기출고수량

예제 10 실지재고조사법을 이용한 선입선출법

㈜태백산의 5월 상품수불부는 다음과 같다.

일 자	입 고			출 고			잔 고		
	단가	수량	금액	단가	수량	금액	단가	수량	금액
5월 1일	₩200	200	₩40,000						
5월 10일									
5월 14일	230	500	115,000						
5월 24일	240	300	72,000						
5월 30일								200	
계		1,000	227,000						

회사는 실지재고조사를 통하여 기말재고수량이 200개인 것을 확인하였다.

요구사항

1. 기말상품재고액을 계산하시오.
2. 매출원가를 계산하시오.

해설

1. 기말상품재고액

기말재고 200개는 5월 24일 입고된 개당 ₩240인 재고가 남아있다고 본다.

∴ ₩240×200개=₩48,000

2. 매출원가

=기초재고액+당기매입액−기말재고액

=₩40,000+187,000−48,000=₩179,000

예제 11 실지재고조사법을 이용한 후입선출법

후입선출법이 적용된 경우 위의 예제 10의 자료를 이용하여 기말재고금액과 매출원가를 계산하시오.

해설

1. 기말상품재고액

기말재고 200개는 5월 1일의 개당 ₩200인 기초재고가 남아 있다고 본다.
∴ ₩200×200개=₩40,000

2. 매출원가

=기초재고액+당기매입액−기말재고액
=₩40,000+187,000−40,000=₩187,000

(2) 계속기록법(Perpetual Inventory System)

입고수량과 출고수량을 매번 거래가 일어날 때마다 기록하여 장부상으로 매일의 재고를 파악하는 방법이다. 따라서 이 방법을 적용하면 기말재고는 기초수량에 당기입고수량을 가산하고 당기출고수량을 차감하여 장부에서 계산된다. 장부상의 기록을 매일 유지하므로 매출원가와 기말재고금액의 파악도 실지재고조사법보다는 쉽게 파악된다.

기초재고수량+당기입고수량−당기출고수량=기말재고수량

앞의 예제 6에서 예제 8까지가 계속기록법하에서 선입선출법, 후입선출법, 이동평균법 등이 적용된 사례이다.

실무적으로는 실지재고조사법과 계속기록법 중 하나를 택하여 재고자산을 평가하는 것은 곤란하며, 기본적으로는 계속기록법으로 재고수불을 기록하고 일정기간마다 재고조사한 수량을 장부상의 수량과 확인하며 차이수량을 조정하여야 한다. 따라서 양 방법을 모두 적용한다고 보아야 할 것이다.

참고 – 법인세법상 재고자산 평가

① 법인세법에서 재고자산의 평가방법은 다음의 방법 중 법인이 납세지 관할 세무서장에게 신고한 방법에 의한다.

1. 원가법
   가. 개별법
   나. 선입선출법
   다. 후입선출법
   라. 총평균법
   마. 이동평균법
   바. 매출가격환원법
2. 저가법
   원가법과 기업회계기준이 정하는 바에 따라 시가로 평가한 가액 중 낮은 가액을 평가액으로 하는 방법

② 법인은 재고자산을 평가할 때 해당 자산을 각 자산별로 구분하여 종류별·영업장별로 각각 다른 방법에 의하여 평가할 수 있다. 이 경우 수익과 비용을 영업의 종목별 또는 영업장별로 각각 구분하여 기장하고, 종목별·영업장별로 제조원가보고서와 손익계산서를 작성하여야 한다.

③ 각 자산별 구분하여 평가할 수 있는 재고자산은 다음과 같다.
   가. 제품 및 상품
   나. 반제품 및 재공품
   다. 원재료
   라. 저장품

제6절 원가계산제도의 분류

원가의 흐름은 각 회사의 생산형태와 관계없이 동일하지만 구체적 원가계산방법은 회사의 생산형태, 원가관리제도, 내부의사결정시스템의 운용 여부 등에 따라 달라지게 된다.

〈원가계산제도의 구분〉

제조형태	원가의 속성	제품원가의 범위
개별원가계산	실제원가계산	전부원가계산
종합원가계산	정상원가계산	변동원가계산
	표준원가계산	

1. 제조형태별 원가계산

기업의 제조형태 혹은 생산방법에 따라 구분되는 원가계산제도이다.

(1) 개별원가계산(job－order costing)

조선업, 주문생산업 등처럼 다품종생산에 적합한 원가계산제도로 개별작업 혹은 개별제품별로 원가계산이 이루어지므로 정확한 원가계산이 가능하고 제품별 수익·비용의 대응이 정확하게 이루어진다.

(2) 종합원가계산(process costing)

화학공업, 자동차제조업 등처럼 단일품종 혹은 소품종의 제품을 대량생산하는 업종에 적합한 원가계산제도로 동일공정에서 생산되는 제품은 동질적인 것으로 보아 일정기간 동안의 총원가를 생산량으로 나누어 계산하는 평균화의 절차를 취하는 방법이다.

실무적으로 기업의 생산형태에 따라 다품종대량생산을 하는 경우도 있는데 이러한 경우에는 개별원가계산과 종합원가계산을 각 공장별로 달리 적용하여 사용할 수도 있으며, 후술하는 결합원가계산을 적용하기도 한다.

2. 원가속성별 원가계산

원가계산제도가 다루고자 하는 원가의 속성(attribute)에 따라 구분되는 원가계산제도이다.

구 분	실제원가계산	정상원가계산	표준원가계산
직 접 재 료 비	실제발생원가	실제발생원가	표준원가
직 접 노 무 비	실제발생원가	실제발생원가	표준원가
제 조 간 접 비	실제발생원가	예정배부원가	표준원가

(1) 실제원가계산(actual costing)

원가계산제도가 다루는 모든 원가요소, 즉 직접재료비, 직접노무비, 제조간접비를 실제로 발생한 원가로 집계·계산하는 원가계산제도이다. 생산 완료 후 실제원가를 집계하여 계산하므로 일종의 사후원가계산제도라 할 수 있다. 실제원가계산은 확실하다는 장점은 있으나 생산 후 원가집계에 상당한 시간이 소요되므로 원가계산이 지연되고, 조업도의 증감에 따라 단위원가가 불규칙하게 변하게 되는 단점이 있다.

(2) 정상원가계산(normal costing)

원가요소 중 직접재료비와 직접노무비는 실제원가로 계산하고 제조간접비는 예정배부액으로 계산하는 제도로 불완전한 사전원가계산제도이다. 정상원가계산은 제조간접비를 예정배부함으로써 원가계산을 신속하게 하여 원가계산의 적시성(timeliness)을 높이고, 계절적 원가변동과 조업도의 증감에 따른 제품원가계산의 불안전성을 제거하여 제품원가를 평준화하는 것을 목적으로 한다.

(3) 표준원가계산(standard costing)

직접재료비, 직접노무비, 제조간접비 모두를 사전에 과학적이고 통계적인 기법에 따라 미리 설정한 원가로 계산하는 원가계산제도로서 원가계산을 신속하게 하고, 차이분석을 통한 성과평가와 의사결정시스템 구축 등을 목적으로 한다.

실제원가계산보다 높은 수준의 원가계산제도이므로 기업들이 높은 수준의 경영정보시스템 구축을 원하는 경우 권장되는 원가계산제도이다.

3. 제품원가 범위별 원가계산

제품원가의 범위에 따라 구분되는 원가계산제도이다.

(1) 전부원가계산(absorption costing)

일반적으로 인정되는 회계원칙에서 일반목적 재무제표 작성을 위하여 사용되는 방법으로 직접재료비, 직접노무비, 변동제조간접비 및 고정제조간접비를 제품원가에 포함시키는 원가계산제도이다. 흡수원가계산이라고도 하며 기업회계기준에서 인정되는 방법이다.

(2) 변동원가계산(variable costing)

직접재료비, 직접노무비, 변동제조간접비를 제품원가에 포함시키고 고정제조간접비는 기간비용으로 처리하는 원가계산제도이다. 기업회계기준에서는 허용되지 않는 방법이지만 기업내부목적용 의사결정회계 혹은 성과평가회계에 적용할 있는 유용한 시스템이다.

구 분	제품원가의 인정 여부	
	전부원가계산	변동원가계산
직 접 재 료 비	○	○
직 접 노 무 비	○	○
변 동 제 조 간 접 비	○	○
고 정 제 조 간 접 비	○	×

원가계산제도에 대한 이해의 과정에서 주의하여야 할 점은 하나의 원가계산시스템을 구축할 때 위의 7가지 원가계산제도 중 하나를 선택하는 것이 아니라 각각의 구분 중 하나를 선택·결합하여 완성된 원가계산제도를 구축하는 것이다. 예를 들어 제조형태에 따른 구분에서는 종합원가계산을 선택하고, 원가의 속성에 따른 구분에서는 정상원가계산을 선택하고, 제품원가범위에 따른 구분에서는 전부원가계산을 선택하여 '종합원가계산+정상원가계산+전부원가계산'의 조합을 설정할 수 있다. 따라서 원가계산제도를 구축하려는 회사의 상황에 따라 다양한 원가제도의 조합이 가능하며 이는 회사의 제조형태, 관리시스템의 존재 여부 등에 따라 결정하게 된다.

연습문제

문제 1. 재고자산원가의 추정

㈜발해산업의 관리부 보고에 의하면 당기에 발생한 기본원가는 ₩330,000이며 가공비는 ₩300,000이고, 당기에 완성된 제품의 원가는 ₩495,000이다. 그러나 원가담당자의 실수로 인하여 기말재고자산에 대한 원가계산서류를 모두 분실하였다. 관리부의 보고서에 있는 20×1년 원가관련자료는 다음과 같다.

구 분	기 초	기 말
원 재 료	₩20,000	?
재 공 품	50,000	?
제 품	30,000	?

당기 원재료구입액	₩180,000	매출액	₩800,000
당기 직접노무비	?	매출총이익률	35%
공장 화재보험료	25,000	영업부 접대비	120,000
공장 전력비	57,000	영업부 차량유지비	110,000
공장 감가상각비	88,000	관리부 사원급여	90,000

요구사항

기말재고금액을 계산하시오.

해설

1. 직접노무비

직접노무비 = 가공비 − 제조간접비 = ₩300,000 − (25,000 + 57,000 + 88,000)
= ₩130,000

2. 직접재료비

직접재료비 = 기본원가 − 직접노무비 = ₩330,000 − 130,000 = ₩200,000

3. 기말원재료금액

원 재 료

기초원재료	20,000	사 용 액	200,000
당 기 구 입	180,000	기말원재료*	0
	200,000		200,000

* 기말원재료재고액＝기초원재료재고액＋당기구입액－직접재료비사용액
＝₩20,000＋180,000－200,000＝₩0

4. 기말재공품재고액

재 공 품

기초재공품	50,000	당 기 제 품 제 조 원 가	495,000
직접재료비	200,000		
직접노무비	130,000		
제조간접비	170,000	기말재공품*	55,000
	550,000		550,000

* 기말재공품재고액＝기초재공품재고액＋당기총제조원가－당기제품제조원가
＝₩50,000＋500,000－495,000＝₩55,000

5. 기말제품재고액

제 품

기 초 제 품	30,000	매 출 원 가*	520,000
당 기 제 품 제 조 원 가	495,000	기 말 제 품**	5,000
	525,000		525,000

* 매출원가＝₩800,000×(1－35%)＝₩520,000
** 기말제품재고액＝기초제품재고액＋당기제품제조원가－매출원가
＝₩30,000＋495,000－520,000＝₩5,000

그러므로 기말재고금액은 다음과 같다.

원재료	₩0	
재공품	55,000	
제 품	5,000	₩60,000

문제 2. 제조원가명세서

㈜청원의 20×1년 제조활동과 관련된 원가자료는 다음과 같다.

- 당기총제조원가 ₩1,500,000
- 당기제품제조원가 1,200,000
- 제조간접비는 당기총제조원가의 40%이다.
- 직접재료비는 직접노무비의 140%이다.
- 기초재공품재고액은 기말재공품재고액의 50%이다.

요구사항

제조원가명세서를 작성하시오.

해설

1. 제조간접비

제조간접비＝당기총제조원가×40%＝₩1,500,000×40%＝₩600,000

2. 직접원가

직접원가＝당기총제조원가－제조간접비＝₩1,500,000－600,000＝₩900,000

직접재료비＝₩900,000×$\frac{1.4}{1.4+1.0}$＝₩525,000

직접노무비＝₩900,000×$\frac{1.0}{1.4+1.0}$＝₩375,000

3. 기말재공품재고액

기말재공품을 x라 하면

$0.5x+1,500,000=1,200,000+x$

x＝₩600,000

∴ 기초재공품재고액은 ₩600,000×50%＝₩300,000이다.

제 조 원 가 명 세 서

Ⅰ. 직 접 재 료 비	₩525,000
Ⅱ. 직 접 노 무 비	375,000
Ⅲ. 제 조 간 접 비	600,000
Ⅳ. 당 기 총 제 조 원 가	1,500,000
Ⅴ. 기 초 재 공 품	300,000
합 계	1,800,000
Ⅵ. 기 말 재 공 품	600,000
Ⅶ. 당 기 제 품 제 조 원 가	₩1,200,000

문제 3. 원가의 흐름

㈜한국의 20×1년 1월 원가관련자료는 다음과 같다.

	기초	기말
원재료	₩180,000	₩200,000
재공품	200,000	?
제 품	160,000	?

* 노무비관련자료

당기 직접재료 구입액	850,000
직접노무비지급액	500,000
기말미지급노무비	100,000
기초미지급노무비	200,000

* 제조간접비관련자료

공장건물 감가상각비	₩500,000
공장기계리스료 지급액	250,000
공장기계리스료 당기말 선급액	50,000
공장수도광열비 지급액	350,000
공장수도광열비 전기말 선급액	50,000

* 매출관련자료

당기매출액	₩3,500,000
매출총이익율	40%
판매가능제품액	2,430,000
판매부사원급여	750,000
판매부접대비	500,000

요구사항

1. 기말재공품원가와 기말제품원가를 계산하시오.
2. 제조원가명세서를 작성하시오.
3. 손익계산서를 작성하시오.

해설

1. 기말재공품원가와 기말제품원가의 계산

1) 직접재료비 : ₩180,000 + 850,000 − 200,000 = ₩830,000

2) 직접노무비 : ₩500,000 + 100,000 − 200,000 = ₩400,000

3) 제조간접비

① 감가상각비 ₩500,000

② 리 스 료 : ₩250,000 − 50,000 = 200,000

③ 수도광열비 : ₩350,000 + 50,000 = 400,000

₩1,100,000

재 공 품

기초재공품	200,000	당기제품 제조원가	2,270000
직접재료비	830,000		
직접노무비	400,000		
제조간접비	1,100,000	기말재공품*	260,000
계	2,530,000	계	2,530,000

* 기말재공품재고액＝₩2,530,000－2,270,000＝₩260,000

제 품

기초제품	160,000	매출원가*	2,100,000
당기제품 제조원가***	2,270,000	기말제품**	330,000
계	2,430,000	계	2,430,000

* 매출원가＝₩3,500,000×(1－0.4)＝₩2,100,000
** 기말제품재고액＝₩2,430,000－2,100,000＝₩330,000
*** 당기제품제조원가＝₩2,430,000－160,000＝₩2,270,000

2. 제조원가명세서

제 조 원 가 명 세 서

Ⅰ. 직접재료비		₩830,000
1. 기초재료재고액	180,000	
2. 당기재료구입액	850,000	
계	1,030,000	
3. 기말재료재고액	200,000	
Ⅱ. 직접노무비		400,000
Ⅲ. 제조간접비		1,100,000
1. 감가상각비	500,000	
2. 리스료	200,000	
3. 수도광열비	400,000	
Ⅳ. 당기총제조원가		2,330,000
Ⅴ. 기초재공품		200,000
계		2,530,000
Ⅵ. 기말재공품		260,000
Ⅶ. 당기제품제조원가		₩2,270,000

3. 손익계산서

손 익 계 산 서

Ⅰ. 매 출 액		₩3,500,000
Ⅱ. 매 출 원 가		2,100,000
1. 기 초 제 품	160,000	
2. 당 기 제 품 제 조 원 가	2,270,000	
계	2,430,000	
3. 기 말 제 품	330,000	
Ⅲ. 매 출 총 이 익		1,400,000
Ⅳ. 판 매 관 리 비		1,250,000
1. 급 여	750,000	
2. 접 대 비	500,000	
Ⅴ. 영 업 이 익		₩150,000

문제 4. 원가의 흐름

㈜고구려의 20×1년 원가관련자료가 다음과 같다.

구 분	기 초	기 말
주요재료	₩100,000	₩125,000
보조재료	50,000	76,000
재 공 품	200,000	35,000
제 품	155,000	?

주요재료구입액	₩589,000	공장건물감가상각비	₩350,000
보조재료구입액	100,000	공장기계리스료지급액	175,000
직접재료비해당액	489,000	공장기계리스료기말선급액	25,000
		공장수도광열비지급액	345,000
노무비순지급액	485,000	공장수도광열비기초선급액	55,000
소득세등원천징수액	15,000	공장화재보험료지급액	65,000
기말미지급노무비	100,000	공장화재보험료기말선급액	15,000
기초미지급노무비	200,000		
직접노무비해당액	375,000		
		본사총무부소모품비	35,000
매 출 액	2,800,000	본사영업부접대비	60,000
원가에대한이익가산율	25%	본사영업부여비교통비	89,000

요구사항

1. 제조원가명세서를 작성하시오.
2. 손익계산서를 작성하시오.

해설

제 조 원 가 명 세 서

Ⅰ. 직 접 재 료 비		₩489,000
1. 기 초 재 료 재 고 액	150,000	
2. 당 기 재 료 구 입 액	689,000	
계	839,000	
3. 타 계 정 대 체*	149,000	
4. 기 말 재 료 재 고 액*	201,000	
Ⅱ. 직 접 노 무 비		375,000
Ⅲ. 제 조 간 접 비		1,124,000
1. 간 접 재 료 비	149,000	
2. 간 접 노 무 비**	25,000	
3. 감 가 상 각 비	350,000	
4. 리 스 료	150,000	
5. 수 도 광 열 비	400,000	
6. 보 험 료	50,000	
Ⅳ. 당 기 총 제 조 원 가		1,988,000
Ⅴ. 기 초 재 공 품		200,000
계		2,188,000
Ⅵ. 기 말 재 공 품		35,000
Ⅶ. 당 기 제 품 제 조 원 가		₩2,153,000

* 타계정대체=간접재료비=재료비발생액－직접재료비
=₩638,000－489,000=₩149,000

** 노무비발생액=당기총지급액+기말미지급노무비－기초미지급노무비
=₩500,000+100,000－200,000=₩400,000

간접노무비=노무비발생액－직접노무비
=₩400,000－375,000=₩25,000

손 익 계 산 서

Ⅰ. 매 출 액		₩2,800,000
Ⅱ. 매 출 원 가*		2,240,000
1. 기 초 제 품	155,000	
2. 당기제품제조원가	2,153,000	
계	2,308,000	
3. 기 말 제 품**	68,000	
Ⅲ. 매 출 총 이 익		560,000
Ⅳ. 판 매 관 리 비		184,000
1. 소 모 품 비	35,000	
2. 접 대 비	60,000	
3. 여 비 교 통 비	89,000	
Ⅴ. 영 업 이 익		₩376,000

* 매출원가 $= ₩2,800,000 \times \frac{1}{1+0.25} = ₩2,240,000$

** 기말제품 = 기초제품재고액 + 당기제품제조원가 − 매출원가
= ₩155,000 + 2,153,000 − 2,800,000 × 80% = ₩68,000

문제 5. 제품원가계산

㈜강태공의 20×1년 원가관련자료는 다음과 같다.

구 분	기 초		기 말	
원재료	₩125,000	6,250kg	?	6,000kg
재공품	180,000	450단위	₩405,500	875단위
제 품	140,000	400단위	?	?

당기원재료구입액	₩575,000 (23,000kg)		
당기직접노무비	500,000	판 매 부 급 여	₩210,000
공 장 임 차 료	400,000	판매부대손상각비	230,000
공 장 전 력 비	250,000	영업부광고선전비	185,000
공장감가상각비	300,000	본사세금과공과	95,000

원가계산을 위한 추가자료는 다음과 같다.

－회사는 재고자산평가에 선입선출법을 적용한다.

－제품 1단위를 완성하기 위하여 5kg의 원재료가 투입된다.

－기초재공품은 원재료 투입이 이미 전기에 이루어져 당기에는 기초재공품에 대한 원재료의 투입이 필요없다.

－당기 중 4,000단위의 제품이 단위당 ₩800에 판매되었다.

요구사항

기말제품재고액을 계산하고 손익계산서를 작성하시오.

해설

1. 원재료

원 재 료

기초원재료	125,000 (6,250kg)	사용**	550,000 (23,250kg)
구입	575,000 (23,000kg)	기말원재료*	150,000 (6,000kg)
	700,000		700,000

* 선입선출법을 적용하므로 기말원재료 6,000kg은 모두 당기구입분이다.
당기구입분은 단위당 ₩25(₩575,000÷23,000kg)이므로
기말원재료는 6,000kg×@25=₩150,000

** 원재료 사용액=₩125,000+575,000－150,000=₩550,000
원재료 사용량=6,250kg+23,000kg－6,000kg=23,250kg

2. 재공품

재 공 품

기초재공품	180,000 (450단위)	당기제품제조원가**	1,774,500 (4,225단위)
당기투입*	(4,650단위)		
직접재료비	550,000		
직접노무비	500,000	기말재공품	405,500
제조간접비	950,000		(875단위)
	2,180,000		2,180,000

* 제품 1단위 완성에 원재료 5kg이 투입되므로 당기 중 공정에 투입되는 단위수는 4,650단위

(23,250kg÷5kg)이다.

** 당기제품제조원가=₩180,000+2,000,000−405,500=₩1,774,500
당기완성단위=450단위+4,650단위−875단위=4,225단위

3. 제품

제품			
기 초 제 품	140,000	매 출 원 가*	1,652,000
	(400단위)		(4,000단위)
당기제품제조원가	1,774,500	기 말 제 품**	262,500
	(4,225단위)		(625단위)
	1,914,500		1,914,500

* 당기에 판매된 제품은 선입선출법이 적용되므로 기초제품 400단위와 당기 생산분 3,600단위로 구성된다. 당기 생산분은 단위당 ₩420(=₩1,774,500÷4,225단위)이므로 매출원가는 다음과 같다.
₩140,000+1,512,000(=3,600×@420)=₩1,652,000

** 기말제품수량=400+4,225−4,000=625단위
∴ 기말제품재고액=625×@420=₩262,500

4. 손익계산서

손 익 계 산 서		
Ⅰ. 매 출 액		₩3,200,000
Ⅱ. 매 출 원 가		1,652,000
1. 기 초 제 품	140,000	
2. 당기제품제조원가	1,774,500	
계	1,914,500	
3. 기 말 제 품	262,500	
Ⅲ. 매 출 총 이 익		1,548,000
Ⅳ. 판 매 관 리 비		720,000
1. 급 여	₩210,000	
2. 대 손 상 각 비	230,000	
3. 광 고 선 전 비	185,000	
4. 세 금 과 공 과	95,000	
Ⅴ. 영 업 이 익		₩828,000

제2장 개별원가계산

제1절 개별원가계산의 개요

개별원가계산(job－order costing)은 플랜트·조선·주문생산 등처럼 다양한 제품을 소량생산하는 업종에 적합한 원가계산제도로서 각 제품 혹은 개별작업별로 원가를 정확하게 계산하여 작업별 혹은 제품별 수익과 비용을 적절히 대응하게 함을 주목적으로 하는 원가계산제도이다.

개별원가계산은 특성을 달리하는 제품을 생산하는 제조업뿐 아니라 컨설팅 등 용역업종에서도 프로젝트별 원가계산에 적용할 수 있는 원가계산제도이다.

개별원가계산에서 고려하여야 할 점은 개별원가계산이 개별제품 혹은 개별작업별로 원가계산을 하기 때문에 작업별로 추적가능한 직접원가와 추적불가능한 간접원가로 나누는 것이다. 직접원가(직접재료비와 직접노무비)는 해당 제품별로 직접 추적하고, 간접원가인 제조간접비는 기말에 합리적인 배부기준을 설정하여 개별작업별로 배부하는 것이다.

개별원가계산의 정확성은 각 제품별 혹은 프로젝트별 추적가능한 직접원가를 많이 파악하는 것에 달려있다고 할 수 있다.

- 직접비의 추적과정
- 제조간접비의 배부과정

〈개별원가계산제도의 계산절차〉

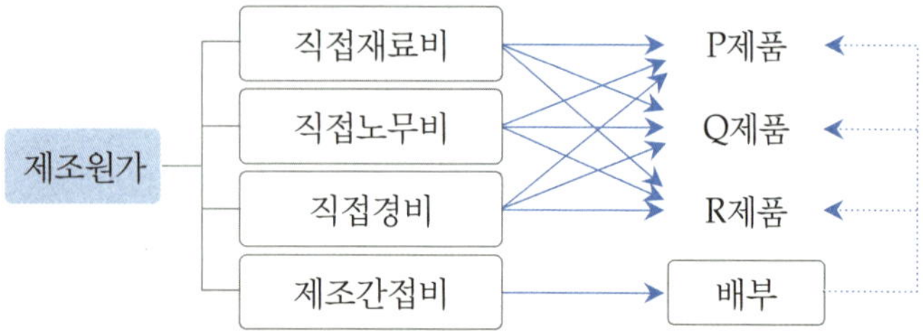

실무적으로 개별원가계산에서 제조간접비의 배부도 중요한 절차이지만 그 이전에 직접재료비와 직접노무비의 집계 및 계산시스템은 개별원가계산의 정확성을 좌우하는 매우 중요한 절차라고 할 수 있다.

1. 직접재료비

직접재료비는 '**확장된 수불관리**'를 전제로 한다. 원재료의 수불관리는 다음과 같은 원재료수불부로부터 출발한다.

품목	기초재고			입고			출고			기말재고		
	수량	단가	금액	수량	단가	금액	수량	단가	금액	수량	단가	금액
A												
B												
C												
…												
…												
계												

제1장에서는 재고수불부를 작성하기 위한 방법, 즉 원가흐름에 대한 가정과 수량결정방법에 대하여 설명하였다. 재고수불부는 원가계산제도의 종류와 관계없이 재고수불을 기록하기 위해서 작성되어야 하지만 개별원가계산을 위한 재고수불부는 출고에 대한 좀 더 상세한 정보를 요구한다. 예를 들어 회사에서 P, Q, R 세 가지의 제품을 생산하고 있다고 가정하면 위의 원재료수불부의 출고수량이 각 제품별로 정확하게

몇 개씩 투입되었는지에 대한 정보까지도 필요하다.

이러한 정보는 원재료의 관리를 책임지는 자재부서, 출고된 원재료를 투입하여 제품을 생산하는 생산부서 그리고 원가담당부서에 모두 제공되어야 하며, 기말에 이러한 정보를 이용하여 수불에 관한 모든 사항이 상호체크되어야 한다.

〈원재료수불부〉

품목	기초재고			입고			출고			기말재고		
	수량	단가	금액	수량	단가	금액	수량	단가	금액	수량	단가	금액
A												
B												
C												
계									1,000,000			

〈제품별 원가계산서〉

제품명	P제품		Q제품		R제품		합계
원가요소	직접재료비	500,000	직접재료비	300,000	직접재료비	200,000	1,000,000
	직접노무비		직접노무비		직접노무비		
	제조간접비		제조간접비		제조간접비		
	계		계		계		

2. 직접노무비

직접재료비와 마찬가지로 직접노무비는 직접원가의 성격상 각 제품별 투입액이 정확하게 계산되어야 한다. 직접노무비의 각 제품별 투입액은 '시간관리(공수관리)'에 의하여 계산된다. 시간관리는 단순히 근태기록을 위한 출근시간과 퇴근시간만 파악하는 것이 아니라 각 작업자가 각각의 제품을 생산하기 위하여 투입한 시간과 기타시간 등이 정확하게 기록되어야 한다.

실무적으로는 각 제품별 작업시간에 정보가 정확하게 기록되지 않는 경우가 많이 있다. 제품별 작업시간(노동시간)에 대한 정보가 정확하게 집계되지 않으면 직접노무비는 기타 제조간접비와 함께 일률적으로 배부할 수밖에 없다. 만약 이러한 원가계산방법을 사용하게 되면 원가계산의 논리성뿐만 아니라 원가계산의 정확성도 상당히 떨어질 수밖에 없다. 이러한 사례는 후술하는 보론에서 설명이 되겠지만 원가계산의 생명은 산출되는 원가정보의 정확성에 있으므로 가능한 직접노무비도 직접재료비와 마찬가지로 제품별 투입시간에 대한 정보를 정확하게 집계할 수 있는 시스템의 구축은 필수적이라고 할 수 있다.

실무적으로 각 작업별(제품별) 노동시간은 각 작업자가 작업일지에 기록할 수도 있으며, ERP시스템에 기록·저장할 수도 있다. 심지어 작업자에 센서를 부착하여 자동적으로 시간을 집계하는 기업들도 있다.

성명	출퇴근			시간투입내역				
	출근시간	퇴근시간	총근무시간	P제품	Q제품	R제품	기타	합계
○○○			200h	100h	50h	40h	10h	200h
△△△			210h	80h	70h	50h	10h	210h
□□□			220h	70h	100h	40h	10h	220h
총계				250h	220h	130h	30h	630h
평균임률				21,000	21,000	21,000		
노무비				5,250,000	4,620,000	2,730,000		12,600,000

〈제품별 원가계산서〉

	P제품		Q제품		R제품		합 계
제조원가	직접재료비		직접재료비		직접재료비		
	직접노무비	5,250,000	직접노무비	4,620,000	직접노무비	2,730,000	12,600,000
	제조간접비		제조간접비		제조간접비		
	계		계		계		

위에서 시간당 임률 ₩21,000은 총노무비 ₩12,600,000을 작업자들의 총직접노동시간 600시간(250h+220h+130h)으로 나누어 계산하였다. 즉, 임률산정시 기타시간(즉, 작업준비, 작업정리, 교육 등 특정작업과 연관성이 없는 시간)은 제외하고 계산하였다.

기타시간, 즉 간접시간도 임률산정에 반영할 수는 있으나 일반적으로 잘 사용되지 않는 방법이므로 보통은 위와 같은 방법으로 임률을 산정한다.

한편, 제조원가의 구분체계를 재료비, 노무비, 경비로 구분하는 경우 제품별 원가산정은 다음과 같이 할 수도 있다.

예를 들어, 공장 내의 비생산부서, 즉 지원부서(보조부문) 등에서 발생한 간접노무비가 ₩3,780,000이라면 직접노무비 대비 간접노무비가 30%($=\frac{3,780,000}{12,600,000}$)이므로 각 제품의 직접노무비에 30%의 간접노무비를 배부하여 노무비합계를 계산할 수도 있다.

구 분	P제품	Q제품	R제품	합 계
재료비				
노무비				
직접노무비	5,250,000	4,620,000	2,730,000	12,600,000
간접노무비	1,575,000	1,386,000	819,000	3,780,000
소계	6,825,000	6,006,000	3,549,000	16,380,000
경비				
제조원가 합계				

3. 제조간접비

개별원가계산은 직접재료비와 직접노무비는 앞에서 언급한 바와 같이 각 작업별로 직접 배부하고 제조간접비는 일정한 배부기준에 따라 각 작업별로 배부되는데 제조간접비를 배부하기 위한 기준으로는 일반적으로 금액기준과 시간기준이 있다.

금액기준에는 각 작업(제품)별 직접재료비를 기준으로 제조간접비를 배부하는 직접재료비기준, 각 작업(제품)별 직접노무비를 기준으로 제조간접비를 배부하는 직접노무비기준, 각 작업(제품)별 직접원가를 기준으로 제조간접비를 배부하는 직접원가기준 등이 있고, 시간기준에는 각 작업(제품)별 직접노동시간기준, 기계시간기준 등이 있다.

- ■ 시간기준법
  - 직접노동시간기준
  - 기계시간기준
- ■ 금액기준법
  - 직접재료비기준
  - 직접노무비기준
  - 직접원가기준

제조간접비의 배부절차는 위에서 설명한 배부기준 중 하나의 기준을 선택하여 다음의 절차에 따라 진행된다.

① 제조간접비 배부율 $= \dfrac{\text{총제조간접비}}{\text{총배부기준}}$

② 제조간접비 배부액=제조간접비배부율×개별작업의 배부기준

참고

위에서 제조간접비 배부액은 "제조간접비배부율×배부기준"으로 계산된다고 설명하였다. 이와 관련하여 원가계산의 기본에 대하여 잠시 생각해보자.

원가계산은 흔히 P와 Q의 곱으로 계산된다. 즉, 가격(price)과 수량(quantity)의 곱으로 인식되는 것이다. 이를 직접재료비, 직접노무비에 대하여 적용하다면 직접재료비는 "가격"과 "수량"의 곱으로 계산되며 직접노무비는 "임률"과 "시간"의 곱으로 인식된다. 따라서 제조간접비에 대해서도 동일한 방식을 적용하면 "배부율"과 "배부기준"의 곱으로 계산되는 것이다.

앞으로 원가계산에서 이러한 기본적 사항을 잊지 않도록 하여야 한다.

	Price		Quantity
• 직접재료비=	가 격	×	수 량
• 직접노무비=	임 률	×	시 간
• 제조간접비=	배부율	×	배부기준

예제 01 제조간접비의 배부

회사는 당월 중 #501, #502, #503 3개의 작업에 착수하여 #501과 #502를 완성하였다. 제조간접비는 ₩1,200,000이며 제조활동과 관련된 자료는 다음과 같다.

	#501	#502	#503	합계
직접재료비	₩400,000	₩240,000	₩160,000	₩800,000
직접노무비	240,000	180,000	180,000	600,000
직접노동시간	450시간	350시간	200시간	1,000시간
기계시간	800시간	400시간	800시간	2,000시간

회사의 생산·판매 특성상 판매 전에 판매가격이 결정되는데 사전계약에 의한 각 작업별 예정 판매가는 다음과 같다.

	#501	#502	#503
판매 가격	₩1,600,000	₩1,400,000	₩1,000,000

회사는 #501을 예정판매가격대로 판매하였다.

요구사항

1. 직접노동시간을 기준으로 제조간접비를 배부하고 작업별 원가를 계산하시오.
2. 직접재료비를 기준으로 제조간접비를 배부하고 작업별 원가를 계산하시오.

해설

물량흐름을 표시하면 다음과 같다.

재 공 품

기초재공품	–	완성품	#501 #502
당기투입	#501 #502 #503	기말재공품	#503

제 품

기초제품	–	판매	#501
당기생산입고	#501 #502	기말제품	#502

1. 직접노동시간기준

(1) 제조간접비배부율

$$\frac{\text{총제조간접비}}{\text{직접노동시간}} = \frac{₩1,200,000}{1,000\text{시간}} = @1,200/\text{시간}$$

(2) 작업별 원가

	#501	#502	#503	합계
직접재료비	₩400,000	₩240,000	₩160,000	₩800,000
직접노무비	240,000	180,000	180,000	600,000
제조간접비	540,000*	420,000	240,000	1,200,000
합 계	1,180,000	840,000	580,000	2,600,000

* #501 제조간접비배부액 = 450시간 × @1,200 = ₩540,000

(3)

제조원가명세서

Ⅰ. 직접재료비	₩800,000
Ⅱ. 직접노무비	600,000
Ⅲ. 제조간접비	1,200,000
Ⅳ. 당기총제조원가	2,600,000
Ⅴ. 기초재공품원가	–
합 계	2,600,000
Ⅵ. 기말재공품원가	580,000
Ⅶ. 당기제품제조원가	₩2,020,000

(4)

손 익 계 산 서

Ⅰ. 매 출 액		₩1,600,000
Ⅱ. 매 출 원 가		1,180,000
1. 기 초 제 품 재 고 액	–	
2. 당 기 제 품 제 조 원 가	2,020,000	
계	2,020,000	
3. 기 말 제 품 재 고 액	840,000	
Ⅲ. 매 출 총 이 익		₩420,000

2. 직접재료비기준

(1) 제조간접비배부율

$$\frac{\text{총제조간접비}}{\text{직접재료비}} = \frac{₩1,200,000}{₩800,000} = 150\%$$

(2) 작업별 원가

	#501	#502	#503	합계
직접재료비	₩400,000	₩240,000	₩160,000	₩800,000
직접노무비	240,000	180,000	180,000	600,000
제조간접비	600,000*	360,000	240,000	1,200,000
합 계	₩1,240,000	₩780,000	₩580,000	₩2,600,000

* #501 제조간접비배부액＝₩400,000×150%＝₩600,000

(3)

제조원가명세서

Ⅰ. 직접재료비	₩800,000
Ⅱ. 직접노무비	600,000
Ⅲ. 제조간접비	1,200,000
Ⅳ. 당기총제조원가	2,600,000
Ⅴ. 기초재공품원가	－
합 계	2,600,000
Ⅵ. 기말재공품원가	580,000
Ⅶ. 당기제품제조원가	₩2,020,000

(4)

손 익 계 산 서

Ⅰ. 매 출 액		₩1,600,000
Ⅱ. 매 출 원 가		1,240,000
1. 기 초 제 품 재 고 액	－	
2. 당 기 제 품 제 조 원 가	2,020,000	
계	2,020,000	
3. 기 말 제 품 재 고 액	780,000	
Ⅲ. 매 출 총 이 익		₩360,000

참고

앞의 예제에서는 원가계산을 "결산용도"로만 살펴보았다. 하지만 원가계산은 단지 결산을 위한 기능만 있는 것이 아니라 의사결정 및 성과평가의 기능도 있다. 제조간접비를 직접노동시간을 기준으로 배부한 경우 제품별 성과평가와 의사결정에 대하여 살펴보면 다음과 같다.

	#501	#502	#503
판매가격	₩1,600,000	₩1,400,000	₩1,000,000
제조원가	1,180,000	840,000	580,000
제품별 이익	420,000	560,000	–

※ #503은 기말재공품이므로 이익검토대상에서 제외한다.

만약 기업이 차기 이후 이익을 중심으로 영업방향을 설정하다면 #501 제품보다는 #502와 같은 제품이 이익도 많이 발생하고 이익률도 양호하므로 #502 같은 제품을 수주할 수 있도록 영업을 하는 것이 좋을 것이다.

다만 제조간접비 배부기준을 직접노동시간이 아닌 직접재료비를 기준으로 계산하면 다음과 같다.

	#501	#502	#503
판매가격	₩1,600,000	₩1,400,000	₩1,000,000
제조원가	1,240,000	780,000	580,000
제품별 이익	360,000	620,000	–

여기에서 고려할 것은 제조간접비배부기준을 달리함에 따라 제품별 이익이 달라진다는 점이다. 따라서 기업이 적절한 의사결정이나 성과평가를 하려면 정확한 원가계산이 필요하며, 좀 더 정확하게 배부기준을 설정하여 제조간접비를 배부하여야 한다.

또한 가능하면 직접비를 세밀하게 추적하여 제조간접비의 비중을 줄임으로서 원가계산의 정확성을 높이는 것도 하나의 방법이 될 수 있다. 최근의 원가계산은 이렇게 직접비를 강조함으로써 제조간접비의 배부에 따른 원가계산의 변동성을 줄이는 방향으로 가고 있다.

예제 02 개별원가계산

20×1년 사업을 개시한 ㈜고려정밀은 당기 중 #501, #502, #503 3개의 작업에 착수하였으며 #501과 #502을 완성하였다. 당기 중 발생한 제조간접비는 ₩2,000,000이며 각 작업별 제조활동과 관련된 자료는 다음과 같다.

	#501	#502	#503	합계
직접재료비	₩500,000	₩400,000	₩300,000	₩1,200,000
직접노무비	450,000	350,000	200,000	1,000,000
직접노동시간	500시간	300시간	200시간	1,000시간

회사는 제조간접비를 직접노무비를 기준으로 배부한다. 작업 #501은 당기 중 ₩2,200,000에 판매되었다.

요구사항

1. 작업별 원가를 계산하시오.
2. 손익계산서를 작성하시오.

해설

1. 작업별 원가계산

1) 제조간접비 배부율

$$\frac{₩2,000,000}{₩1,000,000} = \text{직접노무비의 } 200\%$$

2) 작업별 원가계산

	#501	#502	#503	합계
직접재료비	₩500,000	₩400,000	₩300,000	₩1,200,000
직접노무비	450,000	350,000	200,000	1,000,000
제조간접비	900,000*	700,000	400,000	2,000,000
합계	₩1,850,000	₩1,450,000	₩900,000	₩4,200,000
	당기제품제조원가		(기말재공품)	
	(매출원가)	(기말제품)		

* #501 제조간접비배부액 = ₩450,000 × 200% = ₩900,000

2. 제조원가명세서

제조원가명세서

Ⅰ. 직접재료비	₩1,200,000
Ⅱ. 직접노무비	1,000,000
Ⅲ. 제조간접비	2,000,000
Ⅳ. 당기총제조원가	4,200,000
Ⅴ. 기초재공품원가	–
합계	4,200,000
Ⅵ. 기말재공품	900,000
Ⅶ. 당기제품제조원가	₩3,300,000

3. 손익계산서

Ⅰ. 매출액		₩2,200,000
Ⅱ. 매출원가		1,850,000
1. 기초제품재고액	–	
2. 당기제품제조원가	3,300,000	
계	3,300,000	
3. 기말제품재고액	1,450,000	
Ⅲ. 매출총이익		₩350,000

제2절 제조간접비배부율

제1절에서는 개략적인 제조간접비의 배부절차와 개별원가계산의 개념을 살펴보았다. 이번 절에서는 제조간접비의 배부절차와 배부율 산정범위에 대하여 좀 더 상세하게 살펴보도록 한다.

제조간접비를 개별작업에 배부하는 배부기준은 금액기준법(직접재료비법, 직접노무비법, 직접원가법 등)과 시간기준법(기계시간법, 직접노동시간법) 등이 있으며 위의 기준 중 한 가지를 선택하여 제조간접비배부율(overhead rate)을 산정하고 작업별 원가를 계산하는 것은 이미 설명하였다.

① 제조간접비 배부율 $= \frac{\text{총 제조간접비}}{\text{총 배부기준}}$

② 제조간접비 배부액 = 제조간접비배부율 × 개별작업의 배부기준

하지만 기업의 생산체제, 관리시스템, 공정 및 제품특성 등에 따라 제조간접비 배부율 산정방식은 여러 가지의 방법이 있을 수 있는데 일반적으로 기업들이 적용하고 있는 배부율 산정방법에는 다음과 같은 방법들이 있다.

- 공장전체 제조간접비 배부율
- 원가항목별 공장전체 제조간접비 배부율
- 부문(공정)별 제조간접비 배부율
- 활동별 제조간접비 배부율

제조간접비 배부율 산정절차에서는 공장의 조직구조를 살펴보아야 하는데 공장의 부문은 제품생산에 직접 관여하는 제조부문(production department)과 간접적으로 지원성격의 부문인 보조부문(auxiliary department)으로 구분된다.

보조부문	타제조부문에 용역을 제공하면서 기업의 생산활동에 간접적으로 기여하는 부문으로 주로 동력부문·수선부문·창고부문·공장사무부문·식당부문 등이 여기에 속한다.
제조부문	보조부문으로부터 용역을 제공받아 생산활동을 수행하는 부문으로 주로 절단부·절삭부·선반부·압연부·가공부·조립부 등이 여기에 속한다.

보조부문과 제조부문의 관계를 그림으로 표현하면 다음과 같다.

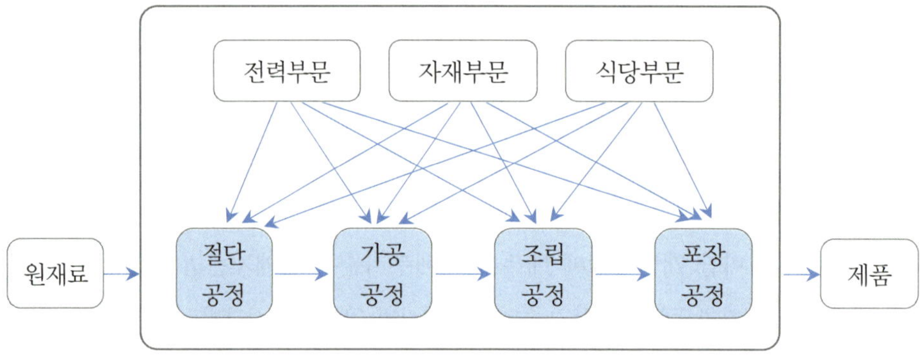

위의 그림에서 생산공정 초에 원재료가 투입되면 절단공정, 가공공정, 조립공정, 포장공정 등 제조부문을 거쳐 생산이 되며, 이러한 과정상 전력부문, 자재부문, 식당부분 등 보조부문은 조립부문이 원활하게 생산활동을 할 수 있도록 지원해주는 역할을 하게 된다.

이러한 공정구조를 감안할 때 제조간접비 배부율은 기본적으로 공장전체를 하나의 생산단위로 보아 제조간접비를 배부할지 아니면 절단, 가공, 조립, 포장공정 하나하나를 생산단위로 보아 제조간접비를 배부할지 결정되어야 한다. 이에 따라 제조간접비 배부율 산정 방법을 구분하면 다음과 같다.

구분	내용
공장전체 제조간접비 배부율	제조부문의 수와 특성을 고려하지 않고 공장전체의 제조간접비에 대하여 단일의 배부기준을 정하여 배부율을 산정하는 방법
원가항목별 공장전체 제조간접비 배부율	공장전체 제조간접비 배부율을 적용하되 계정과목별로 배부기준을 달리하여 배부율을 산정하는 방법
부문(공정)별 제조간접비 배부율	제조부문의 특성을 고려하여 각 부문별로 제조간접비를 집계하고 각각의 배부기준을 정하여 배부율을 산정하는 방법
활동별 제조간접비 배부율	생산부문을 활동(activity)라는 더 작은 단위로 구분하여 활동별로 제조간접비 배부율을 산정하는 방법

이하 각각의 제조간접비 배부율에 대하여 살펴보되 활동별 제조간접비배부율은 활동기준원가계산(activity based costing)이라는 별도의 설명을 통하여 살펴보도록 한다.

1. 공장전체 제조간접비 배부율(plant-wide overhead rate)

각 부문(공정)의 구조와 원가발생요인을 고려하지 않고 공장전체에서 단일의 배부기준을 선정하여 공장전체의 제조간접비배부율을 산정·계산하는 방법이다. 즉 공장전체의 제조간접비를 공장전체의 배부기준으로 나누어 계산한다. 원가계산시스템이 비교적 정교하지 않은 중소기업 등에서 사용하는 방법이다.

$$\text{공장전체 제조간접비배부율} = \frac{\text{공장전체 제조간접비}}{\text{공장전체 배부기준}}$$

공장전체 배부율을 그림으로 나타내면 다음과 같다.

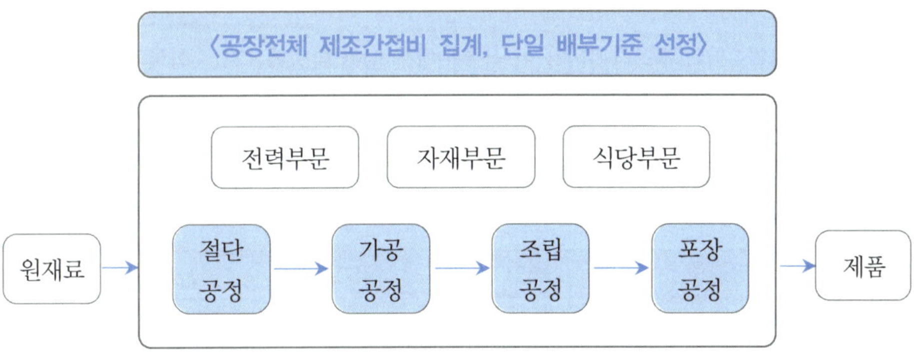

위의 그림과 같이 공장 내의 각 부문을 고려하지 않고 공장전체의 제조간접비와 단일 배부기준을 이용하여 제조간접비 배부율을 산정하는 방법이다.

참고

실무적으로 공장전체 제조간접비 배부율을 사용하는 경우는 다음과 같은 경우이다.

- 공정분석이 되지 않아 부문(공정)에 대한 구분인식이 제대로 되지 않는 경우
- 부문에 대한 구분은 되지만 부문별 제조간접비를 파악하지 못하는 경우
- 각 제조부문별 제조간접비 배부기준을 확정할 수 없는 경우
- 원가계산의 중요성을 인식하지 못하여 원가계산을 실무적 편의성 측면에서만 보는 경우

예제 03 공장전체 제조간접비 배부율

㈜한국의 공장에는 보조부문으로 전력부와 수선부가 있고, 제조부문으로 절단부와 조립부가 있다. 공장에서 발생한 제조간접비는 다음과 같다.

복리후생비	₩700,000
여비교통비	900,000
통신비	800,000
전력비	1,100,000
보험료	1,500,000
감가상각비(건물분)	2,000,000
총계	₩7,000,000

다만, 위의 제조간접비가 어느 부문에서 얼마 발생했는지는 회사의 사정상 파악하는 것이 불가능한 상황이다.

당기 중 #501, #502, #503 3개의 작업에 착수하였으며 #501과 #502를 완성하였다. 모든 작업은 절단부와 조립부를 거쳐 완성되며 각 작업별 제조활동과 관련된 자료는 다음과 같다.

	#501	#502	#503	합계
직접재료비	₩500,000	₩400,000	₩300,000	₩1,200,000
직접노무비	450,000	350,000	200,000	1,000,000
기계시간				
절단부	800시간	800시간	400시간	2,000시간
조립부	325시간	75시간	100시간	500시간
직접노동시간				
절단부	100시간	60시간	40시간	200시간
조립부	500시간	300시간	200시간	1,000시간

요구사항

기계시간을 기준으로 공장전체 제조간접비배부율을 사용하여 작업별 제조원가를 계산하시오.

해설

공장전체 제조간접비배부율

1) 제조간접비 배부율

$$\frac{₩7,000,000}{2,500시간} = @2,800/시간$$

2) 작업별 원가계산

	#501	#502	#503	합계
직접재료비	₩500,000	₩400,000	₩300,000	₩1,200,000
직접노무비	450,000	350,000	200,000	1,000,000
제조간접비	3,150,000	2,450,000	1,400,000	7,000,000
합계	₩4,100,000	₩3,200,000	₩1,900,000	₩9,200,000

#501의 제조간접비배부액＝1,125시간×@2,800＝₩3,150,000
#502의 제조간접비배부액＝875시간×@2,800＝₩2,450,000
#503의 제조간접비배부액＝500시간×@2,800＝₩1,400,000

2. 원가항목별 공장전체 제조간접비 배부율

앞서 살펴본 공장전체 제조간접비 배부율과 유사한 방법이지만 제조간접비 전체를 하나의 배부기준을 적용하여 계산하는 것은 원가계산의 정확성 측면에서 논리적 문제가 있으므로 원가항목(계정과목)별로 각각의 배부기준을 설정하여 제조간접비를 배부하는 방법이다.

이는 각각의 제조간접비 항목별로 발생요인이 다를 수 있기 때문에 이러한 특성을 고려하는 방법으로 앞서 살펴본 공장전체 제조간접비 배부율보다는 좀 더 원가계산의 정확성을 높이는 방법이라고 할 수 있다. 다만, 여전히 각 공정의 특성을 고려하지 못한다는 단점은 존재한다.

예제 04 원가항목별 공장전체 제조간접비 배부율

㈜한국은 공장전체 제조간접비배부율을 사용하고 있으나 각 계정에 대하여 배부기준을 달리 적용하고 있다. 관련자료는 다음과 같다.

	#501	#502	#503	합계
직접재료비	₩500,000	₩400,000	₩300,000	₩1,200,000
직접노무비	450,000	350,000	200,000	1,000,000
기계시간				
절단부	800시간	800시간	400시간	2,000시간
조립부	325시간	75시간	100시간	500시간
직접노동시간				
절단부	100시간	60시간	40시간	200시간
조립부	500시간	300시간	200시간	1,000시간
예정판매가				
제품별 예정판매가	₩8,000,000	7,000,000	5,000,000	₩20,000,000

각 계정과목별 배부기준은 다음과 같다.

구 분	금 액	배부기준
복리후생비	₩700,000	노동시간
여비교통비	900,000	〃
통신비	800,000	〃
전력비	1,100,000	기계시간
보험료	1,500,000	〃
감가상각비(건물분)	2,000,000	예정판매가격
	₩7,000,000	

요구사항

계정과목별 공장전체배부율을 이용하여 각 작업별 원가를 계산하시오.

해설

	배부기준	#501	#502	#503	합계
직 접 재 료 비		₩500,000	₩400,000	₩300,000	₩1,200,000
직 접 노 무 비		450,000	350,000	200,000	1,000,000
제 조 간 접 비					
복리후생비	노동시간	350,000	210,000	140,000	700,000
여비교통비	〃	450,000	270,000	180,000	900,000
통 신 비	〃	400,000	240,000	160,000	800,000
전 력 비	기계시간	495,000	385,000	220,000	1,100,000
보 험 료	〃	675,000	525,000	300,000	1,500,000
감가상각비	판매가격	800,000	700,000	500,000	2,000,000
계		4,120,000	3,080,000	2,000,000	9,200,000

※ 제품별 노동시간비율＝600시간 : 360시간 : 240시간＝50% : 30% : 20%
제품별 기계시간비율＝1,125시간 : 875시간 : 500시간＝45% : 35% : 20%
제품별 판매가격비율＝8,000천원 : 7,000천원 : 5,000천원＝40% : 35% : 25%

3. 부문(공정)별 제조간접비 배부율(departmental overhead rate)

일반적으로 제품은 2개 이상의 제조부문(공정)을 거쳐 완성된다. 따라서 여러 제조부문을 거쳐서 완성되는 제품은 각 부문에서 제조간접비를 배부받게 되는데 각 제조부문은 부문의 특성상 제조간접비를 발생시키는 원인이 각각 상이할 수 있다. 예를 들어 절단부문은 프레스를 사용하여 원재료를 절단하기 때문에 기계시간이 중요한 원가발생요인[1]이 될 수도 있고, 조립부문은 수작업에 의하여 조립하는 경우 직접노동시간이 중요한 원가발생요인이 될 수도 있다.

부문별 제조간접비 배부율은 각 부문별로 제조간접비를 발생시키는 요인이 상이하므로 부문별로 각각의 제조간접비 배부기준을 선정하여 부문의 제조간접비 배부율을 산정·계산하는 방법이다. 즉, 부문별 제조간접비배부율은 각 제조부문의 제조간접비를 각각의 배부기준으로 나누어 계산한다.

1) 원가를 발생시키는 중요한 요인으로서 원가동인(原價動因, cost driver)이라고도 한다.

$$\text{부문별(공정별) 제조간접비배부율} = \frac{\text{부문별 제조간접비}}{\text{부문별 배부기준}}$$

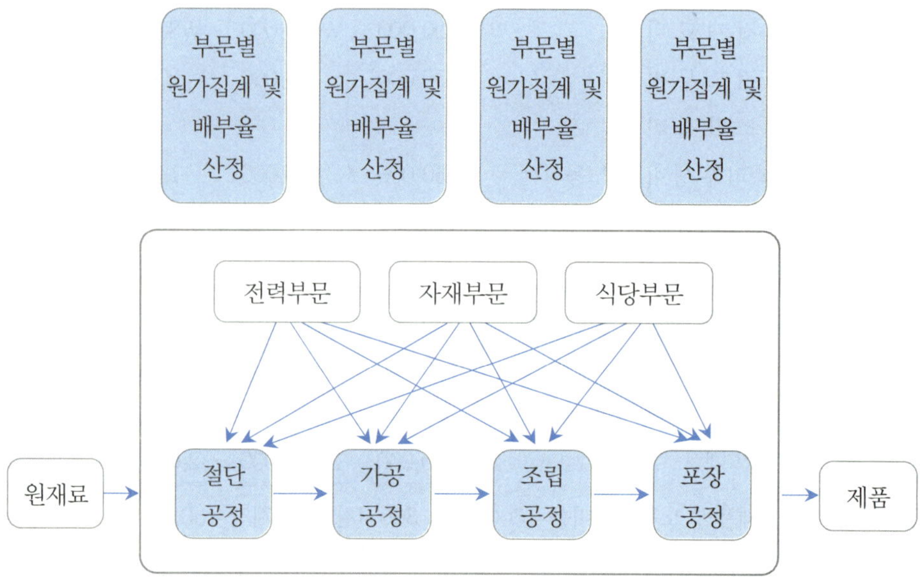

다만, 부문별 제조간접비 배부율을 산정하는 과정에서 보조부문과 제조부문과의 관계 및 보조부문의 제조간접비를 주의하여 살펴보아야 한다. 제조부문과 보조부문과의 관계를 이해하기 위하여 앞서 살펴본 공장의 제조부문과 보조부문과의 관계를 다시 살펴보도록 한다.

위와 같이 생산공정에서 제품은 절단, 가공, 조립, 포장공정을 통하여 생산된다. 또한 이러한 제조부문이 원활하게 생산활동을 할 수 있도록 전력부문, 자재부문, 식당부문 등 보조부문이 간접적으로 생산활동을 지원한다.

하지만 보조부문에서 발생한 제조간접비는 개별제품과의 인과관계를 설명하기 곤란하므로 보조부문 제조간접비의 각 제품에 대한 배부금액을 알 수가 없다. 따라서 부문별 제조간접비 배부율 산정절차에서는 보조부문 제조간접비를 우선 제조부문으로 배분하고, 제조부문에 배분된 제조간접비는 제조부문 자체에서 발생한 제조간접비와 합하여 각 제품별로 배부하는 절차를 취하고 있다.

즉, 제조간접비의 배부절차는 다음의 그림과 같이 보조부문에서 제조부문으로 제조간접비를 배분하는 첫 번째 절차와 제조부문에서 각 제품별로 제조간접비를 배부하는 두 번째 절차로 구분된다.

〈부문별 제조간접비 배부율의 배부절차〉

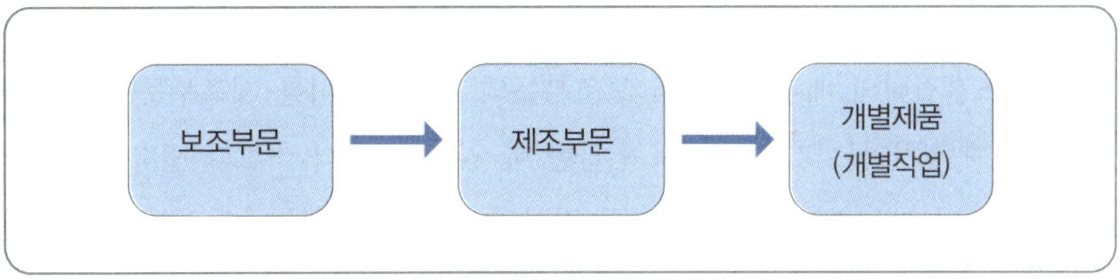

첫 번째 절차 : 보조부문에서 발생한 제조간접비를 제조부문으로 배분하는 절차
두 번째 절차 : 제조부문에 배분된 제조간접비를 제품에 배부하는 절차

참고

여기에서 원가배분(原價配分, cost allocation)과 원가배부(原價配賦, cost application)라는 용어가 나오는데 원가배분이란 원가를 배분대상인 제품이나 작업 혹은 각 부문에 나누어주는 절차를 통칭하는 용어로 비교적 포괄적인 의미를 갖는다. 반면, 원가배부란 원가를 최종대상인 제품에 나누어주는 절차를 말하는 것으로 원가배분보다는 좀 더 구체적이고 좁은 의미로 사용한다. 따라서 본서에서는 보조부문의 제조간접비를 제조부문으로 나누어주는 절차에 원가배분(cost allocation)이라는 용어를 사용하고, 제조부문의 제조간접비를 개별제품에 나누어주는 절차에 원가배부(cost application)라는 용어를 사용하기로 한다. 다만, 제조간접비가 각 부문에서 발생하여 보조부문과 제조부문을 거쳐 제품에 배부되는 총체적인 과정은 '제조간접비의 배부'라는 용어를 사용하기로 한다.

실무적으로는 혼용하여 사용되기도 한다.

참고

실무적으로 부문별 제조간접비배부율을 사용하는 경우는 다음의 조건들이 모두 충족되는 경우이다.

- 부문(공정)에 대한 정확한 인식과 구분이 가능한 경우
- 부문별 제조간접비 금액을 파악할 수 있는 경우
- 부문별 제조간접비 배부기준을 확정할 수 있는 경우

(1) 보조부문 제조간접비의 제조부문으로의 배분

제조간접비의 배부과정에서 보조부문의 제조간접비를 제조부문에 배분하는 것이 첫 번째 절차라는 것은 앞에서 언급한 바 있다. 그러나 이보다 먼저 선행되어야 하는 절차는 각 부문별로 제조간접비를 집계(accumulation)하는 과정이다. 보조부문 제조간접비의 제조부문 배분은 이러한 원가집계절차가 끝난 후에 이루어진다.

가. 부문별 제조간접비의 집계

제조간접비는 다음과 같이 부문개별비와 부문공통비로 나누어 집계된다.

- 부문개별비 : 각 부문별로 집계가 가능한 원가
- 부문공통비 : 공장전체로 발생하여 부문별 집계가 곤란한 원가

예를 들어 복리후생비, 여비교통비, 통신비, 기계감가상각비 등은 각 부서별로 집계하는 것이 가능하지만 건물감가상각비, 임차료, 전력비, 세금과공과, 보험료 등은 각 부서별로 집계하기 곤란한 경우가 대부분이다. 다만, 어떤 원가가 부서별로 집계가 가능한 부문개별비인지 아니면 부서별로 집계가 곤란한 부문공통비인지는 결정되어 있는 것이 아니라 각 거래의 성격에 따라 달라질 수 있다는 점에 유의하여야 한다.

공장 전체에서 발생하기 때문에 부문별로 집계가 곤란한 부문공통 제조간접비는 합리적 배분기준을 설정하여 각 부문별로 집계하는데, 예를 들어 공장건물감가상각비, 임차료 등은 각 부문의 면적을 기준으로 배분할 수도 있으며, 세금과공과는 성격에 따라 각 부문의 인원수나 면적 등을 기준으로 배분할 수도 있다. 또한 전력비는 각 부문의 기계대수 혹은 기계시간 등을 기준으로 배분할 수도 있다.

다음은 각 원가별 배분기준을 예시한 것이다.

원 가	배분기준
건물감가상각비	면적(m^2) 등
임차료	면적 등
세금과공과	인원수, 면적, 부문의 수 등
전력비	면적, 기계대수, 기계시간 등
보험료	기계의 금액, 기계대수, 면적 등

따라서 각 부문별 제조간접비의 집계는 부문개별비(부문별로 집계가 가능한 제조간접비)와 부문공통비(공장 전체로 발생하여 부문별로 집계가 곤란한 제조간접비)를 합하는 과정으로 이루어진다.

구 분	보조부문		제조부문			합계
	A	B	X	Y	Z	
부문개별비						
○○○	×××	×××	×××	×××	×××	×××
○○○	×××	×××	×××	×××	×××	×××
부문공통비						
○○○	×××	×××	×××	×××	×××	×××
○○○	×××	×××	×××	×××	×××	×××
계	×××	×××	×××	×××	×××	×××

다만, 부문공통비를 각 부문별로 배분하는 과정에서 원가와 원가배분기준과의 인과관계를 정확하게 파악하여 배분하는 것도 중요하지만 원가배분의 일반적 기준이라 할 수 있는 공평성과 공정성, 수혜기준, 부담능력기준 등은 적절히 감안되어야 한다. 이는 원가의 배분과정이 단지 원가계산절차에 그치는 것이 아니라 각 부문별 성과평가에도 직결될 수 있기 때문이다.

예를 들어 생산부서는 생산량이나 생산효율성 외에 각 부서가 발생시킨 원가에 의하여 성과평가를 받기도 하는데, 부문공통비를 많이 배분받게 되면 결코 성과평가가 좋아질 수 없기 때문에 각 부서는 가능하면 원가를 적게 받으려고 할 것이고, 이러한 과정에서 부서간의 의견충돌이나 부서이기주의가 나타날 수도 있다. 따라서 각 부서에게 원가를 배분하는 과정을 합리적으로 납득시킬 수 있으려면 모든 구성원이 인정할 수 있는 합리적인 배분기준을 선택하여야 한다. 사실 원가계산기능과 성과평가기능 모두를 만족시킬 수 있는 원가배분기준을 찾는 일은 실무적으로 매우 어려운 일이라 할 수 있다.

예제 05 부문개별비와 부문공통비를 활용한 제조간접비의 집계

㈜한국의 공장에는 보조부문으로 전력부와 수선부가 있고, 제조부문으로 절단부와 조립부가 있다. 다음은 ㈜한국의 공장에서 발생한 제조간접비이다.

복리후생비	₩700,000
여비교통비	900,000
통신비	800,000
전력비	1,100,000
보험료	1,500,000
감가상각비(건물분)	2,000,000
	₩7,000,000

복리후생비, 여비교통비, 통신비 등은 부문별로 집계하는 것이 가능하며 부문별 원가는 다음과 같다.

구 분	전력부	수선부	절단부	조립부	계
부문개별비					
복리후생비	₩250,000	₩40,000	₩130,000	₩280,000	₩700,000
여비교통비	40,000	50,000	330,000	480,000	900,000
통 신 비	250,000	50,000	200,000	300,000	800,000

전력비, 감가상각비, 보험료 등은 부문별로 집계하는 것이 불가능하다. 부문공통비를 각 부문별로 배분하기 위하여 회사는 다음의 기준을 선택하기로 하였다.

과 목	배부기준	전력부	수선부	절단부	조립부	계
전 력 비	기계대수	1대	1대	4대	4대	10대
보 험 료	기계대수	1대	1대	4대	4대	10대
감가상각비	면 적	20㎡	20㎡	30㎡	30㎡	100㎡

요구사항

각 부문별로 제조간접비를 배분하고 집계하시오.

해설

1. 부문공통비 배부기준

	배부기준	전력부	수선부	절단부	조립부	계
전 력 비	기계대수	10%	10%	40%	40%	100%
보 험 료	기계대수	10%	10%	40%	40%	100%
감가상각비	면 적	20%	20%	30%	30%	100%

2. 부문별 제조간접비의 집계

구 분	전력부	수선부	절단부	조립부	계
부문개별비					
복리후생비	₩250,000	₩40,000	₩130,000	₩280,000	₩700,000
여비교통비	40,000	50,000	330,000	480,000	900,000
통 신 비	250,000	50,000	200,000	300,000	800,000
부문공통비					
전 력 비	110,000	110,000	440,000	440,000	1,100,000
보 험 료	150,000	150,000	600,000	600,000	1,500,000
감가상각비	400,000	400,000	600,000	600,000	2,000,000
계	₩1,200,000	₩800,000	₩2,300,000	₩2,700,000	₩7,000,000

나. 보조부문 제조간접비의 제조부문으로의 배분

이제 각 부문별로 집계된 제조간접비의 배분절차에 대하여 살펴보도록 한다. 공장 내에서 보조부분은 제조부분을 위하여 보조적 역할을 수행하며 제조부문은 각각의 생산활동을 하게 된다. 보조부문 A, B, 제조부문 X, Y가 있다고 가정하면 부문간 용역수수관계는 다음과 같다.

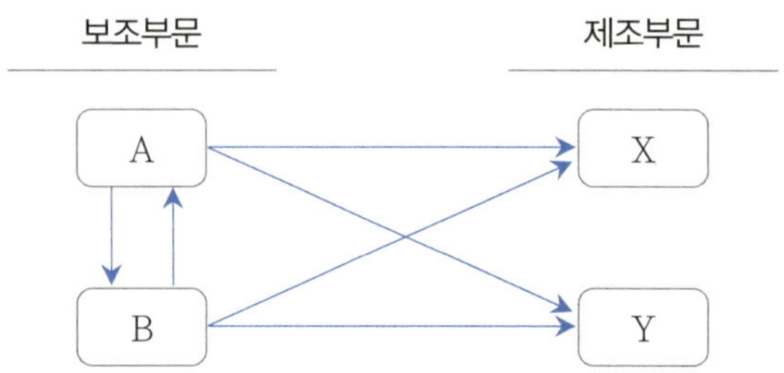

보조부문의 제조간접비를 제조부문으로 배분하는 과정에서 보조부문 상호간의 용역수수관계를 어떻게 고려하느냐에 따라 다음과 같이 세 가지 방법이 존재한다.

- 직접배분법(direct method)
- 단계배분법(step method)
- 상호배분법(reciprocal method)

① 직접배분법

보조부문 상호간의 용역수수는 완전히 무시하고 보조부문원가를 제조부문에 배분하는 방법으로 원가의 흐름은 다음과 같다.

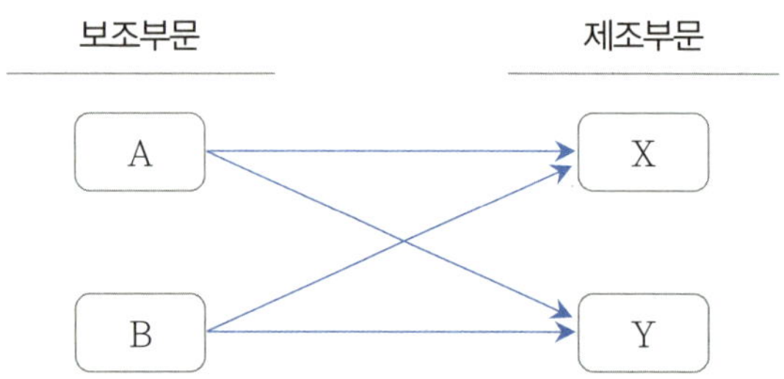

이 방법은 실제로는 보조부문간에 용역수수관계가 존재하므로 원가배분을 하여야 하나, 원가배분의 간편성을 위하여 보조부문 상호간의 용역수수관계를 고려하지 않고 보조부문의 원가를 일정한 배분기준을 선정하여 제조부문에만 배분하는 방법이다. 실무적으로 대부분 이 방법을 사용한다.

② 단계배분법

보조부문간에 배분순위를 정하여 우선순위의 보조부문원가를 타보조부문과 제조부문에 배분하고, 원가를 배분받은 보조부문은 배분받은 원가와 자기부문의 원가를 합한 금액을 제조부문에 배분하는 절차로 보조부문원가를 역(逆)으로 배분하지 않는 방법이다. 즉 보조부문간의 용역수수관계를 한쪽 방향으로만 인정하는 방법이다. 이를 그림으로 표시하면 다음과 같다(A의 원가를 먼저 배분하는 경우).

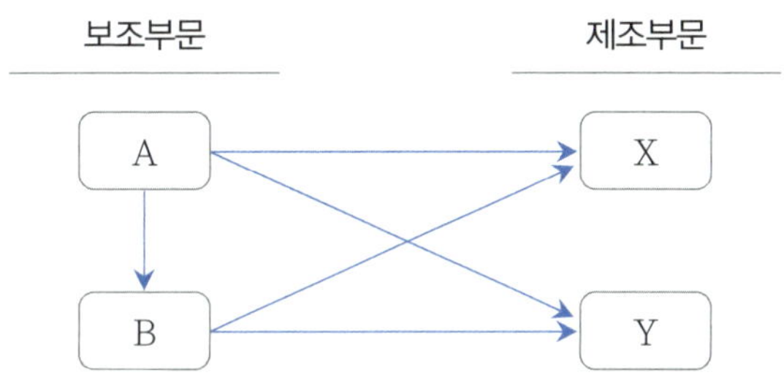

③ 상호배분법

보조부문간의 상호관련성을 모두 고려하여 원가를 배분하는 방법으로 각 보조부문의 원가를 타보조부문과 제조부문에 배분하는 방법이다. 각 보조부문의 총원가는 보조부문 상호간의 용역수수관계를 고려하여 다음과 같이 계산되며 상호배분법은 이를 연립방정식으로 설정, 계산한 후 배분한다. 이론적으로 가장 우수한 방법이지만 실무적으로는 사용하기에 어려움이 따르는 방법이다.

총원가=자기부문의 발생원가+타보조부문에서 배분된 원가

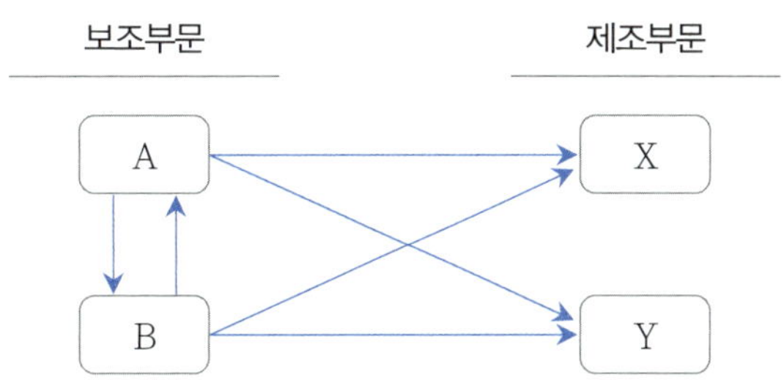

보조부문원가를 제조부문에 배분하는 경우에 배분기준을 무엇으로 할 것인가의 문제가 발생한다. 보조부문 제조간접비의 배분기준은 보조부문이 제조부문에 제공한 용역량을 기준으로, 즉 용역제공비율에 따라 배분한다. 이 경우 보조부문이 제공한 용역은 보조부문원가의 발생과 밀접한 인과관계가 있어야 함은 물론이다.

다음은 보조부문원가를 제조부문에 배분하기 위한 기준을 예시한 것이다.

보조부문	배분기준	보조부문	배분기준
전력부	전력량	관리부	인원수
수선부	수선시간, 수선횟수	식당부	인원수
창고부	보관수량, 입출고횟수	시설관리부	면적

예제 06 보조부문원가의 제조부문 배분

전력부, 수선부의 보조부문과 절단부, 조립부의 제조부문으로 구성된 ㈜한국의 각 부문별 제조간접비는 다음과 같다.

	보조부문		제조부문		계
	전력부	수선부	절단부	조립부	
제조간접비	₩1,200,000	₩800,000	₩2,300,000	₩2,700,000	₩7,000,000

보조부문의 제조간접비를 배분하기 위한 부문간 용역수수관계는 다음과 같다.

제공＼사용	보조부문		제조부문		계
	전력부(A)	수선부(B)	절단부(X)	조립부(Y)	
전력부(A)	–	400kw	600kw	1,000kw	2,000kw
수선부(B)	100hr	–	450hr	450hr	1,000hr

요구사항

보조부문의 제조간접비를 직접배분법, 단계배분법, 상호배분법에 의하여 제조부문에 배분하시오.

해설

1. 직접배분법

	보조부문		제조부문		
	전력부(A)	수선부(B)	절단부(X)	조립부(Y)	계
배분 전 원가	₩1,200,000	₩800,000	₩2,300,000	₩2,700,000	₩7,000,000
전력부원가배분	(1,200,000)		450,000	750,000	
수선부원가배분		(800,000)	400,000	400,000	
계	0	0	₩3,150,000	₩3,850,000	₩7,000,000

전력부 원가의 배분　X부문 : Y부분 = 600kw : 1,000kw = 450,000 : 750,000
수선부 원가의 배분　X부문 : Y부분 = 450hr : 450hr = 400,000 : 400,000

2. 단계배분법

	보조부문		제조부문		
	전력부(A)	수선부(B)	절단부(X)	조립부(Y)	계
배분 전 원가	₩1,200,000	₩800,000	₩2,300,000	₩2,700,000	₩7,000,000
전력부원가배분	(1,200,000)	240,000	360,000	600,000	
수선부원가배분		(1,040,000)	520,000	520,000	
계	0	0	₩3,180,000	₩3,820,000	₩7,000,000

전력부 원가의 배분　B부문 : X부문 : Y부분 = 400kw : 600kw : 1,000kw
= 240,000 : 360,000 : 600,000
수선부 원가의 배분　X부문 : Y부분 = 450hr : 450hr = 520,000 : 520,000

3. 상호배분법

먼저 연립방정식을 설정하여 전력부(A)와 수선부(B)의 원가를 계산한다.
A = 1,200,000 + 0.1B
B = 800,000 + 0.2A
∴A = 1,306,122　B = 1,061,224

	보조부문		제조부문		
	전력부(A)	수선부(B)	절단부(X)	조립부(Y)	계
배분 전 원가	₩1,200,000	₩800,000	₩2,300,000	₩2,700,000	₩7,000,000
전력부원가배분	(1,306,122)	261,224	391,837	653,061	
수선부원가배분	106,122	(1,061,224)	477,551	477,551	
계	0	0	₩3,169,388	₩3,830,612	₩7,000,000

전력부 원가의 배분　B부문 : X부문 : Y부분 = 400kw : 600kw : 1,000kw
= 261,224 : 391,837 : 653,061
수선부 원가의 배분　A부문 : X부문 : Y부분 = 100hr : 450hr : 450hr
= 106,122 : 477,551 : 477,551

(2) 제조부문 제조간접비의 개별제품 배부

앞에서 살펴본 바와 같이 보조부문의 제조간접비를 제조부문에 배분하는 절차가 종료되면 제조부문에서는 보조부문에서 배분받은 제조간접비와 제조부문 자체의 원가를 합하여 이를 개별작업(또는 제품)에 배부한다.

다만, 각 제조부문별로 제조간접비를 발생시키는 요인이 상이하므로 제조부문별로 별도의 제조간접비 배부기준을 선정하여 부문별 제조간접비배부율을 산정·계산한다. 부분별 제조간접비배부율은 공정별 특성을 감안하여 각 부문별 제조간접비 배부기준을 달리 선정하게 되므로 공장전체 제조간접비배부율보다 제조간접비의 배부를 좀 더 정확하게 하는 특성이 있다.

$$\text{부문별 제조간접비배부율} = \frac{\text{부문별 제조간접비}}{\text{부문별 배부기준}}$$

예제 07 부문별 제조간접비배부율 I

전력부, 수선부의 보조부문과 절단부, 조립부의 제조부문을 구성된 ㈜한국의 각 부문별 제조간접비는 다음과 같다.

	보조부문		제조부문		계
	전력부	수선부	절단부	조립부	
제조간접비	₩1,200,000	₩800,000	₩2,300,000	₩2,700,000	₩7,000,000

보조부문의 제조간접비를 배분하기 위한 부문간 용역수수관계는 다음과 같다.

사용 제공	보조부문		제조부문		계
	전력부(A)	수선부(B)	절단부(X)	조립부(Y)	
전력부(A)	–	400kw	600kw	1,000kw	2,000kw
수선부(B)	100hr	–	450hr	450hr	1,000hr
기계시간			2,000시간	500시간	2,500시간
직접노동시간			200시간	1,000시간	1,200시간

당기 중 #501, #502, #503 3개의 작업에 착수하였으며 #501과 #502을 완성하였다. 또한 작업 #501은 ₩5,000,000에 판매되었다. 모든 작업은 절단부와 조립부를 거쳐 완성되며 각 작업별 제조활동과 관련된 자료는 다음과 같다.

	#501	#502	#503	합계
직 접 재 료 비	₩500,000	₩400,000	₩300,000	₩1,200,000
직 접 노 무 비	450,000	350,000	200,000	1,000,000
기 계 시 간				
절 단 부	800시간	800시간	400시간	2,000시간
조 립 부	325시간	75시간	100시간	500시간
직 접 노 동 시 간				
절 단 부	100시간	60시간	40시간	200시간
조 립 부	500시간	300시간	200시간	1,000시간

요구사항

절단부문은 기계시간을 기준으로, 조립부문은 직접노동시간을 기준으로 부문별 제조간접비배부율을 사용하여 작업별 제조원가를 계산하시오(단, 보조부문의 제조간접비는 직접배분법에 의하여 제조부문에 배분).

해설

1. 부문별 제조간접비배부율의 계산

	보조부문		제조부문		계
	전력부(A)	수선부(B)	절단부(X)	조립부(Y)	
배분 전 원가	₩1,200,000	₩800,000	₩2,300,000	₩2,700,000	₩7,000,000
A부문원가배분	(1,200,000)		450,000	750,000	
B부문원가배분		(800,000)	400,000	400,000	
계	0	0	₩3,150,000	₩3,850,000	₩7,000,000
		기계시간	÷ 2,000시간		
		노동시간		÷ 1,000시간	
			@1,575	@3,850	

2. 작업별 원가계산

	#501	#502	#503	합계
직접재료비	₩500,000	₩400,000	₩300,000	₩1,200,000
직접노무비	450,000	350,000	200,000	1,000,000
제조간접비				
절단부문	1,260,000*	1,260,000	630,000	3,150,000
조립부문	1,925,000**	1,155,000	770,000	3,850,000
합계	₩4,135,000	₩3,165,000	₩1,900,000	₩9,200,000

* 800시간×@15,755＝₩12,604,000

** 500시간×@3,850＝₩1,925,000

참고

결국 예제5부터 예제7까지 제조간접비의 흐름을 살펴보면 다음과 같다.

공장전체

6개 비용과목 ₩7,000,000

⬇

부문별 집계

A ₩1,200,000 X ₩2,300,000

B ₩800,000 Y ₩2,700,000

⬇

제조부문 집계

X ₩3,150,000

Y ₩3,850,000

⬇

제품별 배부

#501 ₩3,185,000

#502 ₩2,415,000

#503 ₩1,400,000

참고 – 제조간접비배부율 산정 난이도

앞서 살펴본 제조간접비배부율의 실무적 난이도는 다음과 같다.

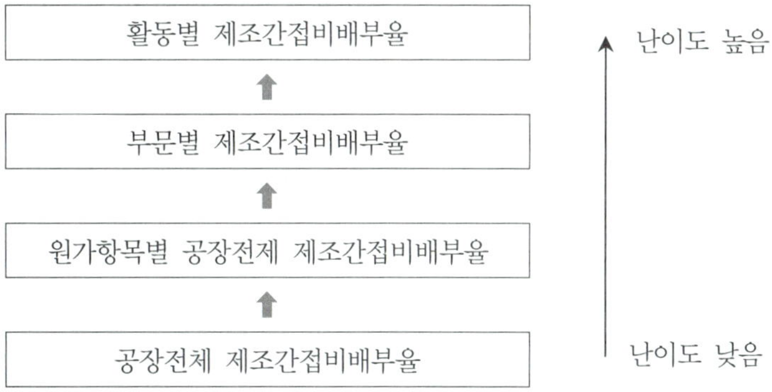

참고 – 제조간접비배부율별 배부절차의 차이점

• 공장전체 제조간접비배부율

공장전체 제조간접비배부율을 사용하면 배부율 계산시 공장전체의 제조간접비를 공장전체 배부기준으로 나누게 되므로 공장전체 제조간접비에는 제조부문뿐만 아니라 보조부문의 원가까지도 포함된다. 따라서 공장 내의 모든 부문의 제조간접비가 포함되므로 보조부문원가를 제조부문에 배분하는 절차는 그 의미가 없어진다.

• 부문별 제조간접비배부율

부문별 제조간접비배부율을 사용하면 각 제조부문별로 얼마의 제조간접비가 집계되는가에 따라 제조간접비배부율이 달라지게 된다. 제조부문의 제조간접비는 보조부문원가를 제조부문에 배분하는 과정을 전제로 하므로 부문별 제조간접비배부율 산정절차는 보조부문원가를 제조부문에 배분하는 첫 번째 절차와 제조부문원가를 개별작업(제품)에 배부하는 두 번째 절차로 나누어 계산하게 된다.

공장전체 제조간접비배부율

부문별 제조간접비배부율

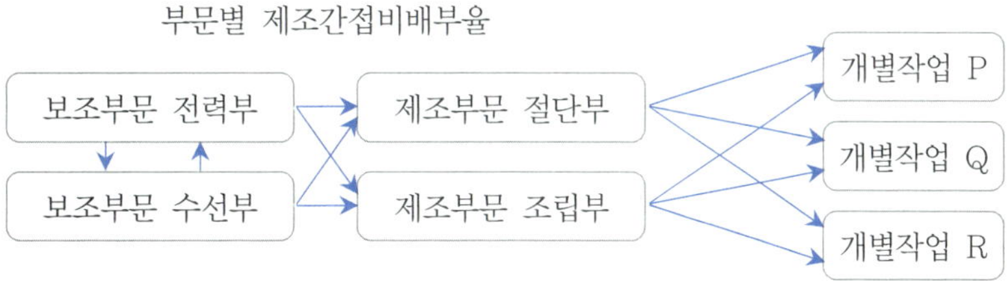

4. 공정흐름이 상이한 제품에 대한 부문별 제조간접비 배부율의 적용

한편, 부문별 제조간접비배부율을 사용하는 또 하나의 이유는 다음의 예제와 같이 각각의 제품에 대하여 공정흐름이 달라질 수 있기 때문이다. 즉, 모든 제품들이 동일한 공정을 거쳐 가공이 되는 경우도 있지만 각 제품의 특성에 따라 거치는 공정과 거치지 않는 공정이 있다면 각 공정의 제조간접비를 좀 더 정확하게 배부하기 위하여 부문별 제조간접비배부율을 사용하게 된다. 이하 예제를 통하여 살펴보도록 한다.

예제 08 부문별 제조간접비배부율 II

㈜발해산업의 제조공정은 절단, 가공, 조립, 포장 등 4개의 공정으로 이루어져 있으며 각 공정에 집계된 제조간접비는 다음과 같다(편의상 보조부문은 없는 것으로 가정).

	제조부문				계
	절단부	가공부	조립부	포장부	
제조간접비	₩1,200,000	₩800,000	₩2,300,000	₩2,700,000	₩7,000,000

한편 회사는 당기 중 제품 #101, #102, #103, #104 4개의 제품을 생산하였는데 제품의 특성과 발주처의 요구사항에 따른 공정흐름관련 작업여부는 다음과 같다.

	제품				
공정	#101	#102	#103	#104	원가동인
절단	○	○	○	○	기계시간
가공	○	○	×	○	기계시간
조립	○	×	○	×	노동시간
포장	○	○	○	×	노동시간

각 작업관련 직접원가와 가공시간 내역은 다음과 같다.

	#101	#102	#103	#104	합계
직접재료비	₩500,000	₩400,000	₩300,000	₩200,000	₩1,400,000
직접노무비	450,000	350,000	200,000	200,000	1,200,000
기 계 시 간					
절 단 부	300시간	200시간	250시간	250시간	1,000시간
가 공 부	400시간	400시간	–	200시간	1,000시간
조 립 부	100시간	–	100시간	–	200시간
포 장 부	400시간	200시간	200시간	–	800시간
직접노동시간					
절 단 부	100시간	160시간	140시간	100시간	500시간
가 공 부	300시간	200시간	–	500시간	1,000시간
조 립 부	500시간	–	1,500시간	–	2,000시간
포 장 부	300시간	450시간	750시간	–	1,500시간

요구사항

부문별 제조간접비배부율을 사용하여 각 작업별 원가계산을 하시오.

해설

	#101	#102	#103	#104	합계
직 접 재 료 비	₩500,000	₩400,000	₩300,000	₩200,000	₩1,400,000
직 접 노 무 비	450,000	350,000	200,000	200,000	1,200,000
제 조 간 접 비					
절단부(기계시간)	360,000	240,000	300,000	300,000	1,200,000
가공부(기계시간)	320,000	320,000	–	160,000	800,000
조립부(노동시간)	575,000	–	1,725,000	–	2,300,000
포장부(노동시간)	540,000	810,000	1,350,000	–	2,700,000
계	2,745,000	2,120,000	3,875,000	860,000	9,600,000

※ 절단부 기계시간당 제조간접비 배부율＝₩1,200,000÷1,000시간＝@1,200/기계시간
가공부 기계시간당 제조간접비 배부율＝₩800,000÷1,000시간＝@800/기계시간
조립부 노동시간당 제조간접비 배부율＝₩2,300,000÷2,000시간＝@1,150/노동시간
포장부 노동시간당 제조간접비 배부율＝₩2,700,000÷1,500시간＝@1,800/노동시간

5. 재작업, 공손 및 작업폐물관련 회계처리

(1) 재작업(rework)

재작업은 작업 중 발생한 문제점을 해결하기 위하여 다시 작업하여 제품을 완성하는데 소요되는 원가로서 이러한 과정에서 발생한 원가를 재작업원가라고 한다. 재작업원가는 개별제품에 대하여 추적이 가능하다면 해당 제품(작업)의 원가에 가산하며, 만약 여러 개의 작업에 대하여 한꺼번에 재작업을 하느라 특정작업에 추적하기 곤란한 재작업원가가 발생하였다면 제조간접비를 취급하여 재작업이 이루어진 제품(작업)에 배부한다.

(2) 공손(spoilage)

공손이란 공정에서 검사의 과정이 있는 경우 이러한 검사를 통과하지 못한 작업을 말하는데 쉽게 불합격품 혹은 불량품으로 이해해도 된다. 공손에 대한 회계처리는 종합원가계산에서 상세하게 다루겠지만 여기에서 간략하게 살펴본다면 공손은 정상적 공손과 비정상적 공손으로 구분하여 회계처리한다.

정상적 공손은 현재의 기술적 한계, 제조공정의 상황에서는 피할 수 없는 공손으로서 정상적 제조환경에서 발생하는 공손을 말하며 제품원가의 일부로 본다. 정상공손의 원가는 위의 재작업원가와 마찬가지로 특정제품이나 작업과 관련하여 추적할 수 있다면 해당 제품의 원가에 가산하며, 추적이 불가능하다면 제조간접비로 보아 배부한다.

비정상적 공손은 기계고장, 작업자의 중대한 실수 등 정상적 상황 이외의 상황에서 발생하는 공손으로서 비정상공손의 원가는 기업회계기준에서 제조원가 중 비정상적으로 낭비된 부분은 재고자산의 취득원가에 포함할 수 없다고 규정하고 있으므로 영업외비용(기타비용)으로 처리한다.

(3) 스크랩(scrap)

스크랩은 보통 어느 정도의 판매가치를 갖게 되는데 특정작업과 관련하여 추적할 수 있다면 스크랩의 처분가치를 해당 작업의 원가에서 차감하며, 특정작업에 추적할 수 없다면 제조간접비에서 차감하여 계산하므로 전제 작업의 제조간접비를 감소시키게 된다.

한편 스크랩과 유사한 것으로 작업폐물(waste)이 있는데 작업폐물은 보통 처분가치가 없는 경우가 일반적이며, 처분에 따르는 폐기비용은 특정작업에 추적할 수 있다면 해당 작업의 원가로 보며 특정작업에 추적할 수 없다면 제조간접비로 보아 원가계산에 반영한다.

6. 제조간접비 배부와 관련된 기업회계기준 규정

한국채택국제회계기준과 일반기업회계기준에서는 제조간접비의 배부와 관련하여 정상조업도를 강조하고 있는데 이는 특히 고정제조간접비 배부과정에서 고려할 사항이라고 볼 수 있다.

한국채택국제회계기준 1002호 문단
고정제조원가는 생산설비의 정상조업도에 기초하여 전환원가에 배부하는데, 실제조업도가 정상조업도와 유사한 경우에는 실제조업도를 사용할 수 있다. 정상조업도는 정상적인 상황에서 상당한 기간 동안 평균적으로 달성할 수 있을 것으로 예상되는 생산량을 말하는데, 계획된 유지활동에 따른 조업도손실을 고려한 것을 말한다. 생산단위당 고정제조간접원가 배부액은 낮은 조업도나 유휴설비로 인해 증가되지 않으며, 배부되지 않은 고정제조간접원가는 발생한 기간의 비용으로 인식한다. 그러나 비정상적으로 많은 생산이 이루어진 기간에는 재고자산이 원가 이상으로 측정되지 않도록 생산단위당 고정제조간접원가 배부액을 감소시켜야 한다. 한편, 변동제조간접원가는 생산설비의 실제 사용에 기초하여 각 생산단위에 배부한다.

일반기업회계기준 문단 7.8
고정제조간접원가는 생산설비의 정상조업도에 기초하여 제품에 배부하며, 실제 생산수준이 정상조업도와 유사한 경우에는 실제조업도를 사용할 수 있다. 단위당 고정제조간접원가 배부액은 비정상적으로 낮은 조업도나 유휴설비로 인하여 증가하여서는 아니된다. 그러나, 실제조업도가 정상조업도보다 높은 경우에는 실제조업도에 기초하여 고정제조간접원가를 배부함으로써 재고자산이 실제원가를 반영하도록 한다. 변동제조간접원가는 생산설비의 실제 사용에 기초하여 각 생산단위에 배부한다.

조업수준이 비정상적으로 낮은 경우 고정제조간접비를 실제조업도가 아닌 정상조업도에 의하여 배부하는 것은 조업수준이 비정상적으로 낮으면 제품단위당 고정제조간접비배부액이 현저히 높아져서 결국은 재무상태표에 표시되는 제품의 장부가액이 높아지기 때문에 이를 방지하기 위하여 정상조업도에 의하여 고정제조간접비를 배부함으로써 재고자산이 적정하게 표시되도록 하는 것이다. 이는 비정상적으로 낮은 조업수준으로 인한 고정제조간접비의 과다배부액은 제품의 제조원가로 볼 수 없음에도 불구하고 재고자산의 제조원가에 포함된다면 자산이 과대표시되는 회계분식(會計粉飾)의 효과가 나타날 수도 있기 때문이다.

이렇게 비정상적으로 낮은 조업수준으로 인하여 재고자산에 배부되지 아니한 고정제조간접비는 '조업도손실' 등의 과목으로 하여 발생한 기간의 비용으로 반영하는 것이다. 하지만 실무적으로 실제원가계산을 적용하고 있는 많은 기업들은 정상조업도를 추정하기 곤란해서 또는 위의 규정에 관한 명확한 인식을 하지 못하고 있기 때문에 조업도손실을 비용으로 인식하지 않고 있다.

참고 – 국제회계기준과 일반기업기준의 회계처리

- 일반기업회계기준

  일반기업회계기준에서 고정제조간접비는 생산설비의 정상조업도에 기초하여 제품에 배부하며, 실제 생산수준이 정상조업도와 유사한 경우에는 실제조업도를 사용할 수 있다. 단위당 고정제조간접비 배부액은 비정상적으로 낮은 조업도나 유휴설비로 인하여 증가하여서는 아니 된다고 설명하고 있다.

  이는 정상조업도에 의하여 고정제조간접비를 배부하고, 배부되지 아니한 금액은 제조원가를 구성할 수 없으며 이를 영업외비용으로 회계처리하는 것으로 해석된다.

- 한국채택국제회계기준

  한국채택국제회계기준에서 생산단위당 고정제조간접비 배부액은 낮은 조업도나 유휴설비로 인해 증가되지 않으며, 배부되지 않은 고정제조간접비는 발생한 기간의 비용으로 인식된다고 설명하고 있다.

다만, 배부되지 않은 고정제조간접비는 국제회계기준에서 영업외비용으로 처리할 수 있는 규정이 없으므로 일반적으로 매출원가에 직접 반영하는 것으로 해석된다. 즉, 배부되지 않은 고정제조간접비는 기말재공품이나 기말제품의 원가를 구성하지 아니하고 해당 기간의 매출원가에 직접 반영하는 것이다.

제3절 활동기준원가계산(ABC)

1. 활동기준원가계산의 의의

제품에 대한 소비자의 욕구가 다양한 제품을 선호하게 됨에 따라 기업의 생산구조도 산업초기의 대량생산체제에서 다품종소량생산체제로 변하게 되었으며, 다양한 제품을 생산하기 위한 기업의 노력과 대규모의 설비투자, 자동화생산시스템의 도입 등으로 인하여 원가의 구성 중 제조간접비의 비중이 급격하게 증가하게 되었다. 또한 1980년대부터 기업이 컴퓨터를 본격적으로 도입함에 따라 정보수집기술이 발달하게 되었다. 따라서 새로운 경제환경에 적합한 원가계산제도가 나타나게 되었는데 이를 활동기준원가계산(ABC; activity based costing)이라 한다.

직접재료비와 직접노무비의 비중이 높은 환경하에서 적용되던 전통적 원가계산제도는 제조간접비의 배부가 직접노무비·직접노동시간·기계시간 등을 기준으로 배부된다. 이는 제조간접비가 직접노무비, 직접노동시간 혹은 기계시간 등과 비례하여 발생하고 이에 따라 배부된다는 것으로 최근의 산업구조처럼 다양한 생산형태와 다양한 원인에 의해서 원가가 발생하며 제조간접비의 비중이 상대적으로 커지는 경우 그 설득력을 상실하게 된다. 따라서 활동기준원가계산은 제조간접비를 직접원가나 기계시간 등 단순한 요인에 의해서 배부하지 않고 제조간접비를 발생시키는 원인(원가동인 : cost driver)을 추적하여 그 원인을 규명하고, 제품의 제조 및 생산에 미치는 영향을 분석하여 정확한 원가계산을 하는 것을 목적으로 한다. 또한 활동기준원가계산은 단지 제품원가계산기능뿐 아니라 관리회계측면에서 의사결정과 성과평가를 위한 중요한 정보를 추출·제공하는 기능도 갖고 있다.

활동기준원가계산은 제조간접비를 원가발생의 원인이라 할 수 있는 '활동(activity)'

을 기준으로 배부하게 되는데 활동이란 자원을 소비하여 제품을 생산하는 공정 내의 작업이라 할 수 있다. 전통적인 원가계산에서는 제조간접비의 배부를 공장전체로 하거나 또는 부문별로 하였으나, 활동기준원가계산에서는 공정가치분석을 통하여 공정 내에서 자원을 소비하는 활동을 찾아내고 각 제품을 생산하기 위하여 투입된 활동에 따라 제품별 원가계산을 하는 것이다.

2. 활동기준원가계산의 절차

활동기준원가계산의 절차는 다음과 같다.

- 활동분석
- 활동중심점의 설정 및 원가동인의 선택
- 활동별 원가집계
- 활동별 원가배부율의 계산
- 제품별 원가계산

(1) 활동분석

제품제조에 필요한 공정 내의 활동을 구분·분석하는 절차로 공정가치분석(process value analysis)을 통하여 확인된다. 공정가치분석에서 공정을 전체적인 생산흐름에 따라 투입되는 활동으로 파악하는 것도 중요하지만 공정 내에서 인식된 활동을 부가가치활동과 비부가가치활동으로 구분하는 것도 매우 중요한 절차이다.

부가가치활동(value added activity)은 제품의 품질과 직결되어 제품의 가치를 증가시키는 활동으로 절단, 조립, 완성, 포장 등 제조공정의 필수적인 활동들이 포함된다. 반면, 비부가가치활동(non-value added activity)은 제품의 품질과 관계가 없는 활동으로 재고자산의 저장[2], 대기[3], 이동 등의 활동을 말한다. 만약 공정 내에서 부가가치활동이 제거된다면 소비자들은 제품의 품질이 하락하였다는 것을 인지하게 되어 제품에 대한 수요도 감소하게 되지만, 비부가가치활동이 제거된다면 제품의 품질과는

2) 제14장 적시재고시스템 참조
3) 제16장 제약이론 참조

관계없으므로 제품의 수요에도 영향이 없다. 따라서 기업의 입장에서는 공정 내에서 비부가가치활동만을 제거함으로써 효율적 원가절감을 할 수 있게 되며, 어떠한 활동이 제품의 가치와 관계되어 있는지를 정확하게 파악할 수 있게 된다.

(2) 활동중심점의 설정 및 원가동인의 선택

공정가치분석의 결과 확인된 각 활동을 바탕으로 활동중심점을 설계하고 활동중심점의 원가동인(cost driver)을 선택하는 절차이다. 원가동인을 선택하는 과정에서 주의할 점은 원가동인과 원가발생과의 인과관계가 높아야 한다는 것이다. 즉 자원을 소비하는 활동과 소비된 자원으로 인하여 발생한 원가의 인과관계가 높아야 정확한 원가배분을 통하여 제품원가계산이 적절하게 수행된다.

(3) 활동별 원가집계

전단계에서 파악된 활동별로 발생하는 제조간접비를 집계한다.

(4) 활동별 원가배부율의 계산

3단계에서 활동별로 집계된 제조간접비를 2단계에서 선택된 활동별 배부기준인 원가동인으로 나누어 활동별 제조간접비배부율을 계산한다.

(5) 제품별 원가계산

각 제품을 생산하기 위하여 발생한 원가동인에 활동별 제조간접비배부율을 곱하여 각 제품별 제조간접비배부액을 계산한다.

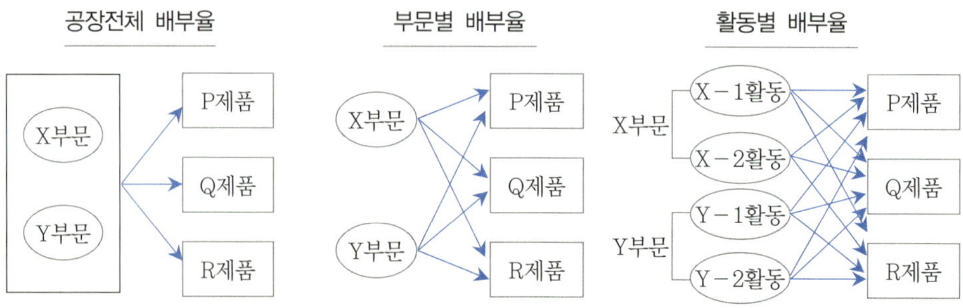

3. 활동의 유형

활동의 유형은 다음과 같이 4가지로 구분하는데 활동의 유형을 파악하는 것은 해당 원가동인과 원가를 정확하게 이해하는 데 필수적인 절차이다.

(1) 제품단위수준활동(unit－level activity)

제품가공을 위한 기계활동, 직접노동활동 등을 말하는데 기계활동으로는 프레스나 선반을 이용하여 제품을 절삭하거나 절단하는 활동을 예로 들 수 있고, 직접노동활동으로는 조립·포장활동 등을 예로 들 수 있다. 또한 공정의 일정시점에서 전 제품을 검사한다면 이러한 검사활동도 단위수준활동으로 분류할 수 있다.

(2) 묶음수준활동(batch－level activity)

제품의 한 묶음(batch)을 생산할 때마다 발생하는 활동으로 제품의 생산량과는 관계없이 묶음의 수에 따라 발생한다. 작업준비활동, 재료수령활동, 자재이동활동, 구매주문활동, 묶음별 검사활동 등이 여기에 포함된다.

(3) 제품유지활동(product sustain－level activity)

제품의 생산량과는 관계없이 특정제품의 생산을 위하여 발생하는 활동으로 제품의 종류의 수에 따라 발생한다. 제품설계활동, 엔지니어링활동, 제품광고활동, 설계변경활동, 공정기술변경활동 등이 여기에 포함된다.

(4) 설비유지활동(facility sustain-level activity)

공장전체나 공정전체를 유지·관리하기 위하여 발생하는 활동으로 공장관리활동, 건물관리활동, 조경작업활동, 냉난방활동 등이 여기에 포함된다.

※ 참고 : 활동의 유형은 위의 4가지 활동유형 외에 고객유지수준활동(customer sustain-level activity)과 기술유지수준활동(technology sustain-level activity)으로 추가 분류하기도 한다.

4. 활동기준원가계산의 장점

활동기준원가계산의 장점으로는 다음과 같은 사항을 꼽을 수 있다.

(1) 정확한 원가계산

제품생산을 위한 활동을 파악하여 활동별로 제조간접비를 배부하므로 전통적인 원가계산보다 정확한 원가계산이 가능하다.

(2) 올바른 의사결정

정확한 원가계산으로 제품별 이익파악이 가능하며 회사는 어느 제품을 주력제품으로 하여 생산·판매할 것인가 등의 의사결정이 가능하다.

(3) 성과평가기능의 향상

향상된 원가정보수집기술과 정확한 원가계산으로 공정별, 공정관리자별, 제품별 성과평가기능이 강화된다.

(4) 제품제조원가 절감

공정가치분석을 통하여 부가가치활동과 비부가가치활동의 구분이 가능해지므로, 비부가가치활동을 공정에서 제거하여 제품의 품질과 가치는 유지하면서 제품원가를 절감할 수 있게 된다.

(5) 공정의 효율적 통제

공정가치분석을 통하여 공정의 활동들을 분석하고 활동중심점을 파악함으로써 공정의 활동들을 제품의 품질유지와 관련이 있는 부가가치활동과 제품의 품질유지와는 관련성이 없는 비부가가치활동으로 구분하여 공정의 모든 활동에 대한 효율적인 통제가 가능해진다.

활동기준원가계산에는 위에서 언급한 장점도 있으나 공정가치분석에서 활동분석이 매우 어렵다는 단점도 있다. 또한 원가동인에 대한 자의적 판단을 하기 쉬우며 활동의 측정 및 분석에 많은 비용이 소요된다.

예제 09 활동기준원가계산

㈜태백산은 두 개의 제조부문 절단부와 조립부에서 작업 P, Q, R을 제조하고 있다. 각 제품의 생산관련자료는 다음과 같다.

	P	Q	R	합계
직 접 재 료 비	₩150,000	₩400,000	₩450,000	₩1,000,000
직 접 노 무 비	300,000	600,000	900,000	1,800,000
직 접 노 동 시 간	3,000	5,000	12,000	20,000
기 계 시 간	2,000	2,000	6,000	10,000
부 품 의 수	400개	600개	1,500개	2,500개
제 품 수 량	100개	150개	250개	500개

절단부문과 조립부문에서 발생한 제조간접비는 다음과 같다.

구 분	절단부문	조립부문	합 계	배부기준
재료운반	₩450,000	₩550,000	₩1,000,000	부 품 의 수
절삭가공	1,500,000	–	1,500,000	기 계 시 간
조 립	–	3,000,000	3,000,000	직접노동시간
피막처리	2,000,000	1,000,000	3,000,000	제 품 수 량
품질검사	1,000,000	3,000,000	4,000,000	제 품 수 량
합 계	₩4,950,000	₩7,550,000	₩12,500,000	

요구사항

작업별 원가를 다음 각각의 요구사항에 따라 계산하시오.

1. 직접노동시간을 기준으로 공장전체배부율을 사용하여 제조간접비를 배부하시오.
2. 절단부문은 기계시간을 기준으로, 조립부문은 직접노동시간을 기준으로 부문별 배부율을 사용하여 제조간접비를 배부하시오.
3. 활동기준원가계산에 의하여 각 활동별로 제조간접비를 배부하시오.

해설

1. 공장전체 제조간접비배부율

(1) 제조간접비배부율

$$\frac{₩12,500,000}{20,000\text{시간}} = @625/\text{직접노동시간}$$

(2) 작업별 제조원가

	P	Q	R	합계
직접재료비	₩150,000	₩400,000	₩450,000	₩1,000,000
직접노무비	300,000	600,000	900,000	1,800,000
제조간접비	1,875,000	3,125,000	7,500,000	12,500,000
합 계	₩2,325,000	₩4,125,000	₩8,850,000	₩15,300,000

2. 부문별 제조간접비배부율

(1) 제조간접비배부율

• 절단부문

$$\frac{₩4,950,000}{10,000\text{시간}} = @495/\text{기계시간}$$

• 조립부문

$$\frac{₩7,550,000}{20,000\text{시간}} = @377.5/\text{직접노동시간}$$

(2) 작업별 제조원가

	P	Q	R	합계
직접재료비	₩150,000	₩400,000	₩450,000	₩1,000,000
직접노무비	300,000	600,000	900,000	1,800,000
제조간접비				
절단부문	990,000	990,000	2,970,000	4,950,000
조립부문	1,132,500	1,887,500	4,530,000	7,550,000
합 계	₩2,572,500	₩3,877,500	₩8,850,000	₩15,300,000

3. 활동기준원가계산

(1) 활동기준별 제조간접비배부율

구 분	제조간접비	원가동인	원가동인의 수	제조간접비배부율
재료운반	₩1,000,000	부 품 의 수	2,500개	₩400
절삭가공	1,500,000	기 계 시 간	10,000시간	150
조 립	3,000,000	직접노동시간	20,000시간	150
피막처리	3,000,000	제 품 수 량	500개	6,000
품질검사	4,000,000	제 품 수 량	500개	8,000
합 계	₩12,500,000			

(2) 작업별 제조원가

	P	Q	R	합계
직접재료비	₩150,000	₩400,000	₩450,000	₩1,000,000
직접노무비	300,000	600,000	900,000	1,800,000
제조간접비				
재료운반	160,000	240,000	600,000	1,000,000
절삭가공	300,000	300,000	900,000	1,500,000
조 립	450,000	750,000	1,800,000	3,000,000
피막처리	600,000	900,000	1,500,000	3,000,000
품질검사	800,000	1,200,000	2,000,000	4,000,000
합 계	₩2,760,000	₩4,390,000	₩8,150,000	₩15,300,000

보론 1 : 직접비가 추적되지 않는 경우 개별원가계산의 기타방법

앞에서 개별원가계산제도에 대하여 살펴보았다. 하지만 원가계산시스템이 취약한 회사들의 경우에는 원가이론에 충실한 원가계산제도를 구축할 수 없는 경우도 많이 있다. 따라서 보론에서는 비록 원가계산의 합리성이 조금은 떨어지더라도 원가계산시스템이 취약한 회사들이 실무적으로 많이 사용되고 있는 개별원가계산에 대하여 살펴보고자 한다.

상당수의 중소기업들은 원재료수불과 작업자의 시간관리를 통한 정확한 개별원가계산을 하지 못하고 있다. 이는 대부분 원가정보를 수집하는 원가계산시스템의 미비로 인한 것으로서 단시일 내에 해결하기에는 많은 어려움이 있다. 이러한 경우 원론적인 개별원가계산을 적용하는 것은 곤란하지만 최소한 각 제품별 단위당 표준원재료투입량 혹은 표준자재명세[실무적으로 흔히 B.O.M(bill of materials)이라 하므로 이하 "BOM"으로 한다]를 확보할 수 있다면 어느 정도의 개별원가계산을 수행할 수 있다.

1. 재료비 계산

회사는 제품생산에 투입되는 원재료수불부를 다음과 같이 작성하여 재료비 66,780,000원을 계산하였다. 하지만 수불부에 의하여 계산한 66,780,000원의 재료비는 회사가 생산하는 P, Q, R, S, T 다섯 가지의 제품에 각각 얼마만큼 투입되는지 알 수 없는 상황이라고 가정한다.

〈원재료수불부〉

품목	기초재고			입고			출고			기말재고		
	수량	단가	금액	수량	단가	금액	수량	단가	금액	수량	단가	금액
A			…			…			…			…
B			…			…			…			…
C			…			…			…			…
계			8,935,000			83,450,000			66,780,000			25,605,000

이 경우 개별원가계산을 수행하기 위하여 각 제품별 BOM을 파악, BOM에 따른 제품 단위당 표준재료비를 계산한다. 여기에 각 제품별 생산량을 곱하여 제품별 총표준재료비를 계산한다.

일반적으로 실제 재료비(₩66,780,000)는 작업과정에서 원재료 불량, 작업자 실수, 분실 혹은 수율 등 여러 가지 원인에 의하여 총표준재료비와 차이가 나기 마련이다(대부분 실제 재료비가 총표준재료비보다 많을 것이다).

BOM에 의한 단위당 표준재료비와 생산량을 감안한 총표준재료비를 계산하면 다음과 같다.

〈제품별 총표준재료비와 비율〉

제품명	제품 단위당 표준재료비 (BOM에 의하여 계산)	생산량	총표준재료비 (적수)	비율
P	45,000	400	18,000,000	0.27842
Q	55,000	350	19,250,000	0.29776
R	28,000	600	16,800,000	0.25986
S	34,000	200	6,800,000	0.10518
T	38,000	100	3,800,000	0.05878
계	200,000	1,650	64,650,000	1.00000

실제 재료비와 총표준재료비와의 차이(₩2,130,000=66,780,000−64,650,000)는 각 제품별 총표준재료비 비율에 따라 안분하여 계산, 각 제품별 재료비를 계산한다.

〈제품별 재료비〉

제품명	총표준재료비(X)	비율	차이금액배분(Y)	제품별 재료비 (Z=X+Y)
P	18,000,000	0.27842	593,035	18,593,035
Q	19,250,000	0.29776	634,229	19,884,229
R	16,800,000	0.25986	553,502	17,353,502
S	6,800,000	0.10518	224,033	7,024,033
T	3,800,000	0.05878	125,201	3,925,201
계	64,650,000	1.00000	2,130,000	66,780,000

2. 가공비 및 단위당 제조원가계산

노무비는 각 제품별 시간관리에 의하여 계산하고, 제조간접비(혹은 경비)는 제품별 배부기준을 결정하여 배부하여야 하는 것이 정확한 접근방법이겠지만 중소기업의 경우 실무적으로 제품별 시간관리를 못하는 경우가 대부분이다. 노무비와 제조간접비를 합한 금액을 가공비라고 하는데 노무비와 제조간접비를 별도의 배부기준에 따라 배분하지 않고 각 제품별 총표준재료비 비율에 따라 배분한다. 이는 앞서 살펴본 배부기준 중에서 직접재료비기준을 적용하는 것이라 할 수 있다. 가공비를 총표준재료비 비율에 따라 배분하는 것은 회사의 가공비 발생이 노동시간이나 기계시간보다 직접재료비에 의하여 좌우된다고 보는 것으로서 어느 정도는 타당성을 갖는 배부기준이라고 할 수 있다. 물론 기업의 제조형태나 상황에 따라 가공비를 재료비에 따라 배분하는 것이 비합리적인 경우도 있을 수 있으나 저자가 보론에서 설명하고자 하는 것은 어디까지나 원가계산시스템이 정교하지 않은 기업을 전제로 하는 것이므로 실무적으로 용인될 수 있는 방법이라고 할 수 있다.

제조원가명세서에 집계된 노무비가 ₩130,000,000, 경비가 ₩256,560,000이라고 가정하여 제품별 원가계산을 작성하면 다음과 같다.

〈제품별 제조원가〉

제품명	총표준재료비 비율	재 료 비	노 무 비	경 비	계
P	0.27842	18,593,035	36,194,600	71,431,435	126,219,070
Q	0.29776	19,884,229	38,708,800	76,393,306	134,986,335
R	0.25986	17,353,502	33,781,800	66,669,682	117,804,984
S	0.10518	7,024,033	13,673,400	26,984,981	47,682,414
T	0.05878	3,925,201	7,641,400	15,080,596	26,647,197
계	1.00000	66,780,000	130,000,000	256,560,000	453,340,000

〈제품단위당 원가〉

제품명	제조원가	생산량	단위원가
P	126,219,070	400	315,547.68
Q	134,986,335	350	385,675.24
R	117,804,984	600	196,341.64
S	47,682,414	200	238,412.07
T	26,647,197	100	266,471.97
계	453,340,000	1,650	

3. 직접경비를 이용한 원가계산

총표준재료비를 이용한 개별원가계산은 제품별 BOM의 설정이 원가계산의 정확성을 좌우하는 가장 중요한 요소라고 할 수 있다. 또한 가능한 각 제품별 직접투입원가를 파악하여 원가계산에 반영하면 더욱 정확성을 높이게 된다. 예를 들어 기업에 따라 외주가공비가 매우 중요한 부분을 차지하는 경우도 많은데 외주가공비는 각 제품별 외주가공처가 다를 수 있으므로 각 제품별 외주가공비를 파악하여 직접원가로 계산하고 나머지 항목은 총표준재료비에 따라 계산하는 것도 하나의 방법이 될 수 있다.

위의 제조간접비 ₩256,560,000의 내역이 다음과 같다고 가정하자.

〈제조원가명세서〉

<table>
<tr><th>과 목</th><th colspan="2">금 액</th><th colspan="2">비 고</th></tr>
<tr><td>재 료 비</td><td></td><td>66,780,000</td><td colspan="2"></td></tr>
<tr><td>노 무 비</td><td></td><td>130,000,000</td><td colspan="2"></td></tr>
<tr><td>경 비</td><td></td><td>256,560,000</td><td colspan="2"></td></tr>
<tr><td>복리후생비</td><td>12,530,350</td><td></td><td colspan="2"></td></tr>
<tr><td>감가상각비</td><td>98,450,000</td><td></td><td colspan="2"></td></tr>
<tr><td>수도광열비</td><td>35,000,870</td><td></td><td colspan="2"></td></tr>
<tr><td>소 모 품 비</td><td>5,680,050</td><td></td><td colspan="2"></td></tr>
<tr><td>보 험 료</td><td>2,540,560</td><td></td><td colspan="2"></td></tr>
<tr><td>세금과공과</td><td>6,785,000</td><td></td><td colspan="2"></td></tr>
<tr><td>지급임차료</td><td>16,593,170</td><td></td><td colspan="2"></td></tr>
<tr><td rowspan="7">외주가공비</td><td rowspan="7">78,980,000</td><td rowspan="7"></td><td colspan="2">제품별 투입내역</td></tr>
<tr><td>P</td><td>25,000,000</td></tr>
<tr><td>Q</td><td>13,350,000</td></tr>
<tr><td>R</td><td>18,000,000</td></tr>
<tr><td>S</td><td>22,630,000</td></tr>
<tr><td>T</td><td>–</td></tr>
<tr><td>계</td><td>78,980,000</td></tr>
<tr><td>당기총제조원가</td><td></td><td>453,340,000</td><td colspan="2"></td></tr>
</table>

위와 같이 제품별 외주가공비가 파악된다면 원가계산은 다음과 같이 달라진다.

〈제품별 제조원가〉

<table>
<tr><th rowspan="2">제품명</th><th rowspan="2">비 율</th><th rowspan="2">재 료 비</th><th rowspan="2">노 무 비</th><th colspan="2">경 비</th><th rowspan="2">계</th></tr>
<tr><th>직접경비
(외주가공비)</th><th>기타 경비</th></tr>
<tr><td>P</td><td>0.27842</td><td>18,593,035</td><td>36,194,600</td><td>25,000,000</td><td>49,441,824</td><td>129,229,459</td></tr>
<tr><td>Q</td><td>0.29776</td><td>19,884,229</td><td>38,708,800</td><td>13,350,000</td><td>52,876,221</td><td>124,819,250</td></tr>
<tr><td>R</td><td>0.25986</td><td>17,353,502</td><td>33,781,800</td><td>18,000,000</td><td>46,145,939</td><td>115,281,241</td></tr>
<tr><td>S</td><td>0.10518</td><td>7,024,033</td><td>13,673,400</td><td>22,630,000</td><td>18,677,864</td><td>62,005,297</td></tr>
<tr><td>T</td><td>0.05878</td><td>3,925,201</td><td>7,641,400</td><td>–</td><td>10,438,152</td><td>22,004,753</td></tr>
<tr><td>계</td><td>1.00000</td><td>66,780,000</td><td>130,000,000</td><td>78,980,000</td><td>177,580,000</td><td>453,340,000</td></tr>
</table>

〈제품단위당 원가〉

제품명	제조원가	생산량	단위원가
P	129,229,459	400	323,073.65
Q	124,819,250	350	356,626.43
R	115,281,241	600	192,135.40
S	62,005,297	200	310,026.49
T	22,004,753	100	220,047.53
계	453,340,000	1,650	

4. 표준작업공수를 이용한 가공비 배부

앞서 살펴본 내용은 결국은 표준재료비를 기준으로 모든 제조원가를 각 제품별로 배부하는 방법이었다. 하지만 노무비와 경비의 경우에는 가공작업과의 관련성이 높은 경우도 있으므로 각 제품별 표준작업공수("작업계수"라고 표현하기도 한다)를 기초로 하여 가공비를 각 제품에 배부하는 방법을 고려할 수도 있다.

만약 회사는 각 제품의 작업난이도를 고려하여 P제품은 1.0, Q제품은 1.2, R제품은 1.5, S제품은 1.8, T제품은 2.0공수(工數)를 부여하였다고 가정하자. 여기에서 작업공수는 소요시간을 의미할 수도 있으며 작업난이도를 고려한 작업등급의 의미가 될 수도 있다.

재료비는 표준재료비를 기준으로, 노무비와 경비는 작업공수 기준으로 배부한다면 다음과 같이 계산된다.

〈제품별 가공공수비율〉

제품명	제품 단위당 표준공수	생산량	총표준작업공수	비율
P	1.0	400	400	0.17544
Q	1.2	350	420	0.18421
R	1.5	600	900	0.39474
S	1.8	200	360	0.15789
T	2.0	100	200	0.08772
계		1,650	2,280	1.00000

〈제품별 제조원가〉

제품명	재료비		가공비				계
	표준재료비비율	금액	총표준작업공수비율	노무비	경비		
					직접경비	기타경비	
P	0.27842	18,593,035	0.17544	22,807,200	25,000,000	31,154,635	97,554,870
Q	0.29776	19,884,229	0.18421	23,947,300	13,350,000	32,712,012	89,893,541
R	0.25986	17,353,502	0.39474	51,316,200	18,000,000	70,097,929	156,767,631
S	0.10518	7,024,033	0.15789	20,525,700	22,630,000	28,038,106	78,217,839
T	0.05878	3,925,201	0.08772	11,403,600	–	15,577,318	30,906,119
계	1.00000	66,780,000	1.00000	130,000,000	78,980,000	177,580,000	453,340,000

〈제품단위당 원가〉

제품명	제조원가	생산량	단위원가
P	97,554,870	400	243,887
Q	89,893,541	350	256,839
R	156,767,631	600	261,279
S	78,217,839	200	391,089
T	30,906,119	100	309,061
계	453,340,000	1,650	

5. 기타사항

앞에서 언급한 내용은 모든 제품이 완성된 경우를 가정하였다. 하지만 생산현장에는 미완성된 기말재공품도 있을 수 있으므로 이러한 상황을 감안하여 원가계산에 반영하여야 한다.

미완성 재공품에 대하여 실제투입된 제품별 재료비를 계산할 수 있다면 가장 정확한 방법이 될 것이다. 하지만 제품별 BOM 외에는 실제 투입재료비를 파악하기 곤란한 경우가 많을 수 있으므로 이러한 경우에는 재공품의 완성도를 감안하여 계산한다.

예를 들어 위의 '4. 표준작업공수를 이용한 가공비 배부'에서 T제품의 경우 기말현재 미완성상태이며 생산부에서는 T제품이 완성품을 기준으로 약 60% 완성된 것으로 판단한다고 가정한다. 이러한 경우에는 기말재공품의 완성도를 약 60%로 보아 총표준재료비계산에 반영하고 원가계산을 하여야 한다.

〈제품별 총표준재료비와 비율〉

제품명	구분	단위당 표준재료비	완성도	환산재료비	생산량	총표준재료비	비율
P	제품	45,000	100%	45,000	400	18,000,000	0.28513
Q	제품	55,000	100%	55,000	350	19,250,000	0.30493
R	제품	28,000	100%	28,000	600	16,800,000	0.26612
S	제품	34,000	100%	34,000	200	6,800,000	0.10771
T	재공품	38,000	60%	22,800	100	2,280,000	0.03611
계		200,000		184,800	1,650	63,130,000	1.00000

〈제품별 재료비〉

제품명	총표준재료비(X)	비율	차이금액배분(Y)	제품별 재료비 (Z=X+Y)
P	18,000,000	0.28513	1,040,724	19,040,724
Q	19,250,000	0.30493	1,112,995	20,362,995
R	16,800,000	0.26612	971,338	17,771,338
S	6,800,000	0.10771	393,142	7,193,142
T	2,280,000	0.03611	131,801	2,411,801
계	63,130,000	1.00000	3,650,000	66,780,000

(재료비 차이금액=실제재료비−총표준재료비=₩66,780,000−63,130,000=₩3,650,000)

〈제품별 제조원가〉

제품명	재료비		가공비				계
					경비		
	표준재료비비율	금액	총표준작업공수비율	노무비	직접경비	기타경비	
P	0.28513	19,040,724	0.17544	22,807,200	25,000,000	31,154,635	98,002,559
Q	0.30493	20,362,995	0.18421	23,947,300	13,350,000	32,712,012	90,372,307
R	0.26612	17,771,338	0.39474	51,316,200	18,000,000	70,097,929	157,185,467
S	0.10771	7,193,142	0.15789	20,525,700	22,630,000	28,038,106	78,386,948
T	0.03611	2,411,801	0.08772	11,403,600	–	15,577,318	29,392,719
계	1.00000	66,780,000	1.00000	130,000,000	78,980,000	177,580,000	453,340,000

〈제품단위당 원가〉

제품명	제조원가	생산량	단위원가
P	98,002,559	400	245,006
Q	90,372,307	350	258,207
R	157,185,467	600	261,976
S	78,386,948	200	391,935
T	29,392,719	100	293,927
계	453,340,000	1,650	

보론 2 : 개별원가계산과 건설계약

개별원가계산은 조선, 플랜트 등처럼 다품종소량생산에 적합한 원가계산제도이다. 하지만 이러한 업종들은 보통 건설 혹은 생산에 소요되는 기간이 1년 이상인 경우가 많다. 따라서 개별원가계산과 재무회계의 진행기준에 의한 수익인식을 함께 살펴야 개별원가계산에 대한 정확한 이해가 가능하다.

조선, 플랜트 등의 경우와 용역제공 등의 경우에는 생산 혹은 용역제공이 여러 회계기간에 걸쳐 이루어지는 경우가 많다. 이렇게 여러 회계기간에 걸쳐 수익이 발생하는 경우 국제회계기준에서는 "건설계약", 일반기업회계기준에서는 "건설형 공사계약"이라고 하고 이에 대한 회계처리방법을 정의하고 있다. 일반적으로는 "진행기준"에 의한 수익인식이라고도 하므로 이번 보론에서는 "진행기준"이라고 지칭하도록 한다.

다만 이번 보론에서는 개별원가계산과 진행기준에 의한 수익인식의 관계를 살펴보는 것이 주목적이므로 재무회계에서 강조하는 공사대금의 청구, 공사대금의 회수, 미청구공사와 초과청구공사 등에 대한 설명은 제외하기로 한다. 또한 모든 공사는 최초의 예정원가추정과 동일하게 각 연도별로 발생하였다고 가정한다.

1. 계약원가

건설계약 혹은 건설형 공사계약 등 진행기준에 의한 원가인식은 다음과 같이 정의된다.

① 특정계약에 직접 관련된 원가
② 계약활동 전반에 귀속될 수 있는 공통원가로서 특정 계약에 배분할 수 있는 원가
③ 계약조건에 따라 발주자에게 청구할 수 있는 기타원가

하지만 계약활동에 귀속될 수 없거나 특정 계약에 배분할 수 없는 원가는 건설계약의 원가에서 제외한다. 이러한 원가에는 다음이 포함된다.

① 계약에 보상이 명시되어 있지 않은 일반관리원가
② 판매원가
③ 계약에 보상이 명시되어 있지 않은 연구개발원가
④ 특정 계약에 사용하지 않는 유휴 생산설비나 건설장비의 감가상각비

2. 계약수익과 계약원가의 인식

건설계약의 결과를 신뢰성 있게 추정할 수 있는 경우, 건설계약과 관련한 계약수익과 계약원가는 보고기간말 현재 계약활동의 진행률을 기준으로 각각 수익과 비용으로 인식한다. 건설계약에 손실이 예상되는 경우에는 관련 손실을 즉시 비용으로 인식한다.

(1) 계약수익의 인식

계약수익의 인식은 당기까지의 누적계약수익에서 전기까지의 누적계약수익을 차감하여 인식하고 이를 손익계산서의 매출로 인식한다.

> 당기계약수익 = 당기말 누적수익 − 전기말 누적수익
> = 총계약금액 × 당기말 누적진행률 − 총계약금액 × 전기말 누적진행률

(2) 계약원가의 인식

위의 계약수익에 대응하는 계약원가는 당기까지의 누적계약원가에서 전기까지의 누적계약원가를 차감하여 인식하고 이를 손익계산서의 매출원가로 인식한다.

> 당기계약원가 = 당기말 누적원가 − 전기말 누적원가
> = 당기말 총예정원가 × 당기말 누적진행률
> − 전기말 총예정원가 × 전기말 누적진행률

(3) 진행률

계약의 진행률은 다양한 방식으로 결정될 수 있지만 일반적으로 가장 많이 사용되는 방법은 수행한 공사에 대하여 발생한 누적계약원가를 추정총계약원가로 나눈 비율이다.

$$\text{누적진행률} = \frac{\text{당기까지 누적발생원가}}{\text{추정총계약원가}} = \frac{\text{전기까지 누적원가} + \text{당기원가}}{\text{당기까지 누적원가} + \text{추가예정원가}}$$

예제

㈜청산중공업은 다음과 같은 플랜트관련 프로젝트 3건을 동시에 진행하고 있으며 프로젝트 완성에 3년을 예상하고 있다. 공사수익 및 공사원가관련 자료는 다음과 같다.
(모든 원가는 최초예상액과 동일하게 발생하였다고 가정한다.)

1. 공사별 계약액

	project A	project B	project C	계
공사계약액	₩100,000	₩150,000	₩200,000	₩450,000

2. 연도별 직접비 발생액

연도	과목	A	B	C	계
1차연도	직접재료비	₩10,000	₩12,000	₩40,000	₩62,000
	직접노무비	10,000	15,000	25,000	50,000
	직접경비	8,000	10,000	10,000	28,000
	계	28,000	37,000	75,000	140,000
2차연도	직접재료비	9,000	10,000	20,000	39,000
	직접노무비	6,000	10,000	13,000	29,000
	직접경비	3,000	10,000	10,000	23,000
	계	18,000	30,000	43,000	91,000
3차연도	직접재료비	12,000	5,000	8,000	25,000
	직접노무비	8,000	10,000	12,000	30,000
	직접경비	5,000	5,000	4,000	14,000
	계	25,000	20,000	24,000	69,000
총계		₩71,000	₩87,000	₩142,000	₩300,000

3. 공사별 직접비 및 제조간접비

연도	공사원가				합계
	직접비			제조간접비	
	A	B	C		
1차연도	₩28,000	₩37,000	₩75,000	₩10,000	₩150,000
2차연도	18,000	30,000	43,000	10,000	101,000
3차연도	25,000	20,000	24,000	20,000	89,000
계	₩71,000	₩87,000	₩142,000	₩40,000	₩340,000

4. 회사는 직접노동시간을 기준으로 제조간접비를 배부한다. 연도별 직접노동시간은 다음과 같다.

연도	A	B	C	계
1차연도	200	300	500	1,000
2차연도	160	240	400	800
3차연도	250	350	400	1,000

요구사항

각 프로젝트별, 연도별 공사수익, 공사원가를 계산하고 연도별 손익계산서를 작성하시오.

해설

1. 연도별 제조간접비 배부

연도	구분	A	B	C	계
1차연도	%	20%	30%	50%	100%
	배부액	₩2,000	₩3,000	₩5,000	₩10,000
2차연도	%	20%	30%	50%	100%
	배부액	₩2,000	₩3,000	₩5,000	₩10,000
3차연도	%	25%	35%	40%	100%
	배부액	₩5,000	₩7,000	₩8,000	₩20,000

2. 연도별 프로젝트별 공사원가

연도	구분	A	B	C	계
1차연도	직접비	₩28,000	₩37,000	₩75,000	₩140,000
	제조간접비	2,000	3,000	5,000	10,000
	공사원가 계	30,000	40,000	80,000	150,000
2차연도	직접비	18,000	30,000	43,000	91,000
	제조간접비	2,000	3,000	5,000	10,000
	공사원가 계	20,000	33,000	48,000	101,000
3차연도	직접비	25,000	20,000	24,000	69,000
	제조간접비	5,000	7,000	8,000	20,000
	공사원가 계	30,000	27,000	32,000	89,000
총계		₩80,000	₩100,000	₩160,000	₩340,000

3. 프로젝트별 공사진행률

연도	A			B			C		
	공사원가	진행률	누적 진행률	공사원가	진행률	누적 진행률	공사원가	진행률	누적 진행률
1차	₩30,000	37.5%	37.5%	₩40,000	40.0%	40.0%	₩80,000	50.0%	50.0%
2차	20,000	25.0%	62.5%	33,000	33.0%	73.0%	48,000	30.0%	80.0%
3차	30,000	37.5%	100%	27,000	27.0%	100%	32,000	20.0%	100%
	₩80,000	100%		₩100,000	100%		₩160,000	100%	

4. 연도별 공사수익

	A		B		C		
공사계약액		₩100,000		₩150,000		₩200,000	₩450,000
연도	진행률	공사수익	진행률	공사수익	진행률	공사수익	계
1차연도	37.5%	₩37,500	40.0%	₩60,000	50.0%	₩100,000	₩197,500
2차연도	25.0%	25,000	33.0%	49,500	30.0%	60,000	134,500
3차연도	37.5%	37,500	27.0%	40,500	20.0%	40,000	118,000
계	100%	₩100,000	100%	₩150,000	100%	₩200,000	₩450,000

※공사수익은 누적진행률에 의한 당년도까지의 누적공사수익에서 전년도까지 인식한 누적공사수익을 차감하여 계산하여야 하나 본 예제에서는 최초 공사원가예상액과 실제발생액이 동일한 것으로 가정하였으므로 편의상 각 연도별 진행률에 의하여 공사수익액을 인식하도록 한다.

5. 연도별 손익계산서

연도	구분	A	B	C	계
1차연도	공사수익	₩37,500	₩60,000	₩100,000	₩197,500
	공사원가	30,000	40,000	80,000	150,000
	매출총이익	7,500	20,000	20,000	47,500
2차연도	공사수익	25,000	49,500	60,000	134,500
	공사원가	20,000	33,000	48,000	101,000
	매출총이익	5,000	16,500	12,000	33,500
3차연도	공사수익	37,500	40,500	40,000	118,000
	공사원가	30,000	27,000	32,000	89,000
	매출총이익	7,500	13,500	8,000	29,000
총공사이익		20,000	50,000	40,000	110,000

연습문제

문제 1. 보조부문원가의 제조부문 배분

㈜경남의 공장은 3개의 보조부문과 2개의 제조부문으로 구성되어 있는데 보조부문은 전력부문, 공장관리부문, 식당부문으로 구성되어 있고, 제조부문은 사출부문과 성형부문으로 구성되어 있다. 각 부문의 제조간접비 발생액과 용역제공비율은 다음과 같다. 단, 전력부 직원은 외부용역회사소속으로 ㈜경남의 식당부문을 이용하지 않는다.

	보조부문			제조부문		
	전력부	관리부	식당부	사출부	성형부	계
제조간접비발생액	₩80,000	₩40,000	₩30,000	₩200,000	₩160,000	₩510,000
용역제공						
전력부(전력량기준)	–	100kwh	100kwh	400kwh	400kwh	1,000kwh
관리부(면적기준)	20㎡	–	20㎡	60㎡	100㎡	200㎡
식당부(인원기준)	–	10명	–	30명	60명	100명

요구사항

1. 직접배분법에 의하여 보조부문의 제조간접비를 제조부문에 배분하시오.
2. 단계배분법에 의하여 보조부문의 제조간접비를 제조부문에 배분하시오(단, 제조간접비발생액이 큰 부문부터 배분한다).
3. 상호배분법에 의하여 보조부문의 제조간접비를 제조부문에 배분하시오.

해설

1. 직접배분법

	보조부문			제조부문		
	전력부	관리부	식당부	사출부	성형부	계
제조간접비 발생액	₩80,000	₩40,000	₩30,000	₩200,000	₩160,000	₩510,000
제조간접비 배분액						
전력부(전력량기준)	(80,000)			40,000	40,000	
관리부(면적기준)		(40,000)		15,000	25,000	
식당부(인원기준)			(30,000)	10,000	20,000	
	0	0	0	₩265,000	₩245,000	₩510,000

2. 단계배분법

	보조부문			제조부문		
	전력부	관리부	식당부	사출부	성형부	계
제조간접비 발생액	₩80,000	₩40,000	₩30,000	₩200,000	₩160,000	₩510,000
제조간접비 배분액						
전력부(전력량기준)	(80,000)	8,000	8,000	32,000	32,000	
관리부(면적기준)		(48,000)	5,333	16,000	26,667	
식당부(인원기준)			(43,333)	14,444	28,889	
	0	0	0	₩262,444	₩247,556	₩510,000

3. 상호배분법

전력부, 관리부, 식당부를 각각 A, B, C라 하면

A = ₩80,000 + 0.1B

B = ₩40,000 + 0.1A + 0.1C

C = ₩30,000 + 0.1A + 0.1B

∴ A = ₩85,291 B = ₩52,911 C = ₩43,820

	보조부문			제조부문		
	전력부	관리부	식당부	사출부	성형부	계
제조간접비 발생액	₩80,000	₩40,000	₩30,000	₩200,000	₩160,000	₩510,000
제조간접비 배분액						
전력부(전력량기준)	(85,291)	8,529	8,529	34,116	34,117	
관리부(면적기준)	5,291	(52,911)	5,291	15,873	26,456	
식당부(인원기준)	–	4,382	(43,820)	13,146	26,292	
	0	0	0	₩263,135	₩246,865	₩510,000

문제 2. 작업별 원가계산

㈜마포조선은 당기 중 유조선, 여객선, 어선 3대의 선박건조에 착수하였다. 각 선박의 제조활동과 관련된 자료는 다음과 같다.

	유조선	여객선	어선	합계
직접재료비	₩850,000	₩290,000	₩360,000	₩1,500,000
직접노무비	350,000	450,000	200,000	1,000,000
직접노동시간	1,200시간	1,200시간	600시간	3,000시간
기계시간	600시간	1,000시간	400시간	2,000시간

당기 중 발생한 제조간접비의 내용은 다음과 같다.

과 목	금 액
전 력 비	₩350,000
감가상각비	200,000
임 차 료	400,000
보 험 료	500,000
수 선 비	350,000
계	₩1,800,000

당기말 현재 어선은 작업 중이며, 유조선과 여객선은 완성되었고 유조선은 ₩2,500,000에 판매되었다. 회사는 직접노무비를 기준으로 제조간접비를 배부하고 있다. 당기 중 발생한 판매관리비는 다음과 같다.

과 목	금 액
급 여	₩100,000
판매수수료	80,000
감가상각비	120,000
계	₩300,000

요구사항

1. 작업별 제조원가를 계산하시오.
2. 제조원가명세서를 작성하시오.
3. 손익계산서를 작성하시오.

해설

1. 작업별 제조원가

1) 제조간접비배부율 $=\frac{₩1,800,000}{₩1,000,000}=$ 직접노무비의 180%

2) 작업별 제조원가

	유조선	여객선	어선	합계
직접재료비	₩850,000	₩290,000	₩360,000	₩1,500,000
직접노무비	350,000	450,000	200,000	1,000,000
제조간접비	630,000	810,000	360,000	1,800,000
계	₩1,830,000	₩1,550,000	₩920,000	₩4,300,000

2. 제조원가명세서

Ⅰ. 직 접 재 료 비		₩1,500,000
Ⅱ. 직 접 노 무 비		1,000,000
Ⅲ. 제 조 간 접 비		1,800,000
1. 전 력 비	₩350,000	
2. 감 가 상 각 비	200,000	
3. 임 차 료	400,000	
4. 보 험 료	500,000	
5. 수 선 비	350,000	
Ⅳ. 당 기 총 제 조 원 가		4,300,000
Ⅴ. 기 초 재 공 품		–
합 계		4,300,000
Ⅵ. 기 말 재 공 품*		920,000
Ⅶ. 당 기 제 품 제 조 원 가		₩3,380,000

* 기말재공품 : 어선 ₩920,000

3. 손익계산서

Ⅰ. 매 출 액		₩2,500,000
Ⅱ. 매 출 원 가		1,830,000
1. 기 초 제 품 재 고 액	−	
2. 당 기 제 품 제 조 원 가	3,380,000	
계	3,380,000	
3. 기 말 제 품 재 고 액*	1,550,000	
Ⅲ. 매 출 총 이 익		670,000
Ⅳ. 판 매 관 리 비		300,000
1. 급 여	100,000	
2. 판 매 수 수 료	80,000	
3. 감 가 상 각 비	120,000	
Ⅴ. 영 업 이 익		₩370,000

* 기말제품 : 여객선 ₩1,550,000

문제 3. 부문별 제조간접비배부율과 공장전체 제조간접비배부율

개별원가계산을 적용하고 있는 ㈜백두산은 제조부문인 프레스부문과 조립부문을 거쳐 제품을 생산한다. 회사가 3월 31일 현재 가공 중인 작업은 #301(₩110,000)이며 4월 중 작업 #302, #303에 착수하여 #301과 #302를 완성하였다. 한편, 3월 31일 현재 보유 중인 제품으로 #300(₩2,100,000)이 있으며 회사는 4월 중 #300과 #301을 각각 ₩3,000,000과 ₩4,200,000에 판매하였다.

	#301	#302	#303	합계
직접재료비	₩250,000	₩450,000	₩500,000	₩1,200,000
직접노무비	550,000	850,000	400,000	1,800,000
직접노동시간				
프레스부문	450시간	600시간	450시간	1,500시간
조립부문	700시간	1,050시간	1,750시간	3,500시간
기계시간				
프레스부문	60시간	100시간	40시간	200시간
조립부문	70시간	20시간	10시간	100시간

제조부문에서 발생한 제조간접비는 다음과 같다.

	프레스부문	조립부문	합계
제조간접비	₩2,000,000	₩1,400,000	₩3,400,000

요구사항

1. 회사는 공장전체 제조간접비배부율을 사용하기로 하였고 공장전체의 제조간접비 발생과 인과관계가 가장 높은 활동이 직접노동시간이라고 판단하여 직접노동시간에 의하여 제조간접비를 배부하기로 하였다.
   ① 각 작업별 원가를 계산하시오.
   ② 손익계산서를 작성하시오.
2. 회사는 부문별로 제조간접비를 배부하기로 하였고 프레스부문은 기계시간이, 조립부문은 직접노동시간이 제조간접비 발생과 인과관계가 높다고 판단하여 각각을 기준으로 제조간접비를 배부하기로 하였다.
   ① 각 작업별 원가를 계산하시오.
   ② 손익계산서를 작성하시오.
3. 회사의 경영진은 공장전체 배부율을 적용하는 경우와 부문별 배부율을 적용하는 경우 작업별 원가계산 결과가 달라지게 되는 것에 대하여 의문을 갖게 되어 원가담당자인 당신에게 그 이유를 설명해 달라고 하였다. 그 이유는 무엇인가?

해설

작업별 제조원가를 계산하기 전에 물량흐름을 정리하면 다음과 같다.

재 공 품

차변		대변	
기초재공품	#301	완 성	#301
			#302
당기착수	#302		
	#303	기말재공품	#303

제 품

차변		대변	
기초제품	#300	판 매	#300
			#301
생 산	#301		
	#302	기말제품	#302

(재공품 완성 #301, #302 → 제품 생산)

1. 공장전체 제조간접비배부율

1) 공장전체 제조간접비배부율

$$\frac{\text{공장전체 제조간접비}}{\text{공장전체 직접노동시간}} = \frac{₩3,400,000}{5,000\text{시간}} = @680/\text{직접노동시간}$$

2) 작업별 제조원가

	#301	#302	#303	합계
기초재공품	₩110,000	–	–	₩110,000
직접재료비	250,000	₩450,000	₩500,000	1,200,000
직접노무비	550,000	850,000	400,000	1,800,000
제조간접비	782,000	1,122,000	1,496,000	3,400,000
계	₩1,692,000	₩2,422,000	₩2,396,000	₩6,510,000

※제조간접비배부액의 계산

작업번호	배부기준	배부율	제조간접비배부액
#301	1,150시간	@680	₩782,000
#302	1,650	〃	1,122,000
#303	2,200	〃	1,496,000
계	5,000시간		₩3,400,000

3) 손익계산서

Ⅰ. 매 출 액		₩7,200,000
Ⅱ. 매 출 원 가		3,792,000
1. 기 초 제 품 재 고 액 (#300)	2,100,000	
2. 당 기 제 품 제 조 원 가 (#301, #302)	4,114,000	
계	6,214,000	
3. 기 말 제 품 재 고 액 (#302)	2,422,000	
Ⅲ. 매 출 총 이 익		₩3,408,000

2. 부문별 제조간접비배부율

1) 부문별 제조간접비배부율

$$\text{프레스부문} = \frac{\text{프레스부문 제조간접비}}{\text{프레스부문 기계시간}} = \frac{₩2,000,000}{200\text{시간}} = @10,000/\text{기계시간}$$

$$\text{조립부문} = \frac{\text{조립부문 제조간접비}}{\text{조립부문 직접노동시간}} = \frac{₩1,400,000}{3,500\text{시간}} = @400/\text{직접노동시간}$$

2) 작업별 제조원가

	#301	#302	#303	합계
기초재공품	₩110,000	–	–	₩110,000
직접재료비	250,000	₩450,000	₩500,000	1,200,000
직접노무비	550,000	850,000	400,000	1,800,000
제조간접비				
프레스부문	600,000	1,000,000	400,000	2,000,000
조립부문	280,000	420,000	700,000	1,400,000
계	₩1,790,000	₩2,720,000	₩2,000,000	₩6,510,000

※제조간접비배부액의 계산

작업번호	프레스부문 배부기준	배부율	제조간접비 배부액	조립부문 배부기준	배부율	제조간접비 배부액
#301	60시간	@10,000	₩600,000	700시간	@400	₩280,000
#302	100	〃	1,000,000	1,050	〃	420,000
#303	40	〃	400,000	1,750	〃	700,000
계	200시간		₩2,000,000	3,500시간		₩1,400,000

3) 손익계산서

Ⅰ. 매 출 액		₩7,200,000
Ⅱ. 매 출 원 가		3,890,000
1. 기초제품재고액 (#300)	₩2,100,000	
2. 당기제품제조원가 (#301, #302)	4,510,000	
계	6,610,000	
3. 기말제품재고액 (#302)	2,720,000	
Ⅲ. 매 출 총 이 익		₩3,310,000

3. 작업별 원가차이에 대한 설명

	#301	#302	#303	합계
공장전체 배부율	₩1,692,000	₩2,422,000	₩2,396,000	₩6,510,000
부문별 배부율	1,790,000	2,720,000	2,000,000	6,510,000
차 이	₩98,000	₩298,000	(₩396,000)	0

위와 같이 각 작업별 원가는 작업 #301은 ₩98,000이 증가하였고 #302는 ₩298,000이 증가하였다. 반면, 작업 #303은 ₩396,000이 감소하였다. 이는 제조간접비 배부기준에

따라 각 작업별 제조간접비배부액이 달라지기 때문인데 각 작업별 배부기준의 비율은 다음과 같다.

	#301	#302	#303	합계
공장전체 배부율				
직접노동시간	1,150시간	1,650시간	2,200시간	5,000시간
비 율	23%	33%	44%	100%
부문별 배부율				
기계시간(프레스부문)	60시간	100시간	40시간	200시간
비 율	30%	50%	20%	100%
직접노동시간(조립부문)	700시간	1,050시간	1,750시간	3,500시간
비 율	20%	30%	50%	100%

작업 #302의 경우 공장전체 배부율에 의하여 직접노동시간을 기준으로 배부하면 전체 ₩3,400,000의 제조간접비 중 33%인 ₩1,122,000의 제조간접비가 배부된다. 그러나 부문별 배부율에 의하여 프레스부문은 기계시간을 기준으로, 조립부문은 직접노동시간을 기준으로 배부하면 프레스부문은 ₩2,000,000의 제조간접비 중 50%인 ₩1,000,000이, 조립부문은 ₩1,400,000의 제조간접비 중 30%인 ₩420,000이 #302에 배부되므로 총 ₩1,420,000이 배부된다.

제조간접비배부액 차이 ₩298,000이 발생하는 이유는 부문별 배부율을 적용하면 기계시간이 배부기준으로 선정되어 #302에 많은 금액이 배부되기 때문이다. 제조간접비의 배부가 각 부문의 가공정도에 따라 배부되어야 한다면 결국 부문의 특성을 가장 잘 표현할 수 있는 부문별 배부율이 공장전체 배부율보다 합리적이라 할 수 있다.

문제 4. 자부문 소비용역

㈜광장의 공장은 전력부, 수선부의 보조부문과 사출부, 성형부의 제조부문으로 구성되어 있다. 각 부문별 제조간접비발생액과 부문간 용역수수관계에 관한 자료는 다음과 같다.

구 분	보 조 부 문		제 조 부 문		계
	전력부	수선부	사출부	성형부	
제조간접비	₩300,000	400,000	1,000,000	1,300,000	₩3,000,000
전 력 부	200kwh	100kwh	300kwh	400kwh	1,000kwh
수 선 부	100시간	–	400시간	500시간	1,000시간

전력부는 발전기를 가동하기 위하여 생산하는 전력의 20%를 자기부문에서 사용하고 있다.

요구사항

상호배분법에 의하여 보조부문의 원가를 제조부문에 배분하시오.

해설

1. 자부문 소비용역을 무시하는 경우

1) 용역제공비율

	보 조 부 문		제 조 부 문		계
	전력부	수선부	사출부	성형부	
전 력 부	–	12.5%	37.5%	50%	100%
수 선 부	10%	–	40%	50%	100%

2) 보조부문원가의 배분

전력부를 P, 수선부를 M이라 하고 연립방정식을 설정하면

$P=300,000+0.1M$

$M=400,000+0.125P$

$\therefore\ P=344,304 \quad M=443,038$

	보 조 부 문		제 조 부 문		
	전력부	수선부	사출부	성형부	계
배분전 원가	₩300,000	₩400,000	₩1,000,000	₩1,300,000	₩3,000,000
전력부원가배분	(344,304)	43,038	129,114	172,152	
수선부원가배분	44,304	(443,038)	177,215	221,519	
배분후 원가	0	0	₩1,306,329	₩1,693,671	₩3,000,000

2. 자부문 소비용역을 포함하는 경우

1) 용역제공비율

	보 조 부 문		제 조 부 문		계
	전력부	수선부	사출부	성형부	
전 력 부	20%	10%	30%	40%	100%
수 선 부	10%	–	40%	50%	100%

2) 보조부문원가의 배분

전력부를 P, 수선부를 M이라 하고 연립방정식을 설정하면

$P=300,000+0.2P+0.1M$

$M=400,000+0.1P$

$\therefore\ P=430,380 \quad M=443,038$

	보조부문		제조부문		
	전력부	수선부	사출부	성형부	계
배분전 원가	₩300,000	₩400,000	₩1,000,000	₩1,300,000	₩3,000,000
전력부원가배분	(430,380) 86,076	43,038	129,114	172,152	
수선부원가배분	44,304	(443,038)	177,215	221,519	
배분후 원가	0	0	₩1,306,329	₩1,693,671	₩3,000,000

※참고

자부문 소비용역(self-service)이란 자기부문에서 생산한 용역을 자기부문에서 사용하는 것을 말하는데 위의 문제처럼 전력부가 생산한 전력을 전력부에서 소비하는 경우라든가 수선부가 자기부문을 위하여 수선용역을 소비하는 경우 등이 여기에 해당한다. 이론적으로는 자부문 소비용역을 고려하는 것이 정확한 방법이나 상호배분법하에서는 자부문 소비용역의 고려 여부와 관계없이 보조부문원가의 배분은 동일하게 이루어진다.

문제 5. 활동기준원가계산

㈜한공산업은 A, B, C 세 가지 종류의 제품을 생산하고 있으며 활동기준원가계산을 적용하고 있다. 생산공정의 활동과 관련된 자료는 다음과 같다.

활 동	배부기준	총배부기준	가공비발생액
운 반	운 반 회 수	500회	₩1,500,000
성 형	기 계 시 간	20,000시간	2,000,000
조 립	부 품 의 수	300,000단위	3,000,000
검 사	완성단위의 수	3,000단위	2,400,000
	합 계		₩8,900,000

다음은 각 제품의 생산관련자료이다.

구 분	A	B	C	총원가동인의 수
운 반 회 수	100회	200회	200회	500회
단위당기계시간	5시간	7시간	14시간	20,000시간
부 품 의 수	100,000단위	120,000단위	80,000단위	300,000단위
생 산 량	1,200단위	1,600단위	200단위	3,000단위
단위당재료비	₩5,000	₩7,000	₩15,000	

요구사항

제품 B의 총제조원가와 단위당 원가를 구하시오.

해설

1. 활동단위당 가공비배부율

활 동	배부기준	가공비	총원가동인의 수	배부율
운 반	운 반 회 수	₩1,500,000	500회	₩3,000
성 형	기 계 시 간	2,000,000	20,000시간	100
조 립	부 품 의 수	3,000,000	300,000단위	10
검 사	완성단위의 수	2,400,000	3,000단위	800
	합 계	₩8,900,000		

2. B제품 원가

직접재료비	1,600×@7,000 =		₩11,200,000
가 공 비			
운 반	200×@3,000 =	₩600,000	
성 형	7×1,600×@100=	1,120,000	
조 립	120,000×@10=	1,200,000	
검 사	1,600×@800=	1,280,000	4,200,000
총제조원가			₩15,400,000
			÷1,600단위
단위당 원가			₩9,625

문제 6. 활동기준원가계산

제품 X와 Y를 생산하고 있는 태영산업은 그 동안 직접노무비를 기준으로 제조간접비를 배부하는 전통적인 원가계산방식을 따르고 있었다. 그러나 회사의 경영진은 최근 활동기준원가계산을 도입하기로 하였다. 회사는 당기에 X제품 400단위와 Y제품 750단위를 생산하였으며 X, Y제품 모두 기초재고와 기말재고는 없다. 다음은 제품 X, Y의 생산관련자료이다.

	X	Y	
단위당 직접재료비	₩10,000	₩20,000	
단위당 직접노무비	5,000	4,000	
제조간접비			합 계
작업준비(준비회수)	3회	2회	₩2,800,000
프레스(기계시간)	250시간	150시간	3,200,000
조립(부품의 수)	30,000단위	20,000단위	2,500,000
검사(검사회수)	600회	400회	1,500,000
			₩10,000,000

회사는 활동기준원가계산을 적용하는 경우에도 제품단위당 제조원가에 25%의 이익을 가산하여 판매가격을 결정하는 정책을 고수하기로 하였다.

요구사항

1. 전통적인 원가계산방법에 의하여 제조간접비배부율을 구하시오.
2. 전통적인 원가계산방법에 의한 제품 X와 Y의 단위당 판매가격은 얼마인가?
3. 활동기준원가계산에 의한 제품의 단위당 제조원가와 판매가격을 구하시오.
4. 활동기준원가계산을 적용하는 경우 회사가 목표로 하는 이익을 확보하기 위하여 회사는 판매가격을 어떻게 조정하여야 하는가?

해설

1. 전통적인 원가계산에 의한 제조간접비배부율

총직접노무비 = ₩5,000×400단위 + ₩4,000×750단위 = ₩5,000,000

제조간접비배부율 = $\dfrac{₩10,000,000}{₩5,000,000}$ = 직접노무비의 200%

2. 전통적인 원가계산방법에 의한 제품의 단위당 판매가격

	X	Y
직 접 재 료 비	₩10,000	₩20,000
직 접 노 무 비	5,000	4,000
제 조 간 접 비	10,000	8,000
계	₩25,000	₩32,000
이 익 가 산	×125%	×125%
단 위 당 판 매 가 격	₩31,250	₩40,000

3. 활동기준원가계산에 의한 제품의 단위당 제조원가와 판매가격

(1) 활동별 제조간접비배부율

구 분	제조간접비	총원가동인수	배부율
작업준비(준비회수)	₩2,800,000	5회	₩560,000
프 레 스(기계시간)	3,200,000	400시간	8,000
조 립(부품의 수)	2,500,000	50,000단위	50
검 사(검사회수)	1,500,000	1,000회	1,500
	₩10,000,000		

(2) 제품 단위당 제조원가 및 판매가격

	X		Y		계
직접재료비	₩10,000×400=	₩4,000,000	₩20,000×750=	₩15,000,000	₩19,000,000
직접노무비	5,000×400=	2,000,000	4,000×750=	3,000,000	5,000,000
제조간접비					
작업준비	1,680,000		1,120,000		
프 레 스	2,000,000		1,200,000		
조 립	1,500,000		1,000,000		
검 사	900,000	6,080,000	600,000	3,920,000	10,000,000
합 계		₩12,080,000		₩21,920,000	₩34,000,000
생 산 량		÷ 400단위		÷ 750단위	
단위당제조원가		₩30,200		₩29,227	
이 익 가 산		×125%		×125%	
단위당판매가격		₩37,750		₩36,534	

4. 가격조정

	X	Y
전통원가계산에 의한 단위당 판매가격	₩31,250	₩40,000
활동기준원가계산에 의한 단위당 판매가격	37,750	36,534
가격조정	₩6,500 인상	₩3,466 인하

제3장 종합원가계산

제1절 종합원가계산의 의의

1. 종합원가계산의 개요

종합원가계산(process costing)은 표준규격제품을 대량으로 연속 생산하는 업종에 적합한 원가계산제도로 자동차, 화학, 제지업 등에서 주로 사용한다. 종합원가계산은 하나 또는 그 이상의 연속된 제조공정에서 제품을 대량생산하는 제조형태의 원가계산제도이므로 '공정'을 중심으로 원가계산이 이루어진다. 원가계산이 공정을 중심으로 이루어진다는 측면에서 '제품'을 중심으로 원가계산이 이루어지는 개별원가계산과는 기본논리나 절차에서 상당한 차이가 난다.

종합원가계산은 공정을 중심으로 원가계산이 이루어지고 동일공정에서 생산된 제품은 동질적이라는 가정을 하므로 일정 회계기간 동안 발생한 총원가를 그 기간 동안의 작업량(완성품환산량)으로 나누어 계산하는 평균화의 개념이 적용된다.

다음은 개별원가계산과 종합원가계산의 개념을 그림으로 표시한 것이다.

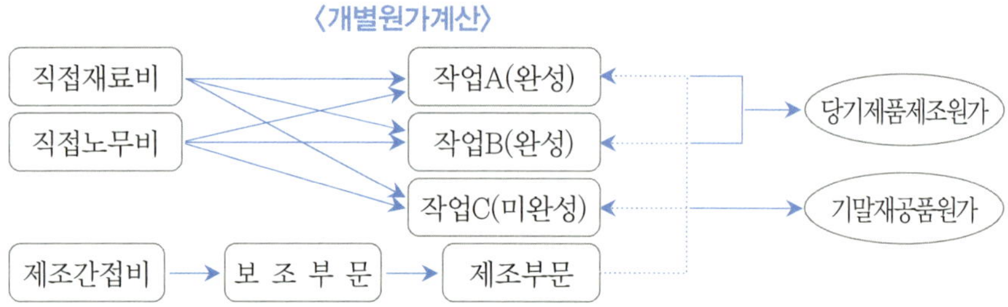

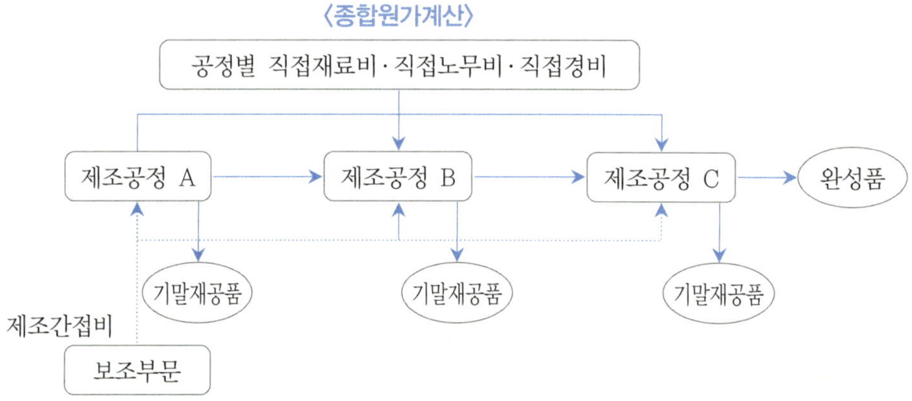

종합원가계산은 동일공정에서 생산된 제품은 동질적이라는 가정을 하므로 제품의 단위당 원가는 일정 회계기간 동안 발생한 원가를 재료비와 가공비(직접노무비+제조간접비)로 구분하여 각각의 완성품환산량으로 나누어 계산하는 평균화의 개념이 적용된다.

$$\text{제품단위당 원가} = \frac{\text{직접재료비}}{\text{재료비완성품환산량}} + \frac{\text{가공비}}{\text{가공비완성품환산량}}$$

2. 완성품환산량

종합원가계산의 기본개념이 발생한 원가를 작업량으로 나누어 계산하는 것이므로 작업량의 개념이 매우 중요한데, 작업량이란 단순한 물량이 아니라 '완성품환산량'을 의미한다. 완성품환산량(EUP; equivalent unit of production)이란 제조공정에서의 작업량을 완성품으로 환산하였을 경우의 수량을 의미하는 것으로 완성품뿐만 아니라 기말재공품에 대한 작업량도 포함하게 된다.

기말재공품의 작업량을 계산할 때 완성도의 개념을 먼저 이해하여야 하는데 완성도(degree of completion)란 완성품을 100%로 볼 때 미완성품인 재공품의 완성정도를 일정한 비율로 표시한 것을 말한다. 즉 50%나 60%의 비율로 완성정도를 표시하게 된다.

완성품환산량은 직접재료비와 가공비(직접노무비와 제조간접비)로 구분하여 계산하는데 그 이유는 직접재료비와 가공비의 발생형태가 서로 다르기 때문이다. 일반적으로 직접재료비는 공정의 일정시점에서 전량 투입되는 반면 가공비는 투입된 재료를 완성품으로 가공하기 위하여 공정 전반에 걸쳐 균등하게 발생한다.

예를 들어 재료가 공정초에 전량 투입되고 가공비는 공정 전반에 걸쳐 균등하게 발생하는 경우 완성품이 200단위 있다면 완성품에는 재료가 모두 투입되고 가공도 모두 끝났을 것이므로 재료비와 가공비에 대한 완성품환산량은 각각 200단위로 계산된다. 한편, 기말재공품 100단위가 가공비완성도 50%라면 재료는 공정초에 100단위에 해당하는 물량만큼 투입되었으나 가공은 50%만 완성되었으므로 재료비에 대한 완성품환산량은 100단위이나 가공비에 대한 완성품환산량은 100×50%인 50단위가 된다. 다음의 예제를 통하여 완성품환산량의 계산을 이해하도록 한다.

예제 01 완성품환산량의 계산

㈜고려는 당기에 1,000단위의 작업에 착수하여 1월 중 800단위를 완성하고 200단위는 1월말 현재 가공 중이다. 원재료는 공정 초 전량 투입되고 가공비는 공정 전반에 걸쳐 균등하게 발생하며 기말재공품의 가공완성도가 50%라면 재료비와 가공비의 완성품환산량은 각각 얼마인가?

재공품

기초	0	완성	800
착수	1,000	기말	200

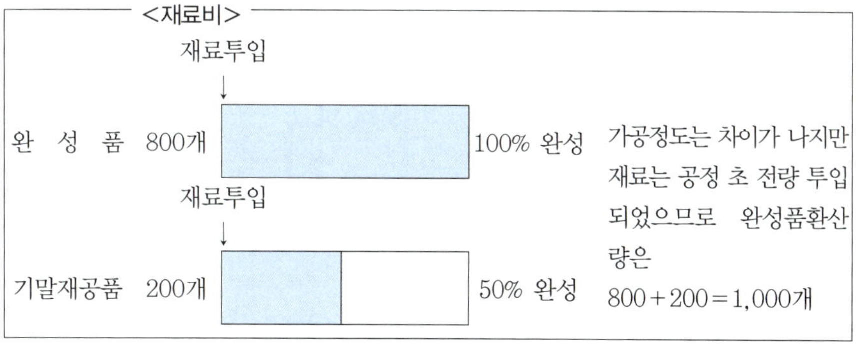

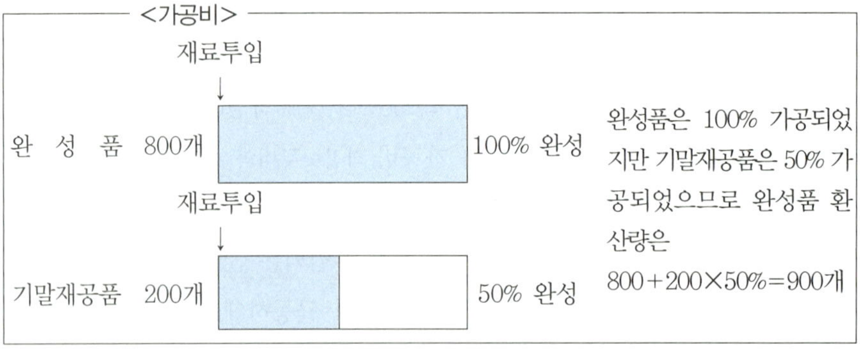

이를 정리하면 다음과 같다.

	물량단위	완성품환산량 재료비	완성품환산량 가공비
완 성 품	800	800	800
기말재공품	200(50%)	200	100
합 계	1,000	1,000	900

3. 원재료투입과 재고자산의 수불관계

종합원가계산에서는 특별한 경우가 아니면 원재료는 공정초 투입된다는 전제하에 원가계산이 이루어진다. 이를 이해하기 위해서는 원재료·재공품·제품으로 이루어지는 재고자산 전체의 흐름과 대체시점에 대하여 살펴보아야 한다.

(1) 부품 등을 자재창고 출고시점에 "원재료"에서 "재공품"으로 대체하는 경우

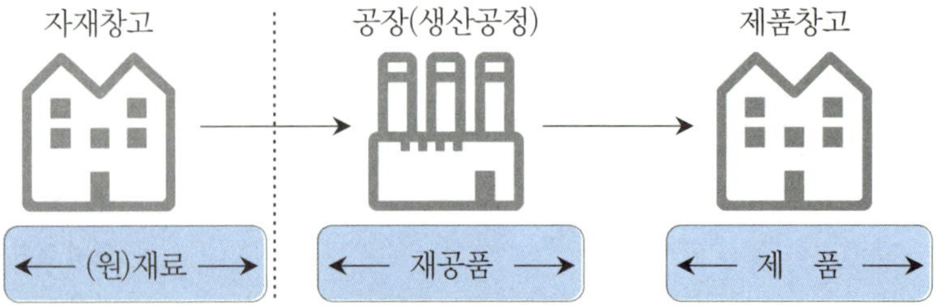

부품 등을 자재창고 출고시점에 "원재료"에서 "재공품"으로 대체하는 경우에는 생산공정에 있는 모든 부품은 재공품으로 처리된다. 즉, 공정에서 작업 중인 부품뿐 아니라 공정에 대기 중인 부품도 재공품으로 회계처리한다. 상당수의 회사들이 선택하고 있는 재고자산의 수불형태라고 할 수 있다.

> 공정에서 작업 중이든 공정 대기상태이든 모두 부품은 "재공품"으로 회계처리
> ⇨ 원가계산에서 모든 원재료는 공정 초 전량 투입과 동일한 효과

(2) 공정에서 부품을 실제 투입하는 시점에 "원재료"에서 "재공품"으로 대체하는 경우

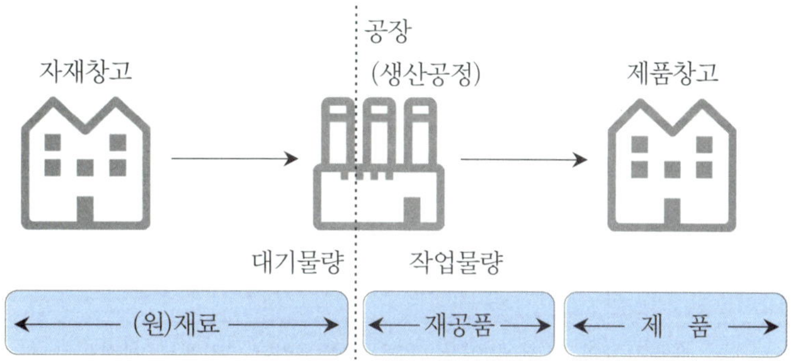

생산공정에서 부품이 실제 투입(조립)되는 시점에 "원재료"에서 "재공품"으로 대체하는 경우로서 공장 내에 있는 부품 중 생산공정에서 작업 중인 것만 "재공품"으로 회계처리되고 미조립되어 공정 대기상태에 있는 부품은 "원재료"로 회계처리하는 방법(rollback)이다. 실무적으로 사용하는 회사는 많지 않은 편인데 기말에 원재료 수량을 확인하기 위해서는 자재창고뿐 아니라 공정에 대기 중인 부품까지도 확인을 하여야 하므로 실사과정에 많은 번거로움이 따르기 때문이다.

> 공정 대기 중인 부품은 "원재료"계정으로,
> 공정 작업 중인 부품은 "재공품"계정으로 회계처리
> ⇨ 원가계산에서 재료의 투입시점은 부품의 실제투입시점

(3) 생산공정 제품출고시점에 "원재료"에서 "제품"으로 대체하는 경우

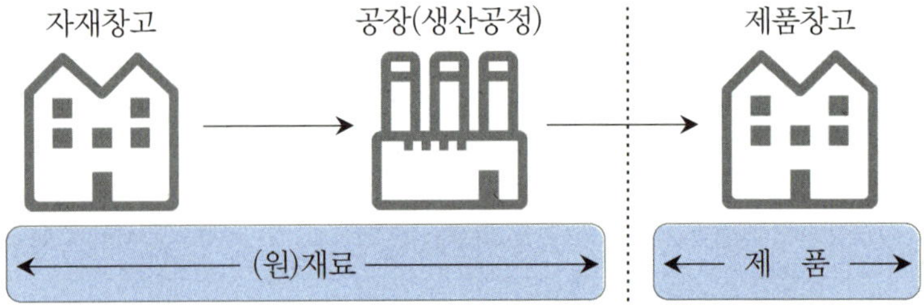

생산공정 종점에서 제품이 완성되어 제품창고로 넘어가는 시점에 해당 제품을 생산하기 위하여 투입될 부품 BOM 등을 이용하여 "원재료"계정에서 "제품"계정으로 대체하는 방법으로 위의 그림과 같이 자재창고에 있는 부품물량뿐 아니라 생산공정에 있는 모든 부품물량을 "원재료"로 간주한다. 이 방법은 재공품을 인식하지 않는 간편법의 일종으로서 원가계산이 쉬워지는 장점이 있으나 재공품을 인식하지 않기 때문에 논리적 문제가 있고 위의 두 번째 방법과 마찬가지로 기말에 원재료 수량을 확인하기 위해서는 자재창고뿐 아니라 공정에 모든 부품물량까지 확인을 하여야 하므로 실사과정이 매우 어려워지게 된다. 사실상 원재료 수량을 장부상의 수량으로만 파악하는 방법으로서 실무적으로는 극히 일부의 회사들만 사용하는 방법이다.

> 자재창고와 공정에 있는 모든 부품물량을 "원재료"계정으로 회계처리
> ⇨ 재공품 계정의 존재는 없는 것으로 간주
> ⇨ 원가계산에서 재료의 투입시점은 제품완성시점

제2절 종합원가계산의 절차 및 방법

1. 종합원가계산의 절차

각 제품별로 원가계산을 하는 개별원가계산과는 달리 종합원가계산은 대량생산을 전제로 모든 제품이 동질적이라는 가정으로 출발하므로 완성품과 기말재공품을 평가할 때 기본적으로는 완성품환산량을 기준으로 원가를 배분한다. 즉 종합원가계산은 재공품계정의 차변에 있는 기초재공품원가와 당기투입원가를 '완성품'과 '기말재공품'에 완성품환산량에 비례하여 안분계산한다.

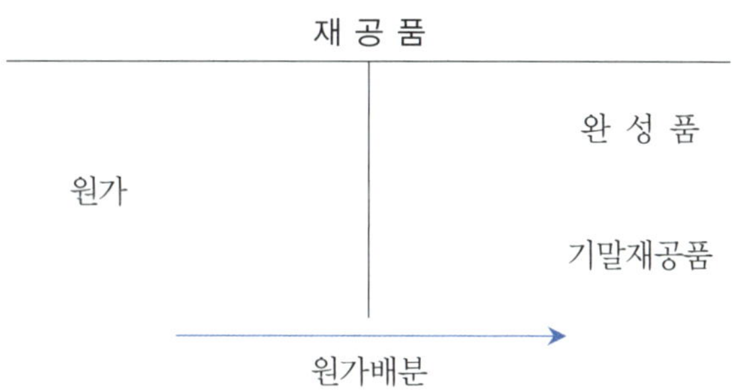

종합원가계산은 다음에 설명하는 5단계에 따라 진행되나 우선 직관적 이해를 위하여 앞의 예제 1에서 당기에 ₩500,000의 재료비와 ₩630,000의 가공비가 발생한 경우 다음과 같은 방법으로 종합원가계산을 이해할 수도 있다.

■ 재료비 ₩500,000

완성품과 기말재공품의 재료비 완성품환산량 800단위와 200단위의 비율로 안분계산한다.

재료비 ₩500,000 ↗ (완성품) $\times \frac{800}{1,000}$ = ₩400,000

재료비 ₩500,000 ↘ (기말재공품) $\times \frac{200}{1,000}$ = ₩100,000

■ 가공비 ₩630,000

완성품과 기말재공품의 가공비 완성품환산량 800단위와 100단위의 비율로 안분계산한다.

가공비 ₩630,000 ↗ (완성품) × $\frac{800}{900}$ = ₩560,000

가공비 ₩630,000 ↘ (기말재공품) × $\frac{100}{900}$ = ₩70,000

■ 원가계산 결과

- 완성품원가 = ₩400,000(재료비) + 560,000(가공비) = ₩960,000
- 기말재공품원가 = ₩100,000(재료비) + 70,000(가공비) = ₩170,000

따라서 당기에 생산된 제품의 단위당 원가는 단위당 ₩1,200(=₩960,000/800단위)이 된다.

일반적으로 사용되는 종합원가계산의 절차를 살펴보면 다음과 같이 다섯 단계로 나누어 계산절차가 진행된다.

- 1단계 : 물량단위(기초재공품수량·당기착수량·완성품수량·기말재공품수량)를 파악한다.
- 2단계 : 원가요소별(재료비와 가공비)로 완성품환산량을 계산한다.
- 3단계 : 원가요소별로 기초재공품원가와 당기발생원가를 집계한다.
- 4단계 : 원가요소별로 완성품환산량 단위원가를 계산한다.
- 5단계 : 완성품원가(당기제품제조원가)와 기말재공품원가를 계산한다.

제조원가보고서

	1. 물량단위	2. 완성품환산량 재료비	2. 완성품환산량 가공비	합계
기초재공품	0			
당기착수	1,000			
계	1,000			
당기완성품	800	800	800	
기말재공품	200(50%)	200	100	
계	1,000	1,000	900	
3. 원가집계				합계
기초재공품원가				₩0
당기발생원가		₩500,000	₩630,000	1,130,000
				₩1,130,000
4. 완성품환산량 단위원가		÷ 1,000	÷ 900	
		@500	@700	@1,200
5. 원가계산				
완성품원가		800×@500 +	800×@700 =	₩960,000
기말재공품원가		200×@500 +	100×@700 =	170,000
				₩1,130,000

위의 종합원가계산의 절차를 재공품계정에 표시하면 다음과 같다.

재 공 품

차변	금액	대변	금액
기초재공품원가	0	당기제품제조원가 (완성품원가)	960,000
당기투입원가		기말재공품원가	170,000
직접재료비	500,000		
가공비	630,000		
	1,130,000		1,130,000

또한 당기에 완성된 제품 800단위 중 600단위가 단위당 ₩2,000에 판매되었다면 매출은 600×@2,000=₩1,200,000이고, 매출원가는 단위당 @1,200이므로 600×@1,200=₩720,000이 되어 매출총이익은 ₩480,000이 된다.

제 품

기초제품재고액	0	매출원가 (600단위)	720,000
당기제품제조원가 (800단위)	960,000	기말제품재고액 (200단위)	240,000
	960,000		960,000

손익계산서

Ⅰ. 매출액	600×@2,000 =		₩1,200,000
Ⅱ. 매출원가			720,000
1. 기초제품재고액		₩0	
2. 당기제품제조원가	800×@1,200 =	960,000	
합계		960,000	
3. 기말제품재고액	200×@1,200 =	240,000	
Ⅲ. 매출총이익			₩480,000

2. 종합원가계산의 방법

앞에서 살펴본 내용은 기초재공품이 없는 경우였다. 그러나 기초재공품이 존재하는 경우에는 기초재공품원가와 당기투입원가를 완성품과 기말재공품에 배분하기 위하여 원가흐름에 대한 가정이 필요한데 종합원가계산은 이러한 가정에 따라 선입선출법과 평균법으로 나누어진다.

(1) 평균법

평균법은 기초재공품과 당기착수량이 구분되지 않고 혼합되어 일부는 완성되고, 일부는 기말재공품으로 남는다고 가정하는 방법이다. 이는 재무회계의 재고자산원가흐름 가정 중 총평균법이 재고층(inventory layer)을 구분하지 않고 단일의 단가를 계산하여 매출원가와 기말상품원가계산에 적용하는 것처럼 기초재공품원가와 당기발생원가를 합하여 완성품과 기말재공품에 안분계산한다고 가정하는 방법이다.

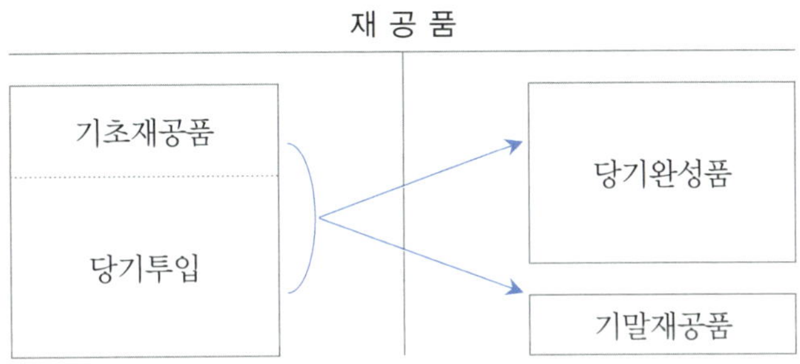

기초재공품원가와 당기투입원가를 구분하지 않고 합하여 이를 완성품과 기말재공품에 안분하므로 평균법의 완성품환산량은 당기완성품과 기말재공품의 '총작업량'을 의미한다. 또한 완성품환산량의 계산시 당기완성품을 기초재공품 완성물량과 당기투입 완성물량으로 구분할 필요가 없게 된다.

평균법에 의한 종합원가계산의 5단계 절차는 다음과 같다.

- 1단계 : 물량흐름을 파악한다. 물량은 완성품과 기말재공품으로만 구분·파악한다.
- 2단계 : 완성품환산량을 원가요소별로 계산한다. 평균법의 완성품환산량은 총작업량을 의미한다.
- 3단계 : 원가를 집계한다. 기초재공품원가와 당기발생원가의 합계가 4단계의 완성품환산량 단위원가계산에 사용된다.
- 4단계 : 완성품환산량 단위원가를 계산한다.
- 5단계 : 완성품원가와 기말재공품원가를 계산한다.

(2) 선입선출법

기초재공품을 우선 가공하여 완성시키고 당기착수량 중 일부는 완성되고, 일부는 기말재공품으로 남는다는 가정이다. 이는 재무회계의 재고자산 원가흐름가정 중 선입선출법이 재고층(inventory layer)을 구분하는 것처럼 기초재공품원가(전기원가)와 당기투입원가를 구분하여 기초재공품원가는 완성품원가의 일부를 구성하고 당기투입원가 중 일부는 완성품원가로, 일부는 기말재공품원가로 배분된다고 가정한다.

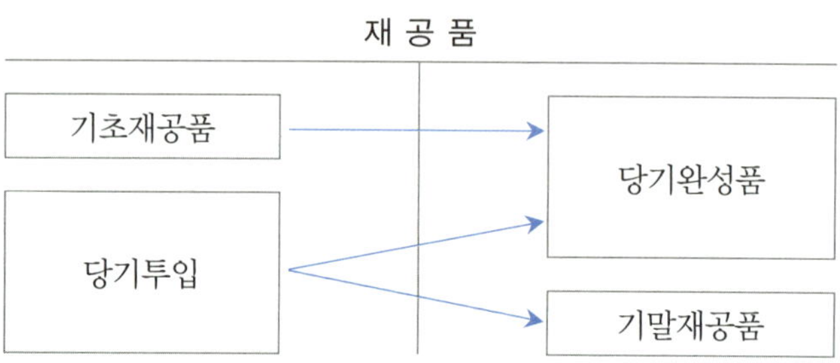

선입선출법의 가정상 기초재공품은 당기에 모두 완성되고 당기투입량이 완성품과 기말재공품으로 나누어지므로 선입선출법의 완성품환산량은 '순수한 당기의 작업량'을 의미한다. 선입선출법에서 종합원가계산의 5단계 절차는 다음과 같다.

- 1단계 : 물량흐름을 파악한다. 이때 중요한 것은 완성품을 기초재공품이 완성된 부분과 당기착수 완성된 부분으로 구분하는 것이다.
- 2단계 : 완성품환산량을 원가요소별로 계산한다. 선입선출법의 완성품환산량은 순수한 당기의 작업량을 의미한다.
- 3단계 : 원가를 집계한다. 단, 2단계의 완성품환산량이 당기의 작업량이므로 당기발생원가만이 4단계의 완성품환산량 단위원가계산에 사용된다.
- 4단계 : 당기의 완성품환산량 단위원가를 계산한다.
- 5단계 : 완성품원가와 기말재공품원가를 계산한다.

선입선출법은 실무에서 흔히 쓰이는 방법은 아니지만 제6장에서 설명할 '표준원가계산'과 종합원가계산이 결합되는 경우 선입선출법에 의한 완성품환산량 계산방식을 적용하여야 하므로 매우 중요한 개념이라 할 수 있다.

예제 02 단일공정종합원가계산

종합원가계산제도를 채택하고 있는 ㈜한라는 단일공정에서 단일제품을 생산하고 있으며 제조활동과 관련된 자료는 다음과 같다.

1. 생산관련자료

	물량단위	완성도
기초재공품	200단위	30%
당기착수량	800	
계	1,000	
당기완성량	700	
기말재공품	300	50%
계	1,000	

2. 재료는 공정 초에 전량투입되며 가공비는 공정 전반에 걸쳐 균등발생한다.
3. 원가관련자료

	재 료 비	가 공 비	합 계
기초재공품원가	₩20,000	₩12,700	₩32,700
당기발생원가	88,000	189,600	277,600
	₩108,000	₩202,300	₩310,300

요구사항

1. 평균법과 선입선출법에 의한 완성품환산량을 구하시오.
2. 평균법과 선입선출법에 의한 완성품환산량의 차이는 무엇을 의미하는지 설명하시오.
3. 평균법과 선입선출법에 의한 완성품원가와 기말재공품원가를 계산하시오.

해설

1. 평균법에 의한 완성품환산량

	물량흐름	완성품환산량 재료비	완성품환산량 가공비
기초재공품	200(30%)		
당기착수	800		
	1,000		
당기완성품	700	700	700
기말재공품	300(50%)	300	150
	1,000개	1,000개	850개

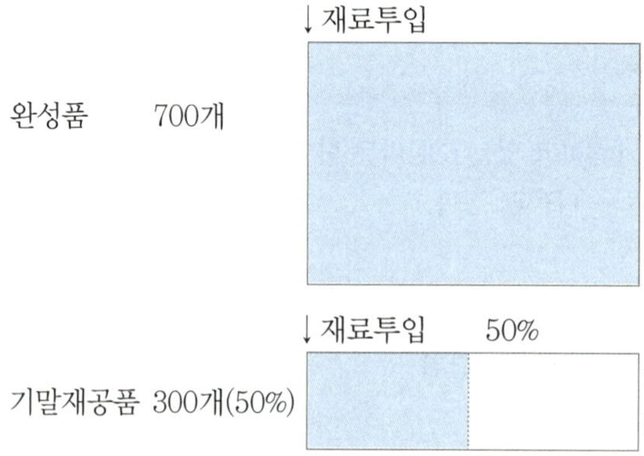

완성품은 기초재공품이 완성된 부분과 당기에 투입·완성된 부분으로 구분하지 않으며 재료비, 가공비 모두 100% 투입되고 완성됨.

기말재공품은 재료는 300개 투입되었으나 가공비는 50% 완성됨.

2. 선입선출법에 의한 완성품환산량

	물량흐름	완성품환산량 재료비	완성품환산량 가공비
기초재공품	200(30%)		
당기착수	800		
	1,000		
완성품			
기초재공품완성	200	0	140
당기착수완성	500	500	500
기말재공품	300(50%)	300	150
	1,000개	800개	790개

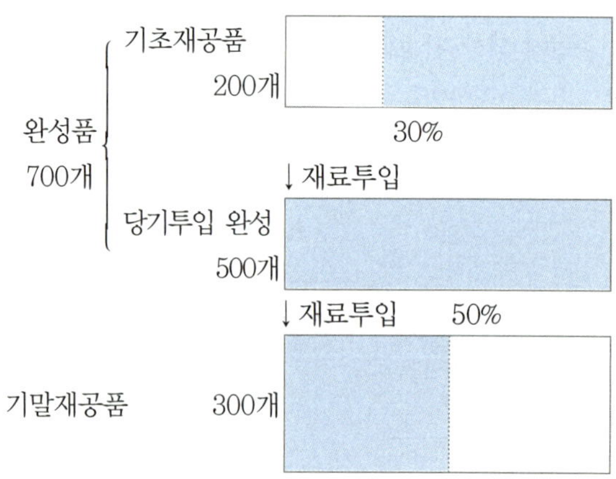

기초재공품 200개는 당기에 30%에서 100%까지 가공되고 당기투입완성 500개는 당기에 전공정에 걸쳐 가공됨. 재료는 공정초에 투입되므로 500개만 투입됨.

기말재공품은 재료는 300단위 투입되었으나 가공비는 50% 완성됨.

3. 평균법과 선입선출법에 의한 완성품환산량의 차이

	재료비	가공비
평 균 법	1,000	850
선 입 선 출 법	800	790
차 이	200	60

재료비 완성품환산량의 차이 200단위는 기초재공품의 재료비 완성품환산량 200단위이며 가공비완성품환산량의 차이 60단위는 기초재공품의 가공비 완성품환산량 60단위(200×30%)이다. 즉 평균법에 의한 완성품환산량은 기초재공품에 이월된 작업량과 당기에 투입된 작업량을 합한 총작업량(총완성품환산량)을 말하며, 선입선출법에 의한 완성품환산량은 당기의 작업량만을 의미하므로 양 방법에 의한 완성품환산량의 차이는 기초재공품에 포함된 작업량(완성품환산량)을 의미한다.

4. 평균법에 의한 원가계산

	물량흐름	완성품환산량 재료비	완성품환산량 가공비	
기 초 재 공 품	200(30%)			
당 기 착 수	800			
	1,000			
당 기 완 성 품	700	700	700	
기 말 재 공 품	300(50%)	300	150	
	1,000개	1,000개	850개	
원 가 집 계				합 계
기초재공품원가		₩20,000	₩12,700	₩32,700
당기발생원가		88,000	189,600	277,600
		₩108,000	₩202,300	₩310,300
완성품환산량		÷ 1,000개	÷ 850개	
환산량단위당원가		@108	@238	@346
완 성 품 원 가			700×@346=	₩242,200
기말재공품원가		300×@108+150×@238=		68,100
합 계				₩310,300

5. 선입선출법에 의한 원가계산

	물량흐름	완성품환산량 재료비	완성품환산량 가공비	
기초재공품	200(30%)			
당기착수	800			
	1,000			
완성품				
기초재공품완성	200	0	140	
당기착수완성	500	500	500	
기말재공품	300(50%)	300	150	
	1,000개	800개	790개	
원가집계				합계
기초재공품원가				₩32,700
당기발생원가		₩88,000	₩189,600	277,600
				₩310,300
완성품환산량		÷ 800개	÷ 790개	
환산량단위당원가		@110	@240	@350
완성품원가	₩32,700 + 140×@240 + 500×@350 =			241,300
기말재공품원가	300×@110 + 150×@240 =			69,000
합계				₩310,300

선입선출법에서 계산된 완성품환산량 단위당 원가인 ₩110의 재료비와 ₩240의 가공비는 당기발생원가를 당기의 완성품환산량으로 나누어 계산하므로 순수한 당기발생 단위원가를 의미한다. 선입선출법에 의한 완성품원가의 의미를 앞에서 살펴본 그림과 비교하면 다음과 같다.

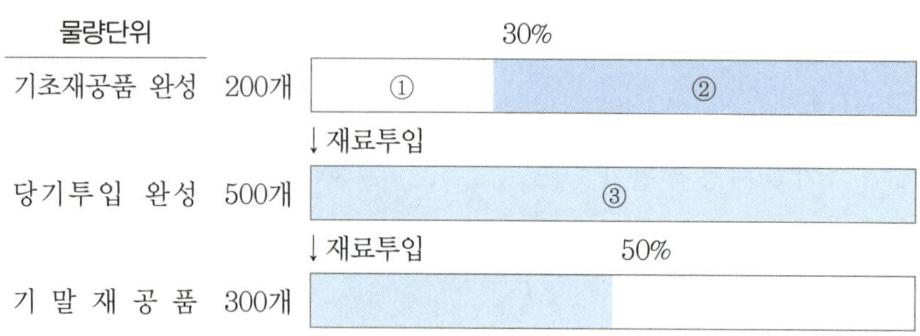

완성품원가는 위의 그림처럼 ①, ②, ③의 부분으로 구성되어 있는데, ①부분은 이미 전기에 재료가 투입되었고 가공비도 30% 투입되어 있는 상태로 기초재공품원가 ₩32,700을 의미한다. ②부분은 당기에 기초재공품을 완성시키기 위하여 추가로 투입한 원가로 재료는 이미 투입되어 있으므로 추가투입이 필요없으나 가공은 30~100% 구간 동안 하게 되는데, 140단위×@240=₩33,600의 금액이다. ③부분은 당기에 투입하여 당기에 완성된 물량으로 당기에 재료도 투입되고 가공도 100% 하게 되므로 500단위×(@110+@240)=₩175,000이 된다. 이를 정리하면 다음과 같다.

① 기초재공품원가		₩32,700
② 기초재공품추가원가	140단위×@240	=33,600
③ 당기투입완성원가	500단위×(@110+@240)	=175,000
		₩241,300

참고

위의 예제 중 평균법으로 계산하는 경우 완성품단위원가(완성품환산량 단위원가가 아님)는 ₩346(=₩242,200÷700단위)으로 완성품환산량 단위원가(₩346)와 같음을 알 수 있다. 이는 평균법의 특성상 전기원가(기초재공품원가)와 당기원가(당기발생원가)를 합하여 단일의 단가를 산정하기 때문이다.

그러나 선입선출법에서 완성품단위원가는 ₩344.71(₩241,300÷700단위)으로 완성품환산량 단위원가 ₩350과 다르다. 완성품단위원가는 기초재공품원가(₩32,700)와 당기발생원가 중 완성품으로 배분된 원가(₩208,600=140×@240+500×@350)의 합계(₩241,300)를 완성품수량 700단위로 나누어 계산하나, 완성품환산량 단위원가는 당기 발생원가(₩277,600)를 당기의 작업량인 완성품환산량으로 나누어 계산하기 때문이다. 즉 완성품원가에 전기원가와 당기원가가 혼재되기 때문에 나타나는 현상이며 제품수불부로 대체될 때에는 700단위를 단위당 @344.71으로 인식하여 계산한다.

제3절 연속공정 및 별도공정의 종합원가계산

1. 연속공정 종합원가계산

연속공정의 종합원가계산은 제2공정 이후의 원가계산을 말하는 것으로 제1공정의 원가계산과 차이점을 갖게 되는데, 제1공정에서는 원가가 재료비와 가공비로 분류되지만 제2공정 이후에는 제1공정에서 넘어온 전공정대체원가(transferred-in cost), 재료비, 가공비의 세 가지로 분류된다. 이는 제1공정에서 완성된 물량이 제2공정으로 넘어가 추가적으로 가공되기도 하고 재료가 투입되기도 하기 때문에 제2공정 자체의 원가와는 별도로 전공정에서 가공·완성된 부분에 대한 인식의 필요성에 의하여 분류되는 것이다. 제2공정 이후의 전공대체원가는 각 공정의 공정초에 투입되는 것으로 보아 계산한다.

〈연속공정의 원가흐름〉

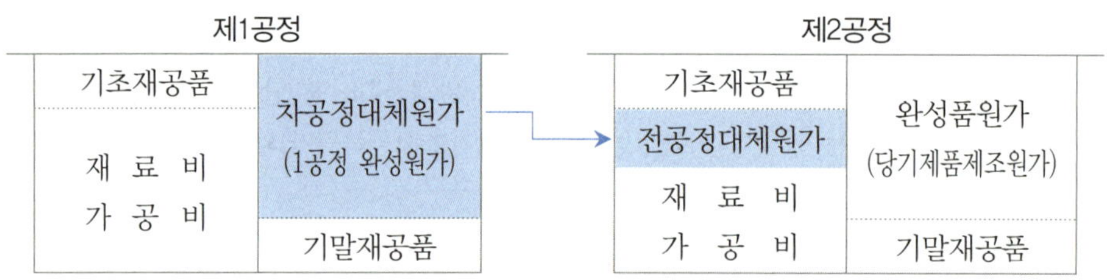

참고 - 연속공정 종합원가계산을 위한 3가지 조건

실무적으로 연속공정의 종합원가계산이 가능하려면 다음과 같은 3가지 조건이 모두 충족되어야 한다.

- 공정분석을 통한 공정의 정의와 구분
- 각 공정별 원가집계
- 공정별 물량 파악

만약, 위의 3가지 조건 중 하나라도 충족되지 않는다면 연속공정을 단일공정으로 보아 앞서 살펴본 단일공정 종합원가계산을 적용할 수밖에 없다.

예제03 연속공정종합원가계산

㈜발해산업의 제조공정은 연속되는 1공정인 사출공정과 2공정인 성형공정으로 이루어져 있다. 사출공정에서 완성된 제품은 성형공정으로 대체되어 추가가공 후 완성된다. 사출공정과 성형공정에서 가공비는 공정 전반에 걸쳐 균등하게 발생하며 재료는 공정초 전량 투입된다. 각 공정의 생산관련자료는 다음과 같다.

	사출공정(1공정)		성형공정(2공정)	
	물량단위	완성도	물량단위	완성도
기초재공품	1,500	40%	1,000	20%
당기착수량	11,500		8,000	
당기완성량	8,000		7,000	
기말재공품	5,000	60%	2,000	75%

각공정의 원가는 다음과 같다.

〈사출공정〉	재 료 비	가 공 비	합 계
기초재공품원가	₩150,000	₩120,000	₩270,000
당 기 투 입 원 가	1,150,000	2,080,000	3,230,000
	₩1,300,000	₩2,200,000	₩3,500,000

〈성형공정〉	전 공 정 비	재 료 비	가 공 비	합 계
기초재공품원가	₩300,000	₩108,000	₩40,000	₩448,000
당 기 투 입 원 가	?	720,000	1,660,000	?
		₩828,000	₩1,700,000	

요구사항

1. 평균법에 의하여 최종 완성된 제품의 단위당 제조원가를 계산하고, 회사의 판매정책에 의하여 단위당 제조원가의 150% 가격에 판매한다면 최종 완제품의 판매가격을 구하시오.
2. 만약 회사가 일부 수량에 대하여 1공정인 사출공정까지만 가공된 상태를 반제품으로 회계처리하고 판매한다면 반제품의 판매가격은 얼마인가 구하시오.

해설

1. 공정별 원가계산

(1) 사출공정 원가계산

	물량흐름	완성품환산량 재료비	완성품환산량 가공비
기초재공품	1,500 (40%)		
당기착수	11,500		
	13,000		
당기완성	8,000	8,000	8,000
기말재공품	5,000 (60%)	5,000	3,000
	13,000	13,000	11,000

	재료비	가공비	합계
기초재공품원가	₩150,000	₩120,000	₩270,000
당기발생원가	1,150,000	2,080,000	3,230,000
	₩1,300,000	₩2,200,000	₩3,500,000
완성품환산량	÷ 13,000	÷ 11,000	
단위당원가	@100	@200	@300
완성품원가		8,000×@300=	₩2,400,000
기말재공품원가		5,000×@100+3,000×@200=	1,100,000
합계			₩3,500,000

(2) 성형공정원가계산

	물량흐름	완성품환산량 전공정비	완성품환산량 재료비	완성품환산량 가공비
기초재공품	1,000(20%)			
당기착수	8,000			
	9,000			
당기완성	7,000	7,000	7,000	7,000
기말재공품	2,000(75%)	2,000	2,000	1,500
	9,000	9,000	9,000	8,500

	전공정비	재료비	가공비	합계
기초재공품원가	₩300,000	₩108,000	₩40,000	₩448,000
당기발생원가	2,400,000	720,000	1,660,000	4,780,000
	₩2,700,000	₩828,000	₩1,700,000	₩5,228,000
완성품환산량	÷ 9,000	÷ 9,000	÷ 8,500	
단위당원가	@300	@92	@200	@592
완성품원가			7,000×@592=	₩4,144,000
기말재공품원가			2,000×@300+2,000×@92+1,500×@200=	1,084,000
합계				₩5,228,000

2. 완제품의 단위당 판매가격

(1) 최종 완성제품의 단위당 제조원가＝₩4,144,000÷7,000단위＝₩592
(2) 단위당 판매가격＝₩592×150%＝₩888

3. 반제품의 단위당 판매가격

회사는 1공정까지 가공된 상태로 반제품 판매를 하므로 1공정의 단위당 원가 ₩300의 150%인 ₩450에 판매하게 된다.

예제 03-1 연속공정의 원가계산_단일공정으로 간주하여 원가계산 하는 경우

예제 3의 연속공정 원가계산에서 회사는 공정을 정확하게 구분할 수 없으며 공정별 제조원가의 파악도 어려워서 원가계산의 편의를 위하여 단일공정으로 간주하고 원가계산을 한다면 최종 완성된 제품의 단위당 제조원가는 얼마인가?(평균법 적용)

단, 단일공정으로 간주하는 경우 1공정과 2공정은 각각 전체공정의 절반을 차지하고 있는 것으로 가정한다.

해설

2개의 연속공정을 단일공정으로 간주하는 경우 1공정에서 2공정으로 대체된 물량은 내부대체물량일 뿐이므로 물량흐름에서 고려할 필요가 없다.

제1공정

기초재공품 1,500(40%)	완성량 (차공정대체) 8,000
당기착수량 11,500	기말재공품 5,000(60%)

제2공정

기초재공품 1,000(20%)	완성량 7,000
전공정대체 8,000	기말재공품 2,000(75%)

➡ 단일공정

기초재공품 1,500(20%) 1,000(60%)	완성량 7,000
당기착수량 11,500	기말재공품 5,000(30%) 2,000(87.5%)

또한 단일공정으로 간주하는 경우 기초재공품과 기말재공품의 완성도는 다음과 같이 계산된다.

연속공정 원가계산				단일공정 원가계산
구분	물량	완성도		조정후 완성도
1공정 기초재공품	1,500	40%		50%*40% = 20%
2공정 기초재공품	1,000	20%	➡	50% + 50%*20% = 60%
1공정 기말재공품	5,000	60%		50%*60% = 30%
2공정 기말재공품	2,000	75%		50% + 50%*75% = 87.5%

공정에서 파악된 원가도 다음과 같이 집계된다.

	재료비	가공비	합　계
기초재공품원가	₩258,000	₩160,000	₩418,000
당기총제조원가	1,870,000	3,740,000	5,610,000
	₩2,128,000	₩3,900,000	₩6,028,000

		완성품환산량	
	물량흐름	재료비	가공비
기 초 재 공 품	1,500 (20%)		
	1,000 (60%)		
당 기 착 수	11,500		
	14,000		
당 기 완 성	7,000	7,000	7,000
기 말 재 공 품	5,000 (30%)	5,000	1,500
	2,000 (87.5%)	2,000	1,750
	14,000	14,000	10,250

	재료비	가공비	합　계
기초재공품원가	₩258,000	₩160,000	₩418,000
당기총제조원가	1,870,000	3,740,000	5,610,000
	₩2,128,000	₩3,900,000	₩6,028,000
완성품환산량	÷ 14,000	÷ 10,250	
단 위 당 원 가	@152	@380.49	@532.49
완 성 품 원 가		7,000×@532.49=	₩3,727,430
기말재공품원가		7,000×@152+3,250×@380.49=	2,300,570
합　계			₩6,028,000

최종 완제품의 단위당 제조원가 = @532.49

2. 별도공정 종합원가계산

앞에서 살펴본 종합원가계산은 단일공정 혹은 연속되는 공정의 종합원가계산이었다. 그러나 생산형태상 2가지 이상의 품목을 각각의 공정에서 동시에 대량생산하는 경우도 있다. 이 경우를 저자는 "별도공정 종합원가계산"이라고 정의하도록 한다.

〈공 장〉

별도공정 종합원가계산은 실무적으로 가장 흔한 생산방식 중 하나라 할 수 있다. 이러한 경우 직접재료비와 직접노무비는 공정별로 파악이 가능하므로 공정별로 집계하나, 제조간접비는 공정별로 추적하기 곤란하므로 '제2장 개별원가계산'에서 살펴본 보조부문원가의 제조부문배분방법을 적용하여 계산한다. 다음의 예제를 통하여 살펴보도록 한다.

예제 04 별도공정 종합원가계산

㈜발해산업에는 두 개의 제조공정 X와 Y가 있으며 X공정에서는 진공청소기를, Y공정에서는 선풍기를 생산하고 있다. 당기 중 제조공정 X, Y를 위한 원가자료는 다음과 같다.

1. 재료비 및 노무비

재 료 비		노 무 비	
기 초 원 재 료	500,000	당 기 지 급 액	900,000
당 기 구 입 액	1,200,000	당 기 말 미 지 급	500,000
기 말 원 재 료	200,000	전 기 말 미 지 급	192,000
X 공 정 투 입 액	900,000	X 공 정 투 입 액	470,000
Y 공 정 투 입 액	600,000	Y 공 정 투 입 액	738,000

2. 제조간접비

두 개의 제조공정 X와 Y를 위한 전력부와 수선부의 보조부문이 있으며 회사는 직접배분법에 의하여 보조부문원가를 제조부문에 배부한다.

사용 / 제공	보조부문		제조부문		합 계
	전력부	수선부	X	Y	
전력부	–	200kwh	1,200kwh	1,000kwh	2,400kwh
수선부	100hr	–	300hr	600hr	1,000hr
계	₩550,000	₩1,020,000	₩300,000	₩300,000	₩2,170,000

3. 각 공정의 생산관련자료는 다음과 같다.

X공정			Y공정		
구 분	수 량	완성도	구 분	수 량	완성도
기 초 재 공 품	1,000대	20%	기 초 재 공 품	2,000대	25%
당 기 투 입	9,000		당 기 투 입	12,000	
당 기 완 성	8,000		당 기 완 성	11,000	
기 말 재 공 품	2,000	80%	기 말 재 공 품	3,000	60%

4. 각 공정의 기초재공품관련자료는 다음과 같다.

	재료비	가공비	계
X공정	₩50,000	₩134,000	₩184,000
Y공정	110,000	165,000	275,000

5. 원재료는 공정초 투입되고 가공비는 공정전체를 통하여 균등하게 발생한다. 회사는 X, Y공정 모두에 대하여 선입선출법에 의한 종합원가계산을 적용하고 있다.

요구사항

X공정 진공청소기와 Y공정 선풍기의 완성품 단위당 원가를 계산하시오.

해설

1. 보조부문원가의 제조부문배분

	보조부문		제조부문		
	전력부	수선부	X	Y	합계
배분전원가	₩550,000	₩1,020,000	₩300,000	₩300,000	₩2,170,000
전력부원가	(550,000)		300,000	250,000	
수선부원가		(1,020,000)	340,000	680,000	
배분후원가	0	0	₩940,000	₩1,230,000	₩2,170,000

2. X공정 원가계산

		완성품환산량		
	물량흐름	재료비	가공비	
완성품				
기초재공품	1,000(20%)	–	800	
당기착수	7,000	7,000	7,000	
기말재공품	2,000(80%)	2,000	1,600	
	10,000개	9,000	9,400	
원가집계				합계
기초재공품원가				₩184,000
당기발생원가		₩900,000	₩1,410,000*	2,310,000
				₩2,494,000
완성품환산량		÷ 9,000	÷ 9,400	
환산량 단위원가		@100	@150	@250
원가배분				
완성품원가	₩184,000+800×@150+7,000×@250=			₩2,054,000
기말재공품원가	2,000×@100+1,600×@150=			440,000
합계				₩2,494,000

* 당기발생가공비 = 직접노무비 + 제조간접비 = ₩470,000 + 940,000 = ₩1,410,000

3. Y공정 원가계산

	물량흐름	완성품환산량 재료비	완성품환산량 가공비	
완 성 품				
기 초 재 공 품	2,000(25%)	–	1,500	
당 기 착 수	9,000	9,000	9,000	
기 말 재 공 품	3,000(60%)	3,000	1,800	
	14,000개	12,000	12,300	
원 가 집 계				합 계
기초재공품원가				₩275,000
당기발생원가		₩600,000	₩1,968,000*	2,568,000
				₩2,843,000
완성품환산량		÷ 12,000	÷12,300	
환산량 단위원가		@50	@160	@210
원 가 배 분				
완 성 품 원 가	₩275,000+1,500×@160+9,000×@210=			₩2,405,000
기말재공품원가	3,000×@50+1,800×@160=			438,000
합 계				₩2,843,000

* 당기발생가공비＝직접노무비＋제조간접비＝₩738,000＋1,230,000＝₩1,968,000

4. 제품 단위당 원가

X공정 진공청소기＝₩2,054,000÷8,000개＝₩256.75

Y공정 선풍기＝₩2,405,000÷11,000개＝₩218.63

참고 – 종합원가계산이 적용되는 생산공정 특성구분

앞서 살펴본 종합원가계산은 모두 실제원가계산시스템을 전제로 설명된 종합원가계산이다. 하지만 모든 종합원가계산이 실제원가계산을 전제로 수행될 수 있는 것은 아니다. 가장 대표적인 형태가 "다공정·다품종·대량생산" 형태를 예를 들 수 있다.

다공정·다품종 생산형태는 별도공정과 연속공정이 결합된 형태로서 여러 공정에서 각각의 제품을 연속공정을 통하여 생산하는 형태를 말한다. 식품회사 등과 같이 여러 종류의 제품을 여러 공정을 통하여 대량생산하는 경우가 대표적이라 할 수 있다.

종합원가계산이 적용되는 제조형태 중 가장 복잡한 형태의 공정으로서 이러한 복잡한 제조형태는 실제원가계산을 전제로 수행하기에는 매우 어려우므로 추후 다루어질 표준원가계산을 전제로 원가시스템을 구축하는 것이 훨씬 효율적일 수 있다.

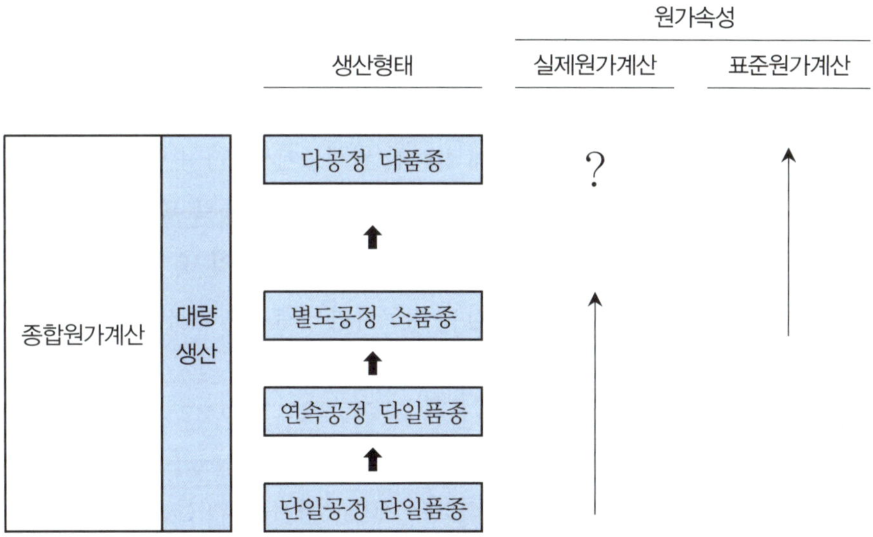

제4절 종합원가계산의 기타 유형

종합원가계산이 적용되는 제조형태는 회사마다 다를 수 있으며 이러한 경우의 종합원가계산은 기본가정에 대한 수정을 요구한다. 따라서 이번 절에서는 종합원가계산의 기타유형에 대하여 살펴보도록 한다.

1. 복수의 원재료 투입

제품생산에 2가지 이상의 원재료가 투입되는 경우로서 예를 들어 액자를 생산할 때 공정초에 나무를 투입하여 틀을 만들고 공정의 일정시점에서 유리를 투입하여 최종제품을 완성하는 경우이다. 이렇게 상이한 완성도에서 2가지 이상의 원재료가 투입되는 경우에는 각각의 원재료를 별도로 인식하여 계산한다. 즉 종합원가계산에서 재료비와 가공비로 제조원가를 구분한 기본적인 이유가 원가투입 및 발생가정의 차이 때문이므로 원재료의 경우에도 투입시점이 다르다면 구분하여 계산하는 것이 타당하다.

예제 05 복수원재료의 투입

㈜광장은 액자를 대량생산하고 있다. 제1공정에서는 액자틀을 가공하며 완성된 액자틀은 제2공정으로 대체되어 제2공정의 25% 시점에서 추가로 나무를 투입하여 액자틀의 장식을 꾸미고 공정의 80% 시점에 유리를 투입한다. 가공비는 공정 전반에 걸쳐 균등하게 발생하며 제2공정의 생산관련자료는 다음과 같다.

2공정

기 초	1,000단위 (20%)	완 성	7,000단위
착 수	8,000단위	기 말	2,000단위 (75%)
	9,000단위		9,000단위

	전공정비	나무재료비	유리재료비	가 공 비	합 계
기초재공품원가	₩300,000	₩0	₩0	₩125,000	₩425,000
당기투입원가	2,400,000	810,000	945,000	1,660,000	5,815,000
	₩2,700,000	₩810,000	₩945,000	₩1,785,000	₩6,240,000

요구사항

1. 평균법에 의하여 2공정의 완성품원가와 기말재공품원가를 계산하시오.
2. 선입선출법에 의하여 2공정의 완성품원가와 기말재공품원가를 계산하시오.

해설

1. 평균법

(1) 완성품환산량

	물량흐름	완성품환산량			
		전공정비	나무재료	유리재료	가공비
당 기 완 성	7,000	7,000	7,000	7,000	7,000
기 말 재 공 품	2,000(75%)	2,000	2,000	–	1,500
	9,000	9,000	9,000	7,000	8,500

(2) 완성품환산량 단위당 원가

	전공정비	나무재료비	유리재료비	가공비	합 계
기초재공품원가	₩300,000	₩0	₩0	₩125,000	₩425,000
당기발생원가	2,400,000	810,000	945,000	1,660,000	5,815,000
	₩2,700,000	₩810,000	₩945,000	₩1,785,000	₩6,240,000
완성품환산량	÷9,000	÷9,000	÷7,000	÷8,500	
환산량단위원가	@300	@90	@135	@210	@735

(3) 원가의 배분

완 성 품 원 가	7,000×@735=	₩5,145,000
기말재공품원가	2,000×@300 + 2,000×@90+1,500×@210=	1,095,000
합 계		₩6,240,000

2. 선입선출법

(1) 완성품환산량

	물량흐름	완성품환산량 전공정비	나무재료	유리재료	가공비
당 기 완 성					
기초재공품	1,000(20%)	-	1,000	1,000	800
당기투입완성	6,000	6,000	6,000	6,000	6,000
기 말 재 공 품	2,000(75%)	2,000	2,000	-	1,500
	9,000	8,000	9,000	7,000	8,300

(2) 완성품환산량 단위당 원가

	전공정비	나무재료비	유리재료비	가공비	합 계
기초재공품원가					₩425,000
당기발생원가	₩2,400,000	₩810,000	₩945,000	₩1,660,000	5,815,000
					₩6,240,000
완성품환산량	÷8,000	÷9,000	÷7,000	÷8,300	
환산량단위원가	@300	@90	@135	@200	@725

(3) 원가배분

완 성 품 원 가	₩425,000+1,000×@90+1,000×@135+800×@200+6,000×@725=	₩5,160,000
기말재공품원가	2,000×@300+2,000×@90+1,500×@200=	1,080,000
합 계		₩6,240,000

2. 원재료 투입가정의 변경

공정의 일정시점에서 원재료가 전량 투입된다는 기본가정과는 달리 원재료도 공정의 일정구간에서 균등하게 투입되는 경우를 말한다. 즉 원재료가 가공비와 마찬가지로 공정 전반에 걸쳐 균등하게 발생한다면 가공비와 원재료를 하나의 원가로 취급하여 계산하며, 공정의 일정구간 동안 평균적으로 투입된다면 가공비와 분리하여 계산하되 재료가 투입된 비율에 따라 계산한다. 예를 들어 공정초 0%에서 40%의 구간 동안 재료가 평균적으로 투입되는 경우 기말재공품의 가공비완성도가 30%라면 재료비에 대한 완성도는 총 40%의 구간 중 30%에 해당하는 구간 동안 가공되고 재료가 투입되었으므로 30%/40%=75%가 된다.

예제 06 원재료가 일정구간에서 균등하게 투입되는 경우

종합원가계산제도를 채택하고 있는 ㈜속리산은 단일공정에서 단일제품을 생산하고 있으며 제조활동과 관련된 자료는 다음과 같다.

1. 생산관련자료

재 공 품

기 초	1,000단위 (30%)	완 성	7,000단위
착 수	9,000단위	기 말	3,000단위 (30%)
	10,000단위		10,000단위

2. 재료는 공정 초 0~40%구간 동안 균등하게 투입되며 가공비는 공정 전반에 걸쳐 균등 발생한다.
3. 원가관련자료

	재 료 비	가 공 비	합 계
기초재공품원가	₩16,750	₩13,900	₩30,650
당 기 발 생 원 가	85,000	152,000	237,000
	₩101,750	₩165,900	₩267,650

요구사항

1. 평균법에 의한 완성품원가와 기말재공품원가를 계산하시오.
2. 선입선출법에 의한 완성품원가와 기말재공품원가를 계산하시오.

해설

1. 평균법에 의한 원가계산

	물량흐름	완성품환산량 재료비	완성품환산량 가공비	합 계
당 기 완 성 품	7,000	7,000	7,000	
기 말 재 공 품	3,000(30%)	2,250	900	
	10,000개	9,250	7,900	
기초재공품원가		₩16,750	₩13,900	₩30,650
당기발생원가		85,000	152,000	237,000
		₩101,750	₩165,900	₩267,650
완성품환산량		÷ 9,250	÷ 7,900	
환산량단위원가		@11	@21	@32
원 가 배 분				
완 성 품 원 가			7,000×@32=	₩224,000
기말재공품원가			2,250×@11+900×@21=	43,650
합 계				₩267,650

※기말재공품의 재료비완성품환산량 : 3,000단위×$\frac{30\%}{40\%}$=2,250단위

2. 선입선출법에 의한 원가계산

	물량흐름	완성품환산량 재료비	완성품환산량 가공비
완 성 품			
기 초 재 공 품	1,000(30%)	250	700
당 기 착 수	6,000	6,000	6,000
기 말 재 공 품	3,000(30%)	2,250	900
	10,000개	8,500	7,600

원 가 집 계			합 계
기초재공품원가			₩30,650
당기발생원가	₩85,000	₩152,000	237,000
			₩267,650
완성품환산량	÷ 8,500	÷ 7,600	
환산량단위원가	@10	@20	@30

원 가 배 분		
완 성 품 원 가	₩30,650＋250×@10＋700×@20＋6,000×@30＝	₩227,150
기말재공품원가	2,250×@10＋900×@20＝	40,500
합 계		₩267,650

※기초재공품의 재료비완성품환산량 : 1,000단위×$\frac{10\%}{40\%}$＝250단위

3. 상이한 완성도의 재공품

앞에서 살펴본 종합원가계산은 재공품 물량이 모두 균일한 완성도를 보이는 경우였다. 그러나 제조공정에서는 기말재공품 중에서도 완성도가 상이한 다른 재공품이 있을 수 있다. 이러한 경우에는 상이한 완성도의 재공품을 별도로 인식하여 원가계산한다.

예제 07 상이한 완성도의 재공품

종합원가계산제도를 채택하고 있는 ㈜홍익은 단일제품을 대량생산하고 있으며 선입선출법에 의하여 원가계산을 하고 있다. 제조활동과 관련된 자료는 다음과 같다.

1. 생산관련자료

기 초	1,000단위(30%) 1,000단위(40%)	완 성	7,000단위
착 수	8,000단위	기 말	2,000단위(50%) 1,000단위(75%)
	10,000단위		10,000단위

2. 재료는 공정초에 전량 투입되며 가공비는 공정 전반에 걸쳐 균등 발생한다.

3. 원가관련자료

	재 료 비	가 공 비	합 계
기초재공품원가			₩50,000
당기발생원가	₩96,000	₩144,900	240,900
			₩290,900

요구사항

완성품원가와 기말재공품원가를 계산하시오.

해설

	물량흐름	완성품환산량 재료비	완성품환산량 가공비	합 계
완 성 품				
기 초 재 공 품	1,000(30%)	–	700	
〃	1,000(40%)	–	600	
당 기 착 수	5,000	5,000	5,000	
기 말 재 공 품	2,000(50%)	2,000	1,000	
〃	1,000(75%)	1,000	750	
	10,000개	8,000	8,050	
원 가 집 계				합 계
기초재공품원가				₩50,000
당기발생원가		₩96,000	₩144,900	240,900
				₩290,900
완성품환산량		÷ 8,000	÷ 8,050	
환산량단위원가		@12	@18	@30
원 가 배 분				
완 성 품 원 가	₩50,000+1,300×@18+5,000×@30=			₩223,400
기말재공품원가	3,000×@12+1,750×@18=			67,500
합 계				₩290,900

제5절 공손회계

1. 공손(工損)의 의의

공손(spoilage)이란 공정의 검사에서 탈락한 불합격품을 말하는데 주로 규격이나 품질 등으로 판단한다. 공손의 발생원인은 기계결함이나 작업자의 실수, 원부자재의 불량, 작업환경의 급격한 변화 등의 원인에 의하며 그대로 폐기처분되거나 재가공하여 판매하기도 한다.

원가관리의 측면에서 공손은 발생원인에 따라 정상공손과 비정상공손으로 구분한다.

■ 정상공손(normal spoilage)

기술적 제약 등의 원인에 의하여 발생하는 공손으로서 현재의 기술상태에서는 피할 수 없고 또한 합격품의 제조를 위하여 항상 발생하는 수준의 공손을 말한다.

■ 비정상공손(abnormal spoilage)

기계고장이나 작업자의 기계제어 실수 등의 원인에 의하여 발생하는 것으로 정상적이며 효율적 공정관리하에서는 발생을 억제할 수 있는 공손을 말한다.

공손이 발생하는 경우의 재공품계정을 표시하면 다음과 같다.

재 공 품

차변		대변	
기초재공품	×××	완성품	×××
		정상공손	×××
당기착수량	×××	비정상공손	×××
		기말재공품	×××
	×××		×××

그러나 공손을 정상공손과 비정상공손으로 구분하는 것은 실무적으로 어려운 일이기 때문에 통상 평소에 발생하는 일정한도까지는 정상공손으로 간주하고, 그 한도를 초과하는 공손은 비정상공손으로 간주하여 계산한다. 따라서 공손에 대해서는 구체적 회계처리방법을 살펴보기 전에 공손수량을 계산하는 방법부터 접근하도록 한다.

■ 품질검사합격수량의 일정비율로 계산하는 방식

당기 중에 품질검사를 통과한 수량의 일정비율을 정상공손으로 계산하는 방법을 말하므로 완성품(기초재공품과 당기투입완성물량으로 구분하여 판단함)과 기말재공품이 당기 중 품질검사를 통과했는가를 확인하고 이 중에서 품질검사에 합격한 수량의 일정비율을 정상공손으로 계산한다.

■ 품질검사대상수량의 일정비율로 계산하는 방식

당기 중에 품질검사를 받은 수량(합격·불합격 여부와 관계없이)의 일정비율을 정상공손으로 계산하는 방법을 말하므로 완성품(기초재공품과 당기투입완성물량으로 구분하여 판단함)과 기말재공품이 당기 중 품질검사를 받았는지 여부를 확인하고 이 중에서 품질검사를 받은 수량의 일정비율을 정상공손으로 계산한다.

다만, 정상공손수량의 계산은 원가흐름가정과 무관한데, 정상공손수량이란 당기에 발생한 정상공손수량을 의미하기 때문에 반드시 당기에 검사를 통과하거나 검사시점에 도달한 수량의 일정비율에 의하여 정상공손수량을 계산한다. 또한 당기에 발생한 정상공손수량을 계산하는 과정에서 모든 공손은 당기투입물량에서만 발생한다는 가정이 적용된다. 현실적으로는 기초재공품이 가공되다가 공손이 될 수도 있고 당기에 착수한 물량이 가공의 과정에서 공손이 될 수도 있으나, 이를 구분하는 것은 어렵기도 하며 구분의 실익이 없기 때문에 모든 공손은 당기투입물량에서만 발생한다고 가정하는 것이다. 이러한 가정을 수정된 선입선출법이라고 한다.

결국 물량단위는 전기작업량과 당기작업량을 구분, 수정된 선입선출법 개념을 적용하여 계산하고, 원가계산은 평균법 혹은 선입선출법을 적용하여 계산한다. 다음의 예제에 의하여 정상공손수량의 계산절차를 살펴본다.

예제 08 공손수량의 계산_검사합격수량기준

㈜한강은 단일공정에서 단일제품을 대량생산하고 있다. 원재료는 공정초기에 투입되며 가공비는 공정 전반에 걸쳐 균등하게 발생한다. 회사의 생산관련자료는 다음과 같다.

재 공 품

기초재공품	500단위 (30%)	완성품	2,100단위
		공손품	300단위
당기착수량	2,300단위		
		기말재공품	400단위 (80%)
	2,800단위		2,800단위

요구사항

회사는 정상공손수량을 품질검사합격수량의 10%로 계산하고 있다. 다음 각각의 경우에 대하여 정상공손수량과 비정상공손수량을 계산하시오.

1. 공손의 검사가 공정의 20% 시점에서 이루어지는 경우
2. 공손의 검사가 공정의 50% 시점에서 이루어지는 경우
3. 공손의 검사가 공정의 90% 시점에서 이루어지는 경우

해설

1. 공손의 검사가 20% 완성시점에 실시되는 경우

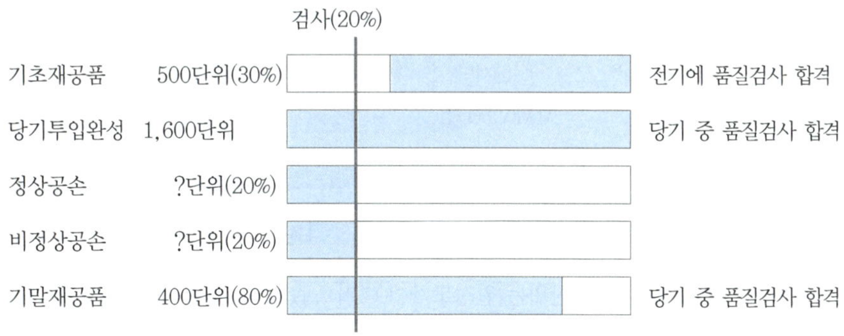

기초재공품 500단위는 완성도가 30%이므로 전기에 이미 품질검사를 통과한 상태로 이월되었으며, 당기에 투입하여 완성된 1,600단위는 처음부터 100%까지 가공되었으므로 당기 중 20%의 품질검사시점을 통과하였고, 기말재공품 400단위는 기초부터 80%까지 가공되었으므로 당기 중 20%의 품질검사시점을 통과하였다. 한편, 정상공손과 비정상공손은 검사시점에 불합격품으로 판명되면 더 이상 가공을 하지 않을 것이므로 공손의 검사시점이

공손의 가공비완성도가 된다. 따라서 정상공손수량과 비정상공손수량은 다음과 같다.

정상공손수량 = {1,600 + 400} × 10% = 200단위

비정상공손수량 = 300 − 200 = 100단위

2. 공손의 검사가 50% 완성시점에 실시되는 경우

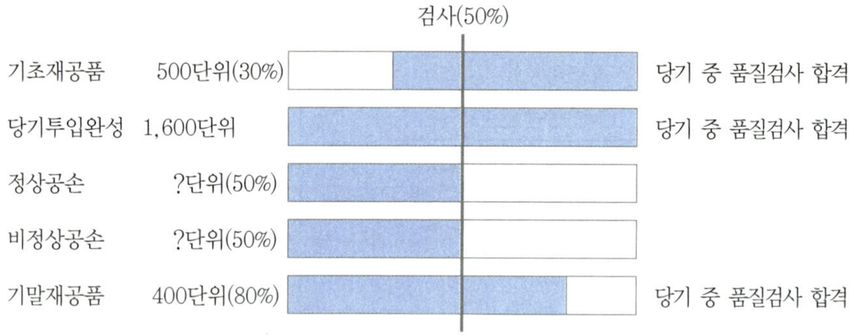

기초재공품 500단위는 완성도가 30%이므로 당기 중 품질검사를 통과하며, 당기에 투입하여 완성된 1,600단위는 처음부터 100%까지 가공되었으므로 당기 중 50%의 품질검사시점을 통과하였고, 기말재공품 400단위는 기초부터 80%까지 가공되었으므로 당기 중 50%의 품질검사시점을 통과하였다. 한편, 정상공손과 비정상공손은 50%까지 가공되었다. 따라서 정상공손수량과 비정상공손수량은 다음과 같다.

정상공손수량 = {500 + 1,600 + 400} × 10% = 250단위

비정상공손수량 = 300 − 250 = 50단위

3. 공손의 검사가 90% 완성시점에 실시되는 경우

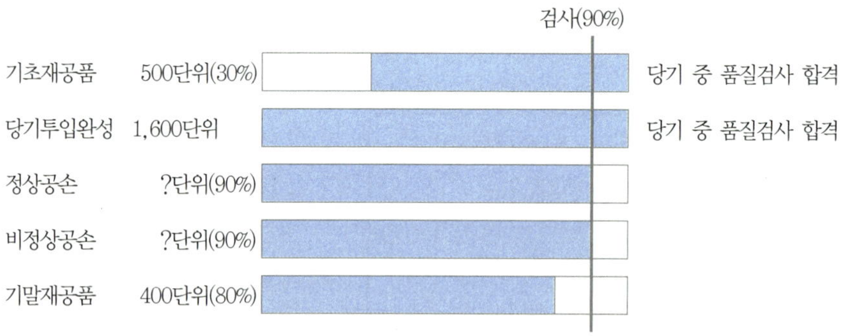

기초재공품 500단위는 완성도가 30%이므로 당기 중 품질검사를 통과하였으며, 당기에 투입하여 완성된 1,600단위는 처음부터 100%까지 가공되었으므로 당기 중 90%의 품질검사시점을 통과하였고, 기말재공품 400단위는 기초부터 80%까지 가공되었으므로 아직 품질검사시점에 도달하지 못하였다. 한편, 정상공손과 비정상공손은 90%까지 가공되었다. 따라서 정상공손수량과 비정상공손수량은 다음과 같다.

정상공손수량 = {500 + 1,600} × 10% = 210단위
비정상공손수량 = 300 − 210 = 90단위

위의 내용을 검사시점별로 정리하면 다음과 같다.

		검사시점별 합격물량		
	물량단위	20%	50%	90%
기초재공품	500(30%)	0	500	500
당기투입완성량	1,600	1,600	1,600	1,600
기말재공품	400(80%)	400	400	0
합계		2,000	2,500	2,100
정상공손수량		200	250	210

예제 09 공손수량의 계산_검사대상수량기준

예제 8의 자료를 이용하여 다음 각각의 경우에 대하여 정상공손수량과 비정상공손수량을 계산하시오. 단, 회사는 품질검사대상수량의 10%를 정상공손으로 간주한다.

1. 공손의 검사가 공정의 20% 시점에서 이루어지는 경우
2. 공손의 검사가 공정의 50% 시점에서 이루어지는 경우
3. 공손의 검사가 공정의 90% 시점에서 이루어지는 경우

해설

1. 공손의 검사가 20% 완성시점에 실시되는 경우

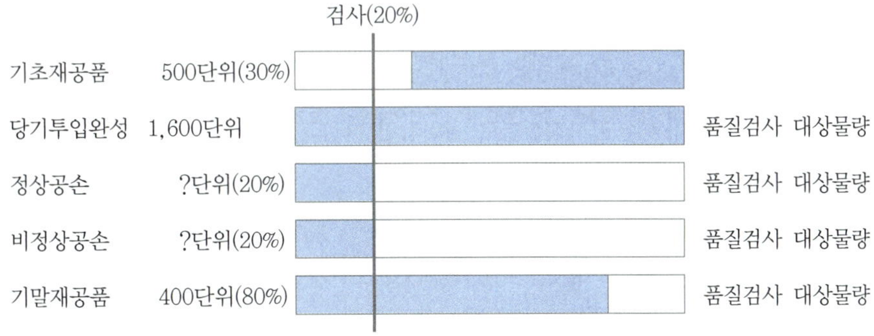

당기 중 품질검사 대상수량 = 당기투입완성량 + 공손물량 + 기말재공품
∴ 정상공손물량 = {1,600 + 300 + 400} × 10% = 230단위
비정상공손물량 = 300 − 230 = 70단위

2. 공손의 검사가 50% 완성시점에 실시되는 경우

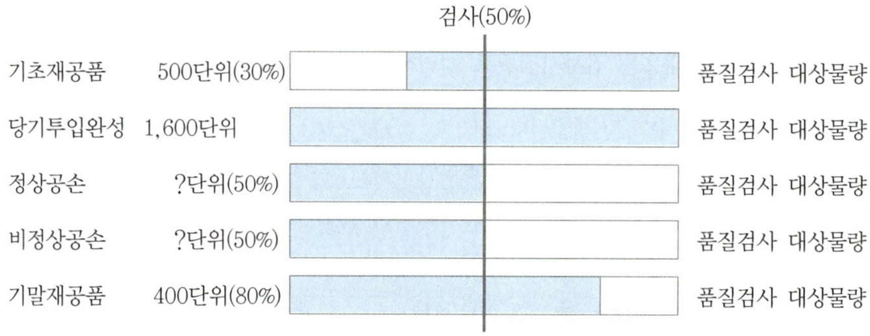

당기 중 품질검사 대상수량＝기초재공품＋당기투입완성량＋공손물량＋기말재공품

∴ 정상공손물량＝{500＋1,600＋300＋400}×10%＝280단위

비정상공손물량＝300－280 ＝ 20단위

3. 공손의 검사가 90% 완성시점에 실시되는 경우

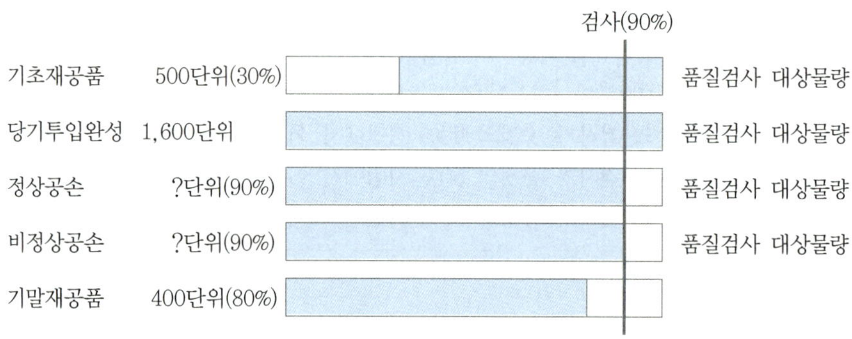

당기 중 품질검사 대상수량＝기초재공품＋당기투입완성량＋공손물량

∴ 정상공손물량＝{500＋1,600＋300}×10%＝240단위

비정상공손물량＝300－240 ＝ 60단위

위의 내용을 검사시점별로 정리하면 다음과 같다.

		검사시점별 검사대상물량		
	물량단위	20%	50%	90%
기초재공품	500(30%)	0	500	500
당기투입완성량	1,600	1,600	1,600	1,600
공손량	300	300	300	300
기말재공품	400(80%)	400	400	0
합계		2,300	2,800	2,400
정상공손수량		230	280	240

2. 공손의 회계처리

앞에서 살펴본 것처럼 공손은 발생원인에 따라 정상공손과 비정상공손으로 구분된다. 정상공손과 비정상공손의 회계처리에 대하여 살펴보면 다음과 같다.

(1) 정상공손(normal spoilage)

공손의 발생원인이 정상적이라면 이는 공손이 현재의 기술상태에서는 피할 수 없고 또한 정상합격품을 제조하기 위하여 항상 발생하게 되므로 정상합격품의 제조원가에 산입한다. 다만, 합격품은 완성품만일 수도 있고, 완성품과 기말재공품이 될 수도 있으므로 합격품을 구분한다면 정상공손원가의 회계처리방법도 결정된다. 합격품에 따른 공손의 회계처리는 다음과 같다.

① 공손의 검사시점＞기말재공품의 완성도

기말재공품의 완성도가 공손검사시점에 못 미치는 경우에는 공손검사를 통과한 물량(합격품)은 완성품뿐이므로 정상공손원가는 완성품에 배분한다. 예를 들어 기말재공품의 완성도가 50%이고 공손의 검사시점이 75%인 경우 그림으로 표현하면 다음과 같다.

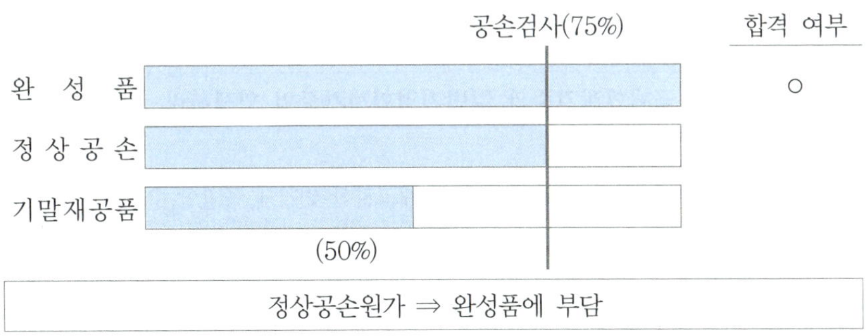

② 공손의 검사시점＜기말재공품의 완성도

기말재공품의 완성도의 완성도가 공손검사시점보다 더 큰 경우에는 공손검사를 통과한 물량(합격품)은 완성품과 기말재공품이므로 정상공손원가는 완성품과 기말재공품에 안분한다. 예를 들어 기말재공품의 완성도가 80%이고 공손의 검사시점이 75%

인 경우 그림으로 표현하면 다음과 같다.

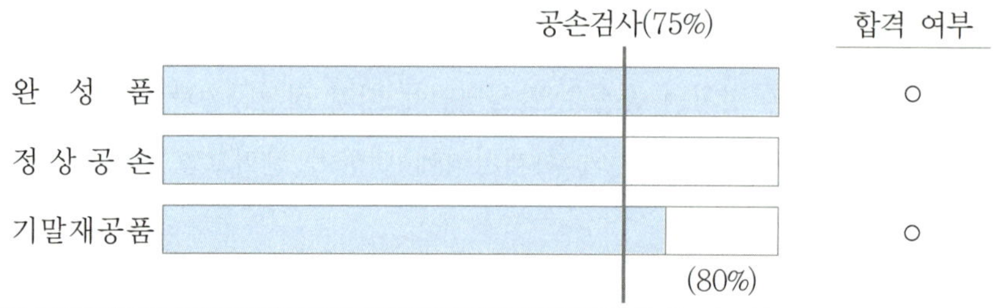

정상공손원가 ⇒ 완성품과 기말재공품에 안분계산

정상공손원가의 배분은 통상 완성품과 기말재공품의 물량을 기준으로 배분하지만 이는 원가흐름에 대한 가정과 상황에 따라 달라질 수 있으므로 정상공손원가의 배분은 뒤에서 상세히 설명하도록 한다.

(2) 비정상공손(abnormal spoilage)

비정상공손은 기계고장이나 작업자의 실수 등의 원인에 의하여 발생하므로 정상적인 제조활동으로 볼 수 없다. 따라서 정상합격품의 제조와 관련이 없으므로 제조원가에 산입하지 아니하고 당기의 손실로 처리한다. 한국채택국제회계기준(K-IFRS)에서도 제조원가 중 비정상적으로 낭비된 부분은 재고자산의 취득원가에 포함될 수 없다고 규정하고 있으므로 비정상공손원가는 해당 기간의 비용으로 처리한다.

참고 - 국제회계기준과 일반기업회계기준의 회계처리

• 일반기업회계기준

일반기업회계기준서 문단 7.10에서 재고자산 원가에 포함할 수 없으며 발생기간의 비용으로 인식하여야 하는 원가의 예로 재료원가, 노무원가 및 기타의 제조원가 중 비정상적으로 낭비된 부분을 들고 있다. 따라서 비정상공손원가는 제조원가에 산입하지 아니하고 기간비용으로 인식하는데, 다만 매출원가와 영업외비용 중 어디에 포함시킬 것인가의 문제가 남게 된다.

한편 기준서 문단 7.20에서 비정상적으로 발생한 감모손실은 영업외비용으로 분류한다는 규정이 있으므로 위의 비정상공손원가는 영업외비용으로 회계처리하는 것으로 해석된다.

• 한국채택국제회계기준

한국채택국제회계기준에서 제조원가 중 비정상적으로 낭비된 부분은 재고자산의 취득원가에 포함될 수 없다고 규정하고 있으므로 이를 기간비용으로 처리한다.

다만, 국제회계기준에서 영업외비용으로 처리할 수 있는 규정이 없으므로 일반적으로 매출원가에 직접 반영하는 것으로 해석된다. 즉, 비정상공손원가는 기말재공품이나 기말제품의 원가를 구성하지 아니하고 해당 기간의 매출원가에 직접 반영하는 것이다.

예제 10 공손원가의 배분_완성품만 합격품인 경우

㈜한강의 제조공정에서 원재료는 공정초기에 전량 투입되며 가공비는 공정 전반에 걸쳐 균등하게 발생한다. 회사의 생산관련자료는 다음과 같다.

재 공 품

기초재공품	500단위 (30%)	완성품	2,100단위
		공손품	300단위
당기착수량	2,300단위		
		기말재공품	400단위 (50%)
	2,800단위		2,800단위

공손의 검사는 공정의 80%시점에 이루어지고 정상공손은 품질검사합격수량의 10%이다. 기초재공품의 원가 및 당기발생원가는 다음과 같다.

	재료비	가공비	계
기 초 재 공 품	₩72,000	₩19,600	₩91,600
당 기 착 수	460,000	717,000	1,177,000
계	₩532,000	₩736,600	₩1,268,600

요구사항

1. 선입선출법에 의하여 원가계산을 하시오.
2. 평균법에 의하여 원가계산을 하시오.

해설

정상공손수량의 계산

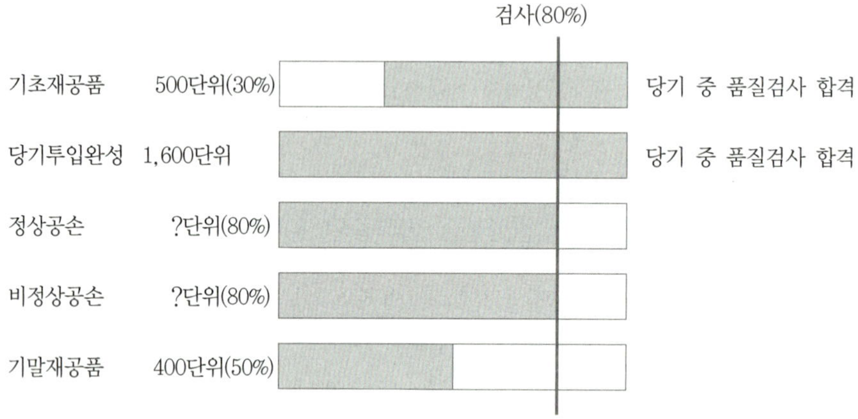

정상공손수량＝{500＋1,600}×10%＝210단위
비정상공손수량＝300－210 ＝ 90단위

1. 선입선출법에 의한 원가계산

	물량흐름	완성품환산량 재료비	완성품환산량 가공비	
완 성 품				
기 초 재 공 품	500 (30%)	0	350	
당 기 착 수 완 성	1,600	1,600	1,600	
정 상 공 손	210 (80%)	210	168	
비 정 상 공 손	90 (80%)	90	72	
기 말 재 공 품	400 (50%)	400	200	
	2,800 개	2,300	2,390	
원 가 집 계				합 계
기 초 재 공 품				₩91,600
당 기 착 수		₩460,000	₩717,000	1,177,000
계				₩1,268,600
완 성 품 환 산 량		÷ 2,300개	÷ 2,390개	
환산량단위당원가		@200	@300	@500

완 성 품 원 가	₩91,600+350×@300+1,600×@500=	₩996,600
정 상 공 손 원 가	210×@200+ 168×@300=	92,400
비 정 상 공 손 원 가	90×@200+ 72×@300=	39,600
기 말 재 공 품 원 가	400×@200+ 200×@300=	140,000
합 계		₩1,268,600

기말재공품의 완성도(50%)가 공손의 검사시점(80%)을 통과하지 못하였으므로 정상공손의 원가는 완성품에 배분한다. 따라서 최종원가계산은 다음과 같다.

완 성 품 원 가	₩996,600+92,400=	₩1,089,000
비 정 상 공 손 원 가		39,600
기 말 재 공 품 원 가		140,000
합 계		₩1,268,600

위의 선입선출법에 의한 계산의 결과를 재공품계정에 표시하면 다음과 같다.

재 공 품

기초재공품	91,600	완성품	1,089,000
		비정상공손	39,600
당기착수량	1,177,000		
		기말재공품	140,000
	1,268,600		1,268,600

2. 평균법에 의한 원가계산

	물량흐름	완성품환산량 재료비	완성품환산량 가공비
완 성 품	2,100	2,100	2,100
정 상 공 손	210(80%)	210	168
비 정 상 공 손	90(80%)	90	72
기 말 재 공 품	400(50%)	400	200
	2,800개	2,800	2,540

원가집계			합계
기초재공품	₩72,000	₩19,600	₩91,600
당기착수	460,000	717,000	1,177,000
계	₩532,000	₩736,600	₩1,268,600
완성품환산량	÷ 2,800개	÷ 2,540개	
환산량단위당원가	@190	@290	@480

완성품원가	2,100×@480=	₩1,008,000
정상공손원가	210×@190+168×@290=	88,620
비정상공손원가	90×@190+ 72×@290=	37,980
기말재공품원가	400×@190+200×@290=	134,000
합계		₩1,268,600

기말재공품의 완성도(50%)가 공손의 검사시점(80%)을 통과하지 못하였으므로 정상공손의 원가는 완성품에 배분한다. 따라서 최종원가계산은 다음과 같다.

완성품원가	₩1,008,000+88,620=	₩1,096,620
비정상공손원가		37,980
기말재공품원가		134,000
합계		₩1,268,600

위의 평균법에 의한 계산의 결과를 재공품계정에 표시하면 다음과 같다.

재공품

기초재공품	91,600	완성품	1,096,620
당기착수량	1,177,000	비정상공손	37,980
		기말재공품	134,000
	1,268,600		1,268,600

예제 11 공손원가의 배분_완성품과 기말재공품이 합격품인 경우

㈜한강의 제조공정에서 원재료는 공정초기에 전량 투입되며 가공비는 공정 전반에 걸쳐 균등하게 발생한다. 회사의 생산관련자료는 다음과 같다.

재 공 품

기초재공품	500단위 (30%)	완성품	2,100단위
		공손품	300단위
당기착수량	2,300단위		
		기말재공품	400단위 (75%)
	2,800단위		2,800단위

공손의 검사는 공정의 50% 시점에 이루어지며 정상공손은 품질검사대상수량의 10%이다. 기초재공품의 원가 및 당기발생원가는 다음과 같다.

	재료비	가공비	계
기 초 재 공 품	₩186,000	₩77,250	₩263,250
당 기 착 수	920,000	1,440,000	2,360,000
계	₩1,106,000	₩1,517,250	₩2,623,250

요구사항

1. 선입선출법에 의하여 원가계산을 하시오.
2. 평균법에 의하여 원가계산을 하시오.

해설

정상공손수량의 계산

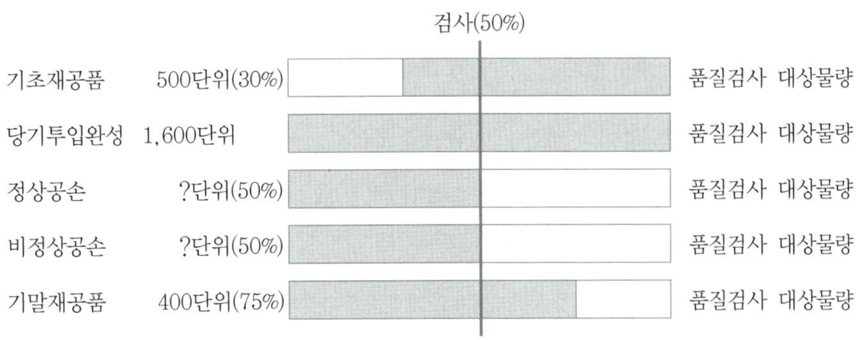

정상공손수량 = {500 + 1,600 + 300 + 400} × 10% = 280단위

비정상공손수량 = 300 − 280 = 20단위

1. 선입선출법에 의한 원가계산

	물량흐름	완성품환산량 재료비	완성품환산량 가공비
완성품			
기초재공품	500	0	350
당기착수완성	1,600	1,600	1,600
정상공손	280(50%)	280	140
비정상공손	20(50%)	20	10
기말재공품	400(75%)	400	300
	2,800개	2,300	2,400

	재료비	가공비	합계
기초재공품			₩263,250
당기착수	₩920,000	1,440,000	2,360,000
계			₩2,623,250
완성품환산량	÷ 2,300개	÷ 2,400개	
환산량단위당원가	@400	@600	@1,000

완성품원가	₩263,250+350×@600+1,600×@1,000=	₩2,073,250
정상공손원가	280×@400+ 140× @600=	196,000
비정상공손원가	20×@400+ 10× @600=	14,000
기말재공품원가	400×@400+ 300× @600=	340,000
합계		₩2,623,250

기말재공품(75%)이 공손의 검사시점(50%)을 통과하였으므로 정상공손의 원가는 완성품과 기말재공품의 물량비율에 따라 배분한다.

완성품에의 배분 $₩196,000 \times \frac{2,100}{2,100+400} = ₩164,640$

기말재공품에의 배분 $₩196,000 \times \frac{400}{2,100+400} = ₩31,360$

따라서 최종원가계산은 다음과 같다.

완성품원가	₩2,073,250+164,640=	₩2,237,890
비정상공손원가		14,000
기말재공품원가	₩340,000+31,360=	371,360
합계		₩2,623,250

2. 평균법에 의한 원가계산

	물량흐름	완성품환산량 재료비	완성품환산량 가공비
기초재공품	500(30%)		
당기착수	2,300		
	2,800개		
완성품	2,100	2,100	2,100
정상공손	280(50%)	280	140
비정상공손	20(50%)	20	10
기말재공품	400(75%)	400	300
	2,800개	2,800	2,550

원가집계			합계
기초재공품	₩186,000	₩77,250	₩263,250
당기착수	920,000	1,440,000	2,360,000
계	₩1,106,000	₩1,517,250	₩2,623,250
완성품환산량	÷ 2,800개	÷ 2,550개	
환산량단위당원가	@395	@595	@990

완성품원가	2,100×@990=	₩2,079,000
정상공손원가	280×@395+140×@595=	193,900
비정상공손원가	20×@395+ 10×@595=	13,850
기말재공품원가	400×@395+300×@595=	336,500
합계		₩2,623,250

기말재공품(75%)이 공손의 검사시점(50%)을 통과하였으므로 정상공손의 원가는 완성품과 기말재공품의 물량비율에 따라 배분한다.

완성품에의 배분 $₩193,900 \times \frac{2,100}{2,100+400} = ₩162,876$

기말재공품에의 배분 $₩193,900 \times \frac{400}{2,100+400} = ₩31,024$

따라서 최종원가계산은 다음과 같다.

완성품원가	₩2,079,000+162,876=	₩2,241,876
비정상공손원가		13,850
기말재공품원가	₩336,500+31,024=	367,524
합계		₩2,623,250

3. 공손품이 처분가능한 경우

공손품은 폐기처분하는 경우도 있지만 정상판매가격이나 원가보다 낮은 가격으로 판매하는 경우도 있다. 공손품이 처분가능한 경우의 회계처리는 공손품을 언제 인식하는가와 어떻게 인식하는가의 문제에 따라 다양한 회계처리방법이 존재한다.

■ 공손품을 언제 인식할 것인가의 문제

공손품에 대한 인식시점에 따라 나누면 생산기준과 판매기준이 있다. 생산기준은 공손품을 판매 이전이라 하더라도 생산을 중시하여 생산시점에 인식하는 방법을 말하며, 판매기준은 생산시점에는 공손품을 전혀 인식하지 않고 판매시점에서 판매된 부분만을 인식하는 방법을 말한다.

■ 공손품을 어떻게 인식할 것인가의 문제

공손품을 어떻게 인식할 것인가의 회계처리방법으로는 매출로 인식하는 방법(매출인식법), 잡이익으로 인식하는 방법(잡이익법), 제조원가에서 차감하는 방법(제조원가차감법), 매출원가에서 차감하는 방법(매출원가차감법) 등이 있다.

공손품의 회계처리는 위에서 설명한 내용을 어떻게 조합하는가에 따라 다양한 방법이 존재하는데 여기에서는 생산기준하의 제조원가차감법으로 설명하기로 하고 위에서 설명한 내용은 "제4장의 결합원가계산" 부산물의 회계처리에서 상세히 다루도록 한다.

생산기준하의 제조원가차감법에서는 생산시점에 공손품의 순실현가치를 공손품의 원가에서 차감하여 공손품원가로 인식, 자산으로 회계처리하며 판매시점에는 공손품의 처분으로 인한 손익을 전혀 인식하지 않는 방법이다. 순실현가치란 공손품의 판매가격에서 추가가공원가와 판매비용을 차감한 것으로 종합원가계산의 최종단계인 5단계에서는 공손품원가에서 순실현가치를 차감한 금액을 합격품에 배분하게 된다.

처분가능한 공손품에 대한 회계처리방법은 한국채택국제회계기준(K-IFRS)에서 자세히 언급하고 있지는 않지만 부산물에 대한 회계처리규정을 준용하여 해석할 수 있다.

K-IFRS 기업회계기준서 제1002호 문단 14

대부분의 부산물은 본래 중요하지 않은데, 이 경우 부산물은 흔히 순실현가치로 측정하여 주산물의 원가에서 차감된다. 따라서 주산물의 장부금액은 원가와 중요한 차이가 없다.

따라서 한국채택국제회계기준의 규정으로 미루어보아 처분가능한 공손품에 대해서는 생산기준하의 제조원가차감법을 적용하는 것이 타당하다고 볼 수 있다.

예제 12 공손품이 처분가능한 경우

위의 예제 11에서 회사는 공손품을 단위당 ₩200에 처분할 수 있다.

요구사항

1. 선입선출법에 의하여 원가계산과 회계처리를 하시오.
2. 평균법에 의하여 원가계산과 회계처리를 하시오.

해설

편의상 5단계 이후의 과정만 표시하도록 한다.

1. 선입선출법

① 원가계산

• 1차 과정

완 성 품 원 가	₩263,250+350×@600+1,600×@1,000=	₩2,073,250
정 상 공 손 원 가	280×@400+ 140× @600=	196,000
비 정 상 공 손 원 가	20×@400+ 10× @600=	14,000
기 말 재 공 품 원 가	400×@400+ 300× @600=	340,000
합 계		₩2,623,250

공손품의 순실현가치와 정상공손원가의 배분은 다음과 같다.

• 공손품의 순실현가치
  - 정상공손 : ₩200×280단위=₩56,000
  - 비정상공손 : ₩200×20단위=₩4,000

• 정상공손원가의 배분
  - 완성품에의 배분 $(₩196,000-56,000)\times\frac{2,100}{2,100+400}=₩117,600$
  - 기말재공품에의 배분 $(₩196,000-56,000)\times\frac{400}{2,100+400}=₩22,400$

위의 내용을 정리하면 다음과 같다.

• 2차 과정

구분	공손원가배분전	순실현가치	정상공손원가배분	배분후 원가
완 성 품 원 가	₩2,073,250		117,600	₩2,190,850
정 상 공 손 원 가	196,000	(56,000)	(140,000)	-
비 정 상 공 손 원 가	14,000	(4,000)		10,000
기 말 재 공 품 원 가	340,000		22,400	362,400
공 손 품	-	60,000		60,000
합 계	₩2,623,250			₩2,623,250

※ 한 가지 주의할 점은 생산기준하의 제조원가차감법이므로 생산시점에 공손품의 순실현가치를 자산으로 인식 회계처리한다는 것이다.

② 회계처리

• 생산시점

(차) 제 품	2,190,850	(대) 재공품	2,260,850
비정상공손손실	10,000		
공손품	60,000		

• 판매시점

(차) 현 금	60,000	(대) 공손품	60,000

2. 평균법에 의한 원가계산

① 원가계산

• 1차 과정

완 성 품 원 가	2,100×@990=	₩2,079,000
정 상 공 손 원 가	280×@395+140×@595=	193,900
비정상공손원가	20×@395+ 10×@595=	13,850
기말재공품원가	400×@395+300×@595=	336,500
합 계		₩2,623,250

• 정상공손원가의 배분

완성품에의 배분 $(₩193,900-56,000)\times\frac{2,100}{2,100+400}=₩115,836$

기말재공품에의 배분 $(₩193,900-56,000)\times\frac{400}{2,100+400}=₩22,064$

• 2차 과정

구분	공손원가배분전	순실현가치	정상공손원가배분	배분후 원가
완 성 품 원 가	₩2,079,000		115,836	₩2,194,836
정 상 공 손 원 가	193,900	(56,000)	(137,900)	-
비정상공손원가	13,850	(4,000)		9,850
기말재공품원가	336,500		22,064	358,564
공 손 품	-	60,000		60,000
합 계	₩2,623,250			₩2,623,250

② 회계처리

• 생산시점

(차) 제 품	2,194,836	(대) 재공품	2,264,686
비정상공손손실	9,850		
공손품	60,000		

• 판매시점

(차) 현 금	60,000	(대) 공손품	60,000

4. 기초재공품의 완성도와 공손검사시점의 비교

앞에서 기말재공품이 공손검사시점을 통과하였는가에 따라 정상공손의 회계처리가 달라진다는 내용을 살펴보았다. 기말재공품이 공손의 검사시점을 통과하여 정상공손원가를 완성품과 기말재공품에 안분하는 경우 완성품과 기말재공품의 물량을 기준으로 안분계산하였다. 그러나 이러한 경우에 기초재공품의 공손검사시점을 통과 여부에 따라 정상공손원가의 배분비율은 달라지게 되므로 원가계산시 상당한 주의를 요한다.

(1) 기초재공품의 완성도 < 공손검사시점

이미 예제 11에서 살펴본 내용으로서 기초재공품이 공손의 검사를 통과하지 않은 상태에서 이월되었다면 기초재공품에는 전기의 정상공손원가가 배분되어 있지 않았으며, 기초재공품이 당기 중 공손검사시점을 통과할 것이므로 당기의 정상공손원가를 완성품물량(기초재공품과 당기투입완성량의 합계)과 기말재공품물량 비율에 따라 안분하는 것이 합리적이라 할 수 있다. 결국 정상공손원가의 배분은 당기 중 공손검사시점을 통과한 물량비율에 따라 안분하는 것이므로 당기 중 공손검사를 통과하는 완성품물량(기초재공품과 당기투입완성량의 합계)과 기말재공품물량 비율에 따라 안분한다.

결국 기초재공품의 완성도가 공손검사시점보다 적은 경우에는 평균법에 의한 원가계산이건, 선입선출법에 의한 원가계산이건 간에 정상공손원가는 '완성품물량'과 '기말재공품물량'의 비율에 따라 배분한다.

예제 11의 경우를 그림으로 다시 표현하면 다음과 같다.

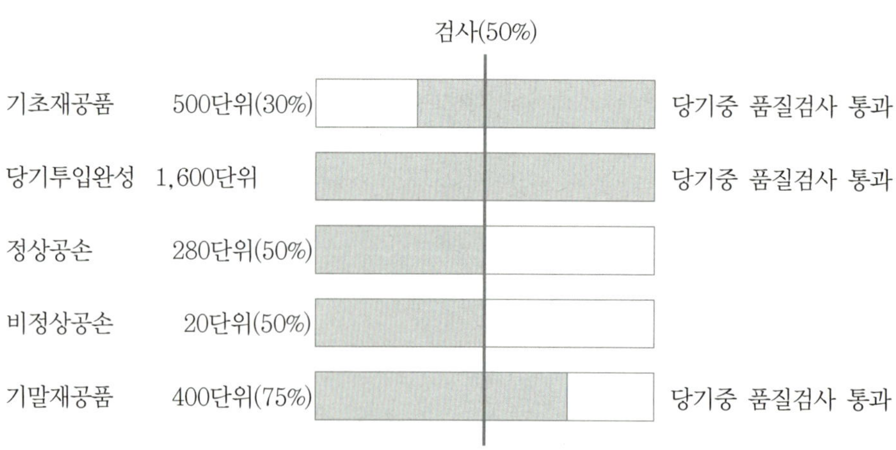

⇒ 정상공손원가를 완성품 2,100단위와 기말재공품 400단위의 비율에 따라 배분한다.

(2) 기초재공품의 완성도>공손검사시점

기초재공품이 이미 전기에 공손검사를 통과한 상태에서 이월되었다면 기초재공품에는 전기의 정상공손원가가 이미 포함되어 있을 것이다. 선입선출법에서는 기초재공품원가는 완성품원가로 배분되므로 당기에 발생한 정상공손원가는 기초재공품을 제외한 완성품물량과 기말재공품물량의 비율에 따라 정상공손원가를 배분하는 것이 타당하다. 또한 물량측면에서 살펴보아도 정상공손원가는 당기 중 공손검사시점을 통과한 물량비율에 따라 배분하게 되므로 이 경우에는 당기투입완성량과 기말재공품만이 당기 중 공손검사시점을 통과하였고 따라서 선입선출법에서는 정상공손원가를 당기착수완성량과 기말재공품물량의 비율에 따라 배분한다.

예를 들어 위의 경우에 기초재공품의 완성도가 60%라면 그림은 다음과 같다.

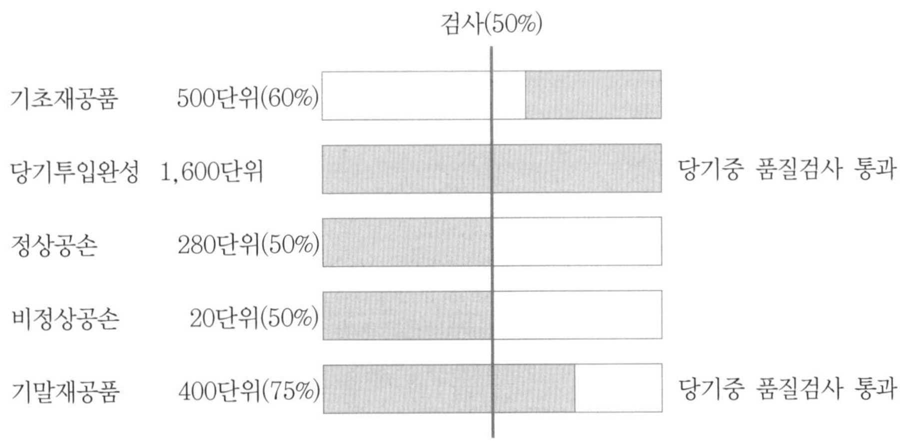

당기 중 품질검사를 통과한 수량은 당기투입완성량 1,600단위와 기말재공품 400단위이므로 정상공손원가는 1,600단위와 400단위의 비율에 따라 배분한다.

한편, 기초재공품이 공손검사시점을 통과한 상태에서 이월되었다 할지라도 평균법에 의한 원가계산이라면 평균법의 기본취지상 기초재공품의 정상공손원가와 당기에 발생한 정상공손원가를 합하여 완성품물량과 기말재공품물량의 비율에 따라 배분해 준다. 또한 물량측면에서 살펴보면 평균법의 기본개념상 완성품을 기초재공품완성량과 당기투입완성량으로 구분할 수 없으므로 위의 (1)의 경우처럼 정상공손원가를 완성품물량과 기말재공품물량비율에 따라 배분한다.

참고

위의 내용은 기말재공품이 공손의 검사시점을 통과하여 정상공손원가를 완성품과 기말재공품에 배분하는 경우에만 적용되므로 기말재공품이 공손의 검사시점을 통과하지 않은 경우에는 기초재공품의 공손검사시점 통과 여부와 관계없이 정상공손원가를 완성품에 배분한다.

앞의 내용을 정리하면 다음과 같다.

기초재공품의 완성도<공손의 검사시점
- 평 균 법 : 정상공손원가를 완성품과 기말재공품의 물량을 기준으로 배분
- 선입선출법 : 정상공손원가를 완성품과 기말재공품의 물량을 기준으로 배분

기초재공품의 완성도>공손의 검사시점
- 평 균 법 : 정상공손원가를 완성품과 기말재공품의 물량을 기준으로 배분
- 선입선출법 : 정상공손원가를 당기투입완성품과 기말재공품의 물량을 기준으로 배분

예제 13 기초재공품이 공손검사시점을 통과하여 이월된 경우

다음은 ㈜두만강의 생산관련자료이다. 원재료는 공정초기에 투입되며 가공비는 공정 전반에 걸쳐 균등하게 발생한다.

재 공 품

차변		대변	
기초재공품	500단위 (60%)	완성품	2,100단위
		공손품	300단위
당기착수량	2,300단위		
		기말재공품	400단위 (75%)
	2,800단위		2,800단위

공손검사는 공정의 50%시점에 이루어지며 정상공손은 품질검사합격수량의 10%이다. 기초재공품원가 및 당기발생원가는 다음과 같다.

	재료비	가공비	정상공손원가	계
기 초 재 공 품	₩236,000	₩197,250	₩5,000	₩438,250
당 기 착 수	1,150,000	1,575,000		2,725,000
계	₩1,386,000	₩1,772,250	₩5,000	₩3,163,250

요구사항

1. 선입선출법에 의하여 원가계산을 하시오.
2. 평균법에 의하여 원가계산을 하시오.

해설

1. 선입선출법에 의한 원가계산

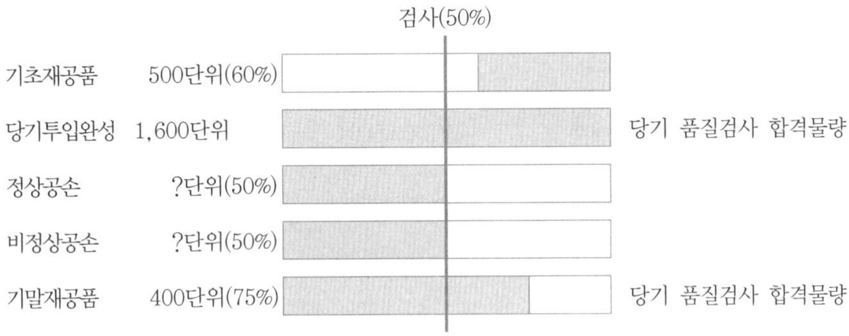

∴ 정상공손수량 = {1,600 + 400} × 10% = 200단위
비정상공손수량 = 300 − 200 = 100단위

	물량흐름	완성품환산량 재료비	가공비
완 성 품			
기 초 재 공 품	500 (60%)	0	200
당 기 착 수 완 성	1,600	1,600	1,600
정 상 공 손	200 (50%)	200	100
비 정 상 공 손	100 (50%)	100	50
기 말 재 공 품	400 (75%)	400	300
	2,800 개	2,300	2,250

	재료비	가공비	합 계
기 초 재 공 품			₩438,250
당 기 착 수	₩1,150,000	1,575,000	2,725,000
계			₩3,163,250
완 성 품 환 산 량	÷ 2,300개	÷ 2,250개	
환산량단위당원가	@500	@700	@1,200

완 성 품 원 가	₩438,250+200×@700+1,600×@1,200=	₩2,498,250
정 상 공 손 원 가	200×@500+ 100× @700=	170,000
비정상공손원가	100×@500+ 50× @700=	85,000
기말재공품원가	400×@500+ 300× @700=	410,000
합 계		₩3,163,250

기말재공품(75%)이 공손의 검사시점(50%)을 통과하였으며, 기초재공품(60%)도 공손의 검사시점을 통과하였으므로 정상공손의 원가는 당기투입완성물량과 기말재공품물량비율에 따라 배분한다.

완성품에의 배분 $₩170,000 \times \frac{1,600}{1,600+400} = ₩136,000$

기말재공품에의 배분 $₩170,000 \times \frac{400}{1,600+400} = ₩34,000$

따라서 최종원가계산은 다음과 같다.

완 성 품 원 가	₩2,498,250+136,000=	₩2,634,250
비정상공손원가		85,000
기말재공품원가	₩410,000+34,000=	444,000
합 계		₩3,163,250

2. 평균법에 의한 원가계산

	물량흐름	완성품환산량 재료비	완성품환산량 가공비
기 초 재 공 품	500(60%)		
당 기 착 수	2,300		
	2,800개		
완 성 품	2,100	2,100	2,100
정 상 공 손	200(50%)	200	100
비 정 상 공 손	100(50%)	100	50
기 말 재 공 품	400(75%)	400	300
	2,800개	2,800	2,550

	재료비	가공비	정상공손원가	합 계
기 초 재 공 품	₩236,000	197,250	5,000	₩438,250
당 기 착 수	1,150,000	1,575,000		2,725,000
계	₩1,386,000	1,772,250	5,000	₩3,163,250
완성품환산량	÷ 2,800개	÷ 2,550개		
환산량단위당원가	@495	@695		@1,190

완 성 품 원 가	2,100×@1,190=	₩2,499,000
정 상 공 손 원 가	5,000+200×@495+100×@695=	173,500
비정상공손원가	100×@495+ 50×@695=	84,250
기말재공품원가	400×@495+300×@695=	406,500
합 계		₩3,163,250

기말재공품(75%)이 공손의 검사시점(50%)을 통과하였으며, 기초재공품(60%)도 공손의 검사시점을 통과하였으나, 평균법에 의한 원가계산이므로 정상공손의 원가는 완성품과 기말재공품의 물량비율에 따라 배분한다.

완성품에의 배분 $₩173,500 \times \frac{2,100}{2,100+400} = ₩145,740$

기말재공품에의 배분 $₩173,500 \times \frac{400}{2,100+400} = ₩27,760$

따라서 최종원가계산은 다음과 같다.

완 성 품 원 가	₩2,499,000+145,740=	₩2,644,740
비정상공손원가		84,250
기말재공품원가	₩406,500+27,760=	434,260
합 계		₩3,163,250

제6절 공손회계의 특수유형

1. 공손무인식법

앞에서 살펴본 공손의 회계처리는 완성품환산량을 계산할 때 공손품을 고려하는 방법(공손인식법)이었다. 이러한 공손인식법은 기본적으로 공손수량을 정확하게 산출할 수 있다는 전제하에 성립되는 회계처리방법이다. 하지만 기업에 따라서는 공손수량을 정확하게 산출하기 곤란한 생산시스템을 가지고 있는 경우도 있고, 기업의 원가계산능력이 공손에 관한 회계처리를 하기 힘든 경우도 있다. 따라서 원가계산의 논리성이 부족하기는 하지만 실무적인 편의성을 고려하여 공손을 인식하지 않고 회계처리하는 방법에 대하여 살펴보도록 한다.

공손무인식법이란 완성품환산량을 계산할 때 공손품을 고려하지 않는 방법으로 앞에서 살펴본 방법과는 공손회계처리의 효과가 달라지게 된다. 공손무인식법은 완성품환산량을 계산할 때 공손품을 고려하지 않으므로 환산량 단위당 원가는 높아지게 되며 결과적으로는 완성품과 기말재공품에 공손원가가 자동적으로 배부되는 방법이다. 그러나 이 방법은 논리적인 문제로 인하여 제한된 상황하에서만 적용되어야 하는데 이하 예제를 중심으로 살펴보자.

예제 14 공손무인식법

㈜중앙은 단일공정에서 제품 X를 생산하고 있으며 재료는 공정초에 전량 투입되고, 가공비는 공정전체를 통하여 균등하게 발생한다. 20×1년 원가계산에 대한 자료는 다음과 같다.

재 공 품

기초재공품	1,000단위 (20%)	완성품	6,000단위
		정상공손품	2,000단위
당기착수량	9,000단위		
		기말재공품	2,000단위 (75%)
	10,000단위		10,000단위

공손의 검사는 공정 50%시점에 이루어지며 당기 중에는 정상공손만 발생하였다. 제조원가에 관한 자료는 다음과 같으며 회사는 선입선출법을 적용하고 있다.

	재 료 비	가 공 비	합 계
기초재공품원가			₩210,000
당기발생원가	₩1,260,000	1,817,700	3,077,700
계			₩3,287,700

요구사항

1. 공손무인식법을 이용하여 완성품원가와 기말재공품원가를 계산하시오.
2. 공손인식법을 이용하여 완성품원가와 기말재공품원가를 계산하시오.

해설

1. 공손무인식법

(1) 완성품환산량의 계산

	물량흐름	완성품환산량	
		재료비	가공비
완성품			
기초재공품	1,000(20%)	0	800
당기착수완성	5,000	5,000	5,000
정상공손	2,000(50%)	–	–
기말재공품	2,000(75%)	2,000	1,500
	10,000단위	7,000	7,300

(2) 완성품환산량 단위당 원가

원가집계	재료비	가공비	합계
기초재공품원가			₩210,000
당기발생원가	1,260,000	1,817,700	3,077,700
합계			₩3,287,700
완성품환산량	÷ 7,000	÷ 7,300	
환산량단위당원가	@180	@249	@429

(3) 원가의 배분

완성품원가	₩210,000+800×@249+5,000×@429=	₩2,554,200
기말재공품원가	2,000×@180+1,500×@249=	733,500
		₩3,287,700

2. 공손인식법

(1) 완성품환산량의 계산

	물량흐름	완성품환산량 재료비	완성품환산량 가공비
완성품			
기초재공품	1,000(20%)	0	800
당기착수완성	5,000	5,000	5,000
정상공손	2,000(50%)	2,000	1,000
기말재공품	2,000(75%)	2,000	1,500
	10,000단위	9,000	8,300

(2) 완성품환산량 단위당 원가

원가집계	재료비	가공비	합 계
기초재공품원가			₩210,000
당기발생원가	1,260,000	1,817,700	3,077,700
합계			₩3,287,700
완성품환산량	÷ 9,000	÷ 8,300	
환산량단위당원가	@140	@219	@359

(3) 원가의 배분

① 1차 과정

완성품원가	₩210,000+800×@219+5,000×@359=	₩2,180,200
정상공손원가	2,000×@140+1,000×@219=	499,000
기말재공품원가	2,000×@140+1,500×@219=	608,500
		₩3,287,700

② 2차 과정

정상공손원가배분*

완　　성　　품	$₩499,000 \times \frac{6,000}{6,000+2,000} =$	₩374,250
기 말 재 공 품	$₩499,000 \times \frac{2,000}{6,000+2,000} =$	124,750
합　　　　　계		₩499,000

	배분전원가	정상공손원가배분*	배분후원가
완 성 품 원 가	₩2,180,200	₩374,250	₩2,554,450
정 상 공 손 원 가	499,000	(499,000)	–
기말재공품원가	608,500	124,750	733,250
합　　　　　계	₩3,287,700	₩0	₩3,287,700

공손인식법과 공손무인식법의 차이를 살펴보면 다음과 같다.

	완성품환산량			원가배분		
	재료비	가공비	계	완성품	기말재공품	계
공손무인식법	@180	@249	@429	₩2,554,200	₩733,500	₩3,287,700
공 손 인 식 법	@140	@219	@359	2,554,450	733,250	3,287,700
차　　　　이	@40	@30	@70	(₩250)	₩250	₩0

공손무인식법에 의한 완성품환산단위당 원가가 공손인식법에 의한 완성품환산단위당 원가보다 큰 것은 공손무인식법은 완성품환산량을 계산할 때 공손물량을 감안하지 않기 때문이며 이것은 결과적으로 완성품환산단위당 원가에 정상공손원가가 포함되는 효과를 가져오게 된다. 또한 완성품원가와 기말재공품원가를 계산할 때 공손인식법처럼 2차 배분의 절차를 필요없게 만든다. 또한 원가배분상 ₩250의 금액의 차이는 공손인식법에서는 정상공손원가를 분리하여 계산한 후 완성품물량 대 기말재공품물량 비율인 6,000단위 : 2,000단위의 비율로 안분계산하였으나, 공손무인식법에서는 완성품환산단위당 원가에 이미 정상공손원가가 포함되어 있어 재료비는 5,000단위 : 2,000단위의 비율로, 가공비는 5,800단위 : 1,500단위의 비율로 안분계산되기 때문이다.

공손무인식법은 이처럼 공손원가를 완성품과 기말재공품에 안분계산하므로 비정상공손이 있는 경우에는 사용할 수가 없다. 비정상공손이 존재하는 경우 비정상공손물량을 완성품환산량을 계산할 때 고려하지 않는다면 비정상공손원가가 완성품과 기말재공품에 배분되는 효과가 나타나므로 비논리적이며, 또한 완성품환산량계산을 계산할 때 비정상공손은 고려하고 정상공손은 고려하지 않는다 해도 정상공손원가가 비정상공손에 배분되는 비논리성이 나타나기 때문이다. 또한 정상공손만 존재하는 경우라 할지라도 공손무인식법은 기말재공품의 완성도와 공손의 검사시점을 고려하지 않기 때문에 정상공손원가를 무조건 완성품과 기말재공품에 배분하게 되며 이는 기말재공품의 완성도가 공손의 검사시점에 미달한 경우에는 비논리적이라 할 수 있다.

따라서 공손무인식법은 정상공손만 존재하고 기말재공품이 공손의 검사시점을 통과한 경우에만 논리적인 타당성을 갖게 되며 이때에도 공손인식법과는 원가배분에서 약간의 차이가 발생한다는 점을 주의하여야 한다.

2. 복수의 검사시점

앞에서 살펴본 공손회계는 공정에서 검사가 1회 실시된다는 가정하에 접근하였으나 공정관리상 품질관리를 위하여 동일공정에서 검사를 2회 이상 실시하는 경우도 있다. 공정에서 검사가 2회 실시된다면 1차 검사시점에 검색된 정상공손은 1차 공손을 통과한 물량(완성품과 2차공손 또는 기말재공품)에게 물량비율에 따라 배부한다. 이러한 과정에서 2차 검사에서 비정상공손이 발생하는 경우 1차 정상공손원가는 2차 정상공손과 비정상공손에게도 배분된다는 점에 주의하여야 한다. 한편, 2차 정상공손원가는 2차 검사시점을 통과한 물량에 물량비율에 따라 배부한다. 다음의 예제를 통하여 살펴본다.

예제 15 복수의 검사시점

㈜동강은 제품 M을 단일공정에서 생산하고 있는데 회사의 정책상 품질관리를 위하여 공손검사는 공정의 40%와 공정의 80%시점에서 2회 실시하도록 되어 있다. 회사는 원가계산을 할 때 선입선출법을 적용하고 있으며 제조공정에서 원재료는 공정초에 투입되고 가공비는 공정전반에 걸쳐 균등하게 발생한다. 제조활동과 관련된 자료는 다음과 같다.

재공품

기 초 재 공 품	1,000단위(20%)	완 성 품	14,000단위
		1 차 정 상 공 손	?단위
		1 차 비 정 상 공 손	?단위
		2 차 정 상 공 손	?단위
당 기 착 수 량	19,000단위	2 차 비 정 상 공 손	?단위
		기 말 재 공 품	2,000단위(90%)
	20,000단위		20,000단위

1차 공손검사에서는 2,000단위의 공손이 발생하였으며 1차 정상공손수량은 품질검사 합격수량의 10%이다. 또한 2차 공손검사에서는 품질검사 합격수량의 5%를 정상공손으로 간주한다. 원가관련자료가 다음과 같은 경우 완성품원가를 계산하시오.

	재료비	가공비	합 계
기초재공품원가			₩300,000
당기발생원가	₩1,900,000	₩3,600,000	5,500,000
계			₩5,800,000

해설

1. 정상공손수량의 계산

	물량단위	검사합격수량 1차검사(40%)	검사합격수량 2차검사(80%)
기 초 재 공 품	1,000 (20%)	1,000	1,000
당기투입완성	13,000	13,000	13,000
1 차 공 손	2,000 (40%)	–	–
2 차 공 손	2,000 (80%)	2,000	–
기 말 재 공 품	2,000 (90%)	2,000	2,000
	20,000 단위	18,000	16,000
		×10%	×5%
정 상 공 손		1,800	800
비 정 상 공 손		200	1,200

2. 완성품환산량

	물량흐름	완성품환산량 재료비	완성품환산량 가공비
완 성 품			
기초재공품	1,000(20%)	–	800
당기착수완성	13,000	13,000	13,000
1 차 공 손			
정 상 공 손	1,800(40%)	1,800	720
비정상공손	200(40%)	200	80
2 차 공 손			
정 상 공 손	800(80%)	800	640
비정상공손	1,200(80%)	1,200	960
기 말 재 공 품	2,000(90%)	2,000	1,800
	20,000단위	19,000	18,000

3. 완성품환산량 단위당 원가

원 가 집 계	재료비	가공비	합 계
기초재공품원가			₩300,000
당기발생원가	1,900,000	3,600,000	5,500,000
합 계			₩5,800,000
완성품환산량	÷ 19,000	÷ 18,000	
환산량단위당원가	@100	@200	@300

4. 원가의 배분

① 1차 과정

완 성 품 원 가	₩300,000 + 800×@200+13,000×@300=	₩4,360,000
1차정상공손원가	1,800×@100+ 720×@200=	324,000
1차비정상공손원가	200×@100+ 80×@200=	36,000
2차정상공손원가	800×@100+ 640×@200=	208,000
2차비정상공손원가	1,200×@100+ 960×@200=	312,000
기말재공품원가	2,000×@100+ 1,800×@200=	560,000
		₩5,800,000

② 1차 정상공손원가의 배분

	배분전원가	1차정상공손 원가배분*	배분후원가
완 성 품 원 가	₩4,360,000	₩252,000	₩4,612,000
1차정상공손원가	324,000	(324,000)	–
1차비정상공손원가	36,000	–	36,000
2차정상공손원가	208,000	14,400	222,400
2차비정상공손원가	312,000	21,600	333,600
기말재공품원가	560,000	36,000	596,000
합 계	₩5,800,000	₩0	₩5,800,000

* 1차 정상공손원가 배분비율＝완성품 : 2차정상공손 : 2차비정상공손 : 기말재공품
＝14,000 : 800 : 1,200 : 2,000

③ 2차 정상공손원가의 배분

	1차 정상공손 원가배분 후 원가	2차정상공손 원가배분*	최종원가
완 성 품 원 가	₩4,612,000	₩194,600	₩4,806,600
1차 정상공손원가	–	–	–
1차비정상공손원가	36,000	–	36,000
2차정상공손원가	222,400	(222,400)	–
2차비정상공손원가	333,600	–	333,600
기말재공품원가	596,000	27,800	623,800
합 계	₩5,800,000	₩0	₩5,800,000

* 2차 정상공손원가 배분비율＝완성품 : 기말재공품
＝14,000 : 2,000

제7절 감손회계

1. 감손(減損)의 의의

감손(shrinkage)은 공정에서 증발이나 화학반응 등의 원인에 의하여 물량이 줄어드는 것 혹은 처분가치가 없는 작업폐물(waste) 등을 말한다. 정유업의 경우에는 수입원유를 정유하는 과정에서 슬러지(sludge) 등으로 인하여 최종산출물이 공정초에 투입된 원유보다 적게 나오게 되는데 이러한 경우 줄어든 물량을 감손(shrinkage)이라 한다.

감손의 정도를 나타내는 개념으로는 감손율과 수율이 있는데, 감손율이란 원재료의 투입량에 대한 공정 종점에서의 감손량의 비율을 말하고, 수율(yield)이란 원재료의 투입량에 대한 제품공정 종점에서의 산출량의 비율을 말한다.

$$\text{감손율} = \frac{\text{감손량}}{\text{투입량}}$$

$$\text{수 율} = \frac{\text{산출량}}{\text{투입량}} = \frac{\text{투입량} - \text{감손량}}{\text{투입량}} = 1 - \text{감손량}$$

공손의 경우 통상 공정의 일정시점에서 검사활동을 통하여 발생하므로 공손의 완성도 파악이 가능하지만 감손의 경우에는 발생형태에 따라 공정의 일정시점에서 발생하기도 하고, 전공정을 통하여 일정한 감손율을 가지면서 평균적으로 발생하기도 하므로 공손과는 다른 접근방식이 필요하다. 하지만 감손은 제조과정 중의 수량감소분의 성격을 가지므로 일정시점에 발생하기보다는 공정 전반에 걸쳐서 발생하는 경우가 대부분이므로 본절에서는 공정 전반에 걸쳐 발생하는 경우만 살펴보도록 한다.

(1) 감손이 공정의 일정시점에서 발생하는 경우

감손이 공정의 일정시점에서 발생하다면 이는 공손의 발생형태와 동일하므로 공손과 같은 방식으로 회계처리한다.

(2) 감손이 일정한 감손율을 가지면서 공정전체에서 평균적으로 발생하는 경우

감손이 전공정을 통하여 일정한 감손율을 가지면서 평균적으로 발생하는 경우로서 그림으로 표현하면 다음과 같다.

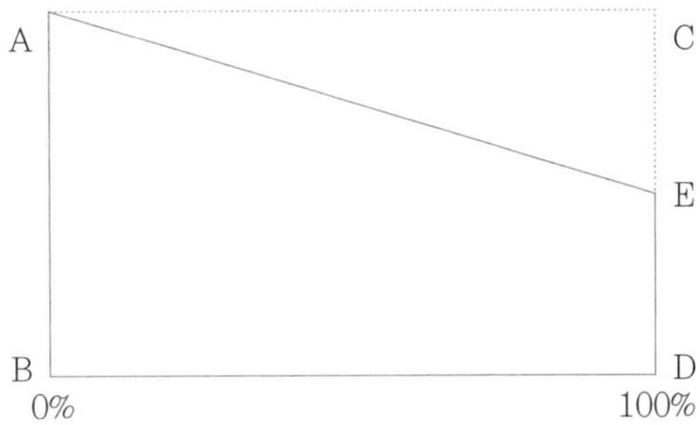

앞의 그림에서 가로축은 가공의 정도를 말하고 세로축은 물량을 말하는데 공정 초에 AB의 물량이 투입되었으나 공정 종점에는 ED의 물량이 산출된다. 따라서 감손량은 CE가 되며 감손율의 계산은 $\frac{CE}{AB}$가 된다. 그림에서 AE는 투입물량이 점점 줄어드는 것을 보여주며 이러한 감손의 진행은 공정전체를 통하여 평균적으로 발생한다.

예를 들어 감손율이 20%인 경우 1,000ℓ를 투입하면 공정 종점에서는 800ℓ(=1,000ℓ－1,000ℓ×20%)가 된다. 그러나 완성도가 60%인 경우에는 공정 내에 몇ℓ의 물량이 남아 있을까? 위의 그림처럼 감손은 공정전체를 통하여 평균적으로 발생하므로 감손의 진행도 가공 정도(완성도)에 따라 달라질 수밖에 없다. 완성도가 60%인 경우에는 감손도 60%만 진행되었을 것이므로 실제의 감손율은 20%×60%＝12%가 된다. 따라서 60%시점의 물량은 880ℓ(＝1,000－1,000ℓ×12%)가 된다.

위의 내용을 정리하면 다음과 같다.

> 산출량＝투입량－감손량＝투입량－투입량×감손율×완성도
> ＝투입량(1－감손율×완성도)

2. 감손의 회계처리

감손이 공정전체를 통하여 평균적으로 발생하는 경우에는 기초재공품·당기투입량·당기완성량·기말재공품 등은 각각 완성도가 다르므로 단순히 물량관계에 따라서 원가계산을 할 수 없다. 원가계산을 위해서는 모든 물량을 동일한 완성도 상태하에서 판단하여야 하므로 기초재공품·당기완성량·기말재공품 등을 최초투입물량으로 환산하여 물량관계를 정리한 다음 원가계산절차를 진행한다. 산출량을 최초투입량으로 환산하기 위해서는 앞에서 살펴본 공식을 적용한다.

산출량＝투입량×(1－감손율×완성도)

공정의 모든 물량을 최초 투입량으로 환산하면 완성품환산량 계산시 감손물량이 별도로 나타나지 않으므로 완성품환산량 단위원가에 감손원가가 포함되어 있는 효과가 나타난다.

공정의 물량을 투입물량으로 환산한 후 완성품환산량을 계산할 때 가공비의 완성품환산량 계산에는 다음의 두 가지 방법이 있다.

(1) 비분리계산법

감손으로 인한 물량감소와는 관계없이 계속 일정하게 가공비가 투입된다고 하는 가정으로 가공비의 완성품환산량 계산시 감손을 별도로 구분하지 않고 최초투입량을 기준으로 계산하는 방법을 말한다.

(2) 분리계산법

감손으로 인한 물량감소로 인하여 가공비가 점점 감소되며 투입된다고 하는 가정으로 가공비의 완성품환산량 계산시 감손량을 제외하고 실제로 가공된 환산량을 기준으로 계산하는 방법을 말한다.

예제 16 감손회계

㈜한라는 단일공정에서 제품을 대량생산하고 있는데 원재료는 공정초에 전량투입하고 가공비는 공정 전반에 걸쳐 발생한다. 공정의 특성상 공정 전반에 걸쳐 감손이 평균적으로 발생하는데 감손율은 공정초 재료투입물량의 20%이며 발생한 감손은 모두 정상감손이다.

회사의 생산관련자료는 다음과 같으며 당기 중 재료비 ₩1,000,000과 가공비 ₩2,928,000이 발생하였다.

	물량단위	완성도
기초재공품	0 ℓ	
당기착수량	10,000	
당기완성량	4,000	
기말재공품	4,400	60%

요구사항

1. 비분리계산법에 의하여 완성품원가와 기말재공품원가를 계산하시오.
2. 분리계산법에 의하여 완성품원가와 기말재공품원가를 계산하시오.

해설

완성량은 100%의 완성도이지만 기말재공품은 60%의 완성도이므로 완성품 4,000ℓ와 기말재공품 4,400ℓ는 물량으로 단순 계산하기는 곤란하다. 따라서 각각 최초투입물량으로 환산해야 하는데 그 계산은 다음과 같다(감손발생 전 완성품물량을 x, 감손발생 전 기말재공품물량을 y라 하면).

4,000ℓ = x(1－20%×100%)　　　∴ x = 5,000ℓ*

4,400ℓ = y(1－20%×60%)　　　∴ y = 5,000ℓ**

감손발생 후 물량

기초	0	완성	4,000ℓ (100%)
투입	10,000ℓ (0%)	기말	4,400ℓ (60%)

➡

최초투입물량

기초	0	완성	5,000ℓ* (100%)
투입	10,000ℓ (0%)	기말	5,000ℓ** (60%)
	10,000ℓ		10,000ℓ

1. 비분리계산법

① 완성품환산량

	물량흐름	완성품환산량	
		재료비	가공비
기 초 재 공 품	0		
당 기 착 수	10,000		
	10,000		
당 기 완 성	5,000	5,000	5,000
기 말 재 공 품	5,000(60%)	5,000	3,000
	1,000	10,000	8,000

② 완성품환산량 단위당 원가

	재료비	가공비	합 계
기초재공품원가			0
당기발생원가	₩1,000,000	₩2,928,000	₩3,928,000
완성품환산량	÷ 10,000	÷ 8,000	
환산량 단위당 원가	@100	@366	@466

③ 원가의 배분

완 성 품 원 가	5,000×@466=	₩2,330,000
기말재공품원가	5,000×@100+3,000×@366=	1,598,000
합 계		₩3,928,000

가공비의 완성품환산량을 그림으로 표시하면 다음과 같다.

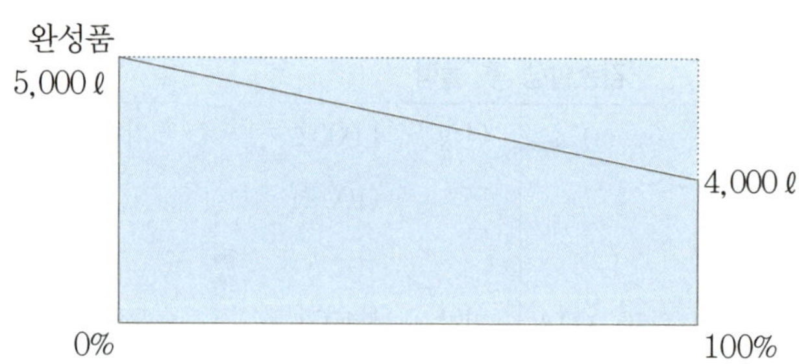

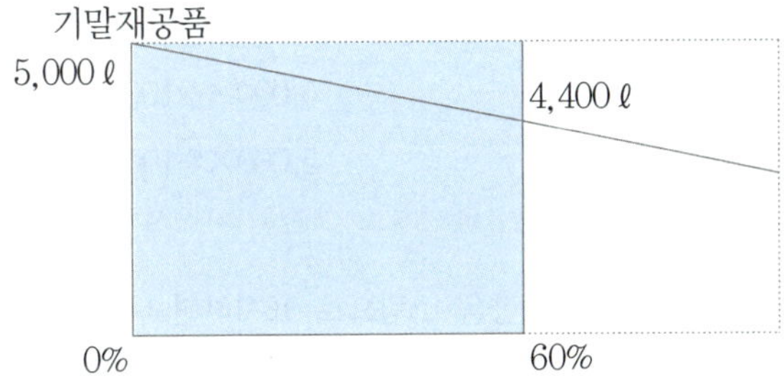

위의 그림에서 파란색부분이 가공비가 투입된 부분을 의미하는데 비분리계산법은 가공비의 투입이 물량감소와 관계없이 일정하게 이루어진다고 가정하므로 그림과 같이 동일한 비율로 가공비가 발생하고 있다. 따라서 가공비 완성품환산량의 계산은 파란색부분의 면적계산과 동일하므로 완성품은 5,000×100%=5,000ℓ가 되며 기말재공품은 5,000×60%=3,000ℓ가 된다.

2. 분리계산법

① 완성품환산량

	물량흐름	완성품환산량	
		재료비	가공비
기 초 재 공 품	0		
당 기 착 수	10,000		
	10,000		
당 기 완 성	5,000	5,000	4,500*
기 말 재 공 품	5,000(60%)	5,000	2,820**
	1,000	10,000	7,320

* $4,500 = \dfrac{5,000+4,000}{2} \times 100\%$

** $2,820 = \dfrac{5,000+4,400}{2} \times 60\%$

② 완성품환산량 단위당 원가

	재료비	가공비	합 계
기 초 재 공 품 원 가			0
당 기 발 생 원 가	₩1,000,000	₩2,928,000	₩3,928,000
완 성 품 환 산 량	÷ 10,000	÷ 7,320	
환산량 단위당 원가	@100	@400	@500

③ 원가의 배분

완 성 품 원 가	5,000×@100+4,500×@400=	₩2,300,000
기말재공품원가	5,000×@100+2,820×@400=	1,628,000
합 계		₩3,928,000

가공비의 완성품환산량을 그림으로 표시하면 다음과 같다.

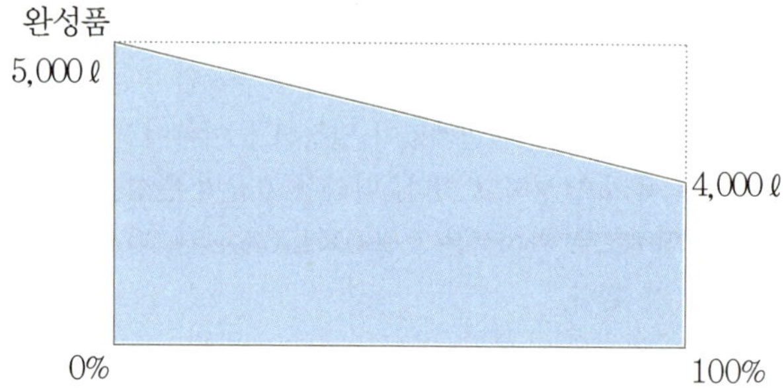

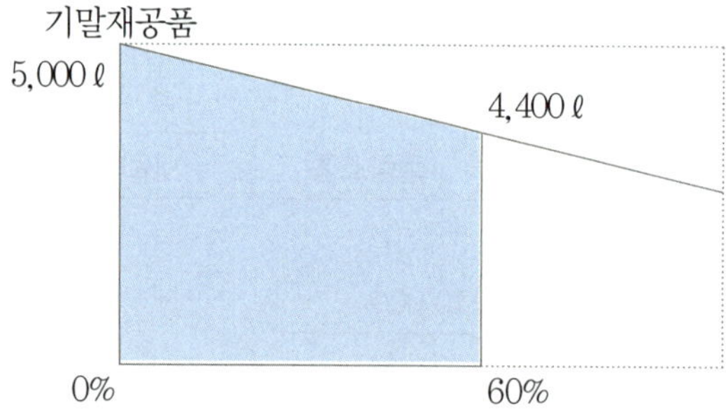

앞의 그림에서 파란색부분이 가공비가 투입된 부분을 의미하는데 분리계산법은 가공비의 투입이 물량감소에 비례하여 감소한다고 가정하므로 그림과 같다. 따라서 가공비 완성품환산량의 계산은 파란색부분의 면적계산과 동일하므로 완성품은 (5,000+4,000)/2×100%=4,500ℓ가 되며 기말재공품은 (5,000+4,400)/2×60%=2,820ℓ가 된다.

결국 분리계산법에서 가공비의 완성품환산량은 다음과 같이 계산된다.

$$\frac{\text{투입량}+\text{산출량}}{2}\times\text{완성도}$$

참고

감손에 관한 회계처리방법인 비분리계산법과 분리계산법의 차이는 가공비의 발생에 대한 가정으로 인한 차이이다. 비분리계산법은 위 해답의 그림과 같이 감손으로 인한 재료물량의 감소에도 불구하고 가공비의 발생은 전혀 줄어들지 않고 공정 전반에 걸쳐 균등하게 발생한다는 가정이다. 반면, 분리계산법은 재료물량의 감소에 따라 가공비의 발생도 따라서 점차 줄어든다는 가정이다. 즉 가공대상물량의 감소에 따라 이에 대한 가공비도 물량감소를 반영하여 그 발생이 줄어든다고 가정한다.

연습문제

문제 1. 단일공정 종합원가계산

종합원가계산제도를 채택하고 있는 ㈜서울은 단일공정에서 단일제품을 생산하고 있으며 제조활동과 관련된 자료는 다음과 같다.

(1) 생산관련자료

	물량단위	완성도
기초재공품	5,500 단위	30%
당기착수량	14,500	
당기완성량	18,000	
기말재공품	2,000	50%

(2) 재료는 공정초에 전량 투입되며 가공비는 공정 전반에 걸쳐 균등발생한다.

(3) 원가관련자료

	재료비	가 공 비	합 계
기초재공품원가	₩1,027,500	₩334,250	₩1,361,750
당기발생원가	2,972,500	2,515,750	5,488,250
	₩4,000,000	₩2,850,000	₩6,850,000

요구사항

1. 평균법에 의하여 완성품원가와 기말재공품원가를 계산하시오.
2. 선입선출법에 의하여 완성품원가와 기말재공품원가를 계산하시오.

해설

1. 평균법에 의한 원가계산

	물량흐름	완성품환산량 재료비	완성품환산량 가공비
당기완성품	18,000	18,000	18,000
기말재공품	2,000(50%)	2,000	1,000
	20,000개	20,000	19,000

	재료비	가공비	합계
기초재공품원가	₩1,027,500	334,250	₩1,361,750
당기발생원가	2,972,500	2,515,750	5,488,250
	₩4,000,000	2,850,000	₩6,850,000
완성품환산량	÷ 20,000	÷ 19,000	
환산량 단위당 원가	@200	@150	@350

완성품원가	18,000×@350=	₩6,300,000
기말재공품원가	2,000×@200+1,000×@150=	550,000
합계		₩6,850,000

2. 선입선출법에 의한 원가계산

	물량흐름	완성품환산량 재료비	완성품환산량 가공비
완성품			
기초재공품완성	5,500(30%)	0	3,850
당기 착수 완성	12,500	12,500	12,500
기말재공품	2,000(50%)	2,000	1,000
	20,000개	14,500	17,350

	재료비	가공비	합계
기초재공품원가			₩1,361,750
당기발생원가	₩2,972,500	2,515,750	5,488,250
			₩6,850,000
완성품환산량	÷ 14,500	÷ 17,350	
환산량 단위당 원가	@205	@145	@350

완 성 품 원 가	₩1,361,750+3,850×@145+12,500×@350=	₩6,295,000
기말재공품원가	2,000×@205+ 1,000×@145=	555,000
합 계		₩6,850,000

문제 2. 연속공정의 종합원가계산

A, B 연속공정에서 제품을 생산하는 ㈜서울은 A공정에서 가공된 부품을 B공정에서 조립하여 완제품을 생산하고 있으며 B공정의 제조활동과 관련된 자료는 다음과 같다.

(1) 생산관련자료

	물량단위	완성도
기초재공품	3,000단위	50%
당기착수량	18,000	
당기완성량	14,000	
기말재공품	7,000	70%

(2) 재료는 공정의 40%시점에 전량 투입되며 가공비는 공정 전반에 걸쳐 균등발생한다.

(3) 원가관련자료

	전공정비	재 료 비	가 공 비	합 계
기초재공품원가	₩1,155,000	450,000	462,000	₩2,067,000
당 기 발 생 원 가	6,300,000	3,330,000	4,263,000	13,893,000
	₩7,455,000	3,780,000	4,725,000	₩15,960,000

요구사항

1. 평균법에 의하여 완성품원가와 기말재공품원가를 계산하시오.
2. 선입선출법에 의하여 완성품원가와 기말재공품원가를 계산하시오.

해설

1. 평균법에 의한 원가계산

	물량흐름	완성품환산량 전공정비	재료비	가공비	합계
당기완성품	14,000	14,000	14,000	14,000	
기말재공품	7,000(70%)	7,000	7,000	4,900	
	21,000개	21,000	21,000	18,900	
기초재공품원가		₩1,155,000	450,000	462,000	₩2,067,000
당기발생원가		6,300,000	3,330,000	4,263,000	13,893,000
		₩7,455,000	3,780,000	4,725,000	₩15,960,000
완성품환산량		÷ 21,000	÷ 21,000	÷ 18,900	
환산량 단위당 원가		@355	@180	@250	@785

완성품원가	14,000×@785=	₩10,990,000
기말재공품원가	7,000×@355+7,000×@180+4,900×@250=	4,970,000
합계		₩15,960,000

2. 선입선출법에 의한 원가계산

	물량흐름	완성품환산량 전공정비	재료비	가공비	합계
완성품					
기초재공품완성	3,000(50%)	0	0	1,500	
당기 착수 완성	11,000	11,000	11,000	11,000	
기말재공품	7,000(70%)	7,000	7,000	4,900	
	21,000개	18,000	18,000	17,400	
기초재공품원가					₩2,067,000
당기발생원가		₩6,300,000	3,330,000	4,263,000	13,893,000
					₩15,960,000
완성품환산량		18,000	÷ 18,000	÷ 17,400	
환산량 단위당 원가		@350	@185	@245	@780

완 성 품 원 가	₩2,067,000+1,500×@245+11,000×@780=	₩11,014,500
기말재공품원가	7,000×@350+7,000×@185+4,900×@245=	4,945,500
합 계		₩15,960,000

문제 3. 복수원재료의 투입

㈜광장산업의 제2공정인 조립공정에서는 공정초에 K원재료를, 공정의 50%시점에는 L원재료를 투입한다. 가공비는 공정전체를 통하여 균등하게 발생하며 생산관련자료는 다음과 같다.

	물량단위	완성도
기 초 재 공 품	600단위	20%
당 기 착 수 량	3,400	
당 기 완 성 량	3,000	
기 말 재 공 품	1,000	70%

	전공정비	K재료	L재료	가공비	합 계
기초재공품원가	₩13,000	₩23,000	₩0	₩4,000	₩40,000
당기투입원가	68,000	136,000	80,000	71,600	355,600
	₩81,000	₩159,000	₩80,000	₩75,600	₩395,600

요구사항

선입선출법에 의한 완성품원가는 얼마인가?

해설

1. 완성품환산량

	물량흐름	완성품환산량			
		전공정비	K재료	L재료	가공비
당 기 완 성					
기 초 재 공 품	600(20%)	0	0	600	480
당 기 투 입 완 성	2,400	2,400	2,400	2,400	2,400
기 말 재 공 품	1,000(70%)	1,000	1,000	1,000	700
	4,000	3,400	3,400	4,000	3,580

2. 완성품환산량 단위당 원가

	전공정비	K재료	L재료	가공비	합 계
기초재공품 원가					₩40,000
당 기 발 생 원 가	₩68,000	₩136,000	₩80,000	₩71,600	355,600
					₩395,600
완 성 품 환 산 량	÷3,400	÷3,400	÷4,000	÷3,580	
환산량 단위당 원가	@20	@40	@20	@20	@100

3. 원가배분

완 성 품 원 가	₩40,000+600×@20+480×@20+2,400×@100=	₩301,600
기말재공품원가	1,000×@20+1,000×@40+1,000×@20+700×@20=	94,000
합 계		₩395,600

문제 4. 상이한 완성도의 재공품

㈜광장산업의 제3공정인 포장공정에서는 공정의 60%시점에서 원재료를 전량 투입한다. 가공비는 공정전체를 통하여 균등하게 발생하며 생산관련자료는 다음과 같다.

	물량단위	완성도	전공정비	재료비	가 공 비	합 계
기초재공품	1,000 단위	30%	₩100,000	–	₩34,200	₩134,200
	1,000	70%	100,000	16,000	79,800	195,800
당기착수량	18,000		1,800,000	884,000	3,526,000	6,210,000
계	20,000		₩2,000,000	₩900,000	₩3,640,000	₩6,540,000
당기완성량	15,000					
기말재공품	2,000	40%				
	3,000	80%				
계	20,000					

요구사항

1. 평균법에 의하여 완성품원가와 기말재공품원가를 계산하시오.
2. 선입선출법에 의하여 완성품원가와 기말재공품원가를 계산하시오.

해설

1. 평균법

(1) 완성품환산량

	물량흐름	완성품환산량		
		전공정비	재료비	가공비
당기완성	15,000	15,000	15,000	15,000
기말재공품	2,000(40%)	2,000	0	800
	3,000(80%)	3,000	3,000	2,400
	20,000	20,000	18,000	18,200

(2) 완성품환산량 단위당 원가

	전공정비	재료비	가공비	합계
기초재공품원가	₩200,000	₩16,000	₩114,000	₩330,000
당기발생원가	1,800,000	884,000	3,526,000	6,210,000
	₩2,000,000	₩900,000	₩3,640,000	₩6,540,000
완성품환산량	÷20,000	÷18,000	÷18,200	
환산량단위당원가	@100	@50	@200	@350

(3) 원가의 배분

완성품원가	15,000×@350=	₩5,250,000
기말재공품원가	5,000×@100+3,000×@50+3,200×@200=	1,290,000
합계		₩6,540,000

2. 선입선출법

(1) 완성품환산량

	물량흐름	완성품환산량		
		전공정비	재료비	가공비
당기완성				
기초재공품	1,000(30%)	0	1,000	700
	1,000(70%)	0	0	300
당기투입완성	13,000	13,000	13,000	13,000
기말재공품	2,000(40%)	2,000	0	800
	3,000(80%)	3,000	3,000	2,400
	20,000	18,000	17,000	17,200

(2) 완성품환산량 단위당 원가

	전공정비	재료비	가공비	합 계
기초재공품원가				₩330,000
당기발생원가	₩1,800,000	₩884,000	₩3,526,000	6,210,000
				₩6,540,000
완성품환산량	÷18,000	÷17,000	÷17,200	
환산량단위당원가	@100	@52	@205	@357

(3) 원가배분

완성품원가	₩330,000+1,000×@52+1,000×@205+13,000×@357=	₩5,228,000
기말재공품원가	5,000×@100+3,000×@52+3,200×@205=	1,312,000
합 계		₩6,540,000

문제 5. 원재료투입가정의 변경

㈜대성은 프레스공정과 조립공정에서 단일제품을 생산하고 있다. 가공비는 공정전체를 통하여 균등하게 발생하고 있다. 회사의 제2공정인 조립공정의 생산 관련된 자료는 다음과 같다.

	물량단위	완성도	전공정비	재료비	가공비	합 계
기초재공품	5,000단위	20%				₩825,000
당기착수량	15,000		₩4,500,000	₩1,548,000	₩1,760,000	7,808,000
계	20,000					₩8,633,000
당기완성량	18,000					
기말재공품	2,000	30%				
계	20,000					

요구사항

원재료 투입에 대한 가정이 다음과 같이 달라지는 경우 각각에 대하여 선입선출법에 의하여 완성품원가와 기말재공품원가를 계산하시오.

1. 원재료가 공정초 0~50% 구간 동안 균등하게 투입되는 경우
2. 원재료가 공정 50~100% 구간 동안 균등하세 투입되는 경우

해설

1. 원재료가 공정초 0~50% 구간 동안 균등하게 투입되는 경우

(1) 완성품환산량

	물량흐름	완성품환산량		
		전공정비	재료비	가공비
당 기 완 성				
기 초 재 공 품	5,000(20%)	0	3,000	4,000
당기투입완성	13,000	13,000	13,000	13,000
기 말 재 공 품	2,000(30%)	2,000	1,200	600
	20,000	15,000	17,200	17,600

기초재공품 가공비완성도는 20%이며 원재료 투입구간 중 당기에 20~50%구간을 지나게 되므로 기초재공품에는 당기 중 60%(30%/50%)의 재료가 투입되었다. 기말재공품은 30%까지 가공되었으므로 0~50%의 구간 중 30%를 경과, 따라서 기말재공품의 재료비완성도는 60%(30%/50%)이다.

(2) 완성품환산량 단위당 원가

	전공정비	재료비	가공비	전공정비
기초재공품원가				₩ 825,000
당 기 발 생 원 가	₩4,500,000	₩1,548,000	₩1,760,000	7,808,000
				₩8,633,000
완 성 품 환 산 량	÷15,000	÷17,200	÷17,600	
환산량단위당원가	@300	@90	@100	@490

(3) 원가배분

완 성 품 원 가	₩825,000+3,000×@90+4,000×@100+13,000×@490=	₩7,865,000
기말재공품원가	2,000×@300+1,200×@90+600×@100=	768,000
합 계		₩8,633,000

2. 원재료가 공정 50~100% 구간 동안 균등하게 투입되는 경우

(1) 완성품환산량

	물량흐름	완성품환산량		
		전공정비	재료비	가공비
당기완성				
기초재공품	5,000(20%)	0	5,000	4,000
당기투입완성	13,000	13,000	13,000	13,000
기말재공품	2,000(30%)	2,000	0	600
	20,000	15,000	18,000	17,600

기초재공품은 가공비 완성도 20%이므로 원재료 투입구간(50~100%)을 모두 통과한다. 따라서 기초재공품에는 당기 중 원재료가 100% 투입되었다. 그러나 기말재공품은 가공비완성도 30%이므로 재료투입구간을 통과하지 않았다.

(2) 완성품환산량 단위당 원가

	전공정비	재료비	가공비	전공정비
기초재공품원가				₩825,000
당기발생원가	₩4,500,000	₩1,548,000	₩1,760,000	7,808,000
				₩8,633,000
완성품환산량	÷15,000	÷18,000	÷17,600	
환산량단위당원가	@300	@86	@100	@486

(3) 원가배분

완성품원가	₩825,000+5,000×@86+4,000×@100+13,000×@486=	₩7,973,000
기말재공품원가	2,000×@300+600×@100=	660,000
합계		₩8,633,000

문제 6. 기말재공품이 검사시점을 통과하지 않은 경우

단일공정에서 제품을 대량생산하는 ㈜한라의 제조공정에서 원재료는 공정초에 전량 투입되며 가공비는 공정 전반에 걸쳐 균등하게 발생한다. 공손의 검사는 공정의 60%시점에 이루어지고 정상공손은 품질검사합격수량의 5%이다. 회사의 생산관련자료는 다음과 같다.

	물량단위	완성도	재료비	가공비	계
기 초 재 공 품	600	40%	₩108,000	₩58,800	₩166,800
당 기 착 수	2,400		552,000	798,000	1,350,000
계	3,000		₩660,000	₩856,800	₩1,516,800
완 성 품	2,000				
공 손 품	200				
기 말 재 공 품	800	50%			
계	3,000				

요구사항

1. 선입선출법에 의하여 원가계산을 하시오.
2. 평균법에 의하여 원가계산을 하시오.

해설

정상공손수량의 계산

정상공손수량 = {600 + 1,400} × 5% = 100단위

비정상공손수량 = 200 − 100 = 100단위

1. 선입선출법에 의한 원가계산

	물량흐름	완성품환산량 재료비	완성품환산량 가공비	합 계
완 성 품				
기 초 재 공 품	600(40%)	0	360	
당기착수완성	1,400	1,400	1,400	
정 상 공 손	100(60%)	100	60	
비 정 상 공 손	100(60%)	100	60	
기 말 재 공 품	800(50%)	800	400	
	3,000개	2,400	2,280	
원 가 집 계				합 계
기초재공품원가				₩166,800
당기발생원가		₩552,000	₩798,000	1,350,000
계				₩1,516,800
완성품환산량		÷ 2,400	÷ 2,280	
환산량단위당원가		@230	@350	@580

완 성 품 원 가	₩166,800+360×@350+1,400×@580=	₩1,104,800
정 상 공 손 원 가	100×@230+ 60×@350=	44,000
비 정 상 공 손 원 가	100×@230+ 60×@350=	44,000
기 말 재 공 품 원 가	800×@230+ 400×@350=	324,000
합 계		₩1,516,800

기말재공품의 완성도(50%)가 공손의 검사시점(60%)을 통과하지 못하였으므로 정상공손의 원가는 완성품에 배분한다. 따라서 최종원가계산은 다음과 같다.

완 성 품 원 가	₩1,104,800+44,000=	₩1,148,800
비 정 상 공 손 원 가		44,000
기 말 재 공 품 원 가		324,000
합 계		₩1,516,800

2. 평균법에 의한 원가계산

		완성품환산량	
	물량흐름	재료비	가공비
완 성 품	2,000	2,000	2,000
정 상 공 손	100 (60%)	100	60
비 정 상 공 손	100 (60%)	100	60
기 말 재 공 품	800 (50%)	800	400
	3,000 개	3,000	2,520

원 가 집 계			합 계
기 초 재 공 품 원 가	₩108,000	₩58,800	₩ 166,800
당 기 발 생 원 가	552,000	798,000	1,350,000
계	₩660,000	₩856,800	₩1,516,800
완 성 품 환 산 량	÷ 3,000	÷ 2,520	
환산량단위당원가	@220	@340	@560

완 성 품 원 가	2,000×@560=	₩1,120,000
정 상 공 손 원 가	100×@220+60×@340=	42,400
비 정 상 공 손 원 가	100×@220+60×@340=	42,400
기 말 재 공 품 원 가	800×@220+400×@340=	312,000
합 계		₩1,516,800

기말재공품의 완성도(50%)가 공손의 검사시점(60%)을 통과하지 못하였으므로 정상공손의 원가는 완성품에 배분한다. 따라서 최종원가계산은 다음과 같다.

완성품원가	₩1,120,000+42,400=	₩1,162,400
비정상공손원가		42,400
기말재공품원가		312,000
합계		₩1,516,800

문제 7. 기말재공품이 공손검사시점을 통과한 경우

㈜백두의 제2공정인 압연공정에서 원재료는 공정의 60%시점에 전량 투입되고 가공비는 공정 전반에 걸쳐 균등하게 발생한다. 압연공정의 생산관련자료는 다음과 같다.

	수량	완성도
기초재공품	2,000단위	25%
당기착수	8,000	
당기완성	6,000	
정상공손	?	
기말재공품	?	80%

검사는 공정의 50% 완성시점에 실시되며 당기에는 정상공손만 발생하였다. 정상공손수량은 당기의 품질검사대상수량의 수량의 10%이다. 제조원가에 관한 자료는 다음과 같다.

	전공정비	재료비	가공비	합계
기초재공품원가				₩425,000
당기발생원가	₩1,200,000	₩2,700,000	₩1,260,000	5,160,000

요구사항

선입선출법을 이용하여 제2공정 완성품의 단위당 원가를 구하시오.

해설

1. 정상공손수량의 계산

기초재공품의 완성도가 25%이고 기말재공품의 완성도가 80%이므로 당기의 품질검사대상수량은 기초재공품(2,000단위), 당기착수완성량(4,000단위), 정상공손수량(?단위), 기말재공품(?단위)으로 구성된다. 결국 품질검사대상수량은 모든 물량을 말하므로 10,000단위이고 정상공손수량을 x라 하면

x=10,000단위×10%=1,000단위

∴ 기말재공품수량=10,000−6,000−1,000=3,000단위

2. 완성품환산량의 계산

	물량흐름	완성품환산량		
		전공정비	재료비	가공비
완 성 품				
기 초 재 공 품	2,000(25%)	0	2,000	1,500
당기착수완성	4,000	4,000	4,000	4,000
정 상 공 손	1,000(50%)	1,000	0	500
기 말 재 공 품	3,000(80%)	3,000	3,000	2,400
	10,000	8,000	9,000	8,400

3. 완성품환산량 단위당 원가

	전공정비	재료비	가공비	합 계
기초재공품원가				₩425,000
당 기 발 생 원 가	₩1,200,000	₩2,700,000	₩1,260,000	5,160,000
				₩5,585,000
완 성 품 환 산 량	÷8,000	÷9,000	÷8,400	
환산량단위당원가	@150	@300	@150	@600

4. 원가의 배분

완 성 품 원 가	₩425,000+2,000×@300+1,500×@150+4,000×@600=	₩3,650,000
정 상 공 손 원 가	1,000×@150+500×@150=	225,000
기말재공품원가	3,000×@150+3,000×@300+2,400×@150=	1,710,000
합 계		₩5,585,000

기말재공품(80%)이 공손의 검사시점(50%)을 통과하였으므로 정상공손의 원가는 완성품과 기말재공품의 물량비율에 따라 배분한다.

완성품에의 배분 $₩225,000 \times \frac{6,000}{6,000+3,000} = ₩150,000$

기말재공품에의 배분 $₩225,000 \times \frac{3,000}{6,000+3,000} = ₩75,000$

따라서 최종원가계산은 다음과 같다.

완 성 품 원 가	₩3,650,000+150,000=	₩3,800,000
기말재공품원가	₩1,710,000+ 75,000=	1,785,000
합 계		₩5,585,000

5. 완성품의 단위당 원가

₩3,800,000÷6,000단위=₩633.33

문제 8. 공손품의 처분가치가 있는 경우

㈜한산은 X, Y 두 개의 연속된 제조공정을 통하여 단일제품을 생산하고 있다. Y공정의 원재료는 Y공정의 60% 완성시점에서 전량 투입되며 가공비는 Y공정 전반에 걸쳐 균등하게 발생한다. Y공정의 원가계산에 대한 자료는 다음과 같다.

	물량단위	완성도	전공정비	재료비	가공비	계
기 초 재 공 품	2,000	30%	₩50,000	0	13,750	₩63,750
당 기 착 수	8,000		450,000	180,000	259,250	889,250
계	10,000		₩500,000	180,000	273,000	₩953,000
완 성 품	7,000					
공 손 품	1,000					
기 말 재 공 품	2,000	80%				
계	10,000					

검사는 공정의 50% 완성시점에 이루어지는데 회사는 품질검사합격수량의 10%에 해당하는 공손수량은 정상공손으로 간주한다. 공손품은 단위당 ₩2의 추가가공원가를 투입하여 단위당 ₩22에 판매하며 판매비용은 단위당 ₩2이다.

요구사항

1. 평균법을 이용하여 Y공정의 제조원가보고서를 작성하고 회계처리를 하시오.
2. 선입선출법을 이용하여 Y공정의 제조원가보고서를 작성하고 회계처리를 하시오.

해설

정상공손수량의 계산 : 기초재공품의 완성도가 30%이고 기말재공품의 완성도가 80%이므로 당기의 품질검사합격수량은 기초재공품(2,000단위), 당기착수완성량(5,000단위), 기말재공품(2,000단위)으로 구성된다.

∴ 정상공손수량 =(2,000+5,000+2,000)×10%=900단위

비정상공손수량=1,000−900 =100단위

1. 평균법에 의한 원가계산

(1) 완성품환산량

	물량흐름	완성품환산량		
		전공정비	재료비	가공비
완 성 품	7,000	7,000	7,000	7,000
정 상 공 손	900(50%)	900	0	450
비 정 상 공 손	100(50%)	100	0	50
기 말 재 공 품	2,000(80%)	2,000	2,000	1,600
	10,000	10,000	9,000	9,100

(2) 완성품환산량 단위당 원가

	전공정비	재료비	가공비	합 계
기초재공품원가	₩50,000	₩0	₩13,750	₩63,750
당기발생원가	450,000	180,000	259,250	889,250
	₩500,000	₩180,000	₩273,000	₩953,000
완성품환산량	÷10,000	÷9,000	÷9,100	
환산량단위당원가	@50	@20	@30	@100

(3) 원가의 배분(1차 과정)

완 성 품 원 가	7,000×@100=	₩700,000
정 상 공 손 원 가	900×@50+450×@30=	58,500
비정상공손원가	100×@50+50×@30=	6,500
기말재공품원가	2,000×@50+2,000×@20+1,600×@30=	188,000
합 계		₩953,000

(4) 공손품순실현가치의 계산 및 정상공손원가의 배분

① 공손품의 순실현가치

- 정상공손 : (₩22－2－2)×900단위=₩16,200
- 비정상공손 : (₩22－2－2)×100단위=₩1,800

② 정상공손원가의 배분

- 완성품에의 배분 $(₩58,500-16,200)\times\frac{7,000}{7,000+2,000}=₩32,900$
- 기말재공품에의 배분 $(₩58,500-16,200)\times\frac{2,000}{7,000+2,000}=₩9,400$

[2차 과정]

구 분	공손원가배분전	순실현가치	정상공손원가배분	배분후 원가
완성품원가	₩700,000		32,900	₩732,900
정상공손원가	58,500	(16,200)	(42,300)	–
비정상공손원가	6,500	(1,800)		4,700
기말재공품원가	188,000		9,400	197,400
공 손 품	–	18,000		18,000
합 계	₩953,000			₩953,000

(5) 회계처리

• 생산시점

(차) 제 품	732,900	(대) 재 공 품	755,600
비정상공손손실	4,700		
공 손 품	18,000		

• 추가가공시점

(차) 공 손 품	2,000	(대) 현 금	2,000

• 판매시점

(차) 현 금	20,000	(대) 공 손 품	20,000

2. 선입선출법에 의한 원가계산

(1) 완성품환산량

	물량흐름	완성품환산량		
		전공정비	재료비	가공비
완 성 품				
기초재공품	2,000(30%)	0	2,000	1,400
당기투입완성품	5,000	5,000	5,000	5,000
정상공손	900(50%)	900	0	450
비정상공손	100(50%)	100	0	50
기말재공품	2,000(80%)	2,000	2,000	1,600
	10,000	8,000	9,000	8,500

⑵ 완성품환산량 단위당 원가

	전공정비	재료비	가공비	합 계
기초재공품원가				₩63,750
당기발생원가	₩450,000	₩180,000	₩259,250	889,250
				₩953,000
완성품환산량	÷8,000	÷9,000	÷8,500	
환산량단위당원가	@56.25	@20	@30.5	@106.75

⑶ 원가의 배분(1차 과정)

완성품원가	₩63,750+2,000×@20+1,400×@30.5+5,000×@106.75=	₩680,200
정상공손원가	900×@56.25+450×@30.5=	64,350
비정상공손원가	100×@56.25+50×@30.5=	7,150
기말재공품원가	2,000×@56.25+2,000×@20+1,600×@30.5=	201,300
합 계		₩953,000

⑷ 공손품처분가치의 계산 및 정상공손원가의 배분

① 공손품의 순실현가치

- 정상공손 : (₩22－2－2)×900단위＝₩16,200
- 비정상공손 : (₩22－2－2)×100단위＝₩1,800

② 정상공손원가의 배분

- 완성품에의 배분 $(₩64,350-16,200)\times\frac{7,000}{7,000+2,000}=₩37,450$
- 기말재공품에의 배분 $(₩64,350-16,200)\times\frac{2,000}{7,000+2,000}=₩10,700$

[2차 과정]

구 분	공손원가배분전	순실현가치	정상공손원가배분	배분후 원가
완성품원가	₩680,200		37,450	₩717,650
정상공손원가	64,350	(16,200)	(48,150)	－
비정상공손원가	7,150	(1,800)		5,350
기말재공품원가	201,300		10,700	212,000
공 손 품	－	18,000		18,000
합 계	₩953,000			₩953,000

(5) 회계처리

• 생산시점

(차) 제　　품	717,650	(대) 재 공 품	741,000
비정상공손손실	5,350		
공 손 품	18,000		

• 추가가공시점

(차) 공 손 품	2,000	(대) 현　　금	2,000

• 판매시점

(차) 현　　금	20,000	(대) 공 손 품	20,000

문제 9. 공손무인식법

㈜청산의 제조공정에서 원재료는 공정의 초기에 전량 투입되고 가공비는 공정 전반에 걸쳐 균등하게 발생한다. 원가계산에 대한 자료는 다음과 같다.

재 공 품

기초재공품	2,000단위 (30%)	완 성 품	6,000단위
		정상공손품	500단위
		비정상공손품	500단위
당기착수량	8,000단위	기말재공품	3,000단위 (70%)
	10,000단위		10,000단위

공손의 검사는 공정 50% 시점에 이루어지며 회사는 공손무인식법을 사용한다. 제조원가에 관한 자료는 다음과 같으며 회사는 선입선출법을 적용하고 있다.

	재 료 비	가 공 비	합 계
기초재공품원가	₩112,000	₩40,000	₩152,000
당기발생원가	560,000	600,000	1,160,000
계			₩1,312,000

요구사항

1. 공손무인식법을 이용하여 완성품원가와 기말재공품원가를 계산하시오.
2. 공손인식법에 의한 완성품원가와 기말재공품원가를 계산하여 요구사항 1에 의한 결과와 비교하시오.

해설

1. 공손무인식법

(1) 완성품환산량의 계산

	물량흐름	완성품환산량 재료비	완성품환산량 가공비
완성품			
기초재공품	2,000(30%)	0	1,400
당기착수완성	4,000	4,000	4,000
정상공손	500(50%)	–	–
비정상공손	500(50%)	–	–
기말재공품	3,000(70%)	3,000	2,100
	10,000	7,000	7,500

(2) 완성품환산량 단위당 원가

원가집계	재료비	가공비	합계
기초재공품원가			₩152,000
당기발생원가	₩560,000	₩600,000	1,160,000
합계			₩1,312,000
완성품환산량	÷ 7,000	÷ 7,500	
환산량단위당원가	@80	@80	@160

(3) 원가의 배분

완성품원가	₩152,000+1,400×@80+4,000×@160=	₩904,000
기말재공품원가	3,000×@80+2,100×@80=	408,000
		₩1,312,000

2. 공손인식법에 의한 원가계산

(1) 완성품환산량의 계산

	물량흐름	완성품환산량 재료비	완성품환산량 가공비
완성품			
기초재공품	2,000 (30%)	0	1,400
당기착수완성	4,000	4,000	4,000
정상공손	500 (50%)	500	250
비정상공손	500 (50%)	500	250
기말재공품	3,000 (70%)	3,000	2,100
	10,000	8,000	8,000

(2) 완성품환산량 단위당 원가

원가집계	재료비	가공비	합계
기초재공품원가			₩ 152,000
당기발생원가	₩560,000	₩600,000	1,160,000
합계			₩1,312,000
완성품환산량	÷ 8,000	÷ 8,000	
환산량단위당원가	@70	@75	@145

(3) 원가의 배분

완성품원가	₩152,000+1,400×@75+4,000×@145=	₩837,000
정상공손원가	500×@70+250×@75=	53,750
비정상공손원가	500×@70+250×@75=	53,750
기말재공품원가	3,000×@70+2,100×@75=	367,500
		₩1,312,000

(4) 정상공손원가의 배분

- 완성품에의 배분 $₩53,750\times\frac{6,000}{6,000+3,000}=₩35,833$
- 기말재공품에의 배분 $₩53,750\times\frac{3,000}{6,000+3,000}=₩17,917$

[2차 과정]

구 분	공손원가배분전	정상공손원가배분	배분후 원가
완 성 품 원 가	₩837,000	₩35,833	₩872,833
정 상 공 손 원 가	53,750	(53,750)	-
비 정 상 공 손 원 가	53,750		53,750
기 말 재 공 품 원 가	367,500	17,917	385,417
합 계	₩1,312,000		₩1,312,000

(5) 공손무인식법과의 비교

구 분	공손무인식법	공손인식법	차이
완 성 품 원 가	₩904,000	₩872,833	₩31,167
비 정 상 공 손 원 가	-	53,750	(53,750)
기 말 재 공 품 원 가	408,000	385,417	22,583
합 계	₩1,312,000	₩1,312,000	₩0

문제 10. 기초재공품이 검사시점을 통과한 경우

㈜명월은 A, B 두 개의 연속된 제조공정을 통하여 단일제품을 생산하고 있다. 가공비는 공정 전반에 걸쳐 균등하게 발생한다. 회사는 품질검사합격수량의 10%를 정상공손으로 간주하며 공손검사는 40% 시점에 실시되고, 원재료는 공손검사 직전에 투입된다. B공정의 생산관련자료는 다음과 같다.

	수 량	완성도
기 초 재 공 품	1,000단위	50%
당 기 착 수	9,000	
당 기 완 성	8,000	
기 말 재 공 품	1,000	80%

	전공정비	재료비	가공비	정상공손비	합계
기초재공품원가	₩50,000	36,000	22,700	5,200	₩113,900
당기발생원가	540,000	369,000	234,900	-	1,143,900

요구사항

1. 선입선출법을 이용하여 B공정의 원가계산을 하시오.
2. 평균법을 이용하여 B공정의 원가계산을 하시오.

해설

정상공손수량 = 당기 품질검사 합격수량 × 10%
= (당기착수완성량 + 기말재공품수량) × 10%
= (7,000 + 1,000) × 10% = 800단위

비정상공손수량 = 1,000 − 800 = 200단위

1. 선입선출법에 의한 원가계산

		완성품환산량			
	물량흐름	전공정비	재료비	가공비	
완성품					
기초재공품	1,000(50%)	−	−	500	
당기착수완성	7,000	7,000	7,000	7,000	
정상공손	800(40%)	800	800	320	
비정상공손	200(40%)	200	200	80	
기말재공품	1,000(80%)	1,000	1,000	800	
	10,000	9,000	9,000	8,700	
					계
기초재공품원가					₩113,900
당기투입원가		₩540,000	₩369,000	₩234,900	1,143,900
					₩1,257,800
완성품환산량		÷9,000	÷9,000	÷8,700	
		@60	@41	@27	@128

완성품원가	₩113,900 + 500 × @27 + 7,000 × @128 =	₩1,023,400
정상공손원가	800 × @60 + 800 × @41 + 320 × @ 27 =	89,440
비정상공손원가	200 × @60 + 200 × @41 + 80 × @ 27 =	22,360
기말재공품원가	1,000 × @60 + 1,000 × @41 + 800 × @ 27 =	122,600
		₩1,257,800

	정상공손원가 배분전	정상공손 원가배분	배분후 원가
완성품원가	₩1,023,400	78,260	₩1,101,660
정상공손원가	89,440	(89,440)	−
비정상공손원가	22,360		22,360
기말재공품원가	122,600	11,180	133,780
	₩1,257,800		₩1,257,800

※정상공손원가 배분

완성품에의 배분 $₩89,440 \times \frac{7,000}{8,000} = ₩78,260$

기말재공품에의 배분 $₩89,440 \times \frac{1,000}{8,000} = ₩11,180$

2. 평균법에 의한 원가계산

	물량흐름	완성품환산량 전공정비	재료비	가공비
완성품	8,000	8,000	8,000	8,000
정상공손	800(40%)	800	800	320
비정상공손	200(40%)	200	200	80
기말재공품	1,000(80%)	1,000	1,000	800
	10,000	10,000	10,000	9,200

	전공정비	재료비	가공비	정상공손원가	계
기초재공품원가	₩50,000	₩36,000	₩22,700	₩5,200	₩113,900
당기투입원가	540,000	369,000	234,900	–	1,143,900
	₩590,000	₩405,000	₩257,600	₩5,200	₩1,257,800
완성품환산량	÷10,000	÷10,000	÷9,200		
	@59	@40.5	@28		@127.5

완성품원가	8,000×@127.5=	₩1,020,000
정상공손원가	₩5,200+800×@59+800×@40.5+320×@28=	93,760
비정상공손원가	200×@59+200×@40.5+80×@28=	22,140
기말재공품원가	1,000×@59+1,000×@40.5+800×@28=	121,900
		₩1,257,800

	정상공손원가 배분전	정상공손 원가배분	배분후 원가
완성품원가	₩1,020,000	83,342	₩1,103,342
정상공손원가	93,760	(93,760)	–
비정상공손원가	22,140		22,140
기말재공품원가	121,900	10,418	132,318
	₩1,257,800		₩1,257,800

※정상공손원가 배분

완성품에의 배분 $₩93,760 \times \frac{8,000}{9,000} = ₩83,342$

기말재공품에의 배분 $₩93,760 \times \frac{1,000}{9,000} = ₩10,418$

문제 11. 상이(相異)한 완성도의 재공품

㈜광야는 X, Y의 연속공정을 통하여 제품을 생산하고 있다. 제2공정인 Y공정은 A, B 두 가지의 원재료가 투입되는데 A원재료는 공정초에, B원재료는 공정의 50% 시점에 투입되며, 가공비는 공정 전반에 걸쳐 균등하게 발생한다. 생산관련자료는 다음과 같다.

	물량단위	완성도	전공정비	A재료	B재료	가공비	합 계
기초재공품	1,000단위	30%	₩5,000	₩4,000	₩0	₩4,500	₩13,500
〃	1,000	70%	5,000	4,000	7,000	10,500	26,500
당기착수량	18,000		90,000	72,000	105,000	66,400	333,400
계	20,000		₩100,000	₩80,000	₩112,000	₩81,400	₩373,400
당기완성량	15,000						
공 손 품	2,000						
기말재공품	2,000	40%					
〃	1,000	80%					
계	20,000						

품질검사는 B원재료의 투입 직전에 이루어지며 당기에 품질검사에 합격한 수량의 10%에 해당하는 공손은 정상공손수량으로 간주한다.

요구사항

선입선출법에 의하여 완성품 원가를 계산하시오.

해설

정상공손수량＝당기에 품질검사합격수량×10%

＝{1,000＋13,000＋1,000}×10%＝1,500단위

비정상공손수량＝2,000－1,500＝500단위

1. 완성품환산량

	물량흐름	완성품환산량			
		전공정비	A재료	B재료	가공비
완 성 품					
기초재공품	1,000 (30%)	0	0	1,000	700
〃	1,000 (70%)	0	0	0	300
당기투입완성	13,000	13,000	13,000	13,000	13,000
정 상 공 손	1,500 (50%)	1,500	1,500	0	750
비 정 상 공 손	500 (50%)	500	500	0	250
기 말 재 공 품	2,000 (40%)	2,000	2,000	0	800
〃	1,000 (80%)	1,000	1,000	1,000	800
	20,000	18,000	18,000	15,000	16,600

2. 완성품환산량 단위당 원가

	전공정비	A재료	B재료	가공비	합 계
기초재공품원가					₩40,000
당기발생원가	₩90,000	₩72,000	₩105,000	₩66,400	333,400
					₩373,400
완성품환산량	÷18,000	÷18,000	÷15,000	÷16,600	
환산량단위당원가	@5	@4	@7	@4	@20

3. 원가배분

[1차 과정]

완 성 품 원 가	₩40,000+1,000×@7+1,000×@4+13,000×@20=	₩311,000
정상공손원가	1,500×@5+1,500×@4+750×@4=	16,500
비정상공손원가	500×@5+500×@4+250×@4=	5,500
기말재공품원가	3,000×@5+3,000×@4+1,000×@7+1,600×@4=	40,400
		₩373,400

정상공손원가의 배분비율은 14,000단위 : 1,000단위이므로 정상공손원가의 배분은 다음과 같다.

[2차 과정]

	정상공손원가 배분전	정상공손원가배분	배분후 원가
완 성 품 원 가	₩311,000	15,400	₩326,400
정 상 공 손 원 가	16,500	(16,500)	–
비정상공손원가	5,500		5,500
기말재공품원가	40,400	1,100	41,500
	₩373,400		₩373,400

문제 12. 2개의 검사시점

종합원가계산을 사용하고 있는 ㈜현무의 제조공정에는 두 가지의 재료가 투입되는데 재료 A는 공정초기에, 재료 B는 공정 70% 시점에 투입되고 가공비는 공정 전반에 걸쳐 균등하게 발생한다. 한편, 제품품질관리를 위하여 완성도 50% 시점에서 1차 검사를 하고 완성도 100%시점에서 2차 검사가 이루어진다. 정상공손수량은 1차 검사시점에서는 검사합격수량의 5%를 정상공손으로 간주하고 2차 검사시점에서는 검사합격수량의 4%를 정상공손으로 간주한다. 공손품의 처분가치는 없으며 당기 생산 관련자료는 다음과 같다.

	물량단위	완성도	A재료	B재료	가공비	정상공손비	합 계
기초재공품	1,200단위	60%	₩6,000	₩ 0	₩29,100	₩1,500	₩36,600
당기착수량	4,800		24,000	52,000	120,750		196,750
계	6,000		₩30,000	₩52,000	₩149,850	₩1,500	₩233,350
당기완성량	5,000						
1차 공손품	300						
2차 공손품	200						
기말재공품	500	40%					
계	6,000						

요구사항

1. 1차, 2차 검사의 정상공손수량을 구하시오.
2. 선입선출법에 의한 완성품의 원가를 계산하시오.
3. 평균법에 의한 완성품의 원가를 계산하시오.

해설

1. 검사시점별 정상공손수량의 계산

	물량단위	완성도	1차 검사시점 (50%)	2차 검사사점 (100%)
완 성 품				
기초재공품	1,200	(60%)	–	1,200
당기투입완성	3,800		3,800	3,800
1 차 공 손	300	(50%)	–	–
2 차 공 손	200	(100%)	200	–
기 말 재 공 품	500	(40%)	–	–
	6,000	검사합격물량	4,000	5,000
			×5%	×4%
			200	200

2. 선입선출법

(1) 완성품환산량

	물량흐름	완성품환산량 재료 A	재료 B	가공비
완 성 품				
기초재공품	1,200(60%)	–	1,200	480
당기투입완성	3,800	3,800	3,800	3,800
1차정상공손	200(50%)	200	–	100
1차비정상공손	100(50%)	100	–	50
2차정상공손	200(100%)	200	200	200
기 말 재 공 품	500(40%)	500	–	200
	6,000	4,800	5,200	4,830

(2) 완성품환산량 단위당 원가

	A재료	B재료	가공비	합 계
기초재공품원가				₩36,600
당기발생원가	₩24,000	₩52,000	₩120,750	196,750
				₩233,350
완성품환산량	÷4,800	÷5,200	÷4,830	
환산량단위당원가	₩5	₩10	₩25	₩40

(3) 원가배분

① 1차 과정

완 성 품 원 가	₩36,600+1,200×@10+480×@25+3,800×@40=	₩212,600
1차 정상공손원가	200×@5+100×@25=	3,500
1차 비정상공손원가	100×@5+50×@25=	1,750
2차정상공손원가	200×@40=	8,000
기말재공품원가	500×@5+200×@25=	7,500
		₩233,350

② 1차 정상공손원가의 배분

	1차 정상공손 원가 배분전	1차 정상공손 원가배분	배분후 원가
완 성 품 원 가	₩212,600	3,325	₩215,925
1차정상공손원가	3,500	(3,500)	-
1차비정상공손원가	1,750	-	1,750
2차정상공손원가	8,000	175	8,175
기말재공품원가	7,500	-	7,500
	₩233,350		₩233,350

※ 1차 정상공손원가의 배분비율=완성품 : 2차정상공손=3,800 : 200
1차 정상공손원가는 완성품과 2차 정상공손에 배분하는데 기초재공품은 가공비완성도 60%로 이미 전기에 1차 공손검사시점을 통과하였고 선입선출법이므로 당기 중 1차 정상공손을 통과한 물량은 당기투입완성량인 3,800단위, 2차 정상공손 200단위로 인식한다.

③ 2차 정상공손원가배분

	2차 정상공손 원가 배분전	2차 정상공손 원가배분	배분후 원가
완성품원가	₩215,925	₩8,175	₩224,100
1차정상공손원가	–	–	–
1차비정상공손원가	1,750	–	1,750
2차정상공손원가	8,175	(8,175)	–
기말재공품원가	7,500	–	7,500
	₩233,350		₩233,350

3. 평균법

(1) 완성품환산량

	물량흐름	완성품환산량		
		재료 A	재료 B	가공비
완성품	5,000	5,000	5,000	5,000
1차정상공손	200(50%)	200	–	100
1차비정상공손	100(50%)	100	–	50
2차정상공손	200(100%)	200	200	200
기말재공품	500(40%)	500	–	200
	6,000	6,000	5,200	5,550

(2) 완성품환산량 단위당 원가

	A재료	B재료	가공비	정상공손비	합 계
기초재공품원가	₩6,000	₩0	₩29,100	₩1,500	₩36,600
당기발생원가	24,000	52,000	120,750		196,750
	₩30,000	₩52,000	₩149,850	₩1,500	₩233,350
완성품환산량	÷6,000	÷5,200	÷5,550		
환산량단위당원가	@5	@10	@27		@42

(3) 원가배분

① 1차 과정

완 성 품 원 가	5,000×@42=	₩210,000
1차정상공손원가	₩1,500+200×@5+100×@27=	5,200
1차비정상공손원가	100×@5+50×@27=	1,850
2차정상공손원가	200×@42=	8,400
기말재공품원가	500×@5+200×@27=	7,900
		₩233,350

② 1차 정상공손원가의 배분

	1차 정상공손 원가배분전	1차 정상공손 원가배분	배분후 원가
완 성 품 원 가	₩210,000	5,000	₩215,000
1차정상공손원가	5,200	(5,200)	–
1차비정상공손원가	1,850	–	1,850
2차정상공손원가	8,400	200	8,600
기말재공품원가	7,900	–	7,900
	₩233,350		₩233,350

※ 1차 정상공손원가의 배분비율=완성품 : 2차정상공손=5,000 : 200
1차 정상공손원가는 완성품과 2차 정상공손에 배분하는데 평균법이므로 배분기준수량은 완성품 5,000단위, 2차 정상공손 200단위로 인식한다.

③ 2차 정상공손원가배분

	1차 정상공손 원가배분전	1차 정상공손 원가배분	배분후 원가
완 성 품 원 가	₩215,000	8,600	₩223,600
1차정상공손원가	–	–	–
1차비정상공손원가	1,850	–	1,850
2차정상공손원가	8,600	(8,600)	–
기말재공품원가	7,900	–	7,900
	₩233,350		₩233,350

문제 13. 감손회계

㈜광장은 단일공정에서 K제품을 대량생산하고 있다. 원재료는 공정의 초기에 전량 투입되고 가공비는 공정 전반에 걸쳐 발생한다. 회사의 제조공정에서는 감손이 발생하는데 이러한 감손은 모두 정상적인 것으로 인정되며 감손은 공정의 진행에 따라 평균적으로 발생한다. 공정종점의 정상감손량은 공정초 원재료투입량의 20%이다. 생산관련자료는 다음과 같다.

재공품

기 초	940kg (30%)	완 성	3,000kg
투 입	5,000kg	기 말	1,980kg (?%)

제조원가에 관한 자료는 다음과 같다.

	재료비	가공비	합 계
기초재공품원가	₩180,000	₩24,900	₩204,900
당기발생원가	540,000	480,000	1,020,000
	₩720,000	₩504,900	₩1,224,900

요구사항

1. 비분리계산법하에서 평균법과 선입선출법을 이용하여 각각 원가계산을 하시오.
2. 분리계산법하에서 평균법과 선입선출법을 이용하여 각각 원가계산을 하시오.

해설

1. 비분리계산법

(1) 최초투입물량의 계산과 기말재공품의 완성도 계산

감손이 진행된 후의 물량을 최초투입물량으로 환산하면 다음과 같다.

감손 발생 후 물량

기 초	940 (30%)	완 성	3,000 (100%)
투 입	5,000	기 말	1,980 (?%)

⇨

최초투입물량

기 초	1,000* (30%)	완 성	3,750**
투 입	5,000	기 말	2,250*** (?%)
	6,000		6,000

* 940kg = y(1 − 20%×30%)　　　∴ y = 1,000kg
** 3,000kg = x(1 − 20%×100%)　　　∴ x = 3,750kg
*** 투입물량기준 기말재공품 = 1,000 + 5,000 − 3,750 = 2,250kg
기말재공품의 완성도는 다음과 같이 계산된다.
1,980kg = 2,250kg(1 − 20%×k%)　　　∴ k = 60%

(2) 평균법

	물량흐름	완성품환산량 재료비	완성품환산량 가공비
완성품	3,750	3,750	3,750
기말재공품	2,250 (60%)	2,250	1,350
	6,000	6,000	5,100

	재료비	가공비	합 계
기초재공품원가	₩180,000	₩24,900	₩204,900
당기발생원가	540,000	480,000	1,020,000
합계	₩720,000	₩504,900	₩1,224,900
완성품환산량	÷6,000	÷5,100	
환산량단위당원가	@120	@99	@219

완성품원가	3,750×@219 =	₩821,250
기말재공품원가	2,250×@120 + 1,350×@99 =	403,650
합계		₩1,224,900

(3) 선입선출법

	물량흐름	완성품환산량 재료비	완성품환산량 가공비
완성품			
기초재공품	1,000 (30%)	0	700
당기투입완성	2,750	2,750	2,750
기말재공품	2,250 (60%)	2,250	1,350
	6,000	5,000	4,800

			합 계
기초재공품원가			₩204,900
당기발생원가	₩540,000	₩480,000	1,020,000
합 계			₩1,224,900
완성품환산량	÷5,000	÷4,800	
환산량단위당원가	@108	@100	@208

완성품원가	₩204,900+700×@100+2,750×@208=	₩846,900
기말재공품원가	2,250×@108+1,350×@100=	378,000
합 계		₩1,224,900

2. 분리계산법

(1) 평균법

		완성품환산량	
	물량흐름	재료비	가공비
완성품	3,750	3,750	3,375*
기말재공품	2,250(60%)	2,250	1,269*
	6,000	6,000	4,644

			합 계
기초재공품원가	₩180,000	₩24,900	₩204,900
당기발생원가	540,000	480,000	1,020,000
합 계	₩720,000	₩504,900	₩1,224,900
완성품환산량	÷6,000	÷4,644	
환산량단위당원가	@120	@108.72	@228.72

완성품원가	3,750×@120+3,375×@108.72=	₩816,930
기말재공품원가	2,250×@120+1,269×@108.72=	407,970**
합 계		₩1,224,900

* 가공비에 대한 완성품환산량

당기완성 $\frac{3,750\ell + 3,000\ell}{2} \times 100\% = 3,375\ell$

기말재공품 $\frac{2,250\ell + 1,980\ell}{2} \times 60\% = 1,269\ell$

** 단수조정

(2) 선입선출법

	물량흐름	완성품환산량 재료비	완성품환산량 가공비	합 계
완 성 품				
기 초 재 공 품	1,000(30%)	0	609*	
당 기 투 입 완 성	2,750	2,750	2,475*	
기 말 재 공 품	2,250(60%)	2,250	1,269*	
	6,000	5,000	4,353	
기초재공품원가				₩204,900
당 기 발 생 원 가		₩540,000	₩480,000	1,020,000
합 계				₩1,224,900
완 성 품 환 산 량		÷5,000	÷4,353	
환산량단위당원가		@108	@110.27	@218.27

완 성 품 원 가	₩204,900+2,750×@108+3,084×@110.27=	₩841,973
기말재공품원가	2,250×@108+1,269×@110.27=	382,927**
합 계		₩1,224,900

* 가공비에 대한 완성품환산량

기초재공품 $\frac{940\ell + 800\ell}{2} \times 70\% = 609\ell$

당기완성 $\frac{2,750\ell + 2,200\ell}{2} \times 100\% = 2,475\ell$

기말개공품 $\frac{2,250\ell + 1,980\ell}{2} \times 60\% = 1,269\ell$

** 단수조정

제4장 결합원가계산

제1절 결합원가계산의 개요

개별원가계산과 종합원가계산은 각각 다품종소량생산과 소품종대량생산에 적합한 원가계산제도이다. 그러나 기업의 제조형태에 따라 다품종대량생산이 있을 수 있으며 이러한 경우에는 개별원가계산이나 종합원가계산을 적용하기가 곤란한 경우가 많다. 물론 다품종대량생산이라 할지라도 상황에 따라서는 개별원가계산이나 종합원가계산에 의한 원가계산이 가능하지만 동일공정에서 복수의 제품을 생산하는 경우, 그것도 공정의 종점까지 가공이 되어야 각 개별제품의 식별이 가능한 경우에는 개별원가계산이나 종합원가계산을 적용하는 것이 불가능하다고 할 수 있다.

따라서 다품종이 동일공정에서 대량생산되며 공정의 종점에서 제품이 분리·식별되는 경우 적용이 가능한 원가계산제도가 필요한데 이러한 원가계산제도를 결합원가계산(joint costing)이라 한다. 예를 들어 정유업처럼 공정초에 원유를 투입하여 휘발유, 경유, 등유, 벙커C유 등을 생산하는 경우라든가, 정육업처럼 돼지나 소를 도축하여 가죽, 고기, 뼈 등을 생산하는 경우 등에 결합원가계산을 적용할 수 있다.

결합원가계산은 동일공정에서 생산되는 제품의 원가계산방법이므로 연산품과 주·부산품의 원가계산을 주로 다루게 되는데 연산품(joint products)은 동일공정에서 동일원재료를 투입하여 동시에 생산되는 제품으로서 물량, 부피, 가치 등이 비슷한 수준의 제품을 말하며, 때에 따라 등급품이라는 용어를 사용하기도 하나 본서에서는 연산품이라는 용어로 통일하기로 한다. 한편, 부산품(by-product)이란 주산품을 생산하는 공정에서 동시에 생산되기는 하지만 주산품에 비하여 품질이나 가격 등의 측면에서 현저히 떨어지는 제품을 말한다.

제2절 연산품의 원가계산

연산품은 동일공정에서 동일원재료를 투입하여 동시에 생산되는 복수의 제품들을 말하는데 연산품이 생산되는 공정을 결합공정이라 하며 결합공정에서 발생하는 원가를 결합원가(joint cost)라고 한다. 또한 연산품이 각각 개별적인 제품으로 식별이 가능한 시점을 분리점(split-off point)이라고 하는데 보통의 경우 분리점은 결합공정의 종점이 되는 것이 일반적이다. 한편, 연산품은 분리점 이후에 제품별로 고급화 또는 차별화의 목적으로 추가가공되는 경우가 많은데, 이렇게 분리점 이후에 발생하며 각 제품별로 추적가능한 원가를 분리원가(separable cost) 또는 추가가공원가(additional processing cost)라고 한다.

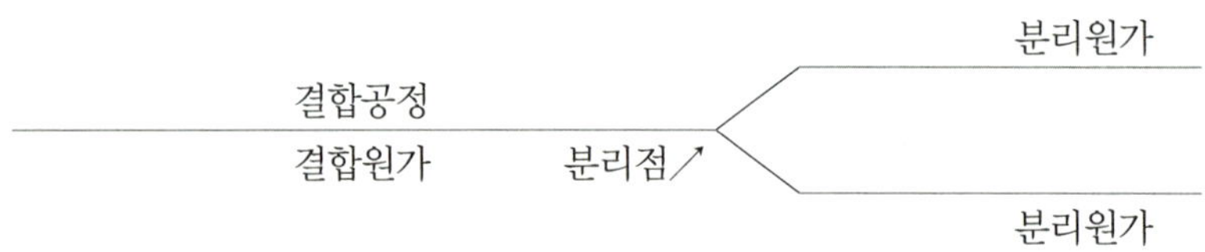

연산품원가계산의 가장 중요한 절차는 분리점 이전에 발생한 결합원가의 배분에 있다. 다만, 분리점 이전에는 각 개별제품이 식별되지 않아 제품별 직접노동시간이나 기계시간 등 결합원가를 배분할 만한 배분기준을 찾을 수 없기 때문에 다음에 설명하는 '분리점의 상대적 판매가치' 혹은 '순실현가치'를 기준으로 결합원가를 각 개별제품에 배분한다. 또한 결합원가를 각 제품에 배분한 후에는 각 제품별 분리원가와 합산함으로써 각 연산품의 총원가를 계산하게 된다.

연산품의 회계처리에 대하여 한국채택국제회계기준(K-IFRS)에서는 다음과 같이 언급하고 있다.

K-IFRS 기업회계기준서 제1002호 문단 14

연산품이 생산되거나 주산물과 부산물이 생산되는 경우처럼 하나의 생산과정을 통하여 동시에 둘 이상의 제품이 생산될 수도 있다. 이 경우 제품별 전환원가를 분리하여 식별할 수 없다면, 전환원가를 합리적이고 일관성 있는 방법으로 각 제품에 배분한다. 예를 들어 각 제품을 분리하여 식별가능한 시점 또는 완성시점의 제품별 상대적 판매가치를 기준으로 배부할 수 있다.

1. 분리점의 상대적 판매가치법

분리점의 상대적 판매가치법(relative sales value method)은 분리점에서 각 연산품의 판매가치를 기준으로 결합원가를 배분하는 방법이다. 이 방법은 분리점 이전에는 각 제품을 식별할 수 없으므로 원재료의 투입 정도 혹은 가공의 정도에 따라 제품원가를 계산할 수는 없지만 제품별 원재료나 가공비의 투입 정도는 시장가격에 반영되어 있다고 가정하여 이러한 시장가격을 기준으로 제품원가계산을 하는 것이다.

분리점에서의 상대적 판매가치의 계산은 판매량이 아닌 생산량, 즉 '생산량×판매가격'으로 계산한다. 이는 만약 판매량으로 계산하면 제품에 따라 판매가 부진한 제품의 경우 원가배분이 이루어지지 않고 판매가 많은 제품에만 원가가 많이 배분되는 원가배분의 왜곡현상이 나타나기 때문이다. 분리점의 상대적 판매가치법은 당기에 생산된 각 제품의 매출에 대한 기여가능 정도 또는 원가부담능력에 따라 결합원가를 배분하는 방법이므로 판매가치의 계산을 생산량으로 계산하는 것이 타당하다고 할 수 있다.

분리점의 상대적 판매가치법은 각 제품의 원가를 각 제품의 판매가치를 기준으로 배분하므로 매출액에 대한 원가의 비율이 모든 제품에 일정하게 계산된다.

결합원가계산은 시장에서 형성된 가격을 기준으로 제품원가를 계산하는 방법이므로 가격결정을 위한 분석도구로는 부적합한 방법이라 할 수 있다. 개별원가계산이나 종합원가계산에서는 제품원가를 계산하고 이를 바탕으로 판매가격을 결정하게 되나 결합원가계산은 이와는 역순(逆順)의 과정을 거치게 되므로 시장에서의 판매가격을 결정하기에는 곤란한 방법이다.

다음의 예제를 통하여 결합원가계산을 살펴보도록 한다.

예제 01 상대적 판매가치법

㈜태백은 20×1년 5월 정유공정초에 20,000ℓ의 원유를 투입하여 휘발유 12,000ℓ와 경유 8,000ℓ를 생산하였다. 20,000ℓ의 원유를 휘발유와 경유로 가공하는 데 발생한 원가는 다음과 같다.

직접재료비	₩900,000
직접노무비	100,000
제조간접비	200,000
계	₩1,200,000

회사가 생산한 휘발유와 경유의 ℓ당 판매가격은 각각 ₩100과 ₩50인데 휘발유 생산량 12,000ℓ중 10,000ℓ와 경유 생산량 8,000ℓ 중 5,000ℓ는 당기에 판매되었다.

요구사항

1. 분리점의 상대적 판매가치법에 의하여 결합원가를 배분하시오.
2. 제품별 손익계산서를 작성하시오.

해설

1. 결합원가배분

구분	생산량	판매가격	판매가치	비율	결합원가배분	단위원가
휘발유	12,000ℓ	100	1,200,000	75%	₩900,000	₩75
경유	8,000ℓ	50	400,000	25%	300,000	₩37.5
계			1,600,000	100%	₩1,200,000	

2. 제품별 손익계산서

	휘발유		경유		계
매　　출	10,000ℓ×₩100=	₩1,000,000	5,000ℓ×₩50=	₩250,000	₩1,250,000
매 출 원 가	10,000ℓ×₩ 75=	(−)750,000	5,000ℓ×₩37.5=	(−)187,500	(−)937,500
매출총이익		₩250,000		₩62,500	₩312,500
매출총이익률		25%		25%	25%

2. 순실현가치법

순실현가치법(net realizable value method)은 연산품이 추가가공되는 경우 주로 사용되는 방법으로 각 제품의 최종판매가치에서 추가가공원가 등을 차감한 '순실현가치'를 기준으로 결합원가를 배분하는 방법이다. 순실현가치를 계산할 때에도 생산량으로 계산을 하는 것은 분리점의 상대적 판매가치법과 동일하며, 순실현가치법에서 각 제품의 총원가를 계산할 때에는 결합원가배분액과 분리원가를 합산하여 계산한다.

순실현가치법에 의하면 각 제품별 분리원가로 인하여 상대적 판매가치법과는 달리 각 제품별 매출원가율이 달라지게 된다. 이는 순실현가치법에서 결합원가를 각 제품별 순실현가치의 비율에 따라 비례배분하고 각 제품의 분리원가는 별도로 합산하기 때문이며 이는 결국 결합원가만이 매출창출에 기여하고 분리점 이후의 분리원가는 매출(혹은 이익)의 창출에 아무런 기여를 못한다고 가정하는 것이다.

예제 02 순실현가치법

㈜태백은 20×1년 5월 정유공정초에 20,000ℓ의 원유를 투입하여 휘발유 12,000ℓ와 경유 8,000ℓ를 생산하였다. 20,000ℓ의 원유를 휘발유와 경유로 가공하는 데 발생한 원가는 다음과 같다.

직접재료비	₩900,000
직접노무비	100,000
제조간접비	200,000
계	₩1,200,000

회사는 자사제품의 고급화를 위하여 휘발유와 경유를 추가가공하였는데 이때 발생한 원가는 다음과 같다.

휘발유 추가가공원가	₩264,000
경유 추가가공원가	216,000
계	₩480,000

추가가공 후 휘발유와 경유의 ℓ당 판매가격은 각각 ₩150과 ₩75에 판매되며 휘발유 생산량 12,000ℓ중 10,000ℓ와 경유 생산량 8,000ℓ 중 5,000ℓ는 당기에 판매되었다.

요구사항

1. 순실현가치법에 의하여 결합원가를 배분하시오.
2. 제품별 손익계산서를 작성하시오.

해설

1. 결합원가배분

구분	최종판매가치	분리원가	순실현가치	비율	결합원가배분	총원가	단위원가
휘발유	12,000ℓ×@150=1,800,000	264,000	1,536,000	80%	₩960,000	1,224,000	₩102
경 유	8,000ℓ×@ 75= 600,000	216,000	384,000	20%	240,000	456,000	57
계		480,000	1,920,000	100%	₩1,200,000	1,680,000	

※총원가(결합원가배분액+분리원가)의 계산
휘발유=₩960,000+264,000=₩1,224,000
경 유=₩240,000+216,000=₩456,000

2. 제품별 손익계산서

	휘발유		경유		계
매 출	10,000ℓ×@150 =	₩1,500,000	5,000ℓ×@75 =	₩375,000	₩1,875,000
매 출 원 가	10,000ℓ×@102 =	1,020,000	5,000ℓ×@57 =	285,000	1,305,000
매출총이익		₩480,000		₩90,000	₩570,000
매출총이익률		32%		24%	30.4%

3. 균등이익률법

균등이익률법(uniform percentage contribution method)은 분리원가는 발생하는 경우에도 각 제품의 매출총이익률을 동일하게 하는 방법으로 순실현가치법에서 지적된 단점, 즉 분리점 이후의 분리원가가 이익창출에 기여하지 못한다는 단점을 극복하기 위한 방법이다. 균등이익률법은 다음의 순서에 따라 계산한다.

① 최종제품의 총판매가치에서 결합원가와 분리원가를 차감한 총매출총이익이 총판매가치에서 차지하는 비율(매출총이익률)을 계산한다.

$$\text{매출총이익률} = \frac{\text{총판매가치} - (\text{결합원가} + \text{분리원가})}{\text{총판매가치}}$$

② 개별제품별로 최종판매가치에 '①'에서 계산된 매출총이익률을 곱하여 개별제품의 매출총이익을 계산한다.

③ 개별제품별로 최종판매가치에서 '②'에서 계산한 매출총이익과 분리원가를 차감한 금액만큼의 결합원가를 배분한다.

예제 03 균등이익률법

위의 예제 2의 자료를 이용하여 다음을 계산하시오.

요구사항

1. 균등이익률법에 의하여 결합원가를 배분하시오.
2. 제품별 손익계산서를 작성하시오.

해설

1. 결합원가의 배분

① 매출총이익률

최종판매가치 = 12,000ℓ × @150 + 8,000ℓ × @75 = ₩2,400,000

매출총이익 = ₩2,400,000 − (1,200,000 + 480,000) = ₩720,000

$$매출총이익률 = \frac{₩720,000}{₩2,400,000} = 30\%$$

② 결합원가배분

구분	최종판매가치		매출총이익	총원가	분리원가	결합원가배분	단위원가
휘발유	12,000ℓ × @150 =	1,800,000	540,000	1,260,000	264,000	₩996,000	₩105
경 유	8,000ℓ × @ 75 =	600,000	180,000	420,000	216,000	204,000	52.5
계		₩2,400,000	₩720,000	1,680,000	480,000	₩1,200,000	

2. 제품별 손익계산서

	휘발유		경유		계
매 출	10,000ℓ × @150 =	₩1,500,000	5,000ℓ × @75 =	₩375,000	₩1,875,000
매 출 원 가	10,000ℓ × @105 =	1,050,000	5,000ℓ × @52.5 =	262,500	1,312,500
매 출 총 이 익		₩450,000		₩112,500	₩562,500
매출총이익률		30%		30%	30%

제3절 복수분리점의 결합원가계산

복수분리점의 결합원가계산이란 분리점이 2차 이상에 걸쳐 존재하는 경우의 원가계산을 말한다. 예를 들어 위의 기본예제에서 원유를 투입하여 휘발유와 경유로 가공·분리하는 것이 1차 분리점이라고 한다면, 추가가공을 통하여 휘발유를 승용차용 휘발유와 항공기용 휘발유로 분리할 수 있는데 이러한 경우의 분리점을 2차 분리점이라고 한다.

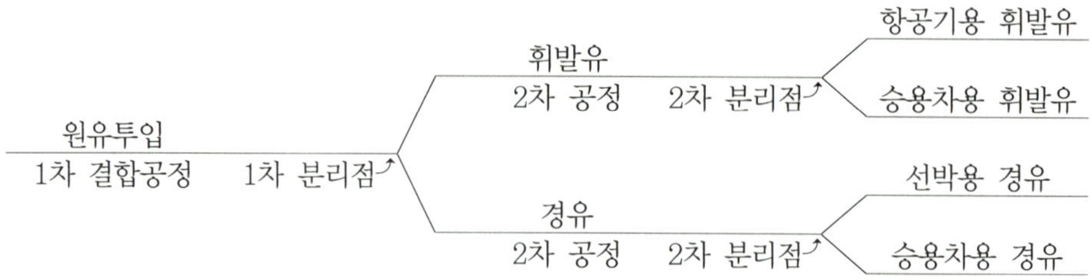

복수분리점이 있는 경우의 결합원가계산은 각 분리점에서의 연산품의 순실현가치를 구하여 결합원가를 배분하여야 하는데 순실현가치의 계산은 최종분리점부터 최초분리점의 순서로 계산한다. 즉 2차 분리점에서 항공기용 휘발유와 승용차용 휘발유의 순실현가치 및 선박용 경유와 승용차용 경유의 순실현가치를 계산하고 이러한 2차 분리점의 순실현가치에 의하여 1차 분리점에서 휘발유와 경유의 순실현가치를 계산한다. 결국 순실현가치는 물량흐름의 역순으로 계산한다.

한편, 결합원가의 배분은 위의 절차에 따라 산출된 순실현가치를 기준으로 최초분리점부터 최종분리점으로 진행한다. 다만, 주의해야 할 점은 위의 그림에서 1차 공정의 결합원가는 1차 분리점에서 휘발유와 경유로 배분되며, 휘발유에 배분된 1차공정의 결합원가와 2차 공정에서 휘발유의 추가가공을 위하여 발생한 원가를 합하여 2차 분리점에서 항공기용 휘발유와 승용차용 휘발유로 배분한다는 점이다.

다음의 예제를 통하여 복수분리점의 결합원가계산을 살펴본다.

예제 04 복수분리점의 결합원가계산

㈜태백은 20×1년 5월 정유공정초에 A공정에서 20,000ℓ의 원유를 투입하여 휘발유 12,000ℓ와 경유 8,000ℓ를 생산하였다. B공정에서는 12,000ℓ의 휘발유를 추가가공하여 항공기용 휘발유와 승용차용 휘발유를 각각 6,000ℓ씩 생산하였고 C공정에서는 경유를 추가가공하여 선박용 경유와 승용차용 경유를 각각 4,000ℓ씩 생산하였다. 각 공정에서 발생한 원가는 다음과 같다.

A공정	₩1,200,000
B공정	150,000
C공정	50,000
계	₩1,400,000

또한 2차 분리점 이후 각 제품의 추가가공원가와 ℓ당 판매가격은 다음과 같다.

구 분	추가가공원가	판매가격
항공기용 휘발유	₩300,000	₩250
승용차용 휘발유	120,000	120
선 박 용 경 유	40,000	70
승용차용 경 유	40,000	50
계	₩500,000	

요구사항

분리원가가 모두 공정별로 추적가능하다고 할 때 순실현가치법에 의하여 각 제품별 원가를 계산하시오.

해설

1. 순실현가치의 계산

① 2차 분리점의 순실현가치(휘발유공정)

구분	최종판매가치	분리원가	순실현가치	비율
항공기용	6,000ℓ×@250=1,500,000	₩300,000	₩1,200,000	2/3
승용차용	6,000ℓ×@120=720,000	120,000	600,000	1/3
계			₩1,800,000	100%

② 2차 분리점의 순실현가치(경유공정)

구분	최종판매가치	분리원가	순실현가치	비율
선 박 용	4,000ℓ×@70=280,000	₩40,000	₩240,000	60%
승용차용	4,000ℓ×@50=200,000	40,000	160,000	40%
계			₩400,000	100%

③ 1차 분리점의 순실현가치

구분	2차 분리점의 순실현가치	분리원가	순실현가치	비율
휘발유	₩1,800,000	₩150,000	₩1,650,000	82.5%
경 유	400,000	50,000	350,000	17.5%
계			₩2,000,000	100%

2. 결합원가의 배분

① 1차 분리점

구분	순실현가치 비율	1차(A)공정 결합원가배분	분리원가	총원가
휘 발 유	82.5%	₩990,000	₩150,000	₩1,140,000
경 유	17.5%	210,000	50,000	260,000
계	100.0%	₩1,200,000		1,400,000

② 2차 분리점(휘발유)

구분	순실현가치 비율	2차공정 결합원가배분	분리원가	총원가	단위원가
항공기용	2/3	₩760,000	₩300,000	₩1,060,000	@176.67
승용차용	1/3	380,000	120,000	500,000	@83.33
계	100%	₩1,140,000		₩1,560,000	

③ 2차 분리점(경유)

구분	순실현가치 비율	2차공정 결합원가배분	분리원가	총원가	단위원가
선 박 용	60%	₩156,000	₩40,000	₩196,000	@49
승용차용	40%	104,000	40,000	144,000	@36
계	100%	₩260,000		₩340,000	

제4절 재공품이 있는 경우의 결합원가계산

앞에서 살펴본 결합원가계산은 재공품에 대해서는 고려하지 않았다. 그러나 결합원가계산이라 하더라도 재공품이 존재하는 것이 현실적일 것이다.

결합원가계산에서 재공품이 존재하는 경우에는 먼저 종합원가계산에 의하여 원가를 완성품과 기말재공품에 배분하고, 완성품에 배분된 원가를 결합원가계산에 의하여 각 제품별로 배분한다. 이 경우 완성품은 추가가공되는 경우가 일반적일 것이므로 순실현가치법에 의하여 원가를 배분하는데 종합원가계산의 측면에서 추가가공은 제2공정이 되므로 완성품에 배분된 원가는 전공정원가가 된다. 한편, 공정의 특성상 공정종점에서 각 개별제품별로 인식이 가능하므로 기말재공품은 단지 공정 내의 미완성품일 뿐 각 제품별로 파악이 불가능하다. 따라서 기말재공품으로 인한 원가계산상의 추가적인 문제를 가져오지는 않는다.

예제 05 재공품이 있는 결합원가계산

㈜강동화학은 A, B 연속공정을 통하여 제품을 생산하고 있다. A공정에서는 공정 초 원재료를 투입하여 연산품 중간제품 X와 Y를 생산하며 Y는 그대로 판매가 가능하지만 X는 B공정에 추가가공 후 판매된다. B공정에서 추가적인 재료의 투입은 없으며 가공비만 발생한다. A, B공정에서 가공비는 공정전체를 통하여 균등하게 발생하며 회사는 선입선출법에 의하여 원가계산을 하고 결합원가는 순실현가치법에 의하여 배분한다. 다음은 각 공정별 생산관련자료이다.

〈A공정〉	물량단위	완성도	재료비	가공비	계
기초재공품	600	40%			₩142,000
당기착수	2,400		₩480,000	₩678,000	1,158,000
계	3,000				₩1,300,000
완성품	2,000				
기말재공품	1,000	50%			
계	3,000				

〈B공정〉	물량단위	완성도	전공정비	가공비	계
기 초 재 공 품	500	20%			₩408,000
당 기 착 수	1,500		?	₩1,092,000	1,692,000
계	2,000				₩2,100,000
완 성 품	1,800				
기 말 재 공 품	200	60%			
계	2,000				

A공정에서 중간제품 X 1,500ℓ와 제품 Y 500ℓ가 생산되었으며 A공정 종료시점에서 제품 Y의 판매가격은 단위당 ₩4,200이고 B공정에서 추가가공 후 제품 X의 판매가격은 단위당 ₩3,000이다.

B공정에서 발생하는 가공비는 모두 변동비이다.

요구사항

제품 X, Y의 단위원가를 계산하시오.

해설

1. A공정 원가계산

	물량흐름	완성품환산량 재료비	완성품환산량 가공비	합 계
완 성 품				
기 초 재 공 품	600(40%)	0	360	
당기착수완성	1,400	1,400	1,400	
기 말 재 공 품	1,000(50%)	1,000	500	
	3,000	2,400	2,260	
원 가 집 계				
기초재공품원가				₩142,000
당기발생원가		₩480,000	₩678,000	1,158,000
				₩1,300,000
완성품환산량		÷ 2,400	÷ 2,260	
단 위 당 원 가		@200	@300	@500
완 성 품 원 가	₩142,000+360×@300+1,400×@500=			₩950,000
기말재공품원가	1,000×@200+500×@300=			350,000
합 계				₩1,300,000

2. 결합원가의 배분

구분	순 실 현 가 치	비율	결합원가배분
X	1,500ℓ×@3,000−1,500ℓ×@600=3,600,000	12/19	₩600,000
Y	500ℓ×@4,200=2,100,000	7/19	350,000
계		100%	₩950,000

※설명 : 제품 X의 순실현가치를 계산할 때 차감되는 추가가공원가는 당기에 발생한 ₩1,092,000의 가공비가 아니라 B공정의 완성품환산량 단위원가로 계산된 1,500ℓ×@600=₩900,000이다. 이는 B공정의 가공비가 변동비이며, 순실현가치의 계산이 A공정에서 생산된 1,500ℓ에 대한 순실현가치를 계산하는 것이므로 단위당 ₩600의 B공정의 가공비를 추가가공원가로 인식 계산하는 것이다. 좀 더 정확하게 설명한다면 ₩1,092,000의 가공비는 1,500ℓ의 가공비가 아니라 1,820ℓ의 가공비이다. 다만, ₩1,092,000의 가공비가 변동비가 아니라 고정비라면 가공물량과는 관계없으므로 제품 X의 순실현가치는 ₩1,092,000을 차감하여 계산한다.

3. B공정 원가계산

	물량흐름	완성품환산량 재료비	완성품환산량 가공비	합 계
완 성 품				
기 초 재 공 품	500(20%)	0	400	
당기착수완성	1,300	1,300	1,300	
기 말 재 공 품	200(60%)	200	120	
	2,000	1,500	1,820	
원 가 집 계				
기초재공품원가				₩408,000
당 기 발 생 원 가		₩600,000	₩1,092,000	1,692,000
				₩2,100,000
완 성 품 환 산 량		÷ 1,500	÷ 1,820	
단 위 당 원 가		@400	@600	@1,000
완 성 품 원 가	₩408,000+400×@600+1,300×@1,000=			₩1,948,000
기말재공품원가	200×@400+120×@600=			152,000
합 계				₩2,100,000

4. 단위원가의 계산

제품 X : ₩1,948,000÷1,800ℓ=@1,082.22

제품 Y : ₩350,000÷500ℓ=@700

제5절 부산품의 회계처리

부산품(by-product)이란 주산품을 생산하는 공정에서 동시에 생산되기는 하지만 주산품에 비하여 품질, 무게, 부피, 가격 등의 측면에서 현저히 떨어지는 제품을 말한다.

대부분의 부산품은 연산품과 같이 결합공정의 분리점에서 동시에 생산되기 때문에 생산시점에서의 상대적 판매가치를 기준으로 결합원가를 배분한다. 다만, 중요하지 않은 부산품의 경우에는 다음과 같이 생산시점에 부산품의 순실현가치를 측정하여 주산품의 제조원가에서 차감하는 방법을 사용할 수 있다.

현행 한국채택국제회계기준과 일반기업회계기준에서는 부산품의 회계처리에 대하여 다음과 같이 설명하고 있다.

한국채택국제회계기준	일반기업회계기준
연산품이 생산되거나 주산물과 부산물이 생산되는 경우처럼 하나의 생산과정을 통하여 동시에 둘 이상의 제품이 생산될 수도 있다. 이 경우 제품별 전환원가를 분리하여 식별할 수 없다면, 전환원가를 합리적이고 일관성 있는 방법으로 각 제품에 배부한다. 예를 들어 각 제품을 분리하여 식별가능한 시점 또는 완성시점의 제품별 상대적 판매가치를 기준으로 배부할 수 있다. 한편 대부분의 부산물은 본래 중요하지 않은데, 이 경우 부산물은 흔히 순실현가치로 측정하여 주산물의 원가에서 차감된다. 따라서 주산물의 장부금액은 원가와 중요한 차이가 없다.	단일 생산공정을 통하여 여러 가지 제품을 생산하거나 주산물과 부산물을 동시에 생산하는 경우에 발생한 공통원가는 각 제품을 분리하여 식별할 수 있는 시점이나 완성한 시점에서의 개별제품의 상대적 판매가치를 기준으로 하여 배부한다. 다만, 경우에 따라 생산량기준을 적용하는 것이 더 합리적이라고 판단될 때는 그 방법을 적용할 수 있다. 중요하지 않은 부산물은 순실현가능가치를 측정하여 동 금액을 주요 제품의 제조원가에서 차감하여 처리할 수 있다.

상대적 판매가치법에 따른 결합원가의 배분은 앞서 살펴보았으므로 이번 절에서는 제조원가차감법을 살펴보도록 한다. 다만, 실무적으로 아직도 많이 쓰이고 있는 잡이익법과 비교를 통하여 양 방법간의 차이를 살펴보도록 한다.

부산품의 경우에는 생산시점에 인식할 수도 있고 부산품의 특성상 중요성의 측면에서 판매시점에 인식할 수도 있다. 따라서 부산품에 대한 회계처리는 부산품을 언제 인식할 것인가(when to recognize)에 따라 생산기준과 판매기준으로 나누어진다. 생산기준은 부산품을 판매 이전이라 하더라도 생산을 중시하여 생산시점에 부산품을 자산으로 인식하는 방법을 말하며, 판매기준은 생산시점에는 부산품을 전혀 인식하지 않고 판매시점에서 판매된 부분만을 인식하는 방법을 말한다.

한편, 부산품을 어떻게 인식할 것인가(how to recognize)의 문제는 매출로 인식하는 방법(매출인식법), 잡이익으로 인식하는 방법(잡이익법), 제조원가에서 차감하는 방법(제조원가차감법), 매출원가에서 차감하는 방법(매출원가차감법) 등이 있다.

다음은 기업회계기준에서 부산품의 가치가 중요하지 않은 경우에 적용할 수 있는 생산기준하에서의 제조원가차감법과 과거 기업들이 많이 사용하던 판매기준하에서의 잡이익법의 비교이다.

회계처리방법	생산기준	판매기준
매출인식법		
잡이익법		✔
매출원가차감법		
제조원가차감법	✔	

한편, 실무적으로 제조공정에서 발생하는 스크랩(scrap) 등에 대해서도 위의 부산품에 대한 회계처리를 준용할 수 있을 것이다.

〈생산기준제조원가차감법〉

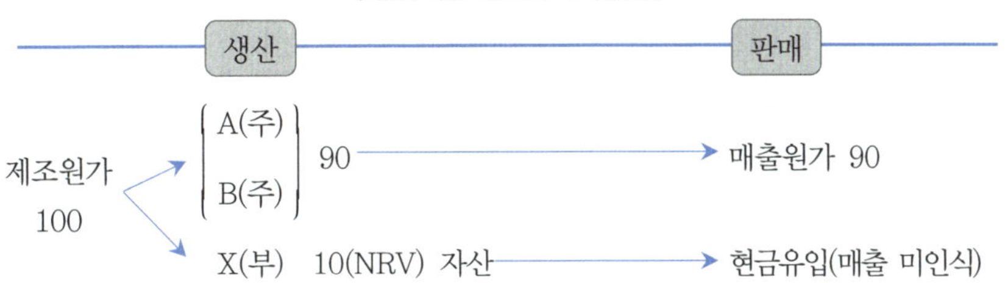

〈판매기준 잡이익법〉

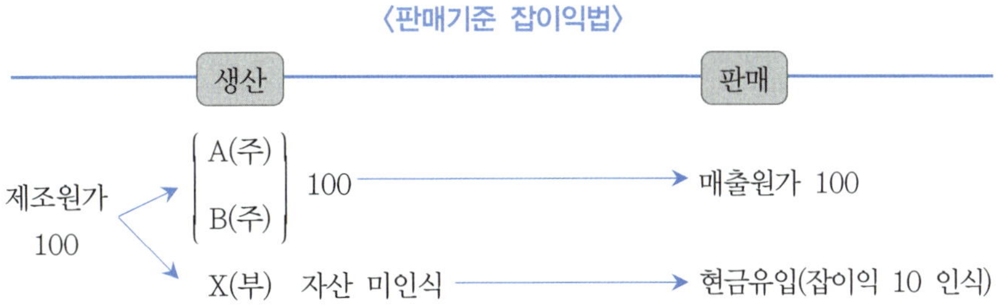

1. 생산기준하의 제조원가차감법

생산기준하의 제조원가차감법은 생산시점에 부산품의 순실현가치를 주산품에 배분될 원가에서 차감하는 방법을 말한다. 이 방법은 생산시점에 부산품의 순실현가치를 추정하여 해당금액을 부산품의 원가로 보아 부산품을 재고자산으로 인식하고, 총제조원가 중 부산품의 순실현가치를 차감한 금액을 주산품에 배분하는 것을 말한다. 또한 판매시점에는 현금 등의 유입과 함께 부산품이라는 재고자산을 차감함으로써 손익을 전혀 인식하지 않는다.

기업회계기준에서 부산품의 가치가 중요하지 않은 경우에 허용하고 있는 방법이다.

2. 판매기준하의 잡이익법

판매기준하의 잡이익법은 부산품의 생산시에는 결합원가를 모두 주산품에 배분하고, 부산품의 판매시점에 부산품의 순실현가치를 잡이익으로 처리하는 방법을 말한다. 생산시점에 결합원가를 모두 주산품에 배분하기 때문에 생산시점에는 부산품을 자산으로 인식하지 아니하고 판매시점에 잡이익이라는 수익으로 인식하는 방법이다.

이 방법은 영업활동의 과정상 부산품이라는 정상적 생산과정에서 발생한 제품의 판매가치를 영업외수익으로 처리하는 비논리적 문제를 발생시킬 뿐 아니라, 부산품의 생산시점부터 판매시점까지의 기간 동안은 부산품이라는 자산을 인식하지 않으므로 부외자산(簿外資産)의 문제가 발생하기도 한다. 과거 기업들이 많이 사용했던 방법이지만 앞으로는 실무적으로 적용하기 곤란한 방법이라 할 수 있다.

참고

부산품 회계처리는 다음과 같이 정리된다.

원칙 : 상대적 판매가치법(연산품과 동일한 방법)

↓

중요하지 않은 경우 : 제조원가차감법

예제 06 부산물의 원가계산

㈜태백은 결합공정에서 주산품 A, B와 부산품 x를 생산하였다. 제품생산과 관련된 원가자료는 다음과 같다.

구분	생산량	판매가격
A	2,000	₩600
B	3,000	400
x	2,000	50

결합원가발생액은 ₩1,000,000이며 회사는 결합원가를 상대적 판매가치에 따라 배분하고 있다.

요구사항

1. 생산기준하의 제조원가차감법에 의하여 주산품과 부산품의 원가계산을 하고 회계처리를 하시오.
2. 판매기준하의 잡이익법에 의하여 주산품과 부산품의 원가계산을 하고 회계처리를 하시오.
3. 만약 회사가 x를 부산품으로 인식하지 않고 A, B와 함께 연산품으로 인식하는 경우 각 연산품의 제품원가를 계산하고 회계처리를 하시오.

해설

1. 생산기준하의 제조원가차감법

① 결합원가의 배분
배분대상 결합원가＝₩1,000,000－2,000×@50＝₩900,000

구분	판매가치	비율	결합원가배분액
A	2,000×@600 ＝1,200,000	50%	₩450,000
B	3,000×@400 ＝1,200,000	50%	450,000
계		100%	₩900,000

② 회계처리

• 생산시점

(차) 제품(A)	450,000	(대) 재공품	1,000,000
제품(B)	450,000		
부산품	100,000		

• 판매시점

(차) 현　금	100,000	(대) 부산품	100,000

손 익 계 산 서		
매출액	A 2,000×@600+B 3,000×@400=	₩2,400,000
매출원가	A 450,000+B 450,000=	900,000
매출총이익		1,500,000
판매관리비		–
영업이익		1,500,000
영업외수익		–
법인세비용차감전순이익		1,500,000

2. 판매기준하의 잡이익법

① 결합원가의 배분

구분	판매가치	비율	결합원가배분액
A	2,000×@600= 1,200,000	50%	₩500,000
B	3,000×@400= 1,200,000	50%	500,000
계		100%	₩1,000,000

② 회계처리

• 생산시점

(차) 제품(A)	500,000	(대) 재공품	1,000,000
제품(B)	500,000		

• 판매시점

(차) 현 금	100,000	(대) 잡이익	100,000

손 익 계 산 서		
매출액	A 2,000×@600+B 3,000×@400=	₩2,400,000
매출원가	A 500,000+B 500,000=	1,000,000
매출총이익		1,400,000
판매관리비		–
영업이익		1,400,000
영업외수익		
잡이익		100,000
법인세비용차감전순이익		1,500,000

3. x가 연산품인 경우

① 결합원가의 배분

구분	판매가치		비율	결합원가배분액
A	2,000×@600=	₩1,200,000	48%	₩480,000
B	3,000×@400=	1,200,000	48%	480,000
x	2,000× @50=	100,000	4%	40,000
계		₩2,500,000	100%	₩1,000,000

② 회계처리

• 생산시점

(차) 제품(A)	480,000	(대) 재공품	1,000,000
제품(B)	480,000		
제품(x)	40,000		

• 판매시점

(차) 현　금	100,000	(대) 매　출	100,000
매출원가	40,000	제품(x)	40,000

손 익 계 산 서		
매출액	A 2,000×@600+B 3,000×@400+ x 2,000×@50=	₩2,500,000
매출원가	A 480,000+B 480,000+x 40,000=	1,000,000
매출총이익		1,500,000
판매관리비		−
영업이익		1,500,000
영업외수익		−
법인세비용차감전순이익		1,500,000

연습문제

문제 1. 순실현가치법과 균등이익률법

㈜광야는 A공정초에 23,000ℓ의 원재료를 투입하여 X 8,000ℓ, Y 5,000ℓ, Z 10,000ℓ를 생산하였다. A공정에서 발생한 원가는 다음과 같다.

직접재료비	₩1,200,000
직접노무비	500,000
제조간접비	700,000
계	₩2,400,000

X, Y와 Z는 각각 B공정, C공정, D공정에 투입되어 각각 X－1, Y－1, Z－1으로 추가가공되는데 각 공정에서 발생한 원가는 다음과 같다.

B공정	₩124,000
C공정	121,000
D공정	215,000
계	₩460,000

추가가공 후 X－1, Y－1, Z－1의 ℓ당 판매가격은 각각 ₩212.5, ₩300, ₩120이며 당기에 생산된 제품은 모두 판매되었다. 기초재고와 기말재고는 없다.

요구사항

1. 순실현가치법에 의하여 결합원가를 배분하고 손익계산서를 작성하시오.
2. 균등이익률법에 의하여 결합원가를 배분하고 손익계산서를 작성하시오.

해설

1. 순실현가치법

① 결합원가의 배분

구분	최종판매가치	분리원가	순실현가치	비율	결합원가배분	총원가	단위원가
X-1	8,000ℓ×@212.5 =₩1,700,000	₩124,000	₩1,576,000	40%	₩960,000	₩1,084,000	₩135.5
Y-1	5,000ℓ×@300 = 1,500,000	121,000	1,379,000	35%	840,000	961,000	192.2
Z-1	10,000ℓ×@120 = 1,200,000	215,000	985,000	25%	600,000	815,000	81.5
계	₩4,400,000	₩460,000	₩3,940,000	100%	₩2,400,000	₩2,860,000	

② 제품별 손익계산서

	X-1		Y-1		Z-1		계
매출	8,000ℓ×@212.5=	₩1,700,000	5,000ℓ×@300=	₩1,500,000	10,000ℓ×@120=	₩1,200,000	₩4,400,000
매출원가	8,000ℓ×@135.5=	1,084,000	5,000ℓ×@192.2=	961,000	10,000ℓ×@81.5=	815,000	2,860,000
매출총이익		₩616,000		₩539,000		₩385,000	₩1,540,000
매출총이익률		36.2%		35.9%		32.1%	35%

2. 균등이익률법

① 매출총이익률

최종판매가치 : ₩4,400,000

매출총이익 = ₩4,400,000 − (2,400,000 + 460,000) = ₩1,540,000

$$매출총이익률 = \frac{₩1,540,000}{₩4,400,000} = 35\%$$

② 결합원가배분

구분	최종판매가치	매출총이익	총원가	분리원가	결합원가배분	단위원가
X-1	8,000ℓ×@212.5 =₩1,700,000	₩595,000	₩1,105,000	₩124,000	₩981,000	₩138.125
Y-1	5,000ℓ×@300 = 1,500,000	525,000	975,000	121,000	854,000	195
Z-1	10,000ℓ×@120 = 1,200,000	420,000	780,000	215,000	565,000	78
계	₩4,400,000	₩1,540,000	₩2,860,000	₩460,000	₩2,400,000	

③ 제품별 손익계산서

	X-1		Y-1		Z-1		계
매출	8,000ℓ×@212.5=	₩1,700,000	5,000ℓ×@300=	₩1,500,000	10,000ℓ×@120=	₩1,200,000	₩4,400,000
매출원가	8,000ℓ×@138.125=	1,105,000	5,000ℓ×@195=	975,000	10,000ℓ×@78=	780,000	2,860,000
매출총이익		₩595,000		₩525,000		₩420,000	₩1,540,000
매출총이익률		35%		35%		35%	35%

문제 2. 복수의 분리점

㈜한라는 1공정에서 50,000ℓ의 원유를 투입하여 제품 A 30,000ℓ와 B 20,000ℓ를 생산하였다. 2공정에서는 제품 A를 추가가공하여 제품 M 18,000ℓ와 N 12,000ℓ를 생산하였고, 3공정에서는 제품 B를 추가가공하여 제품 P 10,000ℓ와 R 10,000ℓ를 생산하였다. 각 공정에서 발생한 원가는 다음과 같다.

1공정	₩2,400,000
2공정	180,000
3공정	220,000
계	₩2,800,000

또한 회사는 제품의 고급화를 위하여 M, N, P, R을 추가가공하는데 제품별 추가가공원가와 ℓ당 판매가격은 다음과 같다.

구 분	추가가공원가	판매가격
M	₩200,000	₩100
N	80,000	40
P	50,000	80
R	30,000	28
	₩360,000	

요구사항

1. 분리원가가 모두 공정별로 추적가능하다고 할 때 순실현가치법에 의하여 각 제품별 원가를 계산하시오.
2. 만약 M, N, P, R제품을 제2공정과 제3공정의 종점에서 다음의 가격에 판매가능하다면 각 제품별로 공정의 종점에서 판매할 것인지 혹은 추가가공 후 판매할 것인지를 결정하시오.

구 분	판매가격
M	₩80
N	35
P	65
R	25

해설

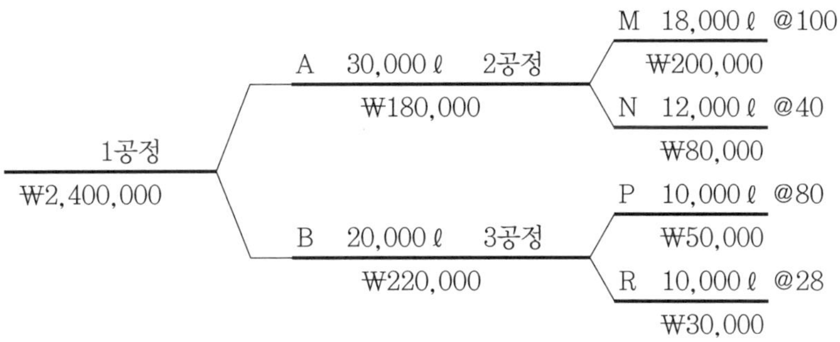

1. 제품별 원가의 계산

(1) 순실현가치

① 2차 분리점의 순실현가치(2공정)

구분	최종판매가치	분리원가	순실현가치	비율
M	18,000ℓ×@100=₩1,800,000	₩200,000	₩1,600,000	80%
N	12,000ℓ× @40= 480,000	80,000	400,000	20%
계		₩280,000	₩2,000,000	100%

② 2차 분리점의 순실현가치(3공정)

구분	최종판매가치	분리원가	순실현가치	비율
P	10,000ℓ×@80=₩800,000	₩50,000	₩750,000	75%
R	10,000ℓ×@28= 280,000	30,000	250,000	25%
계		₩80,000	₩1,000,000	100%

③ 1차 분리점의 순실현가치(1공정)

구분	2차 분리점의 순실현가치	분리원가	순실현가치	비율
A	₩2,000,000	₩180,000	₩1,820,000	70%
B	1,000,000	220,000	780,000	30%
계		₩400,000	₩2,600,000	100%

(2) 결합원가의 배분

① 1차 분리점(1공정)

구분	순실현가치비율	1공정 결합원가배분	분리원가	총원가
A	70%	₩1,680,000	₩180,000	₩1,860,000
B	30%	720,000	220,000	940,000
계	100%	₩2,400,000	₩400,000	₩2,800,000

② 2차 분리점(2공정)

구분	순실현 가치비율	2공정 결합원가배분	분리원가	총원가	생산량	단위원가
M	80%	₩1,488,000	₩200,000	₩1,688,000	18,000ℓ	@93.78
N	20%	372,000	80,000	452,000	12,000ℓ	@37.67
계	100%	₩1,860,000	₩280,000	₩2,140,000	30,000ℓ	

③ 2차 분리점(3공정)

구분	순실현 가치비율	3공정 결합원가배분	분리원가	총원가	생산량	단위원가
P	75%	₩705,000	₩50,000	₩755,000	10,000ℓ	@75.5
R	25%	235,000	30,000	265,000	10,000ℓ	@26.5
계	100%	₩940,000	₩80,000	₩1,020,000	20,000ℓ	

2. 제품별 추가가공 여부의 결정

구분	2차 분리점의 판매가격	최종 판매가격	생산량	증분수익	증분비용 (추가가공원가)	증분이익
M	₩80	₩100	18,000ℓ	₩360,000	₩200,000	₩160,000
N	35	40	12,000	60,000	80,000	(−)20,000
P	65	80	10,000	150,000	50,000	100,000
R	25	28	10,000	30,000	30,000	−

∴ 제품 M, P는 추가가공 후 판매하고 제품 N은 공정종점에서 판매한다. 제품 R은 공정의 종점에서 판매를 하거나 추가가공 후 판매를 하여도 무차별하다.

문제 3. 결합원가배분과 종합원가계산

㈜강동화학은 연속공정을 통하여 제품을 생산하고 있다. A공정에서는 공정초 원재료를 투입하여 중간제품 X와 Y를 생산한다. 중간제품 X는 B공정으로 대체되어 추가가공 후 판매되며, 중간제품 Y는 C공정으로 대체되어 추가가공 후 판매된다. B공정에서는 공정의 50% 시점에 재료가 투입되며 C공정에서는 공정초 재료가 투입된다. A, B, C공정에서 가공비는 공정전체를 통하여 균등하게 발생하며 회사는 선입선출법에 의하여 원가계산을 하고, 결합원가는 순실현가치법에 의하여 배분한다. 다음은 각 공정별 생산관련자료이다.

[A공정]

	물량단위	완성도	재료비	가공비	계
기초재공품	1,000	10%			₩58,000
당기착수	3,000		₩60,000	₩108,000	168,000
계	4,000				₩226,000
완성품	2,500				
기말재공품	1,500	80%			
계	4,000				

[B공정]

	물량단위	완성도	전공정비	재료비	가공비	계
기초재공품	500	20%				₩163,640
당기착수	1,500		?	₩272,000	₩285,360	?
계	2,000					?
완성품	1,200					
기말재공품	800	80%				
계	2,000					

[C공정]

	물량단위	완성도	전공정비	재료비	가공비	계
기 초 재 공 품	200	30%				₩31,440
당 기 착 수	1,000		?	₩74,000	₩80,560	?
계	1,200					?
완 성 품	800					
기 말 재 공 품	400	80%				
계	1,200					

A공정에서 중간제품 X 1,500ℓ와 중간제품 Y 1,000ℓ가 생산되었으며 제품 X와 Y의 최종판매가격은 각각 단위당 ₩500과 단위당 ₩350이다.

B, C공정에서 발생하는 가공비는 모두 변동비이다.

요구사항

B공정과 C공정의 원가계산을 하시오.

해설

1. A공정 원가계산

	물량흐름	완성품환산량 재료비	완성품환산량 가공비	합 계
완 성 품				
기 초 재 공 품	1,000(10%)	0	900	
당기착수완성	1,500	1,500	1,500	
기 말 재 공 품	1,500(80%)	1,500	1,200	
	4,000	3,000	3,600	
원 가 집 계				합 계
기초재공품원가				₩58,000
당기발생원가		₩60,000	₩108,000	168,000
				₩226,000
완성품환산량		÷ 3,000	÷ 3,600	
단 위 당 원 가		@20	@30	@50
완 성 품 원 가	₩58,000+900×@30+1,500×@50=			₩160,000
기말재공품원가	1,500×@20+1,200×@30=			66,000
합 계				₩226,000

2. 결합원가의 배분

구분	순 실 현 가 치	비율	결합원가배분
X	1,500ℓ×@500－1,500ℓ×@300＝300,000	60%	₩96,000
Y	1,000ℓ×@350－1,000ℓ×@150＝200,000	40%	64,000
계		100%	₩160,000

3. B공정 원가계산

	물량흐름	완성품환산량 전공정비	재료비	가공비
완 성 품				
기초재공품	500(20%)	0	500	400
당기착수완성	700	700	700	700
기말재공품	800(80%)	800	800	640
	2,000	1,500	2,000	1,740

	전공정비	재료비	가공비	합 계
기초재공품원가				₩163,640
당기발생원가	₩96,000*	₩272,000	₩285,360	653,360
				₩817,000
완성품환산량	÷1,500	÷2,000	÷1,740	
환산량단위당원가	@64	@136	@164	@364

완 성 품 원 가	₩163,640＋500×@136＋400×@164＋700×@364＝	₩552,040
기말재공품원가	800×@64＋800×@136＋640×@164＝	264,960
합 계		₩817,000

* ₩96,000 : 제품 X에 대한 결합원가배분액

4. C공정 원가계산

	물량흐름	완성품환산량 전공정비	재료비	가공비
완 성 품				
기초재공품	200 (30%)	0	0	140
당기착수완성	600	600	600	600
기말재공품	400 (80%)	400	400	320
	1,200	1,000	1,000	1,060

	전공정비	재료비	가공비	합 계
기초재공품원가				₩31,440
당기발생원가	₩64,000*	₩74,000	₩80,560	218,560
				₩250,000
완성품환산량	÷1,000	÷1,000	÷1,060	
환산량단위당원가	@64	@74	@76	@214

완 성 품 원 가	₩31,440+140×@76+600×@214=	₩170,480
기말재공품원가	400×@64+400×@74+320×@76=	79,520
합 계		₩250,000

* ₩64,000 : 제품 Y에 대한 결합원가배분액

제2편

원가속성별 원가계산제도

제5장 정상원가계산

제1절 정상원가계산의 의의

1. 정상원가계산의 의의

제조형태·원가의 속성·제품원가의 범위 등에 따라 원가계산제도가 다음과 같이 나누어진다는 것은 이미 제1장에서 살펴보았다.

〈원가계산제도의 구분〉

제조형태	원가의 속성	제품원가의 범위
개별원가계산	실제원가계산	전부원가계산
종합원가계산	정상원가계산	변동원가계산
	표준원가계산	

개별원가계산과 종합원가계산은 이미 앞에서 살펴보았으며 이전 장에는 원가의 속성에 따른 원가구분을 살펴보도록 한다. 원가계산제도는 다루고자 하는 원가의 속성에 따라 실제원가계산(actual costing)·정상원가계산(normal costing)·표준원가계산(standard costing)으로 구분된다. 원가의 속성에 따라 구분되는 원가계산제도의 특징을 원가요소별로 살펴보면 다음과 같다.

원가의 구분	실제원가계산	정상원가계산	표준원가계산
직 접 재 료 비	실제발생원가	실제발생원가	표준원가
직 접 노 무 비	실제발생원가	실제발생원가	표준원가
제 조 간 접 비	실제발생원가	예정배부원가	표준원가

실제원가계산(actual costing)은 발생한 원가를 생산 후에 집계·분류하여 제품원가계산을 실행하는 절차로서 사후원가계산제도라 할 수 있고, 이미 살펴본 개별원가계산과 종합원가계산은 이러한 실제원가계산을 전제로 설명하였다. 실제원가계산은 사후에 집계된 원가를 대상으로 계산하므로 확실하다는 장점이 있으나 다음과 같은 단점도 있다.

- 사후원가계산제도이므로 원가집계에 많은 시간이 소요되어 목적적합한 정보를 생산하는 데 어려움이 많다.
- 원가의 계절별 변동요인 등에 따라 언제 생산되었는가 하는 것이 제품원가계산에 영향을 주므로 제품원가의 관리가 곤란하다.
- 조업도의 변동에 따라 단위당 고정비의 증감현상이 나타나 효율적인 원가관리가 곤란하다.

따라서 실제원가계산이 가지고 있는 단점을 보완할 수 있는 원가계산제도가 필요하게 되었고 그러한 대안으로 제시된 방법이 정상원가계산이다. 정상원가계산(normal costing)은 직접재료비와 직접노무비는 실제발생원가로 원가계산을 하지만 제조간접비는 예정배부(predetermined)된 원가로 계산하는 방법이다. 위에서 설명된 실제원가계산의 단점의 대부분이 제조간접비로 인한 것이므로 직접재료비와 직접노무비는 실제원가로 계산하고 제조간접비만 예정배부를 함으로써 위에서 나타나는 문제점들을 제거할 수 있는 것이다.

정상원가계산의 장점은 다음과 같다.

■ 회계정보 적시성의 제고

제조간접비는 직접재료비나 직접노무비와 달리 그 집계에 상당한 시간이 소요된다. 이는 많은 계정과목 및 측정의 곤란함 등에 기인하는 것으로 목적적합성(relevance) 중 적시성(timeliness)을 중시하는 관리회계에는 장애요인으로 나타난다. 따라서 '사전에 미리 결정된(predetermined)' 제조간접비 예정배부율로 미리 배부, 원가계산을 수행하면 신속한 정보를 제공할 수 있으므로 회계정보의 적시성이 제고된다고 할 수 있다.

■ 조업도의 변동 및 계절적 원가변동으로 인한 실제배부율의 불안정성 제거

제조간접비에는 많은 계정과목들이 존재하며 이 중에는 계절적 요인에 의하여 증감하는 원가들도 있다(예를 들어 난방비, 전력비). 또한 일정금액의 고정제조간접비가 발생한다 하더라도 생산량의 증감에 따라 단위당 제조간접비는 변동하게 된다. 따라서 사전에 이러한 요소들을 모두 감안한 '예정배부율'을 설정하여 두면 계절적 차이 혹은 조업도의 증감에 따른 단위원가의 변동현상을 제거할 수 있다.

2. 제조간접비의 예정배부

앞서 살펴본 바와 같이 실제원가계산에서는 제조간접비 실제배부액이 '제조간접비 실제배부율×실제배부기준'으로 결정된다.

실제원가계산의 제조간접비 실제배부액 = **제조간접비 실제배부율**×실제배부기준

그러나 정상원가계산은 제조간접비에 대하여 사전원가를 적용하므로 예정배부율을 사용하여 계산한다. 따라서 제조간접비 예정배부액이 '제조간접비 예정배부율×실제배부기준'으로 결정된다. 결국 실제원가계산과 정상원가계산은 어떤 제조간접비배부율을 사용하는가에 따라 결정된다고 할 수 있다.

정상원가계산의 제조간접비 예정배부액 = **제조간접비 예정배부율**×실제배부기준

3. 제조간접비 예정배부율

제조간접비 예정배부율은 다음과 같이 제조간접비예산을 예정조업도로 나누어 계산한다.

$$\text{제조간접비 예정배부율} = \frac{\text{제조간접비예산}}{\text{예정배부기준(예정조업도)}}$$

제조간접비예산은 제조간접비가 성격상 준변동비(혼합원가)이므로 다음과 같이 변동제조간접비와 고정제조간접비로 구성된다.

제조간접비예산 = 변동제조간접비예산 + 고정제조간접비예산
= 단위당 변동제조간접비 × 예정조업도 + 고정제조간접비예산

이를 위의 제조간접비 예정배부율 산식에 대입하면 다음과 같다.

$$\text{제조간접비 예정배부율} = \frac{\text{단위당 변동제조간접비} \times \text{예정조업도} + \text{고정제조간접비예산}}{\text{예정조업도}}$$

4. 예정조업도의 결정

정상원가계산제도에서 제조간접비 예정배부율을 계산하는 데 사용하는 조업도를 '정상(예정)조업도(Normal capacity)'라고 하는데 정상조업도로 사용될 수 있는 조업도는 다음과 같다.

■ 이론적 최대조업도(Theoretical full capacity)

모든 설비와 인원이 최상의 조건에 있을 경우에 달성가능한 이론적인 최대조업도

■ 실제적 최대조업도(Practical full capacity)

이론적 최대조업도의 85~90% 수준에서 결정되며 실제상황에서 달성가능한 최대조업도로 실무적으로 가장 많이 사용되는 조업도

■ 평균조업도(Average capacity)

과거 3~5년간 실적조업도의 평균조업도

■ 연간기대조업도(Annual expected capacity)

실제적 최대조업도에 예상조업률을 감안하여 결정되는 조업도로 원가계산, 성과평가, 조업률 산정 등에 가장 적합한 조업도

제2절 정상개별원가계산

1. 정상개별원가계산의 절차

정상개별원가계산은 원가계산의 방법은 개별원가계산을 적용하고 원가의 속성은 정상원가를 사용하는 제도이므로 다음과 같은 절차에 따라 진행된다.

- 첫째, 직접재료비와 직접노무비는 실제원가계산과 마찬가지로 실제직접재료비와 실제직접노무비를 각 작업이나 제품별로 배부한다.
- 둘째, 제조간접비는 제조간접비 예정배부율을 이용하여 각 제품별 실제배부기준에 따라 예정배부한다. 제조간접비 예정배부율의 계산은 제조간접비예산을 회사에서 설정한 예정조업도로 나누어 계산한다.
- 셋째, 기말에 제조간접비 실제발생액과 예정배부액과의 차이를 계산하고 이를 매출원가조정법이나 비례배분법 등에 따라 조정 후 회계처리한다.

위의 절차 중에서 셋째 절차는 뒤에서 설명하기로 하고 다음의 예제를 통하여 첫째, 둘째 절차를 자세히 살펴보도록 한다.

예제 01 제조간접비 예정배부

회사는 정상개별원가계산제도를 채택하고 있는데 기계시간을 기준으로 제조간접비를 배부한다. 회사는 20×1년 10월에 종합예산을 편성하면서 20×2년 제조간접비 예산을 ₩5,000,000 기계시간을 1,000시간으로 예상하였다. 원가관련 추가정보는 다음과 같다.

(1) 20×2년 중 작업 #10, #11, #12에 착수하여 작업 #10은 4월말, 작업 #11은 9월말에 완성하였고 #12는 12월말 현재 가공 중이다.

(2) 당기 중 소비된 직접재료비는 ₩6,000,000이다.

(3) 당기 중 발생한 직접노무비는 ₩3,000,000이다.

(4) 각 작업별 직접원가 및 기계시간

구 분	#10	#11	#12	계
직접재료비	3,000,000	2,000,000	1,000,000	₩6,000,000
직접노무비	1,500,000	800,000	700,000	3,000,000
기계시간	400시간	350시간	150시간	900시간

(5) 20×3년 2월초 제조간접비를 집계하니 20×2년 중 발생한 제조간접비 실제발생액은 ₩5,200,000이다.

요구사항

1. 20×1년 10월에 설정하는 제조간접비 예정배부율을 구하시오.
2. 20×2년 4월말 완성된 작업 #10, 9월말 완성된 작업 #11, 12월말 작업 중인 #12의 제조원가를 구하시오.
3. 모든 작업에 예정배부된 제조간접비 총액을 구하시오.

해설

1. 제조간접비 예정배부율

$$\text{제조간접비 예정배부율} = \frac{₩5,000,000}{1,000\text{시간}} = @5,000/\text{기계시간}$$

2. 작업별 제조원가

(1) 작업 #10(20×2년 4월말 완성)

구 분	금 액	
직접재료비	₩3,000,000	
직접노무비	1,500,000	
제조간접비	2,000,000	(=@5,000×400시간)
총제조원가	₩6,500,000	

(2) 작업 #11(20×2년 9월말 완성)

구 분	금 액	
직접재료비	₩2,000,000	
직접노무비	800,000	
제조간접비	1,750,000	(=@5,000×350시간)
총제조원가	₩4,550,000	

(3) 작업 #12(20×2년 12월말 미완성)

구 분	금 액	
직접재료비	₩1,000,000	
직접노무비	700,000	
제조간접비	750,000	(=@5,000×150시간)
총제조원가	₩2,450,000	

각 작업별 제조원가를 정리하면 다음과 같다.

구 분	#10	#11	#12	계
직접재료비	₩3,000,000	₩2,000,000	₩1,000,000	₩6,000,000
직접노무비	1,500,000	800,000	700,000	3,000,000
제조간접비	2,000,000	1,750,000	750,000	4,500,000
계	₩6,500,000	₩4,550,000	₩2,450,000	₩13,500,000

3. 제조간접비 예정배부액 총액

작업	제조간접비 예정배부율	실제 기계시간	제조간접비 예정배부액
#10	@5,000	400시간	₩2,000,000
#11	@5,000	350시간	1,750,000
#12	@5,000	150시간	750,000
계		900시간	₩4,500,000

참고로 재공품 계정은 다음과 같다.

재 공 품

차변		대변	
기 초 재 공 품	−		
직 접 재 료 비	₩6,000,000	당기제품제조원가 (#10, #11)	₩11,050,000
직 접 노 무 비	3,000,000		
제 조 간 접 비	4,500,000	기 말 재 공 품(#12)	2,450,000
	₩13,500,000		₩13,500,000

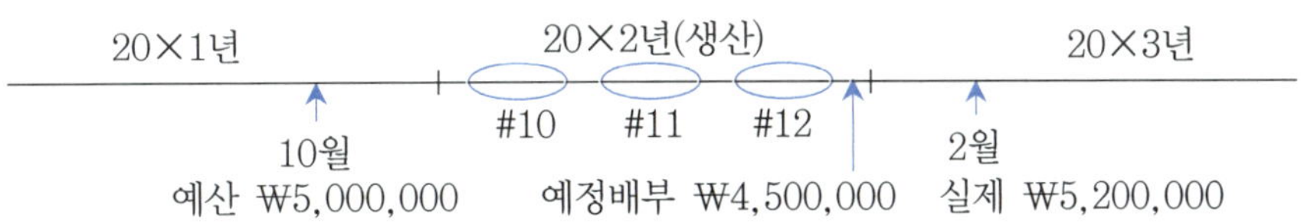

2. 제조간접비 배부차이

(1) 제조간접비 배부차이

실제원가계산에서는 실제 발생한 제조간접비를 먼저 집계하고 생산 후에 일정한 배부기준에 따라 각 제품에 배부하므로 제조간접비계정은 다음과 같이 차변과 대변이 정확하게 일치한다.

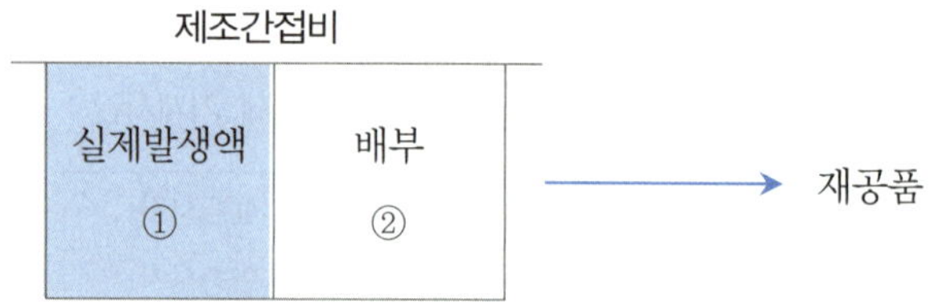

한편, 정상원가계산은 사전에 설정된 제조간접비 예정배부율로 제조간접비를 예정배부한다. 그러나 사후에 실제 집계되는 제조간접비와는 차이가 발생하게 되고 이를 '제조간접비 배부차이'라고 하며, 제조간접비 실제발생액과 제조간접비 예정배부액의 대소관계에 따라 다음과 같이 과다배부 혹은 과소배부가 발생한다.

> 제조간접비 실제발생액 < 제조간접비 예정배부액 ⇒ 과다배부(초과배부)
> 제조간접비 실제발생액 > 제조간접비 예정배부액 ⇒ 과소배부(부족배부)

〈제조간접비 배부차이〉

① 과다배부

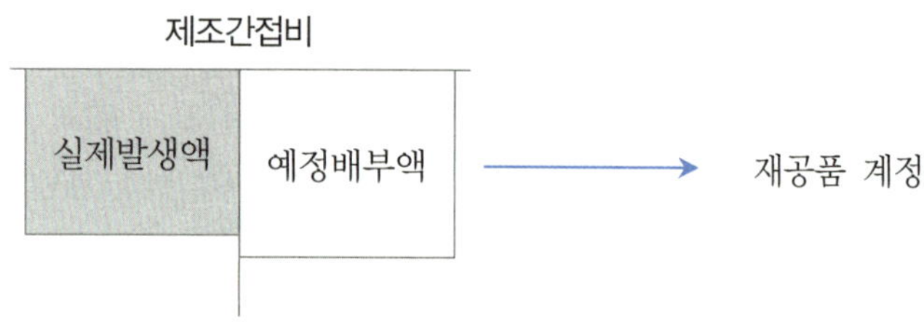

② 과소배부

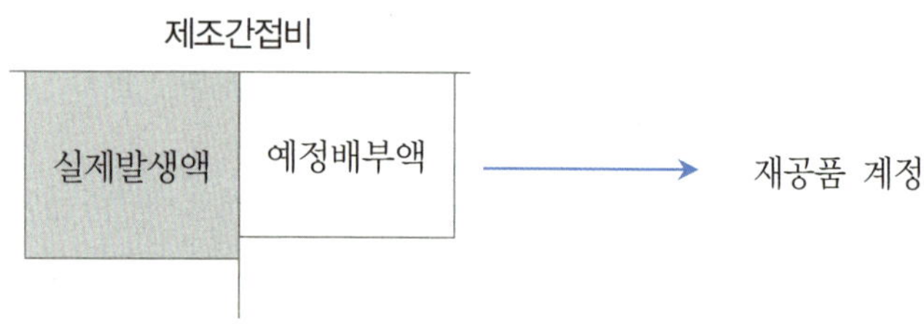

그렇다면 제조간접비 배부차이는 왜 발생할까? 제조간접비 배부차이의 발생원인은 다음의 두 가지 측면으로 설명할 수 있다.

■ 실제발생액과 제조간접비 예산과의 차이(예산차이)

회사는 예산을 설정하면서 제조간접비를 예정조업도에 따라 추정하게 되는데 추정된 제조간접비 예산과 사후에 발생하는 실제발생액은 물가상승 등의 원인에 의하여 차이가 나기 마련이고 이러한 요인에 의하여 배부차이가 발생하게 된다.

■ 예정조업도와 실제조업도의 차이(조업도차이)

제조간접비 예산을 설정하면서 예측한 예정조업도와 사후에 집계되는 실제조업도는 기계고장, 노사분규, 생산물량변동, 생산성변동 등의 다양한 원인에 의하여 차이가 나기 마련이고 이러한 요인에 의하여 배부차이가 발생하게 된다.

결국 제조간접비 배부차이는 위에서 언급한 예산차이와 조업도차이로 인하여 발생한다고 할 수 있다. 위의 기본예제를 통하여 살펴보자. 기본예제에서 제조간접비 실제발생액은 ₩5,200,000이고 제조간접비 예정배부액은 ₩4,500,000이므로 배부차이는 ₩700,000의 과소배부이다. ₩700,000의 과소배부액은 다음과 같이 분석할 수 있다.

■ 실제발생액과 제조간접비 예산과의 차이

₩5,200,000 − 5,000,000 = ₩200,000

■ 예정조업도와 실제조업도의 차이

예정배부율을 기준으로 계산하는 경우 예정조업도와 실제조업도의 차이로 인한 부분을 말한다.

(1,000시간 − 900시간) × @5,000 = ₩500,000

제조간접비

실제발생액(③)	예산(①)	예정배부액(②)
₩5,200,000	₩5,000,000	₩4,500,000
200,000 (③−①)		500,000 (①−②)

앞에서 설명하는 것처럼 정상원가계산을 적용하는 경우 3가지의 제조간접비가 나타날 수 있다.

① 제조간접비 예산

회사의 예정조업도를 감안하여 변동비와 고정비로 구분하여 설정하게 되며 예정배부율을 산정하기 위하여 설정된다. 실무적으로 종합예산(master budget)을 편성하는 과정에서 설정되므로 이미 연초에 결정되어 있다.

② 제조간접비 예정배부액

사전에 결정된 제조간접비 예정배부율에 실제배부기준을 곱하여 계산되며 생산이 완료되면 신속한 원가계산을 위하여 각 제품별로 계산된다. 따라서 본격적인 결산과정에 앞서 생산관련자료만 집계되면 계산이 가능하다.

③ 제조간접비 실제발생액

결산과정에서 집계되므로 3가지의 제조간접비 중 가장 늦게 결정된다.

(2) 제조간접비 배부차이의 조정

관리회계목적(또는 원가계산목적)으로는 회계정보의 적시성 제고 및 원가계산의 불안정성 제거 등을 위하여 제조간접비를 예정배부하지만, 재무회계목적으로는 외부공표용 재무제표를 작성하기 위하여 재고자산이나 매출원가는 실제발생원가로 기록되어야 한다. 따라서 제조간접비 배부차이는 정상원가로 계산된 재고자산이나 매출원가를 실제원가로 조정하기 위하여 회계기말에 다음과 같이 조정된다.

제조간접비 과다배부액 ⇒ 차감처리
제조간접비 과소배부액 ⇒ 가산처리

■ 제조간접비 과다배부액

제조간접비 과다배부액은 실제발생원가에 비하여 예정배부액이 큰 경우이므로 정상원가로 계산된 재고자산이나 매출원가는 과대계상되어 있는 상태이다. 따라서 과다배부액을 차감하여 실제원가로 표시한다.

■ 제조간접비 과소배부액

제조간접비 과소배부액은 실제발생원가에 비하여 예정배부액이 적은 경우이므로 정상원가로 계산된 재고자산이나 매출원가는 과소계상되어 있는 상태이다. 따라서 과소배부액을 가산하여 실제원가로 표시한다.

이 경우 과다(소)배부액을 조정·처리하는 방법은 다음의 두 가지의 방법이 있다.

① 매출원가조정법(no proration method)

제조간접비 배부차이를 전액 매출원가에 가감시키는 방법으로 배부차이금액이 중요하지 않거나 매출원가에 비해 기말재고자산의 중요성이 상대적으로 적은 경우 사용할 수 있다. 매출원가조정법은 배부차이 전액을 매출원가에 가감하므로 배부차이 전액이 당기의 손익에 반영되는 효과가 있다. 따라서 기말재공품과 기말제품은 정상원가의 상태로 재무상태표에 표시된다. 회계처리는 다음과 같다.

• 과소배부

(차) 매출원가	×××	(대) 제조간접비	×××

• 과다배부

(차) 제조간접비	×××	(대) 매출원가	×××

② 비례배분법(proration method)

제조간접비 배부차이를 기말재공품·기말제품과 매출원가에 배분하여 가감하는 방법으로 배부차이금액이 중요하고 또한 기말재고자산금액이 매출원가에 비하여 중요한 경우 원가계산의 정확성을 위하여 사용하게 된다. 제조간접비 배부차이가 기말재공품·기말제품·매출원가에 배분되므로 기말재공품과 기말제품에 배분되는 부분은 당기의 손익에 반영되지 않고 차기로 이월되는 효과가 있다. 이 방법은 재무제표를 적정하게 표시하므로 실무적으로 흔히 사용되며 회계처리는 다음과 같다.

• 과소배부

(차) 매출원가	×××	(대) 제조간접비	×××
제　　품	×××		
재 공 품	×××		

• 과다배부

(차) 제조간접비	×××	(대) 매출원가	×××
		제　　품	×××
		재 공 품	×××

비례배분법은 제조간접비 배부차이를 기말재공품·기말제품·매출원가에 배분할 때 구체적으로 어떻게 배분하는가에 따라 다음의 두 가지 방법으로 나누어진다.

■ 총원가기준 비례배분법 : 재고자산과 매출원가의 총원가비율에 따라 배분하는 방법

■ 원가요소기준 비례배분법 : 재고자산과 매출원가의 제조간접비 예정배부액의 비율에 따라 배분하는 방법

예제 02

예제 1에서 회사는 #10을 ₩9,000,000에 판매하였다.

요구사항

1. 제조간접비 배부차이는 얼마인가?
2. 제조간접비 배부차이를 총원가기준비례배분법으로 조정하고 손익계산서를 작성하시오.
3. 제조간접비 배부차이를 원가요소기준비례배분법으로 조정하고 손익계산서를 작성하시오.
4. 제조간접비 배부차이를 매출원가조정법으로 조정하고 손익계산서를 작성하시오.

해설

1. 제조간접비 배부차이 = 제조간접비 실제발생액 − 제조간접비 예정배부액
   = ₩5,200,000 − 4,500,000 = ₩700,000 과소배부

2. 총원가기준비례배분법

(1) 배부차이의 배분

구분	총원가(정상원가)	비율	배부차이 배분액	조정 후 금액
매 출 원 가 (#10)	₩6,500,000	48.15%	₩337,050	₩6,837,050
제　　품 (#11)	4,550,000	33.70%	235,900	4,785,900
재 공 품 (#12)	2,450,000	18.15%	127,050	2,577,050
계	₩13,500,000	100.00%	₩700,000	₩14,200,000

(2) 손익계산서

매출액	₩9,000,000
매출원가	6,837,050
매출총이익	2,162,950

3. 원가요소기준비례배분법

(1) 배부차이의 배분

구분	제조간접비 예정배부액	비율	배부차이 배분액(A)	정상원가에 의한 총제조원가(B)	조정 후 금액 (A+B)
매출원가 (#10)	₩2,000,000	44.44%	₩311,080	₩6,500,000	₩6,811,080
제 품 (#11)	1,750,000	38.89%	272,230	4,550,000	4,822,230
재 공 품 (#12)	750,000	16.67%	116,690	2,450,000	2,566,690
계	₩4,500,000	100.00%	₩700,000	₩13,500,000	₩14,200,000

(2) 손익계산서

매출액	₩9,000,000
매출원가	6,811,080
매출총이익	2,188,920

4. 매출원가조정법

(1) 배부차이의 배분

구분	총원가(정상원가)	비율	배부차이 배분액	조정 후 금액
매 출 원 가 (#10)	₩6,500,000	100.00%	₩700,000	₩7,200,000
제 품 (#11)	4,550,000	−	−	4,550,000
재 공 품 (#12)	2,450,000	−	−	2,450,000
계	₩13,500,000	100.00%	₩700,000	₩14,200,000

(2) 손익계산서

매출액	₩9,000,000
매출원가	7,200,000
매출총이익	1,800,000

예제 03 제조간접비 배부차이의 회계처리

정상개별원가계산을 적용하고 있는 ㈜한라는 직접노무비를 기준으로 제조간접비를 예정배부한다. 회사는 연초에 제조간접비예산을 ₩2,000,000, 직접노무비를 ₩1,000,000으로 예상하여 제조간접비 예정배부율을 계산하기로 하였다.

(1) 작업 #201, #202, #203은 4월에 시작된 것이다.
(2) 당기 중 발생한 직접재료비는 ₩100,000이다.
(3) 당기 중 발생한 직접노무비는 ₩100,000이다.
(4) 제조간접비 실제발생액은 ₩220,000이다.
(5) 당기말 현재 가공 중인 작업은 #203뿐이며, #203의 직접재료비는 ₩30,000, 직접노무비는 ₩20,000이다.
(6) #201은 완성 후 ₩270,000에 판매되었다.
(7) #202의 직접재료비와 직접노무비는 각각 ₩40,000과 ₩30,000이다.

요구사항

1. 작업별 제조원가를 계산하시오.
2. 제조간접비 배부차이는 얼마인가?
3. 제조간접비 배부차이를 매출원가조정법으로 조정하는 회계처리를 하고 손익계산서를 작성하시오.
4. 제조간접비 배부차이를 원가요소기준 비례배분법과 총원가기준 비례배분법으로 조정하고 회계처리를 하시오.

해설

1. 작업별 제조원가

① 제조간접비 예정배부율

$$\text{제조간접비 예정배부율} = \frac{\text{제조간접비 예산}}{\text{직접노무비 총액}} = \frac{₩2,000,000}{₩1,000,000} = \text{직접노무비의 } 200\%$$

② 작업별 제조원가

	#201	#202	#203	계
직접재료비	₩30,000	₩40,000	₩30,000	₩100,000
직접노무비	50,000	30,000	20,000	100,000
제조간접비 예정배부액	100,000	60,000	40,000	200,000
합계	₩180,000	₩130,000	₩90,000	₩400,000
	(매출원가)	(기말제품)	(기말재공품)	

2. 제조간접비 배부차이 = 제조간접비 실제발생액 − 제조간접비 예정배부액
= ₩220,000 − 200,000 = ₩20,000(과소배부)

3. 매출원가조정법

① 회계처리

(차) 매출원가	20,000	(대) 제조간접비	20,000

② 손익계산서

Ⅰ. 매 출 액			₩270,000
Ⅱ. 매 출 원 가			
1. 기 초 제 품 재 고 액	−		
2. 당 기 제 품 제 조 원 가	310,000		
계	310,000		
3. 기 말 제 품 재 고 액(#202)	130,000	180,000	
4. 제조간접원가 과소배부액		20,000	200,000
Ⅲ. 매 출 총 이 익			₩70,000

※당기제품제조원가 = #201 + #202 = ₩180,000 + 130,000 = ₩310,000

4. 비례배분법

(1) 원가요소기준 비례배분법

① 배부차이의 배분

구 분	조정 전 금액	배분기준	비율	배부차이 배분액	조정 후 금액
매출원가(#201)	₩180,000	₩100,000	50%	₩10,000	₩190,000
제 품(#202)	130,000	60,000	30%	6,000	136,000
재 공 품(#203)	90,000	40,000	20%	4,000	94,000
	₩400,000	₩200,000	100%	₩20,000	₩420,000

※제조원가 실제발생액 = 직접재료비 + 직접노무비 + 제조간접비실제발생액
= ₩100,000 + 100,000 + 220,000 = ₩420,000

② 회계처리

(차) 매출원가	10,000	(대) 제조간접비	20,000
제 품	6,000		
재 공 품	4,000		

(2) 총원가기준 비례배분법

① 배부차이의 배분

구 분	배분기준	비율	배부차이 배분액	조정 후 금액
매출원가(#201)	₩180,000	45.0%	₩9,000	₩189,000
제 품(#202)	130,000	32.5%	6,500	136,500
재 공 품(#203)	90,000	22.5%	4,500	94,500
	₩400,000	100.0%	₩20,000	₩420,000

② 회계처리

(차) 매출원가	9,000	(대) 제조간접비	20,000
제 품	6,500		
재 공 품	4,500		

제3절 정상종합원가계산

정상원가계산이 종합원가계산에 적용되면 정상종합원가계산이 되며 전체적인 원가계산의 방법은 종합원가계산의 흐름에 따르고 가공비에 포함되어 있는 제조간접비는 미리 설정된 예정배부율에 의하여 계산한다.

1. 기초재고가 없는 경우

정상종합원가계산을 적용하는 경우 제조간접비 배부차이를 총원가기준 비례배분법에 의하여 배분한다면 매출원가·제품·재공품의 총원가를 기준으로 배분하여야 하지만, 원가요소기준 비례배분법에 의하여 배분하는 경우 종합원가계산의 특성상 가공비의 완성품환산량을 기준으로 배분하여도 각 계정의 제조간접비금액을 기준으로 배분하는 것과 동일한 결과를 가져온다.

예제 04 정상종합원가계산

정상종합원가계산을 적용하고 있는 ㈜태백은 직접노무비를 기준으로 제조간접비를 예정배부한다. 회사는 연초에 제조간접비예산을 ₩5,000,000, 직접노무비를 ₩2,500,000으로 예상하여 제조간접비 예정배부율을 계산하기로 하였다. 재료는 공정초에 투입되며 가공비는 공정전체를 통하여 균등하게 발생한다. 20×1년 5월의 생산관련자료는 다음과 같다.

	물량단위	완성도
기초재공품	0 단위	–
당기착수량	900	
당기완성량	700	
기말재공품	200	50%

5월 중 ₩360,000의 직접재료비, ₩240,000의 직접노무비와 ₩490,000의 제조간접비가 발생하였다. 5월에 생산된 700단위의 제품 중 500단위는 단위당 ₩2,000에 판매되었다. 기초제품재고는 없다.

요구사항

1. 제조간접비 예정배부율을 계산하시오.
2. 정상원가계산에 의한 완성품원가와 기말재공품원가를 계산하시오.
3. 제조간접비 배부차이를 원가요소기준 비례배분법에 의하여 배분하고 회계처리하시오.
4. 손익계산서를 작성하시오.

해설

1. 제조간접비 예정배부율

$$\frac{\text{제조간접비 예산}}{\text{예정배부기준}} = \frac{₩5,000,000}{₩2,500,000} = \text{직접노무비의 } 200\%$$

2. 완성품 및 기말재공품 원가계산

(1) 완성품환산량

		완성품환산량	
	물량흐름	재료비	가공비
완 성 품	700	700	700
기 말 재 공 품	200(50%)	200	100
	1,000	900	800

(2) 환산량 단위당 원가

원가집계			합계
기초재공품원가			
당기발생원가	₩360,000	720,000*	1,080,000
			₩1,080,000
완성품환산량	÷ 900	÷ 800	
환산량 단위당 원가	@400	@900	@1,300

* 당기 가공비 : ₩720,000=₩240,000+240,000×200%

(3) 원가배분

완성품원가	700×@1,300=	₩910,000
기말재공품원가	200×@400+100×@900=	170,000
합계		₩1,080,000

3. 제조간접비 배부차이의 배분

(1) 제조간접비 배부차이
=제조간접비 실제발생액−제조간접비 예정배부액
=₩490,000−240,000×200%=₩10,000 과소배부

(2) 배부차이의 배분

$$\text{완성품환산량 단위당 제조간접비 예정배부액} = \frac{₩480,000}{800\text{단위}} = ₩600$$

구분	완성품환산량	제조간접비 예정배부액	배분비율	배부차이 배분액
매출원가	500	₩300,000	62.5%	₩6,250
제품	200	120,000	25.0%	2,500
재공품	100*	60,000	12.5%	1,250
	800	₩480,000	100.0%	₩10,000

* 재공품 완성품환산량=200단위×50%

(3) 회계처리

(차) 매출원가	6,250	(대) 제조간접비	10,000
제품	2,500		
재공품	1,250		

4. 손익계산서

Ⅰ. 매 출 액			₩1,000,000
Ⅱ. 매 출 원 가			
1. 기 초 제 품 재 고 액	–		
2. 당 기 제 품 제 조 원 가	910,000		
계	910,000		
3. 기 말 제 품 재 고 액*	260,000	650,000	
4. 제조간접비과소배부액		6,250	656,250
Ⅲ. 매 출 총 이 익			₩343,750

* 기말제품재고액=200단위×₩1,300

2. 기초재고가 있는 경우

기초재고가 있는 경우의 정상종합원가계산은 신중하게 처리하여야 한다. 즉 기초재고가 있는 경우에는 기초재고에 포함되어 이월되어 온 배부차이와 당기에 발생한 배부차이의 회계처리문제가 나타난다.

매출원가조정법을 사용하여 제조간접비 배부차이를 조정하면 이월되는 배부차이가 없으므로 선입선출법이나 평균법에 따른 문제가 없으나, 비례배분법을 사용하여 제조간접비 배부차이를 조정하면 배부차이 중 재고자산에 배분되는 금액은 이월되므로 계산에 어려움이 따르고, 또한 선입선출법을 적용하는가 혹은 평균법을 적용하는가에 따라 배부차이의 배분비율이 달라지므로 배부차이의 비례배분시 비율계산에 주의하여야 한다.

예제 05 제조간접비 배부차이의 회계처리

정상종합원가계산을 적용하고 있는 ㈜태백은 직접노무비를 기준으로 제조간접비를 예정배부한다. 회사는 연초에 제조간접비예산을 ₩4,500,000 직접노무비를 ₩1,500,000으로 예상하여 제조간접비 예정배부율을 계산하기로 하였다. 재료는 공정초에 투입되며 가공비는 공정전체를 통하여 균등하게 발생한다. 20×1년 8월의 생산 및 원가관련자료는 다음과 같다.

	물량단위	완성도	직접재료비	직접노무비
기초재공품	200 단위	50%	₩20,000	₩13,375
당기착수량	1,100		110,000	120,000
계	1,300		₩130,000	₩133,375
당기완성량	900			
기말재공품	400	50%		
계	1,300			

* 8월에 생산된 900단위의 제품 중 600단위가 단위당 ₩1,000에 판매되었다.

* 당기 중 발생한 제조간접비는 ₩340,000이다.

* 기초재공품에 포함된 전기의 배부차이는 없는 것으로 가정하며 기초제품도 없다.

요구사항

1. 제조간접비 예정배부율을 계산하시오.
2. 선입선출법을 적용하여
   (1) 정상원가계산에 의한 완성품원가와 기말재공품원가를 계산하시오.
   (2) 배부차이를 원가요소기준 비례배분법에 의하여 배분하고 회계처리하시오.
   (3) 손익계산서를 작성하시오.
3. 평균법을 적용하여
   (1) 정상원가계산에 의한 완성품원가와 기말재공품원가를 계산하시오.
   (2) 배부차이를 원가요소기준 비례배분법에 의하여 배분하고 회계처리하시오.
   (3) 손익계산서를 작성하시오.

해설

1. 제조간접비 예정배부율

$$\frac{\text{제조간접비 예산}}{\text{예정배부기준}}=\frac{₩4,500,000}{₩1,500,000}=\text{직접노무비의 } 300\%$$

2. 선입선출법

(1) 완성품 및 기말재공품 원가계산

① 완성품환산량

	물량흐름	완성품환산량 재료비	완성품환산량 가공비
완성품			
기초재공품	200(50%)	0	100
당기착수완성	700	700	700
기말재공품	400(50%)	400	200
	1,300	1,100	1,000

② 환산량 단위당 원가

원 가 집 계			합 계
기초재공품원가			₩73,500*
당기발생원가	₩110,000	480,000**	590,000
			₩663,500
완성품환산량	÷ 1,100	÷ 1,000	
환산량 단위당 원가	@100	@480	@580

* 기초재공품원가 : ₩20,000 + 13,375 + 13,375×300% = ₩73,500
** 당기 가공비 : ₩120,000 + 120,000×300% = ₩480,000

③ 원가배분

완 성 품 원 가	₩73,500 + 100×@480 + 700×@580 =	₩527,500
기말재공품원가	400×@100 + 200×@480 =	136,000
합 계		₩663,500

※ 완성품 단위원가 : ₩527,500 ÷ 900단위 = @586.11

(2) 제조간접비 배부차이의 배분

① 제조간접비 배부차이
= 제조간접비 실제발생액 − 제조간접비 예정배부액
= ₩340,000 − 120,000×300% = ₩20,000 과다배부

② 배부차이의 배분

$$\text{완성품환산량 단위당 제조간접비 예정배부액} = \frac{₩360,000}{1,000\text{단위}} = ₩360$$

구 분	완성품환산량	제조간접비예정배부액	배분비율	배부차이 배분액
매출원가	500	₩180,000	50%	₩10,000
제 품	300	108,000	30%	6,000
재 공 품	200	72,000	20%	4,000
	1,000	₩360,000	100%	₩20,000

※ 설명 : 가공비의 완성품환산량은 1,000단위이므로 1,000단위를 기준으로 비례배분한다. 기말재공품 완성품환산량 200단위(400단위×50%)와 기말제품 300단위는 당기의 생산량이 기말에 남아 있는 물량이므로 그대로 인정하고 나머지 500단위는 매출원가의 완성품환산량으로 계산한다. 그러면 실제의 매출수량 600단위와 비례배분시 계산하는 500단위의 차이 100단위는 왜 발생할까? 이는 기초재공품의 완성품환산량 100단위(200단위×50%)로 선입선출법으로 계산할 때 당기에 생산된 물량이 아니므로 배분기준에 포함되지 않는다. 즉 완성품물량 900단위이지만 완성품환산량 800단위가 제품으로 대체되어 300단위가 기말제품재고로 남고 500단위가 판매되었다고 보는 것이다.

③ 회계처리

(차) 제조간접비	20,000	(대) 매출원가	10,000
		제 품	6,000
		재 공 품	4,000

(3) 손익계산서

Ⅰ. 매 출 액			₩600,000
Ⅱ. 매 출 원 가			
1. 기 초 제 품 재 고 액	–		
2. 당 기 제 품 제 조 원 가	527,500		
계	527,500		
3. 기 말 제 품 재 고 액	175,833	351,667	
4. 제조간접비 과다배부액		(10,000)	341,667
Ⅲ. 매 출 총 이 익			₩258,333

3. 평균법

(1) 완성품 및 기말재공품 원가계산

① 완성품환산량

		완성품환산량	
	물량흐름	재료비	가공비
완 성 품	900	900	900
기 말 재 공 품	400(50%)	400	200
	1,300	1,300	1,100

② 환산량 단위당 원가

원 가 집 계			합 계
기초재공품원가	₩20,000	₩53,500*	₩73,500
당 기 발 생 원 가	110,000	480,000**	590,000
	₩130,000	₩533,500	₩663,500
완 성 품 환 산 량	÷ 1,300	÷ 1,100	
환산량 단위당 원가	@100	@485	@585

* 기초재공품 가공비 : ₩13,375 + 13,375×300% = ₩53,500

** 당기발생 가공비 : ₩120,000 + 120,000×300% = ₩480,000

③ 원가배분

완 성 품 원 가	900×@585=	₩526,500
기말재공품원가	400×@100+200×@485=	137,000
합 계		₩663,500

(2) 제조간접비 배부차이의 배분

① 제조간접비 배부차이
=제조간접비 실제발생액－제조간접비 예정배부액
=₩340,000－120,000×300%=₩20,000 과다배부

② 배부차이의 배분

완성품환산량 단위당 제조간접비 예정배부액= $\frac{₩360,000}{1,100단위}$ =₩327.27

구 분	완성품환산량	제조간접비 예정배부액	배분비율	배부차이 배분액
매출원가	600	₩196,364	54.55%	₩10,910
제 품	300	98,182	27.27%	5,454
재 공 품	200	65,454	18.18%	3,636
	1,100	₩360,000	100.00%	₩20,000

※ 설명 : 가공비의 완성품환산량은 1,100단위이므로 1,100단위를 기준으로 비례배분한다. 평균법에서는 기초재공품(이월분)도 완성품환산량 계산에 반영하므로 선입선출법과는 달리 실제의 매출수량 600단위와 비례배분시 계산하는 600단위가 일치한다. 즉 900단위의 완성품물량(완성품환산량도 900단위)이 제품계정으로 대체되어 600단위는 판매되고 300단위는 기말제품재고로 남았다고 보는 것이다.

③ 회계처리

(차) 제조간접비	20,000	(대) 매출원가	10,910
		제 품	5,454
		재 공 품	3,636

(3) 손익계산서

Ⅰ. 매 출 액			₩600,000
Ⅱ. 매 출 원 가			
1. 기 초 제 품 재 고 액	－		
2. 당 기 제 품 제 조 원 가	526,500		
계	526,500		
3. 기 말 제 품 재 고 액	175,500	351,000	
4. 제조간접비 과다배부액		(10,910)	340,090
Ⅲ. 매 출 총 이 익			₩259,910

연습문제

문제 1. 정상개별원가계산

㈜청솔은 정상개별원가계산제도를 채택하고 있는데 기계시간을 기준으로 제조간접비를 배부한다. 회사는 연초에 제조간접비 예산을 ₩3,000,000 기계시간을 2,000시간으로 예상하였다. 원가관련 추가정보는 다음과 같다.

(1) 당기 중 작업 #100, #101, #102에 착수하여 #100, #101을 완성하였고 #102는 기말 현재 가공 중이다.

(2) 당기 중 ₩4,000,000의 원재료를 구입하였고 기말 현재 ₩1,500,000의 재료가 재고로 남아 있다. 당기 중 간접재료비발생액은 없으며 기초원재료도 없다.

(3) 당기 중 지급한 노무비는 ₩3,500,000이며 기말미지급노무비는 ₩500,000, 기초미지급노무비는 ₩200,000이다.

(4) 당기 중 기타 경비로 수도광열비 ₩800,000, 수선비 ₩900,000, 감가상각비 ₩1,200,000이 발생하였다.

(5) 각 작업별 직접원가 및 기계시간

	#100	#101	#102	계
직접재료비	1,000,000	1,000,000	500,000	₩2,500,000
직접노무비	1,500,000	800,000	1,300,000	3,600,000
기계시간	900시간	630시간	270시간	1,800시간

(6) 기초재고자산은 없었으며 작업 #100이 당기 중 ₩5,500,000에 판매되었다.

요구사항

1. 제조간접비 예정배부율을 구하시오.
2. 각 작업별 제조원가를 구하시오.
3. 제조간접비 배부차이를 매출원가조정법으로 조정하고 손익계산서를 작성하시오.

4. 제조간접비 배부차이를 원가요소기준 비례배분법으로 조정하고 손익계산서를 작성하시오.

해설

1. 제조간접비 예정배부율

$$\text{제조간접비 예정배부율} = \frac{₩3,000,000}{2,000\text{시간}} = ₩1,500/\text{기계시간}$$

2. 작업별 제조원가

	#100	#101	#102	계
직접재료비	₩1,000,000	₩1,000,000	₩500,000	₩2,500,000
직접노무비	1,500,000	800,000	1,300,000	3,600,000
제조간접비	1,350,000	945,000	405,000	2,700,000
계	₩3,850,000	₩2,745,000	₩2,205,000	₩8,800,000

※ 각 작업별 제조간접비 예정배부액

작업	실제 기계시간	제조간접비 예정배부율	제조간접비 예정배부액
#100	900시간	@1,500	₩1,350,000
#101	630시간	@1,500	945,000
#102	270시간	@1,500	405,000
계	1,800시간		₩2,700,000

3. 매출원가조정법

(1) 제조간접비 배부차이

실제제조간접비 발생액		
간접노무비	₩200,000*	
수도광열비	800,000	
수선비	900,000	
감가상각비	1,200,000	₩3,100,000
제조간접비 예정배부액		2,700,000
배부차이(과소배부액)		₩400,000

* 간접노무비 = 노무비발생액 − 직접노무비 = ₩3,800,000 − 3,600,000 = ₩200,000

(2) 회계처리

(차) 매출원가	400,000	(대) 제조간접비	400,000

(3) 손익계산서

Ⅰ. 매 출 액			₩5,500,000
Ⅱ. 매 출 원 가			
1. 기 초 제 품 재 고 액	–		
2. 당 기 제 품 제 조 원 가	6,595,000*		
계	6,595,000		
3. 기 말 제 품 재 고 액	2,745,000	3,850,000	
4. 제조간접비과소배부액		400,000	4,250,000
Ⅲ. 매 출 총 이 익			₩1,250,000

* 당기제품제조원가=#100+#101=₩3,850,000+2,745,000=₩6,595,000

4. 비례배분법

(1) 배부차이의 비례배분

구 분	배분기준	비율	배부차이 배분액
매출원가(#100)	₩1,350,000	50%	₩200,000
제 품(#101)	945,000	35%	140,000
재 공 품(#102)	405,000	15%	60,000
	₩2,700,000	100%	₩400,000

(2) 회계처리

(차) 매출원가	200,000	(대) 제조간접비	400,000
제 품	140,000		
재 공 품	60,000		

(3) 손익계산서

Ⅰ. 매 출 액			₩5,500,000
Ⅱ. 매 출 원 가			
1. 기 초 제 품 재 고 액	–		
2. 당 기 제 품 제 조 원 가	6,595,000		
계	6,595,000		
3. 기 말 제 품 재 고 액	2,745,000	3,850,000	
4. 제조간접비과소배부액		200,000	4,050,000
Ⅲ. 매 출 총 이 익			₩1,450,000

문제 2. 정상개별원가계산 – 이월배부차이가 있는 경우

㈜광장은 정상개별원가계산제도를 채택하고 있는데 기계시간을 기준으로 제조간접비를 배부한다. 회사는 연초에 제조간접비 예산을 ₩5,000,000 기계시간을 2,500시간으로 예상하였으며, 매년말 외부공표용 재무제표를 작성하기 위하여 제조간접비 배부차이를 원가요소기준 비례배분법에 의하여 조정하고 있다. 추가정보는 다음과 같다.

(1) 기초재고자산

구분	작업번호	직접재료비	직접노무비	제조간접비	배부차이조정분	계
제 품	#100	₩240,000	₩100,000	₩500,000	₩50,000	₩890,000
재공품	#101	230,000	350,000	1,200,000	100,000	1,880,000

(2) 당기 중 작업 #102, #103, #104에 착수하여 #101, #102, #103을 완성하였고, #104는 기말 현재 가공 중이다.

(3) 작업 #100과 #101은 각각 ₩2,000,000과 ₩2,500,000에 판매되었다.

(4) 당기 중 ₩1,000,000의 직접재료비와 ₩1,500,000의 직접노무비가 발생하였다.

(5) 당기 중 ₩4,200,000의 제조간접비가 발생하였다.

(6) 각 작업별 당기투입 직접원가 및 기계시간

	#101	#102	#103	#104	계
직접재료비	₩200,000	₩300,000	₩250,000	₩250,000	₩1,000,000
직접노무비	250,000	450,000	500,000	300,000	1,500,000
기계시간	400시간	800시간	700시간	100시간	2,000시간

요구사항

1. 각 작업별 제조원가를 구하시오.
2. 제조간접비 배부차이를 원가요소기준 비례배분법으로 조정하고 조정 후 각 계정잔액을 계산하시오.
3. 손익계산서를 작성하시오.

해설

물량흐름을 정리하면 다음과 같다.

재 공 품

기초재공품	#101	완 성	#101
			#102
당기착수	#102		#103
	#103		
	#104	기말재공품	#104

제 품

기초제품	#100	판 매	#100
			#101
생 산	#101		
	#102	기말제품	#102
	#103		#103

1. 작업별 제조원가

(1) 제조간접비 예정배부율 $= \frac{₩5,000,000}{2,500시간} =$ ₩2,000/기계시간

(2) 작업별 제조원가

	#101	#102	#103	#104	계
기초재공품	₩1,780,000	-	-	-	₩1,780,000
직접재료비	200,000	300,000	250,000	250,000	1,000,000
직접노무비	250,000	450,000	500,000	300,000	1,500,000
제조간접비	800,000	1,600,000	1,400,000	200,000	4,000,000
계	₩3,030,000	₩2,350,000	₩2,150,000	₩750,000	₩8,280,000

※ 작업별 원가계산은 배부차이 배분액을 제외한 정상원가로 계산한다.

2. 배부차이의 조정

(1) 제조간접비 배부차이

₩4,200,000 − 4,000,000 = ₩200,000)(과소배부)

(2) 배부차이의 비례배분

구 분	배분기준	비율	배부차이 배분액
매출원가(#101)	₩800,000	20%	₩40,000
제 품(#102, #103)	3,000,000	75%	150,000
재 공 품(#104)	200,000	5%	10,000
	₩4,000,000	100%	₩200,000

※ 기초제품 #100은 전기 생산분이므로 당기 제조간접비 배부차이 배부대상이 아니며 #101의 기초재공품부분도 전기 작업의 결과이므로 당기 제조간접비와는 관계없다.

(3) 조정 후 금액

구 분		조정 전 금액	배부차이조정	조정 후 금액
매출원가 (#100)	기초제품	₩840,000	₩50,000	₩890,000
(#101)	기초재공품 +당기발생분	3,030,000	140,000*	3,170,000
제 품 (#102, #103)		4,500,000	150,000	4,650,000
재 공 품 (#104)		750,000	10,000	760,000
		₩9,120,000	₩350,000	₩9,470,000

* ₩140,000 = 100,000(전기이월분) + 40,000(당기배분액)

3. 손익계산서

Ⅰ. 매 출 액			₩4,500,000
Ⅱ. 매 출 원 가			
1. 기 초 제 품 재 고 액	₩840,000		
2. 당 기 제 품 제 조 원 가	7,530,000*		
계	8,370,000		
3. 기 말 제 품 재 고 액	4,500,000	3,870,000	
4. 제조간접비과소배부액		190,000	4,060,000
Ⅲ. 매 출 총 이 익			₩440,000

* 당기제품제조원가 = #101 + #102 + #103
= ₩3,030,000 + 2,350,000 + 2,150,000 = ₩7,530,000

문제 3. 정상원가계산과 활동기준원가계산

활동기준원가계산제도를 채택하고 있는 ㈜광야의 20×1년 활동별 제조간접비 예산, 원가동인과 예상원가동인의 수는 다음과 같다.

활 동	제조간접비예산	원가동인	원가동인의 수(예정)
작업준비	₩500,000	준비횟수	50회
프 레 스	2,000,000	기계시간	10,000시간
조 립	1,500,000	직접노동시간	20,000시간
검 사	500,000	완성제품의 수	100,000단위
포 장	300,000	Box의 수	10,000단위
	₩4,800,000		

당기 중 실제 제조간접비 및 실제동인수와 작업 #301과 #302의 관련 자료는 다음과 같다.

활동	실제발생액	원가동인	원가동인의 수	#301작업 실제동인수	#302작업 실제동인수
작업준비	₩600,000	준비횟수	53회	1회	1회
프 레 스	2,100,000	기계시간	9,000시간	600시간	800시간
조 립	1,400,000	직접노동시간	18,000시간	1,500시간	1,000시간
검 사	550,000	완성제품 수	95,000단위	10,000단위	8,000단위
포 장	350,000	Box의 수	9,600단위	1,000단위	800단위
	₩5,000,000				

작업 #301과 #302의 직접원가는 다음과 같다.

작업	직접재료비	직접노무비
#301	₩700,000	₩1,500,000
#302	800,000	1,200,000

요구사항

1. 예정배부율을 적용하여 작업 #301과 #302의 제조원가를 계산하시오.
2. 제조간접비 배부차이를 계산하시오.
3. 회사가 공장전체의 제조간접비를 기계시간을 기준으로 하여 예정배부한다면 각 작업의 제조원가는 얼마인가?

해설

1. 작업별 원가

활 동	제조간접비 예산	예정원가 동인수	예정배부율	#301		#302	
				원가동인	예정배부액	원가동인	예정배부액
작업준비	₩500,000	50회	₩10,000/회	1	₩10,000	1	₩10,000
프 레 스	2,000,000	10,000시간	200/시간	600	120,000	800	160,000
조 립	1,500,000	20,000시간	75/시간	1,500	112,500	1,000	75,000
검 사	500,000	100,000단위	5/단위	10,000	50,000	8,000	40,000
포 장	300,000	10,000단위	30/단위	1,000	30,000	800	24,000
계	₩4,800,000			계	₩322,500	계	₩309,000
			직접재료비		700,000		800,000
			직접노무비		1,500,000		1,200,000
				총원가	₩2,522,500	총원가	₩2,309,000

2. 제조간접비 배부차이

활동	실제제조 간접비	예정배부율	실제원가 동인수	예정배부액	배부차이
작업준비	₩600,000	₩10,000/회	53회	₩530,000	₩70,000
프 레 스	2,100,000	200/시간	9,000시간	1,800,000	300,000
조 립	1,400,000	75/단위	18,000단위	1,350,000	50,000
검 사	550,000	5/단위	95,000단위	475,000	75,000
포 장	350,000	30/단위	9,600단위	288,000	62,000
계	₩5,000,000			₩4,443,000	₩557,000

3. 기계시간기준 작업별 원가

제조간접비 예정배부율 : ₩4,800,000÷10,000=₩480

작업	직접재료비	직접노무비	제조간접비*	합 계
#301	₩700,000	₩1,500,000	₩288,000	₩2,488,000
#302	800,000	1,200,000	384,000	2,384,000

* #301 : ₩480×600기계시간=₩288,000
#302 : ₩480×800기계시간=₩384,000

문제 4. 정상종합원가계산

정상종합원가계산을 적용하고 있는 ㈜백향은 직접노무비를 기준으로 제조간접비를 예정배부한다. 회사는 연초에 제조간접비예산을 ₩4,000,000 직접노무비를 ₩2,000,000으로 예상하여 제조간접비를 예정배부하기로 하였다. 재료는 공정초에 투입되며 가공비는 공정전체를 통하여 균등하게 발생한다. 20×2년 7월의 생산관련자료는 다음과 같다.

	물량단위	완성도
기초재공품	0단위	–
당기착수량	1,800	
당기완성량	1,400	
기말재공품	400	50%

7월 중 ₩450,000의 직접재료비, ₩304,000의 직접노무비가 발생하였으며 제조간접비는 다음과 같다.

수 선 비	₩125,000	
감가상각비	205,000	
보 험 료	135,000	
수도광열비	103,000	₩568,000

7월에 생산된 1,400단위의 제품 중 800단위를 단위당 ₩1,250에 판매되었다. 기초제품재고는 없다.

요구사항

1. 제조간접비 예정배부율을 구하시오.
2. 정상원가계산에 의한 완성품원가와 기말재공품원가를 계산하시오.
3. 제조간접비 배부차이를 원가요소기준 비례배분법에 의하여 배분하고 회계처리하시오.
4. 기말재공품, 기말제품, 매출원가에 대하여 제조간접비 배부차이 조정 후의 금액을 구하시오.
5. 손익계산서를 작성하시오.

해설

1. 제조간접비 예정배부율

$$\frac{\text{제조간접비예산}}{\text{직접노무비}}=\frac{₩4,000,000}{₩2,000,000}=\text{직접노무비의 200\%}$$

2. 완성품 및 기말재공품 원가계산

(1) 완성품환산량

	물량흐름	완성품환산량 재료비	완성품환산량 가공비
완 성 품	1,400	1,400	1,400
기 말 재 공 품	400(50%)	400	200
	1,800	1,800	1,600

(2) 완성품환산량 단위당 원가

원 가 집 계			합 계
기초재공품원가			–
당기발생원가	₩450,000	912,000*	1,362,000
			₩1,362,000
완성품환산량	÷ 1,800	÷ 1,600	
환산량단위당원가	@250	@570	@820

* 당기 가공비 : ₩912,000=₩304,000+304,000×200%

(3) 원가배분

완 성 품 원 가	1,400×@820=	₩1,148,000
기 말 재 공 품 원 가	400×@250+200×@570=	214,000
합 계		₩1,362,000

3. 제조간접비 배부차이의 배분

(1) 제조간접비 배부차이

=제조간접비 실제발생액－제조간접비 예정배부액

=₩568,000－304,000×200%=₩40,000 과다배부

(2) 배부차이의 배분

구 분	완성품환산량	배분비율	배부차이 배분액
매출원가	800	50.0%	₩20,000
제 품	600	37.5%	15,000
재 공 품	200	12.5%	5,000
	1,600	100.0%	₩40,000

※ 각 계정에 배부되는 제조간접비는 완성품환산량에 대하여 ₩380(=₩608,000/1,600단위)으로 계산되었을 것이므로 완성품환산량의 비율로 계산하여도 제조간접비 배부액과 동일한 비율로 각 계정에 비례배분된다.

(3) 회계처리

(차) 제조간접비	40,000	(대) 매출원가	20,000
		제 품	15,000
		재 공 품	5,000

4. 조정 후 금액

구 분	조정 전 금액	배부차이 비례배분액	조정 후 금액
매출원가	₩656,000	(₩20,000)	₩636,000
제 품	492,000	(15,000)	477,000
재 공 품	214,000	(5,000)	209,000
	₩1,362,000	(₩40,000)	₩1,322,000

5. 손익계산서

Ⅰ. 매 출 액			₩1,000,000
Ⅱ. 매 출 원 가			
1. 기 초 제 품 재 고 액	–		
2. 당기제품제조원가	1,148,000		
계	1,148,000		
3. 기 말 제 품 재 고 액	492,000	656,000	
4. 제조간접비과다배부액		(20,000)	636,000
Ⅲ. 매 출 총 이 익			₩364,000

문제 5. 정상종합원가계산 – 이월배부차이가 있는 경우

정상종합원가계산을 적용하고 있는 ㈜광야는 직접노무비를 기준으로 제조간접비를 예정배부한다. 회사는 20×2년초 제조간접비예산을 ₩240,000, 직접노무비를 ₩160,000으로 예상하여 제조간접비를 예정배부하기로 하였다. 재료는 공정초에 투입되며 가공비는 공정전체를 통하여 균등하게 발생한다. 20×2년의 생산 및 원가관련자료는 다음과 같다.

	물량단위	완성도	직접재료비	직접노무비	제조간접비	제조간접비 배부차이
기초재공품	200단위	50%	₩57,000	₩16,400	₩24,600	₩4,000
당기착수량	1,500		300,000	150,000	?	?
계	1,700		₩357,000	₩166,400	?	?
당기완성량	1,500					
기말재공품	200	50%				
계	1,700					

* 기초제품은 100단위이며 당기 중 1,300단위가 판매되었고 300단위가 기말제품으로 남아 있다.

* 기초재공품의 제조간접비 배부차이 ₩4,000은 과소배부액이다.

* 기초제품의 단위당 정상원가는 ₩500이며 기초제품의 제조간접비 배부차이 ₩4,000은 과소배부액이다.

* 당기 중 발생한 제조간접비는 ₩255,000이다.

요구사항

1. 제조간접비 예정배부율을 계산하시오.
2. 선입선출법을 적용하여
   (1) 정상원가계산에 의한 완성품원가와 기말재공품원가를 계산하시오.
   (2) 배부차이를 원가요소기준 비례배분법에 의하여 배분하고 배부차이 조정 후의 금액을 구하시오.
   (3) 제조간접비 배부차이 조정의 회계처리를 하시오.
3. 평균법을 적용하여
   (1) 정상원가계산에 의한 완성품원가와 기말재공품원가를 계산하시오.
   (2) 배부차이를 원가요소기준 비례배분법에 의하여 배분하고 배부차이 조정 후의 금액을 구하시오.
   (3) 제조간접비 배부차이 조정의 회계처리를 하시오.

해설

재공품과 제품의 물량흐름을 살펴보면 다음과 같다.

재 공 품

기 초	200	완 성	1,500
착 수	1,500	기 말	200

제 품

기 초	100	판 매	1,300
생 산	1,500	기 말	300

1. 제조간접비 예정배부율

$$=\frac{\text{제조간접비예산}}{\text{직접노무비}}=\frac{₩240,000}{₩160,000}=\text{직접노무비의 }150\%$$

2. 선입선출법

(1) 완성품 및 기말재공품 원가계산

① 완성품환산량

	물량흐름	완성품환산량 재료비	완성품환산량 가공비
완 성 품			
기 초 재 공 품	200(50%)	0	100
당 기 착 수 완 성	1,300	1,300	1,300
기 말 재 공 품	200(50%)	200	100
	1,700	1,500	1,500

② 환산량 단위당 원가

원가집계			합계
기초재공품원가			₩98,000*
당기발생원가	₩300,000	375,000**	675,000
			₩773,000
완성품환산량	÷ 1,500	÷ 1,500	
환산량단위당원가	@200	@250	@450

* 기초재공품원가 : ₩57,000 + 16,400 + 16,400 × 150% = ₩98,000

** 당기가공비 : ₩150,000 + 150,000 × 150% = ₩375,000

③ 원가배분

완성품원가	₩98,000 + 100 × @250 + 1,300 × @450 =	₩708,000
기말재공품원가	200 × @200 + 100 × @250 =	65,000
합계		₩773,000

※ 매출원가 $= ₩708,000 \times \frac{1,200개}{1,500개} = ₩566,400$

기말제품 $= ₩708,000 \times \frac{300개}{1,500개} = ₩141,600$

(2) 제조간접비 배부차이의 배분

① 당기 발생 제조간접비 배부차이

= 제조간접비 실제발생액 − 제조간접비 예정배부액

= ₩255,000 − 150,000 × 150%

= ₩30,000 과소배부

② 당기 제조간접비 배부차이의 배분

구분	완성품환산량	배분비율	배부차이 배분액
매출원가	1,100	73.33%	₩22,000
제품	300	20.00%	6,000
재공품	100	6.67%	2,000
	1,500	₩100.00%	₩30,000

※ 설명 : 가공비 완성품환산량이 1,500단위이므로 1,500단위를 기준으로 배부차이를 비례배분한다. 당기 판매량이 1,300단위인데 배분기준을 1,100단위로 계산하는 이유는? 이는 1,300단위의 판매량에는 기초재공품이 완성되어 판매된 부분의 완성품환산량(100단위 = 200단위 × 50%)과 기초제품(100단위)이 포함되어 있기 때문이다.

③ 조정 후 금액

구 분	조정 전 금액	배부차이 조정	조정 후 금액
매 출 원 가			
기 초 제 품	₩50,000	₩4,000	
기 초 재 공 품		4,000	
당 기 완 성 분	566,400*	22,000	₩646,400
제 품	141,600	6,000	147,600
재 공 품	65,000	2,000	67,000
	₩823,000	₩38,000	₩861,000

* 당기완성분의 조정 전 금액 ₩566,400에는 기초재공품원가 ₩98,000이 포함되어 있다.

(3) 회계처리

1/1	(차) 제조간접비배부차이	8,000	(대) 제 품	4,000
			재공품	4,000
12/31	(차) 매출원가	30,000*	(대) 제조간접비	30,000
	제 품	6,000	제조간접비배부차이	8,000
	재공품	2,000		

* ₩30,000 = ₩22,000 + 4,000 + 4,000

3. 평균법

(1) 완성품 및 기말재공품 원가계산

① 완성품환산량

		완성품환산량	
	물량흐름	재료비	가공비
완 성 품	1,500	1,500	1,500
기 말 재 공 품	200(50%)	200	100
	1,700	1,700	1,600

② 환산량 단위당 원가

원 가 집 계			합 계
기초재공품원가	₩57,000	41,000*	₩98,000
당기발생원가	300,000	375,000**	675,000
	₩357,000	416,000	₩773,000
완성품환산량	÷ 1,700	÷ 1,600	
환산량단위당원가	@210	@260	@470

* 기초재공품 가공비 : ₩16,400 + 16,400 × 150% = ₩41,000

** 당기 가공비 : ₩150,000 + 150,000 × 150% = ₩375,000

③ 원가배분

완 성 품 원 가	1,500×@470=	₩705,000
기말재공품원가	200×@210+100×@260=	68,000
합 계		₩773,000

※ 매출원가=1,200단위×@470=₩564,000
기말제품=300단위×@470=₩141,000

(2) 제조간접비 배부차이의 비례배분

① 재공품계정 배부차이의 비례배분

구 분	완성품환산량	배분비율	배부차이 배분액
완 성 품	1,500	93.75%	₩31,875
재 공 품	100	6.25%	2,125
	1,600	100.00%	₩34,000*

* ₩34,000=4,000(기초재공품 배부차이)+30,000(당기발생 배부차이)

② 제품계정 배부차이의 비례배분

구 분	완성품환산량	배분비율	배부차이 배분액
매 출 원 가	1,300	81.25%	₩29,148
기 말 제 품	300	18.75%	6,727
	1,600	100.00%	₩35,875*

* ₩35,875=4,000(기초제품 배부차이)+31,875(완성품의 배부차이 배분액)

③ 조정 후 금액

구 분	조정 전 금액	배부차이 조정	조정 후 금액
매 출 원 가			
기 초 제 품	₩50,000		
기 초 재 공 품			
당 기 완 성 분	564,000	₩29,148	₩643,148
제 품	141,000	6,727	147,727
재 공 품	68,000	2,125	70,125
	₩823,000	₩38,000	₩861,000

(3) 회계처리

1/1	(차) 제조간접비배부차이	8,000	(대) 제 품	4,000
			재공품	4,000
12/31	(차) 매출원가	29,148	(대) 제조간접비	30,000
	제 품	6,727	제조간접비배부차이	8,000
	재공품	2,125		

제6장 표준원가계산

제1절 표준원가계산의 의의

표준원가계산(standard costing)시스템은 과학적·통계적 기법과 관리목적에 따라 사전에 표준원가를 설정하여 신속한 원가계산을 하고, 사후에 실제발생원가와 표준원가의 차이를 분석하여 성과평가에 반영하며, 성과평가의 결과를 다음 연도의 예산편성 등에 반영하는 원가 및 관리회계시스템을 말한다.

1. 표준원가계산의 주요 기능

■ 신속한 원가계산기능

표준원가계산의 일반적인 기능으로 사전에 설정된 표준원가에 의하여 신속하게 원가계산을 하여 결산에 반영하는 기능을 말한다. 표준원가계산의 가장 고전적 기능이라고 할 수 있으며 실무적으로 상당수의 회사는 표준원가계산을 원가계산기능에 국한하여 사용하고 있다.

■ 성과평가기능

사전에 설정된 표준원가와 사후에 발생하는 실제원가와의 차이를 이용하여 구매부·생산부 등의 성과평가에 반영하는 원가중심점(cost center)의 책임회계제도(responsibility accounting) 기능을 말한다. 표준원가계산을 활용한 가장 높은 수준의 기능이라고 할 수 있다.

■ 예산편성기능

성과평가의 결과를 다음 회계연도의 예산편성에 반영하여 예산의 적정성 및 활용가능성을 증대시키는 기능을 말한다.

■ 원가절감기능

표준은 목표로서의 역할을 하게 되며 조직구성원들은 목표를 달성하기 위하여 노력하게 된다. 따라서 목표달성을 위하여 노력하는 과정에서 원재료 구입원가 절감, 원재료 투입의 효율적 관리, 직접노동시간·기계시간 등의 절감 등이 이루어져 원가절감효과가 나타나게 된다.

2. 표준원가계산의 절차

〈2차연도가 표준원가계산적용 대상연도인 경우〉

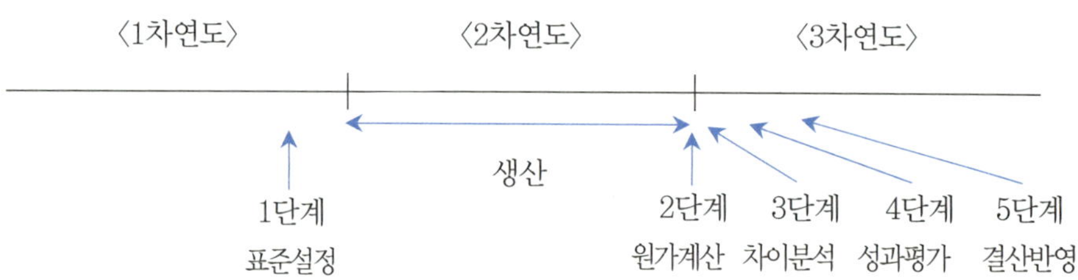

(1) 1단계 : 표준설정

가. 제조원가의 구분

표준원가계산시스템은 표준설정을 제품단위당 원가로 설정하며 다음과 같이 4가지의 원가로 분류한다.

- 표준직접재료비 : 표준가격×표준수량
- 표준직접노무비 : 표준임률×표준시간
- 표준변동제조간접비 : 표준배부율×표준배부기준
- 표준고정제조간접비 : 표준배부율×표준배부기준

① 표준직접재료비

표준가격은 과거의 구매경험에 따른 적정구입단가, 향후 물가변동 및 환율변동, 목표원가관리(target cost management)에 따른 적정구매가격 등을 고려하여 설정한다.

표준수량은 기본적으로 BOM을 바탕으로 허용 가능 loss율 등을 감안하며, BOM을 설정하지 않은 기업의 경우에는 과거 생산경험을 바탕으로 적정 표준수량을 설정한다.

② 표준직접노무비

표준임률은 과거 평균임률을 바탕으로 향후 예상되는 임금인상율 등을 고려하며, 표준시간은 과거 평균투입시간에서 비효율적 시간은 제외하며 학습효과 등을 고려하여 설정한다.

물론 향후 신규설비투자 등으로 인하여 일부 생산공정이 자동화되는 경우 이 또한 표준시간 설정시 고려할 중요한 요소가 된다.

③ 표준제조간접비

표준배부율은 과거 제조간접비 배부율을 바탕으로 물가변동, 환율변동 및 신규설비투자 혹은 상각완료로 인한 감가상각비 증감효과 등을 고려하여 설정한다.

표준원가계산제도를 채택하는 기업의 경우 표준배부기준은 시간기준을 대부분 사용하므로 직접노동시간과 기계시간을 구분하여 설정하는데, 직접노동시간을 표준배부기준으로 사용하는 경우에는 위의 표준직접노무비에서 설명한 요소 등을 고려하여 설정하며, 기계시간을 표준배부기준으로 사용하는 경우에는 공정분석을 통한 적정기계시간, 신규투자를 통한 기계시간절감률, 기계장치 등의 노후화 등을 고려하여 설정한다.

나. 과학적·통계적 기법 및 관리목적에 따른 표준설정

표준을 미리 설정하는 단계로 회사의 과거 경험자료와 공정분석을 통하여 과학적이고 통계적인 기법으로 표준을 설정한다. 단, 표준설정에서 주의해야 할 점은 표준이 목표(object)로서의 역할을 수행한다는 것이다. 공정분석과 통계자료를 이용하여 아무리 정확하게 표준을 설정한다 하여도 작업자들의 실무적인 상황을 전혀 고려하지 않고 달성하기 불가능할 정도로 표준을 설정한다면 표준은 이미 목표로서의 가치를 상실하게 되어 작업자들에게 전혀 동기유발(motivation)의 효과를 발휘하지 못하게 된다. 따라서 적절한 동기유발을 할 수 있을 정도의 표준을 설정하여야 작업자들이 달성하려고 하는 적절한 목표가 된다. 따라서 적절한 표준을 설정하는 것은 표준원가제도의 존립에 영향을 미칠 정도로 중요한 과정이다.

다. 표준의 update

생산요소의 가격변화 및 생산방법의 변경, 생산성 등을 고려하여 표준은 1년에 한 번 정도 재설정한다. 다만, 최근 국제 원자재가격 등의 급등으로 인하여 표준 재설정을 1년에 한 번 하게 되는 경우 원가차이가 심각하게 큰 금액으로 발생하는 경우가 있다. 이러한 경우 원가차이는 성과평가, 신속한 원가계산이라는 표준원가계산 본래의 기능을 훼손할 수 있으므로 가급적 표준을 짧은 주기로 재설정하는 편이 좋다고 할 수 있다. 기업의 내부회계시스템에 따라 차이가 있지만 분기에 한 번씩 표준을 재설정할 수도 있을 것이다.

(2) 2단계 : 원가계산

1단계에서 설정된 표준원가에 의해서 매출원가·제품·재공품에 대한 원가계산을 수행한다. 생산이 완료되면 생산관련자료와 단위당 표준원가를 이용하여 신속한 원가계산이 이루어지는 단계이다.

(3) 3단계 : 차이(variance)분석

생산이 완료된 후에 발생한 실제원가(actual cost)와 표준원가를 비교하여 차이를 분석하는 단계로 다음 단계인 성과평가 및 사후관리를 하기 위한 기본준비절차이다.

(4) 4단계 : 성과평가 및 사후관리

가. 성과평가(performance evaluation)

표준원가계산은 원가중심점(cost center)이라는 책임중심점, 즉 주로 생산부서 등의 성과평가에 사용되는 성과평가시스템이므로 차이분석의 결과를 성과평가에 반영한다.

나. 피드백(feedback)

차이분석 결과를 피드백하여 표준설정을 갱신하며 차기 이후의 예산편성에 반영한다.

(5) 5단계 : 원가차이 조정 및 결산반영

재무회계목적의 재무제표를 작성하는 과정에서 재고자산과 매출원가를 실제원가로 표시하기 위하여 원가차이를 표준원가로 표시되어 있는 재고자산과 매출원가에 조정하거나, 매출원가를 실제원가로 표시하기 위하여 원가차이를 표준원가로 표시되어 있는 매출원가에 조정한다.

앞에서 살펴본 표준원가계산의 절차를 간략하게 예를 들어 살펴보자(성과평가단계 생략).

<table>
<tr><td>1단계</td><td>표준설정</td><td>제품 단위당 판매가격 : ₩150
제품 단위당 표준원가 : ₩100</td></tr>
<tr><td>2단계</td><td>물량파악 및
원가계산</td><td>생산 현황 : 500개 생산하여 400개 판매 후 기말제품 100개 남음
<table>
<tr><td>매출원가</td><td>=@100×400=₩40,000</td></tr>
<tr><td>기말제품</td><td>=@100×100= 10,000</td></tr>
<tr><td>계</td><td>₩50,000</td></tr>
</table>
<table>
<tr><td></td><td>매 출 액</td><td>@150×400=</td><td>₩60,000</td></tr>
<tr><td>〈가결산 손익계산서〉</td><td>매 출 원 가</td><td>@100×400=</td><td>40,000</td></tr>
<tr><td></td><td>매출총이익</td><td></td><td>₩20,000</td></tr>
</table></td></tr>
<tr><td>3단계</td><td>차이분석</td><td>실제원가 발생액 : ₩52,000
차이금액 = 실제원가 − 표준원가
= ₩52,000 − 50,000 = ₩2,000</td></tr>
<tr><td>5단계</td><td>원가차이조정
및 결산반영</td><td>
<table>
<tr><td>구분</td><td>표준원가</td><td>원가차이배분</td><td>실제원가</td></tr>
<tr><td>매출원가</td><td>₩40,000</td><td>₩1,600</td><td>₩41,600</td></tr>
<tr><td>제 품</td><td>10,000</td><td>400</td><td>10,400</td></tr>
<tr><td>계</td><td>₩50,000</td><td>₩2,000</td><td>₩52,000</td></tr>
</table>
<table>
<tr><td></td><td>매 출 액</td><td>₩60,000</td></tr>
<tr><td>〈공시용 손익계산서〉</td><td>매 출 원 가</td><td>41,600</td></tr>
<tr><td></td><td>매출총이익</td><td>₩18,400</td></tr>
</table></td></tr>
</table>

제2절 원가차이분석

1. 차이분석의 기본개념

표준원가계산시스템에서 차이분석과정은 실제원가와 표준원가의 차이를 분석하여 후술하는 성과평가, 재무제표의 작성 그리고 표준의 재설정 등에 활용한다. 차이분석은 원가를 직접재료비·직접노무비·변동제조간접비·고정제조간접비 등 4가지로 구분하여 실시하는데 다음과 같이 실제원가와 표준원가의 크기에 따라 원가차이분석 결과를 표시한다.

실제원가(Actual cost) − 표준원가(Standard cost) > 0 불리한 차이(U)
실제원가(Actual cost) − 표준원가(Standard cost) < 0 유리한 차이(F)

(1) 불리한 차이(U : Unfavorable Variance)

'실제원가 − 표준원가 > 0'의 경우에는 사전에 미리 설정한 표준원가보다 실제원가가 많이 발생했다는 의미로서 이는 회사의 이익에 좋지 않은 영향을 미치게 되므로 '불리한 차이'라고 한다.

(2) 유리한 차이(F : Favorable Variance)

'실제원가 − 표준원가 < 0'의 경우에는 사전에 미리 설정한 표준원가보다 실제원가가 적게 발생했다는 의미로서 이는 회사의 이익에 좋은 영향을 미치게 되므로 '유리한 차이'라고 한다.

원가차이의 계산은 실제원가와 표준원가를 비교하는데 원가는 '가격(Price)×수량(Quantity)'이므로 차이분석은 다음과 같다.

원가차이(variance) = 실제원가 − 표준원가
= 실제가격×실제수량 − 표준가격×표준수량
= Actual Price×Actual Quantity − Standard Price×Standard Quantity
= AP×AQ − SP×SQ

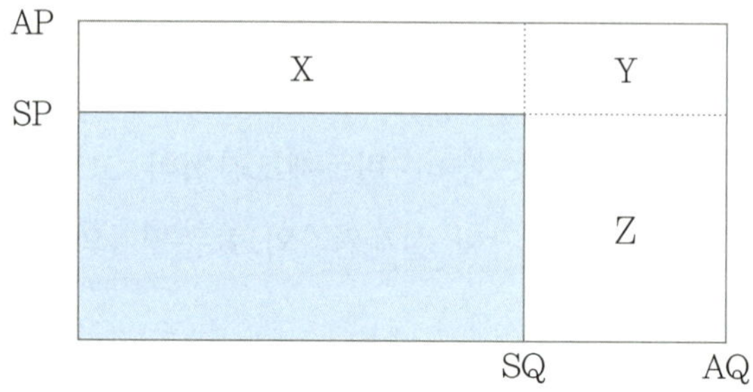

위의 그림에서 X, Y, Z의 영역이 실제원가가 표준원가를 초과하는 부분으로 차이영역이 된다. X영역의 경우 순수한 가격차이(price variance) 부분이 되고, Z영역의 경우 순수한 수량차이(quantity variance)부분이 된다. 하지만 Y영역의 경우 가격차이와 수량차이가 혼합되는데 원가관리회계에서는 수량차이를 엄격하게 해석하는 취지하에 Y영역을 가격차이에 포함하여 분석한다. 따라서 표준원가계산에서 차이분석은 다음과 같이 표시되고 계산된다.

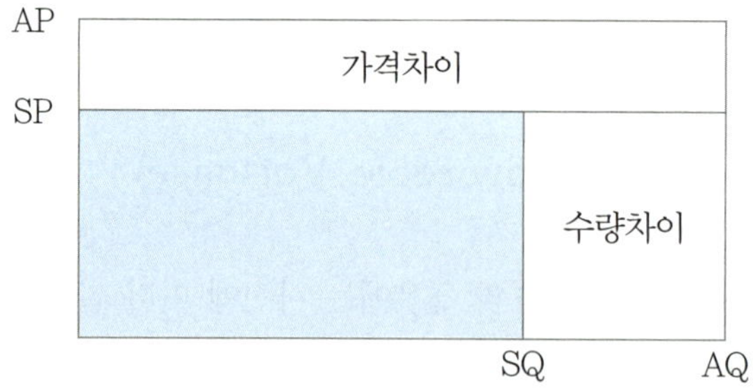

가격차이 = (AP − SP)×AQ
수량차이 = (AQ − SQ)×SP

2. 직접재료비 차이분석

차이분석의 기본개념은 앞에서 이미 설명하였지만 분석의 편의를 위하여 앞으로는 다음과 같이 분석하기로 한다.

직접재료비차이 = 실제직접재료비 − 표준직접재료비 = AP×AQ − SP×SQ이므로

AP×AQ		SP×AQ		SP×SQ
	가격차이		수량차이	

■ 가격차이

실제구입가격이 표준가격에 비하여 높거나 낮아서 발생하는 원가차이로서 구매부의 성과평가지표가 된다.

■ 수량차이

실제투입수량이 허용표준수량에 비하여 많거나 적어서 발생하는 원가차이로서 생산부의 성과평가지표가 된다.

예제 01 직접재료비 차이분석

회사는 표준원가계산제도를 채택하기로 하고 제품단위당 직접재료비 표준원가를 다음과 같이 설정하였다.

	표준가격	표준수량	표준원가
직 접 재 료 비	₩10/kg	5kg	₩50

제품생산량 3,000단위를 생산하기 위하여 kg당 ₩12인 재료를 16,000kg 사용하였다. 당기 중 원재료 계정은 다음과 같다.

원 재 료

기 초 원 재 료	−	사 용 량	16,000kg
당 기 구 입 량	20,000kg	기 말 원 재 료	4,000kg
	20,000kg		20,000kg

요구사항

직접재료비 가격차이와 수량차이를 계산하시오.

해설

$AP \times AQ$	$SP \times AQ$	$SP \times SQ$
@12×16,000kg	@10×16,000kg	@10×3,000개×5kg
=₩192,000	=₩160,000	=₩150,000

가격차이 32,000U　　수량차이 10,000U

(1) SQ(허용표준수량)의 의미

원가차이를 계산하는 과정에서 표준수량(SQ)의 의미는 '실제생산량에 허용된 표준투입수량'으로 이해하여야 한다. 즉 허용표준수량을 계산할 때에는 실제생산량을 생산하기 위하여 투입되어야 할 표준투입수량을 계산한다. 표준원가는 완제품 1단위의 생산에 소요되는 표준원가로 표시되므로 표준수량을 계산할 때에는 단위당 표준수량에 실제생산량을 감안하여 계산하여야 실제사용량과의 적절한 비교가 이루어진다.

한편, 공정에 재공품이 존재하는 경우에는 재공품에도 직접재료가 투입된 부분이 있으므로 표준종합원가계산제도에서는 허용표준수량(SQ)의 의미는 '완성품환산량에 허용된 표준투입수량'이 되며, 당기의 실제투입수량과 당기의 허용표준투입수량을 적절히 비교하기 위하여 완성품환산량은 선입선출법에 의한 완성품환산량으로 계산되어야 한다.

(2) 회계처리

사용시점에 원가차이를 분리하는 것은 원재료가 재공품계정에 투입되기 이전에 원가차이를 분리하는 것을 의미한다. 위의 예제 1을 예로 든다면 회계처리는 다음과 같다.

• 투입시점

(차)	재 공 품	150,000	(대) 원 재 료	192,000
	직접재료비 가격차이	32,000		
	직접재료비 수량차이	10,000		

가격차이와 수량차이가 모두 불리한 차이인데 불리한 차이란 이익에 미치는 효과가 불리한 원가차이를 말하므로 차변에 기록된다. 한편, 재공품은 원가차이가 분리된 후 원가가 집계되므로 항상 표준원가(SP×SQ)로 기록된다. 원재료 투입시점의 각 계정의 내용은 다음과 같다.

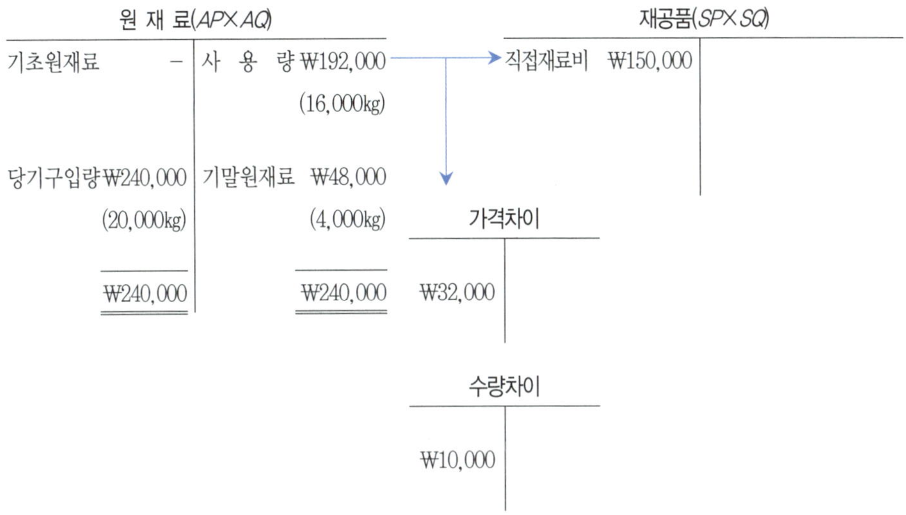

(3) 원재료를 여러 차례 구입한 경우

앞서 살펴본 직접재료비 차이분석은 다음과 같이 계산하였다.

위의 그림에서 "*AP×AQ*"는 원재료수불부의 출고금액이 기록된다. 이는 원재료를 여러 차례 구입하여 구입가격이 매번 달라지는 경우 원재료수불부에서 개별법, 선입선출법 혹은 평균법 등을 적용하여 실제 재료비 출고금액을 계산하고 이를 "*AP×AQ*"에 적용하는 것이다.

예제 02

회사는 표준원가계산제도를 채택하기로 하고 제품단위당 직접재료비 표준원가를 다음과 같이 설정하였다.

	표준가격	표준수량	표준원가
직 접 재 료 비	₩10/kg	5kg	₩50

당기 중 제품생산량은 3,000단위이며 제품생산을 위하여 원재료 20,000kg을 구입하여 16,000kg을 사용하였다. 다음은 원재료의 구입과 사용내역이다.

일자	구입		사용
	수량	단가	
1/15	5,000kg	₩11	
3/15	5,000kg	₩12	
5/23			8,000kg
7/17	6,000kg	₩13.5	
9/15	4,000kg	₩11.5	
11/16			8,000kg

회사는 원재료에 관한 수불기록을 계속하여 유지하고 있으며 기초원재료재고는 없었다.

요구사항

1. 이동평균법을 적용하여 재료비를 계산하고 차이분석을 하시오.
2. 선입선출법을 적용하여 재료비를 계산하고 차이분석을 하시오.

해설

1. 이동평균법

(1) 원재료수불부

일자	입고			출고			기말		
	수량	단가	금액	수량	단가	금액	수량	단가	금액
1/15	5,000	11	₩55,000				5,000	11	₩55,000
3/15	5,000	12	60,000				10,000	11.5	115,000
5/23				8,000	11.5	92,000	2,000	11.5	23,000
7/17	6,000	13.5	81,000				8,000	13	104,000
9/15	4,000	11.5	46,000				12,000	12.5	150,000
11/16				8,000	12.5	100,000	4,000	12.5	50,000
계	20,000		242,000	16,000		192,000			

(2) 차이분석

$AP \times AQ$	$SP \times AQ$	$SP \times SQ$
	@10×16,000kg	@10×3,000개×5kg
₩192,000	=₩160,000	=₩150,000

가격차이 32,000U　　수량차이 10,000U

2. 선입선출법

(1) 원재료수불부

일자	입고			출고			기말		
	수량	단가	금액	수량	단가	금액	수량	단가	금액
1/15	5,000	11	₩55,000				5,000	11	₩55,000
3/15	5,000	12	60,000				5,000	11	55,000
							5,000	12	60,000
5/23				5,000	11	55,000			
				3,000	12	36,000	2,000	12	24,000
7/17	6,000	13.5	81,000				2,000	12	24,000
							6,000	13.5	81,000
9/15	4,000	11.5	46,000				2,000	12	24,000
							6,000	13.5	81,000
							4,000	11.5	46,000
11/16				2,000	12	24,000			
				6,000	13.5	81,000	4,000	11.5	46,000
계	20,000		242,000	16,000		196,000			

(2) 차이분석

$AP \times AQ$	$SP \times AQ$	$SP \times SQ$
	@10×16,000kg	@10×3,000개×5kg
₩196,000	=₩160,000	=₩150,000

가격차이 36,000U　　수량차이 10,000U

(4) 기말재공품이 존재하는 경우의 직접재료비 차이분석

기말에 재공품이 존재하는 경우 재공품에도 직접재료가 투입되었으므로 표준수량(SQ)의 의미는 "완성품환산량에 허용된 표준투입수량"으로 계산한다.

예제 03

회사는 표준원가계산제도를 채택하기로 하고 제품단위당 직접재료비 표준원가를 다음과 같이 설정하였다.

	표준가격	표준수량	표준원가
직 접 재 료 비	₩10/kg	5kg	₩50

- 기초재공품은 없었으며 당기 중 4,000단위의 생산에 착수하여 3,000단위를 완성하였다.
- 기말재공품은 1,000단위이며 기말재공품의 가공완성도는 50%이다.
- 재료는 공정 초 투입되고 가공비는 공정전반에 걸쳐 발생한다.
- 당기 중 kg당 ₩11에 구입한 원재료를 19,000kg 사용하였다.

요구사항

직접재료비 차이분석을 하시오.

해설

AP×AQ	*SP×AQ*	*SP×SQ*
@11×19,000kg	@10×19,000kg	@10×4,000개×5kg
=₩209,000	=₩190,000	=₩200,000

가격차이 19,000U　　수량차이 10,000F

※ 재료비 완성품환산량=완성품 3,000단위+기말재공품 1,000단위=4,000단위

(5) 환율차이

원재료를 해외에서 수입하는 경우 가격차이는 순수한 가격변동으로 인한 부분뿐만 아니라 환율로 인한 부분에 의해서도 영향을 받게 된다. 따라서 수입원자재 등의 가격차이는 '환율차이'와 '순수가격차이'로 구분하여 분석한다. 환율차이는 개별기업의 입장에서는 통제하기 곤란한 요소이므로 통제불능요소라 할 수 있다.

따라서 적정한 성과평가를 위하여 가격차이는 '환율차이'와 '순수가격차이'로 구분하여 '순수가격차이'만 성과평가에 반영하는 것이 보다 적절하다고 할 수 있다.

실제환율×실제가격 ×실제수량	기준환율×실제가격 ×실제수량	기준환율×표준가격 ×실제수량

환율차이 (실제환율×실제가격×실제수량 − 기준환율×실제가격×실제수량)

순수가격차이 (기준환율×실제가격×실제수량 − 기준환율×표준가격×실제수량)

가격차이 (환율차이 + 순수가격차이)

예제 04 직접재료비 가격차이분석

회사는 표준원가계산제도를 채택하기로 하고 제품단위당 직접재료비 표준원가를 다음과 같이 설정하였다.

	표준가격	기준환율 (예상환율)	표준가격(원화)
직 접 재 료 비	$ 10/kg	₩1,000/$	₩10,000

회사는 당기 중 4,000kg을 구입하여 사용하였는데 실제 구입가격은 kg당 $12이며 구입당시 환율은 ₩1,100/$이었다.

요구사항

가격차이를 순수가격차이와 환율차이로 구분하여 계산하시오.

해설

실제환율×실제가격 ×실제수량	기준환율×실제가격 ×실제수량	기준환율×표준가격 ×실제수량
@1,100×$12×4,000kg =₩52,800,000	@1,000×$12×4,000kg =₩48,000,000	@1,000×$10×4,000kg =₩40,000,000

환율차이 4,800,000U　순수가격차이 8,000,000U

가격차이 12,800,000U

(6) 기타사항

적절하고 독립적인 품질검사기능이 확보되지 않는 경우 구매부가 구입한 원재료의 품질에 따라 생산부의 수량차이가 좌우될 수도 있다. 이러한 현상은 성과평가에 왜곡을 가져올 수 있으므로 구매부의 성과평가를 위한 가격차이와 생산부의 성과평가를 위한 수량차이를 적정하게 계산하기 위해서는 적절하고 독립적인 원재료의 품질검사기능은 필수적이라고 할 수 있다.

(7) 구입가격차이

원재료의 경우 재고로 인하여 실제구입량과 실제사용량이 다를 수 있는데 위에서 분석하는 AQ의 의미를 실제구입량으로 해석해야 하는지 실제사용량으로 해석해야 하는지의 문제가 나타난다.

앞의 예제 1에서 가격차이를 계산하는 경우 실제수량은 실제사용량(AQ_u : 16,000kg)으로 계산하였다. 그러나 가격차이가 실제구입가격과 표준구입가격의 차이를 분석하는 것이고 구입가격결정은 구매부서에서 하는 것이므로 가격차이는 구매부서의 성과평가가 되어야 한다. 하지만 가격차이의 계산에서 실제사용량을 적용하면 구매부서의 성과평가인 가격차이가 생산부서의 실제사용량에 의하여 좌우되는 성과평가의 왜곡현상이 나타나게 된다.

따라서 가격차이의 계산에서 AQ에 실제구입량(AQ_p : 20,000kg)을 적용하면 구매부서의 성과평가인 가격차이는 구매부의 실제구입량에 의하여 결정되므로 가격차이는 성과평가 본래의 의미에 가까워진다. 이렇게 가격차이를 계산할 때 실제구입량을 적용하는 것을 '구입가격차이'라 한다.

따라서 가격차이(사용가격차이)와 구입가격차이는 다음과 같다.

가 격 차 이 ⇒ $(AP-SP)\times AQ_u$
구입가격차이 ⇒ $(AP-SP)\times AQ_p$

※ AQ_u : 실제사용량, AQ_p : 실제구입량

위의 기본예제에서 구입가격차이와 수량차이는 다음과 같이 분석된다.

$AP\times AQ_p$	$SP\times AQ_p$
@12×20,000kg =₩240,000	@10×20,000kg =₩200,000

구입가격차이 40,000U

$SP\times AQ_u$	$SP\times SQ$
@10×16,000kg =₩160,000	@10×3,000개×5kg =₩150,000

수량차이 10,000U

'구입가격차이'와 '가격차이'는 선택적으로 적용하여야 할 사항으로서 각각의 특징은 다음과 같다.

■ 가격차이

원가차이분석과정이 용이하며 재무회계와의 결산조정기능이 뛰어난 반면 적절한 성과평가를 하지 못하는 단점이 있다.

■ 구입가격차이

원가차이분석과 기말결산조정과정이 비교적 어렵지만 적절한 성과평가를 할 수 있는 장점이 있다.

구입시점에 가격차이를 분리하는 것은 원재료 계정이전에 원가차이를 계산하는 것을 의미하며 구입가격차이를 계산하는 것을 말한다. 단, 구입가격차이는 구입시점에 분리되지만 수량차이는 사용시점에 분리되므로 회계처리는 별도로 이루어진다.

• 구입시점

(차) 원 재 료	200,000	(대) 현금·예금	240,000
직접재료비 구입가격차이	40,000		

• 사용시점

(차) 재 공 품	150,000	(대) 원 재 료	160,000
직접재료비 수량차이	10,000		

구입시점에서 가격차이가 분리되므로 원재료는 표준가격과 실제수량(SP×AQ)에 의하여 기록된다. 구입거래와 관련된 각 계정의 내용을 살펴보면 다음과 같다.

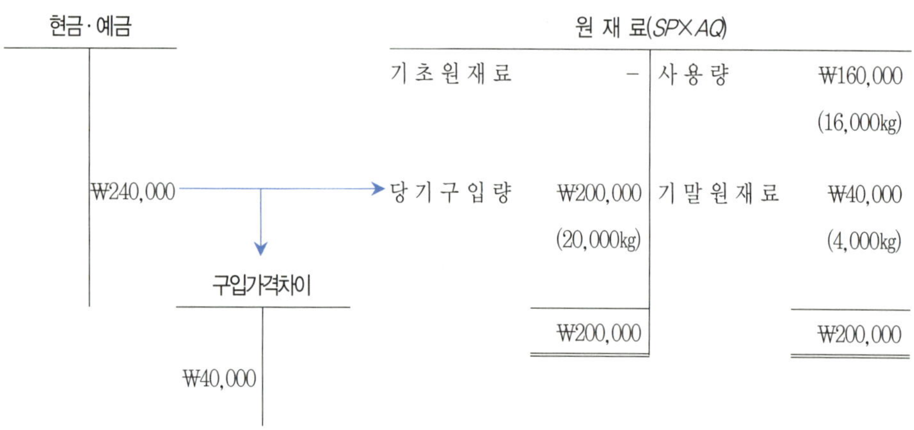

원재료의 투입(사용)시점의 각 계정의 내용은 다음과 같다.

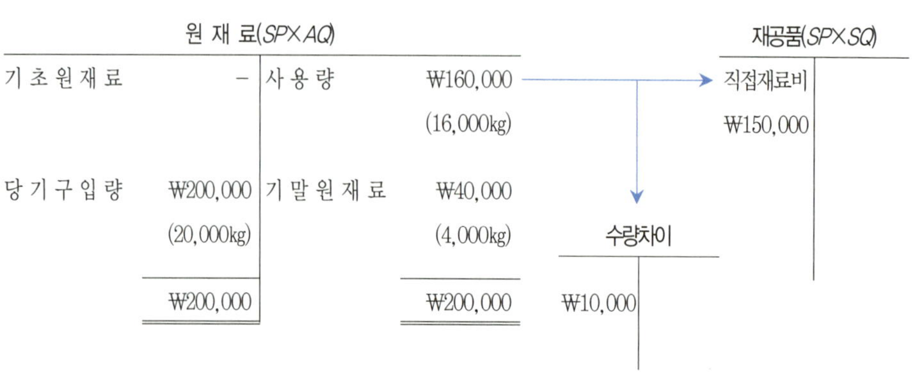

3. 직접노무비차이분석

직접노무비의 원가차이분석은 기본적으로 직접재료비 차이분석과 같은 분석방법을 사용한다. 다만, 직접재료비가 '단가×수량'의 개념이라면 노무비는 '임률(price)×시간(quantity)'이므로 다음과 같이 임률차이(price variance)와 능률(시간)차이(efficiency variance)로 구분하여 분석된다.

> 가격차이 ⇒ 임률차이 $=(AP-SP)\times AQ$
> 수량차이 ⇒ 능률차이(시간차이) $=(AQ-SQ)\times SP$

■ 임률차이

실제임률이 표준임률에 비하여 높거나 낮아서 발생하는 원가차이를 말한다.

임률차이는 임금인상에 의해서도 발생할 수 있으며, 예상하지 못한 잔업, 주말특근 등으로 인하여 발생할 수도 있다. 임률차이는 일반적으로 성과평가의 대상에 포함되지 않는다.

■ 능률차이

실제투입시간이 허용표준시간에 비하여 많거나 적어서 발생하는 원가차이로서 생산부 노동생산성 평가의 중요한 지표가 된다.

예제 05 직접노무비 차이분석

회사는 표준원가계산제도를 채택하기로 하고 제품 단위당 직접노무비 표준원가를 다음과 같이 설정하였다.

	표준임률	표준시간	표준원가
직접노무비	₩5/hr	2hr	₩10

제품생산량은 3,000단위이며 당기에 5,400시간을 투입하였다. 실제 총노무비는 ₩32,400이다.

요구사항

1. 직접노무비 임률차이와 능률차이를 계산하시오.
2. 원가차이분석에 대한 회계처리를 하시오.

해설

1. 차이분석

$AP \times AQ$	$SP \times AQ$	$SP \times SQ$
₩32,400	@5×5,400hr =₩27,000	@5×3,000개×2hr =₩30,000
임률차이 5,400U		능률차이 3,000F

2. 회계처리

(차)	재 공 품	30,000	(대) 직접노무비	32,400
	직접노무비 임률차이	5,400	직접노무비 능률차이	3,000

(1) 기말재공품이 존재하는 경우의 직접노무비 차이분석

기말에 재공품이 존재하는 경우 재공품에도 직접노동시간이 투입되었으므로 표준투입시간(SQ)의 의미는 "완성품환산량에 허용된 표준투입시간"으로 계산한다.

예제 06

회사는 표준원가계산제도를 채택하기로 하고 제품단위당 직접재료비 표준원가를 다음과 같이 설정하였다.

	표준가격	표준수량	표준원가
직접재료비	₩5/hr	2hr	₩10

• 기초재공품은 없었으며 당기 중 4,000단위의 생산에 착수하여 3,000단위를 완성하였다.
• 기말재공품은 1,000단위이며 기말재공품의 가공완성도는 50%이다.
• 재료는 공정 초 투입되고 가공비는 공정전반에 걸쳐 발생한다.
• 생산공정에서 발생한 직접노동시간은 6,800시간이며 실제 총노무비는 ₩37,000이다.

요구사항

직접노무비 차이분석을 하시오.

해설

$AP \times AQ$	$SP \times AQ$	$SP \times SQ$
	@5×6,800hr	@5×3,500개×2hr
₩37,000	=₩34,000	=₩35,000

가격차이 3,000U　　수량차이 1,000F

※ 가공비 완성품환산량=완성품 3,000단위+기말재공품 500단위=3,500단위

(2) 불리한 임률차이에 대한 판단

임률차이는 임금인상 혹은 잔업·주말특근 등으로 인하여 발생할 수 있다. 임률차이는 임금의 하방경직성, 과다한 잔업, 주말특근 등으로 인하여 불리한 차이가 발생하는 것이 일반적이다.

실무적으로 잔업이나 특근 등으로 인하여 발생하는 불리한 임률차이는 생산관리 측면에서 중요한 관리요소가 되기도 하는데 잔업이나 특근의 적정성은 능률차이와 연계하여 판단할 수 있다.

다만, 능률차이와 연계하여 불리한 임률차이를 판단하기 위해서는 제품단위당 표준투입시간에 대한 적정성은 필수적 요소라 할 수 있다.

예제 07

회사는 표준원가계산제도를 채택하기로 하고 제품 단위당 직접노무비 표준원가를 다음과 같이 설정하였다.

	표준임률	표준시간	표준원가
직접노무비	₩5/hr	2hr	₩10

제품생산량은 3,000단위이며 당기에 5,400시간을 투입하였다. 실제 총노무비는 ₩32,400이다.

요구사항

직접노무비 임률차이와 능률차이를 계산하고 임률차이가 잔업·특근으로 인한 경우 임률차이의 적정성을 판단하시오.

해설

AP×AQ	*SP×AQ*	*SP×SQ*
₩32,400	@5×5,400hr =₩27,000	@5×3,000개×2hr =₩30,000

임률차이 5,400U 능률차이 3,000F

제품 생산량이 3,000단위이므로 허용표준투입시간은 6,000시간(=3,000단위×2시간)이다. 하지만 실제 투입시간은 5,400시간이므로 생산과정에서의 비능률은 없다고 할 수 있다. 즉, 생산현장에서는 600시간(허용표준시간 대비 10%)의 노동시간이 절감되었으므로 능률적 생산이 이루어졌다고 할 수 있다.

따라서 불리한 임률차이 ₩5,400이 전적으로 잔업이나 특근으로 인하여 발생하였다 하더라도 이는 주어진 생산량을 채우기 위하여 발생한 잔업이나 특근으로 볼 수 있을 것이다. 이는 불리한 임률차이의 적정성을 인정할 수 있는 근거가 될 수 있다.

예제 08

회사는 표준원가계산제도를 채택하기로 하고 제품 단위당 직접노무비 표준원가를 다음과 같이 설정하였다.

	표준임률	표준시간	표준원가
직접노무비	₩5/hr	2hr	₩10

제품생산량은 3,000단위이며 당기에 6,300시간을 투입하였다. 실제 총노무비는 ₩37,800이다.

요구사항

직접노무비 임률차이와 능률차이를 계산하고 임률차이가 잔업·특근으로 인한 경우 임률차이의 적정성을 판단하시오.

해설

AP×AQ	*SP×AQ*	*SP×SQ*
₩37,800	@5×6,300hr =₩31,500	@5×3,000개×2hr =₩30,000

임률차이 6,300U 능률차이 1,500U

제품 생산량이 3,000단위이므로 허용표준투입시간은 6,000시간(=3,000단위×2시간)이다. 하지만 실제 투입시간은 6,300시간이므로 생산과정에서 300시간의 비능률이 발생하였다. 즉, 생산현장에서는 300시간(허용표준시간 대비 5%)의 노동시간이 추가 발생하였으므로 비능률적 생산이 이루어졌다고 할 수 있다.

따라서 불리한 임률차이 ₩6,300이 전적으로 잔업이나 특근으로 인하여 발생하였다면 이는 비능률적 생산과 동시에 발생한 것이므로 불필요한 잔업이나 특근으로 볼 수 있을 것이다.

(3) 복수제품을 생산하는 경우의 노무비 차이분석

동일한 공정에서 동일한 노동력을 투입하여 두 가지 이상의 제품을 생산하는 경우 노무비 차이분석은 각 제품별 노동시간을 파악하여 계산한다.

예제 09

회사는 A, B 두 가지 제품을 생산하고 있으며 각 제품별 단위당 직접노무비 표준원가는 다음과 같다.

제품	표준임률	표준시간	표준원가
A	₩10/hr	3hr	₩30
B	₩10/hr	2hr	₩20

제품별 생산현황은 다음과 같다.

제품	생산량	판매량	기말제품
A	500개	400개	100개
B	300개	250개	50개

실제 총 노무비는 ₩24,200이며 2,250시간이 투입되었다.

요구사항

직접노무비 차이분석을 계산하시오.

해설

$AP \times AQ$	$SP \times AQ$	$SP \times SQ$
₩24,200	@10×2,250hr =₩22,500	@10×(3hr×500+2hr×300) =₩21,000

임률차이 1,700U　　능률차이 1,500U

4. 변동제조간접비 차이분석

제조간접비배부액은 '배부율×배부기준'으로 계산되므로 '배부율'은 '가격'의 개념과 같고 '배부기준'은 '수량'의 개념이 된다. 변동제조간접비는 '예산차이(budget variance) 혹은 소비차이(spending variance)'와 '능률차이(efficiency variance)'로 구분하여 분석한다.

$AP \times AQ$ (실제발생액)	$SP \times AQ$ (표준배부율×실제배부기준)	$SP \times SQ$ (표준배부율×허용표준배부기준)
예산차이		능률차이

예산차이 = $AP \times AQ - SP \times AQ$ = 실제 발생액 − (표준배부율×실제배부기준)
능률차이 = $(AQ - SQ) \times SP$ = (실제배부기준 − 허용표준배부기준)×표준배부율

■ 예산차이

변동제조간접비 실제발생액과 실제조업도(실제배부기준)하의 제조간접비 예산과의 차이를 말한다. 변동제조간접비 생산요소의 가격변동으로 인하여 발생한다. 외부 생산요소의 가격변동으로 인한 부분을 생산부서의 성과평가에 적용하기에는 무리가 있으므로 일반적으로 성과평가에 사용되지 않는다.

■ 능률차이

실제배부기준(실제노동시간이나 실제기계시간 등)이 허용표준배부기준(허용표준노동시간이나 허용표준기계시간 등)에 비하여 많거나 적어서 발생하는 원가차이로서 생산부의 생산성이 변동제조간접비에 미치는 영향을 평가하는 중요한 지표가 된다.

5. 고정제조간접비 차이분석

(1) 고정제조간접비 표준배부율 및 고정제조간접비 예산

고정제조간접비의 차이분석은 고정비의 특성상 앞에서 살펴본 직접재료비·직접노무비·변동제조간접비의 차이분석과는 상당한 차이가 있다. 제1장 원가의 기초에서 살펴본 바와 같이 고정비는 발생총액이 조업도와 관계없이 일정한 원가를 말하는데 단위당 고정비는 조업도에 반비례하여 계산되는 특성이 있다.

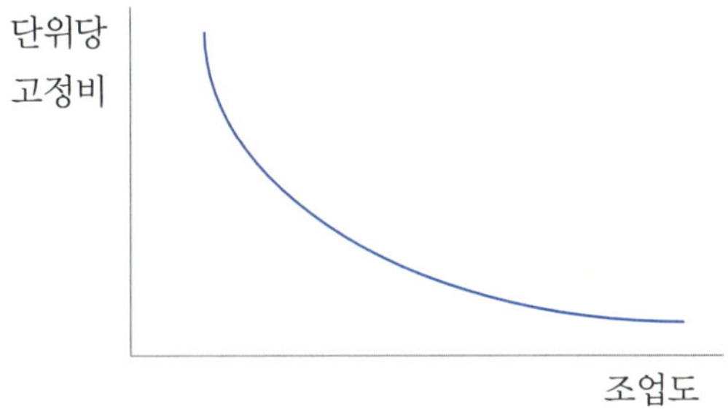

단위당 고정제조간접비(또는 고정제조간접비 배부율)는 조업도수준에 따라 달라진다. 그러나 표준원가계산의 특성상 고정제조간접비 배부율은 사전에 결정되어야 하므로 기준조업도를 미리 결정하여 다음과 같이 계산하게 된다.

$$\text{고정제조간접비 표준배부율} = \frac{\text{고정제조간접비 예산}}{\text{기준조업도}}$$

따라서 고정제조간접비 예산은 다음과 같이 계산할 수도 있다.

$$\text{고정제조간접비예산} = \text{표준배부율}(SP) \times \text{기준조업도}$$

(2) 기준조업도(normal capacity)

표준원가계산제도에서 제조간접비 예정배부율을 계산하는 데 사용하는 조업도를 “기준조업도(normal capacity)”라고 하는데 기준조업도로 사용될 수 있는 조업도는 다음과 같다.

① 이론적 최대조업도 (Theoretical Full Capacity)	모든 설비와 인원이 항상, 최상의 조건에 있을 경우에 달성 가능한 최대조업도. 실무적으로 적용하기에는 어려움이 있으나 실제적 최대조업도 계산을 위하여 필요한 조업도이다.
② 실제적 최대조업도 (Practical Full Capacity)	이론적 최대조업도의 85~90% 수준에서 결정되며 실제 상황에서 달성 가능한 최대조업도로 실무적으로 가장 많이 사용되는 조업도이다.
③ 평균조업도 (Average Capacity)	과거 3~5년간 실적조업도의 평균조업도. 단, 과거 기간 중 예외적 사항에 의하여 조업수준이 너무 높거나, 너무 낮은 경우에는 사용에 어려움이 있다.
④ 연간기대조업도 (Annual Expected Capacity)	실제적 최대조업도에 예상조업률을 감안하여 결정되는 조업도로 원가계산, 성과평가, 조업률 산정 등에 가장 적합한 조업도이다.

기준조업도는 표준원가계산에서 다음과 같은 역할을 수행한다.

- 차년도 예정생산량의 역할
- 제조간접비 예산편성을 위한 예정조업도의 역할
- 고정제조간접비 표준배부율 산정을 위한 기준
- 조업률 산정의 기준

(3) 고정제조간접비 원가차이분석

고정제조간접비 원가차이는 실제발생액과 예산과의 차이를 분석하는 '예산차이(budget variance)'와 예산과 표준배부액과의 차이를 분석하는 '조업도차이(volume variance)'로 나누어 분석한다. 한편, 조업도차이는 기준조업도와 허용표준조업도의 차이에 고정제조간접비 표준배부율을 곱하여 계산하기도 한다. 고정제조간접비 차이분석은 다음과 같다.

고정제조간접비 실제발생액	고정제조간접비예산 =표준배부율×기준조업도 =SP×기준조업도	고정제조간접비 표준배부액 =표준배부율×허용표준조업도 =SP×SQ

예산차이 (실제발생액 – 예산) / 조업도차이 (예산 – 표준배부액)

- 예 산 차 이 = 고정제조간접비 실제발생액 − 고정제조간접비 예산
- 조업도차이 = 고정제조간접비 예산 − 고정제조간접비 표준배부액
  = 기준조업도 × 표준배부율 − 허용표준조업도 × 표준배부율
  = (기준조업도 − 허용표준조업도) × 표준배부율

■ 예산차이

고정제조간접비 실제발생액과 고정제조간접비예산과의 차이를 말한다. 고정제조간접비 생산요소의 가격변동으로 인하여 발생한다. 외부 생산요소의 가격변동으로 인한 부분을 생산부서의 성과평가에 적용하기에는 무리가 있으므로 일반적으로 성과평가에 사용되지 않는다.

■ 조업도차이

기준조업도에 비하여 허용표준조업도가 작거나 큰 경우 이러한 조업도의 차이로 인한 고정제조간접비 원가차이를 말한다. 생산부서의 과다조업이나 과소조업을 측정하기 위하여 사용되며 이는 인원이나 설비의 유휴조업상태를 측정하게 되므로 매우 중요한 성과평가지표로 사용된다.

예제 10 제조간접비 차이분석1

㈜소백산이 생산하는 제품의 단위당 표준원가는 다음과 같이 설정되어 있다.

	표준가격	표준수량	표준원가
직 접 재 료 비	₩10	5kg	₩50
직 접 노 무 비	5	2hr	10
변동제조간접비	15	2hr	30
고정제조간접비	5	2hr	10
계			100

회사는 당기 중 3,000개의 제품을 생산하였고 5,400시간의 실제시간을 투입하였다. 변동제조간접비 실제발생액이 ₩87,000이고, 고정제조간접비 실제발생액이 ₩46,000이며 고정제조간접비예산이 ₩40,000이다. 회사는 제조간접비를 직접노동시간을 기준으로 배부한다.

요구사항

1. 변동제조간접비와 고정제조간접비 차이분석을 하시오.
2. 기준조업도를 구하시오.
3. 원가차이분석에 대한 회계처리를 하시오.

해설

1. 원가차이분석

① 변동제조간접비

$AP \times AQ$	$SP \times AQ$	$SP \times SQ$
	@15×5,400hr	@15×(3,000×2hr)
₩87,000	=₩81,000	=₩90,000

예산차이 ₩6,000U (APxAQ – SPxAQ)

능률차이 ₩9,000F (SPxAQ – SPxSQ)

② 고정제조간접비

실제 발생액	고정비예산 = $SP \times$ 기준조업도	고정비 표준배부액 = $SP \times SQ$
₩46,000	₩40,000	@5×(3,000×2hr) =₩30,000

예산차이 ₩6,000U

조업도차이 ₩10,000U

2. 기준조업도=₩40,000÷₩5=8,000hr

3. 회계처리

• 사용시점

	차변	금액		대변	금액
(차)	재 공 품	90,000	(대)	변동제조간접비	87,000
	변동제조간접비 예산차이	6,000		변동제조간접비 능률차이	9,000
(차)	재 공 품	30,000	(대)	고정제조간접비	46,000
	고정제조간접비 예산차이	6,000			
	고정제조간접비 조업도차이	10,000			

(4) 조업도차이

실무적으로 허용표준조업도가 기준조업도를 초과하는 경우는 극히 드문 경우인데 대부분 기준조업도를 설정할 때 최대조업도를 사용하기 때문이다. 이는 일반적으로 기준조업도가 허용표준조업도보다 크며 조업도차이가 대부분 불리한 차이로 계산된다는 것을 의미한다.

조업도차이가 불리한 차이라는 것은 실제생산량을 생산하기 위한 허용표준조업도가 기준조업도에 미치지 못한다는 것을 의미하므로 생산부문 내에 유휴조업도가 존재한다는 것을 의미한다. 따라서 판매량이 증가가 예상되지 않는다면 이는 현재의 설비나 인원이 과다하므로 향후 어느 정도의 조정이 필요하다는 의미이기도 하다.

조업도차이가 유리한 차이라는 것은 실제생산량을 생산하기 위한 허용표준조업도가 기준조업도를 초과한다는 것을 의미하므로 생산부문 내에 유휴조업도가 존재하지 않고 조업가능수준을 초과하여 과다조업을 하고 있다는 것을 말한다. 따라서 이는 현재 설비나 인원이 부족하므로 향후 추가적인 설비투자나 인원충원이 필요하다는 의미이기도 하다.

불리한 조업도차이	유리한 조업도차이
기준조업도 대비 과소조업상태를 말한다. 이는 유휴조업도가 존재한다는 의미이므로 경영진에서는 유휴설비와 유휴인원이 있다고 판단하게 된다. 설비와 인원에 대한 조정의 필요성을 의미한다.	기준조업도 대비 과다조업상태를 말한다. 이는 생산부분의 초과조업상태, 즉 설비와 인원의 부족상태를 의미하므로 경영진에서는 추가적인 투자와 인원충원이 필요하다고 판단하게 된다.

그러나 이러한 조업도차이에 따른 해석은 기준조업도가 적절하게 설정되었다는 것을 전제로 한다. 만약 회사가 최대조업도를 기준조업도로 설정하여 평가한다면 유리한 차이는 발생하지 않고 불리한 차이만 발생할 것이며, 경영진이 이러한 결과를 보고 생산부분에 유휴조업도가 존재한다고 판단하여 경영의사결정을 한다면 회사의 현실과는 동떨어진 상황판단일 뿐만 아니라 회사에 전혀 도움이 되지 않는 결과를 가져올 수도 있는 것이다.

(5) 조업률(가동률, operating ratio)

조업률의 측정은 조업도차이를 계산할 때 사용되는 기준조업도와 허용표준조업도를 이용하여 계산하며 기준생산량과 실제생산량을 이용하여 계산할 수도 있다.

앞의 예제 9에서 물량을 기준으로 조업률을 계산하면 기준생산량은 4,000단위($\frac{\text{제조간접비예산}}{\text{단위당고정제조간접비}} = \frac{40,000}{@10}$)이므로 조업률은 $\frac{\text{실제생산량}}{\text{기준생산량}} = \frac{3,000\text{단위}}{4,000\text{단위}} = 75\%$가 된다. 즉, 4,000단위를 생산할 수 있는 생산능력을 보유하고 있는데 실제생산은 75% 수준인 3,000단위를 생산한 것이다. 이는 기준조업도 대비 25%의 유휴조업도가 존재한다는 것을 의미한다.

조업도(노동시간)를 기준으로 조업률을 계산하면 허용표준조업도는 6,000시간이고 기준조업도는 8,000시간이므로 조업률은 물량으로 계산하는 경우와 동일하게 $\frac{6,000\text{시간}}{8,000\text{시간}} = 75\%$가 된다. 다만, 이 경우 주의해야 할 것은 조업도로 계산하는 경우 허용표준조업도와 기준조업도를 비교하지 않고 실제조업도와 기준조업도를 계산하게 되면 능률차이가 조업률 산정에 포함되어 조업률이 적정하게 산출되지 않는다는 점이다. 즉 $\frac{\text{실제조업도}}{\text{기준조업도}} = \frac{5,400\text{단위}}{8,000\text{단위}} = 67.5\%$로 계산한다면 허용표준시간 6,000시간에 비하여 실제시간 5,400시간을 투입하여 600시간의 능률성을 실현하였는데 능률적 생산으로 인하여 조업률이 하락하는 비논리적 계산이 되는 것이다. 이 점은 실무적으로 많이 실수하는 부분이므로 주의하여야 한다.

$$\text{조업률} = \frac{\text{허용표준조업도}}{\text{기준조업도}} = \frac{\text{실제생산량}}{\text{기준생산량}}$$

구 분	물량기준			조업시간기준		
조업률	실제생산량	3,000단위	=75%	허용표준조업도	6,000시간	=75%
	기준생산량	4,000단위		기준조업도	8,000시간	

예제 11 제조간접비 차이분석2

발해산업이 생산하는 제품의 단위당 표준원가는 다음과 같이 설정되어 있다.

	표준가격	표준수량	표준원가
직 접 재 료 비	₩20	4kg	₩80
직 접 노 무 비	10	3hr	30
변동제조간접비	20	4hr	80
고정제조간접비	25	4hr	100
계			₩290

- 회사는 당기 중 3,000개의 제품을 생산하였고 9,200시간의 노동시간을 투입하였으며 직접노무비 발생액은 ₩100,000이다.
- 변동제조간접비 실제발생액이 ₩260,000이고, 고정제조간접비 실제발생액이 ₩380,000이며 고정제조간접비예산이 ₩375,000이다.
- 회사는 제조간접비를 기계시간을 기준으로 배부하며 당기 중 발생한 실제기계시간은 12,500시간이다.

요구사항

1. 직접노무비 차이분석을 하시오
2. 변동제조간접비 차이분석을 하시오.
3. 고정제조간접비 차이분석을 하시오.
4. 기준조업도를 구하시오.
5. 조업률을 구하시오(조업도기준 및 생산량 기준).

해설

1. 직접노무비

AP×AQ	*SP×AQ*	*SP×SQ*
	@10×9,200hr	@10×(3,000×3hr)
₩100,000	=₩92,000	=₩90,000

임률차이 ₩8,000U　　능률차이 ₩2,000U

2. 변동제조간접비

AP×AQ	*SP×AQ*	*SP×SQ*
	@20×12,500hr	@20×(3,000×4hr)
₩260,000	=₩250,000	=₩240,000

예산차이 ₩10,000U　　능률차이 ₩10,000U

3. 고정제조간접비

실제 발생액	고정비예산 =SP×기준조업도	고정비 표준배부액 =SP×SQ
₩380,000	₩375,000	@25×(3,000×4hr) =₩300,000

예산차이	조업도차이
₩5,000U	₩75,000U

4. 기준조업도=고정제조간접비 예산÷시간당 고정제조간접비 표준배부율
=₩375,000÷@25=15,000hr
기준생산량=고정제조간접비 예산÷단위당 고정제조간접비
=₩375,000÷@100=3,750단위
5. 조업도로 측정한 조업률=허용표준조업도÷기준조업도=12,000hr÷15,000hr=80%
생산량으로 측정한 조업률=실제생산량÷기준생산량=3,000단위÷3,750단위=80%

6. 원가차이의 분류

(1) 원가차이의 성격별 구분

	AP×AQ		SP×AQ		SP×SQ
직접재료비		가격차이		수량차이	
직접노무비		임률차이		능률차이	
변동제조간접비		예산차이		능률차이	
	실제발생액		예산액		SP×SQ
고정제조간접비		예산차이		조업도차이	

4가지 원가요소의 8가지 차이 중 왼쪽의 4가지는 모두 각 생산요소의 가격차이 성격을 갖는다. 반면 직접재료비 수량차이, 직접노무비 능률차이, 변동제조간접비 능률차이는 모두 생산부의 생산성을 분석하는 '능률차이'의 성격을 갖는다. 고정제조간접비 조업도차이는 가격차이·능률차이와는 달리 과소(다)조업 여부를 판단하는 원가차이를 말한다.

(2) 원가차이의 성과평가 대상별 구분

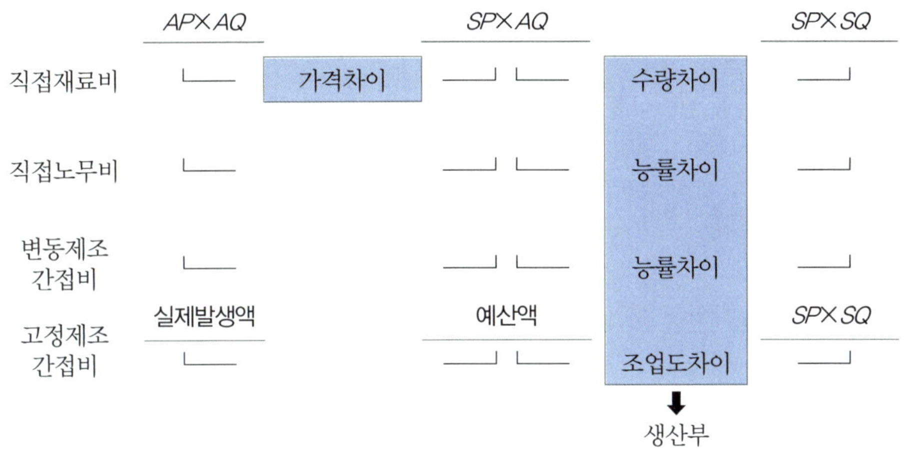

제3절 제조간접비 차이분석의 기타방법

앞에서 제조간접비를 변동제조간접비와 고정제조간접비로 나누어 각각 예산차이·능률차이와 예산차이·조업도차이로 분석하였다. 이렇게 제조간접비차이를 모두 4가지로 나누는 방법을 4분법이라고 하는데, 이는 변동제조간접비와 고정제조간접비의 실제발생액을 각각 구분할 수 있다는 기본 가정하에 성립된 분석방법이다.

1. 4분법

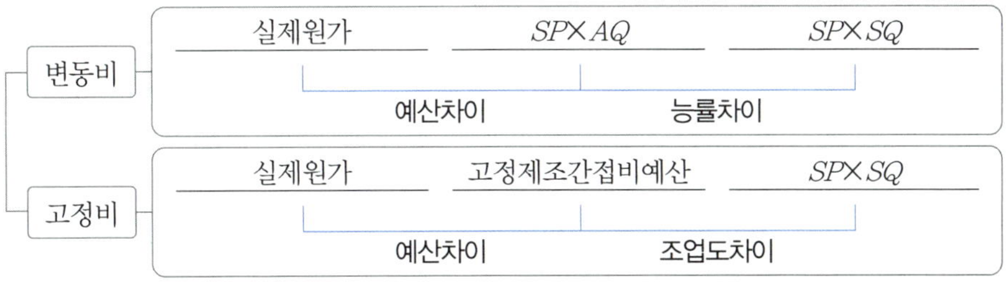

예 산 차 이 = 변동제조간접비 실제발생액－(변동제조간접비 표준배부율×실제조업도)

능 률 차 이 = (실제조업도－허용표준조업도)×변동제조간접비 표준배부율

예 산 차 이 = 고정제조간접비 실제발생액－고정제조간접비예산

조 업 도 차 이 = 고정제조간접비예산－고정제조간접비 표준배부액

= (기준조업도－허용표준조업도)×고정제조간접비 표준배부율

2. 3분법

실무적으로 제조간접비를 변동비와 고정비로 정확하게 구분할 수 없는 경우 다음과 같은 방법으로 제조간접비 차이분석을 할 수 있다. 일명 3분법이라고도 한다.

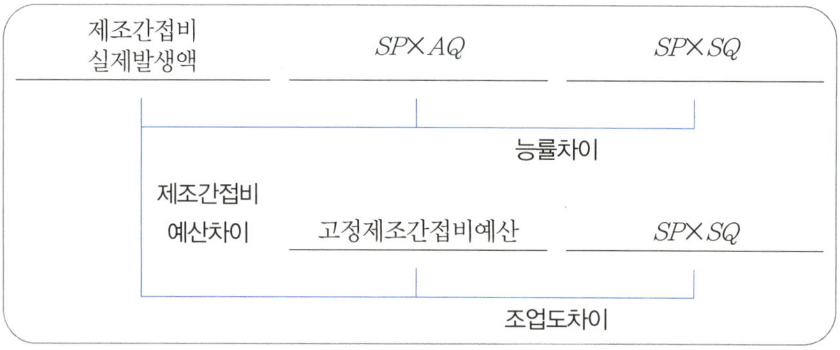

제조간접비 예산차이 = 제조간접비 실제발생액－(변동비표준배부율×실제조업도＋고정비예산)

제조간접비 능률차이 = (실제조업도－허용표준조업도)×변동제조간접비 표준배부율

제조간접비 조업도차이 = (기준조업도－허용표준조업도)×고정제조간접비 표준배부율

= 고정제조간접비 예산－고정제조간접비 표준배부액

제4절 복수생산요소의 원가차이분석

제품생산에 2가지 이상의 원재료가 투입되는 경우 원가차이는 추가적인 분석의 절차를 거치게 된다. 직접재료비를 예로 들면 직접재료비의 원가차이는 가격차이와 수량차이로 구분되었는데 복수의 재료가 투입되는 경우에는 수량차이는 투입재료간의 배합비율로 인한 차이와 투입수량으로 인한 차이로 구분된다. 따라서 수량차이는 배합차이(mix variance)와 수율차이(yield variance)로 구분된다.

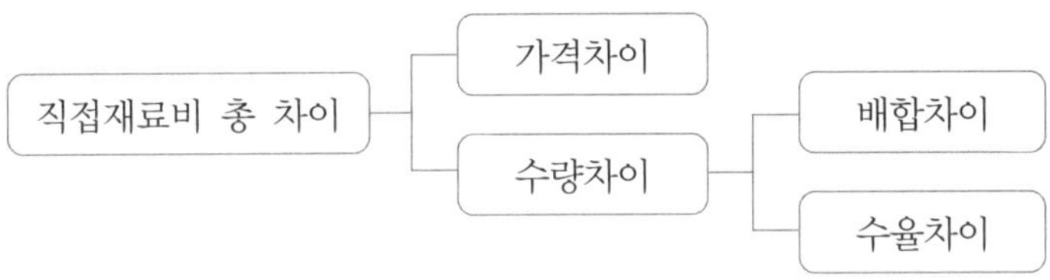

■ 배합차이

여러 가지의 원재료를 투입할 때 회사에서 정한 표준배합비율과는 다른 배합비율을 적용하여 제품을 생산하는 경우에 발생하는 원가차이를 말한다. 즉 실제배합비율이 표준배합비율과 달라서 원가에 미치는 영향을 말하며 배합차이의 분석은 실제수량에 적용된 실제배합비율과 표준배합비율의 차이에 표준가격을 감안하여 계산한다.

■ 수율차이

여러 가지의 원재료를 투입할 때 허용표준수량과는 다르게 원재료를 투입하는 경우에 발생하는 원가차이로서 순수한 수량차이의 의미를 갖는다. 즉 실제투입수량과 허용표준투입수량이 달라서 원가에 미치는 영향을 말하며 수율차이의 분석은 표준배합비율하에 실제투입수량과 허용표준투입수량의 차이에 표준가격을 감안하여 계산한다.

다만, 이러한 복수생산요소에 대한 배합차이와 수율차이의 분석은 조립생산업의 경우 적용 불가능하며, 화학제품 등과 같이 원재료간의 투입배합비율을 변경할 수 있는 업종의 경우에만 한정적으로 적용가능하다.

직접노무비의 경우도 제품을 생산할 때 숙련공과 미숙련공을 동시에 투입할 수 있으므로 직접재료비와 마찬가지로 능률차이를 배합차이와 수율차이로 구분할 수 있다.

따라서 배합차이와 수율차이를 감안한 원가차이의 분석은 다음과 같이 이루어진다.

$AP \times AQ$	$SP \times AQ$		$SP \times SQ$
가격차이		수량차이	
	$SP \times AQ \times AM$	$SP \times AQ * SM$	$SP \times SQ * SM$
	배합차이		수율차이

(AM : 실제배합비율, SM : 표준배합비율)

예제 12 배합차이와 수율차이

표준원가계산을 적용하고 있는 ㈜표준산업의 제품 1ℓ를 생산하기 위한 단위당 표준원가는 다음과 같다.

재료	표준수량	표준가격	표준원가
X	0.3ℓ	₩30	₩9
Y	0.7ℓ	10	7
			₩16

당기 중 제품생산량은 10,000ℓ이며 제품생산을 위하여 당기에 발생한 직접재료비는 다음과 같다.

재료	실제사용량	실제가격	실제원가
X	2,750ℓ	₩35	₩96,250
Y	8,250ℓ	9	74,250
			₩170,500

요구사항

1. 가격차이와 수량차이를 분석하시오.
2. 배합차이와 수율차이를 분석하시오.

해설

1. 가격차이와 수량차이

	$AP \times AQ$		$SP \times AQ$		$SP \times SQ$	
X	₩35×2,750ℓ =	₩96,250	₩30×2,750ℓ =	₩82,500	₩30×3,000ℓ =	₩90,000
Y	₩9×8,250ℓ =	74,250	₩10×8,250ℓ =	82,500	₩10×7,000ℓ =	70,000
		₩170,500		₩165,000		₩160,000

가격차이 ₩5,500U　　수량차이 ₩5,000U

2. 배합차이와 수율차이

	$SP \times AQ$		$SP \times AQ^* SM$		$SP \times SQ$	
X	₩30×2,750ℓ =	₩82,500	₩30×3,300ℓ* =	₩99,000	₩30×3,000ℓ =	₩90,000
Y	₩10×8,250ℓ =	82,500	₩10×7,700ℓ** =	77,000	₩10×7,000ℓ =	70,000
	(11,000ℓ)	₩165,000	(11,000ℓ)	₩176,000	(10,000ℓ)	₩160,000

배합차이 ₩11,000F　　수율차이 ₩16,000U

* 3,300ℓ =11,000ℓ ×30%　** 7,700ℓ =11,000ℓ ×70%

배합차이는 표준배합비율이 X : Y=30% : 70%이지만 실제배합비율이 25% : 75%로 변경됨으로써 발생한 원가차이이다.

수량차이는 제품 1단위의 생산에는 X, Y 각각 0.3ℓ, 0.7ℓ로 총 1ℓ가 투입되므로 10,000ℓ의 제품생산에는 허용표준투입수량은 10,000ℓ가 되는데 실제 투입량은 11,000ℓ가 되어 발생한 원가차이이다.

수율차이를 본래의 의미에 따라 해석하면 수율이란 산출량/투입량이므로 실제수율과 표준수율을 계산하면 다음과 같다.

$$\text{표준수율} = \frac{1\ell}{1\ell} = 100\% \qquad \text{실제수율} = \frac{10{,}000\ell}{11{,}000\ell} = 90.91\%$$

한편, 수율차이는 배합차이가 배제된 순수한 수량차이로 해석할 수도 있으므로 다음과 같이 총실제수량에서 총허용표준수량을 차감하고 가중평균표준가격을 곱하여 계산할 수도 있다.

$$\text{수율차이} = (AQ - SQ) \times ASP$$

ASP(average standard price, 가중평균표준가격)는 각 원재료의 표준가격을 표준배합비율로 가중평균하여 계산하는데 ₩30×0.3+₩10×0.7=₩16이므로 수율차이는 다음과 같이 계산된다.

(11,000ℓ －10,000ℓ)×₩16=₩16,000U

제5절 원가차이조정 및 결산반영

1. 결산기말의 원가차이 조정절차

관리회계목적으로는 원가계산의 정확성과 성과평가를 위하여 표준원가를 적용하지만 재무회계목적으로는 일반목적의 재무제표를 작성하기 위하여 실제원가를 적용하여야 한다. 따라서 원가차이는 표준원가로 계산된 재고자산이나 매출원가를 실제원가로 조정하기 위하여 회계기말에 다음과 같이 조정절차를 거치게 된다. 이러한 절차는 매출원가와 재고자산은 기본적으로 실제원가로 보고되어야 하기 때문이다.

불리한 차이(U) ⇒ 가산처리
유리한 차이(F) ⇒ 차감처리

■ 불리한 원가차이

불리한 차이는 실제원가에 비하여 표준원가가 적은 경우이므로 표준원가로 계산된 재고자산이나 매출원가는 과소계상되어 있는 상태이다. 따라서 불리한 원가차이를 재고자산이나 매출원가에 가산하여 재무회계목적의 실제원가로 표시한다.

예를 들어 실제원가는 ₩110이고 표준원가는 ₩100인 경우 원가차이는 ₩10 불리한 차이(U)로 분석되었을 것이다. 이 경우 재공품·제품 등 재고자산과 매출원가는 ₩100이라는 표준원가에 의하여 측정·표시되어 있다. 하지만 재고자산과 매출원가를 재무제표에 실제원가 ₩110으로 공시하기 위해서 불리한 차이 ₩10을 표준원가(₩100)로 표시된 재고자산과 매출원가에 가산하는 것이다.

■ 유리한 원가차이

유리한 차이는 실제원가에 비하여 표준원가가 큰 경우이므로 표준원가로 계산된 재고자산이나 매출원가는 과대계상되어 있는 상태이다. 따라서 유리한 원가차이를 재고자산이나 매출원가에 차감하여 재무회계목적의 실제원가로 표시한다.

예를 들어 실제원가는 ₩95이고 표준원가는 ₩100인 경우 원가차이는 ₩5 유리한 차이(F)로 분석되었을 것이다. 이 경우 재공품·제품 등 재고자산과 매출원가는 ₩100이라는 표준원가에 의하여 측정·표시되어 있다. 하지만 재고자산과 매출원가를 재무제표에 실제원가 ₩95으로 공시하기 위해서 유리한 차이 ₩5을 표준원가(₩100)로 표시된 재고자산과 매출원가에서 차감하는 것이다.

재무제표를 작성하기 위한 원가차이 조정방법으로는 다음의 방법들이 있다.

(1) 매출원가조정법(no proration method)

원가차이 전액을 매출원가에 가감시키는 방법으로 원가차이금액이 중요하지 않거나 매출원가에 비해 기말재고자산의 중요성이 상대적으로 적은 경우 사용할 수 있다. 매출원가조정법은 원가차이 전액을 매출원가에 가감하므로 원가차이 전액이 당기의 손익에 반영되는 효과가 있다. 또한 재고자산은 표준원가에 의하여 재무상태표에 표시된다.

(2) 비례배분법(proration method)

원가차이금액을 조정할 때에는 원가차이금액을 매출원가·제품·재공품에 비례배분하게 되는데 배분기준으로는 다음과 같이 2가지의 방법이 있다.

① 총원가기준 비례배분법

배부대상인 매출원가·제품·재공품의 총원가를 기준으로 모든 원가차이금액을 배분하는 방법이다.

② 원가요소기준 비례배분법

배부대상인 매출원가·제품·재공품의 각 원가요소에 따라 원가차이금액을 배분하는 방법이다. 즉 직접재료비 가격차이와 수량차이는 매출원가·제품·재공품의 표준직접재료비를 기준으로 배부하고, 직접노무비 임률차이와 능률차이는 매출원가·제품·재공품의 표준직접노무비를 기준으로 배부하며, 제조간접비 예산차이와 능률차이 및 조업도차이는 매출원가·제품·재공품의 제조간접비 표준배부액을 기준으로 배부하는 방법이다.

2. 재고자산 측정관련 기업회계기준 규정

기업회계기준에 의하면 재고자산은 취득원가로 측정되어야 한다. 그러므로 기업이 표준원가시스템을 적용하여도 매출원가와 재고자산은 재무제표에 실제원가로 표시되어야 한다. 따라서 실무적으로는 비례배분법을 적용하여 원가차이를 매출원가, 제품, 재공품에 배분하면 된다.

그러나 한국채택국제회계기준과 일반기업회계기준에서는 기업의 편의상 재고자산을 표준원가에 의하여 표시할 수 있도록 하였다.

한국채택국제회계기준	일반기업회계기준
• 문단 9 재고자산은 취득원가와 순실현가능가치 중 낮은 금액으로 측정한다.	• 문단 7.4 재고자산은 취득원가를 장부금액으로 한다. 다만, 시가가 취득원가보다 낮은 경우에는 시가를 장부금액으로 한다.
• 문단 10 재고자산의 취득원가는 매입원가, 전환원가 및 재고자산을 현재의 장소에 현재의 상태로 이르게 하는 데 발생한 기타원가 모두를 포함한다.	• 문단 7.5 재고자산의 취득원가는 매입원가 또는 제조원가를 말한다. 재고자산의 취득원가에는 취득에 직접적으로 관련되어 있으며, 정상적으로 발생되는 기타원가를 포함한다.
• 문단 21 표준원가법이나 소매재고법 등의 원가측정방법은 그러한 방법으로 평가한 결과가 실제원가와 유사한 경우에 편의상 사용할 수 있다. 표준원가는 정상적인 재료원가, 소모품원가, 노무원가 및 효율성과 생산능력 활용도를 반영한다. 표준원가는 정기적으로 검토하여야 하며 필요한 경우 현재 상황에 맞게 조정하여야 한다.	• 문단 7.14 표준원가법이나 소매재고법 등의 원가측정방법은 그러한 방법으로 평가한 결과가 실제원가와 유사한 경우에 편의상 사용할 수 있다. 표준원가는 정상적인 재료원가, 소모품원가, 노무원가 및 효율성과 생산능력 활용도를 반영한다. 표준원가는 정기적으로 검토하여야 하며 필요한 경우 현재 상황에 맞게 조정하여야 한다.

이는 원가관리차원에서 표준원가법을 사용하는 기업이 공표용 재무제표를 작성하면서 조정하여야 하는 부담을 줄여주기 위한 조치라고 할 수 있다. 그러나 표준원가법을 사용하는 경우에도 표준원가가 실제원가를 반영하고 있는지에 대하여 정기적으로 검토하고 조정하여야 하므로 실익이 낮아 실무적인 적용 가능성은 현저히 낮다고 볼 수 있다.

다만 기업이 재고자산을 표준원가로 표시하고자 하는 경우 표준원가가 실제원가와 유사하다는 전제하에 앞에서 설명한 방법 중 매출원가조정법(no proration method)을 적용하여 모든 원가차이가 매출원가에 반영되도록 하고 재고자산은 표준원가로 표시되도록 하면 된다.

예제 13 원가차이의 배분 및 회계처리

20×1년 영업을 개시한 ㈜소백산은 표준원가계산제도를 적용하고 있으며 20×1년말 분석된 원가차이는 다음과 같다.

	가격차이	능률차이	조업도차이	총차이
직접재료비	₩32,000U	₩10,000U	–	₩42,000U
직접노무비	5,400U	3,000F	–	2,400U
변동제조간접비	16,000U	9,000F	–	7,000U
고정제조간접비	6,000U	–	10,000U	16,000U
계				₩67,400U

모든 원가차이는 사용시점에서 분리되었으며 20×1년말 표준원가로 계산된 각 계정의 금액은 다음과 같다.

	재공품	제품	매출원가	합 계
직접재료비	₩80,000	₩120,000	₩200,000	₩400,000
직접노무비	60,000	60,000	80,000	200,000
제조간접비	60,000	60,000	80,000	200,000
계	₩200,000	₩240,000	₩360,000	₩800,000

당기 중 매출액은 ₩450,000이다.

요구사항

다음 각각의 사항에 대하여 회계처리를 하고 손익계산서를 작성하시오.

1. 매출원가조정법
2. 총원가기준 비례배분법
3. 원가요소기준 비례배분법

해설

1. 매출원가조정법

(1) 회계처리

(차) 매출원가	67,400	(대) 직접재료비 가격차이	32,000
직접노무비 능률차이	3,000	직접재료비 수량차이	10,000
변동제조간접비 능률차이	9,000	직접노무비 임률차이	5,400
		변동제조간접비 예산차이	16,000
		고정제조간접비 예산차이	6,000
		고정제조간접비 조업도차이	10,000

(2) 손익계산서

Ⅰ. 매 출 액		₩450,000
Ⅱ. 매 출 원 가		
1. 표 준 매 출 원 가	₩360,000	
2. 원 가 차 이	67,400	427,400
Ⅲ. 매 출 총 이 익		₩22,600

2. 총원가기준 비례배분법

(1) 원가차이배분

	재공품	제품	매출원가	합 계
총 원 가	₩200,000	₩240,000	₩360,000	₩800,000
배 분 비 율	25%	30%	45%	100%
직접재료비 가격차이	₩8,000	₩9,600	₩14,400	₩32,000U
직접재료비 수량차이	2,500	3,000	4,500	10,000U
직접노무비 임률차이	1,350	1,620	2,430	5,400U
직접노무비 능률차이	(750)	(900)	(1,350)	3,000F
변동제조간접비 예산차이	4,000	4,800	7,200	16,000U
변동제조간접비 능률차이	(2,250)	(2,700)	(4,050)	9,000F
고정제조간접비 예산차이	1,500	1,800	2,700	6,000U
고정제조간접비 조업도차이	2,500	3,000	4,500	10,000U
계	₩16,850	₩20,220	₩30,330	₩67,400U

(2) 회계처리

(차)		(대)	
매출원가	30,330	직접재료비 가격차이	32,000
제　　품	20,220	직접재료비 수량차이	10,000
재 공 품	16,850	직접노무비 임률차이	5,400
직접노무비 능률차이	3,000	변동제조간접비 예산차이	16,000
변동제조간접비 능률차이	9,000	고정제조간접비 예산차이	6,000
		고정제조간접비 조업도차이	10,000

(3) 손익계산서

Ⅰ. 매출액		₩450,000
Ⅱ. 매출원가		
1. 표준매출원가	₩360,000	
2. 원가차이	30,330	390,330
Ⅲ. 매출총이익		₩59,670

3. 원가요소기준 비례배분법

(1) 원가차이배분

	재공품	제품	매출원가	합 계
직 접 재 료 비	₩80,000	₩120,000	₩200,000	₩400,000
배 분 비 율	20%	30%	50%	100%
가　공　비	₩120,000	₩120,000	₩160,000	₩400,000
배 분 비 율	30%	30%	40%	100%
직접재료비 가격차이	₩6,400	₩9,600	₩16,000	₩32,000U
직접재료비 수량차이	2,000	3,000	5,000	10,000U
직접노무비 임률차이	1,620	1,620	2,160	5,400U
직접노무비 능률차이	(900)	(900)	(1,200)	3,000F
변동제조간접비 예산차이	4,800	4,800	6,400	16,000U
변동제조간접비 능률차이	(2,700)	(2,700)	(3,600)	9,000F
고정제조간접비 예산차이	1,800	1,800	2,400	6,000U
고정제조간접비 조업도차이	3,000	3,000	4,000	10,000U
계	₩16,020	₩20,220	₩31,160	₩67,400U

⑵ 회계처리

(차) 매출원가	31,160	(대) 직접재료비 가격차이	32,000
제　　품	20,220	직접재료비 수량차이	10,000
재 공 품	16,020	직접노무비 임률차이	5,400
직접노무비 능률차이	3,000	변동제조간접비 예산차이	16,000
변동제조간접비 능률차이	9,000	고정제조간접비 예산차이	6,000
		고정제조간접비 조업도차이	10,000

⑶ 손익계산서

Ⅰ. 매　출　액		₩450,000
Ⅱ. 매　출　원　가		
1. 표 준 매 출 원 가	₩360,000	
2. 원　가　차　이	31,160	391,160
Ⅲ. 매 출 총 이 익		₩58,840

3. 후속연도 원가차이의 재조정절차

재고자산에 배분된 원가차이는 다음 연도에 이월되는데, 다음 연도에 관리목적의 표준원가계산을 적용하기 위해서는 이월된 원가차이를 다시 분리해 주어야 한다. 원가차이를 다시 분리하는 과정은 기초재수정분개를 통하여 이루어진다. 다만, 매출원가에 배분된 원가차이는 손익에 이미 반영되었으므로 재수정분개의 대상이 되지 않는다.

예제 14 원가차이의 배분 및 회계처리

위의 예제 13에서 총원가기준 비례배분을 하는 경우 20×2년초의 기초재수정분개를 하시오.

해설

1. 기초재수정분개의 대상

20×1년말 배분된 다음의 원가차이 중 회색부분은 20×2년초에 재수정분개의 대상이 된다.

	재공품	제품	매출원가	합 계
총 원 가	₩200,000	₩240,000	₩360,000	₩800,000
배 분 비 율	25%	30%	45%	100%
직접재료비 가격차이	₩8,000	₩9,600	₩14,400	₩32,000U
직접재료비 수량차이	2,500	3,000	4,500	10,000U
직접노무비 임률차이	1,350	1,620	2,430	5,400U
직접노무비 능률차이	(750)	(900)	(1,350)	3,000F
변동제조간접비 예산차이	4,000	4,800	7,200	16,000U
변동제조간접비 능률차이	(2,250)	(2,700)	(4,050)	9,000F
고정제조간접비 예산차이	1,500	1,800	2,700	6,000U
고정제조간접비 조업도차이	2,500	3,000	4,500	10,000U
계	₩16,850	₩20,220	₩30,330	₩67,400U

2. 회계처리

(차)			(대)		
	직접재료비 가격차이	17,600		제 품	20,220
	직접재료비 수량차이	5,500		재공품	16,850
	직접노무비 임률차이	2,970		직접노무비 능률차이	1,650
	변동제조간접비 예산차이	8,800		변동제조간접비 능률차이	4,950
	고정제조간접비 예산차이	3,300			
	고정제조간접비 조업도차이	5,500			

4. 구입가격차이의 비례배분

구입가격차이의 경우 다른 차이와는 달리 배분대상이 다르다는 점에 주의하여야 한다. 즉 구입가격차이를 제외한 모든 차이는 사용시점(투입시점)에 분리되므로 비례배분법에서 사용시점 이후의 계정인 재공품·제품·매출원가에 배분한다. 그러나 구입가격차이는 원재료의 구입시점에서 분리·인식되므로 원재료가 표준원가(SP×AQ)로 기록되며, 구입가격차이를 비례배분법을 사용하여 배분하면 원재료의 구입시점 이후의 계정인 원재료·수량차이·재공품·제품·매출원가의 5개 계정에 배분한다. 또한 수량차이는 구입가격차이에서 수량차이에 배분된 금액과 합하여 재공품·제품·매출원가에 비례배분한다.

한편, 구입가격차이를 비례배분하는 방법은 총원가기준 비례배분법과 원가요소기준 비례배분법 중 어느 방법으로 하는 것이 타당할까? 기말원재료와 수량차이는 재료비로만 구성되어 있지만 기말재공품, 기말제품, 매출원가는 직접재료비·직접노무비·제조간접비로 구성되어 있으므로 총원가기준 비례배분법보다는 각 계정의 원가요소를 기준으로 배분하는 방법인 원가요소기준 비례배분법으로 배분하는 것이 논리적으로 더 타당하다고 할 수 있다.

예제 15 구입가격차이의 비례배분

20×1년 영업을 개시한 ㈜소백산은 표준원가계산제도를 적용하고 있으며 20×1년 말 분석된 원가차이는 다음과 같다.

	가격차이	능률차이	조업도차이	총차이
직접재료비	₩40,000U	₩10,000U	–	₩50,000U
직접노무비	5,400U	3,000F	–	2,400U
변동제조간접비	16,000U	9,000F	–	7,000U
고정제조간접비	6,000U	–	10,000U	16,000U
계				₩75,400U

직접재료는 구입시점에서 가격차이를 분리하고 나머지 차이는 모두 사용시점에서 분리하였다. 20×1년말 표준원가로 계산된 각 계정의 금액은 다음과 같다.

	원재료	재공품	제품	매출원가	합 계
직접재료비	₩90,000	₩80,000	₩120,000	₩200,000	₩490,000
가 공 비	–	120,000	120,000	160,000	400,000
계	₩90,000	₩200,000	₩240,000	₩360,000	₩890,000

당기 중 매출액은 ₩450,000이다.

요구사항

1. 원가요소기준 비례배분법을 적용하여 회계처리하고 손익계산서를 작성하시오.
2. 후속회계연도의 기초재수정분개를 하시오.

해설

1. 원가차이의 비례배분

(1) 원가차이배분

	원재료	재료수량차이	재공품	제품	매출원가	합 계
직 접 재 료 비	₩90,000	₩10,000	₩80,000	₩120,000	₩200,000	₩500,000
구입가격차이배분비율	18%	2%	16%	24%	40%	100%
직 접 재 료 비	–	–	₩80,000	₩120,000	₩200,000	₩400,000
수량차이배분비율	–	–	20%	30%	50%	100%
가 공 비	–	–	₩120,000	₩120,000	₩160,000	₩400,000
가공비배분비율	–	–	30%	30%	40%	100%
직접재료비 구입가격차이	₩7,200	₩800	₩6,400	₩9,600	₩16,000	₩40,000U
		(800)	160	240	400	–
직접재료비 수량차이			2,000	3,000	5,000	10,000U
직접노무비 임률차이			1,620	1,620	2,160	5,400U
직접노무비 능률차이			(900)	(900)	(1,200)	3,000F
변동제조간접비 예산차이			4,800	4,800	6,400	16,000U
변동제조간접비 능률차이			(2,700)	(2,700)	(3,600)	9,000F
고정제조간접비 예산차이			1,800	1,800	2,400	6,000U
고정제조간접비 조업도차이			3,000	3,000	4,000	10,000U
	₩7,200	–	₩16,180	₩20,460	₩31,560	₩75,400U

(2) 회계처리

(차)	매출원가	31,560	(대) 직접재료비 가격차이	40,000
	제　　품	20,460	직접재료비 수량차이	10,000
	재 공 품	16,180	직접노무비 임률차이	5,400
	원 재 료	7,200	변동제조간접비 예산차이	16,000
	직접노무비 능률차이	3,000	고정제조간접비 예산차이	6,000
	변동제조간접비 능률차이	9,000	고정제조간접비 조업도차이	10,000

(3) 손익계산서

Ⅰ. 매　출　액		₩450,000
Ⅱ. 매　출　원　가		
1. 표준매출원가	₩360,000	
2. 원　가　차　이	31,560	391,560
Ⅲ. 매　출　총　이　익		₩58,440

2. 후속회계연도의 기초재수정분개

기초재수정분개의 대상은 다음의 배분내역 중에서 실선 내의 금액이다.

	원재료	재료수량차이	재공품	제품	매출원가	합 계
직접재료비 구입가격차이	₩7,200	800	₩6,400	₩9,600	₩16,000	₩40,000U
		(800)	160	240	400	−
직접재료비 수량차이			2,000	3,000	5,000	10,000U
직접노무비 임률차이			1,620	1,620	2,160	5,400U
직접노무비 능률차이			(900)	(900)	(1,200)	3,000F
변동제조간접비 예산차이			4,800	4,800	6,400	16,000U
변동제조간접비 능률차이			(2,700)	(2,700)	(3,600)	9,000F
고정제조간접비 예산차이			1,800	1,800	2,400	6,000U
고정제조간접비 조업도차이			3,000	3,000	4,000	10,000U
	₩7,200	−	₩16,180	₩20,460	₩31,560	₩75,400U

(차)	직접재료비 가격차이	23,600*	(대) 제품	20,460
	직접재료비 수량차이	5,000	재공품	16,180
	직접노무비 임률차이	3,240	원재료	7,200
	변동제조간접비 예산차이	9,600	직접노무비 능률차이	1,800
	고정제조간접비 예산차이	3,600	변동제조간접비 능률차이	5,400
	고정제조간접비 조업도차이	6,000		

* ₩23,600 = ₩7,200 + ₩6,400 + ₩9,600 + ₩160 + ₩240

제6절 표준종합원가계산

일반적으로 표준원가계산은 개별원가계산을 사용하는 회사보다는 종합원가계산을 사용하는 회사의 원가계산시스템에 적합하다. 종합원가계산을 적용되는 경우에도 앞에서 살펴본 표준원가계산의 내용과 절차는 동일하게 적용되지만 재공품으로 인하여 원가계산과 차이분석이 다소 복잡해질 수 있다.

종합원가계산이 적용되는 공정에는 일반적으로 재공품이 존재하게 된다. 이 경우 재공품에도 직접재료가 투입된 부분이 있으므로 표준종합원가계산제도에서는 허용표준수량(SQ)의 의미는 '완성품환산량에 허용된 표준투입수량'이 되며 당기의 실제투입수량과 당기의 허용표준투입수량을 적절히 비교하기 위하여 완성품환산량은 선입선출법에 의한 완성품환산량으로 계산되어야 한다.

예제 16 표준종합원가계산

발해산업은 X제품을 생산하고 있으며 단위당 표준원가를 다음과 같이 설정하고 있다.

구 분	표준가격	표준수량	표준원가
직 접 재 료 비	₩10	5kg	₩50
직 접 노 무 비	5	2hr	10

회사는 당기 중 1,000단위의 생산에 착수하여 800단위를 완성하였고 200단위는 기말 현재 가공 중이며 가공비완성도는 50%이다. 재료는 공정초 투입되며 가공비는 공정 전체에 걸쳐 균등하게 발생한다. 당기 중 발생한 실제원가가 다음과 같다.

구 분	실제가격	실제수량	실제원가
직 접 재 료 비	₩11	4,800kg	₩52,800
직 접 노 무 비	6	1,700hr	10,200

요구사항

재료비와 노무비에 대하여 차이분석을 하시오.

해설

1. 직접재료비

$AP \times AQ$	$SP \times AQ$	$SP \times SQ$
@11×4,800kg	@10×4,800kg	@10×1,000×5kg
=₩52,800	=₩48,000	=₩50,000

가격차이 4,800U　　수량차이 2,000F

2. 직접노무비

$AP \times AQ$	$SP \times AQ$	$SP \times SQ$
@6×1,700hr	@5×1,700hr	@5×900×2hr
=₩10,200	=₩8,500	=₩9,000

임률차이 1,700U　　능률차이 500F

이 예제에서 가장 중요한 것은 *SQ*(실제 생산량에 허용된 표준투입수량 혹은 표준투입시간)이다.

재료의 경우 당기 중 4,800kg이 투입되었는데 이는 단지 800단위를 완성시키기 위하여 투입된 것이 아니라 완성품 800단위와 기말재공품 200단위를 위하여 투입된 것이다. 따라서 *SQ*의 계산은 완성품 800단위를 위한 허용표준투입수량을 계산하는 것이 아니라 1,000단위의 완성품환산량을 위하여 투입되어야 할 표준투입수량을 계산하여야 하는 것이다. 이 예제에서 허용표준투입수량은 1,000단위×5kg=5,000kg이 된다.

노무비의 경우 동일한 논리가 적용되므로 800단위를 위하여 당기에 1,700hr이 투입된 것이 아니라 완성품 800단위와 기말재공품 200단위(50%), 즉 가공비 완성품환산량 900단위를 위하여 투입된 것이다. 따라서 900단위를 위한 허용표준투입시간은 900단위×2hr=1,800hr이 된다.

이 예제는 기초재공품이 없으므로 선입선출법과 평균법의 적용문제가 나타나지는 않지만 기초재공품이 있는 경우에는 당기의 순수한 작업량을 의미하는 선입선출법에 의한 완성품환산량에 허용된 표준투입수량 혹은 시간을 계산하여야 할 것이다.

예제 17 표준종합원가계산

1. X제품 생산을 위하여 회사가 설정하고 있는 단위당 표준원가는 다음과 같다.

구 분	표준가격	표준수량	표준원가
직 접 재 료 비			
A 재 료	₩10	3kg	₩30
B 재 료	4	5kg	20
가 공 비			
직 접 노 무 비	5	2hr	10
변 동 제 조 간 접 비	15	2hr	30
고 정 제 조 간 접 비	5	2hr	10
계			₩100

2. 기초재공품은 없으며 당기 중 2,000단위의 생산에 착수하여 1,500단위를 완성하고 기말 현재 500단위는 가공 중이다.
3. 원재료는 공정 초에 투입되며 기말재공품의 가공완성도는 60%이다.
4. 기초제품은 없었으며 당기 중 완성된 1,500단위 중 1,200단위는 판매하였고 300단위는 기말제품재고로 남아 있다.
5. 제조간접비는 직접노동시간을 기준으로 배부한다.
6. 고정제조간접비 예산은 ₩24,000이다.
7. X제품의 단위당 판매가격은 ₩160이다.
8. 실제발생원가는 다음과 같다.

구 분	실제구입가격	실제사용수량	실제원가
직 접 재 료 비			
A 재 료	₩12	5,800kg	₩69,600
B 재 료	5	9,500kg	47,500
가 공 비			
직 접 노 무 비	6	3,500hr	21,000
변 동 제 조 간 접 비			56,000
고 정 제 조 간 접 비			20,000
계			₩214,100

요구사항

1. 표준원가에 의한 매출원가, 제품, 재공품을 계산하고 원가차이를 조정하기 전 추정손익을 구하시오.

2. 차이분석을 하시오.
3. 기준조업도를 계산하시오.
4. 조업률을 계산하시오.
5. 원가차이를 총원가기준으로 비례배분하고, 재무제표에 표시되는 매출원가, 제품, 재공품을 계산하시오.

해설

1. 표준원가에 의한 매출원가, 제품, 재공품 및 추정손익

(1) 표준원가에 의한 매출원가, 제품, 재공품

구분	수량	재료비			가공비			합계
		단위당 재료비	환산량	금액	단위당 가공비	환산량	금액	
매출원가	1,200	@50	1,200	60,000	@50	1,200	60,000	120,000
제 품	300	@50	300	15,000	@50	300	15,000	30,000
재 공 품	500	@50	500	25,000	@50	300	15,000	40,000
계				100,000			90,000	190,000

(2) 추정손익

매 출 액	@160×1,200=	₩192,000
매 출 원 가	@100×1,200=	120,000
매출총이익		₩72,000

2. 원가차이분석

(1) 직접재료비

A재료

$AP \times AQ$	$SP \times AQ$	$SP \times SQ$
@12×5,800kg =₩69,600	@10×5,800kg =₩58,000	@10×2,000×3kg =₩60,000

가격차이 11,600U　　수량차이 2,000F

B재료

$AP \times AQ$	$SP \times AQ$	$SP \times SQ$
@5×9,500kg =₩47,500	@4×9,500kg =₩38,000	@4×2,000×5kg =₩40,000

가격차이 9,500U　　수량차이 2,000F

(2) 직접노무비

$AP \times AQ$	$SP \times AQ$	$SP \times SQ$
@6×3,500kg =₩21,000	@5×3,500hr =₩17,500	@5×1,800*×2hr =₩18,000

임률차이 3,500U　　능률차이 500F

* 1,800 : 가공비 완성품환산량

(3) 변동제조간접비

$AP \times AQ$	$SP \times AQ$	$SP \times SQ$
₩56,000	@15×3,500hr =₩52,500	@15×1,800×2hr =₩54,000

예산차이 3,500U　　능률차이 1,500F

(4) 고정제조간접비

실제발생액	고정비예산	$SP \times SQ$
₩20,000	₩24,000	@5×1,800×2hr =₩18,000

예산차이 4,000F　　조업도차이 6,000U

3. 기준조업도

기준조업도 = 고정제조간접비 예산 ÷ 고정제조간접비 배부율
= ₩24,000 ÷ @5 = 4,800hr

4. 조업률

	기준조업도	허용표준조업도	조업률
시간단위	4,800hr	3,600hr	75%
물량단위	2,400	1,800	75%

5. 원가차이의 비례배분

(1) 원가차이 및 계산검증

구분	가격차이	능률차이 (조업도차이)	계
직접재료비 A	11,600U	2,000F	9,600U
B	9,500U	2,000F	7,500U
직접노무비	3,500U	500F	3,000U
변동제조간접비	3,500U	1,500F	2,000U
고정제조간접비	4,000F	6,000U	2,000U
계	24,100U	–	24,100U

실제원가		표준원가		총차이
구분	금액	구분	금액	
직접재료비	₩117,100	매출원가	₩120,000	
직접노무비	21,000	제품	30,000	
변동제조간접비	56,000	재공품	40,000	
고정제조간접비	20,000			
계	₩214,100	계	₩190,000	24,100U

(2) 총원가기준 비례배분

배분대상			원가차이	원가차이 배분	실제원가
구분	금액	비율			
매출원가	₩120,000	63.16%	₩24,100	₩15,222	₩135,222
제품	30,000	15.79%		3,805	33,805
재공품	40,000	21.05%		5,073	45,073
계	₩190,000	100.00%		₩24,100	₩214,100

(3) 손익계산서

매 출 액	@160×1,200=	₩192,000
매 출 원 가		135,222
매출총이익		₩56,778

연습문제

문제 1. 직접재료비 차이분석

표준원가계산을 적용하고 있는 ㈜북악산업의 표준직접재료비는 다음과 같다.

	표준수량	표준가격	표준원가
직 접 재 료 비	4kg	₩6/kg	₩24

당기 중 제품 2,000단위를 생산하였으며 원재료 10,000kg을 kg당 ₩8에 외상으로 구입하였고 7,500kg을 사용하였다.

요구사항

1. 직접재료비 가격차이와 수량차이를 계산하고 회계처리하시오.
2. 직접재료비 구입가격차이와 수량차이를 계산하고 회계처리하시오.

해설

1. 가격차이와 수량차이

(1) 차이분석

AP×AQ	*SP×AQ*	*SP×SQ*
@8×7,500kg	@6×7,500kg	@6×(2,000×4kg)
=₩60,000	=₩45,000	=₩48,000

가격차이 ₩15,000U 수량차이 ₩3,000F

(2) 회계처리

• 구입시점

(차) 원재료	80,000	(대) 외상매입금	80,000

• 투입시점

(차) 재공품	48,000	(대) 원재료	60,000
직접재료비 가격차이	15,000	직접재료비 수량차이	3,000

2. 구입가격차이와 수량차이

(1) 차이분석

$AP \times AQ_p$	$SP \times AQ_p$
@8×10,000kg	@6×10,000kg
=₩80,000	=₩60,000

구입가격차이 ₩20,000U

$SP \times AQ_u$	$SP \times SQ$
@6×7,500kg	@6×(2,000×4kg)
=₩45,000	=₩48,000

수량차이 ₩3,000F

(2) 회계처리

• 구입시점

(차) 원재료	60,000	(대) 외상매입금		80,000
직접재료비 구입가격차이	20,000			

• 사용시점

(차) 재공품	48,000	(대) 원재료	45,000
		직접재료비 수량차이	3,000

문제 2. 직접노무비 차이분석

표준원가계산을 적용하고 있는 ㈜대명산업의 표준직접노무비는 다음과 같다.

	표준시간	표준임률	표준원가
직접노무비	5시간	₩10	50

제품 4,000단위를 생산하기 위하여 당기에 18,000시간을 투입하였으며 ₩162,000의 직접노무비가 발생하였다.

요구사항

직접노무비 임률차이와 능률차이를 계산하고 회계처리를 하시오.

해설

(1) 차이분석

$AP \times AQ$	$SP \times AQ$	$SP \times SQ$
@9×18,000hr	@10×18,000hr	@10×(4,000×5hr)
=₩162,000	=₩180,000	=₩200,000

임률차이 ₩18,000F　　능률차이 ₩20,000F

참고로 다음과 같이 계산할 수도 있다.

임률차이 = $(AP - SP) \times AQ$ = (₩9 − ₩10)×18,000hr = 18,000F

능률차이 = $(AQ - SQ) \times SP$ = (18,000hr − 4,000×5hr)×₩10 = 20,000F

(2) 회계처리

• 발생시점

(차) 노무비	162,000	(대) 현　금	162,000

• 투입시점

(차) 재공품	200,000	(대) 노무비	162,000
		직접노무비 임률차이	18,000
		직접노무비 능률차이	20,000

문제 3. 제조간접비 차이분석(4분법)

표준원가계산을 적용하고 있는 ㈜한가람산업은 직접노동시간을 기준으로 제조간접비를 배부한다. 단위당 표준투입시간은 3시간이며 변동제조간접비 표준배부율은 ₩10이다. 회사는 기준조업도를 5,000시간으로 설정하고 있다.

회사는 당기 중 2,000개의 제품을 생산하였고 6,500시간의 실제시간을 제품생산에 투입하였다. 변동제조간접비 실제발생액은 ₩70,000, 고정제조간접비 실제발생액은 ₩35,000이며 고정제조간접비예산은 ₩30,000이다.

요구사항

1. 변동제조간접비 차이분석을 하시오.
2. 고정제조간접비 차이분석을 하시오.

해설

1. 변동제조간접비

$AP \times AQ$	$SP \times AQ$	$SP \times SQ$
₩70,000	@10×6,500hr = ₩65,000	@10×(2,000×3hr) = ₩60,000

예산차이	능률차이
₩5,000U	₩5,000U

2. 고정제조간접비

실제 발생액	고정제조간접비예산 = $SP \times$ 기준조업도	고정제조간접비 표준배부액 = $SP \times SQ$
₩35,000	₩30,000	@6×(2,000×3hr) = ₩36,000

예산차이	조업도차이
₩5,000U	₩6,000F

고정제조간접비 표준배부율 $= \dfrac{₩30,000}{5,000시간} =$ ₩6

문제 4. 제조간접비 차이분석(3분법)

표준원가계산을 적용하고 있는 금강산업은 제조간접비 예산을 다음과 같이 설정하고 있다.

$$Y = ₩100,000 + 5x \quad (Y: \text{총원가},\ x: \text{직접노동시간})$$

회사는 당기 중 10,000시간을 투입하여 제품 3,000단위를 생산하였으며 ₩30,000의 직접노무비를 지급하였다. 직접노무비 임률차이는 ₩5,000의 불리한 차이가 발생하였으며 직접노무비 능률차이는 ₩2,500의 불리한 차이가 발생하였다.

한편, 제조간접비 실제발생액은 ₩170,000이며 회사는 10,000시간을 기준으로 고정제조간접비를 배부하고 있다.

요구사항

1. 직접노무비 표준임률과 제품단위당 표준시간을 구하시오.
2. 3분법에 의하여 제조간접비 차이를 분석하시오.

해설

1. 직접노무비 차이분석

$AP \times AQ$	$SP \times AQ$	$SP \times SQ$
$AP \times 10,000hr$ ₩30,000	$SP \times 10,000hr$ = ₩25,000	$SP \times (3,000 \times H)$ = ₩22,500

임률차이: ₩5,000U　　능률차이: ₩2,500U

$AP = \frac{₩30,000}{1,000hr} = ₩3$　　　$SP = \frac{₩25,000}{1,000hr} = ₩2.5$

단위당 표준시간을 H라 하면

$2.5 \times 3,000$단위$\times H = ₩22,500$

$\therefore\ H = 3$시간

2. 제조간접비 차이분석

실제발생액	변동 $SP \times AQ$	변동 $SP \times SQ$
₩170,000	@5×10,000hr =₩50,000	@5×(3,000×3hr) = ₩45,000

능률차이: ₩5,000U

고정제조간접비예산	고정 $SP \times SQ$
₩100,000	@10*×(3,000×3hr) =₩90,000

조업도차이: ₩10,000U

합계 ₩150,000

예산차이: ₩20,000U

* 고정제조간접비 표준배부율$= \frac{₩100,000}{10,000\text{시간}}$

문제 5. 제조간접비 차이분석-고저점법

표준원가계산제도를 도입하려는 ㈜발해산업은 아직 제조간접비에 대한 표준을 설정하지 못하고 있다. 그러나 과거 제품생산과 관련된 자료는 다음과 같다.

연도	기계시간	제조간접비
20×1	11,000시간	₩145,000
20×2	10,000	150,000
20×3	12,000	180,000
20×4	18,000	225,000
20×5	25,000	240,000

회사는 고저점법과 위의 자료를 이용하여 변동제조간접비 표준배부율과 고정제조간접비 예산을 설정하기로 하였고 제조간접비는 기계시간을 기준으로 배부한다. 단, 회사는 제품단위당 5기계시간을 표준시간으로, 18,000시간을 기준조업도로 설정하였다.

한편, 회사는 당기 중 3,000단위의 제품을 생산하였으며 14,000시간의 기계시간을 투입하였다. 제조간접비 실제발생액은 다음과 같다.

구 분	변동비	고정비
전력비	₩13,000	
가스수도비	15,000	
수선비	60,000	₩12,000
감가상각비		30,000
임차료		58,000
	₩88,000	₩100,000

요구사항

1. 변동제조간접비 표준배부율과 고정제조간접비 예산을 구하시오.
2. 변동제조간접비 차이분석을 하시오.
3. 고정제조간접비 차이분석을 하시오.

해설

1. 변동제조간접비 표준배부율과 고정제조간접비 예산

$$\text{기계시간당 변동제조간접비} = \frac{₩240,000 - 150,000}{25,000\text{시간} - 10,000\text{시간}} = ₩6/hr$$

최고점을 이용한 고정제조간접비 예산의 추정

고정비예산＝₩240,000－25,000시간×@6＝₩90,000

2. 변동제조간접비 차이분석

$AP \times AQ$	$SP \times AQ$	$SP \times SQ$
₩88,000	@6×14,000hr ＝₩84,000	@6×(3,000×5hr) ＝₩90,000

예산차이 ₩4,000U　　능률차이 ₩6,000F

3. 고정제조간접비 차이분석

실제 발생액	고정제조간접비예산 ＝$SP \times$기준조업도	고정제조간접비 표준배부액 ＝$SP \times SQ$
₩100,000	₩90,000	@5*×(3,000×5hr) ＝₩75,000

예산차이 ₩10,000U　　조업도차이 ₩15,000U

$$* \text{ 고정제조간접비 표준배부율} = \frac{₩90,000}{18,000\text{시간}} = ₩5$$

문제 6. 복수생산요소의 차이분석

표준원가계산을 적용하고 있는 ㈜이화산업은 제품 5,000ℓ의 생산을 위한 단위당 표준직접재료비를 다음과 같이 설정하고 있다.

재료	표준수량	표준가격	표준원가
A	2,500ℓ	₩20	₩50,000
B	1,875ℓ	15	28,125
C	1,875ℓ	10	18,750
	6,250ℓ		₩96,875

당기 중 제품생산량은 9,000ℓ이며 당기에 투입한 직접재료비는 다음과 같다.

재료	실제수량	실제가격	실제원가
A	5,000ℓ	₩23	₩115,000
B	4,000ℓ	17	68,000
C	1,000ℓ	12	12,000
	10,000ℓ		₩195,000

요구사항

1. 가격차이와 수량차이를 분석하시오.
2. 배합차이와 수율차이를 분석하시오.
3. 표준수율과 실제수율을 구하시오.

해설

1. 가격차이와 수량차이

	APXAQ		SPXAQ		SPXSQ	
A	₩23×5,000ℓ =	₩115,000	₩20×5,000ℓ =	₩100,000	₩20×(9,000ℓ×0.5ℓ)=	₩90,000
B	17×4,000ℓ =	68,000	15×4,000ℓ =	60,000	15×(9,000ℓ×0.375ℓ)=	50,625
C	12×1,000ℓ =	12,000	10×1,000ℓ =	10,000	10×(9,000ℓ×0.375ℓ)=	33,750
		₩195,000		₩170,000		₩174,375

가격차이 ₩25,000U　　수량차이 ₩4,375F

※ 단위당 표준수량

$A=\frac{2,500ℓ}{5,000ℓ}=0.5ℓ$, $B=\frac{1,875ℓ}{5,000ℓ}=0.375ℓ$, $C=\frac{1,875ℓ}{5,000ℓ}=0.375ℓ$

※ 표준배합비율

A : B : C=40% : 30% : 30%

2. 배합차이와 수율차이

	SPXAQ*AM		SPXAQ*SM		SPXSQ*SM	
A	₩20×5,000ℓ =	₩100,000	₩20×10,000ℓ×40%=	₩80,000	₩20×(9,000ℓ×0.5ℓ)=	₩90,000
B	15×4,000ℓ =	60,000	15×10,000ℓ×30%=	45,000	15×(9,000ℓ×0.375ℓ)=	50,625
C	10×1,000ℓ =	10,000	10×10,000ℓ×30%=	30,000	10×(9,000ℓ×0.375ℓ)=	33,750
		₩170,000	(10,000ℓ)	₩155,000	(11,250ℓ)	₩174,375

배합차이 ₩15,000U　　수율차이 ₩19,375F

※ 수율차이 계산의 기타방법
ASP(가중평균표준가격) = ₩20×40% + 15×30% + 10×30% = ₩15.5
수율차이 = $(AQ - SQ) \times ASP$ = (10,000ℓ − 11,250ℓ)×₩15.5 = ₩19,375F

3. 표준수율과 실제수율

$$\text{표준수율} = \frac{\text{산출량}}{\text{투입량}} = \frac{5,000\ell}{6,250\ell} = 80\%$$

$$\text{실제수율} = \frac{\text{산출량}}{\text{투입량}} = \frac{9,000\ell}{10,000\ell} = 90\%$$

문제 7. 제조간접비 차이분석 – 학습곡선

평화산업은 20×1년초 영업을 개시하여 300단위의 제품을 생산하였으며 300단위의 제품을 생산하는 데 투입한 원가는 다음과 같다.

직접재료비	6,000kg×₩100 =	₩600,000
직접노무비	9,000hr×₩ 60 =	540,000
변동제조간접비		1,080,000
고정제조간접비		1,000,000
계		₩3,220,000

한편, 20×2년 거래처로부터 2,100단위의 제품주문을 받았는데 회사는 전년도에 이미 생산을 한 경험이 있으며, 회사의 최대생산능력이 3,000단위이므로 제품생산에는 별다른 문제가 없을 것으로 예상하고 있다. 20×2년의 변동제조원가는 직접노동시간을 제외하고 20×1년과 동일하게 발생할 것으로 예상하고 있으며, 회사는 직접노동시간을 기준으로 변동제조간접비를 배부한다. 고정제조간접비는 전년도 금액을 예산으로 설정하고, 생산단위를 기준으로 배부하는데 2,000단위를 기준조업도로 설정하고 있다.

요구사항

1. 회사는 동종업계의 경험으로 보아 20×2년의 제품생산에 전년도의 생산을 포함하여 80%의 학습효과가 나타날 것으로 예상하고 있다. 회사가 제품의 표준원가를 산정할 때 20×1년의 원가자료와 학습효과를 고려하여 설정하는 경우 20×2년의 주문량 2,100단위의 생산에 소요되는 20×2년의 총표준노동시간 및 단위당 표준원가는 얼마인가?
2. 20×2년에 발생한 실제 직접노무비는 ₩2,275,000이며 실제노동시간은 35,000시간이 소요되었다. 직접노무비 차이를 분석하시오.

3. 20×2년에 발생한 실제 변동제조간접비는 ₩4,500,000이며 고정제조간접비는 ₩900,000이다. 제조간접비 차이를 분석하시오.

해설

1. 20×2년의 단위당 표준원가

(1) 직접노동시간의 계산

누적생산량	평균시간	총시간
300	30	9,000
600	30×0.8=24	14,400
1,200	24×0.8=19.2	23,040
2,400	19.2×0.8=15.36	36,864

2,100단위의 제품을 생산하는 데 소요되는 시간은 36,864hr−9,000hr=27,864hr이다.

(2) 단위당 표준원가

직 접 재 료 비	₩100×20kg =	₩2,000
직 접 노 무 비	$₩60 \times \frac{27,864hr}{2,100단위} =$	796
변 동 제 조 간 접 비	$₩120 \times \frac{27,864hr}{2,100단위} =$	1,592
고 정 제 조 간 접 비	$\frac{₩1,000,000}{2,000단위} =$	500
계		₩4,888

2. 직접노무비 원가차이분석

AP×AQ	SP×AQ	SP×SQ
=₩2,275,000	@60×35,000hr =₩2,100,000	@60×27,864hr =₩1,671,840

임률차이 ₩175,000U　　능률차이 ₩428,160U

3. 제조간접비 차이분석

(1) 변동제조간접비 차이분석

AP×AQ	SP×AQ	SP×SQ
=₩4,500,000	@120×35,000hr =₩4,200,000	@120×27,864hr =₩3,343,680

예산차이 ₩300,000U　　능률차이 ₩856,320U

(2) 고정제조간접비 차이분석

실제 발생액	고정제조간접비예산	고정제조간접비 표준배부액
₩900,000	₩1,000,000	@500×2,100단위 =₩1,050,000

예산차이 ₩100,000F　　조업도차이 ₩50,000F

문제 8. 직접재료비와 직접노무비 원가차이분석

㈜팔공산업은 표준원가제도를 적용하여 원가계산을 하고 있다. 다음은 회사의 표준원가관련자료이다.

구 분	표준원가
직 접 재 료 비	3kg×₩10= ₩30
직 접 노 무 비	2hr×₩20= 40

회사는 당기초에 40% 완성된 재공품 1,000단위가 있었고 당기 중 14,000단위를 투입하여 12,000단위를 완성하였다. 기말재공품의 완성도는 50%이다. 재료는 공정초에 전량 투입되고 가공비는 공정전체를 통하여 균등하게 발생한다.

다음은 20×1년 8월의 원가관련자료이다.

원재료			노무비
기초재료	@11.0×5,000kg=	₩55,000	24,700hr ₩469,300
8/5 구입	@12.0×27,500kg=	330,000	
8/20 구입	@12.5×10,000kg=	125,000	
		₩510,000	
기말재료	3,000kg		

회사는 재고자산을 선입선출법에 의하여 평가하고 있다.

요구사항

1. 직접재료비 구입가격차이와 수량차이를 분석하시오.
2. 직접재료비 가격차이와 수량차이를 분석하시오.
3. 직접노무비 임률차이와 능률차이를 분석하시오.

해설

1. 직접재료비 구입가격차이와 수량차이

(1) 완성품환산량의 계산

		완성품환산량	
		재료비	가공비
완 성 품			
기초재공품완성	1,000(40%)	–	600
당기투입완성	11,000	11,000	11,000
기 말 재 공 품	3,000(50%)	3,000	1,500
	15,000	14,000	13,100

(2) 차이분석

$AP \times AQ_p$	$SP \times AQ_p$
@12×27,500kg= ₩330,000	@10×37,500kg= ₩375,000
@12.5×10,000kg= 125,000	
₩455,000	₩375,000

구입가격차이
₩80,000U

$SP \times AQ_u$	$SP \times SQ$
@10×39,500kg* = ₩395,000	@10×(14,000×3kg) = ₩420,000

수량차이
₩25,000F

* 39,500kg = 5,000kg + 37,500kg − 3,000kg

2. 직접재료비 가격차이와 수량차이

$AP \times AQ_u$	$SP \times AQ_u$	$SP \times SQ$
@11×5,000kg= ₩55,000	@10×39,500kg* = ₩395,000	@10×(14,000×3kg) = ₩420,000
@12×27,500kg= 330,000		
@12.5×7,000kg= 87,500		
(39,500kg) ₩472,500	₩395,000	₩420,000

가격차이
₩77,500U

수량차이
₩25,000F

3. 직접노무비 임률차이와 능률차이

AP×AQ	SP×AQ	SP×SQ
₩469,300	@20×24,700hr = ₩494,000	@20×(13,100×2hr) = ₩524,000

임률차이	수량차이
₩24,700F	₩30,000F

문제 9. 원가차이의 조정

20×1년 영업을 개시한 ㈜홍은산업은 표준원가계산제도를 적용하고 있으며 20×1년말 분석된 원가차이는 다음과 같다.

	가격차이	능률차이	조업도차이	총차이
직접재료비	₩10,000U	₩20,000F	–	₩10,000F
직접노무비	4,000U	2,000U	–	6,000U
변동제조간접비	5,000F	10,000U	–	5,000U
고정제조간접비	1,000F	–	10,000F	11,000F
계				₩10,000F

회사는 모든 원가차이를 사용시점에서 분리하였으며 단위당 표준재료비는 ₩200, 단위당 표준가공비는 ₩300이다. 재료는 공정초 전량 투입되며 가공비는 공정 전체를 통하여 균등하게 발생한다. 20×1년말 각 계정과 관련된 자료는 다음과 같다.

구 분	물량단위	가공비 완성도
기말재공품	2,000	1/6
기말제품	2,000	
매출원가	5,000	

당기 중 매출액은 ₩3,000,000이다.

요구사항

총원가기준 비례배분법을 적용하여 각각 다음의 요구사항에 답하시오.

1. 20×1년 말 회계처리
2. 20×1년 손익계산서
3. 20×2년 기초재수정분개

해설

1. 20×1년말 회계처리

(1) 각 계정금액의 계산

구 분	재 공 품		제 품		매 출 원 가	
재 료 비	2,000×@200=	₩400,000	2,000×@200=	₩400,000	5,000×@200=	₩1,000,000
가 공 비	2,000×1/6×@300=	100,000	2,000×@300=	600,000	5,000×@300=	1,500,000
		₩500,000		₩1,000,000		₩2,500,000
배분비율		12.5%		25%		62.5%

(2) 원가차이 배분

	재공품 (12.5%)	제품 (25%)	매출원가 (62.5%)	계
직접재료비 가격차이	₩1,250	₩2,500	₩6,250	₩10,000U
직접재료비 수량차이	(2,500)	(5,000)	(12,500)	20,000F
직접노무비 임률차이	500	1,000	2,500	4,000U
직접노무비 능률차이	250	500	1,250	2,000U
변동제조간접비 예산차이	(625)	(1,250)	(3,125)	5,000F
변동제조간접비 능률차이	1,250	2,500	6,250	10,000U
고정제조간접비 예산차이	(125)	(250)	(625)	1,000F
고정제조간접비 조업도차이	(1,250)	(2,500)	(6,250)	10,000F
	(₩1,250)	(₩2,500)	(₩6,250)	₩10,000F

(3) 회계처리

(차)		(대)	
직접재료비 수량차이	20,000	매출원가	6,250
변동제조간접비 예산차이	5,000	제 품	2,500
고정제조간접비 예산차이	1,000	재 공 품	1,250
고정제조간접비 조업도차이	10,000	직접재료비 가격차이	10,000
		직접노무비 임률차이	4,000
		직접노무비 능률차이	2,000
		변동제조간접비 능률차이	10,000

2. 손익계산서

Ⅰ. 매 출 액		₩3,000,000
Ⅱ. 매 출 원 가		
1. 표 준 매 출 원 가	₩2,500,000	
2. 원 가 차 이	(6,250)	2,493,750
Ⅲ. 매 출 총 이 익		₩506,250

3. 후속회계연도의 기초재수정분개

(차)		(대)	
제 품	2,500	직접재료비 수량차이	7,500
재공품	1,250	변동제조간접비 예산차이	1,875
직접재료비 가격차이	3,750	고정제조간접비 예산차이	375
직접노무비 임률차이	1,500	고정제조간접비 조업도차이	3,750
직접노무비 능률차이	750		
변동제조간접비 능률차이	3,750		

문제 10. 구입가격차이의 비례배분-유리한 수량차이

20×1년 영업을 개시한 ㈜동강산업은 표준원가계산제도를 적용하고 있으며 20×1년말 분석된 원가차이는 다음과 같다.

	가격차이	능률차이	조업도차이	총차이
직접재료비	₩200,000U	₩100,000F	-	₩100,000U
직접노무비	100,000U	0	-	100,000U
변동제조간접비	50,000U	0	-	50,000U
고정제조간접비	0	-	₩50,000U	50,000U
계				₩300,000U

직접재료는 구입시점에서 가격차이를 분리하고 나머지 차이는 모두 사용시점에서 분리하였다. 20×1년말 표준원가로 계산된 각 계정의 금액은 다음과 같다.

	원재료	재공품	제품	매출원가	합 계
직접재료비	₩300,000	₩200,000	₩250,000	₩350,000	₩1,100,000
가 공 비	-	200,000	300,000	500,000	1,000,000
계	₩300,000	₩400,000	₩550,000	₩850,000	₩2,100,000

당기 중 매출액은 ₩1,000,000이다.

요구사항

1. 원가요소기준 비례배분법을 적용하여 원가차이를 회계처리하고 손익계산서를 작성하시오.
2. 후속회계연도의 기초재수정분개를 하시오.

해설

1. 원가차이의 비례배분

	원재료	재료수량차이	재공품	제품	매출원가	합 계
직 접 재 료 비	₩300,000	(₩100,000)	₩200,000	₩250,000	₩350,000	₩1,000,000
구입가격차이배분비율	30%	(10%)	20%	25%	35%	100%
직 접 재 료 비	–	–	₩200,000	₩250,000	₩350,000	₩800,000
수 량 차 이 배 분 비 율	–	–	25%	31.25%	43.75%	100%
가 공 비	–	–	₩200,000	₩300,000	₩500,000	₩1,000,000
가 공 비 배 분 비 율	–	–	20%	30%	50%	100%
직접재료비구입가격차이	₩60,000	(₩20,000)	₩40,000	₩50,000	₩70,000	₩200,000U
		20,000	(5,000)	(6,250)	(8,750)	–
직접재료비수량차이			(25,000)	(31,250)	(43,750)	100,000F
직접노무비임률차이			20,000	30,000	50,000	100,000U
변동제조간접비예산차이			10,000	15,000	25,000	50,000U
고정제조간접비조업도차이			10,000	15,000	25,000	50,000U
	₩60,000	–	₩50,000	₩72,500	₩117,500	₩300,000U

2. 회계처리

(차)		(대)	
매출원가	117,500	직접재료비 구입가격차이	200,000
제 품	72,500	직접노무비 임률차이	100,000
재 공 품	50,000	변동제조간접비 예산차이	50,000
원 재 료	60,000	고정제조간접비 조업도차이	50,000
직접재료비 수량차이	100,000		

3. 손익계산서

Ⅰ. 매 출 액		₩1,000,000
Ⅱ. 매 출 원 가		
1. 표 준 매 출 원 가	₩850,000	
2. 원 가 차 이	117,500	967,500
Ⅲ. 매 출 총 이 익		₩32,500

4. 후속회계연도의 기초재수정분개

기초재수정분개의 대상은 다음의 배분내역 중에서 실선 내의 금액이다.

	원재료	재료수량차이	재공품	제품	매출원가	합 계
직접재료비구입가격차이	₩60,000	(₩20,000)	₩40,000	₩50,000	₩70,000	₩200,000U
		20,000	(5,000)	(6,250)	(8,750)	−
직접재료비수량차이			(25,000)	(31,250)	(43,750)	100,000F
직접노무비임률차이			20,000	30,000	50,000	100,000U
변동제조간접비예산차이			10,000	15,000	25,000	50,000U
고정제조간접비조업도차이			10,000	15,000	25,000	50,000U
	₩60,000	−	₩50,000	₩72,500	₩117,500	₩300,000U

(차)		(대)	
직접재료비 구입가격차이	138,750*	제 품	72,500
직접노무비 임률차이	50,000	재공품	50,000
변동제조간접비 예산차이	25,000	원재료	60,000
고정제조간접비 조업도차이	25,000	직접재료비 수량차이	56,250

* ₩138,750 = ₩60,000 + 40,000 + 50,000 − 5,000 − 6,250 (푸른색 부분)

제3편

제품원가범위별 원가계산제도

제7장 전부원가계산과 변동원가계산

제1절 제품원가의 범위에 따른 원가계산제도

1. 전부원가계산과 변동원가계산의 의의

원가는 제조원가와 비제조원가로 구분되고, 제조원가는 직접재료비·직접노무비·제조간접비(변동제조간접비와 고정제조간접비)로 구분되어 재공품을 거쳐 제품의 원가를 구성하며 제품이 판매될 때 매출원가로 인식된다. 비제조원가는 제품의 원가를 구성하지 않으므로 판매비와 관리비로 하여 해당 회계기간의 비용으로 처리한다(손익계산서를 기능별 분류법으로 작성하는 경우).

〈원가의 흐름〉

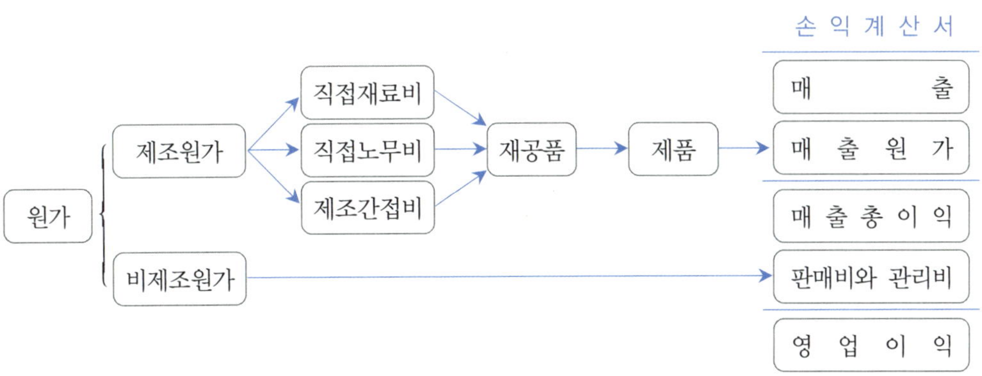

원가분류체계 및 흐름에 대한 이러한 설명은 사실 후술하게 되는 전부원가계산제도의 논리에 따라 서술된 것이다. 왜냐하면 한국채택국제회계기준(K-IFRS)에서는 전부원가계산제도를 채택하고 있기 때문이며 또한 원가를 처음 접하는 입장에서는 재무제표와의 연계성을 고려하여야 하기 때문이다.

하지만 원가계산제도는 제품원가에 어떤 원가를 포함시킬 것인가에 따라 전부원가계산과 변동원가계산으로 분류된다.

(1) 전부원가계산(absorption costing, 흡수원가계산)

전통적인 원가계산방법으로 원가를 기능별로 구분하여 접근하는 원가계산제도이다. 즉 생산 및 제조의 기능을 가진 제조원가(manufacturing cost)를 제품원가(product cost)로 보고 제품의 제조 및 생산과 관련된 모든 원가(직접재료비·직접노무비·변동제조간접비·고정제조간접비)를 제품원가에 포함시킨다. 반면, 판매 및 관리의 기능을 가진 비제조원가를 기간원가(period cost)로 분류, 발생하는 즉시 기간비용으로 처리한다. 따라서 제품원가에는 직접재료비·직접노무비·변동제조간접비·고정제조간접비가 모두 포함되고, 기간원가(기간비용)에는 판매비와 관리비가 포함된다. 전부원가계산에서 사용되는 원가의 기능별 접근법(functional approach)은 한국채택국제회계기준(K-IFRS)에서 인정되고 있는 방법이므로 재무제표 작성의 가장 기본적인 원가분류체계이지만 기업이 관리회계적 필요성에 의하여 의사결정 및 성과평가를 하기에는 비효과적인 분류체계라 할 수 있다.

(2) 변동원가계산(variable costing)

제조원가를 변동원가와 고정원가로 구분하여 변동제조원가만을 제품원가에 포함시키고 고정제조원가는 기간비용으로 처리한다. 따라서 제품원가에는 직접재료비·직접노무비·변동제조간접비가 포함되고 고정제조간접비와 판매관리비는 기간비용으로 처리된다. 변동원가계산은 뒤에서 다루게 되는 의사결정회계와 성과평가회계에서 사용하는 중요한 원가계산제도로서 내부관리목적의 회계시스템에서 주로 사용되고 있다. 그러나 한국채택국제회계기준(K-IFRS)에서는 인정되지 않으므로 외부공표용 재무제표를 작성하는 데에는 적용되지 않는다.

현실적으로는 원가계산시스템이 상당히 정교한 회사의 경우에만 내부관리목적으로 적용이 가능한 방법이라 할 수 있다.

구 분	전부원가계산	변동원가계산
직 접 재 료 비	○	○
직 접 노 무 비	○	○
변동제조간접비	○	○
고정제조간접비	○	×

제품원가는 원가의 발생 후 판매시점에서 비용화되는 원가이며 기간원가(기간비용)는 원가의 발생 즉시 비용화되는 원가이므로 고정제조간접비를 제품원가로 분류하는 전부원가계산과 기간비용으로 분류하는 변동원가계산은 고정제조간접비의 비용인식에 대한 기간귀속시기의 차이로 인하여 이익에서도 차이가 난다.

전부원가계산과 변동원가계산의 차이를 그림으로 나타내면 다음과 같다.

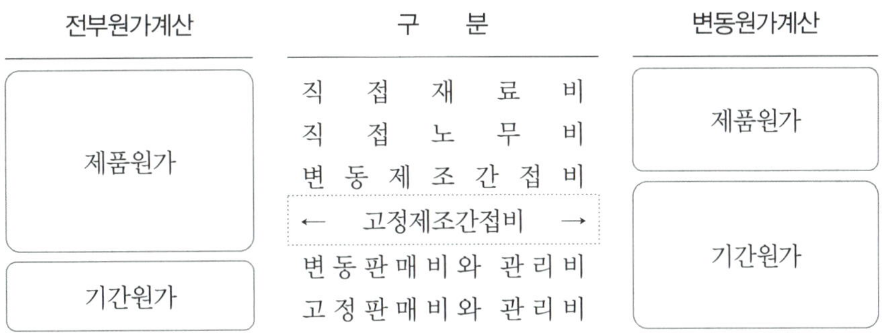

2. 변동원가계산의 손익계산서

전부원가계산의 손익계산서에서는 원가를 기능별로 분류(functional approach), 생산 및 제조의 기능을 가진 원가는 제조원가라고 하여 재공품과 제품계정을 거쳐 '매출원가'로, 판매 및 관리의 기능을 가진 비제조원가는 '판매비와 관리비'로 구분한다. 전부원가계산의 이러한 원가구분에 따라 손익계산서는 매출액에서 매출원가를 차감하여 매출총이익을 계산하고 판매비와 관리비를 차감하여 영업이익을 계산한다.

한편, 변동원가계산의 손익계산서에서는 원가를 조업도와의 관련성에 따라 변동비와 고정비로 구분하는데, '변동비'에는 변동제조원가(직접재료비 · 직접노무비 · 변동제조간접비)와 변동판매관리비가 포함되고 '고정비'에는 고정제조간접비와 고정판매관리비가 포함된다. 이러한 원가분류체계에 따라 변동원가계산의 손익계산서는 매출에서 변동비를 차감하여 공헌이익을 계산하고 고정비를 차감하여 영업이익을 산출한다. 이러한 손익계산서를 '공헌이익 손익계산서(contribution margin approach income statement)'라 한다. 이하 각각의 손익계산서를 살펴보면 다음과 같다.

전부원가계산 (전통적 손익계산서)			변동원가계산 (공헌이익 손익계산서)		
매출액		×××	매출액		×××
매출원가			변동비		
기초제품재고액	×××		변동제조원가	×××	
당기제품제조원가	×××		변동판매관리비	×××	×××
계	×××		공헌이익		×××
기말제품재고액	×××	×××	고정비		
매출총이익		×××	고정제조원가	×××	
판매관리비		×××	고정판매관리비	×××	×××
영업이익		×××	영업이익		×××

다음의 예제를 통하여 전부원가계산과 변동원가계산에 대하여 살펴보도록 한다.

예제 01 손익계산서의 작성

회사는 20×1년 처음으로 제품을 생산·판매하기 시작하였다. 제품 8,000단위를 생산하여 모두 판매하였으며 20×1년의 원가자료는 다음과 같다.

	단위당 변동비	고정비
직접재료비	₩3	–
직접노무비	2	–
제조간접비	5	₩16,000
판매관리비	4	36,000

제품의 단위당 판매가격은 ₩25이며 기초 및 기말재공품 재고는 없다.

요구사항

1. 전부원가계산에 의한 손익계산서를 작성하시오.
2. 변동원가계산에 의한 손익계산서를 작성하시오.

해설

1. 전부원가계산 손익계산서

매출액	8,000×@25=	₩200,000
매출원가	8,000×@10* +16,000=	96,000
매출총이익		104,000
판매관리비	8,000×@4+36,000=	68,000
영업이익		₩36,000

* @10=@3+@2+@5

2. 변동원가계산 손익계산서

매출액	8,000×@25=		₩200,000
변동비			
변동매출원가	8,000×@10*=	80,000	
변동판매관리비	8,000×@4=	32,000	112,000
공헌이익			88,000
고정비			
고정제조간접비		16,000	
고정판매관리비		36,000	52,000
영업이익			₩ 36,000

* @10=@3+@2+@5

제2절 변동원가계산과 전부원가계산의 영업이익

1. 회계기간별 생산량이 일정한 경우

변동원가계산에서는 고정제조간접비를 기간비용으로 취급하므로 고정제조간접비를 제품원가로 분류하는 전부원가계산과는 비용인식의 기간귀속시기에 따라 영업이익의 차이가 발생한다. 전부원가계산에서는 발생한 고정제조간접비 중 기말재고자산(제품과 재공품)에 배부된 금액은 비용화되지 않고 자산화되므로 동액만큼 전부원가계산의 영업이익이 변동원가계산의 영업이익보다 커지게 된다. 한편, 기초재고자산에 배부된 고정제조간접비가 영업이익에 미치는 영향은 기말재고자산에 배부된 고정제조간접비와는 반대이므로 전부원가계산의 영업이익과 변동원가계산의 영업이익의 차이를 조정하여 주는 공식은 다음과 같다.

> 전부원가계산 영업이익＝변동원가계산 영업이익＋기말재고의 고정제조원가
> －기초재고의 고정제조원가

한편, 위의 공식은 다음과 같이 계산되기도 한다.

> 전부원가계산 영업이익－변동원가계산 영업이익
> ＝기말재고의 고정제조원가－기초재고의 고정제조원가
> 전부원가계산 영업이익－변동원가계산 영업이익
> ＝(기말재고수량－기초재고수량)×단위당 고정제조원가

예제 02 영업이익의 조정

회사는 20×2년 제품 8,000단위를 생산하여 7,000단위를 단위당 ₩25에 판매하였다. 20×2년의 원가자료는 다음과 같다.

	단위당 변동비	고 정 비
직 접 재 료 비	₩3	₩ －
직 접 노 무 비	2	－
제 조 간 접 비	5	16,000
판 매 관 리 비	4	36,000

기초제품재고는 없었으며 재공품은 없는 것으로 가정한다.

요구사항

1. 전부원가계산에 의한 손익계산서를 작성하시오.
2. 변동원가계산에 의한 손익계산서를 작성하시오.
3. 전부원가계산 영업이익과 변동원가계산 영업이익의 차이를 설명하시오.

해설

1. 전부원가계산 손익계산서

매출액	7,000×@25=		₩175,000
매출원가			
기초제품재고액		–	
당기제품제조원가	8,000×@10+16,000=	96,000	
계		96,000	
기말제품재고액	1,000×@12*=	12,000	84,000
매출총이익			91,000
판매관리비	7,000×@4+36,000=		64,000
영업이익			₩27,000

* $@12 = @10 + \frac{₩16,000}{8,000단위}$

2. 변동원가계산 손익계산서

매출액	7,000×@25=		₩175,000
변동비			
변동매출원가			
기초제품재고액		–	
당기제품제조원가	8,000×@10=	80,000	
계		80,000	
기말제품재고액	1,000×@10=	10,000	
		70,000	
변동판매관리비	7,000×@4=	28,000	98,000
공헌이익			77,000
고정비			
고정제조간접비		16,000	
고정판매관리비		36,000	52,000
영업이익			₩25,000

3. 전부원가계산과 변동원가계산의 영업이익조정

변동원가계산 영업이익		₩25,000
(+)기말제품에 배부된 고정제조간접비	1,000×@2=	2,000
(−)기초제품에 배부된 고정제조간접비		−
전부원가계산 영업이익		₩27,000

* $@2 = \frac{₩16,000}{8,000단위}$

변동원가계산에서는 고정제조간접비 ₩16,000이 모두 당기비용으로 처리되었으나 전부원가계산에서는 고정제조간접비 ₩16,000 중 판매된 7,000단위에 해당하는 고정제조간접비 ₩14,000(@2×7,000단위)이 비용화되고 기말제품재고 1,000단위에 배부된 고정제조간접비 ₩2,000(@2×1,000단위)은 자산으로 남아 있다. 따라서 전부원가계산의 영업이익이 변동원가계산의 영업이익보다 ₩2,000만큼 많다.

〈고정제조간접비의 비용화〉

전부원가계산		변동원가계산	
기초제품 −	판매 7,000단위 (매출원가) (₩14,000)	기초제품 −	판매 7,000단위
당기생산 8,000단위 (₩16,000)	기말제품 1,000단위 (₩2,000)	당기생산 8,000단위 (₩16,000) ↓ 전액비용화	기말제품 1,000단위

예제 03 영업이익의 조정

예제 2의 원가자료를 이용하여 다음에 답하시오.

회사는 20×3년 제품 8,000단위를 생산하여 기초제품재고 1,000단위와 함께 9,000단위를 단위당 ₩25에 판매하였다. 재공품은 없는 것으로 가정한다.

요구사항

1. 전부원가계산에 의한 손익계산서를 작성하시오.
2. 변동원가계산에 의한 손익계산서를 작성하시오.
3. 전부원가계산 영업이익과 변동원가계산 영업이익의 차이를 설명하시오.

해설

1. 전부원가계산 손익계산서

매출액	9,000×@25=		₩225,000
매출원가			
기초제품재고액	1,000×@12*=	12,000	
당기제품제조원가	8,000×@10+16,000=	96,000	
계		108,000	
기말제품재고액		−	108,000
매출총이익			117,000
판매관리비	9,000×@4+36,000=		72,000
영업이익			₩45,000

* $@12 = @10 + \frac{₩16,000}{800단위}$

2. 변동원가계산 손익계산서

매출액	9,000×@25=		₩225,000
변동비			
변동매출원가			
기초제품재고액	1,000×@10=	10,000	
당기제품제조원가	8,000×@10=	80,000	
계		90,000	
기말제품재고액		−	
		90,000	
변동판매관리비	9,000×@ 4=	36,000	126,000
공헌이익			99,000
고정비			
고정제조간접비		16,000	
고정판매관리비		36,000	52,000
영업이익			₩ 47,000

3. 전부원가계산과 변동원가계산의 영업이익 조정

변동원가계산 영업이익		₩47,000
(+)기말제품에 배부된 고정제조간접비		–
(−)기초제품에 배부된 고정제조간접비	1,000×@2=	2,000
전부원가계산 영업이익		₩45,000

변동원가계산에서는 고정제조간접비 ₩16,000이 모두 당기비용으로 처리되었으나 전부원가계산에서는 기초재고의 고정제조간접비 ₩2,000과 당기발생 고정제조간접비 ₩16,000(∵모두 판매되었으므로)의 합계 ₩18,000이 비용화되었다. 따라서 전부원가계산의 영업이익이 변동원가계산의 영업이익보다 ₩2,000만큼 적다.

〈고정제조간접비의 비용화〉

전부원가계산		변동원가계산	
기초제품 1,000단위 (₩2,000)	판 매 9,000단위 (매출원가) (₩18,000)	기초제품 1,000단위	판 매 9,000단위
당기생산 8,000단위 (₩16,000)	기말제품 –	당기생산 8,000단위 (₩16,000) ↓ 전액비용화	기말제품 –

앞의 예제 2, 3에서 2년간의 영업이익과 비용화된 고정제조간접비를 비교하면 다음과 같다.

	영업이익		비용화된 고정제조간접비	
	전부원가계산	변동원가계산	전부원가계산	변동원가계산
20×2년	₩27,000	₩25,000	₩14,000	₩16,000
20×3년	45,000	47,000	18,000	16,000
계	₩72,000	₩72,000	₩32,000	₩32,000

전부원가계산과 변동원가계산의 영업이익은 매 회계기간별로는 차이가 나지만 2개 연도의 영업이익의 합계는 동일하다는 것을 알 수 있다. 결국 양자의 영업이익의 차이는 재고수량의 변동으로 인한 것이므로 장기간으로 보면 양자의 영업이익은 동일하게 된다.

전부원가계산과 변동원가계산의 영업이익의 차이는 고정제조간접비의 비용화의 차이이며 이는 재고수량에 따른 차이이다. 따라서 재고수량의 변화, 즉 생산량과 판매량의 변화에 따른 영업이익의 변화를 정리하면 다음과 같다. 단, 기초재고에 포함된 단위당 고정제조간접비와 당기의 단위당 고정제조간접비는 같다고 가정한다.

■ 생산량이 판매량을 초과하는 경우(기말재고 > 기초재고)

변동원가계산에서는 당기고정제조간접비를 전액 기간비용으로 처리하는 반면, 전부원가계산에는 당기고정제조간접비의 일부를 기말재고에 포함시켜 차기 이후로 이연시키기 때문에 전부원가계산의 영업이익이 변동원가계산의 영업이익보다 크다.

■ 판매량이 생산량을 초과하는 경우(기말재고 < 기초재고)

전부원가계산에서는 기초재고에 포함되어 있던 전기의 고정제조간접비의 일부와 당기에 발생한 고정제조간접비가 비용화되는 반면, 변동원가계산에서는 당기에 발생한 고정제조간접비만 비용으로 처리되므로 전부원가계산의 영업이익이 변동원가계산의 영업이익보다 적다.

■ 생산량과 판매량이 동일한 경우

전부원가계산의 영업이익과 변동원가계산의 영업이익은 동일하다.

2. 회계기간별 생산량이 일정하지 않은 경우

앞에서 살펴본 내용은 매 회계기간의 생산량과 고정제조간접비가 동일한 경우이었다. 그러나 생산량이 매기 변동하는 경우에는 고정제조간접비가 동일하게 발생하여도 단위당 고정제조간접비가 달라지므로 전부원가계산과 변동원가계산의 영업이익은 단순히 재고수량에 의한 차이금액으로 계산할 수 없다. 따라서 기초재고에 포함된 고정제조간접비와 기말재고에 포함된 고정제조간접비의 금액으로 비교하도록 하여야 한다.

예제 04 회계기간별 생산량이 다른 경우의 영업이익 조정

20×1년초 영업을 개시한 회사는 20×1년 제품 10,000단위를 생산하여 6,000단위를 단위당 ₩25에 판매하였다. 20×1년의 원가자료는 다음과 같다.

	단위당 변동비	고 정 비
직 접 재 료 비	₩3	₩ –
직 접 노 무 비	2	–
제 조 간 접 비	5	20,000
판 매 관 리 비	4	30,000

한편, 20×2년에 원가는 전년과 동일하게 발생하였으나 4,000단위를 생산하여 6,000단위를 판매하였다. 재공품재고는 없으며 회사는 선입선출법을 적용한다.

요구사항

1. 전부원가계산에 의한 20×1년과 20×2년의 손익계산서를 작성하시오.
2. 변동원가계산에 의한 20×1년과 20×2년의 손익계산서를 작성하시오.
3. 전부원가계산 영업이익과 변동원가계산 영업이익의 차이를 설명하시오.
4. 전부원가계산과 변동원가계산에서 매년 비용화된 고정제조간접비를 계산하시오.

해설

1. 전부원가계산 손익계산서

	20×1년			20×2년		
매 출 액	6,000×@25=		₩150,000	6,000×@25=		₩150,000
매 출 원 가						
기초제품재고액		–		4,000×@12=	48,000	
당기제품제조원가	10,000×@10 +20,000=	120,000		4,000×@10 +20,000=	60,000	
기말제품재고액	4,000×@12* =	48,000	72,000	2,000×@15** =	30,000	78,000
매 출 총 이 익			78,000			72,000
판 매 관 리 비	6,000×@4+30,000=		54,000	6,000×@4+30,000=		54,000
영 업 이 익			₩24,000			₩18,000

* $@12 = @10 + \frac{₩20{,}000}{10{,}000\text{단위}}$　　** $@15 = @10 + \frac{₩20{,}000}{4{,}000\text{단위}}$

2. 변동원가계산 손익계산서

	20×1년			20×2년		
매 출 액	6,000×@25=		₩150,000	6,000×@25=		₩150,000
변 동 비						
변동매출원가						
기초제품재고액		–		4,000×@10=	40,000	
당기제품제조원가	10,000×@10=	100,000		4,000×@10=	40,000	
기말제품재고액	4,000×@10=	40,000		2,000×@10=	20,000	
		60,000			60,000	
변동판매관리비	6,000×@4=	24,000	84,000	6,000×@4=	24,000	84,000
공 헌 이 익			66,000			66,000
고 정 비	20,000+30,000=		50,000	20,000+30,000=		50,000
영 업 이 익			₩16,000			₩16,000

3. 전부원가계산과 변동원가계산의 영업이익 조정

	20×1년		20×2년	
변동원가계산 영업이익		₩16,000		₩16,000
(+)기말제품에 배부된 고정제조간접비	4,000×@2* =	8,000	2,000×@5** =	10,000
(−)기초제품에 배부된 고정제조간접비		–	4,000×@2 =	8,000
전부원가계산 영업이익		₩24,000		₩18,000

* $@2 = \frac{₩20,000}{10,000단위}$ ** $@5 = \frac{₩20,000}{4,000단위}$

4. 비용화된 고정제조간접비

(1) 전부원가계산

〈고정제조간접비의 비용화〉

20×1년		20×2년	
기초제품 –	판 매 6,000단위 (매출원가) (₩12,000)	기초제품 4,000단위 (₩8,000)	판 매 6,000단위 (매출원가) (₩18,000)
당기생산 10,000단위 (₩20,000)	기말제품 4,000단위 (₩8,000)	당기생산 4,000단위 (₩20,000)	기말제품 2,000단위 (₩10,000)

* ₩18,000=₩8,000+20,000−10,000

(2) 변동원가계산

〈고정제조간접비의 비용화〉

20×1년

차변		대변	
기초제품	–	판 매	6,000단위
당기생산	10,000단위 (₩20,000) ↓ 전액비용화	기말제품	4,000단위

20×2년

차변		대변	
기초제품	4,000단위	판 매	6,000단위
당기생산	4,000단위 (₩20,000) ↓ 전액비용화	기말제품	2,000단위

	비용화된 고정제조간접비			영 업 이 익		
	전부원가계산	변동원가계산	차이	전부원가계산	변동원가계산	차이
20×1년	₩12,000	₩20,000	(₩8,000)	₩24,000	₩16,000	₩8,000
20×2년	18,000	20,000	(2,000)	18,000	16,000	2,000

위의 예제 4에서 변동원가계산의 영업이익은 매년 ₩16,000으로 동일하지만 전부원가계산의 영업이익은 20×1년에 ₩24,000, 20×2년에 ₩18,000으로 감소하고 있다. 그 이유는 무엇일까?

변동원가계산에서는 고정제조간접비가 기간비용으로 처리되므로 영업이익은 오직 판매량에 의해서만 결정된다. 따라서 20×1년과 20×2년의 판매량이 6,000단위로 동일하므로 생산량의 감소와는 관계없이 변동원가계산의 영업이익은 ₩16,000으로 동일하게 나타난다. 그러나 전부원가계산에서는 고정제조간접비가 제품원가이므로 고정제조간접비를 생산량으로 나누어 제품에 배부하게 된다. 따라서 전부원가계산에서는 영업이익이 판매량뿐 아니라 생산량에 의해서도 결정된다. 20×1년과 20×2년의 판매량이 6,000단위로 동일하지만 생산량이 10,000단위에서 4,000단위로 감소하여 전부원가계산의 영업이익이 ₩24,000에서 ₩18,000으로 감소한 것은 전부원가계산의 영업이익이 생산량에 영향을 받는다는 것을 보여주고 있다.

이를 그림으로 설명하면 다음과 같다.

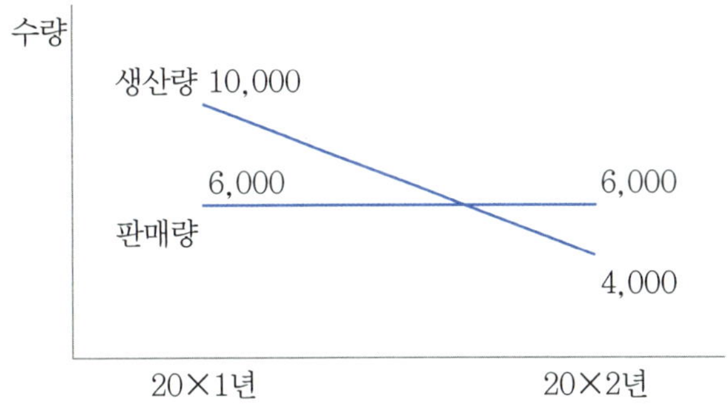

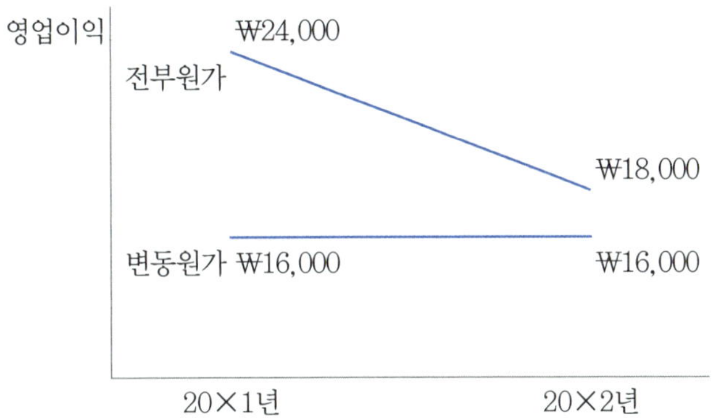

예제 05 회계기간별 생산량이 다른 경우의 영업이익 조정(평균법)

위의 예제 4의 자료를 이용하여 다음의 요구사항에 답하시오(단, 평균법을 적용할 것).

요구사항

1. 전부원가계산에 의한 20×2년의 손익계산서를 작성하시오.
2. 변동원가계산에 의한 20×2년의 손익계산서를 작성하시오.
3. 전부원가계산 영업이익과 변동원가계산 영업이익의 차이를 설명하시오.

해설

1. 전부원가계산 20×2년 손익계산서

매 출 액	6,000×@25=		₩150,000
매 출 원 가			
기초제품재고액	4,000×@12=	48,000	
당기제품제조원가	4,000×@10+20,000=	60,000	
기말제품재고액	2,000×@13.5*=	27,000	81,000
매 출 총 이 익			69,000
판 매 관 리 비	6,000×@4+30,000=		54,000
영 업 이 익			₩15,000

$$* \ @13.5 = @10 + \frac{₩8,000+20,000}{4,000단위+4,000단위}$$

2. 변동원가계산 20×2년 손익계산서

매 출 액	6,000×@25=		₩150,000
변 동 비			
변동매출원가			
기초제품재고액	4,000×@10=	40,000	
당기제품제조원가	4,000×@10=	40,000	
기말제품재고액	2,000×@10=	20,000	
		60,000	
변동판매관리비	6,000×@ 4=	24,000	84,000
공 헌 이 익			66,000
고 정 비	20,000+30,000=		50,000
영 업 이 익			₩16,000

3. 전부원가계산과 변동원가계산의 영업이익 조정

변동원가계산 영업이익		₩16,000
(+)기말제품에 배부된 고정제조간접비	2,000×@3.5*=	7,000
(−)기초제품에 배부된 고정제조간접비	4,000×@2=	8,000
전부원가계산 영업이익		₩15,000

$$* \ @3.5 = \frac{₩8,000+20,000}{4,000단위+4,000단위}$$

3. 변동원가계산과 전부원가계산의 비교

(1) 자산정의상의 차이

전부원가계산과 변동원가계산의 근본적인 차이점은 고정제조간접비의 기간귀속에 있다. 변동원가계산은 고정제조간접비 전액을 발생한 기간의 비용으로 처리하지만, 전부원가계산에서는 고정제조간접비를 제품이 판매되는 시점에서 비용으로 처리한다. 따라서 전부원가계산의 경우에는 판매되지 않은 제품에 포함되어 있는 고정제조간접비가 다음 회계기간까지 자산으로 이월된다. 전부원가계산과 변동원가계산의 이러한 차이는 고정제조간접비가 자산성을 가지고 있는가의 판단에 따라 기인하는 것이다.

전부원가계산에서는 자산을 미래용역잠재력을 갖고 있는 원가의 집합으로 정의한다. 따라서 고정제조간접비도 용역잠재력을 갖고 있는 원가라고 보아 자산으로 인정하는 것이며 이는 원가부착개념(cost-attach concept)에 논거를 둔다.

한편, 변동원가계산에서는 자산을 원가회피개념(cost-avoidance concept)에 근거하여 정의하는데 원가회피개념은 특정기간에 발생한 원가로 인해서 이후의 기간에 추가적인 원가가 발생하지 않으면 그 원가를 자산으로 간주하는 것이다. 따라서 특정기간의 고정제조간접비 발생이 후속되는 기간의 원가회피를 가져오지 못하므로 고정제조간접비는 자산으로 인정하지 않는 것이다.

(2) 이익에 대한 차이

변동원가계산은 기본적으로 원가를 변동비와 고정비로 구분하여 고정비는 제품원가로 인정하지 않고 기간비용으로 처리한다. 따라서 고정제조간접비가 제품에 배부되지 않으므로 변동원가계산의 이익은 생산량과는 관계가 없고 오직 판매량에 의해서만 결정된다. 결국 변동원가계산에서는 조업도로 인한 고정제조간접비의 배부문제가 발생하지 않는다.

전부원가계산에서는 고정제조간접비가 제품원가로 분류되므로 고정제조간접비를 생산량으로 나누어 제품에 배부한다. 이로 인하여 생산량에 따라 고정제조간접비 배부율이 달라지고 결국 이익은 생산량 및 판매량에 의하여 결정된다.

〈전부원가계산과 변동원가계산의 비교〉

구 분	전부원가계산	변동원가계산
주요목적	외부보고목적	내부관리목적
제품원가	• 직접재료비 • 직접노무비 • 변동제조간접비 • 고정제조간접비	• 직접재료비 • 직접노무비 • 변동제조간접비
기간원가	• 변동판매관리비 • 고정판매관리비	• 고정제조간접비 • 변동판매관리비 • 고정판매관리비
손익계산서양식	전통적 손익계산서	공헌이익 손익계산서
원가의분류방식	기능별 구분 ⇒제조·생산 및 판매·관리의 기능	조업도 관련 구분 ⇒변동비와 고정비
이익의결정요소	생산 및 판매량	판매량
조업도차이의발생	발생	발생하지 않음
영업이익의비교		
생산량>판매량(기말>기초)	전부원가이익이 큼	
생산량=판매량(기말=기초)	동일	동일
생산량<판매량(기말<기초)		변동원가이익이 큼

제3절 정상원가계산하의 변동원가계산과 전부원가계산

정상원가계산제도에서 직접재료비와 직접노무비는 실제원가로 계산하고 제조간접비는 예정배부액으로 계산하며, 실제 발생한 제조간접비와 예정배부된 제조간접비의 차이를 기말에 조정하는 것은 이미 살펴본 바와 같다. 실무적으로 정상원가계산제도는 많이 사용되고 있으나 일반적으로는 전부원가계산과 결합되어 사용되고 있다. 따라서 이번 절에는 정상원가계산이 변동원가계산과 결합되는 경우에 대하여 살펴보도록 한다. 일반적으로 사용되는 원가시스템은 아니지만 정상변동원가계산시스템을 사용하는 경우에는 다음과 같은 점에 주의하여야 한다.

1. 제조간접비 배부차이의 범위

정상원가계산제도하에서 변동원가계산을 적용하면 전부원가계산과는 달리 고정제조간접비를 제품에 배부하지 않기 때문에 고정제조간접비는 실제원가로 기간비용처리하고 변동제조간접비만 예정배부한다. 즉 정상변동원가계산에서는 고정제조간접비에 대한 배부차이는 발생하지 않으며 변동제조간접비 배부차이만 발생하게 된다. 반면, 정상전부원가계산하에서는 고정제조간접비가 제품원가로 분류되므로 변동제조간접비뿐 아니라 고정제조간접비도 예정배부되며 배부차이는 변동제조간접비뿐 아니라 고정제조간접비에 대한 배부차이도 발생하게 된다.

2. 제조간접비 배부차이의 조정

앞서 정상원가계산에서 제조간접비 배부차이의 조정방법은 매출원가조정법과 비례배분법이 있다고 설명하였다. 실무적으로는 대부분 비례배분법을 적용하므로 전부원가계산과 변동원가계산의 영업이익차이를 조정할 때 고정제조간접비 배부차이에 대하여 주의하여야 한다. 즉 전부원가계산에서 고정제조간접비 배부차이를 비례배분법을 사용하여 조정하면 재고자산에 배분된 고정제조간접비 배부차이는 비용화되지 않고 재고화되므로 전부원가계산과 변동원가계산의 영업이익의 차이는 기초재고와 기말재고에 배부된 고정제조간접비와 재고자산에 배분된 고정제조간접비 배부차이에 의하여 발생한다.

예제 06 정상원가계산에서 제조간접비 배부차이의 조정

회사는 20×2년 제품 8,000단위를 생산하여 7,000단위를 단위당 ₩25에 판매하였다. 20×2년의 원가자료는 다음과 같다.

	단위당 변동비
직 접 재 료 비	₩3
직 접 노 무 비	2
제 조 간 접 비	5
판 매 관 리 비	4

회사는 연초에 고정제조간접비 예산 ₩20,000과 제품생산량 10,000단위를 기준으로 제조간접비를 예정배부하기로 하였다. 기초제품재고는 없었으며 재공품은 없는 것으로 가정한다. 변동제조간접비는 예산과 동일하게 발생하여 배부되었으며 고정제조간접비는 ₩21,000이 발생하였다. 고정판매관리비는 발생하지 않았으며 회사는 제조간접비 배부차이를 원가요소기준 비례배분법을 사용하여 조정한다.

요구사항

1. 전부원가계산에 의한 손익계산서를 작성하시오.
2. 변동원가계산에 의한 손익계산서를 작성하시오.
3. 전부원가계산 영업이익과 변동원가계산 영업이익의 차이를 설명하시오.

해설

1. 전부원가계산 손익계산서

제조간접비 배부차이 = 고정제조간접비 실제발생액 − 고정제조간접비 예정배부액
= ₩21,000 − 8,000단위 × @2 = ₩5,000(과소배부)

제조간접비 배부차이의 비례배분 = 기말재공품 : 기말제품 : 매출원가
= 0 : 1,000단위 : 7,000단위
= 0 : ₩625 : ₩4,375

항목	계산	금액	합계
매 출 액	7,000×@25=		₩175,000
매 출 원 가			
정 상 매 출 원 가			
기 초 제 품 재 고 액		–	
당 기 제 품 제 조 원 가	8,000×@12=	96,000	
계		96,000	
기 말 제 품 재 고 액	1,000×@12=	12,000	
		84,000	
제조간접비 배부차이		4,375	88,375
매 출 총 이 익			86,625
판 매 관 리 비	7,000×@4=		28,000
영 업 이 익			₩58,625

2. 변동원가계산 손익계산서

항목	계산	금액	합계
매 출 액	7,000×@25=		₩175,000
변 동 비			
변 동 매 출 원 가			
기 초 제 품 재 고 액		–	
당 기 제 품 제 조 원 가	8,000×@10=	80,000	
계		80,000	
기 말 제 품 재 고 액	1,000×@10=	10,000	
		70,000	
변 동 판 매 관 리 비	7,000×@ 4=	28,000	98,000
공 헌 이 익			77,000
고 정 비			
고 정 제 조 간 접 비			21,000
영 업 이 익			₩56,000

3. 전부원가계산과 변동원가계산의 영업이익조정

변동원가계산 영업이익		₩56,000
(+) 기말제품에 배부된 고정제조간접비	1,000×@2=2,000	
기말제품에 배분된 제조간접비 배부차이	625	2,625
(−) 기초제품에 배부된 고정제조간접비	–	
기초제품에 배분된 제조간접비 배부차이	–	–
전부원가계산 영업이익		₩58,625

연습문제

문제 1. 영업이익의 조정

회사는 20×1년 제품 20,000단위를 생산하여 15,000단위를 단위당 ₩120에 판매하였다. 20×1년의 원가자료는 다음과 같다.

	단위당 변동비	고 정 비
직 접 재 료 비	₩20	₩ –
직 접 노 무 비	10	–
제 조 간 접 비	10	1,000,000
판 매 관 리 비	5	200,000

기초제품재고는 1,000단위이며 전기 고정제조간접비 발생액과 제품생산량은 당기와 동일하였다.

요구사항

1. 전부원가계산에 의한 손익계산서를 작성하시오.
2. 변동원가계산에 의한 손익계산서를 작성하시오.
3. 전부원가계산 영업이익과 변동원가계산 영업이익의 차이를 설명하시오.

해설

1. 전부원가계산 손익계산서

매 출 액	15,000×@120=		₩1,800,000
매 출 원 가			
기초제품재고액	1,000×@90=	90,000	
당기제품제조원가	20,000×@40+1,000,000=	1,800,000	
기말제품재고액	6,000×@90=	(540,000)	1,350,000
매 출 총 이 익			450,000
판 매 관 리 비	15,000×@5+200,000=		275,000
영 업 이 익			₩175,000

* $@90 = @40 + \dfrac{₩1,000,000}{20,000단위}$

2. 변동원가계산 손익계산서

매출액	15,000×@120=		₩1,800,000
변동비			
변동매출원가			
기초제품재고액	1,000×@40=	40,000	
당기제품제조원가	20,000×@40=	800,000	
기말제품재고액	6,000×@40=	240,000	
		600,000	
변동판매관리비	15,000×@ 5=	75,000	675,000
공헌이익			1,125,000
고정비			
고정제조간접비		1,000,000	
고정판매관리비		200,000	1,200,000
영업이익			₩75,000

3. 전부원가계산과 변동원가계산의 영업이익조정

전기 고정제조간접비발생액과 제품생산량이 당기와 동일하므로 단위당 고정제조간접비도 ₩50으로 당기와 동일하다.

변동원가계산 영업이익		(−)₩75,000
(+)기말제품에 배부된 고정제조간접비	6,000×@50=	300,000
(−)기초제품에 배부된 고정제조간접비	1,000×@50=	50,000
전부원가계산 영업이익		₩175,000

제3편 제품원가범위별 원가계산제도

문제 2. 영업이익의 조정–단위당 고정제조원가가 다른 경우

회사는 20×1년 제품 6,000단위를 생산하여 4,500단위를 단위당 ₩100에 판매하였다. 20×1년의 원가자료는 다음과 같다.

	단위당 변동비	고 정 비
직 접 재 료 비	₩30	₩ –
직 접 노 무 비	5	–
제 조 간 접 비	15	120,000
판 매 관 리 비	10	75,000

회사는 20×0년 사업을 개시하였으며 8,000단위를 생산하여 6,000단위를 판매하였다. 20×0년의 고정제조간접비는 20×1년과 동일하게 발생하였다.

요구사항

다음의 각 방법을 적용하여 전부원가계산과 변동원가계산에 의한 20×1년의 손익계산서를 작성하시오.

1. 선입선출법
2. 후입선출법
3. 평균법
4. 위의 1~3의 방법에 의한 전부원가계산과 변동원가계산의 영업이익을 조정하시오.

해설

1. 선입선출법

(1) 전부원가계산 손익계산서

매 출 액	4,500×@100=		₩450,000
매 출 원 가			
기초제품재고액	2,000×@65*=	130,000	
당기제품제조원가	6,000×@50+120,000=	420,000	
기말제품재고액	3,500×@70**=	245,000	305,000
매 출 총 이 익			145,000
판 매 관 리 비	4,500×@10+75,000=		120,000
영 업 이 익			₩25,000

* $@65=@50+\frac{₩120,000}{8,000단위}$ ** $@70=@50+\frac{₩120,000}{6,000단위}$

(2) 변동원가계산 손익계산서

항목	계산	금액	합계
매출액	4,500×@100=		₩450,000
변동비			
변동매출원가			
기초제품재고액	2,000×@50=	100,000	
당기제품제조원가	6,000×@50=	300,000	
기말제품재고액	3,500×@50=	175,000	
		225,000	
변동판매관리비	4,500×@10=	45,000	270,000
공헌이익			180,000
고정비			
고정제조간접비		120,000	
고정판매관리비		75,000	195,000
영업이익			₩15,000

2. 후입선출법

(1) 전부원가계산 손익계산서

항목	계산	금액	합계
매출액	4,500×@100=		₩450,000
매출원가			
기초제품재고액	2,000×@65=	130,000	
당기제품제조원가	6,000×@50+120,000=	420,000	
기말제품재고액	2,000×@65+1,500×@70=	235,000	315,000
매출총이익			135,000
판매관리비	4,500×@10+75,000=		120,000
영업이익			₩15,000

(2) 변동원가계산 손익계산서

매 출 액	4,500×@100=		₩450,000
변 동 비			
변동매출원가			
기초제품재고액	2,000×@50=	100,000	
당기제품제조원가	6,000×@50=	300,000	
기말제품재고액	3,500×@50=	175,000	
		225,000	
변동판매관리비	4,500×@10=	45,000	270,000
공 헌 이 익			180,000
고 정 비			
고정제조간접비		120,000	
고정판매관리비		75,000	195,000
영 업 이 익			(−)₩15,000

3. 평균법

(1) 전부원가계산 손익계산서

매 출 액	4,500×@100=		₩450,000
매 출 원 가			
기초제품재고액	2,000×@65=	130,000	
당기제품제조원가	6,000×@50+120,000=	420,000	
기말제품재고액	3,500×@68.75*=	240,625	309,375
매 출 총 이 익			140,625
판 매 관 리 비	4,500×@10+75,000=		120,000
영 업 이 익			₩20,625

* $@68.75 = @50 + \dfrac{₩30,000 + 120,000}{2,000단위 + 6,000단위}$

(2) 변동원가계산 손익계산서

매 출 액	4,500×@100 =		₩450,000
변 동 비			
변 동 매 출 원 가			
기 초 제 품 재 고 액	2,000×@50 =	100,000	
당 기 제 품 제 조 원 가	6,000×@50 =	300,000	
기 말 제 품 재 고 액	3,500×@50 =	175,000	
		225,000	
변 동 판 매 관 리 비	4,500×@10 =	45,000	270,000
공 헌 이 익			180,000
고 정 비			
고 정 제 조 간 접 비		120,000	
고 정 판 매 관 리 비		75,000	195,000
영 업 이 익			(−)₩15,000

4. 전부원가계산과 변동원가계산의 영업이익조정

	선입선출법		후입선출법		평균법	
변동원가계산 영업이익		(−)₩15,000		(−)₩15,000		(−)₩15,000
(+)기말제품 고정제조간접비	@20*×3,500=	70,000	@15×2,000+ @20×1,500=	60,000	@18.75**×3,500=	65,625
(−)기초제품 고정제조간접비	@15×2,000=	30,000	@15×2,000=	30,000	@15**×2,000=	30,000
전부원가계산 영업이익		₩25,000		₩15,000		₩20,625

* 당기생산분 : $@20=\frac{₩120,000}{6,000단위}$

** 전기생산분 : $@15=\frac{₩120,000}{8,000단위}$, $@18.75=\frac{₩30,000+120,000}{2,000단위+6,000단위}$

문제 3. 정상원가계산에서의 비교 – 재공품이 있는 경우(1)

정상종합원가계산을 사용하고 있는 회사의 X공정에서 원재료는 공정초에 전량 투입되며 가공비는 공정전반에 걸쳐 발생한다. 회사는 20×1년 제품 16,000단위를 생산하여 15,000단위를 단위당 ₩100에 판매하였다. 20×1년의 원가관련자료는 다음과 같다.

	20×1.1.1.	20×1.12.31.
재 공 품	3,000단위(20%)	4,000단위(75%)
제 품	1,000단위	2,000단위

제품단위당 직접재료비 ₩10, 직접노무비 ₩20이며 변동제조간접비 예정배부율은 ₩10/단위이고 고정제조간접비 예정배부율은 ₩20/단위이다. 20×1년 실제 발생한 변동제조간접비는 ₩200,000 고정제조간접비는 ₩400,000이다. 회사는 제조간접비 배부차이를 매출원가조정법을 사용하여 조정하며 재고자산은 선입선출법을 사용하여 평가하고 있다.

제품단위당 변동판매관리비는 ₩10, 고정판매관리비는 ₩70,000이다.

요구사항

1. 정상전부원가계산을 적용하여 완성품과 기말재공품원가를 계산하시오.
2. 전부원가계산에 의한 손익계산서를 작성하시오.
3. 변동원가계산에 의한 손익계산서를 작성하시오.
4. 전부원가계산 영업이익과 변동원가계산 영업이익의 차이를 설명하시오.

해설

1. 제조원가보고서

	물량흐름	완성품환산량 재료비	완성품환산량 가공비
당 기 완 성			
기 초 재 공 품	3,000 (20%)	0	2,400
당 기 착 수	13,000	13,000	13,000
기 말 재 공 품	4,000 (75%)	4,000	3,000
	20,000	17,000	18,400

			합 계
기초재공품원가			₩60,000*
당기발생원가	₩170,000	₩920,000	1,090,000
합 계			₩1,150,000
	÷17,000개	÷18,400개	
환산량단위당원가	@10	@50	@60

완성품원가	₩60,000+2,400×@50+13,000×@60=	₩960,000
기말재공품원가	4,000개×@10+3,000개×@50=	190,000
합 계		₩1,150,000

* 기초재공품원가 ₩60,000=3,000×@10+3,000×20%×@50

2. 전부원가계산 손익계산서

매출액	15,000×@100=		₩1,500,000
매출원가			
기초제품재고액	1,000×@60=	₩60,000	
당기제품제조원가	16,000×@60=	960,000	
계		1,020,000	
기말제품재고액	2,000×@60=	120,000	
정상매출원가		900,000	
제조간접비배부차이*		48,000	948,000
매출총이익			552,000
판매관리비	15,000×@10+70,000=		220,000
영업이익			₩332,000

* 제조간접비 배부차이

	실 제	예정배부액		배부차이
변동제조간접비	₩200,000	18,400개×@10=	₩184,000	₩16,000
고정제조간접비	400,000	18,400개×@20=	368,000	32,000
합 계	₩600,000		₩552,000	₩48,000

3. 변동원가계산 손익계산서

매 출 액	15,000×@100=		₩1,500,000
변 동 비			
변 동 매 출 원 가			
기 초 제 품 재 고 액	1,000×@40=	₩40,000	
당 기 제 품 제 조 원 가	16,000×@40=	640,000	
계		680,000	
기 말 제 품 재 고 액	2,000×@40=	80,000	
정 상 매 출 원 가		600,000	
변동제조간접비배부차이*		16,000	616,000
변 동 판 매 관 리 비	15,000×@10=		150,000
공 헌 이 익			734,000
고 정 비			
고 정 제 조 간 접 비		₩400,000	
고 정 판 매 관 리 비		70,000	470,000
영 업 이 익			₩264,000

* 제조간접비 배부차이

	실 제	예정배부액	배부차이
변동제조간접비	₩200,000	18,400개×@10= ₩184,000	₩16,000

4. 영업이익의 조정

변동원가계산에 의한 영업이익			₩264,000
(+) 기말재고에 포함된 고정제조간접비			
재공품 :	3,000개*×@20=	₩60,000	
제 품 :	2,000개×@20=	40,000	100,000
(−) 기초재고에 포함된 고정제조간접비			
재공품 :	600개**×@20=	12,000	
제 품 :	1,000개×@20=	20,000	(32,000)
전부원가계산에 의한 영업이익			₩332,000

* 3,000개=4,000개×75%

** 600개=3,000개×20%

문제 4. 정상원가계산에서의 비교－재공품이 있는 경우(2)

위의 문제 3에서 회사가 원가요소기준 비례배분법을 사용하여 제조간접비배부차이를 조정하는 경우 다음 요구사항에 답하시오. 다만, 기초재고에 포함된 전기 제조간접비 배부차이는 없는 것으로 가정한다.

요구사항

1. 전부원가계산에 의한 손익계산서를 작성하시오.
2. 변동원가계산에 의한 손익계산서를 작성하시오.
3. 전부원가계산 영업이익과 변동원가계산 영업이익의 차이를 설명하시오.

해설

1. 전부원가계산

(1) 제조간접비 배부차이의 배분

구 분	완성품 환산량	비율	배부차이 비례배분액		합 계
			변동제조간접비	고정제조간접비	
재 공 품	3,000	16.30%	₩2,608	₩5,216	₩7,824
제 품	2,000	10.87%	1,739	3,478	5,217
매출원가	13,400	72.83%	11,653	23,306	34,959
	18,400	100.0%	₩16,000	₩32,000	₩48,000

(2) 손익계산서

항목	계산	금액	합계
매출액	15,000×@100＝		₩1,500,000
매출원가			
기초제품재고액	1,000×@60＝	₩60,000	
당기제품제조원가	16,000×@60＝	960,000	
계		1,020,000	
기말제품재고액	2,000×@60＝	120,000	
정상매출원가		900,000	
제조간접비배부차이		34,959	934,959
매출총이익			565,041
판매관리비	15,000×@10＋70,000＝		220,000
영업이익			₩345,041

2. 변동원가계산

(1) 변동제조간접비 배부차이의 비례배분

구 분	완성품환산량	비율	배분액
재 공 품	3,000	16.30%	₩2,608
제 품	2,000	10.87%	1,739
매 출 원 가	13,400	72.83%	11,653
	18,400	100.0%	₩16,000

(2) 손익계산서

매출액	15,000×@100=		₩1,500,000
변동비			
변동매출원가			
기초제품재고액	1,000×@40=	₩40,000	
당기제품제조원가	16,000×@40=	640,000	
계		680,000	
기말제품재고액	2,000×@40=	80,000	
정상변동매출원가		600,000	
변동제조간접비배부차이		11,653	611,653
변동판매관리비	15,000×@10=		150,000
공헌이익			738,347
고정비			
고정제조간접비		₩400,000	
고정판매관리비		70,000	470,000
영업이익			₩268,347

3. 영업이익의 조정

변동원가계산에 의한 영업이익			₩268,347
(+) 기말재고에 포함된 고정제조간접비			
재공품 :	3,000개×@20=	₩60,000	
제　품 :	2,000개×@20=	40,000	100,000
(+) 기말재고에 포함된 고정제조간접비 배부차이			
재공품 :		5,216	
제　품 :		3,478	8,694
(−) 기초재고에 포함된 고정제조간접비			
재공품 :	600개×@20=	12,000	
제　품 :	1,000개×@20=	20,000	(32,000)
전부원가계산에 의한 영업이익			₩345,041

제2부

관리회계

제4편 예산 및 의사결정회계

제5편 성과평가회계

제6편 기타 관리회계분야

관리회계는 의사결정(decision making)과 성과평가(performance evaluation)를 다루는 회계분야로 다음과 같은 내용으로 구성된다.

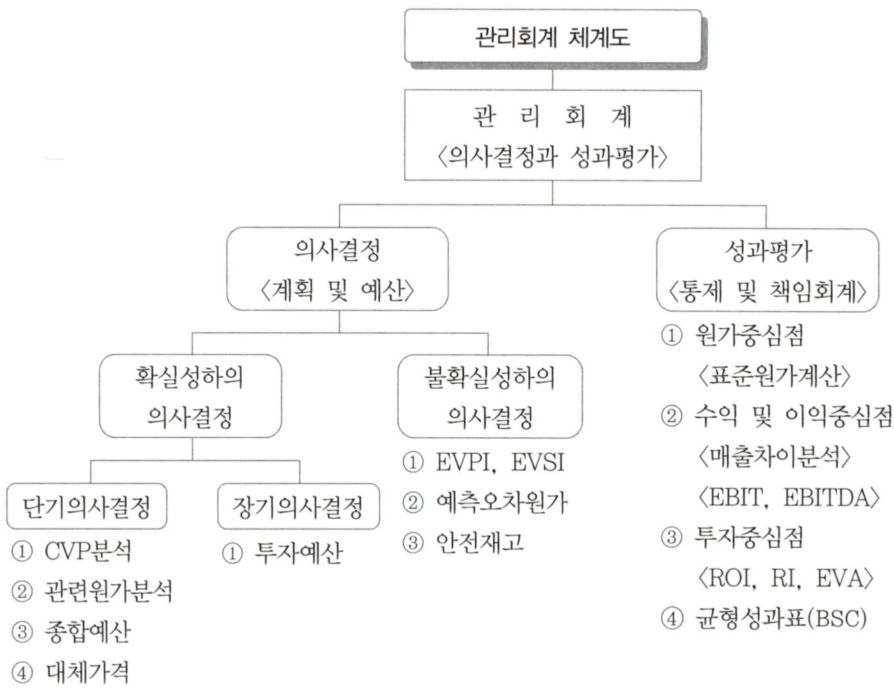

다만, 실무적 측면을 강조하는 본서의 특성상 통계학적 배경에서 서술되는 불확실성하의 의사결정은 생략하며 다음과 같이 4, 5, 6편에서 위의 내용을 살펴보도록 한다.

구 분	내 용
제4편 예산 및 의사결정회계	CVP분석, 관련원가분석, 투자예산, 종합예산
제5편 성과평가회계	성과평가회계, 대체가격
제6편 기타 관리회계분야	재고관리모형, 학습곡선, 최신원가관리이론

제4편

예산 및 의사결정회계

제8장 CVP분석

제1절 원가·조업도·이익분석의 의의와 기본개념

1. 원가·조업도·이익분석의 의의

원가·조업도·이익분석(CVP 분석, cost-volume-profit analysis)이란 판매량의 변화가 기업의 원가구조와 관련하여 이익에 미치는 영향을 분석하는 기법을 말한다. 원가·조업도·이익분석은 손익분기점분석, 단기이익계획, 목표매출이익률의 선정 등 뿐만 아니라 제품구성의 결정, 제품가격 결정 등 수많은 의사결정분야에 이용되고 있다.

원가·조업도·이익분석은 몇 가지 가정하에 기본내용이 전개되는데, 그 주요 내용은 다음과 같다. 다만, 추후에 좀더 현실적인 분석을 위해서 몇 가지의 가정은 변경되기도 한다.

① 모든 원가는 변동비와 고정비로 구분하는 것이 가능하다고 가정한다.

② 고정비는 관련범위(relevant range) 내에서 일정하다고 가정한다.

③ 총변동비는 조업도가 증가함에 따라 비례적으로 증가한다고 가정한다. 즉 판매량이 증가하거나 감소하여도 원재료, 노무비 등 생산요소의 가격이 항상 일정하다고 가정하는 것이다. 이는 기본적으로 CVP분석이 관련범위 내에서는 선형함수에 의하고 있다는 것을 말한다.

④ 단위당 판매가격은 판매량의 증가에 관계없이 일정하다고 가정한다.

⑤ 기업은 단일종류의 제품만 생산·판매하며, 여러 종류의 제품을 생산하는 경우

에도 제품간의 매출배합비율이 항상 일정하다고 가정한다.

⑥ 재고수준의 변동이 없다고 가정한다. 즉 기초재고와 기말재고가 동일하므로 생산량과 판매량이 동일하다고 가정한다.

⑦ 원가에 영향을 미치는 유일한 요인은 조업도뿐이라고 가정한다.

⑧ 의사결정의 관련범위가 화폐의 시간가치를 무시할 수 있을 정도의 단기간이라고 가정한다.

2. CVP분석을 위한 손익계산서와 기본개념

CVP분석에서는 재무회계에서 사용되는 기능별 분류법에 의한 손익계산서를 다음과 같이 변형한 공헌접근법 손익계산서를 사용하여 분석한다.

기능별 분류법 손익계산서		공헌접근법 손익계산서	
매출액		매출액	
(−) 매출원가	총원가	(−) 변동비	→ 변동제조원가, 변동판매관리비
매출총이익		공헌이익	
(−) 판매관리비	총원가	(−) 고정비	→ 고정제조원가, 고정판매관리비
영업이익		영업이익	

CVP분석은 모든 원가가 변동비와 고정비로 구분가능하다고 가정하므로 손익계산서는 변동원가계산에서 사용하는 공헌이익접근법 손익계산서를 이용한다. 다만, 공헌이익접근법 손익계산서가 영업이익을 중심으로 분석되므로 변동비는 변동제조원가와 변동판매관리비를 포함하며 고정비는 고정제조원가와 고정판매관리비를 포함한다.

매출액	$P \times Q$
− 변동비	$v \times Q$
공헌이익	$(P-v) \times Q$
− 고정비	F
영업이익	$(P-v) \times Q - F$

P : 단위당 판매가격
v : 단위당 변동비
Q : 판매량
F : 고정비

공헌이익접근법 손익계산서는 매출액에서 변동비를 차감하여 공헌이익(contribution margin)이라고 하며 공헌이익에서 고정비를 차감하여 영업이익을 계산한다.

재고자산에 변화만 없다면 공헌이익접근법 손익계산서에 의한 영업이익과 재무회계의 기능별 분류법 손익계산서의 영업이익은 정확하게 일치한다. 이는 제조원가와 판매관리비로 분류되었던 총원가가 변동비와 고정비로 재분류될 뿐 다른 변화는 없기 때문이다.

다만, 기초재고에 비하여 기말재고가 증가하거나 감소한 경우에는 재고자산의 증감분에 해당하는 고정제조간접비 배부액만큼 양 손익계산서의 영업이익에 차이가 발생한다. 하지만 실무적으로 재고자산의 증감이 중요하지 않다면 이러한 차이는 의사결정과정에 중요한 변수가 되지는 않는다.

CVP분석을 위한 기본용어로는 '단위당 공헌이익'과 '공헌이익률'이 있다.

(1) 단위당 공헌이익

단위당 공헌이익(UCM; unit contribution margin)은 단위당 판매가격에서 단위당 변동비를 차감한 금액으로 제품 한 단위의 판매가 변동비를 회수하고 이익을 창출하는 데 얼마나 공헌하는가를 나타내는 개념이다.

$$\text{단위당 공헌이익} = \text{단위당 판매가격} - \text{단위당 변동비} = P - v$$

(2) 공헌이익률

공헌이익률은 공헌이익이 매출액에서 차지하는 비율을 말한다.

$$\text{공헌이익률} = \frac{\text{공헌이익}}{\text{매출액}} = \frac{(P-v)\cdot Q}{P\cdot Q} = \frac{(P-v)}{P} = 1 - \frac{v}{P} = 1 - \text{변동비율}$$

CVP분석의 기본개념을 도표로 표현하면 다음과 같다.

〈CVP도표〉

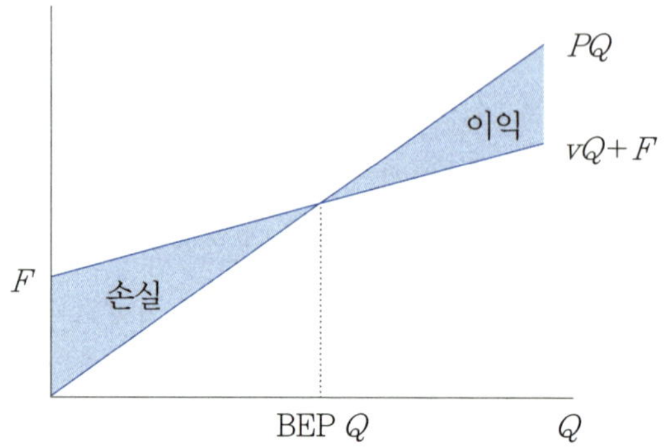

위의 그림에서 수익함수와 원가함수의 기울기의 차이는 P와 v의 차이이므로 단위당 공헌이익 $(P-v)$을 말하며, y절편(F)은 고정비를 의미한다. 위의 그림처럼 회사는 일정한 판매량 이전에는 손실을 보이다가 일정한 판매량 이후에는 이익을 보이는데, 이와 같이 손실과 이익의 분기점이 되는 판매량을 손익분기점이라고 한다.

제2절 CVP분석

1. 손익분기점(BEP) 분석

손익분기점(BEP; break-even point)이란 총수익과 총원가가 일치하여 이익이 '0'(zero)이 되는 판매량(매출액)을 말한다. 영업이익이 0이므로 총공헌이익이 총고정비가 같아지는 판매량(매출액)으로 정의할 수도 있다. CVP분석은 '판매량(Q)'에 대한 접근과 '매출액(S)'에 대한 접근으로 나누어 분석되는데 기본적인 분석체계는 다음과 같다.

(1) 손익분기점 판매량(Q)

수익 = 원가

수익 = 변동비 + 고정비

$$PQ = vQ + F$$

$$(P - v)Q = F$$

$$Q = \frac{F}{P - v} = \frac{\text{고정비}}{\text{단위당 공헌이익}}$$

(2) 손익분기점 매출액(S)

수익 = 변동비 + 고정비

$$S = S \times \frac{V}{P} + F$$

$$S\left(1 - \frac{V}{P}\right) = F$$

$$S = \frac{F}{1 - \frac{V}{P}} = \frac{\text{고정비}}{\text{공헌이익률}}$$

손익분기점 판매량 $Q = \frac{F}{P - v} = \frac{\text{고정비}}{\text{단위당 공헌이익}}$

손익분기점 매출액 $S = \frac{F}{1 - \frac{V}{P}} = \frac{\text{고정비}}{\text{공헌이익률}}$

예제 01 손익분기점 분석

콜럼비아 커피전문점에서 판매하는 커피의 가격은 한 잔에 ₩4,000이며 변동비는 한 잔에 ₩1,000으로 예상되고 있다. 고정비는 임차료, 인건비 등 월 ₩3,000,000이 발생한다.

요구사항

1. 손익분기점 월판매량을 구하시오.
2. 손익분기점 월매출액을 구하시오.
3. 손익분기점의 손익계산서를 작성하시오.

해설

단위당 공헌이익 = ₩4,000 − 1,000 = ₩3,000

공헌이익률 = $1 - \frac{1,000}{4,000} = 75\%$

1. 손익분기점 월판매량(Q) = $\frac{F}{P-v} = \frac{₩3,000,000}{3,000} = 1,000$

2. 손익분기점 월매출액(S) = $\frac{F}{1-\frac{v}{P}} = \frac{₩3,000,000}{0.75} = ₩4,000,000$

3. 손익계산서

매출액	@4,000×1,000=	₩4,000,000
변동비	@1,000×1,000=	1,000,000
공헌이익	@3,000×1,000=	3,000,000
고정비		3,000,000
영업이익		₩ 0

2. 목표영업이익(TI; target income, 세전영업이익) 분석

일정액의 영업이익을 달성하기 위한 판매량과 매출액을 분석하는 것으로 다음과 같이 계산된다.

(1) 목표영업이익 판매량(Q)

수익 = 원가 + 목표영업이익

수익 = 변동비 + 고정비 + 목표영업이익

$PQ = vQ + F + TI$

$(P-v)Q = F + TI$

$$Q = \frac{F+TI}{P-v} = \frac{\text{고정비}+\text{목표영업이익}}{\text{단위당 공헌이익}}$$

(2) 목표영업이익 매출액(S)

수익 = 변동비 + 고정비 + 목표영업이익

$$S = S \times \frac{V}{P} + F + TI$$

$$S(1 - \frac{V}{P}) = F + TI$$

$$S = \frac{F + TI}{1 - \frac{V}{P}} = \frac{\text{고정비} + \text{목표영업이익}}{\text{공헌이익률}}$$

목표영업이익 판매량 $Q = \frac{F + TI}{P - V} = \frac{\text{고정원가} + \text{목표영업이익}}{\text{단위당 공헌이익}}$

목표영업이익 매출액 $S = \frac{F + TI}{1 - \frac{V}{P}} = \frac{\text{고정원가} + \text{목표영업이익}}{\text{공헌이익률}}$

예제 02 목표영업이익분석

위의 예제 1에서 목표영업이익이 월 ₩1,500,000인 경우 목표영업이익 월판매량과 목표영업이익 월매출액을 구하고 손익계산서를 작성하시오.

해설

1. 목표영업이익 월판매량(Q) $= \frac{F + TI}{P - V} = \frac{₩3,000,000 + 1,500,000}{3,000} = 1,500$

2. 목표영업이익 월매출액(S) $= \frac{F + TI}{1 - \frac{V}{P}} = \frac{₩3,000,000 + 1,500,000}{0.75} = ₩6,000,000$

3. 손익계산서

매 출 액	@4,000×1,500=	₩6,000,000
변 동 비	@1,000×1,500=	1,500,000
공 헌 이 익	@3,000×1,500=	4,500,000
고 정 비		3,000,000
영 업 이 익		₩1,500,000

3. 목표영업이익률 분석

목표영업이익률분석은 매출에 대한 목표영업이익률을 달성할 수 있는 매출수량과 매출액을 분석하는 것을 말한다. 목표영업이익률을 k라 하면 다음과 같다.

(1) 목표영업이익률 판매량(Q)

수익＝원가＋목표영업이익

수익＝변동비＋고정비＋목표영업이익

$$PQ = vQ + F + k \cdot PQ$$

$$\{(P-v) - kP\}Q = F$$

$$Q = \frac{F}{(P-v) - k \cdot P} = \frac{\text{고정비}}{\text{단위당 공헌이익} - \text{목표영업이익률} \times \text{판매가격}}$$

(2) 목표영업이익률 매출액(S)

수익＝변동비＋고정비＋목표영업이익

$$S = S \times \frac{V}{P} + F + k \cdot S$$

$$S\left(1 - \frac{V}{P} - k\right) = F$$

$$S = \frac{F}{\left(1 - \frac{V}{P}\right) - k} = \frac{\text{고정비}}{\text{공헌이익률} - \text{목표영업이익률}}$$

> 목표영업이익률 판매량 $Q = \frac{F}{(P-v) - k \cdot P} = \frac{\text{고정비}}{\text{단위당 공헌이익} - \text{목표영업이익률} \times \text{판매단가}}$
>
> 목표영업이익률 매출액 $S = \frac{F}{\left(1 - \frac{V}{P}\right) - k} = \frac{\text{고정비}}{\text{공헌이익률} - \text{목표영업이익률}}$

예제 03 목표영업이익률 분석

예제 1에서 커피전문점의 목표영업이익률이 35%인 경우 판매량과 매출액을 구하고 손익계산서를 작성하시오.

해설

1. 목표영업이익률 판매량(Q) = $\dfrac{F}{(P-v)-k\cdot P}=\dfrac{₩3,000,000}{3,000-35\%\times 4,000}=1,875$

2. 목표영업이익률 매출액(S) = $\dfrac{F}{(1-\dfrac{v}{P})-k}=\dfrac{₩3,000,000}{75\%-35\%}=₩7,500,000$

3. 손익계산서

매 출 액	@4,000×1,875=	₩7,500,000
변 동 비	@1,000×1,875=	1,875,000
공 헌 이 익	@3,000×1,875=	5,625,000
고 정 비		3,000,000
영 업 이 익		₩2,625,000

※ 영업이익률 = $\dfrac{₩2,625,000}{7,500,000}=35\%$

4. 세후목표이익(NI; net income) 분석

앞에서는 법인세가 없는 경우의 CVP분석을 살펴보았으나 이제 법인세가 존재하는 경우를 살펴보자. 편의상 세전목표이익을 앞에서 본 바와 같이 TI라 하면 세전목표이익과 세후목표이익의 관계는 다음과 같다(Tx : 세율).

세전목표이익 − 법인세비용 = 세후목표이익

$TI-TI\cdot Tx=NI$

$TI(1-Tx)=NI$

$TI=\dfrac{NI}{(1-Tx)}$

따라서 세후목표이익을 달성하기 위한 판매량과 매출액의 유도등식은 다음과 같다.

(1) 세후목표이익 판매량(Q)

수익 = 변동비 + 고정비 + 세전목표이익

$$PQ = vQ + F + TI$$

$$PQ = vQ + F + \frac{NI}{(1-Tx)}$$

$$(P-v)Q = F + \frac{NI}{(1-Tx)}$$

$$Q = \frac{F + \frac{NI}{(1-Tx)}}{P-v}$$

(2) 세후목표이익 매출액(S)

수익 = 변동비 + 고정비 + 세전목표이익

$$S = S \times \frac{v}{P} + F + \frac{NI}{(1-Tx)}$$

$$S(1-\frac{v}{P}) = F + \frac{NI}{(1-Tx)}$$

$$S = \frac{F + \frac{NI}{(1-Tx)}}{1-\frac{v}{P}}$$

세후목표이익 판매량 $Q = \dfrac{F + \frac{NI}{(1-Tx)}}{P-v} = \dfrac{\text{고정비} + \frac{\text{세후이익}}{1-\text{세율}}}{\text{단위당 공헌이익}}$

세후목표이익 매출액 $S = \dfrac{F + \frac{NI}{(1-Tx)}}{1-\frac{v}{P}} = \dfrac{\text{고정비} + \frac{\text{세후이익}}{1-\text{세율}}}{\text{공헌이익률}}$

예제 04 세후목표이익 분석

예제 1에서 법인세율이 30%이고 세후목표이익이 ₩840,000인 경우 세후목표이익을 달성하기 위한 판매량과 매출액을 구하고 손익계산서를 작성하시오.

해설

1. 세후목표이익 판매량(Q)$=\dfrac{F+\dfrac{NI}{(1-Tx)}}{P-v}=\dfrac{₩3,000,000+\dfrac{840,000}{1-0.3}}{3,000}=1,400$

2. 세후목표이익 매출액(S)$=\dfrac{F+\dfrac{NI}{(1-Tx)}}{1-\dfrac{v}{P}}=\dfrac{₩3,000,000+\dfrac{840,000}{1-0.3}}{75\%}=₩5,600,000$

3. 손익계산서

매출액	@4,000 ×1,400=	₩5,600,000
변동비	@1,000 ×1,400=	1,400,000
공헌이익	@3,000 ×1,400=	4,200,000
고정비		3,000,000
영업이익		1,200,000
법인세비용		360,000
당기순이익		₩840,000

5. 안전한계(MS; margin of safety)

안전한계(margin of safety)란 현재매출액이 손익분기매출액을 초과하는 금액을 말하는 것으로서 매출액 혹은 수량으로 표현이 가능하며 회사가 손실로부터 안전한 정도를 금액으로 표시하는 것이다. 또한 안전한계는 현재의 매출액에서 안전한계만큼 매출이 감소하면 그때부터 손실이 발생한다는 경고의 의미를 가지고 있다.

안전한계율(MSR; margin of safety ratio)은 안전한계매출액이 현재매출액에서 차지하는 비율을 말하는 것으로 이는 현재의 매출액 중 몇 %가 감소하면 손실이 발생하기 시작하는가를 보여주는 지표이다.

안전한계 = 현재매출액 − 손익분기점 매출액

$$안전한계율 = \frac{안전한계}{현재매출액} = \frac{현재매출액 - 손익분기점\ 매출액}{현재매출액} = \frac{영업이익}{공헌이익}^{1)}$$

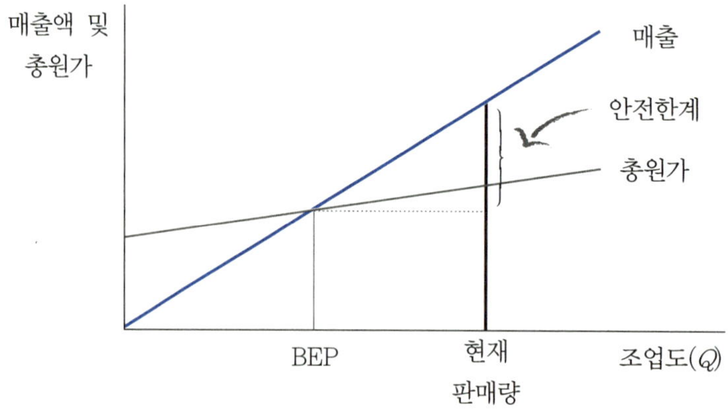

예제 05 안전한계

콜럼비아 커피전문점의 20×1년 손익계산서는 다음과 같다. 안전한계매출액과 안전한계율을 구하시오.

매 출 액	₩6,000,000
변 동 비	1,500,000
공 헌 이 익	4,500,000
고 정 비	3,000,000
영 업 이 익	₩1,500,000

해설

$$손익분기점\ 매출액 = \frac{₩3,000,000}{0.75} = ₩4,000,000$$

1) 안전한계율의 증명

$$안전한계율 = \frac{현재매출액 - 손익분기점\ 매출액}{현재매출액} = \frac{PQ - \frac{F}{(P-v)/P}}{PQ} = \frac{PQ - \frac{FP}{P-v}}{PQ} = \frac{Q - \frac{F}{P-v}}{Q}$$

$$= \frac{\frac{(P-v)Q-F}{P-v}}{Q} = \frac{(P-v)Q-F}{(P-v)Q} = \frac{영업이익}{공헌이익}$$

1. 안전한계매출액 = 현재 매출액 − 손익분기점 매출액
 = ₩6,000,000 − 4,000,000 = ₩2,000,000

2. $\text{안전한계율} = \dfrac{\text{안전한계매출액}}{\text{현재 매출액}} = \dfrac{₩2,000,000}{6,000,000} = 33.33\%$

$= \dfrac{\text{영업이익}}{\text{공헌이익}} = \dfrac{₩1,500,000}{4,500,000} = 33.33\%$

그렇다면 MSR은 기업의 매출수준의 변화와 관계없이 항상 일정한 것일까? 아니면 매출수준의 변화에 따라 MSR도 변하는 것일까? 위의 사례에서 매출액이 ₩8,000,000, ₩10,000,000으로 증가하는 경우 손익계산서를 작성하면 다음과 같다(원가구조에는 변화가 없는 것으로 가정한다).

매 출 액	₩6,000,000	₩8,000,000	₩10,000,000
변 동 비	1,500,000	2,000,000	2,500,000
공 헌 이 익	4,500,000	6,000,000	7,500,000
고 정 비	3,000,000	3,000,000	3,000,000
영 업 이 익	₩1,500,000	₩3,000,000	₩4,500,000
MSR	33.33%	50%	60%

이를 그림으로 표현하면 다음과 같다.

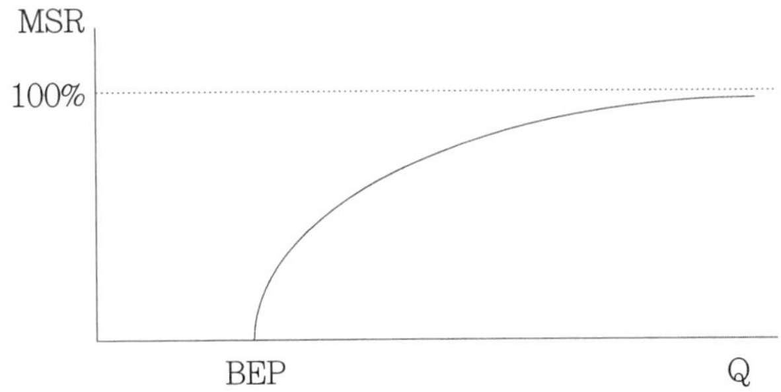

위의 그림은 기업의 매출액이 증가함에 따라 MSR이 증가하여 손실로부터 안전해진다는 것을 의미한다. MSR을 일종의 안전성의 지표라고 한다면 매출액이 증가함에 따라 기업의 안전성이 높아진다는 의미이기도 하다.

6. 이자비용을 고려한 현실적인 손익분기점

앞에서 살펴본 손익분기점은 영업이익이 '0'이 되는 판매량이나 매출액을 손익분기점으로 정의하였다. 이는 손익분기점을 총수익(매출액)과 총원가(변동비와 고정비)가 일치하는 판매량·매출액으로 정의하고 총원가는 제조원가와 판매관리비로 국한하였기 때문이다. 하지만 실무적으로는 기업의 영업활동에서 발생하는 총원가(제조원가와 판매관리비) 외에 중요한 비용항목으로 이자비용도 매우 중요한 역할을 하고 있다. 물론 지분법이익·지분법손실, 각종 자산의 처분이익·처분손실, 각종 자산의 평가이익·평가손실 등도 손익에 영향을 미치고 있지만 이자비용은 그중에서도 어느 정도 예측이 가능하며 중요한 고정비의 역할을 한다는 측면에서 실무적 손익분기점을 계산하려면 이자비용의 역할을 고려하는 것은 매우 중요한 과정이라 할 수 있다. 결국 실무적 손익분기점은 이자비용까지 고려한 세전이익이 '0'이 되는 판매량이나 매출액이라고 정의할 수 있을 것이다.

이자비용을 I라 하면 이자비용을 고려한 손익분기점은 다음과 같이 분석된다.

(1) 손익분기점 판매량(Q)

수익＝비용

수익＝변동비＋고정비＋이자비용

$$PQ = vQ + F + I$$

$$(P - v)Q = F + I$$

$$Q = \frac{F+I}{P-v} = \frac{\text{고정비} + \text{이자비용}}{\text{단위당 공헌이익}}$$

(2) 손익분기점 매출액(S)

수익＝변동비＋고정비＋이자비용

$$S = S \times \frac{v}{P} + F + I$$

$$S(1-\frac{v}{P})=F+I$$

$$S=\frac{F+I}{1-\frac{v}{p}}=\frac{\text{고정비}+\text{이자비용}}{\text{공헌이익률}}$$

정리하면 다음과 같다.

> 손익분기점 판매량 $Q=\frac{F+I}{P-v}=\frac{\text{고정비}+\text{이자비용}}{\text{단위당 공헌이익}}$
>
> 손익분기점 매출액 $S=\frac{F+I}{1-\frac{v}{p}}=\frac{\text{고정비}+\text{이자비용}}{\text{공헌이익률}}$

예제 06 손익분기분석

콜럼비아 커피전문점에서 판매하는 커피의 가격은 한 잔에 ₩4,000이며 변동비는 한 잔에 ₩1,000으로 예상되고 있다. 고정비는 임차료, 인건비 등 월 ₩3,000,000이 발생한다. 또한 매월 이자비용으로 ₩300,000이 발생하고 있다.

요구사항

1. 이자비용을 고려한 손익분기점 월판매량을 구하시오.
2. 이자비용을 고려한 손익분기점 월매출액을 구하시오.
3. 손익분기점의 손익계산서를 작성하시오.

해설

단위당 공헌이익 = ₩4,000 − 1,000 = ₩3,000

$$\text{공헌이익률}=1-\frac{1,000}{4,000}=75\%$$

1. 손익분기점 월판매량$(Q)=\frac{F+I}{P-v}=\frac{₩3,000,000+300,000}{3,000}=1,100$

2. 손익분기점 월매출액$(S)=\frac{F+I}{1-\frac{v}{p}}=\frac{₩3,000,000+300,000}{0.75}=₩4,400,000$

제4편 예산 및 의사결정회계

3. 손익계산서

매 출 액	@4,000×1,100=	₩4,400,000
변 동 비	@1,000×1,100=	1,100,000
공 헌 이 익	@3,000×1,100=	3,300,000
고 정 비		3,000,000
영 업 이 익		300,000
이 자 비 용		300,000
세 전 이 익		0
법 인 세 비 용		0
당 기 순 이 익		₩ 0

7. 복수제품의 CVP분석

앞에서 CVP분석은 단일제품하의 분석이었다. 하지만 좀더 현실적인 상황은 기업이 여러 종류의 제품을 판매하는 경우이므로 복수제품의 CVP분석을 살펴보도록 한다.

복수제품의 CVP분석은 여러 가지의 방법이 있으나 본서에서는 가중평균공헌이익법으로 설명하도록 한다. 복수제품의 CVP분석은 제1절의 기본가정에서 설명한 것처럼 판매량의 증감에 관계없이 복수제품간의 매출배합비율이 항상 일정하다는 가정하에 진행된다. CVP분석은 단기모형으로서 단기간 내에는 기업에서 생산·판매하는 제품들의 판매비율에 큰 변화가 없다고 가정하는 것이고 이는 그다지 비현실적인 가정은 아닐 것이다. 물론 몇 년간의 상황을 분석하는 장기모형이라면 소비자 소득수준의 향상, 신제품 개발, 유행의 변화 등에 따라 제품의 구성비율이 달라질 수 있겠지만, 단기모형에서는 제품간 판매비율에 급격한 변화는 없다고 가정하고 분석하는 것이다.

복수제품의 CVP분석에서 사용하는 매출배합비율은 판매량비율과 매출액비율이 있는데 양자는 개념상 차이가 나므로 주의하여 계산하여야 한다. 예를 들어 A, B제품을 판매한다고 가정하자. A제품 2,000단위와 B제품 1,000단위를 판매하고 있다면 판매량에 의한 비율은 2,000단위 : 1,000단위=2 : 1이 된다. 그런데 판매가격이 각각 ₩15과 ₩10이라면 매출액비율은 ₩30,000 : ₩10,000=3 : 1이 된다.

복수제품의 손익분기점은 다음과 같이 분석한다.

(1) 손익분기 판매량 분석

① 단위당 공헌이익을 판매량비율로 가중평균하여 가중평균 단위당 공헌이익(weighted average unit contribution margin)을 계산한다.

② 총고정비를 가중평균 단위당 공헌이익으로 나누어서 총판매량을 구한다.

③ 위에서 구한 총판매량에 각 제품의 판매량비율을 곱해서 각 제품별 판매량을 구한다.

(2) 손익분기 매출액 분석

매출액을 분석할 때에는 가중평균공헌이익률(weighted average contribution margin ratio)을 계산할 때 판매수량비율이 아닌 매출액의 비율로 계산한다는 점을 유의해야 한다.

예제 07 복수제품의 CVP분석

회사는 A, B 두 가지의 제품을 생산·판매하고 있다. 생산관련자료는 다음과 같다.

	A	B
판매가격	₩15	₩10
단위당변동비	9	7
단위당공헌이익	6	3
판매량비율	1	2
고정비	₩120,000	

요구사항

1. 손익분기점 판매량을 구하시오.
2. 손익분기점 매출액을 구하시오.
3. 손익분기점의 손익계산서를 작성하시오.

해설

1. 손익분기점 판매량

① 가중평균 단위당 공헌이익

$\frac{₩6\times1+₩3\times2}{3}=₩4$

② 손익분기점 판매량

₩120,000÷4=30,000단위

③ 제품별 판매량

A : 30,000단위 × $\frac{1}{3}$ = 10,000단위, B : 30,000단위 × $\frac{2}{3}$ = 20,000단위

2. 손익분기점 매출액

① 가중평균공헌이익률

	A	B
P	₩15	₩10
v	9	7
$P-v$	6	3
공헌이익률	40%	30%

매출액비율=A : B=₩15×1 : ₩10×2=3 : 4

가중평균공헌이익률=40% × $\frac{3}{7}$ + 30% × $\frac{4}{7}$ = 34.29%

② 손익분기점 매출액

₩120,000÷34.29%=₩350,000

A : ₩350,000 × $\frac{3}{7}$ = ₩150,000, B : ₩350,000 × $\frac{4}{7}$ = ₩200,000

3. 손익계산서

매 출 액	10,000×@15 + 20,000×@10=	₩350,000
변 동 비	10,000×@9 + 20,000×@7=	230,000
공 헌 이 익		120,000
고 정 비		120,000
영 업 이 익		0

8. 현금흐름분기점(cash break-even point)

위에서 살펴본 각종 CVP분석은 이익흐름에 의한 분석이었다. 하지만 기업경영상 이익뿐만 아니라 현금흐름도 상당한 중요성을 가지므로 이익흐름 CVP분석뿐 아니라 현금흐름 CVP분석도 필요하다. 이익흐름과 현금흐름의 차이를 가져오는 것은 감가상각비와 같은 '비현금지출비용'(non-cash item)이 주요한 원인이므로 현금흐름분기점 분석에서는 현금흐름을 수반하지 않는 감가상각비는 제외하고 분석하게 된다.

따라서 현금흐름분기점 분석이란 '현금유입액'과 '현금유출액'이 일치되는 판매량이나 매출액을 말하게 되며, 기업의 현금흐름에 문제를 발생시키지 않는 최소한의 판매량이나 매출액을 말한다. 다시 말하면 기업의 생존을 유지할 수 있는 최소한의 판매량을 의미한다.

이는 법인세가 없는 경우와 법인세가 있는 경우로 나누어 접근한다.

(1) 법인세가 없는 경우

법인세가 없는 경우에는 법인세로 인한 현금유출을 고려할 필요가 없으므로 다음과 같이 현금유입액과 현금유출액을 일치시키는 판매량을 구하게 된다.

현금유입액 = 현금지출액

매　　출 = 변동비 + 현금고정비

$P \cdot Q = v \cdot Q + (F - Dep)$ (Dep : 감가상각비)

$$\text{현금흐름분기점 판매량}(Q) = \frac{F - Dep}{P - v} = \frac{\text{고정비} - \text{감가상각비}}{\text{단위당 공헌이익}}$$

(2) 법인세가 있는 경우

법인세가 있는 경우에는 법인세라는 새로운 현금흐름이 나타나므로 법인세를 현금흐름에 포함시켜 계산하여야 한다. 다만, 법인세가 있는 현금흐름분기점을 계산할 때 주의해야 할 점은 법인세는 현금흐름이 아닌 이익흐름에 의하여 결정된다는 점이다.

현금유입액 = 현금지출액

매　　출 = 변동비 + 현금고정비 + 법인세

$$PQ = vQ + (F - Dep) + (PQ - vQ - F) \times Tx$$

$$\text{세후현금흐름분기점 판매량}(Q) = \frac{F - \dfrac{Dep}{(1 - Tx)}}{P - v}$$

예제 08 현금흐름분기점

제품 단위당 판매가격이 ₩40, 단위당 변동비가 ₩30이며 총고정비는 ₩70,000이다. 그런데 회사의 고정비에는 ₩8,000의 기계감가상각비(제조원가)와 ₩12,000의 건물감가상각비(판매관리비)가 포함되어 있다.

요구사항

1. 손익분기점 판매량을 구하시오.
2. 법인세가 없는 경우 현금흐름분기점 판매량을 구하시오.
3. 법인세율이 40%인 경우 현금흐름분기점 판매량을 구하시오.
4. 법인세가 있는 경우 현금흐름분기점 판매량의 손익계산서를 작성하시오.

해설

1. 손익분기점 판매량(Q)

$$Q = \frac{F}{P - v} = \frac{₩70,000}{40 - 30} = 7,000\text{단위}$$

2. 현금흐름분기점 판매량(Q)

$$Q = \frac{F - Dep}{P - v} = \frac{₩70,000 - 20,000}{40 - 30} = 5,000\text{단위}$$

3. 법인세가 있는 현금흐름분기점

$$PQ = vQ + (F - Dep) + (PQ - vQ - F) \times Tx$$

$$40Q = 30Q + (70,000 - 20,000) + (40Q - 30Q - 70,000) \times 0.4$$

$$\therefore\ Q = 3,667\text{단위}$$

4. 손익계산서

		손익계산서	현금흐름
매출액	3,667×@40=	₩146,680	(+)146,680
변동비	3,667×@30=	110,010	(−)110,010
공헌이익	3,667×@10=	36,670	
고정비			
현금고정비		50,000	(−)50,000
감가상각비		20,000	
영업이익		(−)33,330	
법인세비용		13,330	(+)13,330
당기순이익		(−)₩20,000	₩ 0

※ 법인세환급효과를 감안하여 계산한다.

9. 이익과 현금흐름에 대한 이해

앞서 현금흐름분기점에 대하여 살펴보았다. 현금흐름분기점은 기업의 생존을 위한 현금흐름에 문제를 발생시키지 않는 최소한의 판매량 혹은 매출액을 의미한다.

그렇다면 이익흐름과 현금흐름의 차이는 무엇이며 양자의 차이에 대하여 살펴보도록 한다.

예를 들어 제품 판매가격이 ₩4,000이고 단위당 변동비는 ₩1,000이며 총고정비는 ₩3,600,000이다. 한편 고정비에는 감가상각비 ₩600,000이 포함되어 있다. 법인세는 없다고 가정한다.

이 경우 손익분기점과 현금흐름분기점을 계산하고 각각의 경우 현금흐름에 대하여 살펴보면 다음과 같다.

1) 손익분기점 판매량(Q) = $\frac{F}{P-v} = \frac{₩3,600,000}{3,000} = 1,200$

2) 현금흐름분기점 판매량(Q) = $\frac{F - Dep}{P-v} = \frac{₩3,600,000 - 600,000}{3,000} = 1,000$

3) 손익분기점 손익계산서 및 현금흐름

		손익계산서	현금흐름
매출액	@4,000×1,200=	₩4,800,000	(+)4,800,000
변동비	@1,000×1,200=	1,200,000	(−)1,200,000
공헌이익		3,600,000	
고정비			
현금고정비		3,000,000	(−)3,000,000
감가상각비		600,000	−
영업이익		₩ 0	₩ 600,000

4) 현금흐름분기점 손익계산서 및 현금흐름

		손익계산서	현금흐름
매출액	@4,000×1,000=	₩4,000,000	(+)4,000,000
변동비	@1,000×1,000=	1,000,000	(−)1,000,000
공헌이익		3,000,000	
고정비			
현금고정비		3,000,000	(−)3,000,000
감가상각비		600,000	−
영업이익		₩(−)600,000	₩ 0

앞서 설명한 바와 같이 두 경우 모두 이익과 현금흐름의 차이가 ₩600,000이 발생하며 이는 감가상각비와 같은 non-cash item으로 인하여 발생한다.

손익분기점 판매량 1,200단위의 경우를 그림으로 표현하면 다음과 같이 이해할 수 있다.

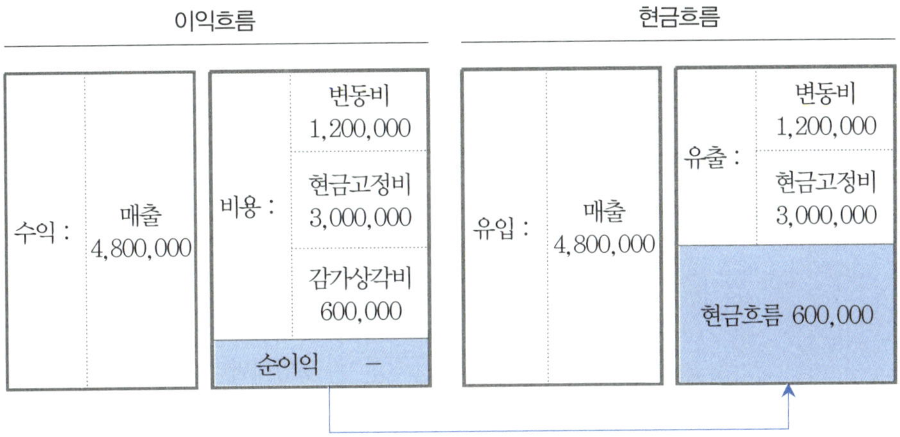

그렇다면 손익분기점의 경우 매기 남는 현금흐름 ₩600,000의 의미는 무엇일까?

이는 최초 사업투자시점에 상당금액을 투자한 기업이 매기 손익분기 판매량을 판매한 경우 매 기간 ₩600,000의 현금흐름이 남게 되므로 이를 보유하였다가, 재투자시점, 즉 기존설비가 상각완료되어 신규설비에 투자를 해야 하는 시점에는 누적된 현금흐름으로 신규차입 없이 투자할 수 있다는 의미가 된다.

따라서 이익흐름과 현금흐름의 차이를 이해하여 기업경영에 정확한 판단을 하여야 할 것이다.

제3절 레버리지

레버리지효과(leverage effect)는 손익계산서에서 매출의 증감률보다 이익의 증감률이 크게 나타나는 현상을 말하는데, 예를 들어 경기호황으로 인하여 매출이 10% 증가하였으나 이익은 30% 혹은 40% 등으로 매출증가율보다 크게 증가하는 현상을 말한다. 물론 매출이 10% 감소할 때 이익은 30% 감소할 수도 있다. 이러한 레버리지효과에 대하여 정확하게 이해하면 기업이 경영계획을 수립하거나 각종 의사결정을 할 때 매우 유용한 분석도구가 될 것이다.

레버리지는 그 원인에 따라 영업레버리지(operating leverage)와 재무레버리지(financial leverage)로 나누어지는데, 영업레버리지는 매출증감률보다 영업이익증감률이 크게 나타나는 효과를 말하며, 재무레버리지는 영업이익증감률보다 순이익증감률이 크게 나타나는 효과를 말한다. 영업레버리지는 고정비와 변동비로 구분되는 원가구조 중에서 고정비로 인하여 발생하며, 재무레버리지는 차입금의 이자비용으로 인하여 발생한다. 실무적으로는 두 가지의 레버리지효과가 복합적으로 나타나기 때문에 각각에 대하여 정확한 이해가 필요하다고 할 수 있다.

매출액	영업레버리지 (매출액 ~ 영업이익)
− 변동비	
공헌이익	
− 고정비	
영업이익	재무레버리지 (영업이익 ~ 순이익)
− 이자비용	
세전이익	
− 법인세	
순이익	

위에서 저자는 레버리지를 손익의 확대효과로 정의하였으나 이론적으로는 레버리지를 위험의 개념에 포함시키는 접근방법도 있다. 이러한 접근방법에서는 기업의 위험을 영업이익의 변동가능성을 의미하는 경영위험(business risk)과 타인자본의 조달에 따른 순이익(이자 및 법인세 차감후 이익)의 변동가능성을 의미하는 재무위험(financial risk)으로 구분한다.

경영위험은 기업 영업비용의 고정화 정도(固定化 程度)에 따른 영업이익의 변동가능성을 의미하므로 위에서 언급한 영업레버리지를 말한다. 반면 재무위험은 타인자본에서 나타나는 이자비용이라는 고정비로 인한 순이익의 변동가능성을 의미하므로 재무레버리지를 말한다고 할 수 있다.

이러한 경영위험과 재무위험은 결합된 형태로 나타나 총위험을 구성하게 된다. 즉 매출의 증감이 영업이익의 증감을 가져오고, 영업이익의 증감이 순이익의 증감을 가져오는 것이다. 따라서 기업의 총위험은 원가구조와 재무구조에 따라 결정된다고 할 수 있다.

1. 영업레버리지

판매량이 증가할 때 변동비는 매출과 동일한 비율로 증가하기 때문에 공헌이익은 항상 매출과 동일한 비율로 증감하지만 고정비는 매출과 관계없이 일정하게 발생하므로 영업이익의 증가율은 매출의 증가율보다 큰 폭으로 증가하게 된다. 반면 판매량이 감소하는 경우 변동비는 매출과 같은 비율로 감소하지만 고정비는 변화가 없으므로 전체의 원가는 매출의 감소보다 적게 줄어들게 되어 영업이익의 감소율이 크게 나타나는 것이다. 결국 매출의 증감률보다 영업이익의 증감률이 크게 나타나는 효과가 생기게 되며 이를 영업레버리지라 한다. 결국 영업레버리지는 매출의 증감률이 고정비로 인하여 확대되어 영업이익에 반영되는 효과를 말한다.

영업레버리지는 변동비와 고정비의 상대적 비율에 따라 결정되므로 기업의 원가구조와 관련이 있으며, 결국 원가구성에 있어 변동비와 고정비의 상대적 비율을 어떻게 설정하는가에 따라 이익의 민감도도 달라진다고 할 수 있다.

영업레버리지효과를 이용하여 미래 이익계획이나 민감도분석에 사용하기 위하여 영업레버리지도(DOL; degree of operating leverage)를 구하는데, 영업레버리지도는 영업레버리지의 효과를 수치화한 것으로 영업이익증감률을 매출증감률로 나누어 계산한다. 영업레버리지가 크다는 것은 매출액의 변동에 따른 영업이익의 변동폭이 크다는 것을 의미하는 것으로 기업의 이익이 그만큼 외부환경변화에 민감하게 반응한다는 것을 의미한다.

$$\text{영업레버리지도}(DOL) = \frac{\text{영업이익증감률}}{\text{매출액증감률}} = \frac{\text{공헌이익}}{\text{영업이익}}$$ [2)]

$$\text{영업이익증감률} = DOL \times \text{매출액증감률}$$

---

2) DOL의 증명

$$\text{DOL} = \frac{\text{영업이익증감률}}{\text{매출액증감률}} = \frac{\dfrac{\{(P-v)Q' - F\} - \{(P-v)Q - F\}}{(P-v)Q-F}}{\dfrac{PQ' - PQ}{PQ}} = \frac{\dfrac{(P-v)(Q'-Q)}{(P-v)Q-F}}{\dfrac{Q'-Q}{Q}}$$

$$= \frac{(P-v)Q}{(P-v)Q-F} = \frac{\text{공헌이익}}{\text{영업이익}}$$

예제 09 영업레버리지

다음은 동종 산업에서 유사한 제품을 생산하는 A회사와 B회사의 20×1년 손익계산서이다.

	A회사	B회사
매출액	₩400,000	₩400,000
변동비	280,000	160,000
공헌이익	120,000	240,000
고정비	90,000	210,000
영업이익	₩30,000	₩30,000

20×2년의 원가구조는 20×1년과 동일하다고 가정한다.

요구사항

1. 20×2년 A사와 B사가 속해 있는 산업의 호황으로 매출이 10% 증가하는 경우와 산업의 불황으로 매출이 20% 감소하는 경우의 손익계산서를 각각 작성하시오.
2. 각 회사의 영업레버리지도를 계산하시오.

해설

1. 매출이 10% 증가하는 경우와 20% 감소하는 경우

(1) A회사

	20×2년 (20% 감소)	20×1년	20×2년 (10% 증가)
매출액	₩320,000	₩400,000	₩440,000
변동비	224,000	280,000	308,000
공헌이익	96,000	120,000	132,000
고정비	90,000	90,000	90,000
영업이익	₩6,000 (80% 감소)	₩30,000	₩42,000 (40% 증가)

(2) B회사

	20% 감소 ← 20×2년	20×1년	10% 증가 → 20×2년
매 출 액	₩320,000	₩400,000	₩440,000
변 동 비	128,000	160,000	176,000
공 헌 이 익	192,000	240,000	264,000
고 정 비	210,000	210,000	210,000
영 업 이 익	(−)₩18,000	₩30,000	₩54,000
	적자전환		80% 증가

2. 영업레버리지도의 계산

(1) A회사

매출 증가하는 경우 $DOL = \frac{\text{영업이익증감률}}{\text{매출액증감률}} = \frac{40\%}{10\%} = 4$

매출 감소하는 경우 $DOL = \frac{\text{영업이익증감률}}{\text{매출액증감률}} = \frac{80\%}{20\%} = 4$

(2) B회사

매출 증가하는 경우 $DOL = \frac{\text{영업이익증감률}}{\text{매출액증감률}} = \frac{80\%}{10\%} = 8$

앞의 예제에서 A회사에 비하여 B회사는 고정비의 상대적 비중이 높아 DOL이 커지게 된다. 이로 인하여 동일한 매출증가율 10%로 인하여 A회사는 영업이익이 40% 증가하여 ₩42,000이 되었으나, B회사는 영업이익이 80% 증가하여 ₩54,000이 된 것을 볼 수 있다. 따라서 B회사는 DOL이 크므로 매출이 증가하는 호황기에는 A회사보다 높은 영업이익의 증가를 기대할 수 있다. 그렇다면 DOL이 높은 회사가 항상 유리하기만 할까?

매출이 동일하게 20% 감소하는 경우를 살펴보면 A회사는 영업이익이 80% 감소하여 ₩6,000이 되지만 B회사는 적자전환되어 영업이익이 (−)₩18,000이 되었다. 이는 B회사의 DOL이 크기 때문에 불황기에는 A회사보다 영업이익의 감소가 훨씬 커서 오히려 적자상태가 된 것이다.

이는 경기호황기에는 DOL이 큰 것이 유리하고 경기불황기에는 DOL이 작은 것이 유리하다는 것을 의미한다. 따라서 DOL의 대소에 따라 유·불리를 판단하는 것은 적절하지 않다고 할 수 있다. 다만, DOL이 작은 회사는 경기변화에 대해 이익의 변화가 크지 않지만, DOL이 큰 회사는 경기변화에 이익이 민감하게 변하므로 DOL이 크다는 것은 기업의 이익이 경기변화에 민감하게 반응한다는 것을 의미한다. 이는 기업의 안정성을 저해하는 요인으로 작용하므로 그만큼 경영위험이 존재한다는 의미이다.

앞서 영업레버리지효과가 고정비로 인하여 나타난다고 하였다. 고정비는 대부분 감가상각비와 같은 설비자산 관련원가인 경우가 많다. 따라서 원가구조 중에서 고정비의 비중이 어느 정도인가는 설비자산에 대한 투자와도 연결되는 문제이므로 설비자산에 대한 투자에 따라 영업레버리지의 효과가 달라진다고 할 수 있다. 따라서 경영자는 미래 경제상황에 대한 예측과 판단에 따라 기업의 원가구조를 어떻게 유지할 것인가를 결정하여야 하는 것이다. 즉 경기가 향후 호황기에 접어들 것으로 예상된다면 적극적인 설비투자로 인한 긍정적 영업레버리지효과로 많은 이익을 낼 수 있지만, 경기가 향후 침체기에 접어들 것으로 예상된다면 적극적인 설비투자를 피하는 것이 기업의 재무구조를 안정적으로 유지할 수 있는 것이다. 결국 적절한 DOL 수준은 회사의 원가구조와 장기경제예측과의 관련성하에 경영자의 판단에 따라 결정할 사항이라 할 수 있다.

앞의 사례에서 A회사와 B회사의 상황을 그림으로 표현하면 다음과 같다.

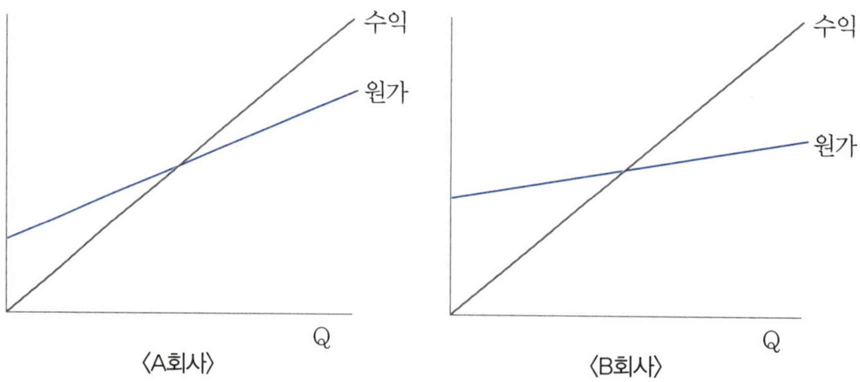

B회사는 A회사에 비하여 고정비의 비중이 상대적으로 높아 y절편의 값이 크다. 반면 변동비의 비중이 상대적으로 작아 원가함수의 기울기가 완만하다. 따라서 수익함수와 원가함수의 기울기 차이가 큰 B회사는 A회사에 비하여 동일한 규모의 매출증가에도 이익이 크게 변하는 것을 알 수 있다. 물론 손실도 B회사가 A회사보다 더 크게 변하는 것을 알 수 있다.

한편, 앞서 DOL은 $\frac{공헌이익}{영업이익}$ 으로 계산하므로 DOL은 매출이 증가함에 따라 감소하는 것을 알 수 있다. A회사의 사례를 살펴보면 다음과 같다.

매출액	₩320,000	₩400,000	₩440,000
변동비	224,000	280,000	308,000
공헌이익	96,000	120,000	132,000
고정비	90,000	90,000	90,000
영업이익	₩6,000	₩30,000	₩42,000
DOL	16	4	3.14

이는 매출이 증가함에 따라 DOL이 낮아지고 기업의 이익이 경기변화에 쉽게 영향을 받지 않게 되므로 재무적 안정성이 높아진다는 것을 의미한다.

이를 그림으로 표현하면 다음과 같다.

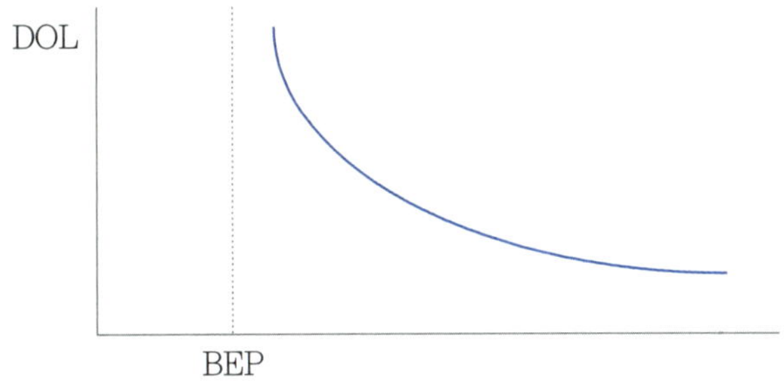

2. 재무레버리지

재무레버리지는 타인자본의 조달에 따른 이자비용으로 인하여 순이익의 증감률이 영업이익의 증감률보다 크게 나타나는 효과를 말한다. 위에서 언급한 순이익의 변동성을 말하므로 재무위험을 뜻한다.

이자비용은 조업도와는 관계없이 일정액이 발생하므로 고정비로 볼 수 있다. 따라서 영업이익이 증가하여도 이자비용은 고정비이므로 금액의 변화가 없고 따라서 세후순이익의 증감률은 영업이익의 증감률보다 크게 나타나는 것이다. 예를 들어 매출액이 ₩400,000, 변동비율이 60%, 고정비가 ₩80,000이며 이자비용이 ₩60,000인

회사의 매출이 10% 증가하였다고 가정하자(법인세율 30%).

	손 익 계 산 서		증감률		
매　출　액	₩400,000	₩440,000	10%	↓	↓
변　동　비	240,000	264,000			
공 헌 이 익	160,000	176,000		DOL=2	
고　정　비	80,000	80,000		↓	
영 업 이 익	80,000	96,000	20%		DTL=8
이 자 비 용	60,000	60,000		↓	
세 전 이 익	20,000	36,000		DFL=4	
법 인 세 비 용	6,000	10,800			
당 기 순 이 익	₩14,000	₩25,200	80%	↓	↓

매출액 10% 증가로 인하여 영업이익이 ₩80,000에서 ₩96,000으로 20% 증가하였다. 또한 영업이익 20% 증가로 인하여 당기순이익이 ₩14,000에서 ₩25,200으로 80% 증가하였다. 영업이익의 증가율이 매출액 증가율보다 커진 것은 영업레버리지로 인한 것이며, 당기순이익 증가율이 영업이익 증가율보다 커진 것은 재무레버리지로 인한 것이다.

재무레버리지효과를 수치화하기 위하여 재무레버리지도(DFL; degree of financial leverage)를 구하는데, 이는 당기순이익의 증감률을 영업이익의 증감률로 나누어 계산한다. 재무레버리지도가 높다는 것은 영업이익의 변동에 따른 당기순이익의 변동성이 커진다는 것을 의미하며, 또한 기업의 외부상황변화에 따른 민감도가 높아 기업의 재무적 안정성이 낮다는 것을 의미한다.

재무레버리지는 다음과 같이 계산한다.

$$\text{재무레버리지도}(DFL) = \frac{\text{순이익증감률}}{\text{영업이익증감률}} = \frac{\text{영업이익}}{\text{세전이익}}$$ [3)]

$$\text{순이익증감률} = DFL \times \text{영업이익증감률}$$

3) DFL의 증명(I : 이자비용, tx : 세율)

$$\text{DFL} = \frac{\text{순이익증감률}}{\text{영업이익증감률}} = \frac{\dfrac{\{((P-v)Q' - F - I)(1-tx)\} - \{((P-v)Q - F - I)(1-tx)\}}{\{(P-v)Q - F - I\}(1-tx)}}{\dfrac{\{(P-v)Q' - F\} - \{(P-v)Q - F\}}{(P-v)Q - F}}$$

앞의 사례에서 DOL과 DFL은 각각 다음과 같이 계산된다.

$$\text{DOL}=\frac{\text{공헌이익}}{\text{영업이익}}=\frac{160{,}000}{80{,}000}=\frac{\text{영업이익증감률}}{\text{매출액증감률}}=\frac{20\%}{10\%}=2$$

$$\text{DFL}=\frac{\text{영업이익}}{\text{세전이익}}=\frac{80{,}000}{20{,}000}=\frac{\text{순이익증감률}}{\text{영업이익증감률}}=\frac{80\%}{20\%}=4$$

영업레버리지와 재무레버리지는 동시에 나타나게 되는데 이를 결합레버리지(combined leverage) 또는 총레버리지(total leverage)라고 한다. 총레버리지효과를 수치화하기 위하여 총레버리지도(DTL : degree of total leverage)를 다음과 같이 계산한다.

$$\text{총레버리지도}(DTL)=\frac{\text{순이익증감률}}{\text{매출액증감률}}$$

$$=\text{영업레버리지도}\times\text{재무레버리지도}$$

$$=DOL\times DFL=\frac{\text{공헌이익}}{\text{영업이익}}\times\frac{\text{영업이익}}{\text{세전이익}}=\frac{\text{공헌이익}}{\text{세전이익}}$$

앞의 사례에서 결합레버리지효과를 분석하면 다음과 같다.

$$\text{DTL}=\text{DOL}\times\text{DFL}=2\times4=8$$

$$=\frac{\text{공헌이익}}{\text{영업이익}}\times\frac{\text{영업이익}}{\text{세전이익}}=\frac{\text{공헌이익}}{\text{세전이익}}=\frac{160{,}000}{20{,}000}=8$$

총레버리지도 8은 매출이 10% 증가하였을 때 세전이익이나 세후순이익이 80% 증가하는 것에서 확인할 수 있다.

상당수의 회사들이 금융기관 차입금으로 시설투자를 하고 있다. 시설투자로 인하여 고정비를 증가시켜 영업레버리지가 발생하며, 차입금으로 인하여 이자비용을 증가시켜 재무레버리지가 발생하게 된다. 따라서 영업레버리지와 재무레버리지는 결합하여 발생하게 되고 그만큼 순이익의 변동성이 높아지게 되는 것이다. 이는 주주에게 돌아가는 최종적인 순이익의 변동성이 원가구조뿐만 아니라 타인자본과 자기자본의 재무구조로부터도 기인한다는 것을 의미한다. 따라서 기업의 최고경영자는 향후 경기변화에 대한 예측과 판단에 따라 결합레버리지효과를 감안하여 최적의 원가구조와 재무구조를 구축하여 기업의 안정성을 높일 수 있도록 하여야 할 것이다.

$$=\frac{\dfrac{(P-v)(Q'-Q)(1-tx)}{\{(P-v)Q-F-I\}(1-tx)}}{\dfrac{(P-v)(Q'-Q)}{(P-v)Q-F}}=\frac{\dfrac{1}{(P-v)Q-F-I}}{\dfrac{1}{(P-v)Q-F}}=\frac{(P-v)Q-F}{(P-v)Q-F-I}=\frac{\text{영업이익}}{\text{세전이익}}$$

현실적으로는 영업외비용에 이자비용 외에도 지분법손실, 투자자산처분손실, 유형자산처분손실 등 많은 항목들뿐만 아니라 영업외수익도 발생한다. 따라서 위에서 언급한 레버리지효과가 정확하게 재무제표에 반영되는 것은 아니다. 하지만 이러한 레버리지효과는 기업경영에서 분명히 고려하여야 할 재무적 특성임에는 틀림이 없다.

<table>
<tr><th colspan="2">구 분</th><th>영업레버리지</th><th>재무레버리지</th></tr>
<tr><td colspan="2">의 미</td><td>매출증감률보다 영업이익증감률이 크게 나타나는 효과</td><td>영업이익증감률보다 순이익증감률이 크게 나타나는 효과</td></tr>
<tr><td colspan="2">민 감 도</td><td>$DOL = \frac{영업이익증감률}{매출액증감률}$</td><td>$DFL = \frac{순이익증감률}{영업이익증감률}$</td></tr>
<tr><td colspan="2">원 인</td><td>설비관련원가와 인건비 등으로 구성되는 고정비</td><td>이자비용</td></tr>
<tr><td rowspan="2">보수적 경영 시각</td><td rowspan="2">레버리지
=risk
(안정성 위주)</td><td>영업레버리지=경영위험</td><td>재무레버리지=재무위험</td></tr>
<tr><td>고정비의 비중을 줄이고 이를 변동비화하여 안정성 위주의 경영정책을 선택한다.
아웃소싱, 분사 등의 예를 들 수 있다.</td><td>영업활동을 통하여 창출한 현금흐름을 차입금상환에 활용할지 혹은 신규투자에 활용할지의 선택에서 차입금을 상환하여 이자비용을 줄이는 정책을 선택한다.</td></tr>
<tr><td rowspan="2">공격적 경영 시각</td><td rowspan="2">레버리지
=opportunity
(성장성 위주)</td><td>영업레버리지=경영기회</td><td>재무레버리지=재무기회</td></tr>
<tr><td>선제적이고 적극적인 설비투자를 통하여·생산능력을 증가시켜 매출이 증가하는 경우 이에 따른 이익의 증가와 레버리지효과를 기대하는 성장성 위주의 경영정책을 선택한다.</td><td>투자수익률이 차입금의 이자율을 초과하는 조건하에 차입금의 조달에 따른 신규사업의 가능성을 타진하고 이로 인한 레버리지효과로 이익창출 가능성을 기대하는 정책을 선택한다.</td></tr>
</table>

제4절 CVP분석의 확장모형

앞에서 살펴본 CVP분석의 내용은 판매가격, 단위당 변동비 및 총고정비가 항상 일정하다는 가정하에 진행되었다. 그러나 현실적으로는 판매량이 증가함에 따라 판매가격을 할인하여 판매할 수도 있고 단위당 변동비나 총고정비가 조업도의 범위에 따라 증감할 수도 있다. 따라서 이번에는 판매가격, 단위당 변동비, 고정비의 증감에 따른 CVP분석을 살펴보도록 한다. 이러한 경우의 CVP분석은 조업도구간에 따라 판매가격이나 단위당 변동비 등이 달라지기 때문에 분석내용을 만족시키는 판매량(혹은 매출액)이 둘 이상일 수도 있다. 따라서 조업도의 모든 구간에 대하여 분석을 하여야 정확한 분석이 가능하다.

1. 판매가격의 인상 또는 인하

판매가격을 인상하거나 인하하는 경우 분석과정에서 P의 변화를 고려하여야 한다. 다만, 판매량 범위에 따라 판매가격이 구간별로 달리 적용되는 경우도 있고, 예상총판매량에 따라 전 판매량에 적용되는 판매가격이 달라지는 경우가 있으므로 주의하여 분석한다.

예제 10 판매가격이 변하는 경우의 CVP분석(Ⅰ)

회사는 20×1년초에 판매량에 따른 가격을 다음과 같이 결정하였는데 판매정책은 판매량이 증가함에 따라 할인된 가격을 구간별로 달리 적용하는 것이다.

조업도	단위당 가격
5,000단위 이내	₩50
5,001단위~10,000단위	40
10,001단위~20,000단위	30

단위당 변동비는 ₩20이며 고정비는 ₩240,000이다. 회사의 생산설비의 능력상 20,000단위 이상의 생산판매는 불가능하다.

요구사항

1. 손익분기점 판매량을 구하시오.
2. 이익이 발생하는 판매량의 범위를 구하시오.

해설

1. 손익분기점 판매량

(1) 판매량이 5,000단위 이내인 경우

$$\text{BEP } Q=\frac{₩240,000}{50-20}=8,000\text{단위(부적합)}$$

손익분기수량이 8,000단위인데 판매량범위가 5,000단위 이내라는 것은 전 범위에서 손실이 발생한다는 의미이다.

(2) 판매량이 5,001단위~10,000단위인 경우

$50\times5,000+40(Q-5,000)=20Q+240,000$

$\therefore Q=9,500$단위(적합)

(3) 판매량이 10,001단위~20,000단위인 경우

$50\times5,000+40\times5,000+30(Q-10,000)=20Q+240,000$

$\therefore Q=9,000$단위(부적합)

손익분기수량이 9,000단위인데 판매량범위가 10,000단위 초과라는 것은 10,000단위를 초과하는 판매량에서는 전 영역에서 이익이 발생한다는 의미이다.

2. 이익이 발생하는 판매량의 범위

손익분기점은 9,500단위 하나뿐이며 이익이 발생하는 범위는 9,501단위~20,000단위이며 20,000단위에서 최대의 이익이 발생한다.

순이익 $=PQ-vQ-F$

$=₩50\times5,000+40\times5,000+30\times10,000-20\times20,000-240,000$

$=₩110,000$

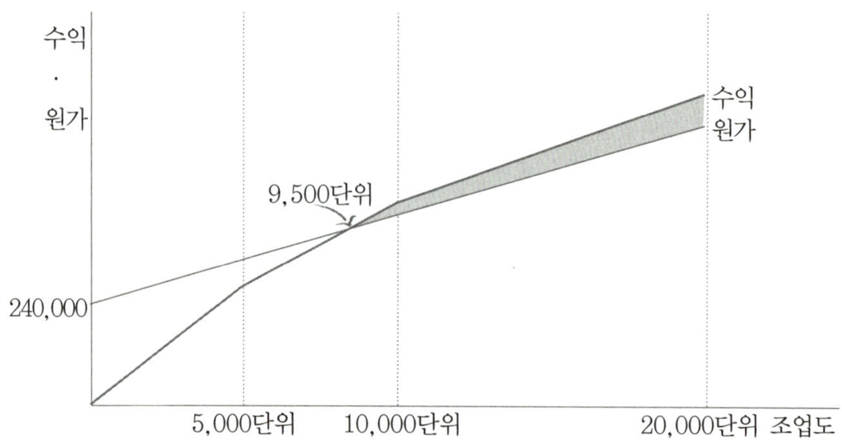

예제 11 판매가격이 변하는 경우의 CVP분석(Ⅱ)

예제 9의 회사는 20×2년초에 판매가격정책을 변경하였는데 변경된 정책은 연초에 미리 판매량을 예측하여 1년 동안 모든 판매량에 대하여 지속되는 판매가격을 결정하는 것이다.

예상판매량에 따른 판매가격은 다음과 같다.

조업도	단위당 가격
5,000단위 이내	₩50
5,001단위~10,000단위	45
10,001단위~20,000단위	35

요구사항

1. 손익분기점 판매량을 구하시오.
2. 이익이 발생하는 판매량의 범위를 구하시오.

해설

1. 손익분기점 판매량

(1) 판매량이 5,000단위 이내인 경우

$$\text{BEP } Q=\frac{₩240,000}{50-20}=8,000\text{단위(부적합)}$$

(2) 판매량이 5,001단위~10,000단위인 경우

$$\text{BEP } Q=\frac{₩240,000}{45-20}=9,600\text{단위(적합)}$$

(3) 판매량이 10,001단위~20,000단위인 경우

$$\text{BEP } Q=\frac{₩240,000}{35-20}=16,000\text{단위(적합)}$$

2. 이익이 발생하는 판매량 범위

9,601단위~10,000단위, 16,001단위~20,000단위

손익분기점은 2개 존재할 수 있다. 손익분기점은 하나라고 생각하는 경우가 많은데 이는 아주 단순화된 조건하에서만 성립되는 것으로서 실무적으로는 판매가격이나 변동비 등의 조건에 따라 손익분기점은 2개 혹은 3개 등 복수로 존재할 수 있다. 이를 그림으로 표현하면 다음과 같다.

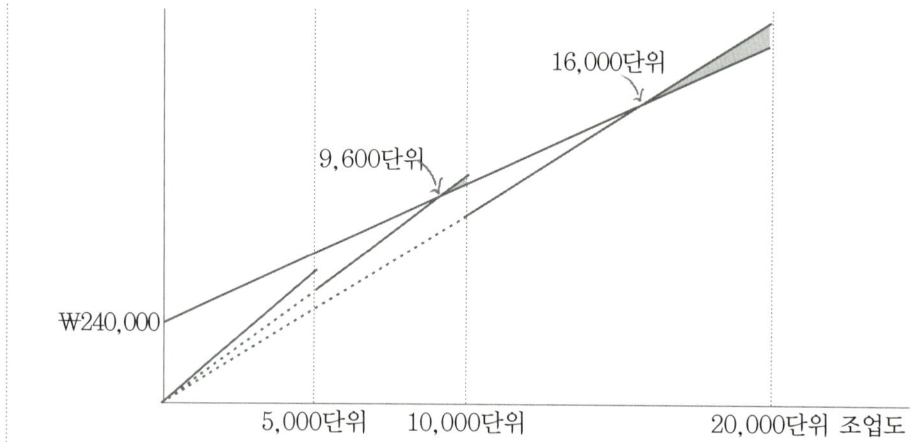

2. 변동비의 증감이 있는 경우

원재료가격의 변동이나 노무비 상승 등으로 인하여 제품생산에 투입되는 단위당 변동비가 증가하거나 감소할 수 있다.

예제 12 변동비의 증감

X제품을 생산하는 ㈜비선대는 20×1년 제품의 판매가격을 ₩50으로 결정하였다. 변동비는 최초 5,000단위까지는 ₩25이었으나 판매량이 5,000단위를 넘어서자 재료비의 상승으로 ₩34이 되었고 판매량이 10,000단위를 넘어서자 연장근무로 인한 노무비의 상승으로 ₩42이 되었다. 고정비는 조업도범위와 관계없이 ₩245,000이다. 회사의 생산설비의 능력상 20,000단위 이상의 생산판매는 불가능하다.

요구사항

손익분기점 판매량과 이익이 발생하는 판매량의 범위를 구하시오.

해설

1. 손익분기점

(1) 판매량이 5,000단위 이내인 경우

$$\text{BEP } Q = \frac{₩245,000}{50-25} = 9,800\text{단위(부적합)}$$

손익분기수량이 9,800단위인데 판매량범위가 5,000단위 이내인 것은 전 범위에서 손실이 발생한다는 의미이다.

(2) 판매량이 5,001단위~10,000단위인 경우

$50Q = 25 \times 5,000 + 34(Q - 5,000) + 245,000$ $\therefore$ $Q = 12,500$단위(부적합)

손익분기수량이 12,500단위인데 판매량범위가 5,001~10,000단위인 것은 전 범위에서 손실이 발생한다는 의미이다.

(3) 판매량이 10,001단위~20,000단위인 경우

$50Q = 25 \times 5,000 + 34 \times 5,000 + 42(Q - 10,000) + 245,000$ $\therefore$ $Q = 15,000$단위(적합)

2. 이익이 발생하는 판매량의 범위

손익분기점이 15,000단위 하나뿐이므로 이익이 발생하는 범위는 15,001단위~20,000단위이다.

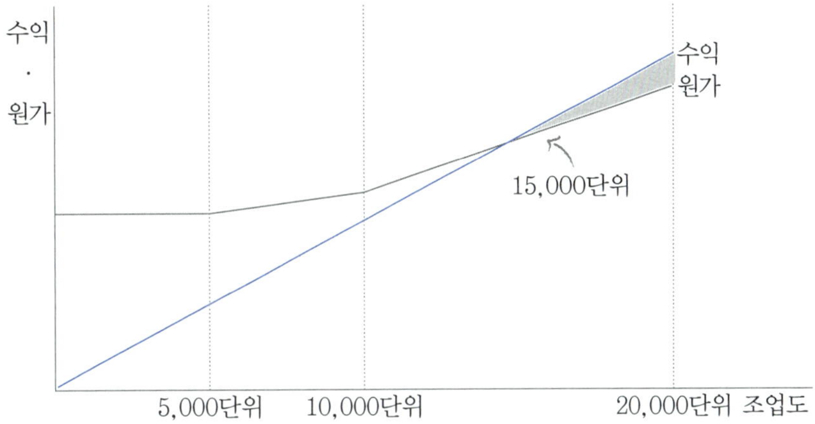

3. 조업도범위에 따라 고정비가 증가하는 경우

대부분의 고정비는 일정 생산량범위에서는 고정비의 형태를 유지하지만 생산량이 일정범위를 벗어나면 한 단계 증가하는 경향이 있다. 이를 준고정비 혹은 단계원가라고도 하는데 단기간으로 보면 고정비인 원가들은 장기간으로 보면 대부분 이러한 단계원가의 형태가 된다.

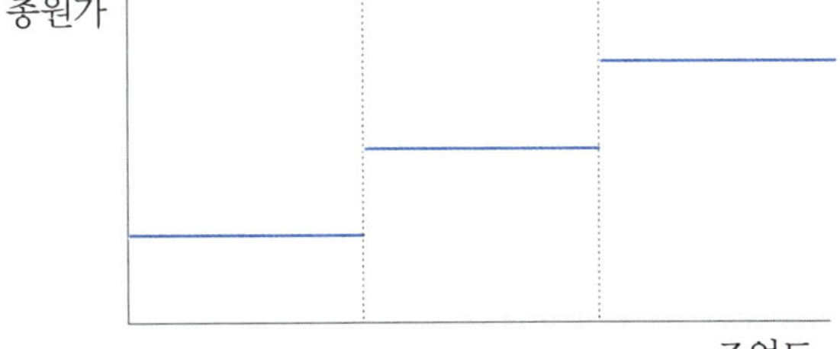

기계 1대의 감가상각비는 생산량과 관계없이 일정한 금액이 발생한다. 만약 기계 1대가 제품 100개를 생산할 수 있다면 30개를 생산을 하든, 100개를 생산하든 감가상각비는 일정하다. 그러나 180개의 제품을 생산할 계획을 갖고 있다면 기계 1대를 추가로 구입하여 2대 보유하게 될 것이고, 감가상각비는 제품생산량 101~200개의 범위에서는 몇 개의 제품을 생산하든지간에 2대분의 감가상각비가 발생한다. 따라서 감가상각비는 단기적으로는 고정비이나 장기적으로는 준고정비가 되는 것이다.

이와 같이 고정비는 변동비와는 달리 생산량범위에 따라 단계별로 달라지므로 원가예측이 쉽지 않으며, 기업의 원가추정에서 고정비에 대한 정확한 인식은 단순한 제품원가계산뿐 아니라 장기적인 사업계획이나 이익계획에서도 매우 중요한 요소로 작용을 한다.

예제 13 준고정비

X제품을 생산하고 있는 청산산업은 제품의 단위당 판매가격을 ₩100으로 결정하였고 단위당 변동비는 ₩40으로 예측하고 있다. 그러나 감가상각비를 포함한 고정비는 제품의 생산량에 따라 다음과 같이 증가할 것으로 예상된다.

조업도	고정비
10,000단위 이내	₩ 720,000
10,001단위~20,000단위	1,080,000
20,001단위~30,000단위	1,500,000

요구사항

손익분기수량을 계산하고 회사가 이익을 낼 수 있는 판매량의 범위를 구하시오.

해설

(1) 10,000단위 이내

$$\text{BEP} = \frac{F}{P-v} = \frac{₩720,000}{100-40} = 12,000\text{단위(부적합)}$$

(2) 10,001단위~20,000단위

$$\text{BEP} = \frac{F}{P-v} = \frac{₩1,080,000}{100-40} = 18,000\text{단위(적합)}$$

(3) 20,001단위~30,000단위

$$BEP = \frac{F}{P-v} = \frac{₩1,500,000}{100-40} = 25,000\text{단위(적합)}$$

∴ 이익이 발생하는 판매량 18,001~20,000단위, 25,001~30,000단위이다.

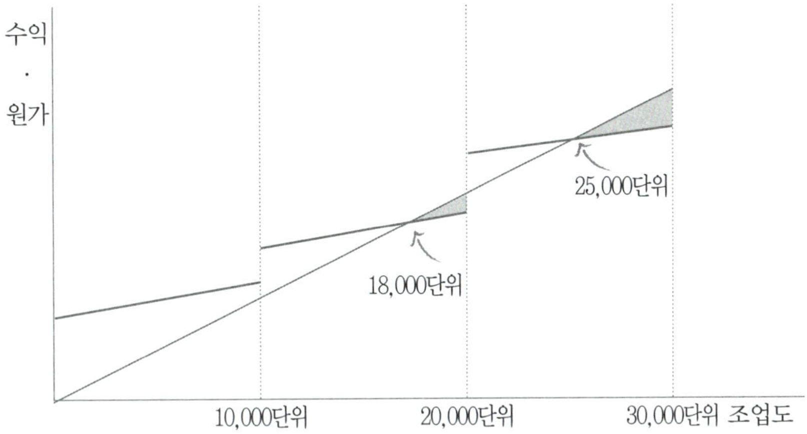

4. 판매가격, 단위당 변동비, 고정비가 변하는 경우

앞에서는 판매가격, 단위당 변동비, 고정비가 각각 변하는 경우를 살펴보았다. 그러나 현실적으로는 이러한 요소들이 동시에 변하는 경우도 있을 수 있다. 예를 들어 시장에서의 경쟁악화로 인하여 판매가격은 점점 하락하고, 원자재 가격상승으로 인하여 단위당 변동비는 증가하며, 고정비는 생산량 증가로 인하여 상승하는 경우라면 기업의 손익은 어떻게 될까? 다음의 사례를 통하여 살펴보도록 한다.

예제 14 판매가격, 단위당 변동비, 고정비가 동시에 증감하는 경우

휴대폰용 충전기를 생산판매하고 있는 ㈜망양정은 최근 거래처로부터 거래량의 증가에 따라 판매가격을 인하하라는 압력을 받고 있다. 또한 원재료와 노무비 등의 상승에 따라 조업도가 증가할수록 단위당 변동비가 증가하고 있으며, 신규설비 도입에 따른 감가상각비의 발생으로 고정비도 증가하고 있다. 회사의 경영진은 이러한 판매정책상의 어려움으로 인하여 이익에 대하여 지대한 관심을 갖게 되었다. 회사의 생산 및 판매 관련자료는 다음과 같다.

조업도 범위	10,000단위 이내	10,001~20,000단위	20,001~30,000단위
판 매 가 격	₩50	₩45	₩40
변 동 비	20	25	30
고 정 비	240,000	350,000	450,000

판매가격과 변동비는 해당 범위 내의 생산·판매물량에 단계별로 적용되며 회사의 최대 생산능력은 30,000단위이다.

요구사항

1. 손익분기점 판매량을 구하시오.
2. 이익이 발생하는 판매량의 범위를 구하시오.

해설

1. 손익분기점

(1) 판매량이 10,000단위 이내인 경우

$$\text{BEP } Q = \frac{₩240,000}{50-20} = 8,000\text{단위(적합)}$$

(2) 판매량이 10,001단위~20,000단위인 경우

$10,000 \times 50 + (Q - 10,000) \times 45 = 10,000 \times 20 + (Q - 10,000) \times 25 + 350,000$

$\therefore Q = 12,500$단위(적합)

(3) 판매량이 20,001단위~30,000단위인 경우

$10,000 \times 50 + 10,000 \times 45 + (Q - 20,000) \times 40$

$= 10,000 \times 20 + 10,000 \times 25 + (Q - 20,000) \times 30 + 450,000$

$\therefore Q = 15,000$단위(부적합)

2. 이익이 발생하는 판매량 범위

8,001단위~10,000단위, 12,501단위~30,000단위

5. 활동기준원가계산과 CVP분석

제1절 CVP분석의 기본가정에서 원가에 영향을 미치는 유일한 요인이 조업도뿐이라고 가정하였다. 여기에서 조업도란 판매량(생산량)으로 해석하여 생산량의 증감에 따라 증감하는 원가는 변동비로 분류하였으며, 생산량과는 관계없이 일정금액으로 발생하는 원가는 고정비로 분류하였다.

그러나 활동기준원가계산(ABC)에 의하면 활동 및 원가를 단위수준활동, 묶음수준

활동, 제품유지활동, 설비유지활동으로 구분하여 각각의 원가를 발생시키는 원가동인을 달리 파악한다. 즉 단위수준활동원가는 생산량의 증감에 따라 증감하지만 묶음수준활동원가, 제품유지활동원가, 설비유지활동원가와 같은 비단위수준활동원가는 생산량과는 관계없는 별도의 원가동인에 따라 발생하는 것으로 파악하는 것이다. 따라서 비단위수준활동원가는 생산량이 아닌 별도의 원가동인에 의하여 발생하므로 CVP분석에서는 고정비로 분류하여 분석하며, 조업도의 범위에 따라 비단위수준활동원가가 달라진다면 앞에서 살펴본 준고정비 형태의 CVP분석의 개념을 적용하여 접근한다.

예제 15 ABC와 CVP분석

㈜청산산업이 생산하는 X제품의 변동비에 대한 자료는 다음과 같다.

	단위당 변동비
직접재료비	₩ 50
직접노무비	20
제조간접비	20
판매관리비	10

X제품의 단위당 판매가격은 ₩200이다. 회사는 최근 활동기준원가계산을 적용하기로 하고 고정비를 분석한 결과 다음과 같은 내용을 알게 되었다.

활동	원가동인	원가동인당 원가
공정작업준비	작업준비횟수	₩50,000/회
도금처리	도금처리횟수	20,000/회
기계가공	-	100,000

* 공정작업준비는 회당 ₩50,000의 원가가 발생하며 공정작업준비 1회당 2,000단위의 생산이 가능하다.
* 도금처리는 회당 ₩20,000의 원가가 발생하며 회사는 도금설비의 특성상 1,000단위를 한 묶음으로 하여 도금처리를 한다.
* 기계가공과 관련된 ₩100,000의 고정비는 설비감가상각비로서 생산량과 관계없이 발생한다.
* 회사의 최대생산능력은 4,000단위이다.

요구사항

1. 손익분기점 판매량을 구하시오.
2. 이익이 발생하는 판매량의 범위를 구하시오.

해설

1. 손익분기점 판매량 분석(판매량을 Q라 하면)

(1) $Q \le 1,000$

총고정비 = 공정작업준비원가 + 도금처리원가 + 설비감가상각비

= ₩50,000×1회 + ₩20,000×1회 + ₩100,000 = ₩170,000

$200Q = 100Q + 170,000$ ∴ $Q = 1,700$단위(부적합)

(2) $1,000 < Q \le 2,000$

총고정비 = ₩50,000×1회 + ₩20,000×2회 + ₩100,000 = ₩190,000

$200Q = 100Q + 190,000$ ∴ $Q = 1,900$단위(적합)

(3) $2,000 < Q \le 3,000$

총고정비 = ₩50,000×2회 + ₩20,000×3회 + ₩100,000 = ₩260,000

$200Q = 100Q + 260,000$ ∴ $Q = 2,600$단위(적합)

(4) $3,000 < Q \le 4,000$

총고정비 = ₩50,000×2회 + ₩20,000×4회 + ₩100,000 = ₩280,000

$200Q = 100Q + 280,000$ ∴ $Q = 2,800$단위(부적합)

2. 이익이 발생하는 판매량 범위

1,901단위~2,000단위, 2,601단위~4,000단위

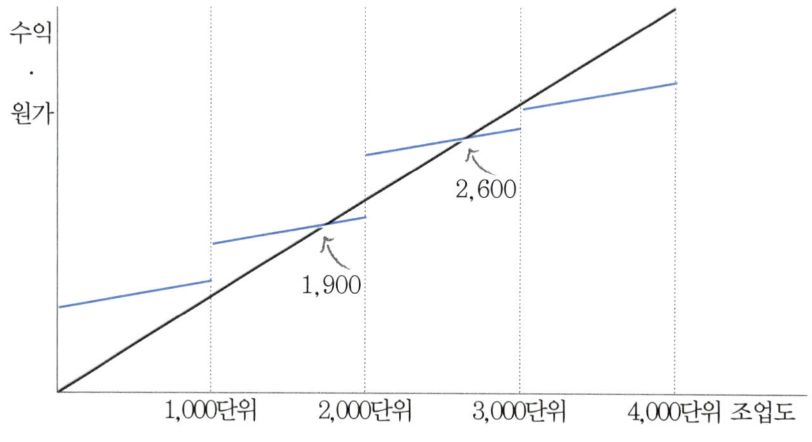

〈CVP분석의 공식 및 등식〉

	공식		등식	
	판매량	매출액	판매량	매출액
손익분기점	$\frac{F}{P-v}$	$\frac{F}{1-\frac{v}{P}}$	$PQ=vQ+F$	$S=S\times\frac{v}{P}+F$
목표영업이익	$\frac{F+TI}{P-v}$	$\frac{F+TI}{1-\frac{v}{P}}$	$PQ=vQ+F+TI$	$S=S\times\frac{v}{P}+F+TI$
목표영업이익률	$\frac{F}{(P-v)-kP}$	$\frac{F}{(1-\frac{v}{P})-k}$	$PQ=vQ+F+kPQ$	$S=S\times\frac{v}{P}+F+kS$
세후목표이익	$\frac{F+\frac{NI}{1-T_x}}{P-v}$	$\frac{F+\frac{NI}{1-T_x}}{1-\frac{v}{P}}$	$PQ=vQ+F+\frac{NI}{1-T_x}$	$S=S\times\frac{v}{P}+F+\frac{NI}{1-T_x}$

안전한계율	$\frac{\text{현재매출액}-\text{손익분기매출액}}{\text{현재매출액}}=\frac{\text{영업이익}}{\text{공헌이익}}$
영업레버리지도(DOL)	$\frac{\text{영업이익증감률}}{\text{매출액증감률}}=\frac{\text{공헌이익}}{\text{영업이익}}$
재무레버리지도(DFL)	$\frac{\text{세후이익증감률}}{\text{영업이익증감률}}=\frac{\text{영업이익}}{\text{세전이익}}$
결합레버리지도(DTL, DCL)	$\frac{\text{세후이익증감률}}{\text{매출액증감률}}=\frac{\text{공헌이익}}{\text{세전이익}}$

〈손익분기점〉	이익흐름	현금흐름
법인세가 없는 경우	$\frac{F}{P-v}$	$\frac{F-D}{P-v}$
법인세가 있는 경우	$\frac{F}{P-v}$	$\frac{F-\frac{D}{1-T_x}}{P-v}$

	판매량	매출액
복수제품의 손익분기점	$\frac{\text{고정비}}{\text{가중평균 단위당 공헌이익}}$	$\frac{\text{고정비}}{\text{가중평균 공헌이익률}}$
	수량비율에 의한 가중평균 단위당 공헌이익	매출액 비율에 의한 가중평균 공헌이익률

P: 판매가격, v: 단위당 변동비, F: 고정비, Q: 판매량, S: 매출액

$p-v$: 단위당 공헌이익, $1-\frac{v}{p}$: 공헌이익률, $\frac{v}{p}$: 변동비율

k: 목표이익률, TI: 세전목표이익, NI: 세후목표이익, T_x: 세율, D : 감가상각비

예산 및 의사결정회계 제4편

참고

실무적으로 CVP분석에 대하여 많은 관심을 갖지만 분석이 쉽지 않은 경우가 많이 있다. CVP분석을 실무적으로 적용하기 위해서는 다음과 같이 단계별로 접근하는 것이 필요할 수도 있다.

1. CVP분석의 실무적 이해
2. 변동비와 고정비로 구성된 원가분석의 이해
3. 조업도의 정의

이를 자세히 살펴보면

1. CVP분석의 실무적 이해

실무적으로는 한 가지 품종이 아닌 여러 가지의 품종을 판매하는 경우가 일반적이므로 복수제품을 판매하는 경우의 분석에 대하여 이해하여야 한다. 또한 제품의 종류가 매우 많은 경우에는 비슷한 제품들을 하나의 그룹으로 묶어 제품군(製品群)을 개별제품처럼 인식하여 분석하고 차후에 개별 제품별로 상세한 분석을 하는 것도 분석방법이 될 수 있다.

2. 변동비와 고정비로 구성된 원가분석의 이해

각 제품별 변동비와 회사전체의 고정비를 분석할 수 있어야 한다. 실무적으로 각 제품별 단위당 변동비를 구분하는 것은 매우 어려운데 이는 혼합원가의 존재 때문이다. 순수 변동비 성격의 재료비외에 혼합원가 중 변동비부분을 분석하여 각 제품별 단위당 변동비를 추정하여야 한다. "제15장 원가추정"에서 설명하는 고저점법, 회귀분석법 등을 참고할 수 있으며 실무적으로 엑셀에서 추세선을 활용할 수도 있다.

3. 조업도의 정의

실무적으로 여러 가지의 제품을 생산하는 경우 각제품별 기계시간 혹은 직접노동시간 투입이 다를 수 있다. 그런데도 제품별 차별성을 고려하지 않고 무조건 제품생산량을 조업도로 판단하여 분석하면 변동비와 고정비의 분석은 의미 있는 분석이 될 수가 없다. 따라서 각 제품별로 투입되는 표준기계시간 혹은 표준노동시간 등을 파악하여 여러 제품의 생산량을 시간으로 환산, 이를 혼합원가와 연관지어 분석한다면 시간과 원가의 관계를 파악할 수 있고 분석이 용이해지는 경우가 있다.

이에 대해서는 "제1장 원가의 기초, 제2절 원가의 분류, 5.조업도의 정의"에서 설명하는 내용 혹은 "제15장 원가추정, 제1절 원가추정의 기초, 2.원가추정의 사례"의 내용을 참고할 수 있다.

연습문제

문제 1. 기본적인 CVP분석

레이저 프린터를 생산하고 있는 ㈜유일산업의 생산관련자료는 다음과 같다.

	단위당 변동비	고정비
직 접 재 료 비	₩10	–
직 접 노 무 비	10	–
제 조 간 접 비	30	₩175,000
판 매 관 리 비	10	25,000
계	₩60	₩200,000

제품의 단위당 판매가격은 ₩100이며 회사는 당기에 7,500단위를 판매하였다. 한편, 제조간접비와 판매관리비에 포함된 감가상각비는 ₩36,000이다.

요구사항

1. 손익분기점 판매량과 매출액을 구하시오.
2. ₩40,000의 목표영업이익을 달성하기 위한 판매량을 구하시오.
3. 회사가 매출대비 영업이익의 목표이익률을 20%로 설정하였다. 이를 달성하기 위한 매출액을 구하시오.
4. 현금흐름분기점 판매량을 구하시오(법인세는 없다고 가정).
5. 법인세율이 40%인 경우 ₩30,000의 세후이익을 달성하기 위한 판매량을 구하시오.
6. 법인세율이 40%인 경우 현금흐름분기점 판매량을 구하시오.
7. 당기의 판매 수준하에서 안전한계율을 구하시오.
8. 당기의 판매 수준하에서 DOL을 구하시오.
9. 당기보다 매출이 20% 증가하는 경우 영업이익을 구하시오.

해설

1. 손익분기점 판매량(Q)과 매출액(S)

$$Q=\frac{F}{P-v}=\frac{₩200,000}{100-60}=5,000\text{단위}$$

$$S=\frac{F}{1-\frac{v}{P}}=\frac{₩200,000}{40\%}=₩500,000$$

2. 목표영업이익을 달성하기 위한 판매량(Q)

$$\underbrace{100Q}_{\text{매출}}=\underbrace{60Q}_{\text{변동비}}+\underbrace{200,000}_{\text{고정비}}+\underbrace{40,000}_{\text{목표이익}}$$

$\therefore\ Q=6,000$단위

3. 목표이익률을 달성하기 위한 매출액(S)

$$\underbrace{S}_{\text{매출}}=\underbrace{0.6S}_{\text{변동비}}+\underbrace{200,000}_{\text{고정비}}+\underbrace{0.2S}_{\text{목표이익}}$$

$\therefore\ S=₩1,000,000$

4. 현금흐름분기점 판매량(Q)

$$\underbrace{100Q}_{\text{매출}}=\underbrace{60Q}_{\text{변동비}}+(\underbrace{200,000}_{\text{고정비}}-\underbrace{36,000}_{\text{감가상각비}})$$

$\therefore\ Q=4,100$단위

5. 세후목표이익을 달성하기 위한 판매량(Q)

$$\underbrace{100Q}_{\text{매출}}=\underbrace{60Q}_{\text{변동비}}+\underbrace{200,000}_{\text{고정비}}+\underbrace{\frac{30,000}{(1-0.4)}}_{\text{세전목표이익}}$$

$\therefore\ Q=6,250$단위

6. 법인세를 고려한 현금흐름분기점 판매량

$$\underbrace{100Q}_{\text{매출}}=\underbrace{60Q}_{\text{변동비}}+(\underbrace{200,000}_{\text{고정비}}-\underbrace{36,000}_{\text{감가상각비}})+\underbrace{(40Q-200,000)\times 40\%}_{\text{법인세}}$$

$\therefore\ Q=3,500$단위

7. 안전한계율

$$\text{M/S 비율}=\frac{7,500\text{단위}-5,000\text{단위}}{7,500\text{단위}}=33.33\%$$

혹은 손익계산서를 보고 다음과 같이 계산할 수도 있다.

매출액	7,500×₩100 =	₩750,000
변동비	7,500×₩60 =	450,000
공헌이익	7,500×₩40 =	300,000
고정비		200,000
영업이익		₩100,000

$$\text{M/S 비율} = \frac{\text{영업이익}}{\text{공헌이익}} = \frac{₩100,000}{₩300,000} = 33.33\%$$

8. DOL의 계산

$$\text{DOL} = \frac{\text{공헌이익}}{\text{영업이익}} = \frac{₩300,000}{₩100,000} = 3$$

혹은 다음과 같이 계산할 수도 있다.

$$\text{DOL} = \frac{1}{\text{안전한계율}} = \frac{1}{0.3333} = 3$$

9. 판매증가 후 영업이익

$$\underbrace{₩750,000 \times (1+0.2) \times 0.4}_{\text{공헌이익}} - \underbrace{200,000}_{\text{고정비}} = \underbrace{₩160,000}_{\text{영업이익}}$$

참고로 DOL을 이용하면 다음과 같이 계산할 수 있다.

₩100,000(1+20%×3)=₩160,000

문제 2. 누진세율이 적용되는 경우의 CVP분석

㈜경진상사가 생산하는 제품의 판매가격은 단위당 ₩200이며 단위당 변동비는 ₩140이고 고정비는 ₩240,000이다. 한편, 법인세율은 누진세율체계인데 세전이익 ₩50,000까지는 30%, 세전이익 ₩50,000을 초과하는 금액은 40%의 세율이 적용된다.

요구사항

1. ₩21,000의 세후순이익을 달성하기 위한 판매량을 구하시오.
2. ₩77,000의 세후순이익을 달성하기 위한 판매량을 구하시오.

해설

1. 세전이익이 ₩50,000인 경우 세후순이익은 ₩35,000이므로 ₩21,000의 세후순이익은 30%의 기본세율이 적용되는 구간에 있다.

$$200Q = 140Q + ₩240,000 + \frac{21,000}{(1-0.3)}$$

∴ Q=4,500단위

2. ₩77,000은 누진세율이 적용되는 구간에 있으므로 세전이익으로 환산하여 계산한다.
세전이익을 y라 하면
$y-\{₩50,000\times30\%+(y-50,000)\times40\%\}=₩77,000$
∴ y=₩120,000
세전이익으로 환산하였으므로 ₩77,000의 세후순이익을 달성하기 위한 판매량은
$200Q=140Q+₩240,000+120,000$
∴ Q=6,000단위

문제 3. 기본적인 CVP분석

20×1년 20,000단위의 제품을 판매한 ㈜한라의 손익계산서는 다음과 같다.

매출액	₩8,000,000
변동비	4,800,000
공헌이익	3,200,000
고정비	2,400,000
영업이익	₩800,000

요구사항

다음의 요구사항은 각각 독립적이다.

1. 20×1년의 손익분기점 매출액을 구하시오.
2. 20×2년의 단위당 판매가격, 원가구조가 20×1년과 동일한 경우 회사가 ₩1,200,000의 이익을 달성하기 위해서는 20×1년보다 판매량이 얼마만큼 증가하여야 하는가?
3. 20×2년에 임차료와 설비투자에 따른 감가상각비 등의 증가로 인하여 고정비가 ₩1,000,000만큼 증가하게 되었다. 20×1년과 동일한 이익을 달성하기 위한 매출은 얼마가 되어야 하는가?
4. 20×2년 회사는 세후목표이익을 ₩540,000으로 설정하였다. 단위당 변동비와 고정비는 20×1년과 동일하지만 판매가격을 10% 인하하여 판매하기로 하였다. 가격인하로 인하여 판매량이 20×1년보다 50% 증가할 것으로 예상된다. 회사는 판매증가를 위하여 애프터서비스를 강화하기로 결정하였으며, 애프터서비스비용은 성격상 고정비로 분류된다. 회사가 설정한 목표이익을 유지하면서 지출할 수 있는 최대의 애프터서비스비용은 얼마인가? 법인세율은 40%이다.
5. 20×2년 재료비와 임금 상승으로 인하여 단위당 변동비가 ₩40 증가하였다. 법인세율이 40%인 경우 세후목표이익이 매출액의 6%가 되기 위해서는 20×2년의 매출액은 얼마가 되어야 하는가?

해설

1. 손익분기점 매출액(S)

$$S = \frac{F}{1-\frac{V}{P}} = \frac{₩2,400,000}{40\%} = ₩6,000,000$$

2. 20×2년의 판매량을 Q라 하면

$400Q = 240Q + 2,400,000 + 1,200,000$

$Q = 22,500$단위

20×1년의 판매량이 20,000단위이므로 판매량이 2,500단위 증가하여야 한다.

3. 20×2년의 매출액을 S라 하면

$S = 0.6S + (2,400,000 + 1,000,000) + 800,000$

$\therefore\ S = ₩10,500,000$

4. 추가지출이 가능한 애프터서비스비용을 x라 하면

$$(₩400 \times 0.9) \times 30,000 = 240 \times 30,000 + (2,400,000 + x) + \frac{₩540,000}{(1-0.4)}$$

$\therefore\ x = ₩300,000$

5. 20×2년의 매출을 S라 하면

$$S = 0.7S + 2,400,000 + \frac{0.06S}{(1-0.4)}$$

$\therefore\ S = ₩12,000,000$

문제 4. 복수제품의 CVP분석

㈜상경은 20×1년 A, B, C 세 가지의 제품을 생산판매하고 있다. 관련자료는 다음과 같다.

	A	B	C
판매가격	₩10	₩20	₩25
변동비	8	14	15
단위당 공헌이익	₩2	₩6	₩10
판매비율(수량)	5	3	2

당기에 발생한 총고정비는 ₩240,000이다.

예산 및 의사결정회계 제4편

요구사항

1. 손익분기점 판매량을 구하시오.
2. 손익분기점 매출액을 구하시오.
3. 20×2년 회사는 이익구조를 개선하기 위하여 판매촉진활동을 통해 고급제품인 C제품의 판매비율을 증가시키기로 하였다. 판매촉진활동을 위하여 ₩26,000의 추가적인 고정비 지출이 예상되며, 판매비율이 1 : 4 : 5의 비율로 개선된다면 회사가 ₩22,800의 세후순이익을 달성하기 위한 판매량은 각각 얼마인가? 법인세율은 40%이다.
4. 20×3년 제품별 판매가격과 단위당 변동비는 20×1년과 같으나 고정비가 ₩408,000으로 증가하였으며 손익분기점 총판매량은 60,000단위가 되었다. 20×3년 B제품 판매량이 A제품 판매량의 2배라면 제품별 판매비율은 얼마인가?

해설

1. 손익분기점 판매량(Q)

가중평균 단위당 공헌이익＝₩2×0.5＋6×0.3＋10×0.2＝₩4.8

$$Q=\frac{₩240,000}{4.8}=50,000\text{단위}$$

따라서 각 제품별 판매량은 다음과 같다.

A	50,000단위	× 50%	=	25,000단위
B	〃	× 30%	=	15,000
C	〃	× 20%	=	10,000

2. 손익분기점 매출액(S)

A	25,000단위	× ₩10	=	₩250,000	
B	15,000	× 20	=	300,000	
C	10,000	× 25	=	250,000	₩800,000

가중평균 공헌이익률에 의하여 계산하면 다음과 같다.

매출액비율＝A : B : C

＝₩10×5 : ₩20×3 : ₩25×2＝5 : 6 : 5

$$\text{가중평균 공헌이익률}=20\%\times\frac{5}{16}+30\%\times\frac{6}{16}+40\%\times\frac{5}{16}=30\%$$

$$\therefore\ S=\frac{₩240,000}{0.3}=₩800,000$$

3. 목표이익판매량(Q)

가중평균 단위당 공헌이익＝₩2×0.1＋6×0.4＋10×0.5＝₩7.6

$$Q=\frac{₩266,000+\dfrac{22,800}{(1-0.4)}}{7.6}=40,000\text{단위}$$

따라서 각 제품별 판매량은 다음과 같다.

A	40,000단위	×	10%	＝	4,000단위
B	〃	×	40%	＝	16,000
C	〃	×	50%	＝	20,000

4. 제품별 판매량 비율

고정비가 ₩408,000이며 손익분기점 판매량이 60,000단위이므로 가중평균 단위당 공헌이익은 $\frac{₩408,000}{60,000\text{단위}}$＝@6.8이다.

각 제품의 판매비율을 계산하기 위해서는 다음의 식을 연립하여 계산한다.
A, B, C 제품의 판매비율을 각각 A, B, C라 하면

$$\begin{cases} 2A+6B+10C=6.8 \\ B=2A \\ A+B+C=1 \end{cases}$$

∴ A : B : C＝2 : 4 : 4

문제 5. 판매가격 인하에 따른 CVP분석

㈜한라는 연초에 총판매량의 증가에 따른 단계별 판매가격 인하정책을 다음과 같이 결정하였다.

조업도	단위당 가격
10,000단위 이내	₩300
10,001~30,000단위	250
30,001~50,000단위	240

단위당 변동비는 ₩200이고, 고정비는 조업도 범위의 변동과 관계없으며 다음과 같다.

감가상각비	₩100,000	
임차료	420,000	
보험료	230,000	
광고선전비	450,000	₩1,200,000

요구사항

1. 손익분기점 판매량을 구하시오.
2. 현금흐름분기점 판매량을 구하시오.

해설

1. 손익분기점 판매량

(1) 판매량이 10,000단위 이내인 경우

$$\text{BEP } Q=\frac{₩1,200,000}{300-200}=12,000\text{단위(부적합)}$$

(2) 판매량이 10,001단위~30,000단위인 경우

$300\times10,000+250(Q-10,000)=200Q+1,200,000$

$\therefore\ Q=14,000$단위(적합)

(3) 판매량이 30,001단위~50,000단위인 경우

$300\times10,000+250\times20,000+240\times(Q-30,000)=200Q+1,200,000$

$\therefore\ Q=10,000$단위(부적합)

따라서 손익분기점 판매량은 14,000단위이다.

2. 현금흐름분기점 판매량

(1) 판매량이 10,000단위 이내인 경우

$$\text{BEP } Q=\frac{₩1,100,000}{300-200}=11,000\text{단위(부적합)}$$

(2) 판매량이 10,001단위~30,000단위인 경우

$300\times10,000+250(Q-10,000)=200Q+1,100,000$

$\therefore\ Q=12,000$단위(적합)

(3) 판매량이 30,001단위~50,000단위인 경우

$300\times10,000+250\times20,000+240\times(Q-30,000)=200Q+1,100,000$

$\therefore\ Q=7,500$단위(부적합)

따라서 현금흐름분기점 판매량은 12,000단위이다.

문제 6. 판매가격과 변동비의 인상에 따른 CVP분석

㈜탐라가 판매하는 제품의 조업도의 변동에 따른 단계별 판매가격은 다음과 같다.

조업도	단위당 가격
10,000단위 이내	₩200
10,001~20,000단위	240
20,001~30,000단위	280

판매가격이 조업도 범위에 따라 증가하는 것은 재료비와 노무비 등의 상승에 기인하는 것으로 단위당 변동비는 조업도 범위에 따라 단계별로 다음과 같이 증가한다.

조업도	단위당 변동비
15,000단위 이내	₩160
15,001~30,000단위	200

고정비는 ₩480,000이다.

요구사항

손익분기점 판매량을 구하시오.

해설

1. 판매량이 10,000단위 이내인 경우

$$\text{BEP } Q=\frac{₩480,000}{200-160}=12,000\text{단위(부적합)}$$

2. 판매량이 10,001단위~15,000단위인 경우

$200\times10,000+240\times(Q-10,000)=160Q+480,000$
$\therefore\ Q=11,000$단위(적합)

3. 판매량이 15,001단위~20,000단위인 경우

$200\times10,000+240\times(Q-10,000)=160\times15,000+200\times(Q-15,000)+480,000$
$\therefore\ Q=7,000$단위(부적합)

4. 판매량이 20,001단위~30,000단위인 경우

$200\times10,000+240\times10,000+280\times(Q-20,000)$
$=160\times15,000+200\times(Q-15,000)+480,000$
$\therefore\ Q=13,500$단위(부적합)

따라서 손익분기점 판매량은 11,000단위이다.

문제 7. 고저점법과 CVP분석

20×1년 처음으로 CVP분석을 시도하는 ㈜시공테크는 A, B, C, D의 네 가지의 제품을 생산하고 있다. CVP분석을 위해서 수집된 자료는 다음과 같다.

1. 제품별 단위당 판매가격, 단위당 직접원가 및 제품단위당 기계소요시간

	A	B	C	D
판매가격	₩100	₩150	₩200	₩300
직접재료비	20	30	30	60
직접노무비	20	30	40	50
기계시간	1시간	2시간	2시간	3시간

변동제조간접비는 기계시간에 비례하여 각 제품별로 발생한다.

2. 제조간접비

회사는 제조간접비를 변동비와 고정비로 구분하지 못하고 있다. 그러나 제품생산과 관련된 제조간접비의 과거자료와 고저점법을 이용하여 원가구분을 하려고 한다.

연도	기계시간	제조간접비
19×5	11,000시간	₩145,000
19×6	10,000시간	150,000
19×7	12,000시간	180,000
19×8	18,000시간	225,000
19×9	25,000시간	300,000

3. 판매관리비

회사는 제품단위당 ₩10을 판매사원 수수료로 지급하고 있으며 그 외에 매장임차료 ₩250,000, 보험료 ₩148,000, 관리사원급여 ₩400,000 등이 발생하고 있다.

현재 각 제품별 판매수량비율은 A, B, C, D 각각 10%, 20%, 30%, 40%이며 이러한 제품판매비율은 당분간 지속될 것으로 예상된다.

요구사항

1. 20×1년 손익분기점 판매수량을 구하시오.
2. 만약 회사가 ₩212,000의 목표이익을 설정한다면 총판매량은 손익분기판매량보다

몇 % 증가하여야 하는가?

3. 20×2년에는 상대적으로 판매가 부진한 A제품과 B제품 책임자들의 부단한 판매촉진 노력으로 각 제품의 판매수량비율이 A, B, C, D 각각 30%, 30%, 20%, 20%로 변할 것으로 예상되며, 단위당 판매가격, 단위당 변동비, 총고정비는 20×1년과 동일할 것으로 기대된다. 20×1년과 동일한 목표이익을 달성하기 위한 각 제품별 판매량을 구하시오.

해설

1. 20×1년 손익분기판매량

(1) 제조간접비의 추정(고저점법에 의한 추정)

$$기계시간당\ 변동비=\frac{₩300,000-₩150,000}{25,000시간-10,000시간}=₩10/시간$$

고정비＝₩300,000－25,000시간×@10＝₩50,000

(2) 제품별 공헌이익

	A	B	C	D
판매가격	₩100	₩150	₩200	₩300
변동비				
직접재료비	20	30	30	60
직접노무비	20	30	40	50
변동제조간접비	10	20	20	30
변동판매관리비	10	10	10	10
단위당 공헌이익	₩40	₩60	₩100	₩150

(3) 가중평균 단위당 공헌이익

₩40×0.1＋₩60×0.2＋₩100×0.3＋₩150×0.4＝₩106

(4) 고정비 발생액

고정제조간접비	₩50,000	
매장임차료	250,000	
보험료	148,000	
급여	400,000	₩848,000

(5) 손익분기점 판매량

$$\frac{총고정비}{가중평균\ 단위당\ 공헌이익}=\frac{₩848,000}{₩106}=8,000단위$$

• 각 제품별 판매량

A	8,000단위×10%= 800단위
B	8,000단위×20%= 1,600단위
C	8,000단위×30%= 2,400단위
D	8,000단위×40%= 3,200단위

2. 이익달성을 위한 판매량

$$\frac{\text{총고정비}+\text{목표이익}}{\text{가중평균 단위당 공헌이익}}=\frac{₩848,000+₩212,000}{₩106}=10,000\text{단위}$$

각 제품별 판매량

A	10,000단위×10%= 1,000단위
B	10,000단위×20%= 2,000단위
C	10,000단위×30%= 3,000단위
D	10,000단위×40%= 4,000단위

따라서 손익분기판매량보다 판매량이 25% 증가하여야 ₩212,000의 이익을 달성할 수 있다.

3. 20×2년의 이익달성을 위한 판매량

(1) 가중평균 단위당 공헌이익
₩40×0.3+₩60×0.3+₩100×0.2+₩150×0.2=₩80

(2) 이익달성을 위한 판매량

$$\frac{\text{총고정비}+\text{목표이익}}{\text{가중평균 단위당 공헌이익}}=\frac{₩848,000+₩212,000}{₩80}=13,250\text{단위}$$

• 각 제품별 판매량

A	13,250단위×30%= 3,975단위
B	13,250단위×30%= 3,975단위
C	13,250단위×20%= 2,650단위
D	13,250단위×20%= 2,650단위

제9장 의사결정회계

앞에서 관리회계는 의사결정회계와 성과평가회계로 이루어지며 어떠한 내용으로 구성되어 있는가는 이미 살펴본 바 있다. 의사결정(decision making)이란 여러 가지 선택가능한 행동 또는 방법 중 목표를 가장 효과적이고 효율적으로 달성할 수 있는 최적의 행동 또는 방법을 선택하는 것으로 사전계획단계를 말한다. 한편, 성과평가(performance evaluation)란 원가, 수익 혹은 이익 등을 책임지고 통제할 수 있는 하나의 조직단위, 즉 책임중심점을 설정하여 이 책임중심점의 성과를 평가, 인사관리 혹은 급여산정 등에 반영하는 것으로 사후통제단계를 말한다.

의사결정은 단기의사결정과 장기의사결정으로 구분할 수 있는데 단기의사결정은 통상 1년 이내의 상황에 대한 의사결정이므로 중요성의 측면에서 화폐의 시간가치는 고려하지 않는다. 따라서 단기의사결정에서는 현금흐름이나 이익흐름의 크기가 의사결정에 중요한 영향을 미친다. 한편, 장기의사결정에서는 기본적으로 화폐의 시간가치를 고려하며 현금흐름의 크기와 발생시기가 의사결정에 중요한 영향을 미치게 된다.

단기의사결정은 정형화된 상황에 대한 의사결정과 특수의사결정으로 구분되는데 정형화된 의사결정은 제8장 CVP분석에서 이미 살펴보았으므로, 이번 장에서는 특수의사결정을 다루도록 한다. 한편, 장기의사결정은 다음 장에서 다루도록 한다.

이번 장에서 다루려고 하는 특수의사결정이란 실무적으로 만날 수 있는 여러 가지 유형의 상황에 대한 합리적 의사결정에 관한 내용이다. 물론 현실적으로는 의사결정과정에서 고려하여야 하는 많은 요소들이 있겠지만 가능한 이러한 요소들을 단순화시켜 의사결정과정에서 필수적으로 고려하여야 하는 요소들을 중심으로 살펴보도록 한다. 따라서 의사결정회계의 특성상 전통적인 손익계산서보다는 제8장에서 언급한 공헌접근법 손익계산서를 사용하여 접근하도록 한다.

제1절 의사결정회계의 원가개념 및 의사결정기법

1. 의사결정회계의 원가개념

(1) 관련원가(relevant cost)

각 행동대안간에 차이가 나는 차액원가(differential cost)로서 의사결정을 수행하는데 직접적으로 관련되어 의사결정에 따라 증감하는 원가를 말한다. 따라서 모든 행동대안에 동일하게 발생하는 원가는 관련원가가 아니다. 관련원가의 특성은 다음과 같다.

① 의사결정대안과 관련성이 있다.

② 미래원가이다.

③ 의사결정대안간에 차이가 있는 원가이다.

(2) 기회비용(opportunity cost)

현재의 의사결정대안이 아닌 다른 의사결정대안을 선택하였다면 획득할 수 있었던 최대의 순현금유입액을 말한다. 기회비용은 실제의 현금유출입을 수반하지는 않으나 의사결정과정에서 반드시 고려하여야 하는 중요한 요소이다.

(3) 매몰원가

매몰원가(sunk cost)란 과거에 이미 발생한 원가로서 현재 혹은 미래의 의사결정에 영향을 미치지 않는 원가를 말한다. 또한 의사결정대안간에 차이도 없으므로 차액원가로 분류되지 않는다. 따라서 의사결정과정에서 고려할 필요가 없는 비관련원가라고 할 수 있다.

2. 의사결정기법

(1) 총액접근법(total project approach)

총액접근법이란 각 대안별로 모든 미래의 수익과 비용(원가)을 구하여 이익이 가장 크게 나오는 대안을 선택하는 방법을 말한다. 각 대안별로 이익을 계산하므로 각 대안들 사이에 차이가 없는 수익과 비용도 포함되어 분석한다.

총액접근법은 세 가지 이상의 의사결정대안을 동시에 분석하는 경우 편리하며 각 대안의 이익을 각각 계산하므로 한 대안의 수익과 비용을 총체적으로 분석하는 것이 가능하다. 반면, 증분접근법에 비하여 시간이 많이 소요되며 의사결정에 영향을 주는 중요한 수익과 비용을 파악하기 어렵다는 점이 단점으로 지적된다.

(2) 증분접근법(incremental approach)

의사결정대안간에 차이가 발생하지 않는 수익과 비용을 제외하고, 차이가 나는 수익과 비용만을 비교하여 보다 많은 이익을 산출할 수 있는 대안을 선택하는 방법을 말한다.

두 개의 대안을 비교할 경우 차이가 나는 항목만을 비교하므로 시간이 절약되며, 의사결정에 영향을 미치는 중요한 수익과 비용이 무엇인지 정확하게 판단할 수 있는 장점이 있으나, 비교대상이 되는 의사결정대안이 세 가지 이상인 경우에는 사용하기 불편하다는 단점이 있다.

예제 01 의사결정기법

㈜청풍은 현재 A기계와 B기계의 구입안을 놓고 고민하고 있다. A기계와 B기계의 취득원가는 동일하며 기계유지와 관련된 고정비도 ₩200,000으로 동일하다. 그러나 A기계를 사용하는 경우 생산되는 제품의 단위당 변동비는 ₩50이고 B기계를 사용하는 경우 생산되는 제품의 단위당 변동비는 ₩40이다. 한편, A기계를 사용하는 경우 단위당 변동비는 높으나 제품의 품질이 상대적으로 우수하여 판매가격이 ₩100이며 B기계를 사용하는 경우 제품의 판매가격이 ₩95으로 결정된다. 회사는 어느 기계를 사용하여 제품을 생산하나 판매량은 10,000단위로 동일하다고 예상하고 있다.

요구사항

1. 총액접근법에 의하여 분석하시오.
2. 증분접근법에 의하여 분석하시오.

해설

1. 총액접근법

	A기계		B기계	
매 출	100×10,000단위=	₩1,000,000	95×10,000단위=	₩950,000
변 동 비	50×10,000단위=	500,000	40×10,000단위=	400,000
공 헌 이 익		500,000		550,000
고 정 비		200,000		200,000
영 업 이 익		₩300,000		₩350,000

∴ B기계를 구입하여 제품을 생산·판매하는 방법이 A기계를 구입하는 방안보다 ₩50,000 유리하다.

2. 증분접근법

B기계를 구입하는 방안의 증분이익 계산

증 분 수 익	(95－100)×10,000단위=	(－)50,000
증 분 비 용	(40－50)×10,000단위=	100,000
증 분 이 익		50,000

∴ B기계를 구입하여 제품을 생산·판매하는 방법이 A기계를 구입하는 방안보다 ₩50,000 유리하다.

제2절 의사결정 유형

단기특수의사결정회계의 유형은 다음과 같다.

① 특별주문의 수락 또는 거부의사결정

② 부품의 자가제조 또는 외부구입의사결정

③ 제품라인의 유지 또는 폐지의사결정

④ 중간제품의 판매 또는 추가가공 여부의 의사결정

⑤ 제한된 자원의 사용의사결정

⑥ 제품가격의사결정 등

1. 특별주문의 수락 또는 거부

기업은 기존 판매처 외의 고객으로부터 특별주문을 받는 경우가 있다. 이러한 특별주문은 대량주문이지만 기존의 판매가격보다 낮은 가격으로 공급해 달라는 경우가 보통이다. 따라서 기업의 입장에서는 기존판매가격보다 낮은 가격임에도 불구하고 대량거래이므로 특별주문을 수락하여야 할지 또는 판매가격의 할인이 회사의 수익성에 나쁜 영향을 주므로 거절하여야 할지 고민하게 된다.

특별주문의 경우에 첫번째로 고려할 요소는 회사의 유휴생산능력이다. 즉 특별주문량이 회사의 유휴생산능력보다 적다면 생산설비에 대한 추가적인 투자없이 기존의 생산능력으로도 특별주문을 받아들일 수 있으므로 특별주문으로부터 이익이 발생하는지의 여부만 고려하면 된다.

그러나 특별주문량이 회사의 유휴생산능력보다 많다면 생산능력이 부족하게 되므로 단순히 특별주문으로 인한 이익만 고려할 수는 없다. 따라서 부족한 생산능력을 보충하기 위하여 회사가 특별주문을 받아들일 수 있는 방법으로는 기존판매의 일부를 포기하는 방법, 외부에서 구매하여 공급하는 방법, 외부의 생산설비를 임차하여 제품을 생산·공급하는 방법 등 여러 가지가 있는데 보통 고려하는 방법으로는 기존판매의 일부를 포기하여 확보된 물량으로 특별주문의 물량을 공급하는 것이다. 따라서 이 경우에는 특별주문의 이익뿐만 아니라 기존판매의 포기에 따르는 이익의 감소분도 고려하여야 한다. 즉 기존판매의 포기에 따르는 이익의 감소분은 특별주문을 수락하는 방안의 기회비용이 된다. 이를 정리하면 다음과 같다.

① 기존판매량+특별주문량 ≤ 최대생산능력(특별주문량 ≤ 유휴조업도)
특별주문의 증분수익 > 특별주문의 증분비용 ⇒ 특별주문 수락
특별주문의 증분수익 < 특별주문의 증분비용 ⇒ 특별주문 거절
② 기존판매량+특별주문량 > 최대생산능력(특별주문량 〉 유휴조업도)
특별주문의 증분이익－특별주문의 기회비용 > 0 ⇒ 특별주문 수락
특별주문의 증분이익－특별주문의 기회비용 < 0 ⇒ 특별주문 거절

위의 경우처럼 기존판매를 포기하는 방법 대신 다른 방법을 선택하여도 의사결정을 할 때 고려할 기준은 특별주문으로부터의 이익과 의사결정에 따른 추가비용의 대소관계에 따라 결정하는 것이다.

한편, 위에서는 특별주문의 수락 여부에 대한 단기적·화폐적 요소만 고려하였다. 그러나 의사결정을 할 때는 장기적·비화폐적 요소를 고려하는 것도 매우 중요하다고 할 수 있다. 이는 비록 단기적으로 화폐적 측면에서 회사에 유리한 결과를 가져오는 판매방안이 장기적 측면에서는 오히려 불리한 결과를 가져올 수도 있고, 기존 거래처와의 관계나 시장에서의 신뢰도 등을 감안하면 차라리 거부하는 것이 더 좋을 수도 있기 때문이다. 특별주문의 수락 여부 결정시 고려할 요소는 다음과 같은 것들이 있다.

가. 기업의 장기적인 가격구조

특별주문은 단기적 상황이므로 장기적으로도 할인된 가격으로 판매한다면 회사의 수익성이 악화될 수 있다.

나. 기존고객의 반응

특별주문을 할인된 가격으로 판매하는 경우 기존의 고객이 반발할 수도 있으며 이는 장기적으로 회사의 매출을 감소하게 하거나 시장에서 회사의 신뢰도를 실추시킬 수 있다.

예제 02 특별주문의 수락 여부 결정(1)

㈜고려의 20×1년 손익계산서는 다음과 같다.

매 출	160×@300=	₩48,000
변 동 비	160×@180=	28,800
공 헌 이 익		19,200
고 정 비		12,000
영 업 이 익		₩7,200

20×2년초 회사는 ㈜탐라로부터 40단위를 단위당 ₩230에 공급해 달라는 제안을 받았다. 회사가 ㈜탐라의 제안을 수락하면 단위당 변동비에는 영향이 없으나 고정판매관리비가 ₩800 증가하게 된다. 회사의 최대조업도는 200단위이며 20×2년의 기존고객에 대한 판매량은 특별주문과 관계없이 20×1년과 동일할 것으로 예상된다.

요구사항

1. 특별주문의 수락 여부를 결정하시오.
2. 만약 회사가 특별주문을 수락하기로 한다면 최저공급가능가격은 얼마인가?

해설

1. 특별주문의 수락 여부

(1) 총액접근법

특별주문을 거절하는 경우와 수락하는 경우의 손익계산서를 작성하여 비교한다.

	거절하는 경우		수락하는 경우	
매 출	160×@300=	₩48,000	160×@300+40×@230=	₩57,200
변 동 비	160×@180=	28,800	200×@180=	36,000
공 헌 이 익		19,200		21,200
고 정 비		12,000	12,000+800=	12,800
영 업 이 익		₩7,200		₩8,400

₩1,200 증가

특별주문을 거절하는 것보다 수락하는 경우 ₩1,200만큼 이익이 증가하므로 특별주문을 수락한다.

(2) 증분접근법

특별주문을 수락하는 경우의 증분이익을 계산하면 다음과 같다.

증 분 수 익	40×@230=	₩9,200
증 분 비 용		
변 동 비	40×@180=	7,200
고 정 비		800
증 분 이 익		₩1,200

특별주문을 수락하는 경우의 증분이익이 ₩1,200이므로 특별주문을 수락한다.

또는 다음과 같이 식에 의하여 계산할 수도 있다.

$(P-v)\times\Delta Q-\Delta F=(₩230-180)\times 40-₩800=₩1,200 > 0$

2. 최저공급가능가격

㈜고려가 공급할 수 있는 최저공급가능가격은 특별주문의 증분이익이 0보다 크면 되므로 다음과 같이 결정된다.

$(P-v)\times\Delta Q-\Delta F > 0$

$(P-180)\times 40-₩800 > 0$

$\therefore P > ₩200$

예제 03 특별주문의 수락 여부 결정(2)

회사는 유휴조업도가 부족한 경우에는 기존판매를 포기하여 특별주문물량을 공급하는 방법을 선택하고 있다. 위의 예제 2에서 회사의 최대조업도가 다음과 같은 경우 각각에 대하여 특별주문의 수락 여부 결정과 최저공급가능가격을 구하시오.

요구사항

1. 최대조업도가 195단위인 경우
2. 최대조업도가 180단위인 경우

해설

1. 최대조업도가 195단위인 경우

(1) 특별주문의 수락 여부

최대조업도가 195단위인 경우에는 유휴조업도가 35단위뿐이므로 특별주문 40단위를 공급하기 위하여 기존판매량을 5단위 포기하여야 한다.

특별주문량을 ΔQ, 기존판매감소분을 x라 하면

$\underbrace{(P-v)\times\Delta Q-\Delta F}_{\text{특별주문의 증분이익}}-\underbrace{(P-v)\times x}_{\text{포기물량의 기회비용}}=₩50\times 40-₩800-₩120\times 5=₩600 > 0$

특별주문의 증분이익이 ₩600이므로 특별주문을 수락한다.

(2) 최저공급가능가격

기회비용을 고려한 특별주문의 이익이 0보다 크면 되므로

$(P-v)\times\Delta Q-\Delta F-(P-v)\times x=(P-₩180)\times40-₩800-₩120\times5\ >\ 0$

$\therefore\ P\ >\ ₩215$

2. 최대조업도가 180단위인 경우

(1) 특별주문의 수락 여부

최대조업도가 180단위인 경우에는 유휴조업도가 20단위뿐이므로 특별주문 40단위를 공급하기 위하여 기존판매량을 20단위 포기하여야 한다.

$(P-v)\times\Delta Q-\Delta F-(P-v)\times x=₩50\times40-₩800-₩120\times20=(-)₩1,200\ <\ 0$

특별주문의 증분이익이 (−)₩1,200이므로 특별주문을 거절한다.

(2) 최저공급가능가격

기회비용을 고려한 특별주문의 이익이 0보다 크면 되므로

$(P-v)\times\Delta Q-\Delta F-(P-v)\times x=(P-₩180)\times40-₩800-₩120\times20\ >\ 0$

$\therefore\ P\ >\ ₩260$

※참고

요구사항 1, 2를 총액접근법으로 살펴보면 다음과 같다.

1. 최대조업도가 195단위인 경우

	거절하는 경우		수락하는 경우	
매 출	160×@300=	₩48,000	155×@300+40×@230=	₩55,700
변 동 비	160×@180=	28,800	195×@180=	35,100
공 헌 이 익		19,200		20,600
고 정 비		12,000	₩12,000+800=	12,800
영 업 이 익		₩7,200		₩7,800

₩600 증가

∴특별주문을 수락한다.

2. 최대조업도가 180단위인 경우

	거절하는 경우		수락하는 경우	
매출	160×@300=	₩48,000	140×@300+40×@230=	₩51,200
변동비	160×@180=	28,800	180×@180=	32,400
공헌이익		19,200		18,800
고정비		12,000	₩12,000+800=	12,800
영업이익		₩7,200		₩6,000

₩1,200 감소
∴특별주문을 거절한다.

2. 부품의 자가제조 또는 외부구입

기업이 생산하는 완제품의 부품을 기업이 자체적으로 생산하는 경우도 있으나, 부품이 외부에서 구입할 수 있는 것이라면 외부에서 구입하는 것도 경우에 따라서는 원가를 절감할 수 있는 방법이 될 수도 있다. 아마도 기업들이 실무적으로 흔히 만나게 되는 상황일 것이다. 부품을 자가제조할 것인가 혹은 외부에서 구입할 것인가의 의사결정은 화폐적 요소와 비화폐적 요소를 모두 고려하여야 한다.

화폐적 측면에서 부품의 자가제조와 외부구입의사결정은 자가제조와 외부구입의 관련원가를 비교·분석하여 기업에 유리한 방법으로 결정하여야 한다. 보통의 경우 자가제조의 관련원가는 부품의 자가제조에 관련된 직접재료비, 직접노무비, 변동제조간접비 등 변동제조원가이며 외부구입의 관련원가는 외부구입원가가 된다. 그러나 부품을 외부에서 구입하는 경우 고정제조간접비 중 일부가 회피가능하다면 회피가능한 고정제조간접비도 자가제조의 관련원가가 된다.

실무적으로 가장 흔한 실수는 부품의 자가제조원가를 산출하는 과정에서 회피불능한 고정제조간접비를 고려하는 것이다. 대표적으로 설비자산의 감가상각비를 들 수 있는데 회피불능한 고정제조간접비란 부품을 자가제조하든, 외부에서 구입하든 항상 발생하는 원가이므로 의사결정에서 고려할 필요가 없는 원가이다. 만약 부품의 자가제조원가를 계산할 때 회피불능고정제조간접비를 포함시켜 계산하면 자가제조원가가 과대하게 계산되어 잘못된 의사결정을 할 수도 있을 것이다.

가. 자가제조의 관련원가

부품의 제조와 관련된 직접재료비, 직접노무비, 변동제조간접비, 절감가능한 고정제조간접비

나. 외부구입의 관련원가

외부구입원가

한편, 부품을 외부에서 구입하는 경우 유휴설비를 대체적 용도로 사용가능하다면 대체적 용도로 사용하였을 때 얻을 수 있는 이익은 자가제조의 기회비용이 되므로 관련원가분석을 할 때 반드시 고려하여야 한다. 즉 부품을 외부에서 구입하는 경우 유휴설비를 외부에 임대할 수 있는 경우가 있다. 부품을 자가제조하는 것은 이러한 임대기회를 포기하고 자가제조하는 것이므로 임대로 인한 이익은 자가제조의 기회비용이 되어 관련원가에 포함되는 것이다.

비화폐적 측면에서 고려할 사항으로는 부품을 외부구입에서 구입하는 경우 품질문제라든가 안정적인 공급선으로서의 역할 등이 있다. 때에 따라서는 화폐적 요소보다 비화폐적 요소가 의사결정에 중요한 영향을 미치기도 하므로 비화폐적 요소의 충족여부는 신중하게 고려하여야 한다.

① 증분변동원가+증분고정원가+기회비용* > 외부구입원가 ⇒ 외부구입
(자가제조원가)

② 증분변동원가+증분고정원가+기회비용* < 외부구입원가 ⇒ 자가제조
(자가제조원가)

* 기회비용 : 자가제조와 관련된 설비나 공장이 대체적인 용도가 있는 경우 외부구입시에 얻을 수 있었던 순현금유입액(예 : 자가제조설비의 임대수입 등)

예제 04 부품의 자가제조 여부 결정

오디오를 생산하고 있는 ㈜명음은 오디오 생산에 필요한 X부품을 자체생산하고 있다. 회사가 생산하는 X부품 10,000단위와 관련된 자료는 다음과 같다.

직 접 재 료 비	10,000×@50=	₩500,000
직 접 노 무 비	10,000×@30=	300,000
변 동 제 조 간 접 비	10,000×@40=	400,000
고 정 제 조 간 접 비		
보 험 료		300,000
감 가 상 각 비		800,000
계	10,000×@230=	₩2,300,000

회사는 최근 X부품 생산업체인 ㈜소음으로부터 X부품을 단위당 ₩180에 공급해 주겠다는 제안을 받았다. 회사의 경영진은 자가제조원가인 단위당 ₩230보다 외부구입원가가 ₩50 유리하므로 부품을 외부구입할 것을 신중히 고려하고 있다. 다만, 부품을 외부에서 구입하면 설비와 관련된 보험계약은 해약이 가능하다(다음의 요구사항은 각각 독립적이다).

요구사항

1. 회사가 ㈜소음으로부터 원하는 양만큼 X부품을 구입할 수 있는 경우 부품 10,000단위의 자가제조 여부를 결정하시오.
2. 회사가 X부품 10,000단위를 ㈜소음으로부터 구입하는 경우 생산설비를 외부에 ₩350,000에 임대할 수 있다면 어느 방안이 유리한 방안인지 계산하시오.
3. 회사가 X부품을 외부에서 구입하는 방안과 자가제조하는 방안간에 관련원가의 차이가 발생하지 않는 부품의 생산량을 구하시오.

해설

1. 자가제조 여부의 의사결정

	자가제조 관련원가		외부구입 관련원가	
외부구입원가		-	10,000×@180=	₩1,800,000
직 접 재 료 비	10,000×@50=	₩500,000		-
직 접 노 무 비	10,000×@30=	300,000		-
변동제조간접비	10,000×@40=	400,000		-
고정제조간접비				
보 험 료		300,000		-
감가상각비		800,000		800,000
계	10,000×@230=	₩2,300,000	10,000×@260=	₩2,600,000

자가제조가 ₩300,000 유리하므로 자가제조하도록 한다.

한편, 위의 분석에서 감가상각비는 자가제조를 하든 외부구입을 하든 관계없이 발생하므로 다음과 같이 의사결정과정에서 배제하고 계산할 수도 있다.

	자가제조 관련원가		외부구입 관련원가	
외부구입원가		−	10,000×@180=	₩1,800,000
직접재료비	10,000×@50=	₩500,000		−
직접노무비	10,000×@30=	300,000		−
변동제조간접비	10,000×@40=	400,000		−
고정제조간접비				
보험료		300,000		−
계	10,000×@150=	₩1,500,000	10,000×@180=	₩1,800,000

자가제조가 ₩300,000 유리하므로 자가제조하도록 한다.

2. 유휴설비가 임대가능한 경우

유휴설비를 임대할 수 있는 경우 임대로 인하여 얻을 수 있는 이익은 자가제조의 기회비용이 된다.

	자가제조 관련원가		외부구입 관련원가	
외부구입원가		−	10,000×@180=	₩1,800,000
직접재료비	10,000×@50=	₩500,000		−
직접노무비	10,000×@30=	300,000		−
변동제조간접비	10,000×@40=	400,000		−
고정제조간접비				
보험료		300,000		−
기회비용				
임대수익		350,000		−
계		₩1,850,000		₩1,800,000

외부구입이 ₩50,000 유리하므로 외부구입하도록 한다.

※참고

유휴설비의 임대수익은 다음과 같이 외부구입대안의 관련원가에서 차감하여 계산할 수도 있다.

	자가제조관련원가		외부구입관련원가	
외부구입원가		−	10,000×@180=	₩1,800,000
임대수익				(350,000)
직접재료비	10,000×@50=	₩500,000		−
직접노무비	10,000×@30=	300,000		−
변동제조간접비	10,000×@40=	400,000		−
고정제조간접비				
보험료		300,000		−
계		₩1,500,000		₩1,450,000

외부구입이 ₩50,000 유리하므로 외부구입하도록 한다.

3. 의사결정의 분기점

자가제조와 외부구입의 대안간에 관련원가의 차이가 발생하지 않는 수량을 Q라 하면

$120Q+300,000=180Q$

$\therefore Q=5,000$단위

따라서 회사의 부품생산량이 5,000단위보다 적다면 외부구입이 유리하고, 5,000단위보다 많다면 자가제조가 유리하다.

3. 제품라인의 유지 또는 폐지 의사결정

기업이 생산·판매하는 다양한 제품 중에는 이익이 발생하는 제품도 있지만 손실이 발생하는 제품도 있다. 이러한 경우 경영진은 회사이익의 극대화를 위하여 손실이 발생하는 제품의 생산·판매를 지속할 것인가의 여부를 결정하려고 고민하기 마련이다. 만약 경영진의 판단이 잘못되어 이익이 나는 제품을 손실이 발생하는 제품으로 판단한다면 회사의 이익구조에 심각한 왜곡을 초래할 수도 있다.

제품의 생산·판매 여부의 결정은 제품의 증분수익과 증분비용을 감안하여 제품의 판매중단이 회사에 이익이 되는지를 확인하여야 한다. 증분비용은 변동비뿐만 아니라 고정비 중에서도 제품라인의 폐지로 인하여 회피가능한 부분이 있다면 증분비용으로 고려하여야 한다. 또한 제품간에는 상호 보완적 역할을 하는 제품도 있기 때문에 한 제품의 판매중단이 다른 제품의 판매에 영향을 미친다면 이러한 보완관계가 이익에 미치는 영향을 반드시 고려하여야 한다.

예제 05 제품라인의 유지 또는 폐지결정(1)

한라산업의 제조공정에서는 제품 C, D, E, F를 생산하여 판매하고 있으며 제품별 손익계산서는 다음과 같다.

	C	D	E	F	계
판 매 량	1,000단위	2,000단위	3,000단위	4,000단위	10,000단위
매 출	₩20,000	₩40,000	₩90,000	₩50,000	₩200,000
변 동 비	19,000	35,000	75,000	42,000	171,000
공 헌 이 익	1,000	5,000	15,000	8,000	29,000
고 정 비	2,400	4,800	10,800	6,000	24,000
영 업 이 익	(₩1,400)	₩200	₩4,200	₩2,000	₩5,000

고정비는 공장건물 및 공통설비의 감가상각비 ₩24,000을 각 제품별 매출액에 따라 배분하는 것이며 고정판매관리비는 발생하지 않는다.

요구사항

회사의 경영진은 영업손실이 발생하고 있는 제품 C를 폐지하려고 한다. 판매중단의 효과를 분석하시오.

해설

제품 C의 생산판매를 중단하여도 감가상각비는 변하지 않으므로 회사는 여전히 감가상각비를 매출액에 비례하여 배분할 것이다. 따라서 제품 C를 중단한 후의 손익계산서는 다음과 같이 될 것이다.

	D	E	F	계
매 출	₩40,000	₩90,000	₩50,000	₩180,000
변 동 비	35,000	75,000	42,000	152,000
공 헌 이 익	5,000	15,000	8,000	28,000
고 정 비	5,333	12,000	6,667	24,000
영 업 이 익	(₩333)	₩3,000	₩1,333	₩4,000

회사 전체의 영업이익은 C제품을 중단하기 전에는 ₩5,000이었으나 오히려 C제품을 중단한 후에 ₩4,000으로 줄어들었다. 이는 C제품의 중단으로 인하여 공헌이익 ₩1,000이 줄어들지만 회피불능원가인 고정비는 ₩24,000 그대로 발생하기 때문에 나타나는 현상이다. 따라서 C제품은 회사의 이익창출에 ₩1,000만큼 기여하고 있으므로 C제품의 생산·판매는 계속되어야 한다.

결국 제품 C의 경우에는 단위당 ₩1의 공헌이익이 발생하고 있으나 단지 공통고정비의 부담으로 영업손실 ₩1,400이 발생하고 있으므로 판매를 계속하여 유지하는 것이 유리하다고 할 수 있는 것이다.

한편, 위의 손익계산서에서 C제품을 중단함에 따라 ₩24,000의 고정비는 그대로 발생하게 되며 다시 제품별 매출액비율에 따라 안분되므로 D제품에서 영업손실 ₩333이 발생하게 된다. 그렇다면 이번에는 D제품의 생산·판매를 중단할 것인가? D제품의 중단 여부에 대한 판단은 독자 여러분에게 맡기도록 한다.

예제 06 제품라인의 유지결정(2)

다음은 ㈜예일의 제품별 손익계산서이다.

	A	B	C	D	계
판매량	1,000단위	2,000단위	3,000단위	1,500단위	7,500단위
매출	₩15,000	₩40,000	₩45,000	₩30,000	₩130,000
매출원가	16,000	30,000	30,000	25,000	101,000
매출총이익	(1,000)	10,000	15,000	5,000	29,000
판매관리비	3,000	4,000	3,000	2,000	12,000
영업이익	(₩4,000)	₩6,000	₩12,000	₩3,000	₩17,000
단위당 변동비	₩12	₩12	₩6	₩14	

회사의 경영진의 위의 손익계산서를 보고 손실이 발생하고 있는 제품 A의 판매를 중단하려고 한다. 모든 고정비는 각 제품별 개별고정비이며 제품판매의 특성상 판매관리비는 모두 고정비이다.

요구사항

1. 제품 A의 생산·판매를 중단하여도 고정비가 그대로 발생하는 경우 제품 A의 폐지 여부를 결정하시오.
2. 제품 A의 생산·판매를 중단하면 제품A의 판매관리비 전액과 고정제조원가의 25%가 발생하지 않는 경우 제품 A의 폐지 여부를 결정하시오.
3. 요구사항 2에서 제품 A를 폐지하면 상호보완관계에 있는 제품 B의 판매량이 10%감소한다고 한다. 제품 A의 폐지 여부를 결정하시오.

해설

1. 제품 A의 폐지 여부 결정

위의 손익계산서는 전부원가계산 손익계산서이므로 의사결정에 적합한 공헌접근법 손익계산서로 변환하면 다음과 같다.

	A	B	C	D	계
판매량	1,000단위	2,000단위	3,000단위	1,500단위	7,500단위
매출	₩15,000	₩40,000	₩45,000	₩30,000	₩130,000
변동비	12,000	24,000	18,000	21,000	75,000
공헌이익	3,000	16,000	27,000	9,000	55,000
고정비					
고정제조원가	4,000	6,000	12,000	4,000	26,000
고정판매관리비	3,000	4,000	3,000	2,000	12,000
영업이익	(₩4,000)	₩6,000	₩12,000	₩3,000	₩17,000
단위당 판매가격	₩15	₩20	₩15	₩20	
단위당 변동비	12	12	6	14	
단위당 공헌이익	₩3	₩8	₩9	₩6	

제품 A를 폐지하면 공헌이익 ₩3,000이 감소하므로 오히려 회사에 나쁜 영향을 미치게 된다. 따라서 제품 A의 계속 판매하는 것이 유리하다.

※참고

제품 A를 폐지하는 경우 총액접근법으로 살펴보면 다음과 같다.

	A	B	C	D	계
판매량		2,000단위	3,000단위	1,500단위	6,500단위
매출	–	₩40,000	₩45,000	₩30,000	₩115,000
변동비	–	24,000	18,000	21,000	63,000
공헌이익	–	16,000	27,000	9,000	52,000
고정비	7,000	10,000	15,000	6,000	38,000
영업이익	(₩7,000)	₩6,000	₩12,000	₩3,000	₩14,000

제품 A를 판매하는 경우 총영업이익이 ₩17,000이었으나 제품 A를 폐지하는 경우 오히려 총영업이익이 ₩14,000으로 줄어든다. 이는 고정비는 그대로 발생하나 제품판매 중지로 인하여 공헌이익 ₩3,000이 줄어들기 때문이다.

2. 고정판매관리비가 회피가능한 경우

(1) 증분접근법

공헌이익의 감소		(₩3,000)
고정비의 감소		
고정제조원가	1,000*	
고정판매관리비	3,000	4,000
증분이익		₩1,000

* 1,000 = ₩4,000 × 25%

제품 A를 폐지하면 고정비의 일부가 회피가능한 경우 ₩1,000의 증분이익이 발생하므로 제품 A를 폐지하는 것이 유리하다.

(2) 총액접근법

	A	B	C	D	계
판매량		2,000단위	3,000단위	1,500단위	6,500단위
매출	–	₩40,000	₩45,000	₩30,000	₩115,000
변동비	–	24,000	18,000	21,000	63,000
공헌이익	–	16,000	27,000	9,000	52,000
고정비	3,000	10,000	15,000	6,000	34,000
영업이익	(₩3,000)	₩6,000	₩12,000	₩3,000	₩18,000

제품 A를 판매하는 경우 ₩17,000의 총영업이익이 발생하였으나 제품 A를 폐지하고 고정비 중 일부가 회피가능한 경우 ₩18,000의 총영업이익이 발생하므로 ₩1,000의 이익이 증가한다. 따라서 제품 A를 폐지하는 것이 유리하다.

3. 제품 A의 폐지로 제품 B의 판매가 10% 감소하는 경우

제품 A의 공헌이익 감소		(₩3,000)
제품 A의 고정비 감소		
고정제조원가	1,000*	
고정판매관리비	3,000	4,000
제품 B의 공헌이익 감소	(₩20 − 12) × 200단위 =	(1,600)
증분이익		(₩600)

제품 A를 폐지하는 경우 제품 B의 판매에 영향을 미쳐 ₩600의 이익감소를 가져오므로 제품 A를 계속 판매하는 것이 유리하다.

4. 중간제품의 판매 또는 추가가공 여부의 의사결정

결합공정에서 생산된 제품의 결합원가배분 및 원가계산에 관한 내용은 제4장에서 이미 살펴보았다. 이번 장에서는 결합공정의 종점에서 판매가능한 제품을 그대로 판매할 것인지 혹은 추가가공하여 판매할 것인지의 문제에 대하여 살펴보도록 한다.

결합공정의 종점에서 판매가능한 중간제품을 추가가공할 것인가의 문제는 추가가공에 따른 증분수익과 증분비용을 고려하여 판단한다. 즉 증분수익(최종판매가치－분리점의 판매가치)이 증분비용(추가가공원가)을 초과하여 증분이익이 발생하면 추가가공하여 판매하는 것이 유리하고, 증분수익이 증분비용보다 적다면 분리점에서 판매하는 것이 유리하다. 결합원가배분에서는 결합원가를 각 연산품에 배분하는 것이 매우 중요한 과정이었지만 추가가공 여부의 의사결정에서는 결합원가란 단지 과거에 발생한 매몰원가에 지나지 않으므로 의사결정과정에서 고려하지 않는다는 점에 주의한다.

추가가공의 증분수익 > 추가가공의 증분비용 ⇒ 추가가공 후 판매
추가가공의 증분수익 < 추가가공의 증분비용 ⇒ 분리점에서 판매

예제 07 중간제품의 추가가공 여부 결정

㈜태백은 X공정초에 20,000ℓ의 원유를 투입하여 휘발유 10,000ℓ, 경유 6,000ℓ와 등유 4,000ℓ를 생산하였다. 20,000ℓ의 원유를 가공하는 데 발생한 원가는 다음과 같다.

직접재료비	₩900,000
직접노무비	100,000
제조간접비	200,000
계	₩1,200,000

회사가 생산한 휘발유, 경유와 등유는 분리점에서 ℓ당 각각 ₩100, ₩80, ₩50에 판매할 수 있다. 한편, 회사는 제품의 고급화를 위하여 추가가공을 할 수 있는데 각 제품의 추가가공에 따른 원가와 추가가공 후 판매가격은 다음과 같다.

구분	추가가공원가	단위당 판매가격
휘 발 유	₩400,000	₩150
경 유	200,000	120
등 유	180,000	90
계	₩780,000	

요구사항

각 제품의 추가가공 여부를 결정하시오.

해설

구분	증분수익	증분비용	증분이익	의사결정
휘 발 유	(₩150－100)×10,000ℓ = ₩500,000	₩400,000	₩100,000	추가가공 후 판매
경 유	(₩120－80)×6,000ℓ = 240,000	200,000	40,000	추가가공 후 판매
등 유	(₩90－50)×4,000ℓ = 160,000	180,000	(－)20,000	분리점에서 판매

5. 제한된 자원의 사용 의사결정(제품배합결정)

기업이 여러 가지 제품을 생산하고 있을 때 필요한 생산요소가 무한하고 사용에 제약이 없다면 기업의 이익극대화를 위하여 단위당 공헌이익이 제일 큰 제품을 선택하여 생산·판매하면 될 것이다. 그러나 현실적으로 기업의 생산활동은 이용가능한 자원에 의하여 제약을 받게 되므로 이익극대화를 위해서는 제한된 자원의 제품간 배분문제가 나타나게 된다.

기업이 생산하는 제품이 여러 가지이고 사용가능한 자원이 제한된 경우 이익극대화를 위하여 최적제품배합을 결정할 때에는 제한된 자원의 단위당 공헌이익이 큰 제품부터 생산하는 것이 유리하다.

예제 08 최적제품배합의 결정(1)

㈜비원은 제품 A와 B를 생산·판매하고 있다. 제품 A, B에 대한 시장에서의 수요는 무한하며 각 제품의 단위당 판매가격, 단위당 변동비, 단위당 공헌이익은 다음과 같다.

	A	B
단위당 판매가격	₩10	₩20
단위당 변동비	6	11
단위당 공헌이익	₩4	₩9

각 제품에는 각각 1kg과 3kg의 원재료가 투입된다.

요구사항

1. 제품생산에 투입되는 원재료를 무한정 사용할 수 있다면 총공헌이익을 극대화하기 위하여 제품 A와 B를 각각 몇 단위 생산하여야 하는가? 최적제품배합을 결정하시오.
2. 회사가 당기 중 사용할 수 있는 원재료가 600kg으로 제한되어 있는 경우 최적제품배합을 결정하시오.

해설

1. 제한된 자원이 없는 경우

제한된 자원이 없는 경우에는 단위당 공헌이익이 큰 제품을 생산·판매하는 것이 유리하다. 즉 B제품의 단위당 공헌이익이 ₩9으로 A제품의 ₩4보다 크다. 따라서 회사는 B제품만을 생산·판매한다.

2. 제한된 자원이 있는 경우

제한된 자원이 있는 경우에는 제한된 자원의 단위당 공헌이익이 큰 제품(A제품)을 선택하여 생산·판매한다.

	A	B
단위당 공헌이익	₩4	₩9
재료 투입량	1kg	3kg
제한자원 단위당 공헌이익	₩4	₩3

사용가능한 원재료가 600kg이므로 A제품을 600단위 생산·판매하면 총공헌이익을 ₩2,400으로 극대화할 수 있다. 참고로 원재료가 제한되어 있는 경우 각 제품을 총원재료의 범위 내에서 생산할 때 총공헌이익을 비교하면 다음과 같다.

제품 A를 600단위 생산하는 경우 : 600단위×₩4=₩2,400

제품 B를 200단위 생산하는 경우 : 200단위*×₩9=₩1,800

* 200단위=600kg÷3kg/단위

이익극대화를 위하여 제한된 자원단위당 공헌이익이 큰 제품을 생산·판매하는 것은 앞에서 살펴본 내용과 같다. 그러나 제한된 자원이 두 가지 이상인 경우 제한된 자원마다 제품별 투입비율이 다르므로 최적제품배합을 결정을 위한 제품선택기준이 제한된 자원마다 달라진다. 이러한 경우 도해법에 의한 접근방법은 다음과 같다.

- 1단계 : 목적함수를 설정한다(즉 공헌이익의 최대화가 된다).
- 2단계 : 제한된 자원에 의하여 제약함수를 설정한다(원재료, 기계시간 등).
- 3단계 : 제약함수에 의한 실행가능영역(feasible region)을 설정한다.
- 4단계 : 실행가능영역 내에서 목적함수를 최대화할 수 있는 최적해를 결정한다.

예제 09 최적제품배합의 결정(2)

예제 8의 자료를 이용하여 다음에 답하시오.

요구사항

제품 A와 B에는 각각 2시간의 직접노동이 투입된다. 회사의 사정상 당기 중 투입가능한 노동시간은 1,000시간이다. 공헌이익을 극대화하기 위한 최적제품배합을 결정하시오.

해설

원재료라는 제한자원에 의하면 제품 A를 생산·판매하는 것이 유리하고 직접노동시간이라는 제한자원에 의하면 제품 B를 생산·판매하는 것이 유리하다. 따라서 다음과 같이 도해법을 이용하여 계산한다.

목적함수 : Max $f=4A+9B$

제약함수 : 원재료 $A+3B\leq 600$

노동시간 $2A+2B\leq 1,000$

목적함수와 제약함수를 변환하면 다음과 같다.

목적함수 : $B=-\dfrac{4}{9}A+\dfrac{f}{9}$

제약함수 : 원재료 $B\leq -\dfrac{1}{3}A+200$

노동시간 $B\leq -A+500$

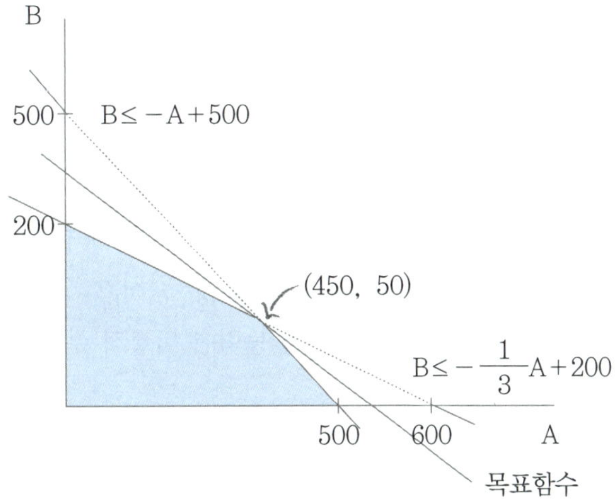

그림에서 제약조건을 만족시키면서 가장 큰 f값(y절편이 된다)을 갖게 되는 최적해는 목표함수의 기울기를 고려하여 판단한다. 원재료 제약함수의 기울기는 $-\frac{1}{3}$이며 노동시간 제약함수의 기울기는 −1이므로, 기울기가 $-\frac{4}{9}$인 목표함수가 실행가능영역을 만족하면서 가장 큰 f값을 갖기 위해서는 실행가능영역의 꼭지점, 즉 원재료함수와 노동시간함수의 교차점을 지나가야 한다. 총공헌이익을 극대화하기 위한 제품배합은 제품 A 450단위, 제품 B 50단위이며 총공헌이익은 450×@4+50×@9=₩2,250이 된다.

6. 제품가격 의사결정

기업이 신제품의 가격을 결정하는 것은 매출과 직결된 문제이므로 매우 중요한 의사결정 중의 하나라고 할 수 있다. 시장이 완전경쟁상태라면 기업이 가격을 결정할 여지는 전혀 없지만 현실적으로 시장은 어느 정도는 불완전경쟁상태이므로 기업은 가격을 결정할 수 있는 상황이 되고 가격결정을 위한 접근방법은 기업에게 충분한 의미를 갖게 된다.

가격결정은 정상적 가격결정과 특수가격결정으로 구분할 수 있는데 정상적 가격결정은 회사가 정상적인 상황에서 표준화된 품목을 생산하여 판매하는 경우의 가격결정을 말하고, 특수가격결정이란 특별주문 등의 경우에 회사가 특정거래처에 가격을 제시하는 것을 말한다. 특수가격결정은 이미 앞에서 언급하였으므로 이번에는 표준화된 품목에 대한 정상적 가격결정에 대하여 살펴보도록 한다.

제품의 판매가격은 주로 원가가산가격결정방법(mark−up 방식)에 의하여 결정하는데 원가가산가격결정에는 재료비접근법, 제조원가접근법, 변동원가접근법 그리고 총원가접근법 등이 있다.

(1) 재료비접근법

각 제품별 단위당 재료비에 mark－up을 가산하여 판매가격을 결정하는 방법으로서 실무적으로 신제품의 재료비는 예측할 수 있지만 기타 제조원가나 판매관리비를 산출하기 어려운 회사들, 즉 원가계산능력이 비교적 부족한 회사들이 많이 사용하는 방법이다.

재료비접근법을 사용하면 mark－up rate를 설정할 때 mark－up에 노무비, 경비, 판매관리비 및 목표영업이익이 포함되어야 한다.

제품의 가격을 구성하는 5가지 요소를 살펴보면 다음과 같다.

<table>
<tr><td rowspan="5">가격</td><td colspan="3">영업이익</td></tr>
<tr><td rowspan="4">총원가</td><td colspan="2">판매관리비</td></tr>
<tr><td rowspan="3">제조
원가</td><td>경비</td></tr>
<tr><td>노무비</td></tr>
<tr><td>재료비</td></tr>
</table>

재료비접근법은 단위당 재료비에 mark－up을 가산하여 판매가격을 결정하는 방법이므로 이를 그림으로 살펴보면 다음과 같다.

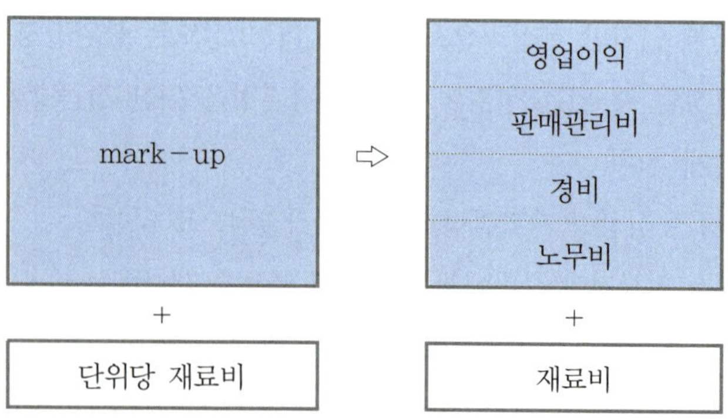

재료비접근법을 사용하여 신제품의 가격을 결정하는 경우 단위당 재료비에 가산하는 mark－up은 가산율, 즉 mark－up rate를 설정하여 계산하는데 그림에서 설명

하는 것과 같이 노무비, 경비, 판매관리비, 영업이익을 확보할 수 있도록 설정하며 회사의 과거경험률 혹은 업종평균비율 등을 참고하여 설정한다.

> 목표판매가격＝단위당 재료비＋mark－up
> 　　　　　　　　　　　　　단위당 재료비×mark－up rate*

* mark－up rate : 노무비, 경비, 판매관리비 및 목표영업이익을 감안하여 설정한다.

$$\text{mark－up rate}=\frac{\text{노무비}+\text{경비}+\text{판매관리비}+\text{목표영업이익}}{\text{직접재료비}}$$

한국은행에서 발표한 "기업경영분석"에 의하면 2022년 말 기준 제조업의 판매가격은 다음과 같이 구성된다.

<table>
<tr><td rowspan="5">가 격
100%</td><td colspan="3">영업이익 5.72%</td></tr>
<tr><td rowspan="4">총원가
94.28%</td><td colspan="2">판매관리비 12.22%</td></tr>
<tr><td rowspan="3">제조원가
82.06%</td><td>경비 20.02%</td></tr>
<tr><td>노무비 6.15%</td></tr>
<tr><td>재료비 55.89%</td></tr>
</table>

이를 재료비접근법 방식으로 다시 살펴보면 다음과 같다.

<table>
<tr><td>영업이익</td><td>5.72%</td><td rowspan="4">44.11%</td></tr>
<tr><td>판매관리비</td><td>12.22%</td></tr>
<tr><td>경비</td><td>20.02%</td></tr>
<tr><td>노무비</td><td>6.15%</td></tr>
<tr><td>＋</td><td colspan="2">＋</td></tr>
<tr><td>재료비</td><td colspan="2">55.89%</td></tr>
</table>

제조업 평균으로 보면 판매가격 중 재료비가 55.89%의 수준이고 노무비·경비·판매관리비·영업이익의 합이 차지하는 비중은 44.11%이므로 재료비에 대한 가산율, 즉 mark－up rate는 약 78.9%($=\frac{44.11\%}{55.89\%}$) 수준이라고 할 수 있다.

따라서 단위당 재료비가 ₩1,000인 경우 mark-up ₩789(=₩1,000×78.9%)을 가산하여 ₩1,789에 판매하는 것이다.

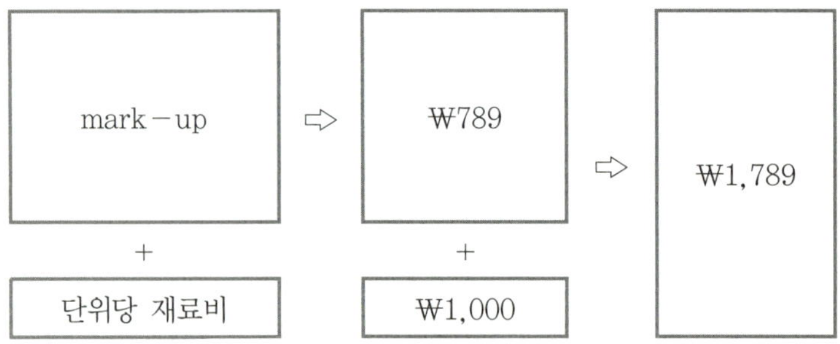

단위당 판매가격=₩1,000×(100%+78.9%)=₩1,789

(2) 제조원가접근법

각 제품별 단위당 제조원가에 mark-up을 가산하여 판매가격을 결정하는 방법으로서 실무적으로 가장 많이 사용하는 방법이다.

제조원가접근법을 사용하면 가산율(mark-up rate)을 설정할 때 mark-up에 판매관리비와 목표영업이익이 포함되어야 한다.

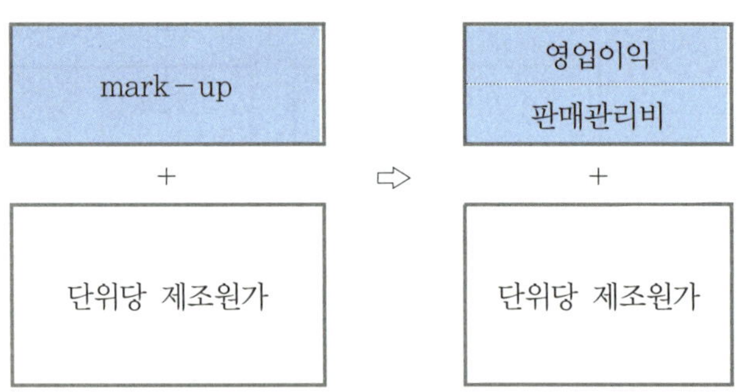

목표판매가격=단위당 제조원가+mark-up
단위당 제조원가×mark-up rate*

* mark-up rate : 판매관리비 및 목표영업이익을 감안하여 설정한다.

$$\text{mark-up rate}=\frac{\text{판매관리비}+\text{목표영업이익}}{\text{제조원가}}$$

앞서 살펴본 제조업 평균 판매가격 구성요소의 비율을 살펴보면 다음과 같다.

구분		비율	합계
영업이익		5.72%	17.94%
판매관리비		12.22%	
+			+
제조원가	경 비	20.02%	82.06%
	노무비	6.15%	
	재료비	55.89%	

제조업 평균으로 보면 판매가격 중 제조원가가 82.06%의 수준이고, 판매관리비와 영업이익의 합이 17.94%이므로 제조원가에 대한 mark-up rate는 21.9%($=\frac{17.94\%}{82.06\%}$) 수준이라고 할 수 있다.

단, 이러한 mark-up rate는 해마다 약간의 차이가 있으나 제조업 전체로 보면 보통 20~25%가 일반적이다. 물론 업종별로는 현저한 차이가 있으므로 각 업종별 데이터는 필히 확인하여 실무적으로 활용하여야 한다.

따라서 제조원가 대비 가산율(mark-up rate)이 21.9%인 경우 단위당 제조원가가 ₩2,000이라면 mark-up ₩438(=₩2,000×21.9%)을 가산하여 ₩2,438에 판매하는 것이다.

mark-up		₩438		₩2,438
+	⇨	+	⇨	
단위당 제조원가		₩2,000		

단위당 판매가격=₩2,000×(100%+21.9%)=₩2,438

(3) 변동원가접근법(공헌이익접근법)

각 제품별 단위당 변동원가에 mark－up을 가산하여 판매가격을 결정하는 방법으로서 단위당 변동원가를 산출하기 힘든 측면을 감안하면 실무적으로는 많이 사용되는 방법은 아니다.

변동원가접근법에서 설명하는 변동원가는 제조원가와 판매관리비에 포함되어 있는 모든 변동원가를 말하며, 변동원가접근법을 사용하면 mark－up rate를 설정할 때 mark－up에 고정원가와 목표이익이 포함되어야 한다.

> 목표판매가격＝단위당 변동원가＋mark－up
> 　　　　　　　　　　　　　　 (mark－up ＝ 단위당 변동원가×mark－up rate*)

* mark－up rate : 고정원가와 목표영업이익을 감안하여 설정한다.

$$\text{mark－up rate} = \frac{\text{고정원가＋목표영업이익}}{\text{변동원가}}$$

(4) 총원가접근법

각 제품별 단위당 총원가에 mark－up을 가산하여 판매가격을 결정하는 방법으로서 이 방법도 실무적으로는 많이 사용되는 방법은 아니다.

총원가접근법에서 설명하는 총원가는 제조원가와 판매관리비를 모두 포함하며, 총원가접근법을 사용하면 mark－up rate를 설정할 때 mark－up에 목표이익만 고려한다.

> 목표판매가격＝단위당 총원가＋mark－up
> 　　　　　　　　　　　　　 (mark－up ＝ 단위당 총원가×mark－up rate*)

* mark－up rate : 목표영업이익을 감안하여 설정한다.

$$\text{mark－up rate} = \frac{\text{목표영업이익}}{\text{제조원가＋판매관리비}}$$

예제 10 원가가산 가격결정

회사의 제품생산관련자료는 다음과 같다.

	변동비	고정비
직접재료비	₩10	−
직접노무비	15	−
제조간접비	25	₩300,000
판매관리비	20	150,000
계	₩70	₩450,000

회사는 제품의 판매가격을 결정하기 위하여 원가가산가격결정방법을 적용하려고 한다. 회사는 당기생산 및 판매량을 10,000단위로 예상하고 있으며 총목표영업이익은 ₩250,000을 설정하고 있다.

요구사항

1. 회사가 재료비접근법에 의하여 가격결정을 할 때 단위당 목표판매가격은 얼마인가?
2. 회사가 제조원가접근법에 의하여 가격결정을 할 때 단위당 목표판매가격은 얼마인가?
3. 회사가 변동원가접근법에 의하여 가격결정을 할 때 단위당 목표판매가격은 얼마인가?

해설

1. 재료비접근법

(1) mark−up rate

$$\text{mark-up rate}=\frac{₩15\times10,000+(25\times10,000+300,000)+(20\times10,000+150,000)+₩250,000}{₩10\times10,000}=1,300\%$$

(2) 목표판매가격

목표판매가격 = ₩10 + ₩10 × 1,300% = ₩140

2. 제조원가접근법

(1) mark−up rate

$$\text{mark-up rate}=\frac{(₩20\times10,000+₩150,000)+₩250,000}{₩50\times10,000+₩300,000}=75\%$$

(2) 목표판매가격

$$\text{목표판매가격}=(₩50+\frac{₩300,000}{10,000\text{단위}})+₩80\times75\%=₩140$$

3. 변동원가접근법

(1) mark-up rate

$$\text{mark-up rate} = \frac{(₩300,000 + ₩150,000) + ₩250,000}{₩70 \times 10,000} = 100\%$$

(2) 목표판매가격

목표판매가격 = ₩70 + ₩70 × 100% = ₩140

참고로 어떠한 방법에 의하여 가격결정을 하든 10,000단위를 모두 판매한다면 회사가 원하는 목표이익 ₩250,000을 달성하게 된다.

기능별 분류법 손익계산서

매출액	10,000×₩140=	₩1,400,000
매출원가	10,000× 80=	800,000
매출총이익		600,000
판매관리비	10,000×20+150,000=	350,000
영업이익		₩250,000

공헌이익접근법 손익계산서

매출액	10,000×₩140=	₩1,400,000
변동비		
제조원가	10,000× 50=	500,000
판매관리비	10,000× 20=	200,000
공헌이익		700,000
고정원가		
제조원가	300,000	
판매관리비	150,000	450,000
영업이익		₩250,000

(5) 손익계산서를 활용한 mark-up rate의 파악

앞서 제조원가접근법을 살펴보았는데 이는 손익계산서를 통하여 개략적인 mark-up rate를 파악할 수도 있다.

예를 들어 손익계산서의 내용이 다음과 같다고 가정한다.

매 출 액	1,000억
매 출 원 가	800억
매 출 총 이 익	200억
판 매 관 리 비	100억
영 업 이 익	100억

손익계산서를 다른 측면으로 살펴보면

매 출 액		
매 출 원 가	⬅	제조원가
매 출 총 이 익	⬅	판매관리비와 영업이익

즉, $\frac{\text{매출총이익}}{\text{매출원가}}$는 $\frac{\text{mark-up}}{\text{제조원가}}$이므로 회사전체의 평균적인 mark-up rate는 다음과 같이 25%로 산출된다.

판매관리비+영업이익= 매출총이익		mark-up		200억		
+	⇨	+	⇨	+	⇨	25%
매출원가		제조원가		800억		

의사결정회계의 제유형과 이에 따른 의사결정방법을 요약하면 다음과 같다.

구 분	의사결정유형	의사결정방법
특별주문	특별주문을 수락할 것인가 혹은 거절할 것인가?	특별주문물량을 유휴조업도와 비교하여 특별주문물량이 유휴조업도보다 적다면 특별주문의 증분이익이 0보다 큰 경우 특별주문을 수락한다. 특별주문물량이 유휴조업도보다 많다면 기존판매감소로 인한 공헌이익의 감소와 특별주문의 증분이익을 비교하여 특별주문의 증분이익이 기존판매감소로 인한 공헌이익의 감소액을 초과하는 경우 특별주문을 수락한다.
자가제조	부품을 자가제조할 것인가 혹은 외부구입할 것인가?	자가제조의 관련원가(증분원가+기회비용)와 외부구입원가를 비교하여 자가제조의 관련원가가 외부구입원가보다 적은 경우 자가제조방식을 선택한다.
보조부문의 유지	보조부문을 유지할 것인가 혹은 폐쇄하고 외부에서 용역을 제공받을 것인가?	보조부문 관련원가(증분변동비+증분고정비+기회비용)와 외부용역을 제공받을 때의 구입원가를 비교하여 보조부문의 관련원가가 외부구입원가보다 적은 경우 보조부문을 유지한다. 보조부문의 관련원가를 고려할 때 타보조부문과의 용역수수관계도 고려한다.
제품라인의 유지	제품라인을 유지할 것인가 혹은 폐지할 것인가?	폐지하고자 하는 제품라인의 증분수익과 증분비용(증분변동비+증분고정비)을 비교하여 증분수익이 증분비용보다 큰 경우 제품라인을 유지한다.
추가가공	결합공정의 연산품을 분리점에서 판매할 것인가 혹은 추가가공할 것인가?	결합원가는 매몰원가이므로 분석대상에서 제외하고 추가가공에 따르는 증분수익과 증분비용을 비교하여 증분수익이 증분비용을 초과하는 경우 추가가공한다.
제한된자원	이익을 최대화하기 위해서는 제품배합을 어떻게 결정할 것인가?	제한된 자원(제약요소)이 있는 경우 제약요소 단위당 공헌이익이 큰 것부터 생산·판매한다.
투입배합	제조원가를 최소화하기 위하여 원재료 투입배합을 어떻게 결정할 것인가?	제한된 최소투입성분이 있는 경우 성분단위당 원가가 적은 것부터 투입한다.

연습문제

문제 1. 특별주문의 수락 여부

20×1년에 20,000단위를 생산하여 국내에 판매한 ㈜발해산업의 원가자료는 다음과 같다.

단위당 판매가격	₩100
단위당 총제조원가	58
단위당 변동판매관리비	5

판매의 특성상 고정판매관리비는 발생하지 않으며, 회사의 고정제조간접비는 조업도 범위에 따라 달라지는데 다음과 같다.

조업도	고정제조간접비
0~10,000단위	₩90,000
10,001~30,000단위	160,000
30,001~50,000단위	220,000

요구사항

회사는 20×2년초 해외거래처로부터 단위당 ₩70에 12,000단위를 구매하겠다는 특별주문을 받았다. 회사는 현재의 조업도 범위를 초과하는 물량에 대하여는 다음과 같은 방안 중 하나를 택하여 특별주문량을 모두 공급하려고 한다. 가장 유리한 방안을 선택하시오. 단, 특별주문을 수락하여도 기존판매에는 영향이 없다고 가정한다.

1. 조업도 범위를 초과하는 물량은 기존판매의 일부를 포기하고 특별주문을 수락한다.
2. 기존판매는 그대로 유지하고 특별주문량도 모두 수락한다.
3. 현재의 조업도 범위를 그대로 유지하면서 외부의 시설을 임차하여 생산한 후 특별주문량을 공급한다. 단, 외부시설을 임차하여 생산하면 임차료가 ₩100,000 발생하며, 단위당 변동비는 자체생산과 동일하다.

해설

현재의 조업도 20,000단위에서는 고정제조간접비가 ₩160,000이므로 단위당 고정제조간접비는 ₩8$\left(=\frac{₩160,000}{20,000단위}\right)$이다.

단위당 변동비

변동제조원가	₩50 (=₩58−8)
변동판매관리비	5
계	₩55

1. 기존판매를 포기하는 방안

기존판매 20,000단위와 특별주문 12,000단위의 합계 32,000단위는 현재의 조업도 범위(10,001단위~30,000단위)를 2,000단위 초과한다. 따라서 현재의 조업도범위를 초과하는 물량인 2,000단위는 기존판매를 포기하여 해결하고 특별주문을 수락하는 방안이다.

특별주문의 이익	(₩70−55)×12,000단위=	₩180,000
기회비용 : 기존판매포기로 인한 공헌이익의 감소액	(₩100−55)×2,000단위=	(90,000)
특별주문의 증분이익		₩90,000

2. 조업도 범위를 늘리는 방안

현재의 조업도 범위를 초과하는 물량을 해결하기 위하여 조업도 범위를 30,001단위~50,000단위로 늘리면서 기존판매는 그대로 유지하는 방안이다.

특별주문의 이익	(₩70−55)×12,000단위=	₩180,000
조업도 범위 증가에 따른 고정제조간접비의 증가		(60,000)
특별주문의 증분이익		₩120,000

3. 외부시설을 임차하는 방안

현재의 조업도 범위를 초과하는 물량을 해결하기 위하여 조업도 범위는 유지하면서 초과물량 2,000단위를 외부시설을 임차하여 생산하는 방안이다.

특별주문의 이익	(₩70−55)×12,000단위=	₩180,000
임차료		(100,000)
특별주문의 증분이익		₩80,000

따라서 조업도 범위를 늘려서 기존판매와 특별주문을 모두 공급하는 방안이 제일 유리하다.

문제 2. 부품의 자가제조 또는 외부구입

㈜설악공업의 경영진은 제품생산에 필요한 부품을 20×2년부터 자가생산에서 외부구입으로 전환하려고 하고 있다. 20×1년 회사가 500단위의 부품을 생산하는 데 투입한 원가는 다음과 같다.

직접재료비	₩100,000
직접노무비	200,000
변동제조간접비	80,000
고정제조간접비 및 기타배부액	200,000
합 계	₩580,000

변동제조간접비는 직접노동시간을 기준으로 배부하며, 20×1년 10,000시간의 직접노동시간이 500단위의 부품생산을 위하여 투입되었다. 20×2년 필요한 부품은 3,500단위이다.

한편, 회사가 필요로 하는 부품을 생산하는 ㈜대청은 ㈜설악공업이 원하는 물량을 단위당 ₩700에 공급할 수 있다고 제안하여 왔다. 회사는 부품생산에 필요한 설비를 외부에서 임차하여 사용하기 때문에 회사가 이러한 제안을 수락하면 고정제조간접비 중 ₩183,120의 임차료는 발생하지 않는다.

요구사항

1. 회사에 유리한 부품조달방식과 관련원가를 구하시오.
2. 회사가 20×2년에도 자가생산을 한다면 전년도에 부품생산에 관한 충분한 경험을 쌓았기 때문에 80%의 누적평균시간학습효과가 나타날 것으로 기대하고 있다. 회사에 유리한 부품조달방식과 관련원가를 구하시오.
3. 80%의 학습효과가 적용되는 경우 회사가 부품을 외부에서 구입하기 위해서는 ㈜대청이 단위당 공급가격을 얼마로 조정하여야 하는가?

해설

1. 학습효과가 적용되지 않는 경우

	자가생산		외부구입	
외부구입원가		–	@700×3,500단위=	₩2,450,000
직접재료비	@200×3,500단위=	₩700,000		–
직접노무비	@20*×70,000시간***=	1,400,000		–
변동제조간접비	@8**×70,000시간=	560,000		–
회피가능고정비		183,120		–
계		₩2,843,120		₩2,450,000

* $@20 = \frac{₩200,000}{10,000시간}$ ** $@8 = \frac{₩80,000}{10,000시간}$ *** $70,000시간 = \frac{10,000시간}{500단위} \times 3,500단위$

외부구입이 ₩393,120 유리하므로 부품을 외부구입하도록 한다.

2. 학습효과가 적용되는 경우

누적생산량	단위당 누적평균시간	총직접노동시간
500단위	20	10,000
1,000	20×80%= 16	16,000
2,000	16×80%= 12.8	25,600
4,000	12.8×80%=10.24	40,960

따라서 3,500단위를 자가생산할 때 투입되는 직접노동시간은 30,960시간(=40,960－10,000)이다.

	자가생산		외부구입	
외부구입원가		–	@700×3,500단위=	₩2,450,000
직접재료비	@200×3,500단위=	₩ 700,000		–
직접노무비	@20×30,960시간=	619,200		–
변동제조간접비	@8×30,960시간=	247,680		–
회피가능고정비		183,120		–
계		₩1,750,000		₩2,450,000

자가생산방식이 ₩700,000 유리하므로 20×2년에도 계속하여 자가생산을 하도록 한다.

3. 단위당 최대구입금액

회사는 자가생산원가보다 외부구입가격이 비싸면 구입하지 않을 것이므로 최대구입금액은 자가생산의 관련원가이다.

₩1,750,000÷3,500단위=₩500

따라서 ㈜대청은 단위당 공급가격을 ₩500 이하로 조정하여야 한다.

문제 3. 자원제약하에서의 최적생산량 결정

A, B, C 세 가지 제품을 생산하고 있는 ㈜백두산업은 4개의 공정을 거쳐 제품을 생산하고 있으며 각 공정은 각각 특성이 다르기 때문에 공정간에 기계나 인원의 재배치는 불가능하다.

1. 회사가 연간 이용할 수 있는 기계시간과 직접노동시간

이용가능시간	제1공정	제2공정	제3공정	제4공정
기계시간	4,000	4,100	4,700	4,300
직접노동시간	4,700	4,500	2,750	3,600

2. 제품 1단위 생산에 소요되는 공정별 기계시간과 직접노동시간

		제1공정	제2공정	제3공정	제4공정
A제품	기계시간	1시간	1시간	2시간	2시간
	직접노동시간	2	3	3	1
B제품	기계시간	1	1	–	2
	직접노동시간	1	2	–	2
C제품	기계시간	2	2	1	1
	직접노동시간	2	2	2	1

3. 회사는 각 제품에 대한 연간 수요량을 A 500단위, B 400단위, C 1,000단위로 예상하고 있다.

4. 각 제품의 단위당 판매가격과 원가자료

	A제품		B제품		C제품	
단위당판매가격		₩200		₩120		₩160
단위당변동비						
직접재료비		20		13		20
직접노무비						
제1공정	12		6		12	
제2공정	21		14		14	
제3공정	24		–		16	
제4공정	9	66	18	38	9	51
변동제조간접비		27		20		25
변동판매관리비		3		4		4
합계		116		75		100
단위당공헌이익		84		45		60
고정제조간접비배부액		15		10		12
단위당이익		₩69		₩35		₩48

요구사항

1. 각 제품을 수요량만큼 생산하고자 할 때 제약조건이 되는 것은 무엇인가?
2. 위의 제약조건하에서 회사가 순이익을 극대화하고자 하면 각 제품을 몇 단위씩 생산하여야 하는가? 최적생산량에서의 각 제품별 공헌이익을 구하시오.

해설

1. 제약조건의 계산

제3공정의 이용가능한 직접노동시간이 필요한 직접노동시간보다 750시간이 부족하므로 제3공정의 직접노동시간이 제약조건이 된다.

	제1공정	제2공정	제3공정	제4공정
〈기계시간〉				
이용가능시간	4,000	4,100	4,700	4,300
소요시간*	2,900 시간	2,900 시간	2,000 시간	2,800 시간
부족시간	–	–	–	–
〈직접노동시간〉				
이용가능시간	4,700	4,500	2,750	3,600
소요시간**	3,400 시간	4,300 시간	3,500 시간	2,300 시간
부족시간	–	–	750 시간	–

* 소요기계시간

	제1공정	제2공정	제3공정	제4공정
A 제 품	500 시간	500 시간	1,000 시간	1,000 시간
B 제 품	400	400	–	800
C 제 품	2,000	2,000	1,000	1,000
계	2,900 시간	2,900 시간	2,000 시간	2,800 시간

** 소요직접노동시간

	제1공정	제2공정	제3공정	제4공정
A 제 품	1,000 시간	1,500 시간	1,500 시간	500 시간
B 제 품	400	800	–	800
C 제 품	2,000	2,000	2,000	1,000
계	3,400 시간	4,300 시간	3,500 시간	2,300 시간

2. 최적생산량

제약조건은 제3공정의 직접노동시간이므로 제3공정에서 가공되는 A, C 두 제품에 대해서만 제약조건을 검토하고 B제품은 제3공정에서 가공되지 않으므로 제약조건과 관계없이 수요량대로 생산한다. A, C제품에 대해서는 제약조건인 직접노동시간당 공헌이익이 보다 더 큰 제품을 우선적으로 생산하고 잔여시간으로 나머지 제품을 생산한다.

(1) 제3공정의 직접노동시간당 공헌이익 계산

	A	C
단위당 공헌이익	₩84	60
제3공정 단위당 직접노동시간	÷3시간	÷2시간
직접노동시간당 공헌이익	₩28	₩30

(2) 제품생산량의 계산

구 분	생산량	단위당 직접노동시간	생산시간	잔여시간
				2,750 시간
C제품	1,000 단위	2시간	2,000	750
A제품	250	3	750	0

B제품은 제약조건과 관계없으므로 수요량 400개를 모두 생산한다.

(3) 공헌이익

구 분	생산량	단위당 공헌이익	공헌이익
A제품	250 단위	₩84	₩ 21,000
B제품	400	45	18,000
C제품	1,000	60	60,000
합 계			₩ 99,000

제4편 예산 및 의사결정회계

문제 4. 활동기준원가계산과 특별주문

대영산업은 A, B 두 가지 제품을 제조·판매하는 회사로 20×1년에 A제품 200개와 B제품 400개를 생산·판매하였다. 제품단위당 직접재료비는 A제품 ₩6,000, B제품 ₩10,000이다. 회사는 가공비를 직접재료비발생액을 기준으로 두 제품에 배부하고 있으나 최근 활동기준원가계산의 도입을 검토하고 있다.

20×1년에 발생한 가공비는 다음과 같다.

활 동	원가동인		가공비
재 료 운 반	부품의 수	150 개	₩1,500,000
절 삭	기계작업시간	50 시간	2,000,000
선 반	선반기계작업횟수	250 회	750,000
연 마	부품의 수	150 개	1,950,000
조 립	조립시간	400 시간	1,200,000
선 적	선적횟수	2 회	3,000,000
합 계			₩10,400,000

한편, A·B제품에 대한 활동의 총원가동인수는 다음과 같다.

제 품	부품의 수	기계시간	선반기계작업횟수	조립시간	선적횟수
A제품	50개	30시간	100회	200시간	1회
B제품	100개	20시간	150회	200시간	1회

요구사항

1. 전통적인 원가계산에 의한 각 제품의 단위원가를 계산하라.
2. 활동기준원가계산에 의한 각 제품의 단위원가를 계산하라.
3. 대영산업은 동종업계의 소영산업으로부터 기존의 제품 A, B를 개량한 유사한 제품인 A1제품과 B1제품에 대하여 각각 100단위씩 특별주문공급을 의뢰받았다. 소영산업이 제시한 제품단위당 가격은 A1제품이 ₩25,000이고, B1제품이 ₩32,500이었다. 대영산업이 소영산업으로부터 받은 제품사양서를 검토한 결과 개량된 A1제품과 B1제품에 대해 단위당 직접재료비는 기존제품과 동일하며, 개량된 제품생산과 관련된 활동자료는 다음과 같다. 단, 선적작업활동과 관련된 원가는 기존제품의 생산과 관련된 원가 이외에는 추가로 발생하지 않는다. 회사가 A1이나 B1을 외부에 판매할 경우 확보할 수 있는 판매가격은 총원가에 10%의 이익을 가산한 가격이다. 단, 회사가 특별주문을 수락하여도 최대조업도를 초과하지 않으며 기존판매에도 영향이 없다.

활　　　동	원가동인	단위당 원가동인수	
		A1	B1
재 료 운 반	부품의 수	0.25개	0.25개
절　　　삭	기계작업시간	0.15시간	0.1시간
선　　　반	선반기계작업횟수	0.5회	0.75회
연　　　마	부품의 수	0.25개	0.25개
조　　　립	조립시간	1.25시간	0.75시간
선　　　적	선적횟수	–	–

(1) 전통적 원가계산에 의한 목표원가(target cost)를 구하시오. 단, 가공비배부율은 요구사항 1의 가공비배부율을 적용하시오.

(2) 활동기준원가계산에 의한 목표원가(target cost)를 구하시오. 단, 활동별 배부율은 요구사항 2의 배부율을 적용하시오.

(3) 전통적 원가계산방법을 적용할 경우 특별주문의 수락 여부를 결정하시오.

(4) 활동기준원가계산을 적용할 경우 특별주문의 수락 여부를 결정하시오.

해설

1. 전통적인 방법하의 제품 단위원가

(1) 총직접재료비 : 200개×₩6,000+400개×₩10,000=₩5,200,000

(2) 가공비배부율 : $\frac{\text{가공비}}{\text{직접재료비}}=\frac{₩10,400,000}{₩5,200,000}=200\%$

(3) 제품 단위원가

구　분	A제품	B제품
직 접 재 료 비	₩1,200,000	₩4,000,000
가　　공　　비	2,400,000	8,000,000
제　조　원　가	₩3,600,000	₩12,000,000
생　　산　　량	÷200단위	÷400단위
단　위　원　가	₩18,000	₩30,000

2. ABC하의 제품 단위당 원가

(1) 단위활동당 가공비

활 동	가공비	원가동인수	배부율
재료운반	₩1,500,000	150개	₩10,000
절 삭	2,000,000	50시간	40,000
선 반	750,000	250회	3,000
연 마	1,950,000	150개	13,000
조 립	1,200,000	400시간	3,000
선 적	3,000,000	2회	1,500,000
합 계	₩10,400,000		

(2) 제품의 단위당 원가

구 분	배부율	A제품		B제품	
		원가동인수	금액	원가동인수	금액
직접재료비			₩1,200,000		₩4,000,000
가 공 비					
재료운반	₩10,000	50	500,000	100	1,000,000
절 삭	40,000	30	1,200,000	20	800,000
선 반	3,000	100	300,000	150	450,000
연 마	13,000	50	650,000	100	1,300,000
조 립	3,000	200	600,000	200	600,000
선 적	1,500,000	1	1,500,000	1	1,500,000
총 원 가			₩5,950,000		₩9,650,000
생 산 량			÷200단위		÷400단위
단 위 원 가			₩29,750		₩24,125

3. 목표원가 및 특별주문의 수락 여부

(1) 전통적 방법하의 목표원가

	A1	B1
직접재료비	₩6,000	₩10,000
가 공 비 (200%)	12,000	20,000
목 표 원 가	₩18,000	₩30,000

(2) ABC하의 단위당 목표원가

	배부율	A제품 원가동인수	A제품 금액	B제품 원가동인수	B제품 금액
직접재료비			₩6,000		₩10,000
가공비					
재료운반	₩10,000	0.25개	2,500	0.25개	2,500
절삭	40,000	0.15시간	6,000	0.1시간	4,000
선반	3,000	0.5회	1,500	0.75회	2,250
연마	13,000	0.25개	3,250	0.25개	3,250
조립	3,000	1.25시간	3,750	0.75시간	2,250
단위원가			₩23,000		₩24,250

(3) 특별주문의 수락 여부 결정 : 전통적 방법

제품	특별주문가격		외부판매가능가격	의사결정
A1	₩25,000	>	₩19,800*	수 락
B1	₩32,500	<	₩33,000**	거 부

* ₩18,000×1.1=₩19,800
** ₩30,000×1.1=₩33,000

(4) 특별주문의 수락 여부 결정 : ABC

제품	특별주문가격		외부판매가능가격	의사결정
A1	₩25,000	<	₩25,300*	거 부
B1	₩32,500	>	₩26,675**	수 락

* ₩23,000×1.1=₩25,300
** ₩24,250×1.1=₩26,675

문제 5. 제한된 자원 – 자가제조 및 외부구입(1)

무선청소기를 생산하고 있는 ㈜두원테크는 무선청소기생산에 필요한 부품을 자가제조하여 제품을 생산하고 있으나 최근에 ㈜청산산업으로부터의 구입을 검토하고 있다. 각 부품의 생산과 관련된 자료는 다음과 같다.

	A	B	C	D
직접재료비	₩5,000	₩4,000	₩3,000	₩6,000
직접노무비	2,000	3,000	2,000	4,000
변동제조간접비	3,000	2,000	3,000	4,000
고정제조간접비	6,000	4,000	6,000	8,000
단위당 총제조원가	₩16,000	₩13,000	₩14,000	₩22,000
부품단위당 기계소요시간	2시간	4시간	1시간	4시간
소요량	1,000단위	600단위	1,500단위	800단위
부품단위당 외부구입가격	₩14,000	₩10,000	₩11,000	₩19,000

회사가 부품생산에 이용할 수 있는 총기계시간은 월 8,000시간으로 제한되어 있으며 고정제조간접비는 부품의 생산 여부와 관계없이 항상 발생한다. 회사는 필요한 부품을 분할하여 일부는 자가제조, 일부는 외부에서 구입할 수도 있다.

요구사항

1. 회사가 이익을 극대화하기 위해서는 각 부품의 조달방식을 어떻게 결정하여야 하는가?
2. 최근 시장에서 B부품의 품귀현상으로 인하여 B부품의 가격이 20% 상승하였다. 이에 따라 회사는 B부품의 자가제조를 유도하기 위하여 B부품 생산에 투입되는 단위당 기계시간을 2.5시간으로 감소시켰으며 이로 인하여 B제품의 변동제조간접비는 ₩1,000 절감되었다. 한편, 빈번한 기계고장으로 회사의 이용가능한 기계시간은 월 5,000시간으로 줄어들었다. 변화된 상황에서 회사가 이익을 극대화하기 위해서는 각 부품의 조달방식을 어떻게 결정하여야 하는가?

해설

1. 이용가능기계시간이 월 8,000시간인 경우

제한된 자원이 있는 경우에는 제한자원 단위당 공헌이익이 큰 부품부터 생산한다. 이 경우에는 외부구입과 자가제조를 결정하는 것이므로 외부구입과 자가제조를 비교하여 자가제조의 제한자원 단위당 절감액이 큰 부품부터 생산한다.

	A	B	C	D
1) 자가제조원가의 관련원가	₩10,000	₩9,000	₩8,000	₩14,000
외부구입원가	14,000	10,000	11,000	19,000
2) 자가제조시 단위당 절감액	₩4,000	₩1,000	₩3,000	₩5,000
3) 단위당 기계소요시간	÷2시간	÷4시간	÷1시간	÷4시간
4) 기계시간당 절감액	₩2,000	₩250	₩3,000	₩1,250

모든 부품을 자가제조하는 것이 유리하지만 기계시간이 제약되어 있으므로 이용가능한 총 8,000기계시간 내에서 기계시간당 절감액이 큰 순서대로 생산한다.

부품	단위당 기계시간	생산량	생산소요시간	누적총시간	조달방식
C	1hr	1,500	1,500hr	1,500hr	자가제조
A	2hr	1,000	2,000hr	3,500hr	자가제조
D	4hr	800	3,200hr	6,700hr	자가제조
B	4hr	325	1,300hr	8,000hr	자가제조
B		275			외부구입

2. 이용가능기계시간이 월 5,000시간인 경우

B제품의 기계시간당 절감액
외부구입가격 : ₩12,000, 단위당 변동제조원가 : ₩8,000
(₩12,000－8,000)÷2.5시간＝₩1,600/시간

부품	단위당 기계시간	생산량	생산소요시간	누적총시간	조달방식
C	1hr	1,500	1,500hr	1,500hr	자가제조
A	2hr	1,000	2,000hr	3,500hr	자가제조
B	2.5hr	600	1,500hr	5,000hr	자가제조
D		800	–	–	외부구입

문제 6. 제한된 자원-자가제조 및 외부구입(2)

㈜청산산업이 현재 생산·판매하고 있는 A제품의 판매가격과 원가관련자료는 다음과 같다.

	단위당	
판 매 가 격		₩300
변 동 비		
직 접 재 료 비	₩100	
직 접 노 무 비	50	
변동제조간접비 (기계시간당 : ₩6)	30	
변 동 판 매 비	20	200
공 헌 이 익		₩100

A제품의 외부수요는 10,000단위이며 회사의 총고정비는 ₩200,000이다. 회사가 이용할 수 있는 기계시간은 30,000시간이며 회사는 A제품을 원하는 물량만큼 외국에서 수입하여 판매할 수도 있는데 단위당 구입가격은 ₩250이다. 단, 수입 A제품을 판매하는 경우에는 변동판매비는 발생하지 않는다.

한편, 회사는 현재 시장에서 인기를 끌고 있는 M제품을 생산설비의 추가도입 없이 생산할 수 있다는 사실을 알게 되었다. 회사가 예상하는 M제품의 관련자료는 다음과 같으며 회사는 M제품의 시장수요를 8,000단위로 예상하고 있다.

	단위당	
판 매 가 격		₩240
변 동 비		
직 접 재 료 비	₩80	
직 접 노 무 비	58	
변동제조간접비 (기계시간당 : ₩6)	12	
변동판매관리비	10	160
공 헌 이 익		₩80

요구사항

1. 현재 회사는 이용가능한 시간을 모두 투입하여 제품 A를 생산하고 있으며 외부시장수요를 충족하기 위하여 수입제품의 판매도 병행하고 있다. 회사의 총공헌이익을 구하시오.
2. 회사가 M제품의 생산·판매도 고려하고 있다면 회사의 이익을 극대화하기 위하여 제품간 생산은 어떻게 조정하여야 하는가? 또한 제품간 생산을 조정한 후의 총공헌이익은 얼마인가?

해설

1. 현재의 총공헌이익

* 자가제조제품과 수입제품의 단위당 공헌이익

	자가제조		수입
판매가격		₩300	₩300
변동비			
직접재료비	₩100		
직접노무비	50		
변동제조간접비	30		
변동판매비	20	200	
외부구입원가			250
공헌이익		₩100	₩50

A제품의 단위당 기계시간 $= \frac{₩30}{₩6} = 5$시간

이용가능한 기계시간 내의 생산량 $= \frac{30,000\text{시간}}{5\text{시간}} = 6,000$단위

따라서 회사는 6,000단위는 자가제조하여 판매하고 나머지 4,000단위는 수입하여 판매한다.

총공헌이익 = 6,000단위 × ₩100 + 4,000단위 × ₩50 = ₩800,000

2. M제품의 생산을 포함한 제품간 생산량 조정 및 총공헌이익

	A제품		M제품		수입A제품
판매가격		₩300		₩240	₩300
변동비					
직접재료비	₩100		₩80		
직접노무비	50		58		
변동제조간접비	30		12		
변동판매비	20	200	10	160	
외부구입원가					250
공헌이익		₩100		₩80	₩50
기계시간		÷5시간		÷2시간	
기계시간당 공헌이익		₩20		₩40	

따라서 제품간 생산량 및 수입량 결정은 다음과 같다.

제품	단위당 기계시간	생산량	생산소요시간	누적총시간
M	2hr	8,000 단위	16,000hr	16,000hr
A	5hr	2,800	14,000hr	30,000hr
수입A		7,200 (구입량)		

총공헌이익 = 8,000단위(M) × ₩80 + 2,800단위(A) × ₩100 + 7,200단위(수입A) × ₩50
= ₩1,280,000

제10장 투자예산

기업은 변화하는 경영환경에 대응하기 위하여 여러 단계의 계획을 설정하게 되는데 계획은 다음과 같이 3단계의 구조로 설명된다.

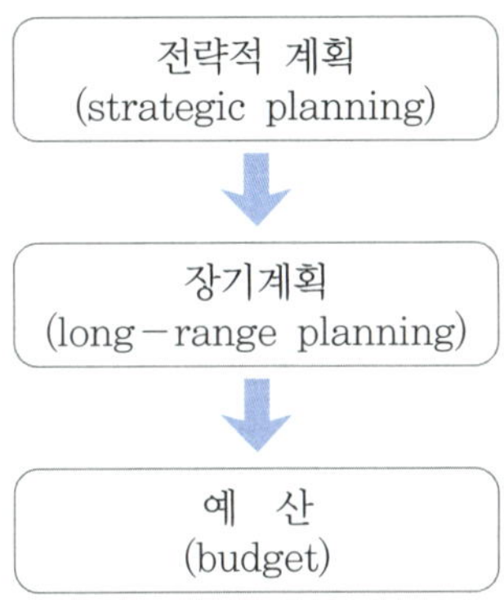

■ 전략적 계획(strategic planning)

기업의 최고경영자가 수립하는 계획으로 가장 상위단계의 계획이다. 신규사업 진출, 업종전환, 사업포트폴리오의 구성 등 기업전체의 발전과 관련되어 있는 것으로 전략적 측면이 강조되며 상당히 장기간을 대상으로 한다.

■ 장기계획(long-range planning)

전략적 계획을 구체적으로 실행하기 위한 계획으로 중장기의 기간을 대상으로 하며 흔히 사업타당성검토기법으로 불리는 투자예산(investment budgeting)이 여기에 속한다.

■ 예산(budget)

중·장기계획과 관련하여 기업의 매년 경영활동을 구체적으로 계획하는 단계로서 생산·판매·구매·자재·자금·회계·세무·관리·물류 등 기업의 모든 부문이 참여하며 1년을 대상으로 한다. 종합예산(master budget)이 대표적인 예라고 할 수 있다.

한편 기업의 단기의사결정은 CVP분석 혹은 관련원가분석 등을 이용하여 판단하지만 유형자산에 대한 투자와 같이 막대한 투자규모의 의사결정은 그 기간이 1년 이상의 장기에 걸쳐 나타나므로 별도의 장기의사결정기법이 필요하다. 따라서 효율적인 투자를 위해 복수의 투자안을 탐색하고 평가하여 보다 유리한 투자안을 선택하는 일련의 체계적인 분석과정이 필요한데 이러한 기법을 투자예산(investment budgeting)이라 한다. 즉 투자예산이란 투자대상으로부터의 현금흐름이 1년 이상의 장기간에 걸쳐 나타날 경우 투자의사결정과 관련된 일체의 총괄적 계획수립과정을 말하며, 자본예산(capital budgeting)이라고도 한다.

투자예산의 절차는 다음과 같다.

- 첫째, 투자대상을 물색하고
- 둘째, 투자대상으로부터의 미래현금흐름을 추정하고
- 셋째, 추정된 현금흐름으로 투자안의 경제성을 분석하며
- 넷째, 사후에 재평가하여 최초의 계획단계에 피드백(feedback)하는 절차

투자예산은 장기간에 걸친 투자안의 의사결정기법이므로 회계상의 발생주의 가정에 입각한 이익흐름으로 계산하지 않고 현금흐름으로 계산한다. 회계상의 순이익을 사용하지 않는 것은 회계상의 순이익은 전통적인 회계모형이 기초하고 있는 여러 가지 가정에 입각하여 계산되는 회계기간별 추정치이기 때문이다. 즉 장기에 걸친 현금흐름은 장기적으로 이익흐름과 동일하며 회계기간별 성과측정을 위한 회계가정과도 무관하고 투자안의 성격을 확실하게 보여주므로 투자예산을 분석할 때에는 현금흐름으로 계산하는 것이다.

제1절 투자예산의 의의와 현금흐름분석

투자안의 현금흐름은 다음과 같이 3가지로 나누어 계산한다.

- 최초투자시점의 현금흐름
- 투자기간 중의 현금흐름
- 투자종료시점의 현금흐름

투자예산에서 현금흐름은 위와 같이 시점별로 구분하여 접근하지만 추후 설명하는 경제적 타당성 검토는 결국 현금유입액(cash inflow)과 현금유출액(cash outflow)을 비교하는 것이므로 현금의 유출입 관점에서 살펴보면 최초투자시점의 현금흐름은 현금유출액이며 투자기간 중의 현금흐름과 투자종료시점의 현금흐름은 현금유입액이 된다.

1. 최초투자시점의 현금흐름

(1) 신규사업

일반적으로 투자예산은 신규사업에 대한 사업타당성분석 등에 적용된다. 신규사업에 대한 최초투자액의 결정은 주로 신규사업을 위한 토지, 건물, 기계장치 등 유형자산에 대한 투자을 말한다. 또한 인수합병을 통하여 신규사업에 착수할 수도 있으므로 이러한 경우 최초투자액은 인수합병을 위한 인수대금 등이 될 수도 있을 것이다.

따라서 신규사업에 대한 투자의 경우 최초투자시점의 현금흐름은 다음과 같이 정의된다.

최초투자 현금흐름 = 유형자산 등에 대한 투자(혹은 인수대금)

(2) 설비투자

투자예산은 신규사업에 대한 투자와 같이 대규모 투자의사결정기법으로도 활용되지만 설비투자와 같은 비교적 적은 규모의 투자에 대한 타당성 검토에 대해서도 적용이 가능하다. 다만 설비투자의 경우 기존설비에 신규설비를 추가하는 경우와 기존설비를 신규설비로 교체하는 경우의 접근방식은 달라질 수 밖에 없는 데 각각에 대하여 살펴보면 다음과 같다.

가. 설비추가

기존설비에 신규설비를 추가하는 경우 신규설비의 도입에 대한 타당성을 검토하는 것이므로 기존설비는 신규설비에 대한 의사결정에 영향을 미치지 않는다. 따라서 신규설비에 대한 최초투자시점의 현금흐름은 신규설비도입에 따른 현금유출액(신규설비의 취득원가)이 된다.

최초투자 현금흐름＝신규설비취득의 현금유출액

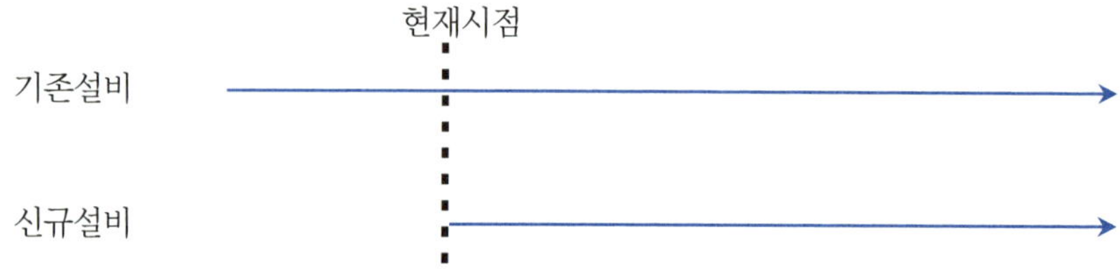

나. 설비교체

설비교체의 경우에는 기존설비를 처분하고 신규설비를 취득하게 되므로 최초투자시점의 현금흐름은 신규설비 취득에 따른 현금유출액에서 기존설비 매각에 따른 현금유입액을 차감하여 계산한다.

최초투자 현금흐름＝신규설비취득의 현금유출액－기존설비처분의 현금유입액

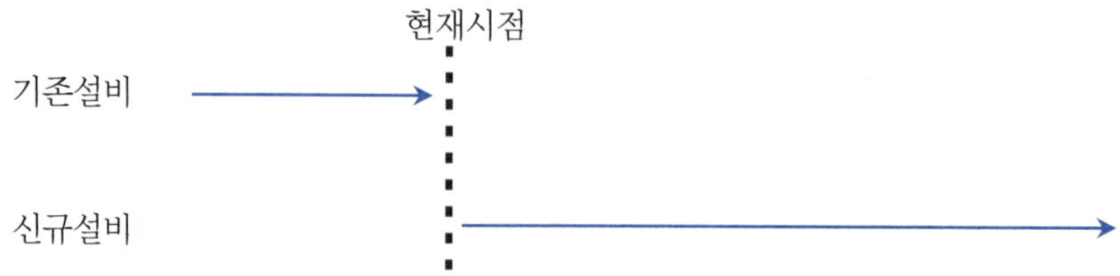

2. 투자기간 중의 현금흐름

투자기간 중의 현금흐름은 사업개시 후(혹은 설비도입 후) 정상적인 영업활동을 통하여 창출하는 현금흐름을 말하는데 실무적으로 free cash flow라고 하며 잉여현금흐름이라고도 한다.

free cash flow는 세후영업현금흐름에서 추가투자에 대한 현금흐름(capex)과 순운전자본(net working capital)에 대한 투자의 현금흐름을 차감하여 계산한다.

free cash flow는 기업이 설비 등에 대한 투자활동과 영업활동을 유지 혹은 확대하면서도 자유롭게 사용할 수 있는 현금으로서 채권자와 투자자들에게 분배될 수 있는 현금흐름이다. 일반적으로 기업의 현금흐름창출능력을 보여주는 대표적 지표로서 기업가치 혹은 사업가치를 판단하는 기준으로 많이 사용되고 있다.

> Free Cash Flow＝세후영업현금흐름－설비투자(자본적 지출)－순운전자본투자

free cash flow를 구성하는 각각의 내용에 대하여 살펴보도록 한다.

(1) 세후영업현금흐름

가. 추정손익계산서를 통한 분석법

투자기간 중의 현금흐름은 정상적인 영업활동을 통하여 얻게 되는 현금흐름을 말하는 것으로 다음의 절차에 의하여 추정한다.

① 사업기간별 매출추정

② 추정 매출액과 원가구조를 감안하여 연도별 추정손익계산서 작성

③ 매년 현금흐름의 추정

예를 들어 매출액이 ₩200,000이며 매출액 대비 변동비율은 60%로 추정되며 현금성 고정비가 ₩30,000이고 감가상각비가 ₩15,000인 회사의 경우 법인세율이 20%라면 손익계산서와 현금흐름은 다음과 같다.

	손익계산서	현금흐름
매출액	₩200,000	₩200,000
변동비	120,000	(120,000)
공헌이익	80,000	
고정비		
현금성고정비	30,000	(30,000)
감가상각비	15,000	–
영업이익	35,000	
법인세	7,000	(7,000)
세후영업이익	₩28,000	₩43,000

손익항목과 현금흐름을 비교하면 감가상각비만이 유일하게 차이가 발생하게 되므로 세후영업이익으로부터 세후영업현금흐름을 산출하면 다음과 같이 계산할 수 있다.

세후영업현금흐름 = 세후영업이익 + 감가상각비 = ₩28,000 + 15,000 = ₩43,000

이를 그림으로 표현하면 다음과 같다.

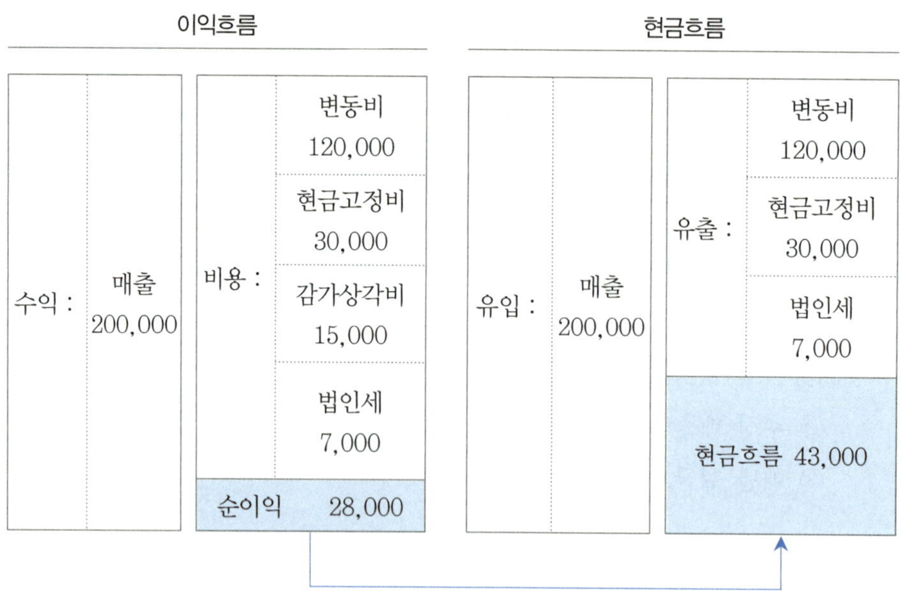

매년 현금흐름을 추정하는 가장 일반적인 방법은 위와 같이 세후영업이익에 감가상각비를 가산하여 계산하는 방법이다. 이는 실무적으로 연도별 추정손익계산서를 작성하게 되므로 산출된 연도별 세후영업이익으로부터 세후영업현금흐름을 계산하는 것이다.

이익흐름과 현금흐름의 중요한 차이는 감가상각비와 같은 비현금항목이므로 세후영업이익에 감가상각비를 가산하면 세후영업현금흐름을 산출할 수 있게 된다. 세후영업현금흐름을 CF, 세후영업이익을 NOPLAT, 감가상각비를 D라 하면

$$\text{세후영업현금흐름} = \text{세후영업이익} + \text{감가상각비}$$
$$CF = NOPLAT + D$$

세후영업이익(NOPLAT; net operating profit less adjusted taxes)는 영업이익에서 영업이익에 해당하는 법인세비용을 차감한 금액이며 세후영업현금흐름은 세후영업이익에 감가상각비와 같은 비현금항목을 가산하여 계산한다.

위와 같이 비용항목이지만 현금유출이 없는 항목으로는 감가상각비 외에 무형자산상각비, 대손상각비, 외화환산손실(현금 이외에서 발생한 부분), 퇴직급여, 지분법손실, 이자비용(사채할인발행차금상각액), 단기매매증권평가손실, 매도가능증권감액손실, 투자자산처분손실, 유형자산처분손실, 유형자산감액손실 등이 있다. 하지만 일반적으로 감가상각비가 금액적으로 가장 중요하므로 감가상각비를 파악하여 세후영업현금흐름의 윤곽을 알 수 있다.

투자예산에서 세후영업이익(NOPLAT)를 바탕으로 현금흐름을 계산하는 것은

- 기업의 경영활동은 법인세가 존재하는 상황에서 이루어지며
- 기업의 주된 수익창출활동은 영업활동이고
- 영업활동에 대한 측정은 자본구조(재무구조, 즉 부채 및 자본)와는 무관하다는 점 때문이다.

다만, 세후영업현금흐름을 계산하는 과정에서 주의하여야 할 것은 차입금이자, 차입금상환 등은 현금흐름에 포함시켜서는 안된다는 것이다. 차입금이자나 원금상환 등은 자금의 조달과 관련된 사항으로 투자의사결정과정에 포함시켜서는 안되기 때문이다. 또한 후술하게 되는 할인율의 결정과정에서 부채의 이자율이 포함되므로 만약 이자비용을 차감한 후의 현금흐름으로 계산하게 되면 이중계산하게 되는 효과가 나타나게 되어 비논리적인 계산이 된다. 이 점은 실무적으로도 가장 많이 실수를 하는

부분으로 유의하여야 한다.

예를 들어 매출액이 ₩200,000이며 매출액 대비 변동비율은 60%로 추정되며 현금성 고정비가 ₩30,000이고 감가상각비 ₩15,000, 이자비용 ₩10,000인 경우 법인세율이 20%라면 손익계산서는 다음과 같다.

	손익계산서
매출액	₩200,000
변동비	120,000
공헌이익	80,000
고정비	
현금성고정비	30,000
감가상각비	15,000
영업이익	35,000
이자비용	10,000
법인세전순이익	25,000
법인세	5,000
당기순이익	₩20,000

위의 경우 세후영업이익(NOPLAT)와 세후영업현금흐름을 계산하면

세후영업이익＝₩35,000×(1－20%)＝₩28,000

세후영업현금흐름＝₩28,000＋15,000＝₩43,000

참고 - *NOPLAT와 EBIT, EBITDA*

실무적으로 많이 혼동되는 내용이 NOPLAT와 EBIT, EBITDA 등이 있다.

이에 대하여 간단히 설명하면 다음과 같으며 자세한 내용은 "제12장 성과평가회계"를 참고하도록 한다.

- NOPLAT(net operating profit less adjusted taxes)
  영업이익에서 영업이익에 대응하는 법인세를 차감함 세후영업이익을 말한다.
- EBIT(earnings before interest and tax)
  이자비용과 법인세를 차감하기 전 이익으로서 기업이 영업활동과 기타활동에서 창출한 이익(이자비용과 법인세는 고려않음)을 말한다.
- EBITDA(earnings before interest, tax, depreciation and amortization)
  이자비용과 법인세를 차감하기 전 현금흐름으로서 기업이 영업활동과 기타활동에서 창출한 현금흐름(이자비용과 법인세는 고려않음)을 말한다.

나. 항목별 분석법

항목별 분석법은 투자기간 중의 현금흐름을 현금항목의 세후현금흐름과 감가상각비의 감세효과로 나누어 계산하는 방법으로 실무에서 사용하기에는 다소 불편한 방법이지만 세후영업현금흐름에 대한 정확한 이해를 할 수 있는 방법이다.

① 현금항목의 세후현금흐름

투자기간의 영업현금흐름은 수익 및 비용에 따라서 증감하게 된다. 만약 법인세가 없는 경우라면 수익과 비용지출액이 금액 그대로 현금흐름에 영향을 미치겠지만 법인세가 존재하는 경우에는 법인세효과만큼은 현금유입액과 현금유출액에서 차감되므로 실제의 현금흐름은 최초의 현금흐름과 달라진다. 다음의 사례로 살펴보자.

예를 들어 신제품의 판매로 ₩200,000의 매출이 발생하였고 비용은 없다면 법인세(20%)로 인한 현금흐름은 다음과 같다.

	법인세가 없는 경우	법인세가 있는 경우
매출액	₩ 200,000	₩ 200,000
비용	–	–
영업이익	200,000	200,000
법인세	–	40,000
세후영업이익 (세후영업현금흐름)	₩ 200,000	₩ 160,000

법인세가 없는 경우 ₩200,000의 현금흐름이 발생하였으나 법인세가 존재하는 경우에는 법인세로 인하여 세후영업현금흐름은 ₩200,000×(1－0.2)＝₩160,000이 된다. 이를 일반화하여 수익을 R, 세율을 Tx이라 하면 수익의 세후현금유입액은 다음과 같다.

$$세후현금흐름 = R(1 - Tx)$$

한편, 비용지출액이 있는 경우에는 비용발생으로 인하여 세전이익이 감소하고 법인세도 감소하므로 법인세부분만큼 현금지출액이 줄어든다. 위의 경우에서 변동비와 현금성 고정비가 ₩150,000 지출되었으므로

	비용지출이 없는 경우	비용지출이 있는 경우
매출	₩200,000	₩200,000
변동비		120,000
현금성고정비		30,000
세전이익	200,000	50,000
법인세	40,000	10,000
세후영업이익 (세후영업 현금흐름)	₩160,000	₩40,000

비용지출이 없는 경우에 비하여 비용지출이 있는 경우 세후영업현금흐름이 ₩120,000(₩160,000과 ₩40,000의 차이)줄어든 것은 비용지출이 ₩150,000 있었으나, 비용으로 인한 법인세감소효과가 ₩30,000(=₩150,000×0.2)으로 서로 상쇄되어 ₩120,000만 세후현금이 감소한 것이다.

이를 일반화하여 비용지출액을 C 라 하면 비용의 세후현금유출액은 다음과 같다.

$$\text{세후현금흐름} = C(1 - Tx)$$

위에서 설명한 현금항목의 세후영업현금흐름을 종합하면 다음과 같다.

$$\text{현금항목의 세후영업현금흐름} = (R - C)(1 - Tx)$$

② 감가상각비의 감세효과

투자기간의 세후영업현금흐름을 계산할 때 주의해야 할 점은 감가상각비와 같은 비현금항목이다. 감가상각비는 취득원가를 기간비용화하는 발생주의 회계개념으로서 현금지출을 수반하지 않으므로 법인세가 없는 경우라면 영업현금흐름을 계산할 때 고려할 필요가 없다. 만약 감가상각비를 계산대상에 포함하게 되면 기계 등의 취득원가는 이미 최초투자시점에서 현금유출로 감안되어 있으므로 이중반영하게 된다.

그러나 법인세가 존재하는 경우 감가상각비는 그 자체로는 현금흐름을 수반하지 않지만 법인세의 감소효과를 가져오므로 투자예산에서 매우 중요한 역할을 하게 된다. 감가상각비로 인하여 법인세가 감소하여 현금흐름에 영향을 미치는 것을 감가상각비의 감세효과(tax-shield effect of depreciation)라고 하는데 다음의 사례를 통하여 살펴본다. 앞에서 살펴본 사례에서 감가상각비가 ₩15,000 있다고 가정한다.

	감가상각비가 없는 경우(A)		감가상각비가 있는 경우(B)	
	손익계산서	현금흐름	손익계산서	현금흐름
매출	₩200,000	₩200,000	₩200,000	₩200,000
변동비	120,000	(120,000)	120,000	(120,000)
현금성고정비	30,000	(30,000)	30,000	(30,000)
감가상각비	−		15,000	−
영업이익	50,000		35,000	
법인세	10,000	(10,000)	7,000	(7,000)
세후영업이익	₩40,000	₩40,000	₩28,000	₩43,000

감가상각비가 없는 경우(A)보다 감가상각비가 있는 경우(B)에는 이익은 적지만 현금흐름은 오히려 ₩3,000 많다. 이는 감가상각비의 계상으로 세후영업이익이 적어지나 법인세는 ₩15,000×20%=₩3,000 감소하기 때문이다. 결국 감가상각비 자체는 현금흐름에 영향을 주지 않지만 법인세를 감소시켜 세후현금흐름에 영향을 주게 된다. 따라서 감가상각비를 D라 하면 감가상각비의 감세효과는 다음과 같다.

$$감가상각비의\ 감세효과 = D \cdot Tx$$

위에서 살펴본 현금항목의 세후영업현금흐름과 감가상각비의 감세효과는 별도의 개념이므로 이를 통합하여 계산하면 다음과 같다.

$$\begin{aligned} 세후영업현금흐름 &= 현금항목의\ 세후영업현금흐름 + 감가상각비의\ 감세효과 \\ &= (R-C)(1-Tx) + D \cdot Tx \end{aligned}$$

위의 공식에 따라 세후영업현금흐름을 계산하면

(₩200,000−150,000)×(1−0.2)+15,000×0.2=₩43,000이 된다.

(2) 설비투자와 순운전자본투자

가. 설비투자(자본적 지출)

실무적으로 CAPEX(capital expenditure)라는 용어로 많이 쓰이고 있는데 기업의 설비투자에 대한 현금유출을 말한다. 이는 기업이 추가적인 설비투자 혹은 감가상각이 완료된 자산에 대한 대체투자 등을 할 때 발생한다.

나. 순운전자본에 대한 투자

기업이 신규사업에 진출하면 기계 등에 대한 투자뿐 아니라 신제품 생산으로 인하여 재고자산이 증가하게 되고 외상매출금 등의 매출채권도 동시에 증가하게 되므로 그만큼 추가적인 자금이 필요하게 된다. 매출과 관련하여 발생하는 매출채권과 재고자산을 운전자본(working capital)이라고 한다.

다만 운전자본에 대하여 좀 더 살펴본다면 앞서 언급한 바와 같이 매출로 인하여 매출채권이나 재고자산이 증가하게 되며 원재료 등을 매입하는 경우 외상으로 매입하는 경우도 많이 있다. 매출채권이나 재고자산은 기업의 운전자본이 투입되었다고 할 수 있으나 매입채무의 경우 거래처에 지급할 자금을 일시적으로 유예하는 효과가 있으므로 거래처의 자금을 차입하는 하는 것과 동일한 효과라 할 수 있다. 따라서 영업활동을 위한 운전자본에 대한 투자액을 계산할 때 재고자산과 매출채권에 투입된 금액에서 매입채무로 인하여 거래처의 자금을 활용하는 효과를 차감하여야 하므로 운전자본은 정확하게 표현하면 순운전자본(net working capital)으로 지칭하는 것이 옳다고 할 것이다.

순운전자본(net working capital)＝매출채권＋재고자산－매입채무

따라서 매출액이 증감하는 경우 순운전자본에 대한 투자액은 다음과 같이 계산된다.

순운전자본 투자액＝매출채권증감액＋재고자산증감액－매입채무증감액

순운전자본은 매출액과 밀접한 관련성을 가지므로 순운전자본에 대한 투자는 매출액의 증감과 관련하여 계산한다. 매출액과 순운전자본을 구성하는 항목들과의 관계는 활동성 지표인 회전율을 이용하여 계산한다.

매출채권회전율을 예를 들어 설명하면 다음과 같다.

$$\text{매출채권회전율} = \frac{\text{매출액}}{\text{매출채권}}$$

이를 변환하면

$$\text{매출채권} = \frac{\text{매출액}}{\text{매출채권회전율}}$$

따라서 매출채권증감액은 다음과 같이 계산된다.

$$\text{매출채권증감액} = \frac{\text{매출액증감액}}{\text{매출채권회전율}}$$

매출채권회전율은 과거 매출채권회전율 혹은 동업종 매출채권회전율 등을 적용한다.

예를 들어 2차연도의 순운전자본투자액을 산출하기 위한 자료가 다음과 같은 경우 이를 계산하면?

- A사의 매출액
  - 1차연도 : 1,000억원
  - 2차연도 : 1,240억원
- 회사는 순운전자본에 대한 투자액을 추정할 때 동종업종 평균 매출채권회전율을 사용
- A사 동종업종 회전율
  - 매출채권회전율 : 8회
  - 재고자산회전율 : 10회
  - 매입채무회전율 : 12회

위와 같은 조건인 경우 2차연도 운전자본투자액은 다음과 같다.

- $\text{매출채권증감액} = \frac{\text{매출액증감액}}{\text{매출채권회전율}} = \frac{\text{240억원}}{\text{8회}} = \text{30억원}$
- $\text{재고자산증감액} = \frac{\text{매출액증감액}}{\text{재고자산회전율}} = \frac{\text{240억원}}{\text{10회}} = \text{24억원}$
- $\text{매입채무증감액} = \frac{\text{매출액증감액}}{\text{매입채무회전율}} = \frac{\text{240억원}}{\text{12회}} = \text{20억원}$

∴ 순운전자본투자액 = 30억원 + 24억원 − 20억원 = 34억원

즉, 1차년도에 비하여 2차연도에는 매출증가로 인하여 순운전자본에 대한 자금소요가 34억원이 필요하며 이를 2차연도 세후영업현금흐름에서 차감하여 free cash flow를 계산한다.

> **참고**
>
> 재고자산회전율을 계산할 때 이론서에서는 매출원가를 재고자산으로 나누어 계산하기도 한다. 하지만 실무에서 동종업종 재고자산회전율은 한국은행에서 발간하는 "기업경영분석"을 이용하여 적용하는데 기업경영분석에서는 재고자산회전율을 계산할 때 매출액을 재고자산으로 나누어 계산하는 방식을 선택하고 있다.
>
> 따라서 동일한 산식에 의한 재무비율을 적용하여야 의미있는 결과를 산출할 수 있으므로 위에서 재고자산회전율은 매출액을 재고자산으로 나누어 계산하는 방식으로 제시하였다.

3. 투자종료시점의 현금흐름

투자종료시에는 최초투자시점에 취득한 설비 등을 처분하여 현금유입액이 발생하며, 재고자산이나 외상매출금 등은 판매나 회수과정을 통하여 현금화되므로 투자종료시의 현금흐름은 유형자산 등의 처분액과 운전자본회수액으로 구성된다.

> 현금흐름 = 유형자산처분액 + 순운전자본회수액

다만, 법인세가 존재하지 않는 경우에는 기계 등의 처분가액이 그대로 현금흐름에 영향을 미치게 되나 법인세가 존재하는 경우에는 유형자산처분손익으로 인한 법인세효과로 인하여 현금흐름이 달라진다.

취득원가 ₩300,000 잔존가치는 취득원가의 10%인 기계를 투자종료(상각완료 후)시 다음의 금액으로 처분하는 경우 각각의 세후현금흐름은 다음과 같다.

	처분가액 ₩50,000		처분가액 ₩30,000		처분가액 ₩20,000	
처분현금흐름(a)		₩50,000		₩30,000		₩20,000
장부가액	30,000		30,000		30,000	
처분손익 (b)=(a)−30,000	20,000		−		(10,000)	
처분손익의 법인세효과 (c)=(b)×20%	4,000	(4,000)	−	−	2,000	2,000
총현금흐름=(a)+(c)		₩46,000		₩30,000		₩22,000

위에서 처분가액이 ₩50,000인 경우 처분이익으로 인한 법인세효과 ₩4,000은 법인세의 추가납부효과로 나타나므로 처분현금흐름에서 차감하고, 처분가액이 ₩20,000인 경우 처분손실로 인한 법인세효과 ₩2,000은 법인세 절감효과로 나타나므로 처분현금흐름에 가산한다.

유형자산의 처분에 따른 현금흐름은 다음과 같다.

> 세후현금흐름 = 처분가액 + 처분손실 × 법인세율 − 처분이익 × 법인세율

참고

실무적으로 투자기간의 제한을 두지 않는 투자예산(미래현금흐름의 발생을 무한정으로 가정)의 경우에는 투자종료시점을 특정할 수 없으므로 투자종료시점의 현금흐름을 고려하지 않는 경우도 있다.

앞서 살펴본 시점별 현금흐름을 살펴보면 다음과 같다.

최초투자시점에는 설비투자 등을 고려하고 투자기간 중에는 세후영업현금흐름에서 설비투자(CAPEX)와 순운전자본(NWC) 증감액을 차감하여 free cash flow를 계산한다. 투자종료시점에는 설비처분과 운전자본회수를 통한 현금흐름을 고려한다.

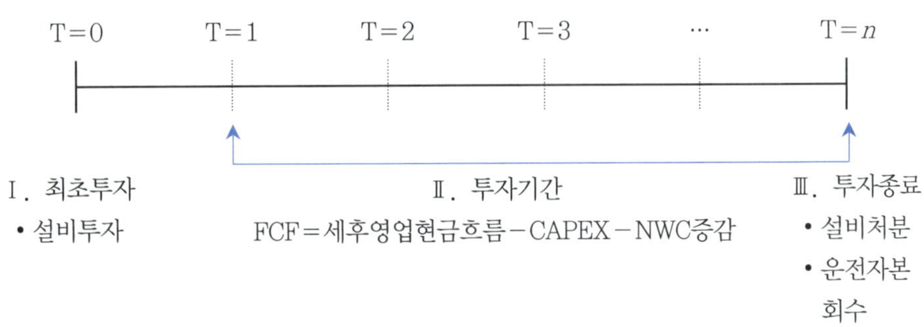

제2절 투자예산모형

투자예산모형은 투자안의 경제적 타당성을 판단하기 위한 기법으로서 기본적으로 장기의사결정도구이므로 화폐의 시간가치를 고려하여야 하나 시간가치를 고려하지 않는 투자예산모형도 있다. 화폐의 시간가치를 고려하지 않는 비할인모형(non-discounting models)으로는 회수기간법과 회계적 이익률법이 있고 화폐의 시간가치를 고려하는 할인모형(discounting models)으로는 순현재가치법과 내부수익률법이 있다.

1. 회수기간법(PP; payback period method)

(1) 회수기간법

회수기간(payback period)은 최초투자액을 회수하는데 소요되는 기간을 의미하는 것으로서 회수기간법은 투자안의 회수기간을 중심으로 투자안을 평가하는 기법이다. 회수기간법에서는 회수기간이 짧은 투자안을 선택하므로 투자안을 수익성 측면이 아니라 위험관리측면에서 접근하는 투자예산기법이다.

투자액을 P, 매년 현금유입액을 S라 하면

$$\text{회수기간} = \frac{\text{투자액}}{\text{연간현금유입액}} = \frac{P}{S}$$

회수기간의 계산은 현금흐름의 발생이 매년 동일하다면 위의 공식과 같이 계산하지만, 매년 현금흐름이 동일하지 않다면 누적순현금유입액과 투자액이 일치되는 기간으로 계산하며 년(年)단위로 측정한다.

복수의 투자안에 대해서는 회수기간이 가장 짧은 투자안을 선택하며 기업 내부적으로 의사결정을 할 때 기준회수기간을 설정하는 경우에는 투자안의 회수기간이 기준회수기간보다 짧아야 투자안으로 선택된다.

- 투자안의 회수기간 < 기준회수기간→투자안 채택
- 투자안의 회수기간 > 기준회수기간→투자안 거부

예제 01 회수기간법

㈜동강은 다음과 같은 영업현금유입액이 예상되는 A, B 기계취득의 투자안을 투자대상으로 검토하고 있다. A, B 모두 투자액은 ₩100,000이며 회사의 기준회수기간은 3년이다.

연도	영업현금흐름	
	A	B
1	₩ 30,000	₩ 30,000
2	30,000	50,000
3	30,000	20,000
4	30,000	20,000
5	30,000	20,000
6	30,000	20,000
합 계	₩180,000	₩160,000

요구사항

A, B투자안의 회수기간을 계산하고 회사의 선택안을 구하시오.

해설

A투자안의 회수기간 $= \frac{100,000}{30,000} = 3.33$년

B투자안의 회수기간 $=$ 3년 (누적현금흐름이 ₩100,000이 되는 기간)

회사의 기준회수기간이 3년이고 B의 회수기간은 3년으로 A의 회수기간 3.33년보다 짧으므로 B를 선택한다.

회수기간법의 특성을 살펴보면 다음과 같다.

가. 장점

① 방법이 간단하며 이해하기 쉽다.
② 회수기간을 통하여 투자안의 불확실성을 평가할 수 있다.
③ 경영자에게 회수기간은 투자안의 위험도를 나타내는 지표가 될 수 있다.
④ 회수기간이 짧을수록 기업의 유동성 확보에 유리하다.

나. 단점

① 투자안의 수익성을 고려하지 않는다(기본예제 1에서 A투자안의 현금유입액 합계는 ₩180,000이고 B투자안의 현금유입액 합계는 ₩160,000이지만 B가 선택되고 있다).
② 회수기간 이후의 현금흐름을 무시한다.
③ 화폐의 시간가치를 고려하지 않는다.

(2) 긴급회수기간법

회수기간법은 투자대상의 처분가액을 고려하지 않고 매년 현금흐름만을 고려하여 계산하였다. 그러나 사업철회시에는 보유하고 있던 자산을 매각하는 것이 보다 현실적일 것이다. 긴급회수기간법(손실회피회수기간법, bail-out payback period method)은 투자대상을 중도처분하는 경우에 자산처분에 따른 현금흐름을 고려하여 투자안을 평가하는 방법으로 누적영업현금유입액과 투자대상자산의 처분가액의 합이 투자액과 같아지는 기간으로 계산한다.

예제02 긴급회수기간

예제 1에서 A기계의 매기말 처분가치가 다음과 같이 예상된다.

연도	처분가치	연도	처분가치
1	₩50,000	4	15,000
2	40,000	5	10,000
3	25,000	6	5,000

요구사항

A투자안의 긴급회수기간을 구하시오.

해설

연도별 누적현금흐름액의 계산

연도	누적영업현금유입액	처분가치	합 계
1	₩30,000	₩50,000	₩80,000
2	60,000	40,000	100,000
3	90,000	25,000	115,000
4	120,000	15,000	135,000
5	150,000	10,000	160,000
6	180,000	5,000	185,000

투자액 ₩100,000을 회수하는 데 소요되는 시간은 총누적현금흐름이 ₩100,000이 되는 데 걸리는 시간이므로 2년이다.

(3) 할인된 회수기간법

회수기간법의 단점 중 화폐의 시간가치를 고려하지 않는다는 점을 해결하기 위하여 할인된 회수기간법이 사용되기도 한다. 할인된 회수기간은 매년 현금흐름의 현재가치를 계산하여 회수기간을 계산하는 방법으로 시간성을 고려한다는 장점은 있으나 여전히 수익성을 무시한다는 단점이 있다.

예제03 할인된 회수기간

예제 1에서 A투자안의 할인된 회수기간을 구하시오.

연도	10% ₩1의 현가계수	연도	10% ₩1의 현가계수
1	0.909	4	0.683
2	0.826	5	0.621
3	0.751	6	0.564

해설

연도	10% ₩1의 현가계수	연간 현금유입액	현금유입액의 현재가치	누적현금유입액의 현재가치
1	0.909	₩30,000	₩27,270	₩27,270
2	0.826	30,000	24,780	52,050
3	0.751	30,000	22,530	74,580
4	0.683	30,000	20,490	95,070
5	0.621	30,000	18,630	113,700
6	0.564	30,000	16,920	130,620
			₩130,620	

할인된 회수기간 : $4\text{년} + \frac{₩100,000 - 95,070}{₩113,700 - 95,070} = 4.26\text{년}$

2. 회계적 이익률법(ARR; accounting rate of return method)

회계적 이익률법은 회수기간법과 마찬가지로 비할인모형으로서 화폐의 시간가치를 고려하지 않는다. 그러나 회계적 이익률법은 수익성을 분석의 대상으로 하며 다른 투자예산기법과는 달리 현금흐름이 아닌 회계적 이익을 기준으로 투자안을 분석한다.

회계적 이익률은 투자안으로부터 발생하는 연평균순이익을 최초투자액 혹은 평균투자액으로 나누어 계산한다.

$$\text{회계적 이익률} = \frac{\text{연평균순이익}}{\text{최초투자액(평균투자액)}}$$

평균투자액의 계산은 최초투자액과 잔존가치를 산술평균하여 계산한다.

$$\text{평균투자액} = \frac{(\text{최초투자액} + \text{잔존가치})}{2}$$

다른 투자예산기법은 현금흐름으로 투자안을 평가하는 데 비해 회계적 이익률법은 순이익으로 계산하므로 앞에서 살펴본 공식을 이용하여 다음과 같이 분석할 수도 있다. 현금흐름을 S라 하면

$$S = NI + D$$
$$NI = S - D$$

따라서 회계적 이익률은 다음과 같이 계산된다(P : 투자액).

$$\text{회계적 이익률} = \frac{\text{연평균순이익}}{\text{최초투자액(평균투자액)}} = \frac{\text{연평균현금흐름} - \text{감가상각비}}{\text{최초투자액(평균투자액)}} = \frac{S-D}{P}$$

회계적 이익률법에 의한 의사결정은 다음과 같다.

- 투자안의 회계적 이익률 > 기준수익률→투자안 채택
- 투자안의 회계적 이익률 < 기준수익률→투자안 거부

예제04 회계적 이익률

예제 1에서 A, B기계 모두 잔존가치가 ₩10,000이고 내용연수가 6년이며 정액법으로 감가상각하는 경우 최초투자액과 평균투자액에 대한 회계적 이익률을 구하고 회사에 유리한 투자안을 구하시오.

해설

1. 최초투자액에 대한 회계적 이익률

$$\text{감가상각비} = \frac{100{,}000 - 10{,}000}{6} = ₩15{,}000$$

$$\text{A 기계 : } \frac{30{,}000 - 15{,}000}{100{,}000} = 15\%$$

$$\text{B 기계 : } \frac{26{,}667 - 15{,}000}{100{,}000} = 11.67\%$$

따라서 회사는 회계적 이익률이 높은 A를 선택한다.

※ B기계의 연평균현금흐름=(₩30,000+50,000+20,000+20,000+20,000+20,000)÷6=₩26,667

2. 평균투자액에 대한 회계적 이익률

$$\text{평균투자액} = \frac{100{,}000 + 10{,}000}{2} = ₩55{,}000$$

$$\text{A 기계 : } \frac{30{,}000 - 15{,}000}{55{,}000} = 27.27\%$$

$$\text{B 기계 : } \frac{26{,}667 - 15{,}000}{55{,}000} = 21.21\%$$

따라서 회사는 회계적 이익률이 높은 A를 선택한다.

회계적 이익률법의 특성을 살펴보면 다음과 같다.

가. 장점

① 발생주의회계에 의하여 작성된 기존 재무제표를 그대로 이용할 수 있으므로 자료수집이 용이하다.
② 수익성을 고려하고 있다.
③ 회계적 이익률이 의미하는 바가 사후성과평가기법인 ROI와 같기 때문에 투자대상의 경제성분석과 투자중심점의 성과평가가 논리적으로 연결되어 일관성 있게 평가할 수 있다.

나. 단점

① 화폐의 시간가치를 고려하지 않는다.
② 감가상각방법에 따라 매년의 회계적 이익률이 달라진다.
③ 기준수익률 결정이 자의적이다.
④ 현금흐름을 고려하지 않은 모형이다.

3. 순현재가치법(NPV; net present value method)

순현재가치법은 할인모형의 일종으로 투자로 인한 총현금유입액의 현재가치합계에서 투자에 지출된 총현금유출액의 현재가치합계를 차감하여 순현재가치를 구한 후 그 순현재가치를 기준으로 투자안의 수익성을 평가하는 기법이다.

순현재가치 = 현금유입액의 현재가치 합계 − 현금유출액의 현재가치 합계

$$\text{NPV} = \Sigma \frac{S}{(1+r)^t} - \Sigma \frac{P}{(1+r)^t}$$

(S : 매년 현금유입액, P : 투자액, r : 할인율)

현금유출액은 보통 최초투자액을 의미하는 경우가 많으므로 순현재가치를 다음과 같이 표시하기도 한다.

$$NPV=\Sigma \frac{S}{(1+r)^t}-P$$

순현재가치가 클수록 유리한 투자안이며 순현재가치법에 의한 의사결정은 다음과 같다.

- 투자안의 순현재가치 > 0 → 투자안 채택
- 투자안의 순현재가치 < 0 → 투자안 거부

현금흐름의 현재가치를 계산할 때 사용되는 할인율(r)은 가중평균자본비용을 이용하여 계산한다. 가중평균자본비용(WACC; weighted average cost of capital)은 기업이 자기자본과 타인자본을 통하여 조달하는 자본전체의 조달비용의 성격을 갖게 되므로 기업의 입장에서는 투자안에 대하여 요구하는 최소한의 수익률, 즉 최저필수수익률(minimum required rate of return)로서의 의미를 갖게 된다.

$$\text{가중평균자본비용}=\text{이자율}\times(1-\text{세율})\times\frac{\text{부채의 시장가치}}{\text{부채 및 자기자본의 시장가치}}+\text{자기자본비용}\times\frac{\text{자기자본의 시장가치}}{\text{부채 및 자기자본의 시장가치}}$$

※ 부채와 자기자본의 시장가치는 목표자본구조를 사용하여 계산하기도 한다.

실무적인 측면에서 가중평균자본비용을 계산할 때 가장 어려운 부분은 자기자본비용을 계산하는 것이다. 자기자본비용에 대한 설명은 관리회계의 범위를 넘어서는 부분으로서 보통 재무관리(financial management)에서 다루어지나 간단하게 살펴보면 다음과 같다.

자기자본비용을 계산하는 방법에는 CAPM(capital asset pricing model : 자본자산가격결정모형)을 이용하는 방법, 배당평가모형에 의한 자기자본비용계산법 등 여러 가지 방법들이 있으나 일반적으로는 다음과 같이 무위험자산의 수익률에 위험프리미엄을 가산하여 계산한다.

$$r_i=rf+\pi$$

(r_i : 자기자본비용, rf : 무위험자산의 수익률, π : 위험프리미엄)

무위험자산의 수익률(rf)은 국채 등의 수익률로서 계산하고 위험프리미엄(π)은 시장초과수익률에 개별주식의 β(시장포트폴리오의 움직임에 대한 개별주식의 민감도)를 곱하여 계산한다[π=β×(기대시장수익률−무위험수익률)].

예제 05 순현재가치법

회사는 다음과 같은 영업현금유입액이 예상되는 A, B 기계취득의 투자안을 투자대상으로 검토하고 있다. 투자액은 ₩100,000으로 예상된다(할인율 10%).

연도	영업현금흐름		₩1의 현재가치	₩1의 연금현재가치
	A	B		
1	₩30,000	₩30,000	0.9091	0.9091
2	30,000	50,000	0.8265	1.7356
3	30,000	20,000	0.7513	2.4869
4	30,000	20,000	0.6830	3.1699
5	30,000	20,000	0.6209	3.7908
6	30,000	20,000	0.5645	4.3553
합 계	₩180,000	₩160,000		

요구사항

A, B기계 투자안의 순현재가치를 구하시오.

해설

A기계 : ₩30,000×4.3553−100,000=₩30,659
B기계 : ₩30,000×0.9091+50,000×0.8265+20,000×(4.3553−1.7356)−100,000
=₩20,992
A기계의 순현재가치가 B기계의 순현재가치보다 ₩9,667 많으므로 A를 선택한다.

순현재가치법은 화폐의 시간가치와 수익성 모두 고려하고 있으며 현금흐름과 할인율만으로 판단하므로 자의적 요인을 제거할 수 있는 장점이 있다. 한편, 위의 예제 5는 투자액과 투자기간 중의 현금흐름만을 고려한 상황이므로 이제 투자종료시점의 현금흐름과 법인세의 역할이 순현재가치법에서 어떻게 반영되는지 살펴보도록 한다.

예제 06 신규 사업투자에 대한 투자의사결정 - 순현재가치법

다음의 투자안에 대하여 순현재가치법을 적용하여 투자 여부를 결정하시오.

- ㈜청산산업은 ₩110,000의 기계장치를 구입하려는 투자안에 대하여 검토하고 있다. 회사는 잔존가치 ₩10,000, 4년간 정액법으로 감가상각할 예정이다.
- 회사가 기계를 구입하여 영업을 시작하면 매년 ₩250,000의 매출이 예상되고 변동비율은 60%로 기대된다. 감가상각비 외에 ₩40,000의 현금고정비가 발생하며 법인세율은 20%이다.
- 회사는 투자종료시점에 기계장치를 ₩15,000에 처분할 수 있을 것으로 예상하고 있다.
- 최초투자시점에 기계에 대한 투자 외에 ₩30,000의 운전자본에 대한 투자가 필요하며 이러한 운전자본에 대한 투자는 투자종료시점에 전액 회수가능하다.
- 할인율 10%이고 ₩1의 연도별 현재가치는 다음과 같다.

연도	₩1의 현재가치
1	0.909
2	0.826
3	0.751
4	0.683

해설

1. 최초투자시점의 현금흐름

기계에 대한 투자액 + 운전자본투자액 = ₩110,000 + 30,000 = ₩140,000

2. 투자기간 중의 현금흐름

정액법 감가상각으로 인하여 매년 현금흐름이 동일할 것이므로 손익계산서를 작성하여 살펴보도록 한다.

매 출 액		₩250,000
변 동 비		150,000
공 헌 이 익		100,000
고 정 비		
감 가 상 각 비*	25,000	
기타현금고정비	40,000	65,000
세 전 이 익		35,000
법 인 세		7,000
세 후 이 익		₩28,000

* 감가상각비 $= \dfrac{₩110,000-10,000}{4} = ₩25,000$

매년 현금흐름$(S) = NOPLAT + D =$ ₩28,000 + 25,000 = ₩53,000

3. 투자종료시점의 현금흐름

(1) 기계처분의 현금흐름 = 기계처분가액 − 처분이익의 법인세효과
= ₩15,000 − (15,000 − 10,000) × 0.2 = ₩14,000

(2) 운전자본회수 = ₩30,000

∴투자종료시점의 현금흐름 = ₩14,000 + 30,000 = ₩44,000

현금흐름을 정리하면 다음과 같다.

	0	1	2	3	4
1. 최초투자시점					
① 기계취득	(₩110,000)				
② 운전자본투자	(30,000)				
	(₩140,000)				
2. 투자기간 중		₩53,000	₩53,000	₩53,000	₩53,000
3. 투자종료시점					
① 기계처분					₩14,000
② 운전자본회수					30,000
					₩44,000

NPV
= ₩53,000×0.909 + 53,000×0.826 + 53,000×0.751 + 97,000×0.683 − 140,000
= ₩58,009

∴ NPV가 0보다 크므로 투자안을 수락한다.

예제 07 설비교체 의사결정에 대한 순현가치법 평가

㈜청운산업은 기존에 사용하던 기계를 대체하는 방안을 검토하고 있다. 기존에 사용하던 구기계와 신기계에 대한 자료는 다음과 같다.

	구기계	신기계
예상매출액	₩200,000	₩300,000
변동비율	60%	50%
현금고정비	₩30,000	₩50,000
취득원가	₩130,000	₩200,000
총내용연수	6년	4년
잔존내용연수	4년	4년
내용연수말 잔존가치	₩10,000	취득원가의 10%
감가상각방법	정액법	정액법
추정처분가치		
현재	₩100,000	−
4년후	₩15,000	₩30,000

회사의 법인세율은 40%이며 4년 ₩1의 현재가치는 0.6830이며 4년 ₩1의 연금현재가치는 3.1699이다.

요구사항

1. 총액접근법에 의한 순현재가치법을 사용하여 신기계에 대한 투자 여부를 결정하시오.
2. 증분접근법에 의한 순현재가치법을 사용하여 신기계에 대한 투자 여부를 결정하시오.

해설

1. 총액접근법

총액접근법이란 각 대안별로 모든 미래의 수익과 비용을 구하여 순현재가치가 가장 큰 투자안을 선택하는 방법을 말한다.

(1) 구기계

㉮ 최초투자시점의 현금흐름

구기계를 그대로 사용하는 방안은 추가적인 투자가 필요없으므로 현금흐름이 발생하지 않는다.

㉯ 투자기간 중의 현금흐름

매출액		₩200,000
변동비		120,000
공헌이익		80,000
고정비		
감가상각비	20,000	
기타현금고정비	30,000	50,000
세전이익		30,000
법인세		12,000
세후이익		₩18,000

매년 현금흐름(S) = NI + D = ₩18,000 + 20,000 = ₩38,000

㉰ 투자종료시점의 현금흐름

기계처분가액 − 처분이익의 법인세효과 = ₩15,000 − (15,000 − 10,000) × 0.4 = ₩13,000

현금흐름을 정리하면 다음과 같다.

	0	1	2	3	4
1. 최초투자	0				
2. 투자기간		₩38,000	₩38,000	₩38,000	₩38,000
3. 투자종료시점					₩13,000

NPV = ₩38,000 × 3.1699 + 13,000 × 0.6830 = ₩129,335

(2) 신기계

㉮ 최초투자시점의 현금흐름

신기계를 구입하기 위해서는 구기계를 처분하므로 최초투자시점의 현금흐름은 다음과 같이 계산된다.

ⓐ 신기계 투자액 : ₩200,000

ⓑ 구기계처분의 현금흐름 : ₩100,000 − 10,000 × 0.4 = ₩96,000

(처분가액이 ₩100,000이고 장부가액이 ₩90,000(= ₩130,000 − 20,000 × 2)이므로 처분이익 ₩10,000이 발생한다.)

∴ 최초투자시점의 현금유출액 = ₩200,000 − 96,000 = ₩104,000

㉯ 투자기간 중의 현금흐름

매 출 액		₩300,000
변 동 비		150,000
공 헌 이 익		150,000
고 정 비		
감가상각비	45,000	
기타현금고정비	50,000	95,000
세 전 이 익		55,000
법 인 세		22,000
세 후 이 익		₩33,000

매년 현금흐름(S) = $NI + D$ = ₩33,000 + 45,000 = ₩78,000

㉰ 투자종료시점의 현금흐름 = 기계처분가액 − 처분이익의 법인세효과
= ₩30,000 − (30,000 − 20,000) × 0.4
= ₩26,000

현금흐름을 정리하면 다음과 같다.

	0	1	2	3	4
1. 최초투자시점의 현금흐름					
① 신기계취득	(₩200,000)				
② 구기계처분	96,000				
	(₩104,000)				
2. 투자기간 중 현금흐름		₩78,000	₩78,000	₩78,000	₩78,000
3. 투자종료시점의 현금흐름					₩26,000

NPV = ₩78,000 × 3.1699 + 26,000 × 0.6830 − 104,000 = ₩161,010

구기계를 유지하는 방안의 순현재가치 ₩129,335에 비하여 신기계를 구입하는 방안의 순현재가치는 ₩161,010으로 ₩31,675만큼 크므로 신기계를 구입하기로 한다.

2. 증분접근법

증분접근법이란 투자대안간에 차이가 발생하지 않는 수익과 비용은 제외하고 차이가 나는 수익과 비용만을 비교하여 순현재가치를 계산하는 방법을 말한다.

(1) 최초투자시점의 증분현금흐름

신기계 투자액 − 구기계 투자액 = ₩104,000 − 0 = ₩104,000

(2) 투자기간 중의 현금흐름

증분매출액		₩100,000
증분변동비		30,000
증분공헌이익		70,000
증분고정비		
증분감가상각비	25,000	
증분기타현금고정비	20,000	45,000
증분세전이익		25,000
증분법인세		10,000
증분순이익		₩15,000

매년 증분현금흐름(S) = NI + D = ₩15,000 + 25,000 = ₩40,000

(3) 투자종료시점의 현금흐름

신기계처분의 현금흐름 − 구기계처분의 현금흐름
= ₩26,000 − 13,000 = ₩13,000

	0	1	2	3	4
1. 최초투자시점					
① 신기계취득	(₩200,000)				
② 구기계처분	96,000				
	(₩104,000)				
2. 투자기간 중		₩40,000	₩40,000	₩40,000	₩40,000
3. 투자종료시점					
① 신기계처분					₩26,000
② 구기계처분					(13,000)
					₩13,000

NPV = ₩40,000 × 3.1699 + 13,000 × 0.6830 − 104,000 = ₩31,675

∴ 신기계 투자안의 증분현금흐름 NPV가 0보다 크므로 투자안을 수락한다.

4. 내부수익률법(IRR; internal rate of return method)

내부수익률이란 투자에 소요되는 현금유출의 현재가치합계와 투자로 인한 현금유입액의 현재가치합계를 동일하게 해주는 할인율(i)이다. 이론적인 약점은 있지만 투자안의 내부에 존재하는 수익률이라는 의미로 해석되어 실무적으로는 순현재가치법과 같이 유용하게 사용되는 방법이다.

$$IRR = i$$

$$P = \Sigma \frac{S}{(1+i)}$$

내부수익률이 높을수록 유리한 투자안이며 내부수익률법에 의한 의사결정은 다음과 같다.

- 투자안의 내부수익률 > 최저필수수익률(가중평균자본비용)→투자안 채택
- 투자안의 내부수익률 < 최저필수수익률(가중평균자본비용)→투자안 거부

가중평균자본비용이 부채와 자본을 통하여 기업이 자금을 조달하는 비용이라면 내부수익률은 투자안, 즉 자산으로 표현되는 투자안의 수익률을 말하므로 투자안이 경제적 타당성을 갖으려면 내부수익률이 가중평균자본비용보다 높아야 한다는 의미이다.

실무적으로 내부수익률의 계산은 내부수익률 계산기능을 갖고 있는 엑셀이나 재무용 계산기로 계산하지만 여기에서는 간략하게 살펴보도록 한다.

(1) 매년 현금흐름이 균등한 경우

내부수익률의 계산은 현금흐름이 매년 동일한 경우 다음과 같이 연금현가표를 이용하여 계산하며, 연금현가표에서 정확한 내부수익률이 나오지 않으면 보간법(interpolation)을 이용하여 계산한다.

$$\text{투자액} = \text{연간현금유입액} \times \text{연금현가계수}$$

$$\text{연금현가계수} = \frac{\text{투자액}}{\text{연간현금유입액}} = \frac{P}{S} = \text{회수기간}$$

예제 08 보간법을 이용한 내부수익률의 계산

기계취득의 투자액이 ₩100,000이며 매년 현금유입액이 ₩25,000이고 투자종료시점의 현금흐름이 없는 투자안의 내부수익률을 구하시오. 단, 기계의 내용연수는 8년이며, 8년의 연금현재가치는 다음과 같다.

	17%	18%	19%	20%
연금현가요소	4.20716	4.07757	3.95437	3.83716

해설

$$\text{투자안의 연금현가요소} = \frac{P}{S} = \frac{₩100,000}{₩25,000} = 4$$

따라서 투자안의 내부수익률은 18~19%에 존재한다.

내부수익률을 i라 하면

1% (18% ~ 19%)

$i-18\%$ (18% ~ i)

18%	i	19%
4.07757	4.0	3.95437

0.07757 (4.07757 ~ 4.0)

0.12320 (4.07757 ~ 3.95437)

$1\% : 0.12320 = i-18\% : 0.07757 \qquad \therefore\ i = 18.63\%$

(2) 매년 현금흐름이 불균등한 경우

실무적으로 검토되는 투자안은 매년 현금흐름의 크기가 불균등하므로 시행착오법과 보간법을 이용하여 계산한다. 우선 내부수익률이란 현금유입액의 현재가치합계와 현금유출액의 현재가치합계를 일치시켜 주는 할인율이므로 다음과 같이 표시할 수 있다.

$$\Sigma \frac{S}{(1+i)} = P$$

$$\Sigma \frac{S}{(1+i)} - P = 0$$

결국 내부수익률은 투자안의 순현재가치를 0으로 만드는 할인율을 말한다. 따라서 일정한 할인율을 적용하여 투자안의 순현재가치를 0에 가깝게 만든 다음 보간법을 적용하여 내부수익률을 계산한다.

단, 이러한 계산의 번거로움을 피하기 위하여 내부수익률의 근사치로 회수기간의 역수(payback reciprocal)를 사용하기도 한다.

$$\text{회수기간의 역수} = \frac{\text{연간현금유입액}}{\text{투자액}} = \frac{S}{P}$$

회수기간의 역수[4]는 투자안의 연간 순현금유입액을 최초투자액으로 나눈 것으로 내부수익률의 근사치로 사용되는데 회수기간의 역수는 특정의 조건, 즉 첫째, 투자안으로부터의 연간 현금유입액이 일정하게 발생하고, 둘째, 투자안의 내용연수가 최소한 회수기간의 두 배인 상황하에서 내부수익률의 추정치로 사용할 수 있다. 투자안의 내용연수가 무한대로 접근하면 회수기간의 역수와 내부수익률은 거의 비슷해진다.

내부수익률법은 화폐의 시간가치를 고려하고 있고 투자안의 수익률을 직관적으로 보여준다는 장점은 있으나 재투자가정이 너무 낙관적이며, 경우에 따라서는 내부수익률이 여러 개 존재할 수 있다는 단점도 있다.

---

4) 회수기간의 역수의 증명

$$P = \Sigma\frac{S}{(1+i)} = \frac{S}{(1+i)^1} + \frac{S}{(1+i)^2} + \cdots + \frac{S}{(1+i)^n}$$

$$= \frac{\frac{S}{(1+i)}[1-(\frac{1}{(1+i)})^n]}{1-\frac{1}{(1+i)}} = \frac{\frac{S}{(1+i)}}{\frac{1+i-1}{(1+i)}} = \frac{S}{i}(n\text{이 충분히 크다면})$$

$$\therefore\ i = \frac{S}{P}$$

〈투자안의 경제성분석기법 비교〉

구 분	회수기간법	회계적 이익률법	순현재가치법	내부수익률법
정 의	$PP=\frac{P}{S}$	$ARR=\frac{S-Dep}{\text{최초투자액(평균투자액)}}$	$NPV=\Sigma\frac{S}{(1+r)}-\mathrm{P}$	$P=\Sigma\frac{S}{(1+i)}$
의사결정 기준	회수기간 < 기준회수기간	회계적 이익률 > 기준이익률	순현재가치 > 0	내부수익률 > 최저필수수익률
장 점	① 계산이 간편함 ② 투자안의 위험도 평가 ③ 기업의 유동성 평가에 활용	① 이해가 쉽고 계산이 간편함 ② 의사결정과 성과평가의 일관성	① 화폐의 시간적 가치 고려 ② 수익성을 고려함 ③ 의사결정의 자의성 배제	① 화폐의 시간적 가치 고려
단 점	① 수익성이 아닌 시간성 측면에서 투자안 평가 ② 회수기간 이후의 현금흐름 무시 ③ 화폐의 시간가치 무시 ④ 기준회수기간 설정의 임의성	① 회계적 이익측정의 문제점 ② 화폐의 시간가치 무시 ③ 기준수익률 설정의 임의성	① 최저필수수익률 측정의 어려움	① 계산의 복잡성 ② 복수의 IRR존재 가능성 ③ 재투자수익률 가정이 너무 낙관적

IRR과 ROI

실무적으로 자주 혼동하는 것 중 하나가 *IRR*과 *ROI*이다. 양자는 전혀 다른 성격의 내용으로 양자의 차이점을 살펴보면 다음과 같다.

IRR(internal rate of return)	ROI(return on investment)
내부수익률	투자수익률
의사결정	성과평가
미래추정	과거실적
현금흐름	이익흐름
투자기간 전체 측정	연(年) 단위 측정 등

화폐의 시간가치(*time value of money*)

만약 독자 여러분이 당첨금 10억원의 로또에 당첨되어 기쁜 마음으로 은행에 달려갔는데 은행에서 다음과 같은 제안을 한다고 가정하자.

1안 : 지금 당첨금 10억원을 수령할 수 있습니다.

2안 : 1년 후에 당첨금을 받지만 11억원을 수령할 수 있습니다.

여러분이라면 어떤 제안을 선택할까? 만약 여러분이 지금 당첨금 10억원을 받아서 특별한 투자대안이 없다면 은행에 예금을 할 것이고 이자율이 5%라고 가정하자. 그러면 1년 후에 여러분이 수령하게 되는 금액은 10.5억원(=10억원×$(1+5\%)^1$)이 될 것이다. 따라서 지금 당첨금을 받는 것보다 1년 후에 11억원을 받는 편이 더 유리할 것이다.

즉 이는 현재의 10억원과 1년 후의 11억원을 명목가치로 비교할 수 없으므로 동일한 시점으로 놓고 비교해야 한다는 의미이다. 은행이 제시한 1안에서 현재의 10억원은 1년 후에 10.5억원이 되므로 이를 2안에서 제시하는 1년 후의 11억원과 비교해서 판단해야 하는 것이다. 이렇게 상이한 시점에 발생하는 현금흐름을 동일한 시점으로 놓고 판단하는 것을 화폐의 시간가치(time value of money)라고 한다.

그렇다면 미래에 나타나는 현금흐름을 현재의 가치로 계산할 수는 없을까?

위에서 언급한 것처럼 현재의 10억원이 1년 후에 10.5억원이 되는 것은 다음과 같이 계산하였다.

$$10.5억원(=10억원\times(1+5\%)^1$$

현재의 현금흐름을 P, 미래의 현금흐름을 F, 이자율을 r, 기간을 t라 하면 현재 현금흐름의 미래가치는 다음과 같이 계산된다.

$$F=P\times(1+r)^t$$

따라서 미래현금흐름의 현재가치는

$$P=\frac{F}{(1+r)^t}$$

위에서 살펴본 상황을 현재가치로 계산한다면

- 제1안의 현재가치 = 10억원
- 제2안의 현재가치 = $\frac{11억원}{(1+0.05)^1}$ = 10.48억원

따라서 현재가치로 계산하여도 제2안이 유리하다는 것을 알 수 있다.

연습문제

문제 1. 회수기간법과 순현재가치법

㈜발해산업은 제품생산을 위한 신규설비를 ₩200,000에 취득할 예정이며 설치비·시운전비 등에 ₩40,000이 추가로 소요된다. 회사가 설비를 가동하여 제품판매를 시작하면 연 ₩120,000의 매출과 변동비 ₩60,000이 예상된다. 회사는 설비를 6년간 정액법에 의하여 감가상각할 예정이며 잔존가치는 없다. 법인세율은 40%이고 이자율 10%, 6년 후 ₩1의 현가계수는 0.56447, 6년간 ₩1의 연금현가계수는 ₩4.35526이다. 회사의 고정비는 감가상각비 외에는 없다.

요구사항

1. 법인세 차감후 연현금흐름을 구하시오.
2. 회수기간을 구하시오.
3. 순현재가치를 구하시오.
4. 회사는 회수기간법에 의하여 투자안의 수용 여부를 결정할 때 기준회수기간을 4년으로 설정하고 있다. 설비투자안의 회수기간이 기준회수기간을 만족하려면 연 매출은 최소한 얼마 이상이어야 하는가?

해설

1. 법인세 차감후 연현금흐름

매출액	₩120,000
변동비	60,000
공헌이익	60,000
고정비	
감가상각비	40,000
영업이익	20,000
법인세	8,000
순이익	₩12,000

현금흐름(S) = 순이익(NI) + 감가상각비(D)
= ₩12,000 + 40,000 = ₩52,000

※참고

법인세 차감 후 연현금흐름은 다음과 같이 계산할 수도 있다.
$(R-C)(1-Tx)+D \cdot Tx$ = (₩120,000 − 60,000) × 0.6 + 40,000 × 0.4 = ₩52,000

2. 회수기간

$$회수기간 = \frac{P}{S} = \frac{₩240,000}{₩52,000} = 4.62년$$

3. 순현재가치

순현재가치 = ₩52,000 × 4.35526 − ₩240,000
= (−)₩13,526

4. 기준회수기간을 만족시키기 위한 연매출액

매출액을 Y라 하면
법인세 차감후 연현금흐름 = (Y − 0.5Y) × 0.6 + 40,000 × 0.4 = 0.3Y + 16,000
기준회수기간을 만족시키기 위해서는 회수기간이 4년보다 짧아야 하므로

$$\frac{₩240,000}{0.3Y + 16,000} \le 4$$

∴ Y ≥ ₩146,667

문제 2. 순현재가치법

㈜혜성공업은 ₩330,000의 기계장치를 구입하려는 투자안에 대하여 검토하고 있다. 회사는 잔존가치 ₩30,000 5년간 정액법으로 감가상각할 예정이다. 회사가 기계를 구입하여 영업을 시작하면 매년 ₩500,000의 매출이 예상되고 변동비율은 68%로 기대된다. 감가상각비 외에 ₩60,000의 현금고정비가 발생하며 회사의 법인세율은 40%이다. 회사는 투자종료시점에 기계장치를 ₩10,000에 처분할 수 있을 것으로 예상하고 있다. 단, 할인율 10% 5년 ₩1의 현재가치는 0.62092이며, 5년 ₩1의 연금현재가치는 3.79079이다.

요구사항

1. 각 시점별 현금흐름을 구하시오.
2. 순현재가치법에 의하여 투자 여부를 결정하시오.

해설

1. 각 시점별 현금흐름

(1) 최초투자시점의 현금흐름

기계에 대한 투자액 : ₩330,000

(2) 투자기간 중의 현금흐름

세후영업현금흐름 $=(R-C)(1-Tx)+D\cdot Tx$

$=(₩500,000-340,000-60,000)\times0.6+₩60,000\times0.4$

$=₩84,000$

(3) 투자종료시점의 현금흐름

기계처분가액＋처분손실의 법인세효과

$=₩10,000+(30,000-10,000)\times0.4$

$=₩18,000$

현금흐름을 정리하면 다음과 같다.

	0	1	2	3	4	5
1. 최초투자시점의 현금흐름	₩330,000					
2. 투자기간 중 현금흐름		₩84,000	₩84,000	₩84,000	₩84,000	₩84,000
3. 투자종료시점의 현금흐름						₩18,000

2. 순현재가치의 계산

NPV $=₩84,000\times3.79079+18,000\times0.62092-330,000=(-)₩397$

∴ NPV가 0보다 작으므로 투자안을 거절한다.

문제 3. 순현재가치법

위의 문제 2에서 회사가 연수합계법을 적용하여 감가상각하는 경우 다음의 요구사항에 답하시오.

요구사항

1. 각 시점별 현금흐름을 구하시오.
2. 순현재가치법에 의하여 투자 여부를 결정하시오.

해설

1. 각 시점별 현금흐름

감가상각방법이 변경되어도 최초투자시점의 현금흐름과 투자종료시점의 현금흐름은 동일하므로 투자기간 중의 현금흐름만 계산한다.

	$(R-C)(1-Tx)$	$D \cdot Tx$		합 계
1	(₩500,000−400,000)×0.6=₩60,000	₩100,000×0.4=	₩40,000	₩100,000
2	〃	80,000×0.4=	32,000	92,000
3	〃	60,000×0.4=	24,000	84,000
4	〃	40,000×0.4=	16,000	76,000
5	〃	20,000×0.4=	8,000	68,000
				₩420,000

현금흐름을 정리하면 다음과 같다.

	0	1	2	3	4	5
1. 최초투자시점의 현금흐름	₩330,000					
2. 투자기간 중 현금흐름		₩100,000	₩92,000	₩84,000	₩76,000	₩68,000
3. 투자종료시점의 현금흐름						₩18,000

2. 순현재가치

$$\frac{₩100,000}{1.1}+\frac{₩92,000}{1.1^2}+\frac{₩84,000}{1.1^3}+\frac{₩76,000}{1.1^4}+\frac{₩86,000}{1.1^5}-330,000=₩5,360$$

∴ NPV가 0보다 크므로 투자안을 수락한다.

해설

문제 2의 정액법에 의하면 순현재가치가 (−)였는데 문제 3의 연수합계법을 이용하면 순현재가치가 (+)가 되는 이유는?

연수합계법은 가속상각법이므로 감가상각비가 감가상각 초기에 많이 발생한다. 따라서 화폐의 시간가치를 계산할 때 높은 현가계수가 적용되는 초기의 현금흐름이 많아지므로 순현재가치가 증가하게 된다.

문제 4. 순현재가치법

㈜관악산업은 2년 전 구입한 노후화된 수동식기계를 처분하고 자동식기계를 새로 구입하려고 한다. 수동식기계의 잔존내용연수는 3년이며 자동식기계의 내용연수도 3년이다. 잔존가치는 취득원가의 10%로 예상하며 수동식기계는 정액법으로 감가상각하고 있으나, 자동식기계는 연수합계법으로 감가상각하기로 하였다. 취득원가와 추정처분가치에 대한 관련자료는 다음과 같다.

	수동식기계	자동식기계
취 득 원 가	₩200,000	₩300,000
추정처분가치		
현 재	₩80,000	–
3 년 후	30,000	50,000

자동식 기계를 구입하여 제품을 생산·판매하면 매출이 수동식기계에 비하여 ₩150,000 증가할 것으로 예상이 되며, 기계설비의 효율성 증가로 변동비는 ₩30,000 감소할 것으로 예상된다. 그러나 기계의 구입가액이 비싸기 때문에 보험료 등으로 인하여 현금고정비는 ₩40,000 증가할 것으로 예상된다. 법인세율은 40%이며 회사는 10%의 할인율을 적용하기로 하였고 현가계수와 관련된 자료는 다음과 같다.

n	현가계수
1	0.90909
2	0.82645
3	0.75131

요구사항

1. 각 시점별 세후증분현금흐름을 구하시오.
2. 순현재가치법에 의하여 투자안의 수락 여부를 결정하시오.

해설

1. 각 시점별 세후증분현금흐름

(1) 최초투자시점의 증분현금흐름

① 자동식기계 투자액 : ₩300,000

② 수동식기계처분현금흐름 : ₩80,000 + (128,000* − 80,000) × 0.4 = ₩99,200

* 수동식기계 장부가액 = ₩200,000 − 36,000 × 2 = 128,000

∴ 최초투자시점의 증분현금흐름 = ₩300,000 − 99,200 = ₩200,800

(2) 투자기간 중의 증분현금흐름

① 세후영업현금흐름 = $(R-C)(1-Tx)$

= (₩150,000 + 30,000 − 40,000) × 0.6 = ₩84,000

② 증분감가상각비의 감세효과 = $D \cdot Tx$

	수동식 기계	자동식 기계	증분감가상각비	$D \cdot Tx$
1	₩36,000	₩135,000	₩99,000	₩39,600
2	〃	90,000	54,000	21,600
3	〃	45,000	9,000	3,600

(3) 투자종료시점의 증분현금흐름

① 자동식 기계 = ₩50,000 − (50,000 − 30,000) × 0.4 = ₩42,000

② 수동식 기계 = ₩30,000 − (30,000 − 20,000) × 0.4 = ₩26,000

∴ 투자종료시점의 증분현금흐름 = ₩42,000 − 26,000 = ₩16,000

현금흐름을 정리하면 다음과 같다.

	0	1	2	3
1. 최초투자시점의 현금흐름				
① 자동식 기계취득	(₩300,000)			
② 수동식 기계처분	99,200			
	(₩200,800)			
2. 투자기간 중 현금흐름				
① 영업현금흐름		₩84,000	₩84,000	₩84,000
② 감가상각비 감세효과		39,600	21,600	3,600
		₩123,600	₩105,600	₩87,600
3. 투자종료시점의 현금흐름				
① 자동식 기계처분				₩42,000
② 수동식 기계처분				(26,000)
				₩16,000
합 계	(₩200,800)	₩123,600	₩105,600	₩103,600

2. 순현재가치법

NPV = ₩123,600 × 0.90909 + 105,600 × 0.82645 + 103,600 × 0.75131 − 200,800
= ₩76,672

투자안의 순현재가치가 0보다 크므로 투자안을 수락한다.

문제 5. 순현재가치법

㈜백두산업은 3년 전 구입한 기계를 신기계로 대체할 것을 검토하고 있다. 회사가 생산하는 제품에 대한 수요는 향후 4년간 매년 4,000개일 것으로 예상되며, 단위당 판매가격은 ₩40이다. 회사는 정액법에 의하여 감가상각을 하며 감가상각목적의 잔존가치는 구기계는 ₩16,000, 신기계는 ₩30,000이다. 다음은 구기계 및 신기계와 관련된 자료이다.

	구 기 계	신 기 계
취득원가	₩100,000	₩150,000
잔존내용연수	4년	4년
연간 현금운영비용		
단위당 변동제조원가	₩20	₩15
고정제조원가(현금지출)	₩20,000	₩30,000
추정처분가치		
현재	₩70,000	–
내용연수말	₩10,000	₩15,000

법인세율은 40%이며, 세후최저필수수익률은 10%이다. 할인율 10%의 기간별 현가계수는 다음과 같다.

n	현가계수	연금현가계수
1	0.90909	0.90909
2	0.82645	1.73554
3	0.75131	2.48685
4	0.68301	3.16986

단, 현재가치 계산을 위하여 모든 현금흐름은 연말에 발생하는 것으로 가정한다.

요구사항

순현가법을 이용하여 구기계의 대체 여부를 결정하시오.

해설

1. 최초투자시점의 현금흐름

(1) 신기계 투자액 : ₩150,000

(2) 구기계처분 현금흐름 : ₩70,000 − (70,000 − 64,000*) × 0.4 = ₩67,600

* 구기계 장부가액 = ₩100,000 − 12,000×3 = 64,000

∴ 최초투자시점의 증분현금흐름 = ₩150,000 − 67,600 = ₩82,400

2. 투자기간 중의 증분현금흐름

$(R-C)(1-Tx)+D\cdot Tx$ = (4,000개×₩5* − 10,000**)×0.6 + 18,000***×0.4
= ₩13,200

* ₩5 : 단위당 변동비 절감액
** ₩10,000 : 증분고정제조원가
*** 증분감가상각비

구기계 = $\frac{₩100,000 - 16,000}{7년}$ = ₩12,000 신기계 = $\frac{₩150,000 - 30,000}{4년}$ = ₩30,000

3. 투자종료시점의 증분현금흐름

(1) 신기계 = ₩15,000 + 15,000×0.4 = ₩21,000

(2) 구기계 = ₩10,000 + 6,000×0.4 = ₩12,400

∴ 투자종료시점의 증분현금흐름 = ₩21,000 − 12,400 = ₩8,600

	0	1	2	3	4
1. 최초투자시점의 현금흐름					
① 신기계취득	(₩150,000)				
② 구기계처분	67,600				
	(₩82,400)				
2. 투자기간 중 현금흐름		₩13,200	₩13,200	₩13,200	₩13,200
3. 투자종료시점의 현금흐름					
① 신기계처분					₩21,000
② 구기계처분					(12,400)
					₩8,600

4. 순현재가치의 계산

NPV = ₩13,200×3.16986 + 8,600×0.68301 − 82,400
= (−)₩34,684

순현재가치가 0보다 작으므로 투자안을 기각한다.

문제 6. 고저점법을 이용한 투자예산

㈜한라산업은 가정용 청소기를 생산·판매하는 회사로 청소기 생산에 소요되는 직접재료비와 직접노무비는 파악하고 있지만 제조간접비는 원가의 발생을 정확하게 파악하지 못하고 있다. 다만, 제조간접비 발생에 관한 과거의 자료는 다음과 같다.

연도	생산·판매량	제조간접비발생액
20×1년	500 단위	₩55,000
20×2년	800	59,000
20×3년	600	53,000
20×4년	1,500	65,000

20×4년까지 회사는 제품생산을 대부분 수작업에 의존하였으며 발생한 제조간접비는 모두 현금유출을 수반하는 비용으로 이러한 제조간접비의 발생추세는 앞으로도 계속될 것으로 예상된다. 한편, 회사는 20×5년초에 생산방식을 자동화하기 위하여 기계구입을 검토하고 있는데, 기계의 취득원가는 ₩300,000이며 잔존가치 없으며 5년간 정액법으로 감가상각할 예정이다. 다만, 기계의 구입이 20×4년 이전에 발생하던 제조간접비 발생에는 영향을 미치지 않는다.

자동화생산으로 인하여 제품의 생산·판매량이 급격하게 증가할 것으로 예상되는데 향후 5년간의 예상판매량은 다음과 같다.

연도	생산·판매량
20×5년	1,500단위
20×6년	2,000
20×7년	2,500
20×8년	3,000
20×9년	4,000

제품의 판매가격은 단위당 ₩200이며 단위당 직접재료비와 직접노무비로 ₩130이다. 투자종료시점에 기계의 처분가치는 없으며 회사는 제품재고를 보유하지 않는 정책을 고수하고 있다. 법인세는 40%이다.

요구사항

1. 제조간접비 원가추정함수를 구하시오.
2. 단위당 변동비, 현금고정비, 감가상각비를 구하시오.
3. 각 시점별 현금흐름을 구하시오.
4. 회수기간을 구하시오.
5. 최초투자액에 의한 회계적 이익률을 구하시오.
6. 투자기간 중의 현금흐름이 모두 연말에 발생한다고 가정하는 경우 순현재가치를 구하시오. 회사는 순현재가치를 계산하는 경우 10%의 할인율을 적용하며 10% ₩1의 연도별 현가계수는 다음과 같다.

n	현가계수	연금현가계수
1	0.90909	0.90909
2	0.82645	1.73554
3	0.75131	2.48685
4	0.68301	3.16987
5	0.62092	3.79079

해설

1. 제조간접비 원가추정함수

최저조업도는 20×1년이며 최고조업도는 20×4년이므로

$$단위당\ 변동비 = \frac{₩65,000 - ₩55,000}{1,500단위 - 500단위} = ₩10$$

최고조업도하의 (1,500단위, ₩65,000)을 대입하면

고정비 = ₩65,000 − 1,500단위 × @10 = ₩50,000

2. 단위당 변동비, 현금고정비, 감가상각비

(1) 단위당 변동비 = 직접재료비 + 직접노무비 + 변동제조간접비 = ₩130 + 10 = ₩140

(2) 현금고정비 = ₩50,000

(3) $$감가상각비 = \frac{₩300,000}{5년} = ₩60,000$$

3. 각 시점별 현금흐름

(1) 투자시점의 현금흐름 : 신기계 취득원가 ₩300,000

(2) 투자기간 중의 현금흐름

	$(R-C)(1-Tx)$		$D \cdot Tx$		계
20×5년	{(₩200－140)×1,500－50,000}×0.6＝	₩24,000	₩60,000×0.4＝	₩24,000	₩48,000
20×6년	{(₩200－140)×2,000－50,000}×0.6＝	42,000	〃	24,000	66,000
20×7년	{(₩200－140)×2,500－50,000}×0.6＝	60,000	〃	24,000	84,000
20×8년	{(₩200－140)×3,000－50,000}×0.6＝	78,000	〃	24,000	102,000
20×9년	{(₩200－140)×4,000－50,000}×0.6＝	114,000	〃	24,000	138,000
계		₩318,000		₩120,000	₩438,000

(3) 투자종료시점의 현금흐름 : 0

4. 회수기간

20×8년까지의 누적현금흐름이 ₩300,000이므로 4년이다.

5. 회계적 이익률

5년간의 평균순이익＝(5년간 총현금흐름－5년간 감가상각비 총액)÷5년

$$= \frac{₩438,000 - 300,000}{5년} = ₩27,600$$

$$회계적\ 이익률 = \frac{₩27,600}{₩300,000} = 9.2\%$$

6. 순현재가치

① 현금유입액의 현재가치합계

n	현금유입액	현가계수	현재가치
1	₩48,000	0.90909	₩43,636
2	66,000	0.82645	54,546
3	84,000	0.75131	63,110
4	102,000	0.68301	69,667
5	138,000	0.62092	85,687
	₩438,000		₩316,646

② 투자액 (300,000)

③ 순현재가치 ₩16,646

제11장 종합예산

제1절 종합예산의 의의

현실적인 환경에서 기업은 여러 가지의 불확실성에 둘러싸이게 된다. 기업경영의 불확실성은 기업이 예측하지 못한 상황을 초래하여 경영위험을 초래할 수도 있다. 따라서 위험관리라는 측면에서 기업을 둘러싼 불확실성에 대처할 필요가 있는 것이다. 이러한 불확실성은 완벽하게 제거하기는 불가능하지만 기업이 미래의 여러 상황에 대한 계획을 수립함으로써 어느 정도는 감소시킬 수 있다.

기업은 미래의 불확실한 상황에 대처하기 위하여 여러 가지의 계획을 수립하게 되는데 계획은 계층구조에 따라 다음과 같이 3단계로 구분된다.

전략적 계획
(strategic planning)

↓

장기계획
(long-range planning)

↓

예 산
(budget)

■ 전략적 계획(strategic planning)

기업의 최고경영자가 수립하는 계획으로 가장 상위단계의 계획이다. 신규사업 진출, 업종전환, 사업포트폴리오의 구성 등 기업전체의 발전과 관련되어 있는 것으로 전략적 측면이 강조되며 상당히 장기간을 대상으로 한다.

■ 장기계획(long-range planning)

전략적 계획을 구체적으로 실행하기 위한 계획으로 흔히 사업타당성검토기법으로 불리는 투자예산(investment budgeting)이 여기에 속한다. 투자예산에 대하여는 제10장에서 이미 살펴보았으며 투자예산은 중장기 기간을 대상으로 한다.

■ 예산(budget)

장기계획과 관련하여 기업의 매년 경영활동을 구체적으로 계획하는 단계로서 생산·판매·구매·자재·자금·회계·세무·관리·물류 등 기업의 모든 부문이 참여하며 1년을 대상으로 한다. 종합예산(master budget)이 대표적인 예라고 할 수 있다.

위와 같이 단계별로 구분되는 계획 중 이번 장에서는 가장 구체적 계획이라고 할 수 있는 예산에 대하여 살펴본다.

예산이란 미래에 대한 기업의 계획을 화폐가치로 계량화하여 표현한 것으로 예산을 편성·운영함으로써 경영자는 보다 합리적으로 경영활동을 계획·통제·평가할 수 있다. 예산이란 결국 미래의 불확실한 상황에 좀더 효율적으로 대처하기 위한 것으로 그 대표적인 예가 바로 종합예산이다.

종합예산(master budget)이란 기업전체를 예산편성의 대상으로 하여 판매, 제조, 구매, 재무, 자재, 관리 등 기업의 모든 활동을 포함하는 예산으로 통상 1년을 단위로 편성된다. 종합예산에는 기업의 모든 조직들이 달성해야 할 목표를 비롯하여 기업전체적으로 달성해야 할 목표, 즉 매출·영업이익·순이익·현금흐름·재무상태 등에 대한 목표들이 모두 포함된다. 최근에는 예산을 성과평가와 연결시키기 위하여 균형성과표(BSC; balanced scorecard) 등을 도입하기도 하며 위에서 언급한 목표들을 핵심성과지표(KPI; key performance indicators)로 활용하기도 한다.

한편, 표준원가(standard cost)는 제품 1단위에 대한 예산을 말하는 것으로서 제조에 대한 예산의 가장 일반적인 형태이다. 통상 표준원가는 단위당 원가의 개념으로 설정되며 전체적인 예산과의 관계를 고려하여 설정하게 된다.

예산은 단지 계획의 역할뿐만 아니라 목표로서의 역할도 수행하게 된다. 따라서 예산의 목표기능을 고려하면서도 실현가능성을 고려하여 편성되어야 한다. 만약 예산이 달성하기에 불가능할 정도로 어렵게 설정된다면 조직원들은 목표달성에 대한 의지를 상실하게 될 수도 있다. 따라서 예산은 항상 조직원들의 동기유발효과를 고려하여 기업의 경영목표를 극대화할 수 있도록 설정되어야 한다.

1. 종합예산의 유용성

종합예산의 유용성은 계획수립, 통제 및 성과평가기준, 의사소통 및 조정으로 요약될 수 있다.

(1) 계획수립

편성된 예산을 기초로 기업의 모든 구성원들이 계획을 수립하게 되므로 예산은 계획수립의 기능을 발휘한다. 예산의 가장 중요한 기능 중 하나이다.

(2) 통제 및 성과평가기준

기업은 편성된 예산을 목표로 설정하고 목표를 달성하기 위하여 노력하게 된다. 관리자의 입장에서는 예산을 설정함으로써 각 조직원들이 목표를 달성하기 위하여 노력하도록 조직원에 대한 통제가 가능하며 또한 사후에 예산과 실적을 비교하여 각 조직원에 대한 성과평가가 가능하다. 관리자는 모든 실적을 일일이 살펴볼 필요 없이 예산과 실적을 대비, 차이가 나는 부분에 대해서만 관심을 기울이면 좀더 집중적인 관리가 가능하며 이러한 예외에 의한 관리(management by exception)기법으로 경영능률을 증진시킬 수 있다.

(3) 의사소통 및 조정

종합예산은 일방적인 의사전달수단이 아니라 기업의 각 계층에 있는 조직원들이 상호 협의하에 계획을 설정할 수 있는 수단이므로 조직 내의 의사소통 및 의견조정에 도움이 되며 기업의 상호 유기적인 관계유지에도 도움이 된다.

2. 예산의 순기능과 역기능

(1) 예산의 순기능

① 미래에 대한 계획수립을 용이하게 해준다.
② 문제의 해결방안을 제시한다.
③ 하위조직원이 상위경영자의 의사를 파악할 수 있다.
④ 상위경영자는 하위조직원의 목표와 계획을 조정·통제할 수 있다.
⑤ 각 조직원의 성과평가기준을 제공한다.

(2) 예산의 역기능

① 단기적 목표달성만 고려하면 장기계획을 간과할 수도 있다.
② 심리적 부담감을 유발시킬 수 있다.
③ 조직간의 과다한 경쟁을 유발시킬 수도 있다.

3. 예산의 종류

(1) 종업원의 참여정도에 따른 예산의 종류

① 중앙집권적 예산 설정방법 : 최고경영자가 독자적으로 예산을 설정하는 방법으로서 X이론을 바탕으로 한다.

② 보조적 예산 설정방법 : 최고경영자가 예산을 설정할 때 기업경영에 영향을 미치는 중요한 요소를 미리 예측하고, 이를 조직구성원에게 알려 구성원 의견을 참고한 후 예산을 확정하는 방법이다.

③ 참여 예산 설정방법 : 조직의 모든 구성원들이 참여하여 예산을 편성하는 방법으로 모든 조직구성원이 만족할 만한 예산을 설정하는 것을 목표로 한다. Y이론을 바탕으로 한다.

(2) 원점예산(ZBB; zero base budget)

원점예산이란 전년의 예산을 전혀 고려하지 않고 당기에 처음 시작되는 것으로 간주하여 원점에서부터 새로운 예산을 설정하는 방법이다. 원점예산에서는 어떤 수익이나 원가항목도 계속적으로 발생한다고 보지 않는다.

제2절 종합예산의 수립절차

<종합예산의 흐름>

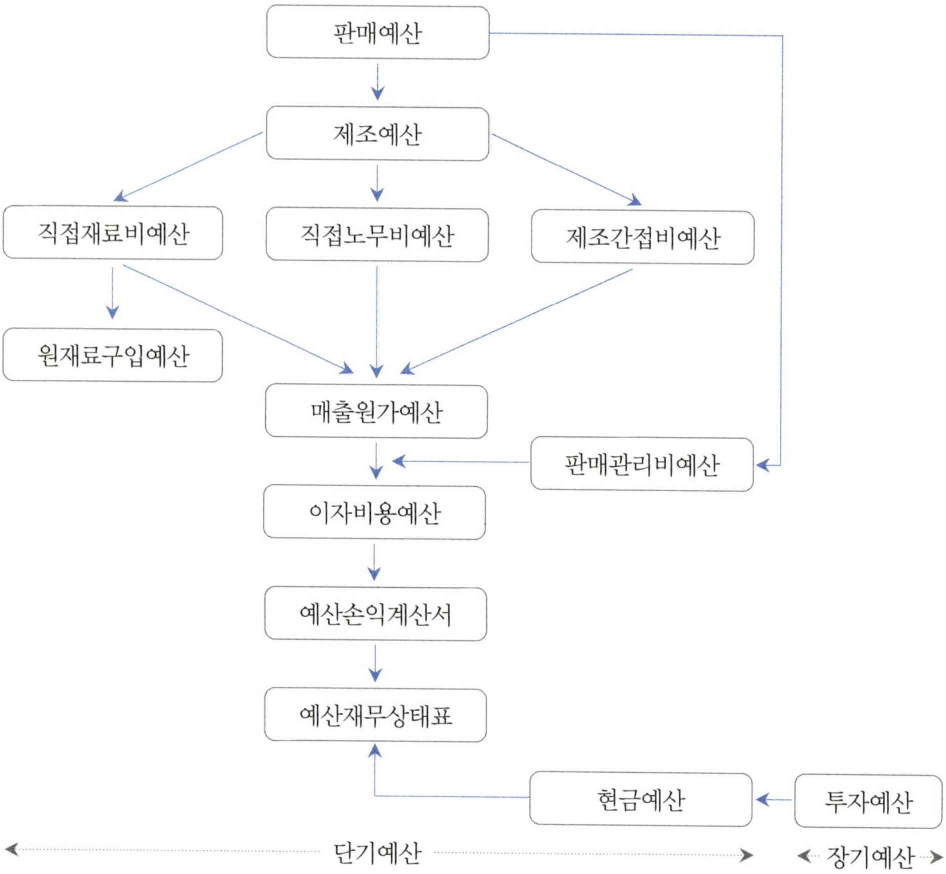

예산에 대한 일반적인 접근순서는 다음과 같다.

① 종합예산수립은 판매예측으로부터 시작한다. 경제환경, 신제품개발 여부, 수요층의 변화 등을 고려하여 판매예산을 수립한다.

② 판매예산이 확정되면 차기말 재고와 차기초 재고(당기말재고)를 고려하여 제조예산을 수립한다. 따라서 제조예산을 수립하기 위해서는 차기말 재고유지정책을 함께 수립하여야 한다.

> 제조예산(생산량) = 차기예산판매량 + 차기말 목표재고량 − 차기초 재고량

제 품

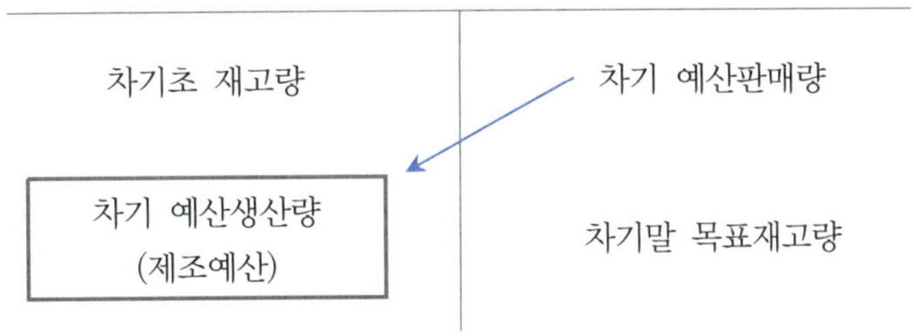

③ 제조예산에 따라 표준원가자료를 이용하여 직접재료비·직접노무비·제조간접비 예산을 수립한다. 직접재료의 경우에는 직접재료비예산(차기 예상사용량)에 차기말 목표재고량을 합산하고 차기초 재고량을 차감하여 재료구입예산을 설정한다. 재공품에 대해서는 예산에 포함시키지 않는 것이 일반적이다.

> 원재료구입예산(구입량) = 직접재료비예산(예상사용량) + 차기말 목표재고
> − 차기초 재고

원 재 료

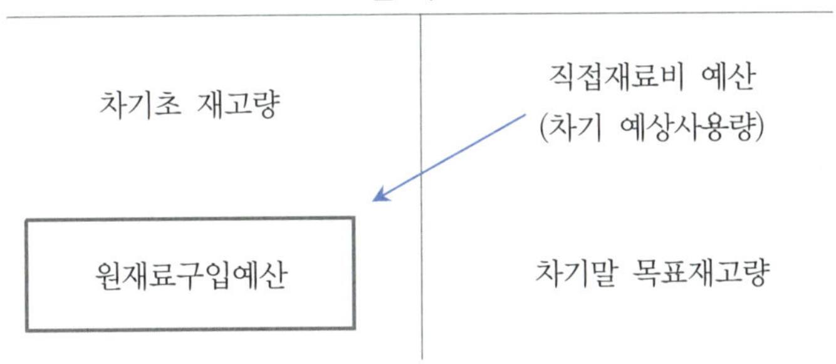

④ 직접재료비예산, 직접노무비예산, 제조간접비예산과 판매예산을 고려하여 매출원가예산을 수립한다.

⑤ 판매예산을 고려하여 판매비와 관리비예산 및 이자비용예산을 수립하고 예산손익계산서를 편성한다.

⑥ 차기의 현금유출액과 현금유입액을 예상하여 현금예산을 작성한다.

⑦ 예산손익계산서와 현금예산을 고려하여 예산재무상태표를 작성한다.

앞에서 언급한 예산편성의 순서는 제품원가계산과는 다른데, 제품원가계산은 실제 발생한 활동에 대한 재무적 결과를 보고하는 것을 중요시하므로 원재료의 구입, 직접재료비·직접노무비·제조간접비의 계산, 당기총제조원가의 집계, 당기 완성품원가의

계산, 매출원가의 계산순서로 진행된다. 반면, 예산편성은 미래에 발생할 상황에 대한 예측이므로 판매예산으로부터 시작하여 제품의 제조예산, 직접재료비·직접노무비·제조간접비예산, 원재료구입예산 등의 순서로 제품원가계산과는 역의 흐름으로 작성된다.

예제 01 판매예산, 제조예산, 구입예산

㈜수정산업이 예측한 차기의 제품판매량에 대한 자료 중 일부이다.

월	제품예상판매량
1월	3,000단위
2월	4,000단위
3월	4,500단위
4월	5,000단위
5월	6,000단위

회사의 월말제품재고보유정책은 다음달 예상판매량의 30%를 보유하는 것이다. 한편, 제품단위당 5㎏의 원재료가 투입되며, 재공품재고는 월말에 보유하지 않는다. 월말원재료재고는 다음달 사용량의 40%를 보유한다.

요구사항

1. 2월과 3월의 제품제조예산을 구하시오.
2. 2월과 3월의 원재료구입예산을 구하시오.

해설

1. 제조예산

제품(2월)

1,200단위*	4,000단위
제조예산 4,150단위	1,350단위**

제품(3월)

1,350단위	4,500단위
제조예산 4,650단위	1,500단위***

* 1,200단위=4,000단위×30%
** 1,350단위=4,500단위×30%
*** 1,500단위=5,000단위×30%

2월 기초제품재고는 1월말 제품재고이므로 1월말에는 2월 예산판매량 4,000단위의 30%인 1,200단위를 보유한다.

2월의 제조예산 = 2월 예상판매량 + 2월 기말제품재고 − 2월 기초제품재고
= 4,000단위 + 1,350 − 1,200 = 4,150단위

3월의 제조예산 = 3월 예상판매량 + 3월 기말제품재고 − 3월 기초제품재고
= 4,500단위 + 1,500 − 1,350 = 4,650단위

한편, 원재료구입예산을 위하여 4월 제조예산도 필요한데 다음과 같다.

4월의 제조예산 = 4월 예상판매량 + 4월 기말제품재고 − 4월 기초제품재고
= 5,000단위 + 6,000 × 30% − 1,500 = 5,300단위

2. 원재료구입예산

원재료(2월)

8,300kg**	20,750kg*
구입예산 21,750kg	9,300kg****

원재료(3월)

9,300kg	23,250kg***
구입예산 24,550kg	10,600kg*****

* 20,750kg = 4,150단위 × 5kg
** 8,300kg = 20,750kg × 40%
*** 23,250kg = 4,650단위 × 5kg
**** 9,300kg = 23,250kg × 40%
***** 10,600kg = 5,300단위 × 5kg × 40%

2월 구입예산 = 2월 예상사용량 + 2월 기말원재료재고 − 2월 기초원재료재고
= 20,750kg + 9,300 − 8,300 = 21,750kg

3월 구입예산 = 3월 예상사용량 + 3월 기말원재료재고 − 3월 기초원재료재고
= 23,250kg + 10,600 − 9,300 = 24,550kg

제3절 현금예산의 편성

현금예산(cash budget)이란 예산기간 중의 현금유입과 현금유출에 대한 기업의 계획을 반영한 예산으로 보통 단기간의 현금흐름에 대한 예산이며, 이익흐름이 아닌 현금흐름을 다루므로 종합예산 중에서 매우 중요한 예산이라고 할 수 있다. 현금예산은 현금유입액과 현금유출액을 예측하여 이루어지는데 현금유입예산은 주로 판매대금의 회수, 자산매각, 배당금 및 이자수익, 부채의 차입, 유상증자 등으로 이루어진다. 현금유출예산은 원재료나 상품매입대금의 지급, 직접노무비, 제조간접비, 판매비와 관리비, 자산의 취득, 부채상환 등으로 이루어진다.

현금유입항목	현금유출항목
▪ 현금매출 ▪ 매출채권의 회수 ▪ 배당금 및 이자수익 ▪ 유형자산의 매각 ▪ 부채의 차입 ▪ 유상증자 등	▪ 현금매입 ▪ 매입채무의 지급 ▪ 직접노무비의 지급 ▪ 제조간접비의 지급 ▪ 판매관리비의 지급 ▪ 이자비용의 지급 ▪ 유형자산의 취득 ▪ 부채의 상환 ▪ 배당금지급 등

현금예산의 유용성은 차기의 자금흐름을 예측하여 자금관리에서 발생할 수 있는 문제점을 미리 찾아내고 이를 해결할 수 있는 해결책을 제시하는 것이다. 따라서 자금과 관련이 있는 전부서의 협조와 현금의 유입·유출에 대한 정확한 예측이 필요하다고 할 수 있다.

한편, 현금예산은 재무회계에서 결산시 작성하는 현금흐름표와는 여러 가지 면에서 차이점을 갖는다. 현금예산은 차기 이후의 자금흐름을 예측하므로 미래정보를 다루게 된다. 따라서 차기에 실제 발생하는 자금흐름과 현금예산에서 예측하는 자금흐름은 차이가 발생할 수 있다. 다만, 현금예산에서는 이러한 차이의 폭을 줄여서 좀더 유용한 경영계획을 수립하는 것이다. 또한 현금예산은 보통 1개월 단위(혹은 분기단위)로 작성되기도 한다. 반면 현금흐름표는 기업의 결산기에 작성하게 되므로 과거정보를 다루게 된다. 또한 과거 1년간의 회계정보를 외부이해관계자에게 전달하는 것이므로 실제 현금흐름과 정확하게 일치하는 정보를 다루게 되며 보통 1년(혹은 분기, 반기)을 단위로 작성된다.

현금예산은 다음과 같이 작성될 수 있다.

현금예산

	1월		2월		3월	
1. 월초잔액		×××		×××		×××
2. 현금유입액		×××		×××		×××
① 판매대금의 회수	×××		×××		×××	
② 유형자산의 매각	×××		×××		×××	
③ 배당금수익	×××		×××		×××	
④ 이자수익	×××		×××		×××	
⑤ 차입금의 증가	×××		×××		×××	
⑥ 유상증자	×××		×××		×××	
3. 현금유출액		×××		×××		×××
① 원재료매입대금 지급	×××		×××		×××	
② 직접노무비	×××		×××		×××	
③ 제조간접비	×××		×××		×××	
④ 판매관리비	×××		×××		×××	
⑤ 이자비용	×××		×××		×××	
⑥ 유형자산의 취득	×××		×××		×××	
⑦ 차입금의 상환	×××		×××		×××	
⑧ 배당금의 지급	×××		×××		×××	
4. 월말잔액		×××		×××		×××
5. 목표현금보유액		(×××)		(×××)		(×××)
6. 차이금액		×××		×××		×××

1. 판매대금의 회수

현금예산을 작성하는 과정에서 판매대금의 회수는 가장 중요한 현금유입액이라고 할 수 있다. 그러나 판매대금의 회수는 외상매출금으로 인하여 타유형의 현금유입액과는 회수패턴이 다르다.

기업의 매출은 일부는 현금판매의 형태로, 일부는 외상판매의 형태로 나타나게 된다. 물론 실무적으로 현금판매도 외상매출로 처리하여 회계처리하는 경우가 있으나 현금흐름을 계산하는 과정에서는 영향을 미치지 않는다. 현금판매부분은 판매시점에 현금이 회수되지만 외상판매부분은 일정기간 후에 회수된다. 또한 거래처별로 회수기간도 차이가 나게 된다. 따라서 1개월간의 매출액에 대하여 과거 회수패턴을 이용하여 현금판매의 비율, 외상판매의 비율, 외상판매대금의 회수기간 등을 파악, 월별 현금회수액을 계산하여야 한다.

예를 들어 매출액 중 현금판매가 20%, 외상판매가 80%이며 외상판매 중 20%는 판매한 달에, 50%는 판매한 다음달에, 나머지 28%는 판매한 다음 다음달에 회수되고 나머지는 회수불가능하다고 가정하면 월별 현금회수액은 다음과 같이 계산된다.

	M	M+1	M+2	합계
현금판매 20%	20%			
외상판매 80%	80%×20%=16%	80%×50%=40%	80%×28%=22.4%	
현금회수액	36%	40%	22.4%	98.4%

(M : 당월, M+1 : 차월, M+2 : 차차월)

위의 예에서 현금회수액의 합계가 98.4%인 것은 대손으로 인하여 회수되지 않는 부분이 있기 때문이다.

판매대금의 회수가 3개월간에 걸쳐 나타난다고 가정하면 특정 월의 현금회수액을 계산하기 위하여 과거 3개월간의 매출액을 분석, 계산하여야 한다. 내년 1월부터 6월까지의 판매대금회수액을 예측한다면 다음과 같이 당년도 11월부터 내년도 6월까지의 매출액이 계산대상이 된다.

판매 \ 회수	1월	2월	3월	4월	5월	6월
당년 11월 매출액	×× ×					
당년 12월 매출액	×××	×××				
차년 1월 매출액	×××	×××	×××			
차년 2월 매출액		×××	×××	×××		
차년 3월 매출액			×××	×××	×××	
차년 4월 매출액				×××	×××	×××
차년 5월 매출액					×××	×××
차년 6월 매출액						×××
계	×××	×××	×××	×××	×××	×××

예제 02 판매대금의 회수

다음은 ㈜발해산업의 현금예산을 작성하기 위한 자료이다.

(1) 20×1년 분기별 판매예산

1분기 : ₩300,000　　2분기 : ₩350,000

3분기 : ₩500,000　　4분기 : ₩600,000

(2) 매출은 30%의 현금매출과 70%의 외상매출로 구성되며, 외상매출금은 판매한 분기에 50%, 다음 분기에 30%, 판매 후 두번째 분기에 20%를 회수된다.

3분기와 4분기의 판매대금회수로 인한 현금유입액은 얼마인가?

해설

	Q	Q+1	Q+2	합계
현금판매 30%	30%			
외상판매 70%	70%×50%=35%	70%×30%=21%	70%×20%=14%	
현금회수액	65%	21%	14%	100%

(Q : 당분기, Q+1 : 차분기, Q+2 : 차차분기)

	3분기		4분기	
1분기 매출	₩300,000×14%=	₩42,000		
2분기 매출	350,000×21%=	73,500	₩350,000×14%=	₩49,000
3분기 매출	500,000×65%=	325,000	500,000×21%=	105,000
4분기 매출			600,000×65%=	390,000
계		₩440,500		₩544,000

2. 매입대금의 지급

매입대금의 지급은 일반적으로 현금유출 중에서 금액적으로 가장 크고 중요한 현금흐름이라고 할 수 있다. 매입대금은 현금매입과 외상매입으로 구분되며 현금매입은 매입시점에 지급되지만 외상매입금은 일정기간이 지난 후에 지급된다. 따라서 판매대금 회수액을 계산하는 과정과 마찬가지로 월별 매입액에 대하여 현금매입의 비율, 외상매입의 비율, 외상매입금의 지급예정기간 등을 파악하여 월별 매입대금지급액을 계산한다. 매입대금의 지급은 판매대금의 회수와는 달리 매입규모만 파악하면 매입대금의 지급액을 계산하는 것은 비교적 정확하게 계산할 수 있다. 이는 일반적으로 거래처별, 매입규모별로 현금매입과 외상매입이 결정되어 있으며 외상매입액도 지급시기를 미리 파악할 수 있기 때문이다.

예를 들어 매입액 중 현금매입이 10%, 외상매입이 90%이며 외상매입 중 40%는 매입 1개월 후에, 30%는 매입 2개월 후에, 나머지 30%는 매입 3개월 후에 지급한다고 가정하면 월별 현금지급액은 다음과 같이 계산된다.

	M	M+1	M+2	M+3	합계
현 금 매 입	10%				
외 상 매 입		90%×40%=36%	90%×30%=27%	90%×30%=27%	
현금지급액	10%	36%	27%	27%	100%

예제 03 매입대금의 지급

㈜청산산업은 상품의 총구매가격에 25%의 이익을 가산하여 판매하는 정책을 유지하고 있다. 한편, 회사는 매월 상품구입액의 40%는 그 달에 지급하고, 나머지는 그 다음달에 지급하며, 다음달 예상판매량의 25%를 월말재고로 보유한다. 회사의 매출에 관한 자료는 다음과 같다.

4월	₩1,600,000	6월	₩2,500,000
5월	2,000,000	7월	2,200,000

요구사항

5월, 6월의 상품대금지급 예상액은 얼마인가?

해설

구매가격에 25%의 이익을 가산하여 판매가격을 정하는 것은 매출원가율 80%를 의미한다(매출원가율 $= \frac{\text{매출원가}}{\text{매출액}} = \frac{100}{125}$).

1. 월별 매입액의 계산

(1) 4월

상품(4월)

기초재고	320,000**	매출원가	1,280,000*
구 입 액	1,360,000	기말재고	400,000***
	1,680,000		1,680,000

* ₩1,600,000×80%=1,280,000
** ₩1,280,000×25%= 320,000
*** ₩2,000,000×80%×25%=400,000

(2) 5월

상품(5월)

기초재고	400,000	매출원가	1,600,000*
구 입 액	1,700,000	기말재고	500,000**
	2,100,000		2,100,000

* ₩2,000,000×80%=₩1,600,000
** ₩2,500,000×80%×25%=₩500,000

(3) 6월

상품(6월)

기초재고	500,000	매출원가	2,000,000*
구 입 액	1,940,000	기말재고	440,000**
	2,440,000		2,440,000

* ₩2,500,000×80%=₩2,000,000

** ₩2,200,000×80%×25%=₩440,000

	5월 지급액		6월 지급액	
4월 매입액	₩1,360,000×60%=	₩816,000		
5월 매입액	1,700,000×40%=	680,000	1,700,000×60%=	₩1,020,000
6월 매입액			1,940,000×40%=	776,000
계		₩1,496,000		₩1,796,000

3. 판매·제조·구매예산 및 현금예산의 관계

판매예산에서 설정된 제품판매에 대한 정보를 이용하여 현금유입액을 계산하고, 구입예산에서 설정된 원재료 등의 매입에 대한 정보를 이용하여 현금유출액을 계산하므로 판매·제조·구매예산 및 현금예산의 관계는 다음의 그림과 같다.

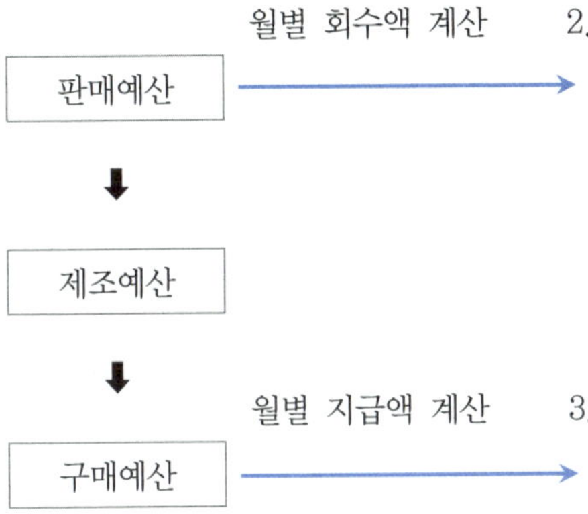

현금예산		
1. 월초잔액		×××
2. 현금유입액		×××
① 판매대금	×××	
② 유형자산의 매각	×××	
③ 배당금수익	×××	
④ 이자수익	×××	
⑤ 차입금의 증가	×××	
3. 현금유출액		×××
① 원재료매입대금	×××	
② 직접노무비	×××	
③ 제조간접비	×××	
④ 판매관리비	×××	
⑤ 이자비용	×××	
⑥ 유형자산 취득	×××	
⑦ 차입금의 상환	×××	
4. 월말잔액		×××
5. 목표현금보유액		(×××)
6. 차이금액		×××

예제 04 종합예산

㈜청산산업의 현금예산을 위한 자료는 다음과 같다.

(1) 회사는 내년도의 제품판매량을 다음과 같이 예측하고 있다.

월	예상판매량	월	예상판매량
1월	2,000단위	4월	3,000단위
2월	4,000단위	5월	5,000단위
3월	5,000단위		

(2) 회사는 월말제품재고로 다음달 판매량의 30%를 보유한다.

(3) 제품 한 단위의 생산에는 4kg의 원재료가 투입되며 원재료는 단위당 ₩10이다. 월말원재료재고는 다음달 사용량의 20%를 보유하며, 재공품재고는 없는 것으로 가정한다.

(4) 회사는 원재료매입액의 30%는 현금으로 매입하고 나머지는 외상으로 매입한다. 또한 외상매입액의 40%는 구입한 달에 지급하며 나머지는 구입한 다음달에 지급한다. 단, 1월의 원재료구입액은 ₩117,600이다.

(5) 제품생산에는 재료비 외에 단위당 ₩20의 직접노무비와 ₩50의 제조간접비가 발생하며 직접노무비와 제조간접비는 발생한 달에 전액 지급한다. 단, 제조간접비에는 단위당 ₩10의 감가상각비가 포함되어 있다.

(6) 회사는 단위당 ₩200에 제품을 판매하고 있으며 현금매출은 40%, 외상매출은 60%이다. 외상매출금은 판매한 달에 30%, 판매한 다음달에 40%, 판매한 다음 다음달에 25%를 회수하고 나머지는 회수되지 않아 대손처리하고 있다. 회사의 전년도 12월 매출액은 ₩600,000이다.

(7) 판매관리비는 연 ₩240,000이 발생하며 연중 균등하게 발생하고 있다.

(8) 종속회사인 ㈜한라산업은 1월에 배당결의를 하고 3월에 배당금을 지급할 예정으로 회사가 ㈜한라산업으로부터 수령할 배당금은 ₩50,000이다.

(9) 2월에는 사채의 만기일이 도래하는데 상환금액은 ₩200,000이다.

(10) 1월에 처분한 토지의 미수금 ₩55,000은 3월 중 회수될 것으로 예상된다.

(11) 2월초 현금잔액은 ₩35,000이다.

요구사항

1. 2월, 3월과 4월의 제품제조예산(수량)을 구하시오.
2. 2월과 3월의 원재료구입예산을 구하시오.
3. 원재료구입으로 인한 2월과 3월의 현금유출액을 구하시오.
4. 2월과 3월의 총현금유출액을 구하시오.
5. 2월과 3월의 판매대금회수액을 구하시오.
6. 2월과 3월의 현금예산을 작성하시오.
7. 2월과 3월의 예산손익계산서를 작성하시오.

해설

1. 제조예산

제품(2월)

차변	대변
1,200단위*	4,000단위
제조예산 4,300단위	1,500단위**

제품(3월)

차변	대변
1,500단위	5,000단위
제조예산 4,400단위	900단위***

제품(4월)

차변	대변
900단위	3,000단위
제조예산 3,600단위	1,500단위****

* 1,200단위 = 4,000단위×30%
** 1,500단위 = 5,000단위×30%
*** 900단위 = 3,000단위×30%
**** 1,500단위 = 5,000단위×30%

2. 원재료구입예산

원재료(2월)

차변	대변
3,440kg***	17,200kg*
구입예산 17,280kg	3,520kg****

원재료(3월)

차변	대변
3,520kg	17,600kg**
구입예산 16,960kg	2,880kg*****

* 17,200kg = 4,300단위×4kg
** 17,600kg = 4,400단위×4kg
*** 3,440kg = 17,200kg×20%
**** 3,520kg = 17,600kg×20%
***** 2,880kg = 3,600단위×4kg×20%

2월 구입예산 = 17,280kg×@10 = ₩172,800
3월 구입예산 = 16,960kg×@10 = ₩169,600

3. 원재료 구입으로 인한 현금유출액

구입한 달 : 현금매입(30%) + 외상매입(70%)의 40% = 58%
구입한 다음 달 : 외상매입(70%)의 60% = 42%

	2월 지급액		3월 지급액	
1월 매입분	₩117,600×42% =	₩49,392		
2월 매입분	172,800×58% =	100,224	₩172,800×42% =	₩72,576
3월 매입분			169,600×58% =	98,368
		₩149,616		₩170,944

4. 총현금유출액

유출항목	2월 지급액		3월 지급액	
매입대금지급액		₩149,616		₩170,944
직 접 노 무 비	4,300단위×@20=	86,000	4,400단위×@20=	88,000
제 조 간 접 비	4,300단위×@40=	172,000	4,400단위×@40=	176,000
		₩407,616		₩434,944

* ₩40 : 감가상각비 제외한 단위당 제조간접비

5. 2월과 3월의 판매대금회수액

	판매한 달		판매한 다음달		판매한 다음 다음달	
현금매출		40%				
외상매출	60%×30%=	18%	60%×40%=	24%	60%×25%=	15%
		58%		24%		15%

	2월 회수액		3월 회수액	
12월 매출분	₩600,000×15%=	₩90,000		-
1월 매출분	400,000×24%=	96,000	400,000×15%=	₩60,000
2월 매출분	800,000×58%=	464,000	800,000×24%=	192,000
3월 매출분		-	1,000,000×58%=	580,000
		₩650,000		₩832,000

6. 2월과 3월의 현금예산

	2월		3월	
1. 월초잔액		₩35,000		₩57,384
2. 현금유입액				
① 판매대금의 회수	₩650,000		₩832,000	
② 종속회사 배당금	-		50,000	
③ 미수금의 회수	-	650,000	55,000	937,000
3. 현금유출액				
① 원재료매입대금	149,616		170,944	
② 직접노무비	86,000		88,000	
③ 제조간접비	172,000		176,000	
④ 판매관리비	20,000		20,000	
⑤ 사채상환	200,000	627,616	-	454,944
4. 월말잔액		₩57,384		₩539,440

7. 예산손익계산서

	2월		3월	
Ⅰ. 매출액	@200×4,000=	₩800,000	@200×5,000=	₩1,000,000
Ⅱ. 매출원가	@110×4,000=	440,000	@110×5,000=	550,000
Ⅲ. 매출총이익		360,000		450,000
Ⅳ. 판매관리비		20,000		20,000
Ⅴ. 영업이익		₩340,000		₩430,000

※ 단위당 제조원가 = 직접재료비 + 직접노무비 + 제조간접비
= @40 + @20 + @50 = @110

연습문제

문제 1. 현금예산

㈜속리산업은 20×1년의 8월의 현금예산을 작성하고 있다. 현금예산을 작성하기 위한 자료는 다음과 같다.

1. 판매예산
   8월 예산매출액 : ₩500,000
   9월 예산매출액 : ₩800,000
2. 매출은 현금매출 20%와 외상매출 80%로 구성되며 외상매출은 판매한 달에 50%, 판매한 다음달에 50%가 회수되고 있다.
3. 상품매입은 현금매입 30%와 외상매입 70%로 구성되며 외상매입금은 매입한 달에 40%, 매입한 다음달에 60%를 지급하고 있다.
4. 회사는 상품매입원가에 25%의 이익을 가산하여 판매하고 있으며 월말 상품은 다음달 판매량의 30%를 보유한다.
5. 8월의 판매관리비

급 여	₩50,000	
복 리 후 생 비	35,000	
여 비 교 통 비	45,000	
소 모 품 비	20,000	
감 가 상 각 비	100,000	₩250,000

6. 7월말 시산표의 일부

현 금	40,000	외 상 매 입 금	150,000
외 상 매 출 금	200,000	단 기 차 입 금	300,000
상 품	120,000	사 채	500,000
토 지	100,000		
건 물	300,000		

요구사항

1. 8월의 현금예산을 작성하시오.
2. 회사는 매월말 현금보유 목표액을 ₩100,000으로 정하고 있다. 현금예산을 작성하여 부족한 금액은 은행에서 차입하며, 남는 금액은 유가증권에 투자하는 정책을 유지하고 있다. 은행에서 차입하는 경우 이자는 연말에 정산하므로 매월 현금예산에서 고려할 필요는 없다. 회사가 8월 중 차입(혹은 투자)할 금액은 얼마인가?

해설

1. 현금예산

(1) 판매대금회수액

① 7월 판매액 중 외상매출금의 회수액 : ₩200,000

외상매출금은 판매한 달과 다음 달의 2개월에 걸쳐 회수되므로 7월말 시산표에 있는 금액은 모두 8월에 회수된다.

② 8월 판매액 중 회수액

₩500,000×(20%+80%×50%)=₩300,000

(2) 매입대금지급액

가. 8월 상품매입액의 계산

상품(8월)

차변	대변
120,000**	매출원가 400,000*
상품매입액 472,000	192,000***

* 8월 매출원가 : ₩500,000×80%=₩400,000

** 8월초 상품재고 : ₩400,000×30%=₩120,000

*** 8월말 상품재고 : ₩800,000×80%×30%=₩192,000

∴ 8월 상품구입액 : ₩472,000

나. 8월 매입대금의 지급액

① 7월 매입액 중 외상매입금의 지급액 : ₩150,000

외상매입금은 매입한 달과 다음달의 2개월에 걸쳐 지급되므로 7월말 시산표에 있는 금액은 모두 8월에 지급된다.

② 8월 매입액 중 지급액
₩472,000×(30%+70%×40%)=₩273,760

		8월 현금예산
1. 월초잔액		₩40,000
2. 현금유입액		
① 7월 판매대금	₩200,000	
② 8월 판매대금	300,000	500,000
3. 현금유출액		
① 7월 상품매입대금	150,000	
② 8월 상품매입대금	273,760	
③ 판매관리비*	150,000	573,760
4. 월말잔액		(−)₩33,760

* 감가상각비 제외

2. 차입(투자)금액

차입액=현금보유목표액−월말예상보유액
=₩100,000−(−)33,760=₩133,760

제5편

성과평가회계

제12장 성과평가회계

제1절 성과평가회계의 의의

기업의 경제활동이 과거보다 경쟁적 환경하에 놓이게 됨에 따라 기업은 다른 기업과의 경쟁뿐만 아니라 기업내부의 각 사업부간 혹은 부서간의 경쟁관계에 대해서도 고려하게 되었다. 따라서 단순히 기업전체의 성과가 좋고 나쁨을 평가하는 과정뿐만 아니라 사업부 혹은 부서의 성과와 업적에 대한 우열을 가릴 수 있는 시스템 개발의 필요성이 대두되었고 이러한 과정에서 개발된 것이 책임회계제도이다.

책임회계제도(responsibility accounting)란 기업 내의 여러 조직, 즉 사업부 혹은 부서들을 하나의 책임중심점(responsibility center)으로 설정하고, 기업의 예산과 실적을 책임중심점별로 분석하여 책임중심점 혹은 그 경영자에 대한 성과평가를 하는 제도이다. 책임중심점이란 권한과 책임이 부여되고 단위별로 경제활동이 가능한 조직단위를 말하는데 그 종류와 내용에 대해서는 후술하도록 한다.

1. 통제가능원가와 통제불능원가

책임회계제도의 성립에 중요한 원가개념은 통제가능원가와 통제불능원가이다.

(1) 통제가능원가(controllable cost)

책임중심점의 관리자가 자신의 권한하에 통제할 수 있는 원가로 통제가능성이란 직위요소와 시간요소에 따라 달라진다. 보통 직위가 높을수록 통제가능원가의 범위가 늘어나게 되며 일부 항목의 원가는 비록 단기간에는 통제불능원가라 하더라도 장기간에 걸쳐서는 책임중심점의 관리자가 통제할 수 있는 통제가능원가가 되는 원가도 있다.

(2) 통제불능원가(uncontrollable cost)

책임중심점의 관리자가 통제할 수 없는 원가로서 책임회계제도를 시행하는 경우 통제가능원가는 성과평가에 포함시키지만 통제불능원가는 성과평가의 대상으로 포함시키지 않아야 적절한 성과평가제도를 구축할 수 있다. 만약, 책임중심점의 담당자가 통제할 수 없는 원가까지 성과평가의 대상에 포함된다면 담당자는 자신의 권한 밖에 있는 원가로 인하여 불이익을 받을 수도 있고 이로 인하여 책임회계제도 자체에 대하여 반발할 수도 있다.

많은 기업들이 성과평가에서 오류를 범하는 것은 원가배분과 성과평가를 동일시한다는 것이다. 즉 기업에서 발생하는 모든 원가는 각 부서 혹은 제품에 배분되어야 한다는 사고가 실무적으로는 팽배한데 성과평가제도는 원가계산과 달리 책임중심점의 관리자가 통제할 수 있는 원가 혹은 수익과 예산을 대비하여 각자의 업적을 평가하는 제도이므로 책임중심점의 관리자가 권한과 책임을 가지고 통제할 수 있는 항목만을 포함한다. 따라서 성과평가제도는 직급과 책임중심점에 따른 통제가능성의 범위를 파악하고 책임중심점의 관리자가 통제할 수 있는 항목으로만 평가하여야 적절한 성과평가제도라 할 수 있다.

2. 책임중심점의 종류

(1) 원가중심점(cost center)

원가중심점이란 원가에 대하여만 책임을 지고 원가만을 성과평가의 대상으로 삼는 중심점이다. 주로 생산부서의 성과평가에 이용되는 중심점개념으로 앞에서 살펴본 표준원가계산제도가 대표적 분석방법이다.

(2) 수익 및 이익중심점(revenue and profit center)

가. 수익중심점(revenue center)

수익에 대해서만 책임을 지고 수익을 성과평가의 대상으로 삼는 중심점이다. 주로 영업부서 등의 성과평가에 이용되는 중심점개념이나 오직 수익만을 성과평가의 대상으로 삼는 경우에는 수익과 관련하여 발생하는 비용 등에 대해서는 전혀 관리가 되지 않는 경우가 많기 때문에 회사의 입장에서는 오히려 역효과가 나타나는 경우도 있다. 예를 들어 영업부에서 거래처의 신용상태에 따른 외상판매정책을 유지하여야 하나 판매를 증가시킬 욕심으로 신용상태에 대하여 관심을 기울이지 않아서 대손이 발생하는 역효과가 나타날 수 있다.

나. 이익중심점(profit center)

수익과 원가 모두를 평가대상으로 하여 산출되는 이익을 대상으로 성과평가를 실시하는 방법으로 수익중심점보다 바람직한 책임중심점이라 할 수 있다. 이익중심점분석의 예로는 뒤에서 살펴볼 사업부·지점 등 독립회계단위 성과평가와 매출차이분석제도가 있다.

(3) 투자중심점(investment center)

투자중심점이란 수익과 원가에 의한 이익뿐만 아니라 해당 부문에 대한 투자에 대해서도 책임을 지는 중심점으로 가장 넓은 의미의 책임중심점제도이다. 주로 사업부 등의 성과평가에 이용되는 책임중심점개념으로 투자수익률(ROI), 잔여이익(RI) 및 경제적 부가가치(EVA) 등의 분석방법이 있다. 이는 이익의 절대수치뿐 아니라 이익을 창출하기 위하여 투자된 금액의 전체적 효율성도 평가하기 위한 책임중심점개념이다.

제2절 원가중심점의 성과평가

원가중심점의 성과평가제도로는 제6장에서 살펴본 표준원가계산제도가 있다. 이미 설명한 바와 같이 표준원가계산시스템(standard costing)은 과학적·통계적 기법과 관리목적에 따라 사전에 표준원가를 설정하여 신속한 원가계산을 하고, 사후에 실제 발생원가와 표준원가의 차이를 분석하여 성과평가에 반영하며, 성과평가의 결과를 다음 연도의 예산편성 등에 반영하는 원가 및 관리회계시스템을 말한다.

표준원가계산의 주기능으로는 원가계산기능, 성과평가기능, 예산편성기능 등이 있는데 이번 장에서는 성과평가기능에 대하여 간단히 살펴보도록 한다. 표준원가계산의 자세한 내용에 대해서는 제6장을 참조하도록 한다.

1. 원가차이(cost variance)

표준원가계산시스템에서 차이분석과정은 실제원가와 표준원가의 차이를 분석하여 성과평가, 재무제표의 작성 그리고 표준의 재설정 등에 활용한다. 이러한 차이분석은 원가를 직접재료비·직접노무비·변동제조간접비·고정제조간접비 등 4가지로 구분하여 실시하는데 다음과 같이 실제원가와 표준원가의 크기에 따라 원가차이분석 결과를 표시한다.

실제원가(Actual cost) − 표준원가(Standard cost) > 0 불리한 차이(U)
실제원가(Actual cost) − 표준원가(Standard cost) < 0 유리한 차이(F)

■ 불리한 차이(U : Unfavorable Variance)

'실제원가－표준원가 ＞ 0'의 경우에는 사전에 미리 설정한 표준원가보다 실제원가가 많이 발생했다는 의미로서 이는 회사의 이익에 좋지 않은 영향을 미치게 되므로 '불리한 차이'라고 한다.

■ 유리한 차이(F : Favorable Variance)

'실제원가－표준원가 ＜ 0'의 경우에는 사전에 미리 설정한 표준원가보다 실제원가가 적게 발생했다는 의미로서 이는 회사의 이익에 좋은 영향을 미치게 되므로 '유리한 차이'라고 한다.

(1) 직접재료비 차이

① 가격차이와 수량차이

직접재료비차이는 다음과 같이 가격차이와 수량차이(능률차이)로 구분된다.

$AP \times AQ$		$SP \times AQ$		$SP \times SQ$
	가격차이		수량차이	

(AP : 실제구입가격, SP : 표준구입가격, AQ : 실제사용량, SQ : 허용표준투입량)

■ 가격차이 = $(AP - SP) \times AQ$

실제구입가격이 표준가격에 비하여 높거나 낮아서 발생하는 원가차이로서 구매부의 성과평가지표가 된다.

■ 수량차이 = $(AQ - SQ) \times SP$

실제투입수량이 허용표준수량에 비하여 많거나 적어서 발생하는 원가차이로서 생산부의 성과평가지표가 된다.

② 구입가격차이

가격차이는 기본적으로 구매부서의 성과평가지표를 갖지만 위의 계산방식에 따라 그대로 계산하면 구매부서의 성과평가가 생산부서의 사용량에 영향을 받게 되어 비합리적 성과평가가 된다. 따라서 가격차이를 계산할 때 실제구입량(AQ_p)을 사용하여 계산하면 보다 합리적인 구매부서의 성과평가가 가능하다. 이를 '구입가격차이'라 한다.

따라서 가격차이(사용가격차이)와 구입가격차이는 다음과 같다.

$$\text{가 격 차 이} \Rightarrow (AP - SP) \times AQ_u$$
$$\text{구입가격차이} \Rightarrow (AP - SP) \times AQ_p$$

(AQ_u : 실제사용량, AQ_p : 실제구입량)

구입가격차이의 분석방식을 표현하면 다음과 같다.

$AP \times AQ_p$ — $SP \times AQ_p$

구입가격차이

$SP \times AQ_u$ — $SP \times SQ$

수량차이

'구입가격차이'와 '가격차이'는 선택적으로 적용하여야 할 사항으로서 각각의 특징은 다음과 같다.

- 가격차이

  원가차이분석과정이 용이하며 재무회계와의 결산조정기능이 뛰어난 반면 적절한 성과평가를 하지 못하는 단점이 있다.

- 구입가격차이

  원가차이분석과 기말결산조정과정이 비교적 어렵지만 적절한 성과평가를 할 수 있는 장점이 있다.

③ 환율차이

원재료를 해외에서 수입하는 경우 가격차이는 순수한 가격변동으로 인한 부분뿐만 아니라 환율로 인한 부분에 의해서도 영향을 받게 된다. 따라서 수입원자재 등의 가격차이는 '환율차이'와 '순수가격차이'로 구분하여 분석한다. 환율차이는 개별기업의 입장에서는 통제하기 곤란한 요소이므로 통제불능요소라 할 수 있다.

따라서 적정한 성과평가를 위하여 가격차이는 '환율차이'와 '순수가격차이'로 구분하여 '순수가격차이'만 성과평가에 반영하는 것이 보다 적절하다고 할 수 있다.

실제환율×실제가격 ×실제수량	기준환율×실제가격 ×실제수량	기준환율×표준가격 ×실제수량

환율차이 / 순수가격차이

가격차이

(2) 직접노무비차이

직접노무비차이는 다음과 같이 임률차이와 능률차이로 구분된다.

$AP \times AQ$	$SP \times AQ$	$SP \times SQ$

임률차이 / 능률차이

(AP: 실제임률, SP: 표준임률, AQ: 실제투입시간, SQ: 허용표준투입시간)

- 임률차이 $= (AP - SP) \times AQ$
  실제임률이 표준임률에 비하여 높거나 낮아서 발생하는 원가차이를 말한다. 임률은 노사간의 합의 등에 의하여 결정되므로 임률차이는 일반적으로 성과평가에 사용되지는 않는다.

- 능률차이 $= (AQ - SQ) \times SP$
  실제투입시간이 허용표준시간에 비하여 많거나 적어서 발생하는 원가차이로서 생산부서 노동생산성 평가의 중요한 지표가 된다.

(3) 변동제조간접비차이

변동제조간접비차이는 다음과 같이 예산차이와 능률차이로 구분된다.

$AP \times AQ$ (실제발생액)	$SP \times AQ$ (표준배부율×실제배부기준)	$SP \times SQ$ (표준배부율×허용표준배부기준)

예산차이 / 능률차이

(AP: 실제배부율, SP: 표준배부율, AQ: 실제배부기준, SQ: 허용표준배부기준)

■ 예산차이 = $AP \times AQ - SP \times AQ$ = 실제발생액 − (표준배부율 × 실제배부기준)
변동제조간접비 실제발생액과 실제조업도(실제배부기준)하의 제조간접비 예산과의 차이를 말한다. 변동제조간접비 생산요소의 가격변동으로 인하여 발생한다. 외부 생산요소의 가격변동으로 인한 부분을 생산부서의 성과평가에 적용하기에는 무리가 있으므로 일반적으로 성과평가에 사용되지 않는다.

■ 능률차이 = $(AQ - SQ) \times SP$ = (실제배부기준 − 허용표준배부기준) × 표준배부율
실제배부기준(실제노동시간이나 실제기계시간 등)이 허용표준배부기준(허용표준노동시간이나 허용표준기계시간 등)에 비하여 많거나 적어서 발생하는 원가차이로서 생산부의 생산성이 변동제조간접비에 미치는 영향을 평가하는 중요한 지표가 된다.

(4) 고정제조간접비차이

고정제조간접비차이는 다음과 같이 예산차이와 조업도차이로 구분된다.

고정제조간접비 실제발생액	고정제조간접비예산 = 표준배부율 × 기준조업도 = $SP \times$ 기준조업도	고정제조간접비 표준배부액 = 표준배부율 × 허용표준조업도 = $SP \times SQ$

예산차이 (실제발생액 − 예산) 조업도차이 (예산 − 표준배부액)

(AP : 실제배부율, SP : 표준배부율, AQ : 실제배부기준, SQ : 허용표준배부기준)

■ 예산차이 = 고정제조간접비 실제발생액 − 고정제조간접비 예산
고정제조간접비 실제발생액과 고정제조간접비예산과의 차이를 말한다. 고정제조간접비 생산요소의 가격변동으로 인하여 발생한다. 외부 생산요소의 가격변동으로 인한 부분을 생산부서의 성과평가에 적용하기에는 무리가 있으므로 일반적으로 성과평가에 사용되지 않는다.

■ 조업도차이 = 고정제조간접비 예산 − 고정제조간접비 표준배부액
= (기준조업도 − 허용표준조업도) × 표준배부율
기준조업도에 비하여 허용표준조업도가 작거나 큰 경우 이러한 조업도의 차이로 인한 고정제조간접비 원가차이를 말한다. 생산부서의 과다조업이나 과소조업을

측정하기 위하여 사용되며 이는 인원이나 설비의 유휴조업상태를 측정하게 되므로 매우 중요한 성과평가지표로 사용된다.

실무적으로 허용표준조업도가 기준조업도를 초과하는 경우는 극히 드문 경우인데 이는 대부분 기준조업도를 설정할 때 최대조업도를 사용하기 때문이다. 일반적으로 기준조업도가 허용표준조업도보다 크며 이는 조업도차이가 대부분 불리한 차이로 계산된다는 것을 의미한다.

조업도차이가 불리한 차이라는 것은 실제생산량을 생산하기 위한 허용표준조업도가 기준조업도에 미치지 못한다는 것을 의미하므로 생산부문 내에 유휴조업도가 존재한다는 것을 의미한다. 따라서 이는 현재의 설비나 인원이 과다하므로 향후 어느 정도의 조정이 필요하다는 의미이기도 하다.

조업도차이가 유리한 차이라는 것은 실제생산량을 생산하기 위한 허용표준조업도가 기준조업도를 초과한다는 것을 의미하므로 생산부문 내에 유휴조업도가 존재하지 않고 조업가능수준을 초과하여 과다조업을 하고 있다는 것을 말한다. 따라서 이는 현재 설비나 인원이 부족하므로 향후 추가적인 설비투자나 인원충원이 필요하다는 의미이기도 하다.

- 불리한 조업도차이 ⇒ 과소조업 ⇒ 유휴조업도 ⇒ 과다설비·과다인원
- 유리한 조업도차이 ⇒ 과다조업 ⇒ 설비·인원 부족

그러나 이러한 조업도차이에 따른 해석은 기준조업도가 적절하게 설정되었다는 것을 전제로 한다. 만약 회사가 최대조업도를 기준조업도로 설정하여 평가한다면 유리한 차이는 발생하지 않고 불리한 차이만 발생할 것이며, 경영진이 이러한 결과를 보고 생산부문에 유휴조업도가 존재한다고 판단하여 경영의사결정을 한다면 회사의 현실과는 동떨어진 상황판단일 뿐만 아니라 회사에 전혀 도움이 되지 않는 결과를 가져올 수도 있는 것이다.

2. 원가차이의 분류

(1) 원가차이의 성격별 구분

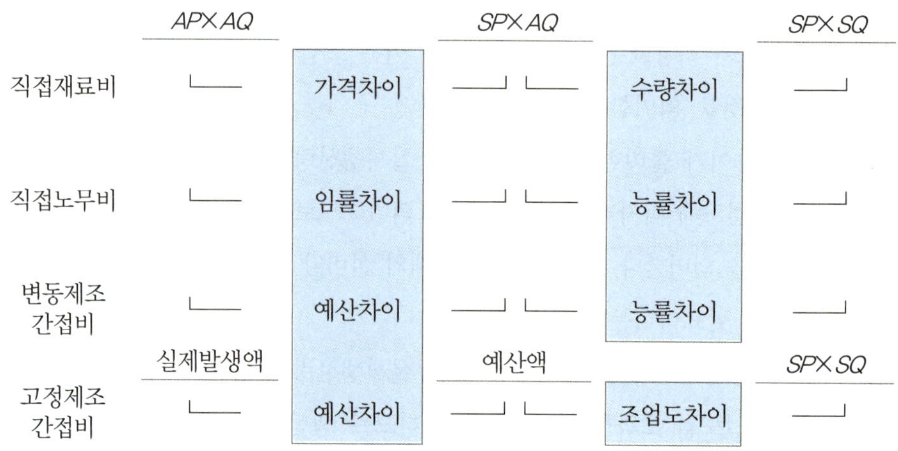

위의 그림에서 직접재료비 가격차이, 직접노무비 임률차이, 변동제조간접비 예산차이, 고정제조간접비 예산차이 등은 모두 해당 생산요소의 가격변동으로 인한 원가차이를 의미한다.

반면, 직접재료비 수량차이, 직접노무비 능률차이, 변동제조간접비 능률차이는 해당 생산요소가 생산공정에 투입되는 과정의 능률성을 측정하는 원가차이를 의미한다. 즉, 직접재료비 수량차이는 원재료실제투입량이 표준수량 대비 많이 혹은 적게 되어 원재료 사용과정에서 나타난 능률성을 측정하며, 직접노무비 능률차이는 실제투입시간이 표준시간 대비 과다 혹은 과소투입되어 노동력 투입과정에서 나타난 능률성을 측정한다. 변동제조간접비 능률차이는 실제노동시간이나 실제기계시간이 표준시간 대비 과다 혹은 과소투입된 능률성을 측정한다.

고정제조간접비 조업도차이는 위의 모든 원가차이와는 성격을 달리하는 것으로 생산공정 전체의 유휴조업 여부를 측정하는 원가차이를 의미한다. 즉, 생산부문의 과소조업 혹은 초과조업 상태를 측정한다.

(2) 원가차이의 성과평가 대상별 구분

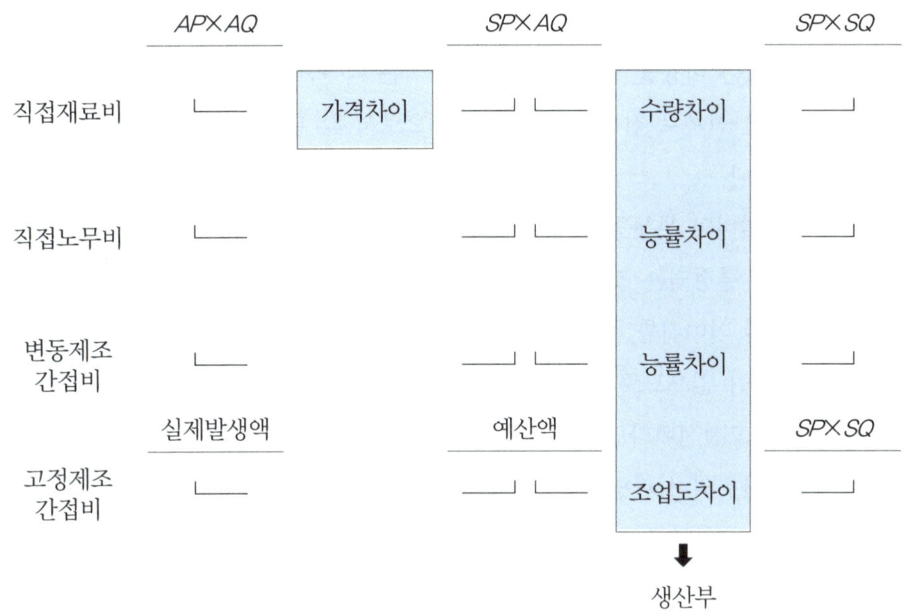

직접재료비 가격차이는 구매부서의 성과평가지표가 되지만 앞서 설명한 바와 같이 구입가격차이, 환율차이 등을 감안하여 회사의 성과평가시스템과 가장 적합한 내용을 갖도록 설계하여야 한다.

직접재료비 수량차이, 직접노무비 능률차이, 변동제조간접비 능률차이, 고정제조간접비 조업도차이는 생산부서의 성과평가지표로서의 의미를 갖는다.

제3절 수익 및 이익중심점의 성과평가

1. 독립회계단위의 성과평가

이익중심점(profit center)의 성과평가는 사업부 혹은 지점 등 독립회계단위의 성과평가기법으로 많이 활용된다. 이익중심점은 수익과 원가(비용) 모두를 성과평가대상으로 하여 산출되는 이익을 중심으로 성과평가하는 책임중심점이다.

이익중심점의 성과평가는 독립회계단위별 수익과 비용을 대응시켜 이익을 산출하게 되는데 비용의 경우 부문개별비와 부문공통비로 구분할 수 있다. 부문개별비는 각 독립회계단위별로 구분·집계가 가능한 비용으로서 일반적으로는 각 부문에서 통제할 수 있는 비용을 말하며, 부문공통비는 각 독립회계단위별로 구분·집계가 불가능하고 회사전체로 집계가 가능한 비용으로서 각 부문의 입장에서는 통제불능원가인 경우가 많다.

부문개별비와 부문공통비는 계정과목의 명칭으로 결정되는 것은 아니고 통제가능성에 따라 결정되는 것으로서 건설, 기계, 식품 등의 사업부로 구성된 회사의 경우 회사전체의 이미지를 좋게 하기 위한 기업광고(PR) 성격의 광고선전비라면 특정 부문과 연관성이 없으므로 부문공통비이지만, 건설사업부에서 분양하는 아파트를 위한 광고의 광고선전비라면 건설부문에게는 부문개별비가 될 것이다.

사업부단위의 성과평가를 이익중심점으로 하는 경우 가장 어려운 부분은 통제불능원가의 성격인 부문공통비를 각 부문별로 안분하는 것이다. 각 기업의 상황에 따라 다르지만 일반적으로 매출액, 인원수 등의 비율에 따라 각 부문별로 안분계산하기도 한다.

〈공통비 안분계산을 통한 사업부별 성과평가〉

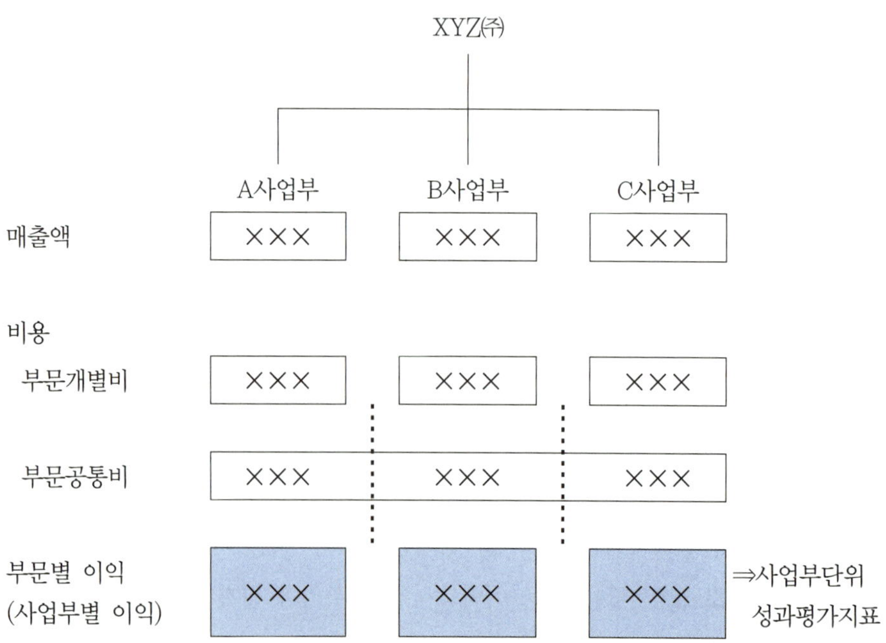

하지만 부문공통비를 많이 배분받고 싶어 하는 사업부는 없으므로 어떠한 기준을 설정하여 공통비를 배분하여도 모든 사업부가 만족할 수 있는 기준은 없다고 할 수 있다. 따라서 통제가능성 및 적절한 성과평가라는 측면에서 각 사업부단위의 성과평가는 각 사업부의 매출액에 부분개별비만을 대응시켜 부문별 이익을 산출하여 이를 각 사업부단위의 성과평가에 적용하며, 부문공통비는 회사 전체의 비용으로 계산함으로써 회사전체를 책임지는 최고경영자의 성과평가지표로 활용하는 방법을 적용할 수도 있다. 즉 성과평가 대상에 따른 차등화된 이익을 산출하여 성과평가에 적용하는 것이다.

〈부문별 이익산출을 통한 사업부별 성과평가〉

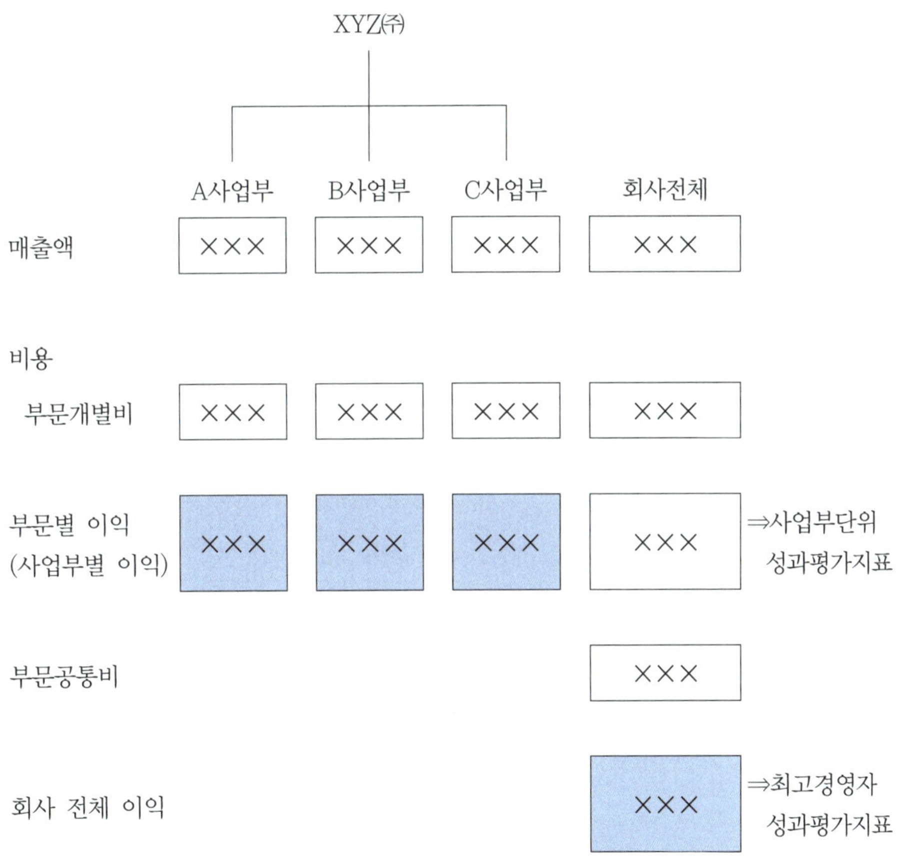

2. 매출차이분석

표준원가계산제도가 원가중심점의 성과평가제도라면 매출차이분석(sales variance analysis)은 수익 및 이익중심점의 성과평가제도이다. 매출차이분석은 실제매출과 예산매출의 차이가 공헌이익에 미치는 영향을 분석하는 방법으로 주로 영업부서의 성과평가에 이용되고 있다.

매출차이분석은 실제매출과 예산매출과의 차이를 분석하는 것으로서 실제가 예산보다 크다면 회사의 이익에 유리한 영향을 미치므로 유리한 차이(favorable variance)라 하며, 실제가 예산보다 적다면 회사의 이익에 불리한 영향을 미치므로 불리한 차이(unfavorable variance)라 한다.

> 실제 − 예산 > 0 유리한 차이(F) (favorable variance)
> 실제 − 예산 < 0 불리한 차이(U) (unfavorable variance)

매출차이분석의 기본개념은 표준원가계산의 분석도구와 유사한데, 매출총차이는 실제총공헌이익과 예산총공헌이익의 차이를 말한다.

> 매출차이 = 실제총공헌이익 − 예산총공헌이익
> = 실제 단위당 공헌이익 × 실제수량 − 예산 단위당 공헌이익 × 예산수량
> $= (AP - Svc) \times AQ - (BP - Svc) \times BQ$

※ *Svc* : Standard variable cost
AP : Actual price　　*AQ* : Actual quantity
BP : Budget price　　*BQ* : Budget quantity

이를 그림으로 표시하면 다음과 같다.

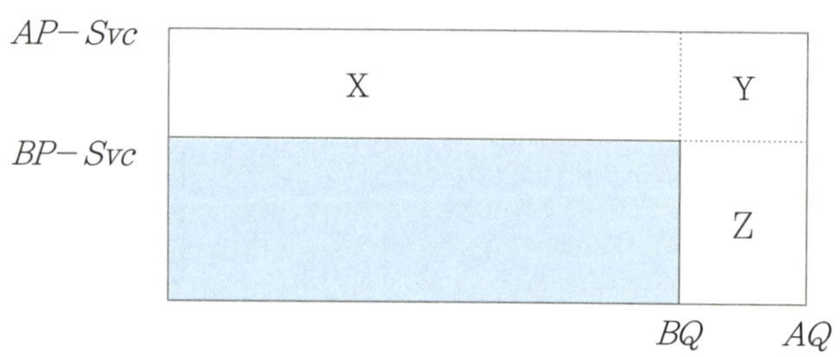

위의 그림에서 X, Y, Z의 영역은 실제총공헌이익이 예산총공헌이익을 초과하는 부분으로 차이영역이 된다.

- X영역 : 실제가격과 예산가격의 차이에 의한 부분이므로 순수한 매출가격차이
- Z영역 : 실제수량과 예산수량의 차이에 의한 부분이므로 순수한 매출조업도차이
- Y영역 : 매출가격차이와 매출조업도차이가 겹치는 영역으로 매출가격차이에 포함

Y영역의 경우 매출가격차이와 매출조업도차이가 겹치는 영역이 되는데 원가관리회계에서는 조업도차이를 엄격하게 해석하는 취지하에 Y영역을 매출가격차이에 포함하여 분석한다.

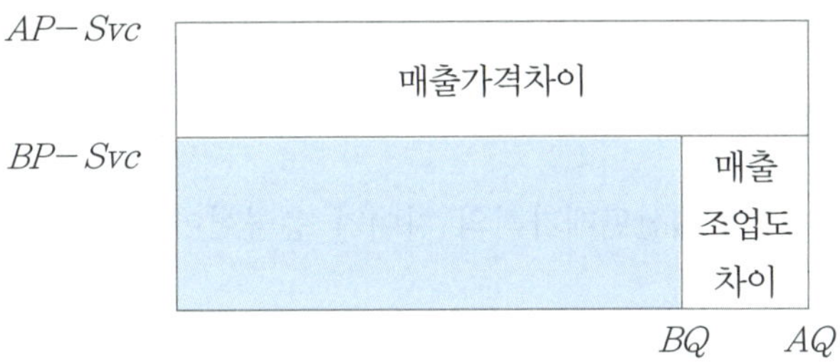

다만, 한 가지 주의할 점은 실제 단위당 공헌이익은 용어상 '실제가격−실제변동원가'로 해석되지만 실제변동원가로 공헌이익을 계산하면 실제원가와 표준원가의 차이 부분마저 분석대상에 포함된다. 하지만 매출차이분석은 영업부서의 성과평가제도라는 점에 비추어 보아 논리적으로 타당하지 않으므로 실제 단위당 공헌이익은 실제가격에서 표준변동원가를 차감하여 계산한다.

> 실제 단위당 공헌이익 = 실제가격 − 표준변동원가 = $AP - Svc$

(1) 매출가격차이와 매출조업도차이

앞에서 살펴본 바와 같이 매출총차이는 실제판매가격과 예산판매가격의 차이로 인하여 공헌이익에 미치는 효과를 분석하는 매출가격차이(selling price variance), 실제판매량과 예산판매량의 차이로 인하여 공헌이익에 미치는 효과를 분석하는 매출조업도차이(sales volume variance)로 구분된다.

매출총차이
- 매출가격차이 (selling price variance)
- 매출조업도차이 (sales volume variance)

$$매출가격차이 = (AP - BP) \times AQ$$
$$매출조업도차이 = (AQ - BQ) \times (BP - Svc)$$

■ **매출가격차이**

실제판매가격과 예산판매가격의 차이가 총공헌이익에 미치는 영향을 말한다.

■ **매출조업도차이**

실제판매량과 예산판매량의 차이가 총공헌이익에 미치는 영향을 말한다.

매출총차이를 계산할 때에는 다음과 같이 표준원가계산에서 사용하는 분석도구를 이용하여 계산할 수도 있다.

$(AP - Svc) \times AQ$	$(BP - Svc) \times AQ$	$(BP - Svc) \times BQ$

매출가격차이 (첫째와 둘째 사이) / 매출조업도차이 (둘째와 셋째 사이)

(2) 매출배합차이와 매출수량차이

앞에서 살펴본 내용처럼 매출총차이는 매출가격차이와 매출조업도차이로 나누어진다. 그러나 판매하는 제품의 종류가 2가지 이상인 경우에는 매출조업도차이는 제품간 실제판매비율이 예산판매비율과 달라서 나타나는 매출배합차이부분과 실제총판매량이 예산총판매량과 달라서 나타나는 매출수량차이부분의 성격이 혼재되어 있다.

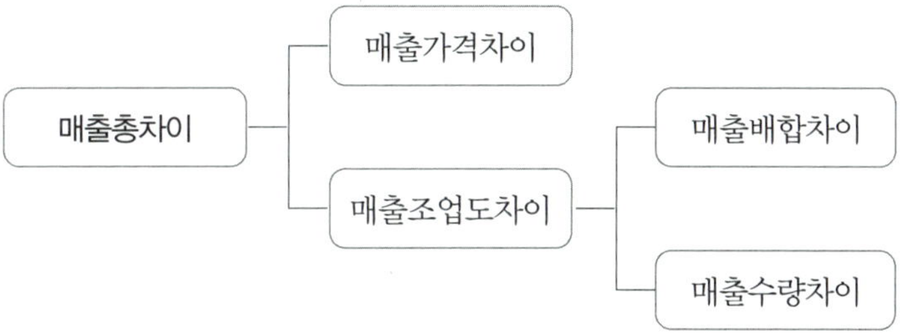

■ **매출배합차이(sales mix variance)**

예산 단위당 공헌이익과 실제판매량하에서 제품간의 실제판매배합비율이 예산배합비율과 다르기 때문에 나타나는 차이

■ **매출수량차이(sales volume variance)**

예산 단위당 공헌이익과 예산배합비율하에서 실제판매량이 예산판매량과 다르기 때문에 나타나는 차이

매출배합차이와 매출수량차이의 분석은 다음과 같다.

$(AP-Svc)\times AQ$	$(BP-Svc)\times AQ$		$(BP-Svc)\times BQ$
매출가격차이		매출조업도차이	
	$(BP-Svc)\times AQ^{*}AM$	$(BP-Svc)\times AQ^{*}BM$	$(BP-Svc)\times BQ^{*}BM$
	매출배합차이		매출수량차이

(AM : actual mix ratio　BM : budget mix ratio)

매출배합차이 = $\Sigma(AQ^{*}AM-AQ^{*}BM)(BP-Svc)$
매출수량차이 = $\Sigma(AQ^{*}BM-BQ^{*}BM)(BP-Svc)$

예제 01 매출차이분석

제품 X, Y를 생산·판매하고 있으며 실제자료와 예산자료는 다음과 같다.

예 산 자 료

구분	단위당 판매가격	단위당 변동비	단위당 공헌이익	판매량
X	₩ 100	₩ 60	₩ 40	400
Y	60	40	20	600
				1,000

실 제 자 료

구분	단위당 판매가격	단위당 변동비	단위당 공헌이익	판매량
X	₩ 120	₩ 65	₩ 55	540
Y	70	45	25	660
				1,200

요구사항

1. 매출가격차이와 매출조업도차이를 구하시오.
2. 매출배합차이와 매출수량차이를 구하시오.

해설

1. 매출가격차이와 매출조업도차이

매출가격차이 $=(AP-BP)\times AQ$

X	(₩120－100)×540＝	10,800F	
Y	(₩70－60)×660＝	6,600F	₩17,400F

매출조업도차이 $=(AQ-BQ)\times(BP-Svc)$

X	(540－400)×₩40＝	5,600F	
Y	(660－600)×₩20＝	1,200F	₩6,800F

※ 참고

	(AP−Sv)×AQ		(BP−Sv)×AQ		(BP−Sv)×BQ	
X	₩60×540=	₩32,400	₩40×540=	₩21,600	₩40×400=	₩16,000
Y	30×660=	19,800	20×660=	13,200	20×600=	12,000
		₩52,200		₩34,800		₩28,000

매출가격차이 ₩17,400F　　매출조업도차이 ₩6,800F

2. 매출배합차이와 매출수량차이

매출배합차이 = $\Sigma(AQ^{*}AM - AQ^{*}BM)(BP - Sv)$

X	(540−480)×₩40=	2,400F	
Y	(660−720)×₩20=	1,200U	₩1,200F

매출수량차이 = $\Sigma(AQ^{*}BM - BQ^{*}BM)(BP - Sv)$

X	(480−400)×₩40=	3,200F	
Y	(720−600)×₩20=	2,400F	₩5,600F

※ 참고

	(BP−Sv)×AQ		(BP−Sv)×AQ*BM		(BP−Sv)×BQ	
X	₩40×540=	21,600	₩40×480=	19,200	₩40×400=	16,000
Y	20×660=	13,200	20×720=	14,400	20×600=	12,000
	(1,200단위)	34,800	(1,200단위)	33,600	(1,000단위)	28,000

매출배합차이 ₩1,200F　　매출수량차이 ₩5,600F

매출수량차이의 의미는 예산 단위당 공헌이익과 예산배합비율하에서 실제총판매수량과 예산총판매수량의 차이가 공헌이익에 미치는 영향을 뜻하는 것이므로 다음과 같이 분석할 수도 있다.

$$\text{매출수량차이} = (BP - Sv)\times AQ^{*}BM - (BP - Sv)\times BQ^{*}BM$$
$$= (AQ - BQ)(BP - Sv)^{*}BM$$
$$= (AQ - BQ)\times ABUCM$$

(ABUCM : average budget unit contribution margin, 평균예산 단위당 공헌이익)

평균예산 단위당 공헌이익 = ₩40×0.4 + ₩20×0.6 = ₩28

매출수량차이 = $(AQ - BQ)\times ABUCM$

= (1,200단위 − 1,000단위)×₩28 = ₩5,600F

(3) 시장점유율차이와 시장규모차이

매출차이분석은 시장과의 관계를 고려하여 분석을 하게 된다. 앞에서 살펴본 매출수량차이는 실제총판매량과 예산총판매량의 차이가 공헌이익에 미치는 영향을 계산하였는데 매출수량차이는 다시 시장과의 관련성에 따라 시장점유율차이와 시장규모차이로 구분된다.

■ 시장점유율차이(market share variance)

실제점유율과 예산점유율의 차이가 공헌이익에 미치는 영향을 말하는 것으로 실제시장규모에 대한 점유율의 차이에 평균예산 단위당 공헌이익을 곱하여 계산한다. 시장점유율의 차이는 시장에서 타사와의 점유율 경쟁관계가 회사의 공헌이익에 미치는 영향을 분석하는 것이므로 기업의 입장에서는 어느 정도 통제가능하다고 볼 수 있다.

■ 시장규모차이(market size variance)

실제시장규모와 예산시장규모의 차이가 공헌이익에 미치는 영향을 말하는 것으로 예산점유율하에서 실제시장규모와 예산시장규모의 차이에 평균예산 단위당 공헌이익을 곱하여 계산한다. 시장규모차이는 전체시장규모의 변화가 회사의 공헌이익에 미치는 영향을 분석하는 것이므로 개별기업의 입장에서는 통제하기 불가능한 차이라고 할 수 있다.

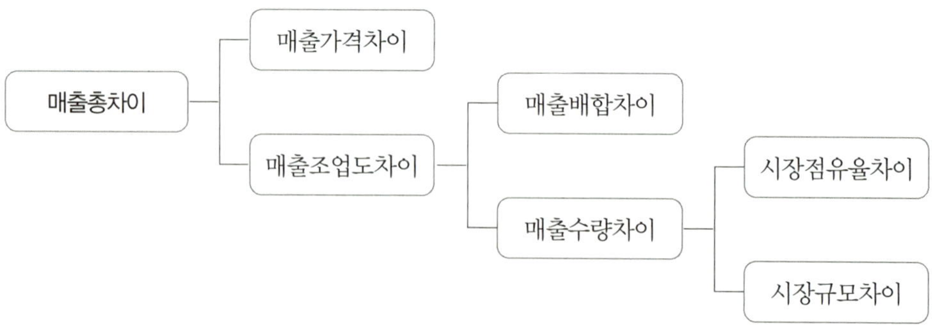

시장점유율차이 = {(실제시장점유율 − 예산시장점유율) × 실제시장규모} × ABUCM
시장규모차이 = {(실제시장규모 − 예산시장규모) × 예산시장점유율} × ABUCM

※ABUCM : 평균예산 단위당 공헌이익

예제 02 시장점유율차이와 시장규모차이

예제 1과 다음의 자료를 이용하여 요구사항에 답하시오.
X, Y는 같은 종류의 제품이며, 전체시장과 관련된 자료는 다음과 같다.

실제자료		예산자료	
실제시장규모 :	15,000	예산시장규모 :	10,000
실제판매량 :	1,200	예산판매량 :	1,000
실제점유율 :	8%	예산점유율 :	10%

요구사항

시장점유율차이와 시장규모차이를 분석하시오.

해설

1. 시장점유율차이
   = {(실제시장점유율 − 예산시장점유율) × 실제시장규모} × ABUCM
   = (8% − 10%) × 15,000 × ₩28 = ₩8,400U

2. 시장규모차이
   = {(실제시장규모 − 예산시장규모) × 예산시장점유율} × ABUCM
   = (15,000 − 10,000) × 10% × ₩28 = ₩14,000F
   ∴ 시장점유율차이 + 시장규모차이
   = ₩8,400U + 14,000F = ₩5,600F(매출수량차이)

결국 판매부서의 매출수량차이 ₩5,600 유리한 차이는 단지 시장의 전체규모가 커졌기 때문에 증가한 것이라고 볼 수 있다. 즉 전체시장의 규모는 10,000단위에서 15,000단위로 실제규모가 예산규모보다 50% 증가하였으나, 회사의 판매량은 1,000단위의 예산판매량보다 20% 증가한 1,200단위의 실제판매량을 기록하는 데 그쳤다. 이는 전적으로 시장의 점유율 경쟁에서 졌기 때문이며 이로 인하여 ₩8,400의 불리한 시장점유율차이가 나타난 것이다.

3. EBIT와 EBITDA

(1) EBIT

가. EBIT의 의미

EBIT(Earnings before interest and tax)는 이자비용과 법인세를 고려하기 전의 이익을 의미한다. EBIT는 자기자본에 의하여 자금조달을 하든, 자기자본과 타인자본에 의하여 자금조달을 하든지 간에 기업의 수익성에 대한 평가를 균형 있게 하기 위한 이익으로서 주로 수익성 분석을 통하여 세율과 이자율수준이 다른 회계단위에 대한 성과평가를 하기 위한 분석도구로 많이 쓰이기도 한다.

EBIT를 자본구조와 이자비용 측면에서 살펴보면 타인자본을 통하여 자금을 조달하면 이자비용이 발생하게 되지만 자기자본을 통하여 자금을 조달하면 이자비용은 발생하지 않는다. EBIT는 기업의 이익을 이자비용을 고려하기 전의 이익으로 측정하므로 자본조달구조와 관계없이 기업의 경영성과와 수익성을 측정하고자 하는 것이다.

현지법인 성과평가의 경우 법인세 측면에서 살펴보면 나라별로 법인세율은 차이가 발생하게 된다. EBIT는 기업의 이익을 법인세를 고려하기 전의 이익으로 측정하므로 나라별로 다른 세율차이와 관계없이 현지법인의 경영성과와 수익성을 측정하고자 하는 것이다.

따라서 EBIT는 세율과 이자율수준이 상이한 여러 나라에 있는 다국적기업들의 회계단위에 대한 성과평가의 목적으로 많이 쓰인다.

EBIT는 실무적으로는 다음과 같이 법인세비용차감전순이익에 이자비용을 가산하여 계산한다.

EBIT＝법인세비용차감전순이익＋이자비용

나. 영업이익과 EBIT

실무적으로 EBIT는 영업이익과 유사한 개념으로 설명되기도 하지만 양자는 상이한 개념이라고 할 수 있다. 영업이익은 영업외수익과 영업외비용을 고려하기 전 단계의 이익임에 비하여 EBIT는 이자비용을 제외한 모든 영업외수익과 영업외비용이 반

영된 이익이라는 점에서 차이가 있다. 특히 이자수익, 외환차손익, 유형자산처분손익 등이 상당한 금액적 중요성을 갖는 점을 고려하면 양자의 차이는 더욱 벌어진다고 할 수 있다.

다음의 사례를 통하여 EBIT와 영업이익의 차이점에 대하여 살펴보도록 한다.

〈사례 1〉

매 출 액	₩1,000,000
⋮	
영 업 이 익	200,000
영업외수익	
유형자산처분이익	50,000
외환차익	100,000
영업외비용	
이자비용	70,000
세 전 이 익	280,000
법 인 세 비 용	50,000
당 기 순 이 익	230,000

* 영업이익 = 200,000
* EBIT = 280,000 + 70,000 = 350,000

위의 손익계산서에서 EBIT는 ₩350,000(=280,000+70,000)인 반면 영업이익은 ₩200,000이다. 양자의 차이인 ₩150,000은?

이는 유형자산처분이익 ₩50,000과 외환차익 ₩100,000의 합이라고 할수 있다. 즉, 영업이익 ₩200,000은 기업의 영업활동으로 인한 경영성과이지만 EBIT ₩350,000은 기업의 영업활동의 경영성과인 ₩200,000에 투자활동 및 기타활동의 결과인 ₩150,000인 합산된 결과인 것이다.

결국, 앞서 설명한 바와 같이 EBIT는 이자비용과 법인세를 제외하고 나머지 모든 활동이 반영된 경영성과 측면의 이익이라고 할 수 있다.

다. EBIT를 활용한 경영성과평가

〈사례 2〉

미국, 유럽, 일본, 중국 등에 현지법인이 있는 X산업은 다음과 같이 현지법인 A, B, C에 대하여 성과평가를 하려고 한다. 현지법인 A, B, C의 재무정보는 다음과 같다.

재무상태

구 분	A법인	B법인	C법인
자 산	1,000	1,000	1,000
부 채	700	500	200
자 본	300	500	800
이자율	10%	8%	5%
법인세율	30%	20%	10%

※ 부채는 모두 이자비용을 부담하는 차입금으로 가정

경영성과

구 분	A법인	B법인	C법인
매 출 액	1,000	1,000	1,000
⋮	⋮	⋮	⋮
영업이익	200	180	150
이자비용	70	40	10
세전이익	130	140	140
법 인 세	39	28	14
순 이 익	91	112	126

※ 영업활동 외에 투자활동이나 재무활동은 없는 것으로 가정

위와 같이 영업활동의 결과는 A법인이 매출액 대비 20%{영업성과 : A(20%) > B(18%) > C(15%)}로 가장 뛰어남에도 불구하고 최종적인 순이익으로 평가를 하게 되면 C법인이 126으로 가장 높은 평가(순이익 : C > B > A)를 받게 된다. 따라서 자본구조에 따른 이자비용과 법인세를 제외한 EBIT로 측정을 하면 본래의 영업성과인 A > B > C의 순서로 높은 평가를 받게 된다.

라. EBIT 대 매출액

EBIT 대 매출액(Earnings before interest and tax to sales)은 자금조달원천 및 세율차이에 관계없이 기업의 수익성을 적정하게 측정하기 위한 재무비율로서 높을수록 양호한 것으로 평가된다.

$$\text{EBIT 대 매출액} = \frac{\text{법인세비용차감전순이익} + \text{이자비용}}{\text{매출액}} \times 100$$

〈제조업 EBIT 대 매출액 추세〉(단위 : %)

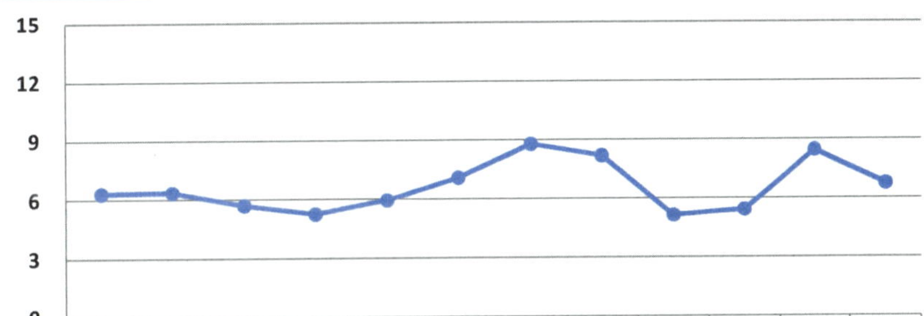

	2011	2012	2013	2014	2015	2016	2017	2018	2019	2020	2021	2022
EBIT 대 매출액	6.31	6.36	5.70	5.25	5.95	7.08	8.77	8.18	5.13	5.41	8.45	6.75

〈EBIT 대 매출액〉

(단위 : %)

구분 \ 연도	2012	2013	2014	2015	2016	2017	2018	2019	2020	2021	2022
S 전 자	14.79	15.37	12.70	10.83	11.24	22.79	26.29	12.54	12.41	19.45	14.28
H 자동차	15.25	15.46	14.47	15.28	12.16	7.85	2.01	6.72	1.28	1.94	6.68
P 스 코	9.85	7.39	6.77	7.42	9.64	12.16	7.76	6.55	4.67	17.89	2.75

주) 별도재무제표 기준
주) 2022년 P스코는 물적분할 된 (주)P스코의 별도재무제표

(2) EBITDA

가. EBITDA의 의미

EBITDA(Earnings before interest, tax, depreciation, and amortization)는 이자비용, 법인세 및 감가상각비 차감전순이익으로 해석되나 본래의 의미는 현금흐름(cash flow)을 의미한다. 실무적으로는 법인세비용차감전순이익에 이자비용과 감가상각비 및 무형자산상각비를 가산하여 계산한다.

> EBITDA = 법인세비용차감전순이익 + 이자비용 + 감가상각비 + 상각비
> = EBIT + 감가상각비 + 상각비

EBITDA는 EBIT에 감가상각비(Depreciation)와 무형자산상각비(Amortization)를 가산하므로 현금흐름의 의미를 갖는다. 즉, 이자비용과 법인세를 제외한 나머지 모든 활동이 반영된 현금흐름으로서 기업의 현금흐름창출능력을 측정하는 지표로 사용된다.

다음의 사례를 통하여 EBITDA의 의미를 살펴보도록 한다.

매출액	₩10,000
급여	4,000
전력비	2,000
감가상각비	1,000
영업이익	3,000
이자비용	800
세전이익	2,200
법인세	1,200
순이익	₩ 1,000

EBIT = ₩2,200 + 800 = ₩3,000
EBITDA = EBIT + D·A
= ₩3,000 + 1,000 = ₩4,000

위의 손익계산서에서 감가상각비는 비용이므로 손익계산서에 비용으로 반영되어 있다. 하지만 감가상각비는 현금의 유출이 없는 비현금항목이므로 현금흐름을 계산할 때에는 계산과정에 포함되지 않는다. 즉, 감가상각비를 제외하고 나머지 항목으로 계산하는 것은 현금흐름만 고려하는 것이다.

위의 손익계산서에서 이자비용과 법인세를 제외한 EBIT항목들의 현금흐름을 계산하면 다음과 같다.

손익계산서			현금흐름
매출액	₩10,000	➡	₩10,000
급여	4,000	➡	(−)4,000
전력비	2,000	➡	(−)2,000
감가상각비	1,000	➡	−
EBIT	₩3,000		₩4,000

위의 표에서 EBIT ₩3,000과 현금흐름 ₩4,000의 차이는 무엇일까? 양자의 차이는 ₩1,000으로서 감가상각비와 일치한다. 즉, EBIT ₩3,000에 감가상각비 ₩1,000을 더하면 현금흐름 ₩4,000이 계산된다.

> 현금흐름 = EBIT + 감가상각비
> ₩4,000 = ₩3,000 + 1,000
> EBITDA = EBIT + D·A

실무적으로 EBITDA는 통상 영업현금흐름 정도로 이해되기도 하며 영업이익에 감가상각비와 상각비를 가산하여 계산하기도 하지만 엄밀하게 말하면 그러한 측정방식은 지분법손익, 유형자산처분손익 등의 효과가 큰 기업 등의 경우에는 정확한 계산이 되지 않으므로 위와 같이 EBIT에 감가상각비와 상각비를 가산하여 계산한다. 즉, 법인세비용차감전순이익에 이자비용·감가상각비·상각비 등을 가산하는 것이 정확하다고 할 수 있고 이는 이자비용과 법인세를 제외한 나머지 모든 활동이 반영된 현금흐름의 의미가 되는 것이다.

나. EBITDA 대 매출액

EBITDA 대 매출액(Earnings before interest, tax, depreciation, and amortization to sales)은 자금조달원천과 관계없이 기업의 현금흐름에 기초한 수익성을 측정하기 위한 재무비율로서 높을수록 양호한 것으로 평가된다.

$$\text{EBITDA 대 매출액} = \frac{\text{법인세비용차감전순이익} + \text{이자비용} + \text{감가상각비} + \text{상각비}}{\text{매출액}} \times 100$$

제조업 전체 EBITDA 대 매출액 추세는 다음과 같다.

〈제조업 EBITDA 대 매출액 추세〉(단위 : %)

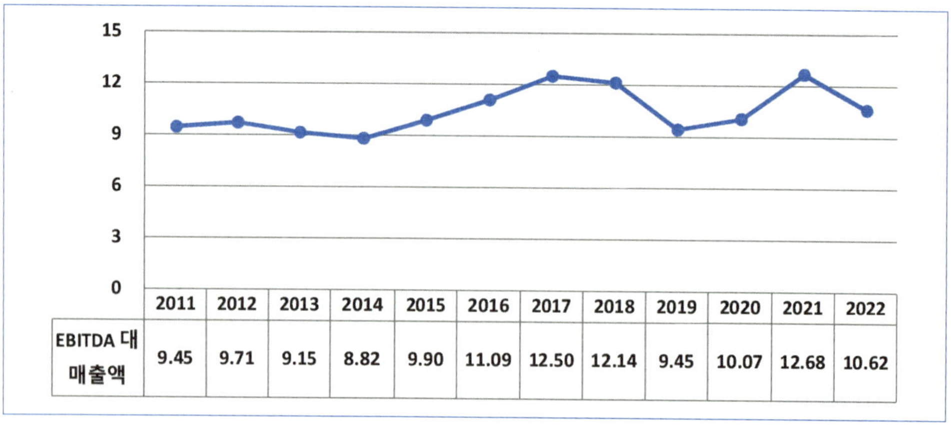

〈EBITDA 대 매출액〉

(단위 : %)

구 분 \ 연 도	2012	2013	2014	2015	2016	2017	2018	2019	2020	2021	2022
S 전 자	21.30	21.33	20.04	19.03	19.52	29.94	34.92	23.90	23.68	30.74	26.98
H 자동차	19.08	19.34	18.22	19.29	17.47	13.39	7.81	11.76	6.77	7.52	11.88
P 스 코	15.13	13.84	14.10	15.76	18.44	19.81	14.87	13.92	13.65	23.90	8.38

주) 별도재무제표 기준

주) 2022년 P스코는 물적분할 된 (주)P스코의 별도재무제표

제4절 투자중심점의 성과평가

투자중심점(investment center)은 수익과 원가뿐 아니라 해당 부문에 대한 투자액에 대해서도 성과평가의 대상으로 삼는 방법으로 가장 넓은 의미의 책임중심점이다. 투자중심점의 성과평가기법은 사업부성과평가 등에 자주 이용되며 투자중심점의 종류로는 투자수익률, 잔여이익, 경제적 부가가치 등이 있다.

1. 투자수익률

투자수익률(ROI; return on investment)은 투자액에 대한 이익의 비율을 계산하는 수익성지표의 일종으로 다음과 같이 계산한다.

$$\text{투자수익률} = \frac{\text{영업이익}}{\text{투자액(자산)}}$$

위의 산식에서 투자액이란 기업이 타인자본과 자기자본을 통하여 자금을 조달(financing)하고 그 자금을 경영활동을 위한 자산에 투자(investment)하였을 것이므로 자산의 의미로 해석할 수 있다. 따라서 투자수익률은 타인자본이나 자기자본 등의 자금조달원천과 관계없이 기업의 총자산을 가지고 달성한 이익을 비율로 측정하는 방법이라고 할 수 있다. 이러한 이유로 인하여 실무에서는 ROI를 자산수익률(ROA; return on assets)로 부르기도 한다.

다만, 실무적으로 투자수익률을 계산하는 과정에서 주의해야 할 점은 대차대조표항목은 일정시점의 재무상태를 의미하지만 손익계산서항목은 일정기간의 경영성과를 의미하므로 저량(stock)개념의 대차대조표항목과 유량(flow)개념의 손익계산서항목을 동시에 고려하는 산식에서 대차대조표항목은 기초금액과 기말금액을 평균하여 계산하여야 하는 것이다. 따라서 위의 산식에서 자산은 평균자산금액으로 계산하여야 한다.

투자수익률은 다음과 같이 매출액이익률과 자산회전율로도 계산할 수 있는데 이는 투자수익률에는 수익성과 활동성이 모두 고려되고 있다는 점을 의미한다.

$$투자수익률 = \frac{영업이익}{자산} = \frac{영업이익}{매출액} \times \frac{매출액}{자산} = 매출액이익률 \times 자산회전율$$

투자수익률(ROI)은 투자액대비 영업이익의 비율을 계산하므로 투자규모가 다른 투자안의 경영성과를 평가하는 데 유리한 평가방법이다.

〈IRR과 ROI〉

IRR(internal rate of return)	ROI(return on investment)
내부수익률	투자수익률
의사결정	성과평가
미래추정	과거실적
현금흐름	이익흐름
투자기간 전체 측정	연(年) 단위 측정 등

2. 잔여이익

잔여이익(RI; residual income)은 사업부 영업이익에서 사업부투자액에 요구되는 자본비용을 차감 계산하며, 이는 이익의 절대금액으로 책임중심점을 평가하는 방법이다.

$$잔여이익 = 영업이익 - 투자액 \times 최저필수수익률$$

예제 03 투자수익률과 잔여이익

A, B사업부에 대한 투자액과 경영성과는 다음과 같다.

	A	B
영업이익	₩4,000	₩6,600
투자액(자산)	20,000	40,000
매출액	32,000	60,000

잔여이익을 계산할 때 적용하는 최저필수수익률은 10%이다.

요구사항

1. A, B사업부의 ROI를 구하시오.
2. A, B사업부의 매출액이익률과 자산회전율을 구하시오.
3. A, B사업부의 RI를 구하시오.

해설

1. 투자수익률

	A	B
투자수익률	$\frac{₩4,000}{₩20,000}=20\%$	$\frac{₩6,600}{₩40,000}=16.5\%$

2. 매출액이익률과 자산회전율

	매출액이익률	×	자산회전율	=	투자수익률
A사업부	$\frac{₩4,000}{₩32,000}=12.5\%$		$\frac{₩32,000}{₩20,000}=1.6$회		20%
B사업부	$\frac{₩6,600}{₩60,000}=11\%$		$\frac{₩60,000}{₩40,000}=1.5$회		16.5%

3. 잔여이익

A사업부　₩4,000 − ₩20,000 × 10% = ₩2,000
B사업부　₩6,600 − ₩40,000 × 10% = ₩2,600

앞의 예제에서 A사업부의 영업이익은 ₩4,000, B사업부의 영업이익은 ₩6,600으로 이익의 절대규모로 보면 B사업부의 성과가 A사업부의 성과보다 양호하다고 할 수 있다. 그러나 A사업부의 영업이익 ₩4,000은 ₩20,000의 투자액으로부터 나온 결과이므로 20%의 투자수익률이 산출된다. 반면 B사업부의 영업이익 ₩6,600은 ₩40,000이 투자액으로부터 나온 결과이므로 16.5%의 투자수익률이 산출된다. 결국 A사업부의 경영자가 B사업부의 경영자보다 적은 자금을 투입하였지만 보다 효율적으로 경영활동을 수행하였다고 볼 수 있다. 따라서 투자수익률(ROI)은 투자규모가 다른 투자안의 경영성과를 평가하는 데 유리한 평가방법이라 할 수 있다.

그러나 A사업부의 경영자가 20%라는 높은 수익률을 유지하고 좋은 성과평가를 받기 위하여 A사업부의 신규투자 여부 결정시 만약 20%를 고집한다면 어떻게 될까? 예를 들어 투자수익률 15%를 확보할 수 있는 신규투자안이 나타난 경우 A사업부의 경영자는 신규투자안의 15% 투자수익률이 20%라는 기존의 투자수익률보다 낮기 때문에 신규투자안을 거부할 것이다. 그러나 회사전체의 최저필수수익률은 10%로 회사의 입장에서는 15%의 이익을 발생시키는 신규투자안은 충분히 매력적인 투자안이 될 수 있다. 결국 투자수익률에는 개별사업부의 의사결정과 회사전체의 의사결정을 다른 방향으로 유도하는 준최적화현상(sub-optimization)이 나타나는 단점이 있다.

신규투자안의 수익률	투자안		
	A사업부	회사전체	
20% 이상	○	○	⇒목표일치성(good congruence)
10~20%	×	○	⇒목표불일치(준최적화)
10% 미만	×	×	⇒목표일치성(good congruence)

반면, 잔여이익(RI)은 투자안의 규모가 다른 경우에 투자규모의 차이로 인하여 나타나는 영향을 분석하지 못하고 단지 절대금액의 크기로만 평가하는 단점이 있다. 위의 예제에서처럼 B사업부의 잔여이익은 A사업부 잔여이익보다 크게 산출되므로 잔여이익에 의하여 성과평가를 하면 B사업부가 높은 평가를 받을 것이다. 그러나 이는 B사업부의 투자규모가 커서 나타나는 현상으로서 결코 B사업부의 자산운용이 A사업부보다 효율적이라는 의미는 아니다.

그러나 잔여이익은 개별사업부의 성과평가시에 적용하는 최저필수수익률과 회사전체의 최저필수수익률을 일치시키거나 혹은 조정함으로써 개별사업부의 이익과 회사전체의 이익을 동시에 극대화할 수 있는 목표일치성(goal congruence)을 갖는 장점이 있다.

〈투자수익률과 잔여이익의 비교〉

구분	투 자 수 익 률	잔 여 이 익
의 의	$\frac{\text{이익}}{\text{투자액}} = \frac{\text{이익}}{\text{매출액}} \times \frac{\text{매출액}}{\text{투자액(자산)}}$ =매출액이익률×자산회전율	영업이익－최저필수수익 =영업이익－투자액(자산) ×최저필수수익률
장 점	• 투자규모가 다른 여러 사업부의 성과를 비교평가하는 데 적절하다.	• 준최적화문제가 나타나지 않으므로 목표일치성이 확보된다. • 최저필수수익률에 사업부별로 차등을 두어 각 사업부의 위험을 반영할 수 있다.

구분	투 자 수 익 률	잔 여 이 익
단 점	• 각 투자중심점의 위험도를 고려하지 못한다. • 준최적화 문제의 가능성 : 개별사업부와 회사전체의 판단이 달라질 수 있으며 이로 인하여 회사의 이익에 유리한 투자안이 기각될 가능성이 있다.	• 투자규모가 다른 투자중심점간에 성과비교가 곤란하다.

3. 경제적 부가가치

경제적 부가가치(EVA; economic value added)는 기업이 영업활동을 통하여 벌어들인 이익에서 국가 등에 대한 법인세, 타인자본과 자기자본을 포함한 투자자에 대한 자본비용을 차감한 금액을 말한다.

> 경제적 부가가치 = 영업이익 − 법인세 − 투자자에 대한 자본비용
> = 영업이익(1 − 법인세율) − 투자자본 × 가중평균자본비용

위의 산식에서 투자자본은 채권자와 주주의 투자액을 말하는 것으로서 채권자의 투자자본은 사채 및 차입금 등이며 주주의 투자자본은 자기자본이므로 다음과 같이 계산할 수 있다.

투자자본 = 채권자투자액 + 주주투자액
= 차입금 및 사채 + 자기자본
= 총자산 − 기타채무

특히 사업부단위의 성과평가를 경제적 부가가치로 측정하는 경우 개별사업부는 자기자본이 없으므로 위와 같이 투자자본을 '총자산 − 기타채무'의 방식으로 계산하는 것이다.

기타채무는 금융기관차입금이나 사채 등과 같이 이자를 발생시키는 부채를 제외한 나머지 채무로서 매입채무, 미지급금, 퇴직급여충당부채 등이 있다. 따라서 위의 산식은 다음과 같이 계산할 수 있다.

> 경제적 부가가치=영업이익(1－법인세율)－(차입금 등+자기자본)×가중평균자본비용
> =영업이익(1－법인세율)－(총자산－기타채무)×가중평균자본비용

가중평균자본비용(WACC; weighted average cost of capital)은 다음과 같이 계산하는데 기업이 자기자본과 타인자본을 통하여 조달하는 자본전체의 조달비용의 성격을 갖게 되므로 기업의 입장에서는 투자안에 대하여 요구하는 최소한의 수익률, 즉 최저필수수익률(minimum required rate of return)로서의 의미를 갖게 된다.

$$가중평균자본비용=이자율\times(1-세율)\times\frac{부채의\ 시장가치}{부채\ 및\ 자기자본의\ 시장가치}+자기자본비용\times\frac{자기자본의\ 시장가치}{부채\ 및\ 자기자본의\ 시장가치}$$

예제 04 경제적 부가가치

A, B사업부에 대한 관련자료는 다음과 같다.

	A	B
영 업 이 익	₩4,000	₩6,600
총 자 산	20,000	40,000
기 타 채 무	2,000	5,000

회사의 부채는 장부가액이 ₩40,000이고 이자율이 10%이며, 자기자본은 시장가치 ₩60,000, 자기자본비용 15%이다. 부채의 시장가치는 장부가액과 동일하며 법인세율은 40%이다.

요구사항

각 사업부별 경제적 부가가치를 계산하시오.

해설

1. 가중평균자본비용

$$=10\%(1-0.4)\times\frac{₩40,000}{₩40,000+₩60,000}+15\%\times\frac{₩60,000}{₩40,000+₩60,000}=11.4\%$$

2. 경제적 부가가치의 계산

A사업부 : ₩4,000(1－0.4)－(₩20,000－2,000)×11.4%=₩348
B사업부 : ₩6,600(1－0.4)－(₩40,000－5,000)×11.4%=(－)₩30

앞의 예제 B사업부의 경우에는 영업이익의 절대금액으로는 ₩6,600으로 A사업부의 영업이익 ₩4,000보다 65%나 많지만 B사업부의 유지를 위하여 투자된 투자자본(차입금 등+자기자본=총자산-기타채무)이 ₩35,000으로 너무 많아서 세후영업이익 ₩3,960(=₩6,600×0.6)보다 큰 자본비용 ₩3,990(=₩35,000×11.4%)으로 인하여 (-)₩30만큼의 負의 경제적 부가가치가 산출된 것이다. 결국 A사업부는 기업의 가치증가에 ₩348만큼 기여하였으나 B사업부는 투자자본의 과대함과 상대적인 이익획득력의 빈곤으로 기업의 가치를 ₩30만큼 감소시켰다고 볼 수 있다.

경제적 부가가치는 영업활동으로부터 창출된 세후이익과 영업활동에 사용된 투하자본의 비용을 대응시키는 개념이라 할 수 있다. 기업회계에 의하여 산출된 이익은 타인자본에 대한 비용, 즉 이자비용만 반영되고 자기자본비용은 반영되지 않는다. 그러나 자기자본도 기회비용이 발생하므로 자기자본비용을 반영하여야 기업의 진정한 경영성과를 측정할 수 있는 것이다. 따라서 회계상으로 순이익이 나더라도 경제적 부가가치가 (-)인 경우에는 기업은 투자자본에 대한 비용보다 세후영업이익이 적은 것을 의미하므로 양호한 경영성과를 냈다고 보기는 곤란한 것이다.

경제적 부가가치는 기업의 영업활동뿐 아니라 자본비용까지 고려하기 때문에 경영성과의 중요한 측정지표로 널리 사용되고 있다. 즉 주주의 기회비용이 반영된 가중평균자본비용을 감안한 새로운 개념의 경영성과측정도구라 할 수 있다.

경제적 부가가치는 다음과 같은 장점이 있다.

첫째, 평가의 대상이 순이익이 아니라 영업이익으로 기업의 정상적인 영업능력을 평가할 수 있다. 만약 순이익의 절대금액으로만 평가한다면 타인자본의 자본비용인 이자비용은 차감되었으나 자기자본은 고려되지 않았으므로 투자자본의 효율성을 제대로 평가할 수 없을 것이다.

둘째, 세후영업이익에서 타인자본과 자기자본에 대한 자본비용을 차감하여 사업부에 투자된 전체 조달자금의 자본비용을 고려할 수 있다. 즉 총자본비용을 차감하고 얼마나 기업의 가치증가에 기여했는가를 평가할 수 있다.

셋째, 투자규모가 다른 사업부 평가에도 유용하게 사용할 수 있다. 잔여이익으로 평가하면 투자규모가 클수록 이익의 절대금액이 커지는 경향으로 인하여 투자의 효율성을 제대로 평가하기 곤란한 경우가 많다. 그러나 경제적 부가가치는 총자본비용을 고려함으로써 투자규모를 계산과정에 반영하여 투자규모의 증가에 따라 이익이 증가하는 경향을 상쇄시키고 있다.

제5절 균형성과표

균형성과표(BSC; balanced scorecard)는 성과평가의 과정에 전통적인 재무적 측정치 외에 무형자산이나 지적자산 등 기업의 무형의 가치를 비롯한 비재무적인 측정치도 포함시키는 이론으로 다음과 같이 재무적 관점, 고객관점, 기업내부 프로세스관점, 학습과 성장관점 등 네 가지의 관점에서 기업의 성과를 평가한다. 균형성과표를 실무적으로 적용시키기 위하여 핵심성과지표(key performance indicators) 등의 기법을 사용하기도 한다.

1. 재무적 관점(financial perspective)

이는 전통적인 성과평가의 관점으로 앞에서 살펴본 것처럼 원가중심점, 수익 및 이익중심점, 투자중심점 등으로 구분하여 원가절감이나 이익증가를 위하여 목표를 설정하고 예산(표준)과 실적을 비교하여 성과평가에 반영하는 과정 및 관점을 말한다.

재무적 관점의 성과지표로는 원가절감액, 매출증가액, 영업이익, 투자수익률, 잔여이익, 경제적 부가가치 등이 있다.

핵심성과지표	내 용
원가절감액	표준원가계산 등에서 표준원가(목표)대비 실제원가의 절감액 등으로 측정되며 차이분석에서는 유리한 차이를 말한다. 만약 불리한 차이가 발생하였다면 원가절감은 전혀 없는 것으로 간주한다. 다만 표준원가를 이용하여 원가절감액을 측정하려면 표준설정의 적정성에 대한 정확한 판단이 선행되어야 한다.
매출증가액	매출액예산 대비 실제매출액의 차이로 계산한다. 다만, 매출과 관련하여 발생하는 원가가 예산과 실제발생액에 큰 차이가 없어야 한다. 만약 매출은 증가하였으나 관련원가가 더 큰 폭으로 증가하였다만 매출증가는 이익증가에 기여하지 못하기 때문이다.
영업이익	책임중심점이 이익중심점으로 운영되는 경우 영업이익 혹은 영업이익 증가액 등으로 평가지표를 계산한다. 다만, 부문별 영업이익을 계산하는 과정에서 공통부분의 공통비는 배부여부는 신중하게 고려하여 영업이익을 산출하여야 한다.

핵심성과지표	내 용
투자수익률	투자금액(자산) 대비 영업이익의 비율로서 사업부별로 자산금액과 영업이익을 산출할 수 있는 구분회계제도가 선행되어야 한다.
잔여이익	영업이익에서 투자액에 대한 최저필수수익률을 감안한 금액을 차감하여 계산한다. 투자규모가 클수록 성과평가에 유리하다는 단점이 있으나 사업부별 의사결정에서 준최적화의 문제가 나타나지 않는 장점도 있다.
경제적 부가가치	세후영업이익에서 투자자본에 대한 가중평균자본비용을 감안한 금액을 차감하여 계산한다. 투자자본이란 채권자투자액과 주주투자액을 말하는데 사업부 평가에서는 사업부의 자기자본을 계산하기 곤란한 경우가 많이 있으므로 각 사업부의 총자산에서 기타채무(비차입금)을 차감하여 계산한다.

2. 고객관점(customer perspective)

기업이 높은 경영성과를 얻기 위해서는 기존의 재무적 관점의 성과 외에 고객만족, 시장점유율, 주문처리시간 등으로 구성된 고객관점의 요소로 고객을 만족시켜야 한다는 것으로 재무적 관점이 주로 단기적인 성과를 의미한다면 고객관점은 주로 장기적 경영성과를 강조하고 있다. 즉 제품의 품질을 높이기 위하여 제품에 추가적인 원가를 투입하는 것은 단기적으로는 재무적 측정치가 나빠진다 하더라도 장기적으로는 고객의 만족을 높여서 신규 수요창출로 이어질 수 있다. 따라서 이는 장기적으로는 기업의 성과가 좋아진다는 것을 의미한다.

고객관점의 성과지표로는 시장점유율, 고객유지율, 신규고객확보율, 고객만족도, 고객수익성 등이 있다.

핵심성과지표	내 용
고객유지율	기존의 고객 중 지속적으로 기업의 제품이나 용역을 구매하는 고객비율로서 고객충성도와 관련성이 있다.
신규고객확보율	신규로 확보된 고객을 말하며 신규 고객의 수 혹은 신규 고객의 매출액 등으로 측정한다.
시장점유율	전체시장에서 기업이 차지하는 비율을 말하는데 판매량, 매출액, 고객수 등으로 측정된다.

핵심성과지표	내 용
고객수익성	고객 1인당 수익성을 측정하는데 1인당 매출액, 1인당 공헌이익 등으로 측정한다.
고객만족도	고객이 기업의 제품 혹은 서비스에 만족하는 정도를 말하는데 전화조사, 인터넷 조사 등을 통하여 제품만족도, 만족여부, 불만건수 등을 측정한다.

3. 내부공정관점(internal process perspective)

기업이 재무적 관점의 성과와 고객관점의 성과를 높이기 위해서는 고객의 필요(needs)에 따른 신제품의 신속한 개발, 적기납품, 원활한 사후서비스 제공 등이 이루어져야 한다는 관점으로 주로 기업내부의 공정에서 비부가가치요소를 제거하고 부가가치요소를 증가시키는 것을 강조하는 관점이다.

내부공정은 다음과 같이 3가지로 구분한다.

핵심성과지표	내 용
혁신공정	고객의 신제품에 대한 수요를 미리 정확하게 예측하여 제품화하는 과정을 말한다. 신제품의 수, 신제품매출액, 경쟁기업대비 신제품의 수, 신제품 개발기간, 손익분기달성기간 등으로 측정한다.
운영공정	제품을 고객에게 적기에 신속하게 납품하는 것을 말하는데 제품의 생산에서 고객에게 배달하는 과정까지를 포함한다. 주문접수기간, 제조기간, 제품인도 소요시간(일수), 고객응대시간, 정시납품여부, 제품의 품질, 제조원가 등으로 측정한다.
사후 서비스공정	제품을 판매한 후에 고객의 불만을 신속하게 처리하거나 기술 등을 지원하는 과정을 말한다. 고객의 요청을 받고 현장에 도착하여 빠른 시간내에 문제를 해결할수록 사후서비스공정의 성과는 높아진다. 고객에게 제품관련 소개 및 전달, 사후서비스 소요시간, 불량에 대한 정확한 진단 및 문제해결, 사후서비스 관련원가 등으로 측정한다.

4. 학습과 성장(learning and growth perspective)

재무적 관점, 고객관점, 기업내부공정관점의 성과를 높이기 위하여 종업원교육과 훈련, 기술과 정보시스템 등을 강조하는 관점을 말한다. 퇴직률, 종업원 교육성과, 종업원 만족도 등으로 측정한다.

핵심성과지표	내 용
종업원	직원만족도, 퇴직률, 생산성, 직원교육시간 등으로 측정한다.
기술 및 정보시스템	전산화된 정보시스템 가동여부, 고객사항에 대한 종업원 전달시간, 고객관련사항의 피드백, 의사결정의 정보시스템 활용도 등으로 측정된다.

〈경영성과〉

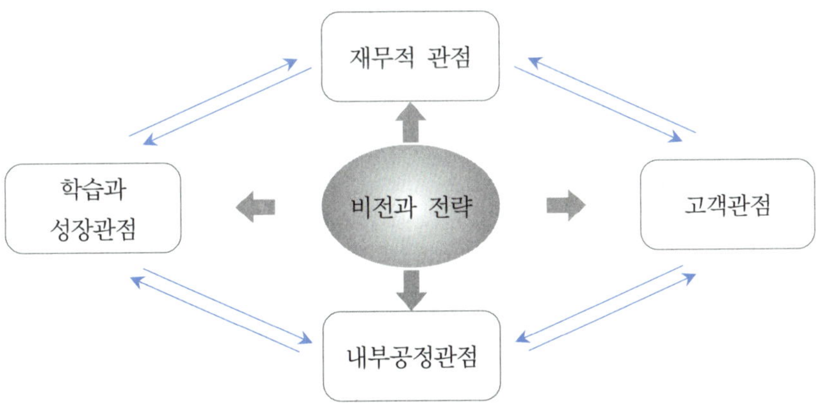

연습문제

문제 1. ROI, RI, EVA

㈜해왕성의 재무상태표와 영업이익에 대한 자료는 다음과 같다.

(1) 사업부별 재무상태표

계정과목	A사업부	B사업부	회사전체
유동자산	₩6,000	₩2,000	₩8,000
고정자산	6,000	6,000	12,000
총자산	₩12,000	₩8,000	₩20,000
유동부채	₩4,000	₩4,000	₩8,000
고정부채	4,000	2,000	6,000
부채계	8,000	6,000	14,000
자본계			6,000
부채와자본			₩20,000

(2) 사업부별 영업이익

A사업부 : ₩5,000　　B사업부 : ₩3,000

(3) 각 사업부에는 영업활동과 무관한 자산은 없는 것으로 가정한다.

요구사항

1. 회사는 사업부의 성과평가를 ROI에 의하여 실시한다. 각 사업부의 ROI를 계산하고 ROI에 의한 성과평가에서 우월한 평가를 받는 사업부를 결정하시오.
2. 회사는 사업부의 성과평가를 RI에 의하여 실시한다. 각 사업부의 RI를 계산하고 RI에 의한 성과평가에서 우월한 평가를 받는 사업부를 결정하시오(최저필수수익률 : 10%).

3. 회사는 사업부평가에 EVA를 적용하기로 하였다. 회사의 법인세율은 40%이며 차입금에 적용되는 이자율은 10%, 자기자본의 자본비용은 12%이다. 한편, 부채의 시장가치는 장부가액과 동일하며 회사의 자기자본 시장가치는 ₩12,000으로 측정되었다. 단, 각 사업부의 유동부채에는 이자를 발생시키는 부채는 없으며 고정부채는 사채와 차입금으로만 구성되어 있는 것으로 가정한다. A, B사업부의 EVA를 계산하시오.

해설

1. ROI에 의한 성과평가

A사업부 : $\frac{\text{영업이익}}{\text{총자산}} = \frac{₩5,000}{₩12,000} = 41.67\%$

B사업부 : $\frac{\text{영업이익}}{\text{총자산}} = \frac{₩3,000}{₩8,000} = 37.5\%$

∴ A사업부가 우월한 평가를 받는다.

2. RI에 의한 성과평가

A사업부 : 영업이익 − 영업자산×최저필수수익률
= ₩5,000 − ₩12,000×10%
= ₩3,800

B사업부 : 영업이익 − 영업자산×최저필수수익률
= ₩3,000 − ₩8,000×10%
= ₩2,200

∴ A사업부가 우월한 평가를 받는다.

3. EVA에 의한 성과평가

부채의 시장가치 : ₩6,000　　자기자본의 시장가치 : ₩12,000

가중평균자본비용 = 이자율(1 − 법인세율)×부채의 구성비율 + 자기자본비용 ×자기자본의 구성비율

$$= 10\%(1-40\%)\times\frac{₩6,000}{₩18,000} + 12\%\times\frac{₩12,000}{₩18,000} = 10\%$$

A사업부 EVA = 세후영업이익 − 투자자본×가중평균자본비용
= 세후영업이익 − (총자산 − 유동부채)×가중평균자본비용
= ₩5,000(1 − 0.4) − (₩12,000 − 4,000)×10%
= ₩2,200

B사업부 EVA = ₩3,000(1 − 0.4) − (₩8,000 − 4,000)×10%
= ₩1,400

∴ A사업부가 우월한 평가를 받는다.

문제 2. 매출차이분석

㈜귀천산업은 제품 X, Y, Z를 생산·판매하고 있으며 제품과 관련된 자료는 다음과 같다.

예 산 자 료

구분	단위당 판매가격	단위당 변동비	단위당 공헌이익	판매량
X	₩200	₩120	₩80	500
Y	150	100	50	300
Z	100	80	20	200
				1,000

실 제 자 료

구분	단위당 판매가격	단위당 변동비	단위당 공헌이익	판매량
X	₩220	₩125	₩95	1,008
Y	160	105	55	504
Z	100	90	10	168
				1,680

요구사항

1. 매출가격차이와 매출조업도차이를 구하시오.
2. 매출배합차이와 매출수량차이를 구하시오.
3. 회사가 예산을 설정할 때 예측한 전체시장규모는 10,000단위이었으나 실제 전체시장규모는 14,000단위이다. 시장점유율차이와 시장규모차이를 구하시오.

해설

1. 매출가격차이와 매출조업도차이

	$(AP-SV)\times AQ$		$(BP-SV)\times AQ$		$(BP-SV)\times BQ$	
X	₩100×1,008=	₩100,800	₩80×1,008=	₩80,640	₩80×500=	₩40,000
Y	60×504=	30,240	50×504=	25,200	50×300=	15,000
Z	20×168=	3,360	20×168=	3,360	20×200=	4,000
		₩134,400		₩109,200		₩59,000

매출가격차이 ₩25,200F　　매출조업도차이 ₩50,200F

2. 매출배합차이와 매출수량차이

	$(BP-SV)\times AQ$		$(BP-SV)\times AQ^{*}BM$		$(BP-SV)\times BQ$	
X	₩80×1,008=	₩80,640	₩80×840=	₩67,200	₩80×500=	₩40,000
Y	50×504=	25,200	50×504=	25,200	50×300=	15,000
Z	20×168=	3,360	20×336=	6,720	20×200=	4,000
	(1,680단위)	₩109,200	(1,680단위)	₩99,120	(1,000단위)	₩59,000

매출배합차이 ₩10,080F　　매출수량차이 ₩40,120F

※ 참고

X, Y, Z제품의 평균예산 단위당 공헌이익은 ₩80×0.5+₩50×0.3+₩20×0.2 =₩59이므로

매출수량차이=$(AQ-BQ)^{*}ABUCM$=(1,680단위-1,000단위)×₩59=₩40,120F

3. 시장점유율차이와 시장규모차이

(1) 시장점유율차이={(실제시장점유율-예산시장점유율)×실제시장규모} ×ABUCM=(12%-10%)×14,000×₩59=₩16,520F

(2) 시장규모차이={(실제시장규모-예산시장규모)×예산시장점유율}×ABUCM =(14,000-10,000)×10%×₩59=₩23,600F

∴ 시장점유율차이+시장규모차이=₩16,520F+23,600F=₩40,120F(매출수량차이)

제13장 대체가격

제1절 대체가격(transfer price)의 의의

기업의 조직은 규모가 커짐에 따라 부서단위의 조직에서 권한과 책임을 가지고 독립적인 경영활동을 수행하게 되는 사업부단위의 조직으로 변하게 된다. 사업부단위의 조직은 각각의 사업부가 마치 독립적인 기업처럼 행동을 하게 되므로 분권화(decentralization)조직의 대표적인 사례가 된다. 사업부조직에서는 같은 기업 내의 사업부간 거래라 할지라도 외부의 기업과 거래하는 것과 같은 방식으로 거래가 이루어지는데 사업부간에 이루어지는 거래를 이전거래 또는 대체거래라고 하며 이때 적용되는 가격을 대체가격(transfer price)이라고 한다.

사업부간의 대체가격결정은 의사결정측면과 성과평가의 측면을 모두 포함하고 있다. 즉 각 사업부는 내부대체거래시 외부시장가격과 비교하여 내부대체를 할 것인지 혹은 외부거래를 할 것인지를 결정하게 되며, 또한 대체가격은 공급사업부의 입장에서는 매출이 되고, 수요사업부의 입장에서는 원가가 되므로 각 사업부의 이익에 직결되어 성과평가에 반영된다. 따라서 이번 장에서는 앞에서 살펴본 의사결정회계와 성과평가회계를 바탕으로 하여 사업부간 대체가격의 결정문제에 대하여 살펴보도록 한다.

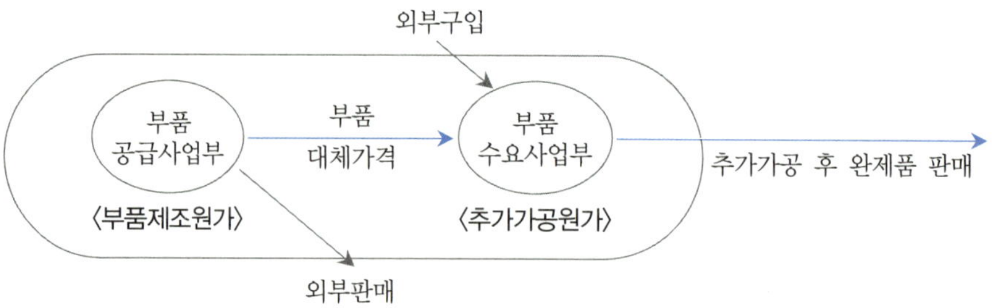

기업이 대체가격을 결정하는 과정에서 고려하여야 하는 선택기준으로 다음의 사항들이 있다.

1. 목표일치성(goal congruence) 기준

목표일치성이란 개별사업부의 목표와 회사전체의 목표를 일치시키는 것을 말하는데, 이러한 목표일치를 통하여 회사는 개별사업부와 회사전체가 만족할 수 있는 결과를 얻을 수 있다. 따라서 대체가격을 결정할 때 목표일치성을 고려하여야 각 사업부의 목표와 회사전체의 목표를 일치시키고 이익의 극대화와 같은 최적의 결과를 얻을 수 있다.

목표일치성을 달성하기 위해서는 각 사업부의 경영자가 사업부의 목표와 조직전체의 목표를 일치시킬 수 있도록 사업부경영자에게 동기를 부여해야 하며, 대체가격은 이러한 동기부여의 수단으로서의 역할도 수행하게 된다.

2. 성과평가(performance evaluation) 기준

대체가격은 각 사업부 경영자에 대한 성과평가가 공정하게 수행될 수 있도록 결정되어야 한다. 즉 대체가격은 공급사업부의 입장에서는 매출이 되고, 수요사업부의 입장에서는 원가가 되므로 각 사업부의 이익에 직결되어 성과평가에 반영된다. 따라서 각 사업부의 경영자가 이러한 대체가격에 대하여 이의를 제기하지 않아야 하며, 대체가격을 적용하여 성과평가에 반영할 수 있도록 대체가격은 공정하게 설정되어야 한다.

3. 자율성(autonomy) 기준

대체가격은 분권화된 조직에서 각 사업부간의 거래에 적용되는 가격을 의미하므로 각 경영자에게는 내부대체거래와 외부거래를 선택할 수 있는 자율성이 주어져야 한다. 따라서 자율성은 각 사업부의 경영자가 대체가격을 자유롭게 설정할 수 있는 전제조건이라고 할 수 있다. 그러나 간혹 각 사업부의 경영자는 조직전체에 이익이 되는 거래임에도 불구하고 개별사업부의 이익을 해친다고 하여 이를 거부하는 경우가 있다. 이를 준최적화현상이라고 하는데 자율성의 단점은 이러한 준최적화현상이 발생할 수 있다는 점이다.

4. 공공기관에 대한 재정관리(fiscal management) 기준

국세청이나 정부기관에 대하여 기업에 미치게 될 불리한 효과를 최소화할 수 있도록, 또는 유리한 효과를 최대화할 수 있도록 대체가격을 설정하는 것을 말한다.

제2절 대체가격의 결정방법

1. 분권적 대체가격 결정방법

(1) 시장가격기준

대체거래의 대상이 되는 재화가 외부의 시장에서 거래된다면 외부시장가격기준은 대체가격결정의 가장 객관적인 기준이 될 수 있다. 그러나 시장가격이 대체가격의 결정기준이 되기 위해서는 첫째, 동일한 재화가 거래되는 외부의 시장이 존재하여야 하며, 둘째, 일부기업의 구매나 판매가 재화의 가격에 영향을 미치지 않을 정도의 완전경쟁시장이어야 하며, 셋째, 각 사업부의 경영자에게 내부대체거래나 외부거래를 자율적으로 결정할 수 있는 권한이 주어져야 한다.

(2) 전부원가기준

전부원가기준은 공급사업부의 단위당 전부원가를 대체가격으로 결정하는 방법으로 실무에서 가장 많이 쓰이는 방법이다.

하지만 전부원가기준을 적용하여 대체가격을 결정하면 공급사업부의 입장에서는 수익과 원가가 동일하게 되므로 이익을 인식할 수 없어 동기유발효과가 나타나지 않게 되며, 공급사업부의 생산과정에서 발생하는 비효율이 그대로 수요사업부에게 전가되는 단점이 나타날 수 있다. 따라서 전부원가기준을 적용하는 경우에 표준원가를 설정하여 대체가격으로 정한다면 공급사업부의 입장에서는 표준원가보다 실제발생원가가 절감되는 경우 유리한 차이만큼을 이익으로 인식할 수 있으므로 동기유발의 효과를 기대할 수 있고, 공급사업부의 비효율이 수요사업부에게 전가되는 현상도 막을 수 있다. 그러나 표준원가설정의 어려움은 여전히 남아 있게 된다.

(3) 이익가산 전부원가기준

단위당 전부원가에 일정한 이익을 가산하여 대체가격을 결정하는 방법으로 실무에서 많이 사용하는 방법 중 하나이다.

(4) 변동원가기준

공급사업부가 생산하는 재화의 단위당 변동원가를 기준으로 대체가격을 결정하는 방법으로 장기적으로 이러한 변동원가기준을 적용하면 공급사업부에는 고정비만큼의 손실이 발생하게 되므로 적용이 곤란하다. 따라서 변동원가기준은 공급사업부에 유휴조업도가 존재하는 경우에만 사용될 수 있는 방법이라 할 수 있다.

(5) 이익가산 변동원가기준

단위당 변동원가에 일정한 이익을 가산하여 대체가격을 결정하는 방법이다.

(6) 협상가격기준

각 사업부의 경영자가 직접 협상을 통하여 대체가격을 결정하는 방법이다.

2. 비분권적 대체가격 결정방법

(1) 중재가격기준

중재가격기준은 각 사업부의 대체가격결정과정에 최고경영자가 참여하여 중재를 함으로써 대체가격을 결정하는 방법을 말하는데 자율성을 저해하고 최고경영자가 일일이 대체가격결정에 참여하기 곤란하다는 단점이 있다.

제3절 대체가격의 결정

1. 공급사업부의 대체가격 결정

공급사업부의 입장에서는 가능한 높은 가격으로 타사업부에 판매하기를 원할 것이다. 그러나 대체가격이 낮아지게 되면 손실이 발생하거나 또는 외부판매와 비교하여 상대적으로 불리할 수 있으므로 공급사업부는 그들이 받아들일 수 있는 최소대체가격을 결정하게 된다. 따라서 일반적으로는 내부대체하는 경우의 이익과 외부판매하는 경우의 이익을 비교하여 의사결정을 한다.

한편, 공급사업부의 최소대체가격은 유휴조업도에 따라 달라지므로 다음과 같이 결정할 수도 있다.

> 최소대체가격 = 단위당 증분원가 + 대체에 따른 단위당 기회비용

따라서 공급사업부는 대체가격이 최소대체가격보다 높게 결정되면 내부대체를 할 것이며, 대체가격이 최소대체가격보다 낮게 결정된다면 내부대체거래를 포기하고 외부에 판매하려고 할 것이다.

예제 01 공급사업부의 최소대체가격

㈜향원산업은 X사업부와 Y사업부로 구성되어 있는데, X사업부에서 부품을 생산하여 Y사업부에 공급하면 Y사업부는 추가가공하여 완제품을 생산한 후 외부에 판매하고 있다. 각 사업부의 경영자에게는 내부대체를 선택하거나 외부거래를 할 수 있는 결정권이 주어져 있다. Y사업부가 필요로 하는 연간 부품필요량은 1,000단위이다.

X사업부의 연간 최대조업도는 20,000단위이며, X사업부는 완성한 부품을 외부시장에 단위당 ₩200에 판매할 수 있다. 또한 X사업부가 생산하는 부품의 단위당 변동비는 변동판매관리비를 포함하여 단위당 ₩120이며 총고정비는 ₩600,000이다.

요구사항

다음 각각의 경우 X사업부의 최소대체가격을 구하시오.

1. X사업부의 현재 외부판매량이 10,000단위인 경우 최소대체가격
2. X사업부의 현재 외부판매량이 19,500단위인 경우 최소대체가격
3. X사업부의 현재 외부판매량이 20,000단위인 경우 최소대체가격
4. X사업부의 현재 외부판매량이 20,000단위이며, 내부대체시에는 변동판매관리비 ₩10이 발생하지 않는 경우 최소대체가격

해설

1. X사업부의 현재 판매량이 10,000단위인 경우

내부대체가격을 y라 하고 내부대체와 외부거래의 손익계산서를 작성하면 다음과 같다.

	내부대체(외부공급+내부대체)		외부판매(비대체)	
매　　출	10,000×200+1,000y=	1,000y+₩2,000,000	10,000×200=	₩2,000,000
변 동 비	11,000×120=	1,320,000	10,000×120=	1,200,000
공헌이익		1,000y+680,000		800,000
고 정 비		600,000		600,000
영업이익		1,000y+₩80,000		₩200,000

내부대체를 하려면 내부대체의 영업이익이 외부판매의 영업이익보다 많아야 하므로
1,000y+₩80,000 ≥ ₩200,000

∴ y ≥ ₩120

₩120은 X사업부의 변동비이다. 즉 X사업부에는 유휴조업도가 존재하므로 내부대체물량의

외부판매시의 기회비용이 없다. 따라서 단위당 변동비가 최소대체가격이 된다.

최소대체가격 = 단위당 증분원가 + 단위당 기회비용 = ₩120 + 0 = ₩120

참고로 고정비는 거래형태와 관계없이 동일하게 발생하므로 앞으로는 분석대상에서 제외하도록 한다.

2. X사업부의 현재 판매량이 19,500단위인 경우

	내부대체(외부공급 + 내부대체)		외부판매(비대체)	
매 출	19,000×200+1,000y =	1,000y+₩3,800,000	19,500×200 =	₩3,900,000
변 동 비	20,000×120 =	2,400,000	19,500×120 =	2,340,000
공 헌 이 익		1,000y+₩1,400,000		₩1,560,000

내부대체를 하려면 내부대체의 이익이 외부판매의 이익보다 많아야 하므로

1,000y + ₩1,400,000 ≥ ₩1,560,000

∴ y ≥ ₩160

₩160은 X사업부의 변동비에 기회비용을 더한 값이다. 즉 X사업부에는 유휴조업도가 500단위만 존재하므로 내부대체를 하려면 외부판매 500단위를 포기하여야 하므로 내부대체시 최소대체가격은 다음과 같이 계산된다.

최소대체가격 = 단위당 증분원가 + 단위당 기회비용

= ₩120 + ₩40* = ₩160

* ₩40 = $\frac{\text{포기되는 공헌이익}}{\text{내부대체량}} = \frac{\text{500단위} \times (₩200 - ₩120)}{\text{1,000단위}}$

3. X사업부의 현재 판매량이 20,000단위인 경우

	내부대체(외부공급 + 내부대체)		외부판매(비대체)	
매 출	19,000×200+1,000y =	1,000y+₩3,800,000	20,000×200 =	₩4,000,000
변 동 비	20,000×120 =	2,400,000	20,000×120 =	2,400,000
공 헌 이 익		1,000y+₩1,400,000		₩1,600,000

내부대체를 하려면 내부대체의 이익이 외부판매의 이익보다 많아야 하므로

1,000y + ₩1,400,000 ≥ ₩1,600,000

∴ y ≥ ₩200

최소대체가격 ₩200은 X사업부의 외부판매가격이다. 즉 X사업부에는 유휴조업도가 없으므로 시장가격이 대체가격이 된 것이다. 또한 내부대체를 하려면 외부판매 1,000단위를 포기하여야 하므로 내부대체시 최소대체가격은 다음과 같이 계산할 수도 있다.

최소대체가격 = 단위당 증분원가 + 단위당 기회비용

= ₩120 + ₩80* = ₩200

* ₩80 = $\frac{1,000}{1,000} \times (₩200 - ₩120)$

4. X사업부의 현재 판매량 20,000단위이며 내부대체시 변동판매관리비 ₩10이 발생하지 않는 경우

	내부대체(외부공급+내부대체)		외부판매(비대체)	
매　　출	19,000×200+1,000y =	1,000y+₩3,800,000	20,000×200 =	₩4,000,000
변 동 비	19,000×120+1,000×110 =	2,390,000	20,000×120 =	2,400,000
공헌이익		1,000y+₩1,410,000		₩1,600,000

내부대체를 하려면 내부대체의 이익이 외부판매의 이익보다 많아야 하므로

1,000y+₩1,410,000 ≥ ₩1,600,000

∴ y ≥ ₩190

최소대체가격 ₩190은 다음과 같이 계산할 수도 있다.

최소대체가격 = 단위당 증분원가 + 단위당 기회비용
　　　　　　= (₩120 − ₩10) + ₩80 = ₩190

2. 수요사업부의 대체가격 결정

수요사업부의 입장에서는 가능한 낮은 가격으로 타사업부에서 구입하기를 원할 것이다. 그러나 대체가격이 너무 높아지게 되면 손실이 발생하거나 또는 외부구입과 비교하여 상대적으로 불리할 수 있으므로 수요사업부는 그들이 받아들일 수 있는 최대대체가격을 결정하게 된다. 따라서 일반적으로는 내부대체하는 경우의 이익과 외부구입하는 경우의 이익을 비교하여 의사결정을 한다.

한편, 수요사업부의 최대대체가격은 다음과 같이 '외부구입가격'과 손실이 발생하지 않는 한도 내에서 지불할 수 있는 '비손실 단위당 지불가능금액' 중에서 낮은 것으로 결정할 수도 있다.

최대대체가격 = Min{비손실 단위당 지불가능금액, 단위당 외부구입가격}

$$\left(\text{비손실 단위당 지불가능금액} = \frac{\text{완제품 최종판매가격} - \text{완제품 단위당 추가원가}}{\text{완제품 단위당 투입부품의 수}}\right)$$

따라서 수요사업부는 대체가격이 최대대체가격보다 낮게 결정되면 내부대체를 할 것이며, 대체가격이 최대대체가격보다 높게 결정된다면 내부대체거래를 포기하고 외부에서 구입하려고 할 것이다.

예제 02 수요사업부의 최대대체가격

예제 1에서 수요사업부인 Y사업부는 X사업부가 생산하는 부품을 구매한 후 완제품 K를 만들기 위하여 단위당 ₩150의 추가가공원가를 투입한다. Y사업부가 생산하는 완제품 K의 외부판매가격은 ₩400이다. 한편, 완제품 K의 생산에는 X사업부가 생산하는 부품 1단위가 투입된다.

요구사항

다음 각각의 경우 Y사업부의 최대대체가격을 구하시오.

1. X사업부에서 생산하는 부품의 외부시장가격이 ₩200인 경우
2. X사업부에서 생산하는 부품의 외부시장가격이 ₩270인 경우

해설

1. X사업부에서 생산하는 부품의 외부시장가격이 ₩200인 경우

내부대체가격을 y라 하고 내부대체를 하는 경우와 외부구입하는 경우의 요약손익계산서를 작성하면 다음과 같다.

	내부대체		외부구입	
매 출	₩400×1,000=	₩400,000	₩400×1,000=	₩400,000
변 동 비				
부 품 원 가	y×1,000=	1,000y	₩200×1,000=	200,000
추가가공원가	₩150×1,000=	150,000	₩150×1,000=	150,000
공 헌 이 익		₩250,000−1,000y		₩50,000

내부대체를 하려면 내부대체의 이익이 외부구입의 이익보다 많아야 하므로

₩250,000−1,000y ≥ ₩50,000

∴ y ≤ ₩200

참고로 다음과 같이 계산할 수도 있다.

최대대체가격=Min{비손실 단위당 지불가능금액, 단위당 외부구입가격}이므로

최대대체가격=Min{₩250*, ₩200}=₩200

* ₩250=₩400−₩150

제5편 성과평가회계

2. X사업부에서 생산하는 부품의 외부시장가격이 ₩270인 경우

외부에서 부품을 ₩270에 구입하여 ₩150의 추가가공원가를 투입한 후 ₩400에 판매한다면 단위당 ₩20의 손실이 발생하므로 Y사업부는 외부에서 구입하지 않고 내부대체를 하려 할 것이다. 따라서 내부대체의 이익이 0보다 크기만 하면 된다. 1,000단위의 내부대체에 따른 손익은 다음과 같다.

	내부대체	
매출	₩400×1,000=	₩400,000
변동비		
부품원가	y×1,000=	1,000y
추가가공원가	₩150×1,000=	150,000
공헌이익		₩250,000－1,000y

₩250,000－1,000y ≥ 0

∴ y ≤ ₩250

참고로 다음과 같이 계산할 수도 있다.

최대대체가격＝Min{비손실 단위당 지불가능금액, 단위당 외부구입가격}이므로

최대대체가격＝Min{₩250*, ₩270}＝₩250

* ₩250＝₩400－₩150

3. 대체가격의 범위

내부대체거래에서 부품의 공급사업부는 최소대체가격을 설정하고 수요사업부는 최대대체가격을 설정하므로 대체가격은 일정범위를 갖게 된다.

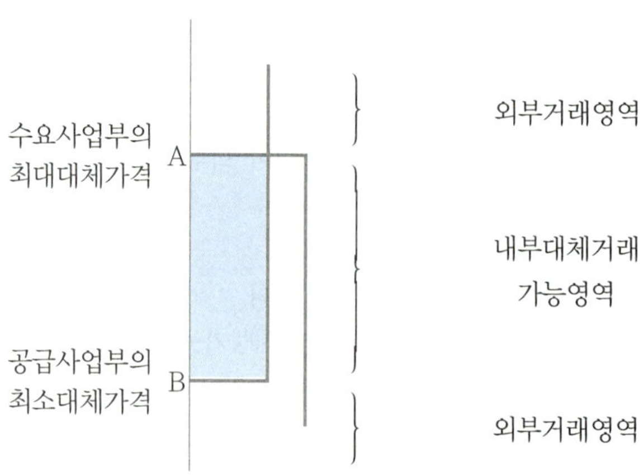

내부대체가 성립되기 위해서는 대체가격이 최대대체가격 A와 최소대체가격 B의 구간 내에 존재하여야 하며, 대체가격이 A와 B 사이에 있는 경우 회사전체의 입장에서도 각 사업부가 외부거래하는 경우보다 많은 이익이 발생한다. 만약 대체가격이 A보다 높게 설정되거나, B보다 낮게 설정된다면 대체거래는 이루어지지 않고 각 사업부는 외부의 거래처와 거래를 할 것이다.

한편, 공급사업부의 최소대체가격이 수요부서의 최대대체가격보다 높다면 위의 그림과는 달리 겹치는 영역이 존재하지 않을 것이므로 내부대체는 원천적으로 불가능하고 각 사업부는 외부의 거래처와 거래를 하게 된다.

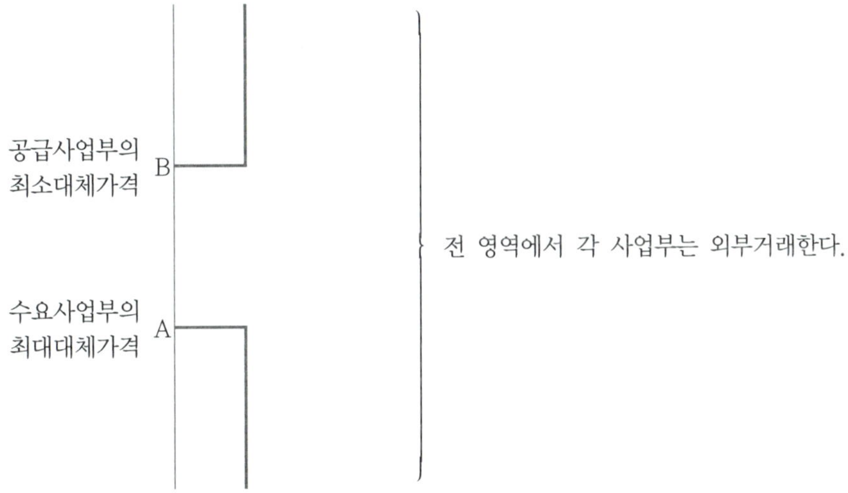

4. 국내거래와 국제거래에 따른 대체가격결정의 고려요소

국내거래에 따른 대체가격의 결정은 각 사업부 혹은 각 거래당사자에 대한 적절한 성과평가, 자율성의 유지, 기업전체의 목표일치성 달성 등이 중요한 고려요소가 된다. 즉, 수요사업부와 공급사업부 모두 적절한 성과평가를 받을 수 있도록 적정한 대체가격이 결정되어야 하며 이는 각 사업부의 자율성에 기초하고 있다. 또한 기업전체의 이익극대화라는 목표에 부합하도록 각 사업부의 의사결정이 이루어져야 한다. 만약 기업전체의 이익을 증가시킬 수 있는 대체가격이 있음에도 불구하고 개별사업부 한쪽에 불리하다고 하여 대체거래가 이루어지지 않는다면 이는 목표일치성을 이루고 있지 못한다고 할 수 있다.

한편 국제거래의 경우 대체가격의 결정은 더 많은 요소에 대한 고려되어야 한다. 즉, 법인세율과 관세의 고려, 외환위험, 위치에 따른 물류비용, 각국 정부와의 관계 등을 고려하여 최대한의 이익을 산출할 수 있는 적절한 대체가격을 결정하여야 한다.

연습문제

문제 1. 대체가격범위의 결정

㈜청룡산업은 X사업부와 Y사업부로 구성되어 있는데 X사업부에서 부품을 생산하여 Y사업부에 공급하면 Y사업부는 추가가공하여 완제품을 생산, 외부에 판매하고 있다. 각 사업부의 경영자에게는 내부대체를 선택하거나 외부거래를 할 수 있는 결정권이 주어져 있다. Y사업부가 필요로 하는 연간 부품필요량은 1,000단위이다.

X사업부의 생산과 관련된 자료는 다음과 같다.

연간 최대조업도	10,000 단위
외부판매가격	₩200
단위당 변동비	₩120
고정비	₩300,000

X사업부의 변동비에는 판매비용이 포함되어 있는데 내부대체가 이루어지는 경우에는 변동판매비 중 ₩10은 발생하지 않는다. 한편, Y사업부가 X사업부에서 구입하지 않고 외부에서 구입하면 이와 유사한 기능을 가진 부품을 ₩195에 구입할 수 있다. X사업부의 현재 외부판매량은 9,800단위이다.

요구사항

대체가격의 범위를 구하시오.

해설

1. X사업부의 최소대체가격의 결정

X사업부의 현재 판매량이 9,800단위이므로 Y사업부에게 1,000단위를 공급하려면 외부판매량 800단위를 포기하여야 한다. 내부대체를 하는 경우와 외부판매만 하는 경우의 손익계산서는 다음과 같다.

내부대체가격을 y라 하면,

	내부대체(외부공급+내부대체)		외부공급(비대체)	
매　　출	9,000×200+1,000y=	1,000y+₩1,800,000	9,800×200=	₩1,960,000
변 동 비	9,000×120+1,000×110=	1,190,000	9,800×120=	1,176,000
공 헌 이 익		1,000y+₩610,000		₩784,000

내부대체를 하려면 내부대체의 이익이 외부공급의 이익보다 많아야 하므로
1,000y+₩610,000≥₩784,000
∴ y ≥ ₩174

참고로 다음과 같이 계산할 수도 있다.

₩174은 X사업부의 변동비에 기회비용을 더한 값이다. X사업부에는 유휴조업도가 200단위만 존재하므로 내부대체를 하려면 외부판매 800단위를 포기하여야 한다. 따라서 내부대체시 최소대체가격은 단위당 변동비 ₩110(=₩120−₩10)에 내부대체의 단위당 기회비용 ₩64(= $\frac{800}{1,000}$ ×(₩200−₩120))을 더한 값이 된다.

$$₩174=(₩120-₩10)+\frac{800}{1,000}\times(₩200-₩120)$$

2. Y사업부의 최대대체가격

Y사업부는 현재 유사한 부품을 외부에서 ₩195에 구입할 수 있으므로 Y사업부의 최대대체가격은 ₩195이다.

∴ 대체가격(TP)의 범위는 다음과 같다.
₩174 ≤ TP ≤ ₩195

문제 2. 대체가격 종합예제

㈜청원은 X, Y 두 개 사업부를 이익중심점으로 설정하여 운영하고 있으며, X사업부는 부품을 생산하여 Y사업부에 공급하고 Y사업부는 추가가공 후 완제품을 판매하고 있다. Y사업부가 생산하는 제품 한 단위에는 X사업부가 공급하는 부품 한 단위가 투입된다. 각 사업부의 경영자는 내부대체거래와 외부거래 중 유리한 거래방안을 선택할 수 있다.

Y사업부는 그 동안 완제품 생산에 필요한 부품을 X사업부로부터 단위당 ₩500에 구입하여 왔다. 그런데 20×1년초 외부의 부품공급업자인 M회사가 단위당 ₩450에 공급하겠다는 제안을 해오자 Y사업부는 이 제안을 받아들여 부품을 M회사로부터 구입하기로 결정하였다.

X사업부가 부품을 생산할 때 단위당 변동제조원가 ₩300이 발생하며 총고정비는

₩500,000이다. Y사업부가 필요로 하는 연간 부품소요량은 10,000단위이며 Y사업부가 부품을 M회사로부터 구입하게 되면 X사업부는 해당 부품을 외부의 다른 고객에게 단위당 ₩550에 판매할 수 있다. 부품을 외부에 판매하는 경우에는 포장비용으로 인하여 단위당 ₩10의 추가비용이 발생한다.

요구사항

1. Y사업부가 부품을 M회사로부터 구입하는 경우 회사 전체의 이익은 어떻게 되겠는가? 또한 회사 전체에 유리한 거래방식을 결정하시오.
2. 만약 각 사업부가 외부거래를 선택한다면 목표일치성을 이루고 있는지에 대하여 설명하시오.
3. 위의 거래를 회사전체의 입장에서 자가제조 혹은 외부구입의 의사결정측면으로 설명하시오.

해설

1. 회사전체의 이익

Y사업부가 10,000단위의 완성품을 외부에 판매할 때의 수익을 R이라 하면

		내부대체		외부거래	
Y사업부	수 익		R		R
	원 가	₩500×10,000=	5,000,000	₩450×10,000=	4,500,000
	이 익		R−5,000,000		R−4,500,000
X사업부	수 익	₩500×10,000=	5,000,000	₩550×10,000=	5,500,000
	원 가	₩300×10,000=	3,000,000	(₩300+₩10)×10,000=	3,100,000
	이 익		₩2,000,000		₩2,400,000
회사전체			R−3,000,000		R−2,100,000

회사전체로는 ₩900,000의 이익이 증가하므로 X, Y사업부가 각각 외부거래를 하는 것이 유리하다.

한편, 다음과 같이 계산할 수도 있다.

X사업부의 최소대체가격 ₩540이며 Y사업부의 최대대체가격 ₩450이므로 최대대체가격이 최소대체가격보다 단위당 ₩90이 낮다. 따라서 ₩90×10,000=₩900,000만큼 내부대체가 불리하다.

2. 목표일치성의 측면

X사업부는 내부거래에 비하여 외부거래를 선택함으로써 ₩400,000의 이익이 증가하므로 외부거래를 선택하게 된다. Y사업부도 외부거래를 선택함으로써 ₩500,000의 이익이 증가하므로 외부거래를 선택하게 된다. 결국 각 사업부는 자기 사업부에 유리한 외부거래의

의사결정을 하게 되고 이러한 의사결정은 회사전체에도 유리한 의사결정이므로 사업부의 의사결정과 회사전체의 의사결정이 일치되는 목표일치성을 이루고 있으며 회사전체의 이익도 극대화된다고 할 수 있다.

3. 의사결정회계 측면

자가제조(내부대체)			외부구입(외부거래)		
변동제조원가	₩300×10,000=	₩3,000,000	외부구입원가	₩450×10,000=	₩4,500,000
기회비용	(₩550－₩310)×10,000=	2,400,000			
		₩5,400,000			₩4,500,000

결국 외부구입시의 관련원가가 자가제조보다 ₩900,000 적으므로 부품의 외부구입이 회사에 유리하다.

문제 3. 대체가격의 결정

㈜탐진은 A, B 두 개의 사업부로 구성되어 있다. A사업부는 부품을 생산하여 B사업부에 공급하거나 외부에 판매할 수 있으며, B사업부는 A사업부가 생산하는 부품을 구입하거나 외부에서 동일한 부품을 구입하여 추가가공 후 완제품을 생산, 판매하고 있다. 각 사업부의 생산관련자료는 다음과 같다.

A사업부		B사업부	
부품의 외부판매가격	₩600	완제품의 판매가격	₩1,800
단위당 변동비**	₩400	부품단위당 추가가공비*	₩150

* B사업부의 부품단위당 추가가공비 ₩150은 모두 변동비이다.

** A사업부의 변동비 중 판매관리비가 단위당 ₩70 포함되어 있는데 내부대체거래시에는 이러한 변동판매관리비는 발생하지 않는다.

*** B사업부가 완제품을 생산하기 위해서는 부품 2단위가 투입된다.

A사업부의 최대생산능력은 10,000단위이다. B사업부가 필요로 하는 부품은 2,000단위이며 B사업부가 내부대체를 하지 않고 부품을 외부에서 구입하는 경우에는 단위당 ₩600에 구입할 수 있다.

요구사항

1. A사업부에 유휴조업도가 없는 경우 대체가격의 범위를 구하시오.
2. A사업부에 유휴조업도가 없는 경우 A사업부가 단위당 대체가격을 ₩620으로 설정하는 경우 회사전체의 입장에서는 어떠한 거래방식이 유리한지 결정하시오.
3. A사업부에 유휴조업도가 없는 경우 A사업부가 단위당 대체가격을 ₩560으로 설정하는 경우 회사전체의 입장에서는 어떠한 거래방식이 유리한지 결정하시오.
4. A사업부의 현재 판매량이 9,500단위인 경우 대체가격의 범위를 구하시오.

5. A사업부에 유휴조업도가 없는 경우 B사업부가 동일한 부품을 단위당 ₩500에 구입할 수 있는 구입처를 발견하였다. 대체가격의 범위를 결정하고 회사전체의 입장에서 유리한 거래방식을 결정하시오.

해설

1. A사업부에 유휴조업도가 없는 경우 대체가격의 범위

(1) 공급사업부(A사업부)

A사업부에 유휴조업도가 없으므로 최소대체가격은 다음과 같이 결정된다.

최소대체가격 = 단위당 증분원가 + 대체의 단위당 기회비용

= (₩400 − ₩70) + (₩600 − ₩400) = ₩530

(2) 수요사업부(B사업부)

$$\text{비손실 단위당 지불가능금액} = \frac{₩1,800 - 2 \times ₩150}{2\text{단위}} = ₩750$$

외부구입가격 = ₩600

A사업부는 위의 두 가지 금액 중 적은 것을 최대대체가격으로 설정하므로 최대대체가격은 단위당 ₩600이다.

(3) 대체가격(TP)의 범위

₩530 ≤ TP ≤ ₩600

2. 대체가격이 ₩620인 경우 회사전체의 입장

B사업부가 필요로 하는 부품의 수는 2,000단위이므로 완제품은 1,000단위를 생산한다. 손익계산서를 작성하여 살펴보도록 한다.

		내부대체의 경우		외부거래의 경우	
B사업부	수익	₩1,800×1,000=	₩1,800,000	₩1,800×1,000=	₩1,800,000
	원가				
	부품원가	₩620×2,000=	1,240,000	₩600×2,000=	1,200,000
	추가가공비	₩150×2,000=	300,000	₩150×2,000=	300,000
	이익		₩260,000		₩300,000
A사업부	수익	₩620×2,000+ ₩600×8,000=	₩6,040,000	₩600×10,000=	₩6,000,000
	원가	₩330×2,000+ ₩400×8,000=	3,860,000	₩400×10,000=	4,000,000
	이익		₩2,180,000		₩2,000,000
회사전체			₩2,440,000		₩2,300,000

대체가격을 ₩620으로 결정하면 B사업부는 대체가격이 외부구입가격보다 높으므로 외부구입에 비하여 내부대체가 ₩40,000만큼 이익이 감소하게 된다. 따라서 내부대체를 거부할 것이다. 그러나 A사업부는 순이익이 ₩180,000 증가하므로 내부대체를 주장하게 된다. 즉 A사업부는 내부대체를 원하지만 B사업부는 내부대체를 거부하므로 대체거래는 이루어지지 않는다.

그러나 회사전체의 입장에서는 내부대체의 경우 순이익이 ₩140,000 많으므로 회사전체에 유리한 방안은 내부대체거래이다. 이렇게 개별사업부의 의사결정과 회사전체의 의사결정이 달라지는 경우를 준최적화(sub−optimization)상태라고 한다.

결국 자가제조와 외부구입의 의사결정의 문제로 살펴보면 다음과 같다.

자가제조(내부대체)			외부구입(외부거래)		
변동제조원가	₩330×2,000=	₩660,000	외부구입원가	₩600×2,000=	₩1,200,000
기회비용	(₩600−₩400)×2,000=	400,000			
		₩1,060,000			₩1,200,000

외부구입에 비하여 자가제조(내부대체)가 ₩140,000 유리하다는 것을 알 수 있다.

3. 대체가격이 ₩560인 경우 회사전체의 입장

		내부대체의 경우		외부거래의 경우	
B사업부	수 익	₩1,800×1,000=	₩1,800,000	₩1,800×1,000=	₩1,800,000
	원 가				
	부 품 원 가	₩560×2,000=	1,120,000	₩600×2,000=	1,200,000
	추가가공비	₩150×2,000=	300,000	₩150×2,000=	300,000
	이 익		₩380,000		₩300,000
A사업부	수 익	₩560×2,000+ ₩600×8,000=	₩5,920,000	₩600×10,000=	₩6,000,000
	원 가	₩330×2,000+ ₩400×8,000=	3,860,000	₩400×10,000=	4,000,000
	이 익		₩2,060,000		₩2,000,000
회사전체			₩2,440,000		₩2,300,000

대체가격을 ₩560으로 결정하면 B사업부는 대체가격이 외부구입가격보다 낮으므로 외부구입에 비하여 내부대체가 ₩80,000만큼 이익이 증가하게 된다. 따라서 내부대체를 선택하게 된다. 또한 A사업부도 순이익이 ₩60,000 증가하므로 내부대체를 선택하게 된다. 즉 A사업부와 B사업부 모두 내부대체를 선택하므로 대체거래가 이루어진다.

또한 회사전체의 입장도 내부대체의 경우 순이익이 ₩140,000 많으므로 회사전체에 유리한 방안은 내부대체거래이다. 이렇게 개별사업부의 의사결정과 회사전체의 의사결정이 일치되어 이익을 극대화할 수 있는 경우를 최적화상태라고 한다.

결국 대체가격을 ₩560으로 결정하면 A사업부에 유휴조업도가 없는 경우의 대체가격범위인 ₩530과 ₩600 사이에 존재하므로 각 사업부와 회사전체의 입장에서 만족할 만한 대체가격이라는 것을 알 수 있다.

4. A사업부의 판매량이 9,500단위인 경우 대체가격의 범위

(1) 공급사업부(A사업부)

A사업부의 판매량이 9,500단위이므로 최소대체가격은 다음과 같이 결정된다.

최소대체가격 = 단위당 증분원가 + 대체의 단위당 기회비용

$$= (₩400 - ₩70) + \frac{1,500\text{단위}}{2,000\text{단위}} \times (₩600 - ₩400) = ₩480$$

(2) 수요사업부(B사업부)

$$\text{비손실 단위당 지불가능금액} = \frac{₩1,800 - 2 \times ₩150}{2\text{단위}} = ₩750$$

외부구입가격 = ₩600

A사업부는 위의 두 가지 금액 중 적은 것을 최대대체가격으로 설정하므로 최대대체가격은 단위당 ₩600이다.

(3) 대체가격(TP)의 범위

₩480 ≤ TP ≤ ₩600

5. B사업부가 동일한 부품을 단위당 ₩500에 구입할 수 있는 경우

(1) 대체가격의 범위

공급사업부인 A사업부의 최소대체가격은 그대로 ₩530이나 수요사업부인 B사업부의 최대대체가격은 ₩500이므로 대체거래가 성립되지 않는다.

(2) 회사전체에 유리한 거래방식
대체가격을 y라 하고 손익계산서를 작성한다.

		내부대체의 경우		외부거래의 경우	
B사업부	수 익	₩1,800×1,000=	₩1,800,000	₩1,800×1,000 =	₩1,800,000
	원 가				
	부 품 원 가	y×2,000=	2,000y	₩500×2,000 =	1,000,000
	추가가공비	₩150×2,000=	300,000	₩150×2,000 =	300,000
	이 익		₩1,500,000−2,000y		₩500,000
A사업부	수 익	y×2,000+ ₩600×8,000=	2,000y+₩4,800,000	₩600×10,000 =	₩6,000,000
	원 가	₩330×2,000+ ₩400×8,000=	3,860,000	₩400×10,000 =	4,000,000
	이 익		2,000y+₩940,000		₩2,000,000
회사전체			₩2,440,000		₩2,500,000

회사전체의 입장에서도 내부대체에 비하여 외부거래가 ₩60,000 유리하므로 외부거래를 하도록 한다.
자가제조와 외부구입의 의사결정의 문제로 살펴보아도 결과는 동일하다.

자가제조(내부대체)			외부구입(외부거래)		
변동제조원가	₩330×2,000=	₩660,000	외부구입원가	₩500×2,000=	₩1,000,000
기회비용	(₩600−₩400)×2,000=	400,000			
		₩1,060,000			₩1,000,000

외부구입이 자가제조(내부대체)에 비하여 ₩60,000 유리하다는 것을 알 수 있다.

제6편

기타 관리회계분야

제14장 재고관리모형

제1절 전통적인 재고관리모형

전통적인 재고관리모형은 재고관리와 관련된 제비용을 최소화하기 위한 모델로서 확실성하의 모형과 불확실성하의 모형으로 구분된다.

1. 확실성하의 재고관리모형

(1) 경제적 주문량(EOQ; economic order quantity)

전통적인 재고관리모형에서는 재고를 수급상황에 따라 적절히 유지하면서 재고관리와 관련된 비용을 최소화하는 것을 목적으로 삼고 있다. 재고관리와 관련된 비용을 최소화하기 위해서는 연간 수요량이 일정한 경우 한 번에 몇 단위씩 주문하는 것이 관련원가를 최소화하는가를 결정하여야 한다. 따라서 경제적 주문량(economic order quantity)이란 연간 필요한 재고를 구매하기 위하여 관련원가를 최소화할 수 있는 가장 경제적인 1회의 주문량을 말한다.

재고관리와 관련된 비용은 주문비용·유지비용·취득원가의 3가지 종류로 나누어 볼 수 있다. 그러나 연간 수요량이 일정하고 대량취득에 따르는 할인 등의 요소가 없다면 총취득원가는 1회의 주문량과는 관계없이 항상 일정할 것이므로 의사결정모형에서 제외시키고, 주문비용과 유지비용의 2가지 요소로 경제적 주문량을 결정한다.

주문비용은 주문 후 재고가 입고될 때까지 발생하는 원가를 말하는데 운송비용,

하역비, 수수료, 주문과 관련된 사무비용 등이 포함된다. 통상 1회의 주문비용은 주문량과 관계없이 일정하므로 주문비용은 주문횟수와 비례한다. 그런데 주문횟수(연간 수요량÷1회의 주문량)는 1회의 주문량과 반비례하므로, 결국 주문비용은 1회의 주문량과 반비례하게 된다.

유지비용은 재고가 입고된 후 판매될 때까지의 비용으로서 창고보관료, 보험료, 전기료, 자본비용 등이 포함된다. 유지비용은 평균재고가 많으면 많을수록 증가하게 되는데 평균재고는 1회의 주문량과 비례하므로 유지비용과 1회의 주문량은 비례하게 된다. 이를 공식화하면 다음과 같다.

$$\begin{aligned}\text{재고관리의 관련원가} &= \text{주문비용} + \text{유지비용}\\ &= \text{주문횟수} \times \text{1회의 주문비용} + \text{평균재고량} \times \text{단위당 연간유지비용}\\ &= \frac{\text{연간 총사용량}}{\text{1회의 주문량}} \times \text{1회의 주문비용} + \frac{\text{1회의 주문량}}{2} \times \text{단위당 연간유지비용}\\ &= \frac{D}{Q}\cdot R + \frac{Q}{2}\cdot H\end{aligned}$$

D(demand) : 연간 총재고수요량
Q(quantity) : 1회의 주문량
R(ordering cost) : 1회의 주문비용
H(holding cost) : 단위당 연간재고유지비용

재고관리와 관련된 원가를 그림으로 살펴보면 다음과 같다.

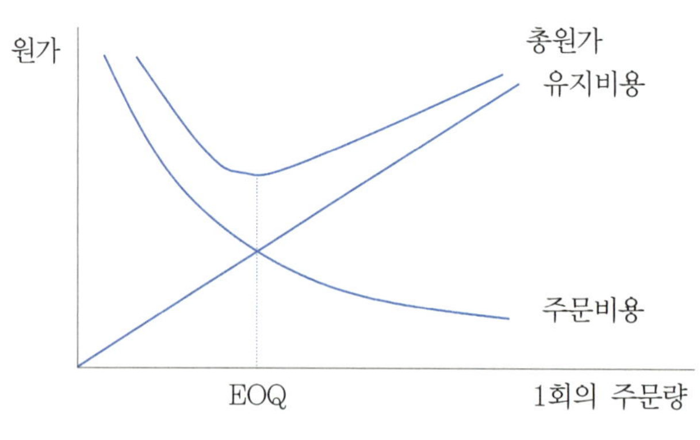

재고관리의 총원가는 위의 그림과 같이 2차 함수의 형태를 갖게 되므로 1회의 주문량(Q)으로 1차 미분을 하면 접선의 기울기값이 된다. 따라서 접선의 기울기값이 0이 되는 주문량을 계산하면 총원가가 최소화되는 주문량을 찾을 수 있다. 경제적 주문량은 다음과 같다.

$$EOQ = \sqrt{\frac{2DR}{H}}$$

참고로 총원가가 최소화되는 경제적 주문량에서의 최적재고관련원가는 다음과 같이 계산할 수도 있다.

$$TCmin = \sqrt{2DRH}$$

예제 01 경제적 주문량

㈜안개산업은 재고관리와 관련된 원가를 최소화하기 위하여 경제적 주문량을 결정하려고 한다. 재고관리와 관련된 원가는 다음과 같다.

단위당 구입원가	₩100
연간 수요량	10,000단위
단위당 연간 유지비용	₩2
1회의 주문비용	₩25

요구사항

1. 경제적 주문량을 구하시오.
2. 경제적 주문량하에서의 총원가를 구하시오.
3. 회사가 다음과 같이 1회의 주문량을 결정하는 경우의 총원가를 구하시오.
   (1) 300단위
   (2) 350단위
   (3) 400단위
   (4) 600단위

해설

1. 경제적 주문량

$$EOQ = \sqrt{\frac{2DR}{H}} = \sqrt{\frac{2 \times 10{,}000\text{단위} \times ₩25}{₩2}} = 500\text{단위}$$

2. 경제적 주문량하에서의 총원가

$$TCmin = \sqrt{2DRH} = \sqrt{2 \times 10{,}000\text{단위} \times ₩25 \times ₩2} = ₩1{,}000$$

(※ 위의 총원가 함수는 경제적 주문량하에서만 적용된다는 점에 주의해야 한다.)

총원가는 다음과 같이 계산할 수도 있다.

$$TC=\frac{D}{Q}\cdot R+\frac{Q}{2}\cdot H=\frac{10{,}000단위}{500단위}\times₩25+\frac{500단위}{2}\times₩2=₩1{,}000$$

3. 각 주문량하에서의 총원가

(1) Q=300단위인 경우

$$TC=\frac{D}{Q}\cdot R+\frac{Q}{2}\cdot H=\frac{10{,}000단위}{300단위}\times₩25+\frac{300단위}{2}\times₩2=₩1{,}133$$

(2) Q=350단위인 경우

$$TC=\frac{D}{Q}\cdot R+\frac{Q}{2}\cdot H=\frac{10{,}000단위}{350단위}\times₩25+\frac{350단위}{2}\times₩2=₩1{,}064$$

(3) Q=400단위인 경우

$$TC=\frac{D}{Q}\cdot R+\frac{Q}{2}\cdot H=\frac{10{,}000단위}{400단위}\times₩25+\frac{400단위}{2}\times₩2=₩1{,}025$$

(4) Q=600단위인 경우

$$TC=\frac{D}{Q}\cdot R+\frac{Q}{2}\cdot H=\frac{10{,}000단위}{600단위}\times₩25+\frac{600단위}{2}\times₩2=₩1{,}017$$

2. 불확실성하의 재고관리모델

(1) 안전재고의 결정

앞에서 살펴본 내용은 확실성하의 재고관리모델이었다. 그러나 현실적으로는 재고관리의 과정에 여러 가지의 불확실성이 나타날 수 있는데, 예를 들면 다음과 같다.

- 조달기간 중의 사용량의 불확실성
- 조달기간의 불확실성

조달기간 중 갑작스럽게 사용량이 증가한다거나 납품업체로부터의 조달기간이 예상보다 길어지면 기존의 재고는 소진되어 재고부족으로 인하여 조업을 못하게 되는데 이때에 발생하는 기회비용을 재고부족원가(stockout cost)라 한다. 따라서 이러한 재고관리의 불확실성에 대처하기 위하여 예비재고가 필요한데 이를 안전재고(safety inventory)라 한다. 즉 위의 요인들로 인하여 재고가 부족한 경우에는 비상용 안전재고를 사용하여 부족한 수량에 충당하고 나중에 도착하는 주문재고를 사용하면 생산이나 판매의 단절없이 조업을 계속하여 갈 수 있다.

이러한 안전재고의 관련원가는 '재고부족원가'와 '유지비용'이라는 두 가지 요소로 구성되는데 재고부족원가는 안전재고가 많을수록 감소하며, 유지비용은 안전재고수량이 많을수록 증가하므로 안전재고의 관련원가를 최소화시키는 적정안전재고량의 결정이 매우 중요하다. 이를 그림으로 표현하면 다음과 같다.

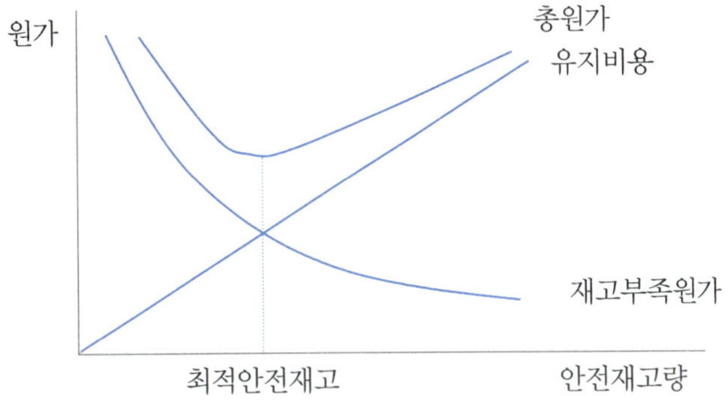

이를 함수화하면 다음과 같다.

안전재고 관련원가 = 재고부족원가 + 유지비용
= 연간 기대재고부족수량 × 단위당 재고부족원가
+ 평균안전재고 × 단위당 연간유지비용

(2) 재주문점(ROP; reorder point)

재고를 주문하고 회사에 입고될 때까지 시간이 걸리기 마련인데 이렇게 재고주문 후 회사에 도착할 때까지의 시간을 조달기간(lead time)이라고 한다. 재고를 다 사용하고 난 후에 주문을 하면 조달기간으로 인하여 조달기간만큼 재고가 없어 조업을 못하는 일이 벌어지게 된다. 따라서 재고가 소진되기 전에 조달기간만큼 미리 주문을 하여야 안정적으로 재고수급이 이루어진다. 이렇게 안정적인 재고조달을 위하여 기존의 재고가 소진되기 전 일정시점에서 재주문을 하게 되는데 이를 재주문점(reorder point)이라고 하며 회사에 남아 있는 재고량으로 표시한다.

재주문은 조달기간에 해당하는 사용량과 안전재고수량의 합계만큼 재고가 남아 있을 때 실시하면 되므로 다음과 같이 계산된다.

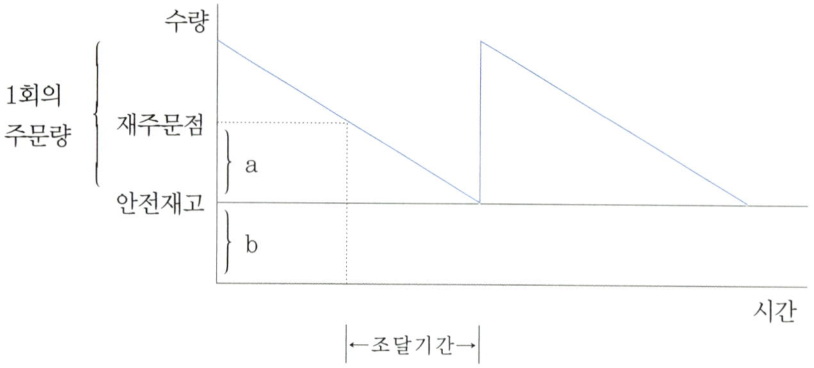

$$재주문점 = 조달기간의\ 사용량(a) + 안전재고수량(b)$$
$$= 조달기간 \times 1일\ 평균사용량 + 안전재고수량$$
$$= 조달기간 \times \frac{연간\ 총사용량}{연간\ 조업일수} + 안전재고수량$$

예제 02 안전재고와 재주문점

㈜안개산업의 재고관리와 관련된 자료는 다음과 같다.

연간 수요량	10,000단위
단위당 연간 유지비용	₩2
1회의 주문비용	₩25
단위당 재고부족원가	₩0.8
연간 조업일수	250일
조달기간	3일

과거의 경험으로 보아 주문을 하고 난 후에 조달기간 중 사용량의 확률은 다음과 같다.

조달기간의 사용량	확률
100 단위	10%
110	10%
120	40%
150	20%
170	10%
200	10%
계	100%

요구사항

1. 최적안전재고수량을 구하시오.
2. 재주문점을 구하시오.

해설

1. 최적안전재고수량

회사는 조달기간을 3일로 예상하고 있으므로 주문시에는 120단위($=3일\times\frac{10,000단위}{250일}$)의 재고를 보유하고 있다. 따라서 조달기간의 사용량이 120단위 이상인 경우로 판단하면 회사가 비교해야 하는 안전재고수준은 0단위, 30단위, 50단위, 80단위이다. 안전재고수준에 따른 관련원가의 총합계는 다음과 같다.

안전재고	재고부족원가		유지비용		총원가
	기대부족수량×주문횟수×단위당 부족원가		평균재고×단위당 연간유지비용		
0 단위	(30×0.2+50×0.1+80×0.1)×20×₩0.8=	₩304	0×₩2=	0	₩304
30	(20×0.1+50×0.1)×20×₩0.8=	112	30×₩2=	₩60	172
50	(30×0.1)×20×₩0.8=	48	50×₩2=	100	148
80	–	–	80×₩2=	160	160

(경제적 주문량은 500단위이므로 연간 주문횟수 20회($=\frac{10,000단위}{500일}$)이다)

(※안전재고의 평균재고는 안전재고수량으로 결정된다. 일반재고와 달리 안전재고는 사용을 전제로 하지 않으므로 안전재고 그 자체를 평균재고수준으로 결정하는 것이다)

관련원가를 최소화할 수 있는 안전재고수량은 총원가가 가장 적은 50단위이다.

2. 재주문점

$$ROP=조달기간\times\frac{연간\ 사용량}{연간\ 조업일수}+안전재고수량$$

$$=3일\times\frac{10,000단위}{250일}+50단위=170단위$$

제2절 적시재고시스템

1. 적시재고시스템의 의의

적시재고시스템(JIT; just-in-time inventory system)은 다양화된 수요자의 욕구에 의한 다품종소량생산시스템에 대응하기 위하여 제품에 대한 주문이 들어 왔을 때 적시에 제품을 생산하여 공급할 수 있는 체제를 말한다. 적시에 제품을 생산하기 위해서는 적시에 원재료를 구입하여 공정에 투입할 수 있어야 하므로 원재료구입과정까지도 포괄하는 기업전체의 적시구입·생산체제를 의미한다. 적시재고시스템은 적시생산이라는 의미를 강조하여 때로는 적시생산시스템(just-in-time production system)이라고도 한다. 적시재고시스템은 일본의 도요타자동차회사에서 개발되었는데 주로 작업지시용 카드 등을 사용한다고 하여 간판(看板, かんばん, kanban)시스템이라고도 한다.

대량생산을 유지하는 전통적인 생산방식에서는 대량생산의 특성상 일정량의 재고는 당연한 것으로 받아들여졌다. 그러나 최근의 생산관리이론에서는 공정 내의 활동 중에서 재고의 이동·저장·대기와 같이 비부가가치활동을 제거하여야 원가를 절감할 수 있으므로 불필요한 재고를 보유할 필요가 없어졌다. 따라서 기업의 입장에서는 필요한 만큼의 재고를 적시에 공급받아 제품생산에 투입한다면 재고의 보유를 줄이고 원가를 절감할 수 있으므로 이러한 의미에서 적시재고시스템은 무재고시스템(zero-inventory system)이라고도 한다.

적시재고시스템을 전통적인 생산방식과 비교하면 다음과 같다.

〈전통적인 방식〉

원재료			재공품			재공품			제품	
구입	사용 (투입)	→	투입	완성	→	투입	완성	→	생산 입고	판매

〈JIT〉

원재료			재공품			재공품			제품	
구입	사용 (투입)	←	투입	완성	←	투입	완성	←	생산	판매

전통적인 생산방식에서는 원재료와 부품을 구입하여 제조공정에 투입하고 제품을 생산하여 보유하다가 판매하는 형태이었지만, 적시재고시스템에서는 판매(소비자의 주문)가 발생하면 적시에 제품을 생산하며, 전공정에서는 이를 위하여 적시에 부품을 가공하고 필요한 원재료와 부품을 적시에 공급받는다.

2. 적시재고시스템의 하위요소

(1) 간판방식

적시재고시스템에서는 각 공정에서 생산되는 제품에 대한 정보를 작업지시카드에 의하여 전달한다. 작업지시카드에는 투입되어야 할 원재료의 종류, 수량, 부품번호 등이 기록되어 있다.

(2) 소수의 공급업자

적시재고시스템에서는 적시에 필요한 부품을 공급해줄 수 있는 공급업자가 필요하다. 따라서 회사의 전산망 등과 유기적으로 연결되어 필요한 부품을 공급해 줄 수 있어야 하며, 이러한 공급업자들은 회사가 요구하는 부품의 품질을 유지할 수 있는 기술수준을 지닌 신뢰할 수 있는 공급업자이어야 한다. 적시재고시스템에서는 부품의 공급이 소량으로 빈번하게 일어나는 경향을 갖게 된다.

(3) 소롯트 생산

적시재고시스템은 다품종소량생산에 대응하기 위하여 개발된 생산체제이므로 제품의 생산도 다품종을 소량으로 생산하는 소롯트 생산의 경향을 갖게 된다. 물론 적시생산방식이 항상 소롯트 생산을 전제로 하는 것은 아니며 실무적으로 대량생산이라 할지라도 적시에 재고를 공급받아 생산을 할 수 있기 때문에 적시재고시스템은 대량생산방식에도 적용이 가능하다.

(4) 작업시간의 감소

적시재고시스템에서는 소비자의 요구에 대응하기 위하여 적시에 생산하는 것을 강조하기 때문에 유연화 생산방식, 자동화 생산방식 등을 채택하게 되며 작업준비시간뿐 아니라 전체적인 작업시간도 줄어들게 된다.

(5) 효율적인 제조공정라인의 배치

효율적으로 작업을 진행하고 생산을 신속하게 진행하기 위해서는 생산라인을 제품의 특성에 맞게 일련의 생산체제를 전제로 하여 재조정 배치하게 된다.

(6) 품질관리

전공정에서 부품, 재공품과 제품 등에 대하여 전사적인 품질관리(TQC; total quality control)가 이루어져야 작업의 정지나 지체없이 효율적인 작업체제가 유지된다.

(7) 표준작업

전공정에서 작업이 표준화되어야 작업자들도 작업의 내용을 쉽게 이해할 수 있으며 제품생산이 신속하고 체계적으로 이루어진다.

3. 적시생산방식의 장점

(1) 제조원가의 절감

공정내에서 비부가가치활동인 재고의 이동·저장·대기활동 등이 제거되므로 원가 절감이 가능하다.

(2) 생산시간의 단축

적시생산방식을 채택함으로써 제품생산시간이 단축되고 고객의 요구에 신속하게 대응할 수 있다.

(3) 재고보유비용의 감소

재고보유를 획기적으로 감소시킴으로써 재고보유에 따른 자금의 이자비용과 보관에 따르는 각종 경비의 절감이 가능하다.

(4) 재고진부화위험의 감소

회사가 재고를 보유하지 않고 필요할 때마다 공급받을 수 있으므로 재고의 진부화 위험을 피할 수 있다.

(5) 불량률의 감소

작업의 표준화와 전사적 품질관리를 통하여 제품의 불량을 감소시킬 수 있다.

4. 역류원가계산(backflush costing)

원가계산시스템은 생산방식에 따라 구성이 되는데 전통적인 원가계산에서는 앞에서 살펴본 그림과 같이 원재료계정에서 재공품을 거쳐 제품에 이르는 물리적 흐름에 따라 순차적 추적방식(sequential tracking)을 택하고 있다. 그러나 적시재고시스템은 물리적 흐름과는 역순으로 원가를 추적하는 방식을 택하게 되는데 이는 제조원가를 판매된 제품과 재고자산에 배분하는 것에 초점을 맞춘다. 이렇게 제조원가를 제품과 매출원가에 역으로 배분하는 방식을 역류원가계산(backflush costing) 또는 지연원가계산(delayed costing)이라고 한다.

역류원가계산은 경영자가 단순한 회계시스템을 선호하여야 하며 각 제품별로 표준원가가 설정되어 있어야 하고, 원재료재고와 재공품재고가 거의 없는 경우에 적합하다.

연습문제

문제 1. 재고관리모형

㈜안개산업은 재고관리와 관련된 원가를 최소화하기 위하여 경제적 주문량을 결정하려고 한다. 재고관리와 관련된 원가는 다음과 같다.

단위당 구입원가	₩100	단위당 연간 창고보관료	₩5
연간 수요량	9,000,000단위	재고의 기회비용	취득원가의 8%
연간 조업일수	250일	단위당 연간 보험료	₩7
조달기간	3일	운반비용	₩200,000/회
단위당 재고부족원가	₩5	하역비용	100,000/회
		거래수수료	100,000/회

요구사항

1. 경제적 주문량을 구하시오.
2. 경제적 주문량하에서 연간 주문횟수를 구하시오.
3. 회사는 과거의 경험에 의하여 조달기간의 사용량을 다음과 같이 파악하였다. 최적안전재고수량을 결정하시오.

조달기간의 사용량	경우의 수
100,000단위	20회
105,000	25회
108,000	65회
110,000	40회
115,000	30회
120,000	20회
계	200회

4. 재주문점을 구하시오.

해설

1. 경제적 주문량

단위당 연간 유지비용 = ₩5 + (₩100 × 8%) + ₩7 = ₩20

1회의 주문비용 = ₩200,000 + 100,000 + 100,000 = ₩400,000

$$EOQ=\sqrt{\frac{2DR}{H}}=\sqrt{\frac{2\times 9,000,000\text{단위}\times ₩400,000}{₩20}}=600,000\text{단위}$$

2. 연간 주문회수

$$\frac{9,000,000\text{단위}}{600,000\text{단위}}=15\text{회}$$

3. 최적안전재고수량의 결정

조달기간이 3일이므로 주문시에는 108,000단위(= 3일 × $\frac{9,000,000\text{단위}}{250\text{일}}$)의 재고를 보유하고 있다. 따라서 조달기간의 사용량이 108,000단위를 초과하는 경우의 확률을 살펴보면 다음과 같다.

조달기간의 사용량	확률
108,000단위 이하	55%
110,000단위	20%
115,000단위	15%
120,000단위	10%
계	100%

따라서 안전재고수준은 0단위, 2,000단위, 7,000단위, 12,000단위 중에서 결정한다. 안전재고수준에 따른 관련원가의 총합계는 다음과 같다.

안전재고	재고부족원가		유지비용		총원가
	기대부족수량×주문횟수×단위당 부족원가		평균재고 ×단위당 연간유지비용		
0	(2,000×0.2+7,000×0.15+12,000×0.1)×15×₩5=	₩198,750	0×₩20=	0	₩198,750
2,000	(5,000×0.15+10,000×0.1)×15×₩5=	131,250	2,000×₩20=	₩40,000	171,250
7,000	(5,000×0.1)×15×₩5=	37,500	7,000×₩20=	140,000	177,500
12,000	–	–	12,000×₩20=	240,000	240,000

관련원가를 최소화할 수 있는 안전재고수량은 총원가가 가장 적은 2,000단위이다.

4. 재주문점

$$ROP=\text{조달기간}\times\frac{\text{연간 사용량}}{\text{연간 조업일수}}+\text{안전재고수량}$$

$$=3\text{일}\times\frac{9,000,000\text{단위}}{250\text{일}}+2,000\text{단위}=110,000\text{단위}$$

제15장 원가추정

제1절 원가추정의 기초

원가추정(cost estimation)이란 경영계획, 특수의사결정 혹은 성과평가 등에 활용하기 위하여 원가의 발생요인인 조업도와 원가와의 관계를 밝히는 것을 말한다. 이러한 원가추정은 원가함수가 직선으로 발생하는 경우와 곡선으로 발생하는 경우로 나누어진다. 이번 절에서는 직선모형을 살펴보도록 한다.

원가는 조업도와 관련하여 다음의 그림과 같이 일정한 추세를 따르며 발생한다.

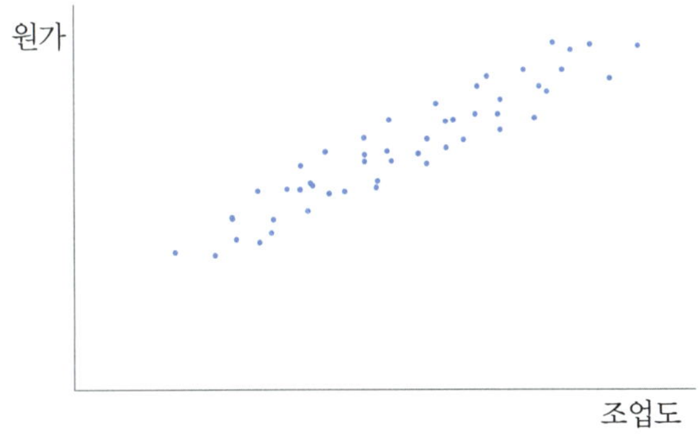

따라서 원가의 추정은 일정한 추세를 따르는 원가의 발생에 대한 추정방정식을 찾아내는 과정이라고 할 수 있다.

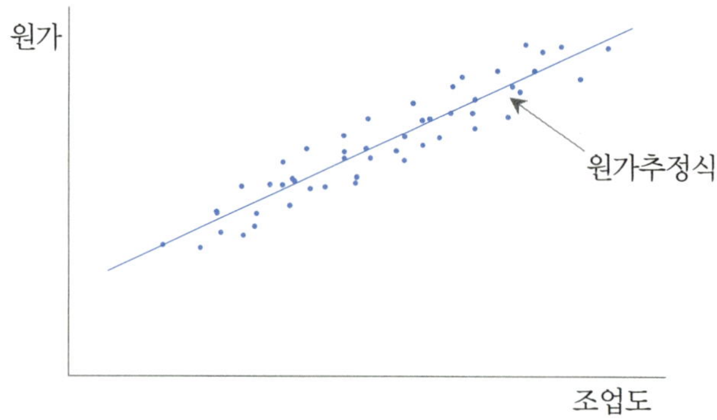

원가추정은 조업도와 원가의 발생관계를 다루게 되므로 독립변수와 종속변수의 정립이 필요하다. 독립변수는 원가의 발생요인을 말하며 많은 원가발생요인이 있지만 원가추정에서는 조업도만을 원가에 영향을 미치는 유일한 요소라고 가정을 한다. 또한 직선모형하의 원가추정은 1차 함수를 의미하므로 조업도에 따라 증감하는 변동비부분과 조업도와는 관계없이 일정금액이 발생하는 고정비부분으로 나누어 계산한다. 따라서 원가추정식은 다음과 같이 정의된다.

$$Y = ax + b$$

Y : 총원가 추정액

a : 단위당 변동비(함수상으로는 기울기)

b : 고정비(함수상으로는 y절편값)

x : 조업도

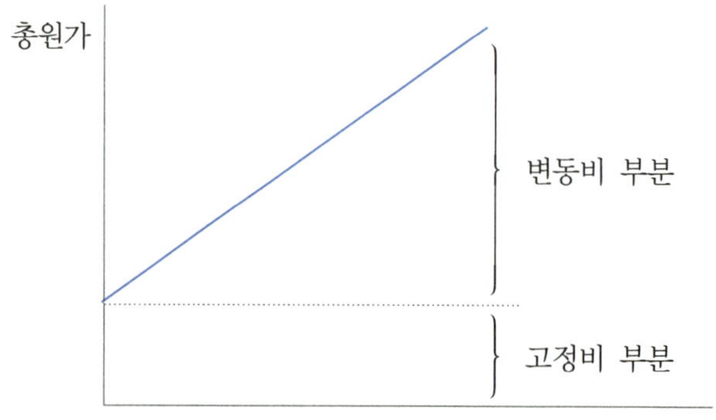

위와 같은 직선모형하의 원가추정에는 계정분석법, 산업공학적 방법, 고저점법, 산포도법, 회귀분석법 등의 방법이 있으나 본서에서는 고저점법에 대해서만 살펴보도록 한다.

1. 고저점법(high-low method)

고저점법은 실제 발생한 많은 원가의 집합 중에서 최저조업도하의 원가와 최고조업도하의 원가를 이용하여 원가를 변동비와 고정비로 구분하는 방법을 말한다. 다만, 최저조업도하의 원가와 최고조업도하의 원가를 선택하는 과정에서 원가발생의 추세에서 벗어난 이상항목은 제외하고 계산한다. 고저점법의 계산방법은 다음과 같다.

① 최저조업도하의 원가(x, y)와 최고조업도하의 원가(x′, y′)를 비교, 조업도의 변동에 따른 원가의 변동액을 조업도의 증감으로 나누어 단위당 변동비를 계산한다.

$$a=\frac{y'-y}{x'-x}=\frac{\text{최고조업도하의 원가}-\text{최저조업도하의 원가}}{\text{최고조업도}-\text{최저조업도}}$$

② 위에서 산출된 단위당 변동비 값 a와 (x, y) 혹은 (x′, y′)값을 대입하여 고정비 b를 계산한다.

$$b=y'-ax'=\text{최고조업도하의 원가}-\text{단위당 변동비}\times\text{최고조업도}$$

혹은

$$b=y-ax=\text{최저조업도하의 원가}-\text{단위당 변동비}\times\text{최저조업도}$$

예제 01 원가추정_고저점법

㈜광장의 제조간접비발생액과 직접노동시간에 대한 과거자료는 다음과 같다.

	제조간접비	직접노동시간
1월	₩490,000	5,000시간
2월	500,000	4,500
3월	630,000	6,000
4월	770,000	7,000
5월	850,000	8,000

요구사항

1. 고저점법을 이용하여 제조간접비의 원가함수를 추정하시오.
2. 6월 추정 노동시간이 10,000시간으로 예상되는 경우 6월 제조간접비 추정액은?

해설

1. 원가함수추정

최저조업도는 2월이 되고 최고조업도는 5월이 되므로 직접노동시간당 제조간접비(a)는 다음과 같다.

$$a = \frac{₩850,000 - 500,000}{8,000\text{시간} - 4,500\text{시간}} = @100/\text{시간}$$

연간 고정비(b)는 최고조업도와 최고조업도하의 원가를 대입하면 다음과 같이 계산된다.

- 최고조업도 : b = ₩850,000 − @100×8,000시간 = ₩50,000
- 최저조업도 : b = ₩500,000 − @100×4,500시간 = ₩50,000

최저조업도와 최저조업도하의 원가를 대입하여도 결과는 같다. 따라서 원가함수는 다음과 같이 추정된다.

y = 100x + 50,000 (x : 직접노동시간, y : 연간 제조간접비 추정액)

2. 6월 제조간접비 추정

y = 100×10,000시간 + 50,000 = ₩1,050,000

2. 원가추정의 사례

임가공을 전문으로 하는 ㈜발해산업은 원가추정을 위하여 20×1년 제품생산 관련자료를 다음과 같이 수집하였다.

■ 회사는 3가지 종류의 제품을 생산하고 있으며 월별 생산량은 다음과 같다.

〈월별 제품생산량〉

(단위 : 개)

제품 \ 월	1월	2월	3월	4월	5월	6월	7월	8월	9월	10월	11월	12월	계
A	2,000	2,500	2,300	2,800	3,000	3,200	3,300	3,100	3,500	3,800	4,000	4,000	37,500
B	3,000	3,200	2,800	2,600	2,500	2,750	2,900	2,400	2,100	2,000	1,900	1,800	29,950
C	4,000	3,800	3,950	3,700	3,600	3,500	3,400	3,300	3,100	3,000	3,500	3,100	41,950
계	9,000	9,500	9,050	9,100	9,100	9,450	9,600	8,800	8,700	8,800	9,400	8,900	109,400

■ 회사가 원가추정을 하려는 항목은 혼합원가의 성격을 갖고 있는 노무비와 전력비이며 이들의 월별 발생액은 다음과 같다.

	노무비	전력비	계
1월	5,400,000	6,050,000	11,450,000
2월	5,350,000	6,400,000	11,750,000
3월	5,200,000	6,350,000	11,550,000
4월	5,050,000	6,680,000	11,730,000
5월	4,950,000	6,900,000	11,850,000
6월	4,990,000	7,350,000	12,340,000
7월	4,980,000	7,500,000	12,480,000
8월	4,900,000	6,980,000	11,880,000
9월	4,820,000	7,550,000	12,370,000
10월	4,550,000	7,800,000	12,350,000
11월	4,890,000	7,900,500	12,790,500
12월	4,750,000	7,850,000	12,600,000
계	59,830,000	85,310,500	145,140,500

■ 위의 노무비와 전력비 외에 다음과 같은 고정비가 발생한다.

과 목	금 액(월발생액)
감 가 상 각 비	5,000,000
보 험 료	4,000,000
임 차 료	10,000,000
기 타	1,000,000
계	20,000,000

■ 제품생산방법과 환경에는 변화가 없으며 회사는 20×2년 제조원가가 20×1년과 동일하게 발생할 것으로 예상하고 있다. 회사는 20×2년 1월 제품생산량을 다음과 같이 예상하고, 제품생산량과 제조원가와의 관계를 고저점법을 이용하여 제조원가를 다음과 같이 추정하고 있다.

1. 고저점법을 이용한 20×1년 노무비와 전력비 원가추정식
   ▸ 단위당 변동비 추정

구분	생산량	원가총액	단위당 변동비
최고조업도	9,600개	12,480,000	
최저조업도	8,700개	12,370,000	
차　　이	900개	110,000	122.22

   ▸ 고정비 추정
   12,480,000－9,600개×@122.22＝11,306,688

2. 20×2년 1월 예상 생산량

제품	예상 생산량
A	5,000
B	4,000
C	8,000
계	17,000

3. 20×2년 1월 제조원가 발생액 추정

변 동 비	@122.22×17,000개＝	2,077,740
고 정 비		
노무비, 전력비	11,306,688	
감가상각비	5,000,000	
보험료	4,000,000	
임차료	10,000,000	
기　타	1,000,000	31,306,688
총　　계		33,384,428

요구사항

■ 회사의 생산부장은 위의 분석내용을 검토하고 난 후 제품생산량과 제조원가의 관계에 의문을 갖게 되었다. 왜냐하면, A제품의 생산량은 꾸준히 증가하였지만 B제품과 C제품의 생산량은 점차 감소하였고, 각 제품별로 노동시간과 기계시간이 달리 투입된다는 사실을 알고 있기 때문이다. 따라서 제품생산량이 제조원가의 결정적 원가동인으로 보기에는 무리가 있다고 판단되어 생산부장은 이러한 생산량의 변화가 원가에 미치는 영향을 정확하게 분석하기 위하여 공정분석을 실시한 결과를 다음의 사실을 알게 되었다.

구분	노무비	전력비	비 고
원가동인	노동시간	기계시간	
제품 단위당 투입시간			
A	0.5시간	5.0시간	
B	1.5시간	2.0시간	
C	4.0시간	1.0시간	

■ 각 제품별 노동시간과 기계시간의 투입자료를 이용하여 보다 합리적인 원가추정식을 계산하고 20×2년 1월 원가발생 예상액을 구하시오.

해설

노동시간이 비교적 많이 투입되는 B, C제품의 월별 생산량은 줄어가고 있으므로 월별 노무비 발생액은 점차 감소하고 있다. 반면 기계시간이 비교적 많이 투입되는 A제품의 월별 생산량은 증가하고 있으므로 월별 전력비는 점차 증가하고 있다. 또한 노무비는 노동시간이 원가동인이며, 전력비는 기계시간이 원가동인이므로 제품생산량보다는 제품생산량에 따른 노동시간과 기계시간을 구하여 원가를 추정하는 것이 보다 합리적인 방법일 것이다.

■ 월별 노동시간과 기계시간 추정

(단위 : 시간)

구분 \ 월	1월*	2월	3월	4월	5월	6월	7월	8월	9월	10월	11월	12월
노동시간	21,500	21,250	21,150	20,100	19,650	19,725	19,600	18,350	17,300	16,900	18,850	17,100
기계시간	20,000	22,700	21,050	22,900	23,600	25,000	25,700	23,600	24,800	26,000	27,300	26,700

* 1월 노동시간과 기계시간의 계산
노동시간=A2,000단위×0.5시간+B3,000단위×1.5시간+C4,000단위×4.0시간=21,500시간
기계시간=A2,000단위×5.0시간+B3,000단위×2.0시간+C4,000단위×1.0시간=20,000시간

■ 노동시간과 기계시간을 이용한 원가추정

1. 고저점법을 이용한 20×1년 노무비와 전력비 원가추정식

① 단위당 변동비 추정

구분	노무비		전력비	
	시간	금액	시간	금액
최고조업도	21,500	5,400,000	27,300	7,900,500
최저조업도	16,900	4,550,000	20,000	6,050,000
차 이	4,600	850,000	7,300	1,850,500
시간당 변동비	184.78		253.49	

② 고정비 추정

노무비 5,400,000－21,500시간×@184.78＝1,427,230

전력비 7,900,500－27,300시간×@253.49＝980,223

2. 20×2년 1월 예상 생산량

제품	예상 생산량	단위당 노동시간	단위당 기계시간
A	5,000	0.5시간	5.0시간
B	4,000	1.5시간	2.0시간
C	8,000	4.0시간	1.0시간
계	17,000		

3. 20×2년 1월 제조원가 발생액 추정

제품	예상 생산량	총노동시간	총기계시간
A	5,000	2,500	25,000
B	4,000	6,000	8,000
C	8,000	32,000	8,000
계	17,000	40,500	41,000

변 동 비		
노무비	40,500시간×@184.78＝7,483,590	
전력비	41,000시간×@253.49＝10,393,090	17,876,680
고 정 비		
노무비	1,427,230	
전력비	980,223	
감가상각비	5,000,000	
보험료	4,000,000	
임차료	10,000,000	
기타	1,000,000	22,407,453
총 계		40,284,133

제2절 학습곡선모형의 의의

학습곡선모형은 학습효과를 반영한 원가추정기법으로 학습효과란 반복학습을 통하여 작업에 대한 숙련도가 높아지는 현상을 말한다. 학습곡선모형이란 이러한 학습효과를 제품의 생산에 적용하여 생산량이 증가함에 따라 투입되는 총노동시간이 증가하기는 하되 체감하는 비율로 증가하는 현상을 설명하는 생산량－노동시간모형을 말한다. 학습곡선모형에서는 다음의 그림과 같이 생산량이 증가함에 따라 총노동시간이 체감하는 비율로 증가하므로 평균노동시간은 일정한 비율로 감소하게 된다.

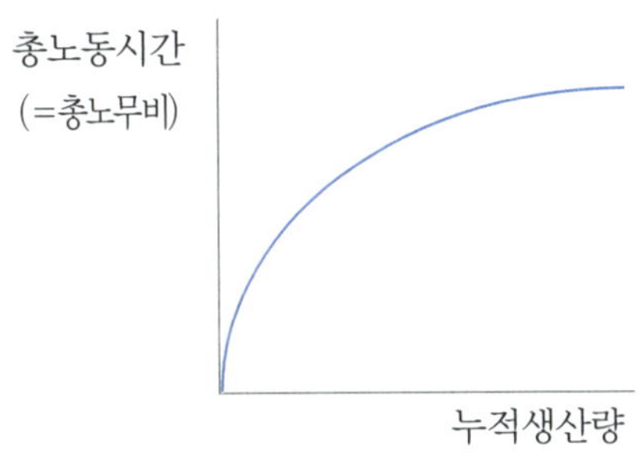

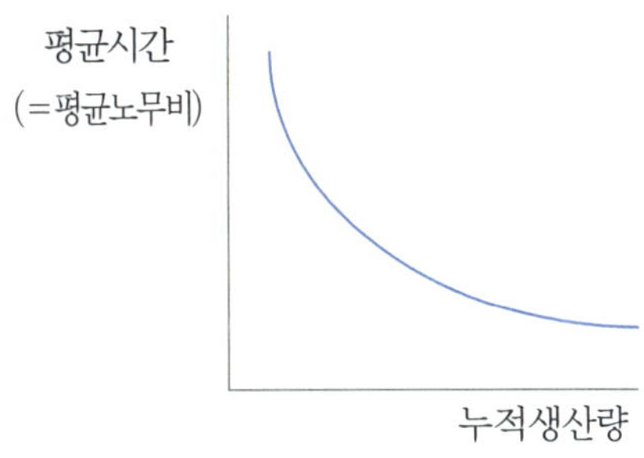

위의 그림에서 세로축을 노동시간으로 설명하였으나 노동시간은 직접노무비에 영향을 미치므로 결국 누적생산량이 증가함에 따라 총원가는 체감하는 비율로 증가하고 단위원가는 일정한 비율로 감소하는 현상을 설명하고 있다.

학습효과는 주로 고도의 작업난이도가 요구되는 제품에 적용된다. 일반적으로 항공기와 같이 수많은 부품을 조립하여 제품을 생산하는 업종에 주로 학습효과가 나타나는 것으로 알려져 있다. 학습곡선모형은 누적생산량이 증가됨에 따라 발생할 원가를 추정하여 제품표준원가의 설정, 납품가격 결정, 생산 여부 결정, 경영계획 등에 이용된다. 다만, 학습효과는 인간고유의 학습으로 인한 효과이므로 직접재료비나 기계작업 등의 활동에는 학습효과가 나타나지 않는다.

학습곡선모형에는 누적평균시간모형과 증분단위시간모형이 있는데 일반적으로 누적평균시간모형이 널리 사용되므로 이번 절에는 누적평균시간모형에 대해서만 살펴보도록 한다.

누적평균시간 학습곡선모형은 누적생산량이 2배가 될 때 단위당 누적평균시간이 체계적으로 감소하는 모형을 말한다. 보통 누적평균시간의 감소는 학습률에 의하여 표시하는데, 예를 들어 학습률이 80%이고 1단위를 생산할 때 100시간이 소요되었다면 누적생산량이 2단위일 때 누적평균시간이 100시간×80%=80시간으로 감소하는 것을 말한다.

누적평균시간 학습곡선모형은 제한된 상황에 대해서만 분석이 가능한 이배수법과 모든 상황에 대하여 분석이 가능한 지수함수법으로 구분된다.

1. 이배수법

이배수법은 제한된 상황에 대해서만 분석이 가능한 방법으로서 다음과 같이 누적생산량이 2배가 되는 경우를 표로 작성하여 접근한다.

예를 들어 학습률이 80%이고 첫번째 단위를 생산하는 데 200시간의 노동시간이 소요되었다고 가정한다면 다음과 같다.

누적생산량	×	단위당 누적평균시간		=	총누적노동시간
1			200시간		200시간
2		200×80%=	160		320
4		160×80%=	128		512
8		128×80%=	102.4		819.2
16		102.4×80%=	81.92		1,310.72

누적생산량은 이전에 생산한 물량을 포함하는 물량개념으로서 위의 경우에 제품생산순서에 따라 알파벳번호를 부여한다면 누적생산량이 1단위일 때는 a를 생산한 경우를 말하고, 누적생산량이 2단위일 때는 앞에서 생산한 a를 포함하여 a, b를 생산한 경우를 말하며, 누적생산량이 4단위일 때는 앞에서 생산한 a, b를 포함하여 a, b, c, d를 생산한 경우를 말한다.

위의 이배수법에 의한 분석에서 다음과 같은 분석이 가능하다. 예를 들어 시제품을 1단위 생산하고 판매용으로 7단위를 생산하는 데 소요된 노동시간은 얼마일까? 시제품 1단위를 포함하여 추가 7단위를 생산하면 누적생산량이 8단위이며 8단위까지의 총시간은 819.2시간이다. 따라서 추가 7단위에 소요된 시간은 819.2시간에서 시제품 생산에 소요된 200시간을 차감한 619.2시간으로 계산된다.

그러나 이배수법은 위와 같이 몇 가지의 제한된 상황에 대해서만 분석이 가능하며 분석이 불가능한 경우도 자주 발생한다. 예를 들어 제품 c를 생산하는 데 소요된 시간이나 제품 d를 생산하는 데 소요된 시간 등의 계산은 이배수법하에서는 불가능하다.

예제 02 이배수법을 이용한 학습곡선모형

㈜낙산산업은 제품생산에 90%의 학습률이 적용되고 있다는 사실을 발견하였다. 회사는 향후 제품생산계획에 이러한 학습효과를 반영하기 위하여 노동시간을 추정하려고 하다. 회사는 제품생산의 일련번호에 알파벳기호를 적용하고 있다. 첫번째 시제품을 생산하는 데 투입한 시간은 100시간이다.

요구사항

1. 시제품 생산 후 7단위를 추가생산하는 데 소요되는 시간을 구하시오.
2. b, c, d제품의 생산에 소요된 시간을 구하시오.
3. 회사의 시간당 평균임률이 ₩100이라면 제품 e, f, g, h의 생산에 투입된 직접노무비는 얼마인가?

해설

누적생산량	단위당 누적평균시간	총누적노동시간
1	100시간	100시간
2	100×90%= 90	180
4	90×90%= 81	324
8	81×90%= 72.9	583.2

1. 시제품 생산 후 7단위를 추가생산하는 데 소요되는 시간

583.2시간－100시간＝483.2시간

2. b, c, d제품의 생산에 소요된 시간

누적생산량 4단위의 소요시간에서 시제품생산에 소요된 시간을 차감하여 계산하면
324시간－100시간＝224시간

3. e, f, g, h제품의 생산에 투입된 직접노무비

투입된 직접노동시간＝583.2시간－324시간＝259.2시간
직접노무비＝259.2시간×₩100＝₩25,920

예제 03 학습곡선을 이용한 판매가격 결정

SH산업에서는 레저용 헬리콥터를 생산하고 있다. 회사는 전년도에 시제품 생산을 위하여 초기 5대를 생산하였는데 이때 소요된 원가는 다음과 같다.

직접재료비	@100,000,000×5대=	₩500,000,000
직접노무비	@50,000×4,000노동시간=	200,000,000
변동제조간접비	@30,000×4,000노동시간=	120,000,000
고정제조간접비	@120,000,000×5대=	600,000,000
계		₩1,420,000,000

향후 본격적인 양산이 되는 경우에도 직접재료비는 시제품 생산에 소요된 금액과 유사할 것으로 예상되며, 직접노무비의 경우 임률은 현재와 같은 수준을 유지할 것으로 예상된다. 직접노동시간은 숙련도의 증가로 인하여 누적생산량이 2배가 될 때마다 약 90%의 학습률이 적용될 것으로 예상하고 있다. 변동제조간접비는 노동시간과 관련하여 발생하며 시간당 배부율은 향후에도 현재와 같은 수준을 예상하고 있다. 고정제조간접비는 공장건물이나 설비 등의 감가상각비, 리스료, 보험료, 임차료 등으로서 향후 본격적인 생산에 따른 추가 설비 도입과 생산량 증가를 감안하면 단위당 ₩50, 000,000 수준으로 감소할 것으로 예상된다.

회사는 올해 초 수출상담을 통하여 생산가능물량을 예상한 결과 75대 정도 수주가 가능할 것으로 예상하였으며 올해 안에 모두 생산을 완료하여 납품할 계획을 세우고 있다. 회사는 판매가격을 결정할 때 원가가산방법을 사용하는데 제조원가에 대한 이익가산율(mark－up rate)을 200%로 설정하고 있다.

요구사항

올해 생산되는 제품의 단위당 예상판매가격을 결정하시오.

해설

1. 75대 생산에 투입되는 노동시간

누적생산량	단위당 누적평균시간	총생산시간	증분생산시간
5	800hr	4,000hr	
10	720hr	7,200hr	
20	648hr	12,960hr	
40	583.2hr	23,328hr	
80	524.88hr	41,990.4hr	37,990.4hr

2. 75대 총제조원가

직접재료비	@100,000,000×75대=	₩7,500,000,000
직접노무비	@50,000×37,990.4hr=	1,899,520,000
변동제조간접비	@30,000×37,990.4hr=	1,139,712,000
고정제조간접비	@50,000,000×75대=	3,750,000,000
계		₩14,289,232,000

3. 단위당 평균제조원가 및 단위당 판매가격

* 단위당 평균제조원가=₩14,289,232,000÷75대=₩190,523,093

* 단위당 판매가격=₩190,523,093×(1+200%)=₩571,569,280

2. 지수함수법

지수함수법은 이배수법의 단점을 해결하기 위하여 제시된 방법으로서 단위당 누적평균시간에 지수함수를 적용하여 계산하는 방법이다.

지수함수에 의한 누적평균시간은 다음과 같다.

$$Y=ax^{-b}$$

Y=누적평균시간
a=첫번째 단위의 생산시간
x=누적생산량
b=학습지수(지수함수의 기울기)

따라서 x단위 생산에 소요되는 누적총시간은 다음과 같다.

$$\text{누적총시간}=x\cdot ax^{-b}$$

지수함수에서 학습률은 다음과 같이 계산한다.

x단위 생산시 누적평균시간 $y=ax^{-b}$

$2x$단위 생산시 누적평균시간 $y'=a(2x)^{-b}$

$$\therefore \text{학습률}=\frac{y'}{y}=\frac{a(2x)^{-b}}{ax^{-b}}=2^{-b}$$

학습지수인 b값을 구하기 위하여 log를 취하여 계산하면 b값은 학습률에 따라 다음과 같이 계산된다.

학습률	b값
95%	0.0740
90%	0.1520
80%	0.3219
70%	0.5146

따라서 학습률이 90%이며 첫 번째 단위의 생산시간이 100시간인 경우의 누적단위당 평균시간은 $Y=100x^{-0.1520}$으로 표시된다.

참고로 학습률이 80%와 90%인 경우의 x^{-b}값은 다음과 같다.

x	학습률 80%	학습률 90%
	$x^{-0.3219}$	$x^{-0.1520}$
1	1.000	1.000
2	0.800	0.900
3	0.702	0.846
4	0.640	0.810
5	0.596	0.783
6	0.562	0.762
7	0.535	0.744
8	0.512	0.729

예제 04 지수함수법을 이용한 학습곡선모형

㈜낙산산업은 제품생산에 90%의 학습률이 적용되고 있다는 사실을 발견하였다. 회사는 향후 제품생산계획에 이러한 학습효과를 반영하기 위하여 노동시간을 추정하려고 하다. 회사는 제품생산의 일련번호에 알파벳기호를 적용하고 있다. 첫번째 시제품을 생산하는데 투입한 시간은 100시간이다.

요구사항

1. 시제품 생산 후 7단위를 추가생산하는 데 소요되는 시간을 구하시오.
2. d제품(4번 제품)의 생산에 소요된 시간을 구하시오. 회사의 시간당 평균임률이 ₩100이라면 제품 d의 생산에 투입된 직접노무비는 얼마인가?

해설

1. 시제품 생산 후 7단위를 추가생산하는 데 소요되는 시간

b~h까지의 생산시간 = h(8번 제품)까지의 총시간 − 시제품생산 소요시간
$= 8 \times 100 \cdot 8^{-0.1520} - 100$
= 583.2시간 − 100시간 = 483.2시간

2. d제품(4번 제품)의 생산에 소요된 시간 및 직접노무비

d제품 생산시간 = 4번 제품까지의 총시간 − 3번 제품까지의 총시간
= 4×4단위 생산의 누적평균시간 − 3×3단위 생산의 누적평균시간
$= 4 \times 100 \cdot 4^{-0.1520} - 3 \times 100 \cdot 3^{-0.1520}$
= 324시간 − 253.8시간 = 70.2시간

직접노무비 = 70.2시간 × ₩100 = ₩7,020

연습문제

문제 1. 이배수법을 이용한 학습곡선

㈜두원산업에서는 20인승 제트비행기를 생산하고 있다. 회사는 생산한 비행기를 각국의 최고경영자, 스포츠스타 등에게 판매하고 있는데, 최근 정부에서도 비행기에 대하여 발주를 한다는 정보를 입수하였다. 제트비행기의 생산과 관련된 자료는 다음과 같다.

비행기 단위당 직접재료비	₩5,000,000
시간당 임률	₩20,000
변동제조간접비	직접노동시간당 ₩10,000
기타 제조간접비	직접재료비의 20%

위의 원가 이외에 전년도에 생산된 제품에 대해서는 단위당 ₩500,000의 원가를 배부하였는데 이는 비행기의 시험검사에 사용되는 장비의 감가상각비로 전년도에 감가상각이 완료되었으나 효율적인 관리로 인하여 앞으로도 계속사용이 가능하다.

한편, 회사는 전년도 이전에도 여러 차례에 걸쳐 제품을 생산하였는데 최초 3대의 비행기를 생산할 때에는 600시간의 노동시간이 투입되었다. 회사가 전년도까지 생산한 누적생산량은 12대이며 12대를 생산할 때의 단위당 누적평균시간은 98시간으로 알려져 있다.

회사는 올해에 12대를 생산할 예정이며 활발한 현장교육과 기술전수로 학습효과는 계속하여 나타날 것으로 예상한다. 회사는 올해에 생산하는 제품에 대해서는 이익가산율을 150%로 설정하고 있다.

요구사항

1. 학습률을 구하시오.
2. 올해 생산되는 제품의 단위당 판매가격을 결정하시오.
3. 만약 회사에 처음부터 학습효과가 전혀 나타나지 않았다면 올해 생산되는 제품의 단위당 판매가격은 얼마로 결정하여야 하는가?

해설

1. 학습률

누적생산량	단위당 누적평균시간	총생산시간
3	600hr÷3대=200hr	600hr
6	?	
12	98hr	

학습률을 k라 하면
200시간×k^2=98시간
∴ k=70%

2. 학습효과가 적용되는 경우의 단위당 판매가격

(1) 12대 생산에 투입되는 노동시간

누적생산량	추가생산량	단위당 누적평균시간	총생산시간	증분생산시간
3		600hr÷3대=200hr	600hr	
6		200hr×0.7=140hr	840hr	
12		140hr×0.7=98hr	1,176hr	
24	12	98hr×0.7=68.6hr	1,646.4hr	470.4hr

(2) 추가생산하는 12대의 단위당 평균제조원가

직접재료비	₩5,000,000×12대=	₩60,000,000
직접노무비	470.4hr×₩20,000=	9,408,000
변동제조간접비	470.4hr×₩10,000=	4,704,000
기타제조간접비	₩60,000,000×20%=	12,000,000
합계		₩86,112,000

(3) 단위당 평균제조원가 및 단위당 판매가격
단위당 평균제조원가=₩86,112,000÷12대=₩7,176,000
단위당 판매가격=₩7,176,000×(1+1.5)=₩17,940,000

3. 학습효과가 적용되는 않는 경우의 단위당 판매가격

〈단위당 제조원가〉

직 접 재 료 비		₩5,000,000
직 접 노 무 비	200hr×₩20,000=	4,000,000
변동제조간접비	200hr×₩10,000=	2,000,000
기타제조간접비	₩5,000,000×20%=	1,000,000
합 계		₩12,000,000

단위당 판매가격=₩12,000,000×(1+1.5)=₩30,000,000

문제 2. 지수함수를 이용한 학습곡선

㈜관악의 생산부는 첫번째 기계를 100시간을 투입하여 생산하였고 기계생산에 80%의 누적평균시간 학습곡선이 적용된다는 사실을 알게 되었다. 생산관련자료는 다음과 같다.

기계 단위당 직접재료비	₩250,000
생산부의 시간당 임률	₩2,000
변동제조간접비의 배부율	직접노무비의 150%
기타 제조간접비	직접노무비의 100%

학습률이 80%인 경우의 지수함수관련자료는 다음과 같다.

x	$x^{-0.3219}$
1	1.000
2	0.800
3	0.702
4	0.640
5	0.596
6	0.562
7	0.535
8	0.512

요구사항

회사는 판매정책상 제조원가에 120%의 이익가산율을 적용하여 판매하고 있다. 회사가 생산하는 7번 제품과 8번 제품의 판매가격을 결정하시오.

해설

1. 각 제품별 노동시간

(1) 7번 제품 생산에 소요된 시간
=7번 제품까지의 총시간−6번 제품까지의 총시간
=7×7단위 생산의 누적평균시간−6×6단위 생산의 누적평균시간
$=7\times100\cdot7^{-0.3219}-6\times100\cdot6^{-0.3219}$
=374.5시간−337.2시간=37.3시간

(2) 8번 제품 생산에 소요된 시간
=8번 제품까지의 총시간−7번 제품까지의 총시간
=8×8단위 생산의 누적평균시간−7×7단위 생산의 누적평균시간
$=8\times100\cdot8^{-0.3219}-7\times100\cdot7^{-0.3219}$
=409.6시간−374.5시간=35.1시간

2. 단위당 판매가격

	7번 제품	8번 제품
직접재료비	₩250,000	₩250,000
직접노무비	74,600(=37.3hr×₩2,000)	70,200(=35.1hr×₩2,000)
변동제조간접비	111,900(=₩74,600×150%)	105,300(=₩70,200×150%)
기타제조간접비	74,600(=₩74,600×100%)	70,200(=₩70,200×100%)
합 계	₩511,100	₩495,700
이익가산	×2.2	×2.2
단위당 판매가격	₩1,124,420	₩1,090,540

문제 3. 학습곡선을 이용한 손익추정

㈜야망산업의 향후 제품생산·판매량에 대한 예산은 다음과 같다.

연 도	판매량
20×1년	40
20×2년	120
20×3년	160
20×4년	320

회사는 생산한 제품을 모두 판매할 수 있는 안정적인 수요처를 확보하고 있기 때문에 기말에 재고를 보유하지 않는 정책을 갖고 있다. 제품의 단위당 판매가격은 ₩5,000이며 20×1년에 최초 40단위를 생산하는 데 투입된 변동제조원가는 다음과 같다.

구 분	금액
직 접 재 료 비	₩40,000
직 접 노 무 비	20,000
변동제조간접비	40,000
계	₩100,000

직접노무비의 시간당 임률은 ₩5이며 위의 변동제조원가 이외에 단위당 변동판매관리비 ₩500이 발생한다. 회사의 고정제조원가와 고정판매관리비는 각각 ₩100,000과 ₩60,000이다. 직접노무비 임률을 포함한 모든 원가는 매년 동일할 것으로 예상되며 변동제조간접비는 직접노동시간을 기준으로 발생한다. 회사는 제품생산에 80%의 학습률이 적용될 것으로 예상하고 있다. 법인세율은 40%이다.

요구사항

1. 제품생산을 위한 직접노동시간을 연도별로 구하시오.
2. 매년 세후영업이익을 구하시오.

해설

1. 연도별 직접노동시간

연도	누적생산량	연도별 생산량	단위당 누적평균시간	총생산시간	증분생산시간
20×1년	40	40	4,000hr* ÷40=100hr	4,000hr	4,000hr
20×2년	80		100hr×0.8=80hr	6,400hr	
	160	120	80hr×0.8=64hr	10,240hr	6,240hr
20×3년	320	160	64hr×0.8=51.2hr	16,384hr	6,144hr
20×4년	640	320	51.2hr×0.8=40.96hr	26,214.4hr	9,830.4hr

* 4,000hr=₩20,000÷@5

2. 연도별 세후영업이익

	단위당	20×1년 (Q=40)	20×2년 (Q=120)	20×3년 (Q=160)	20×4년 (Q=320)
매 출 액	₩5,000	₩200,000	₩600,000	₩800,000	₩1,600,000
변 동 비					
직 접 재 료 비	1,000	40,000	120,000	160,000	320,000
직 접 노 무 비*		20,000	31,200	30,720	49,152
변동제조간접비**		40,000	62,400	61,440	98,304
변동판매관리비	500	20,000	60,000	80,000	160,000
소 계		120,000	273,600	332,160	627,456
공 헌 이 익		80,000	326,400	467,840	972,544
고 정 비					
고정제조간접비		100,000	100,000	100,000	100,000
고정판매관리비		60,000	60,000	60,000	60,000
소 계		160,000	160,000	160,000	160,000
영 업 이 익		(80,000)	166,400	307,840	812,544
법 인 세		32,000	(66,560)	(123,136)	(325,017.6)
순 이 익		(₩48,000)	₩99,840	₩184,704	₩487,526.4

* 직접노무비 = 직접노동시간×₩5/시간

** 변동제조간접비 = 직접노동시간×₩10/시간

제16장 최신원가관리이론

제1절 품질원가계산

1. 품질원가계산의 의의

기존의 원가계산방식에서는 단기적 측면만 고려하여 품질과 원가는 상호상충관계에 있다고 생각하였다. 즉 제품의 품질을 높이기 위해서는 부품에 대한 검사, 질 좋은 노동력의 확보, 효율적인 설비의 확충 등 많은 원가가 소요되고, 반대로 원가투입을 줄이면 제품의 품질은 떨어진다고 생각하였다. 결국 이러한 사고방식은 단기적 성과 측면에서 기업의 경영성과를 파악하므로 그 개선의 효과가 잘 드러나지 않는 제품의 품질보다는 단기적인 효과가 잘 드러나는 원가절감에만 관심을 기울이게 만드는 부작용을 발생시켰다.

그러나 제품의 품질을 보다 장기적인 측면에서 살펴본다면 지속적인 공정개선과 품질개선활동을 통하여 높은 품질을 유지할 수 있고, 원가도 공정에서 발생하는 여러 가지의 문제점을 개선함에 따라서 감소하게 된다. 품질원가계산(quality costing)은 이렇게 품질과 원가가 상호보완관계에 있다고 보고 낮은 원가수준과 고품질을 목표로 하여 제품의 품질을 개선하는 데 중점을 두는 원가계산제도를 말한다.

2. 품질원가

품질원가계산에서는 품질원가(cost of quality)를 경영자의 자발적인 지출의도에 따라 자발적인 원가와 비자발적인 원가로 구분하는데, 자발적인 원가는 예방원가와 평가원가로 구분되며, 비자발적인 원가는 내부실패원가와 외부실패원가로 구분된다. 한편, 자발적인 원가는 경영자가 품질상 결함이 발생하지 않도록 예방하고 검사하는 여러 가지의 사전노력과 관련되어 있으므로 사전품질원가라고도 하며, 비자발적인 원가는 품질상의 결함이 발견된 후에 이로 인하여 발생하는 원가를 말하므로 사후품질원가라고도 한다.

(1) 예방원가(prevention cost)

제조의 과정에서 불량이나 품질상의 결함이 나타나지 않도록 노력하는 활동과 관련된 모든 원가를 말한다. 예방원가의 예로는 품질방침기획 및 선포활동원가, 품질관리기획과 관련된 비용, 품질관리교육 및 훈련비용, 부품공급업체의 품질통제관련 관리비용, 원부자재공급사 평가활동원가, 설계엔지니어링원가, 품질엔지니어링원가, 예방적 설비보수 및 유지활동원가 등이 있다.

(2) 평가원가(appraisal cost)

완성된 제품이 회사가 사전에 설정한 품질수준에 부합하는가를 평가하고 검사하는 활동과 관련된 원가를 말한다. 검사원가라고도 한다. 평가원가의 예로는 부품의 검사원가, 공정평가원가, 제품품질검사와 관련된 원가, 품질 관련 데이터의 처리비용 등이 있다.

(3) 내부실패원가(internal failure cost)

내부실패원가는 검사의 결과 발견된 제품의 결함이나 불량품을 고객에게 인도하기 전에 제거하고 처리하기 위한 활동과 관련된 원가를 말한다. 내부실패원가는 단지 제품뿐만 아니라 부품의 조달단계에서부터 제품의 제조과정에서 발생하는 모든 공정상의 결함을 해결하기 위한 원가를 포함한다. 내부실패원가의 예로는 판매전 발견된 불량품의 재작업활동원가, 부품조달과정에서 나타난 문제점을 해결하기 위한 비용(반품 및 재주문비용 등), 제조과정에서 발견된 결함을 해결하기 위한 비용(재작업원가 등), 폐기비용, 작업중단에 따른 기회비용 등이 있다.

(4) 외부실패원가(external failure cost)

제품을 고객에게 인도한 후에 발생한 결함을 해결하기 위한 활동과 관련된 원가를 말한다. 외부실패원가의 예로는 반품 또는 매출취소로 인한 비용, 반품의 재검사비용, 반품제품의 재작업원가, 리콜(recall)원가, 소비자인지도 저하로 인한 판매기회의 상실비용, 제품결함으로 인한 에누리비용 등이 있다.

3. 품질원가의 상호관계

앞에서 살펴본 품질원가와 불량률과의 관계를 살펴보면 사전품질원가가 많아질수록 불량률은 감소하고 사전품질원가가 감소할수록 불량률은 증가하게 된다. 한편, 사후품질원가는 불량률이 증가함에 따라 증가하게 되므로 사전품질원가와 사후품질원가 사이에는 상호 상충관계가 존재한다. 이를 그림으로 표현하면 다음과 같다.

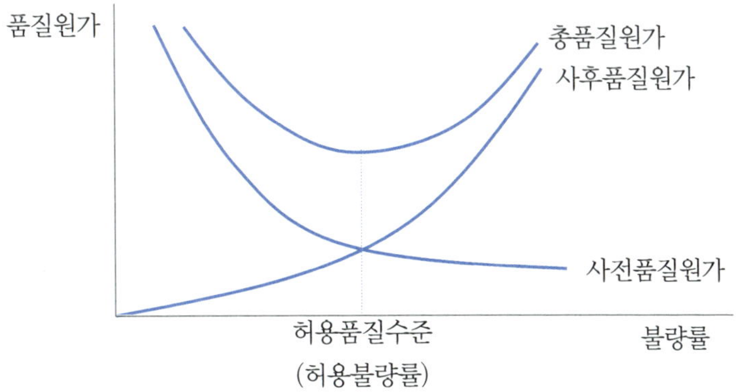

위의 그림과 같이 기업의 입장에서는 총품질원가를 최소화하는 허용불량률이 존재하게 되는데 이를 허용품질수준(acceptable quality level)이라고 한다. 이렇게 총품질원가를 최소화할 수 있는 허용품질수준이 있다고 보는 관점을 허용품질관점이라고

한다.

한편, 최근에는 품질원가간의 상호관계를 상충관계로 보지 않는 이론도 제기되고 있는데, 이는 사전품질원가를 일단 대폭 증가시켜 불량률을 극히 미미한 상태로 유지한다면 장기적으로는 사전품질원가는 감소하게 되고 이렇게 강화된 사전통제원가로 인하여 사후품질원가도 함께 감소한다고 보는 이론이다. 이렇게 품질관리를 철저히 하여 불량률도 0에 가깝게 유지하고 품질원가의 발생도 줄일 수 있다는 관점을 무결함관점이라고 한다.

4. 품질원가관리의 목표 및 장점

① 품질원가관리를 업적평가시스템과 연계하여 각 생산부서의 통제 및 성과평가시스템에 사용할 수 있다.

② 품질원가를 감소시킴으로써 장기적으로는 기업의 수익성이 제고된다.

③ 품질개선과정에서 제품품질상의 문제점을 파악할 수 있으며 이는 공정관리 측면에서 매우 유용한 자료가 된다.

예제 01 품질원가

㈜품질산업은 품질원가계산제도를 도입하려고 한다. 당기에 발생한 품질관련원가는 다음과 같다.

구　분	원가	구　분	원가
품질방침기획 및 선포활동	₩20,000	제품품질검사 및 시험활동	₩60,000
설계엔지니어링활동	20,000	부품공급업체의 평가활동	70,000
원재료반품활동	30,000	원재료검사활동	60,000
공손품처리활동	50,000	공정평가활동	50,000
판매전 발견된 불량품의 재작업활동	80,000	클레임처리활동	30,000
반품의 재작업활동	40,000	반품 재검사활동	80,000
예방적 설비보수 및 유지활동	40,000	품질교육 및 훈련활동	100,000
판매기회 상실에 따른 기회비용	90,000	품질하자로 인한 에누리	10,000
고객불만처리활동	20,000	recall활동	30,000

요구사항

예방원가, 평가원가, 내부실패원가, 외부실패원가로 구분하시오.

해설

활 동	예방원가	평가원가	내부실패원가	외부실패원가
품질방침기획 및 선포활동	₩20,000			
설계엔지니어링활동	20,000			
원재료반품활동			₩30,000	
공손품처리활동			50,000	
판매 전 발견된 불량품의 재작업활동			80,000	
반품의 재작업활동				₩40,000
예방적 설비보수 및 유지활동	40,000			
판매기회 상실에 따른 기회비용				90,000
고객불만처리활동				20,000
제품품질검사 및 시험활동		₩60,000		
부품공급업체의 평가활동	70,000			
원재료검사활동		60,000		
공정평가활동		50,000		
클레임처리활동				30,000
반품 재검사활동				80,000
품질교육 및 훈련활동	100,000			
품질하자로 인한 에누리				10,000
recall활동				30,000
계	₩250,000	₩170,000	₩160,000	₩300,000

제2절 가치사슬과 수명주기원가계산(LCC)

1. 가치사슬

전통적인 원가계산에서는 제조단계에서 발생한 제조원가만을 대상으로 하여 원가계산, 가격결정, 원가절감 등에 관심을 가져왔다. 그러나 최근에는 제품생산에 적용되는 기술의 고도화, 소비자 욕구에 따른 제품의 구성변화 등으로 인하여 제조단계에서 발생하는 원가뿐만 아니라 제조 이전의 단계인 연구개발·제품설계 등에서 발생하는 원가의 구성도 매우 높아졌다. 또한 기업간의 치열한 경쟁의 결과 시장의 성격이 공급자중심의 시장(seller's market)에서 수요자중심의 시장(buyer's market)으로 옮겨가게 되었고, 그 결과 제품의 판매에 따르는 마케팅, 유통, 고객서비스 등의 중요성이 높아지게 되었다. 따라서 제조 이후의 활동인 마케팅, 유통, 고객서비스단계에서 발생하는 원가의 비중 또한 높아지게 되었다.

가치사슬(value chain)이란 기업의 원가계산과 각종 의사결정에서 관심의 대상이 되는 영역을 단지 제조의 단계뿐만이 아니라 제조 이전에 발생하는 연구개발과 제품설계에서부터 제품의 제조 및 생산과 마케팅, 유통, 고객서비스에 이르는 단계까지 넓혀서 모든 기업의 경영활동이 포함되도록 하는 것이다.

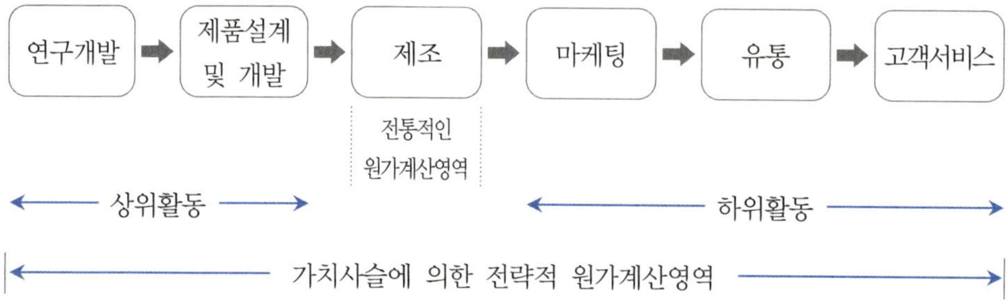

제조활동 이전단계인 연구개발과 제품설계단계의 활동을 상위활동(전방활동, upstream activities)이라고 하며, 이러한 단계에서 발생하는 원가를 상위원가(upstream costs)라고 한다. 제조활동 이후의 단계인 마케팅, 유통, 고객서비스활동을 하위활동(후방활동, downstream activities)이라고 하며 이러한 활동에서 발생하는 원가를 하위원가(downstream costs)라고 한다.

2. 수명주기원가계산

가치사슬의 개념이 적용된 원가계산제도를 수명주기원가계산(LCC; life cycle costing) 혹은 가치사슬원가계산(value chain costing)이라고 하는데 이는 제품의 원가계산이나 수익성분석, 가격결정 등을 할 때 연구개발, 제품개발, 제조, 마케팅, 유통, 고객서비스, 폐기 등에 이르는 제품의 수명주기 전체 동안에 발생하는 총체적인 원가를 포함하여 계산하는 것을 말한다. 제품의 수명은 제품의 특성에 따라 다를 것이므로 기업이 수익성을 확보하기 위하여 판매가격을 어떻게 정할 것인가 혹은 판매정책은 어떻게 할 것인가 등에 대한 내용도 수명주기원가계산을 통하여 파악이 가능해진다. 예를 들어 최근의 전자제품과 같이 유행에 민감하게 반응하는 제품의 경우에는 제품의 수명이 다른 제품에 비하여 매우 짧은 경향을 가지고 있다. 따라서 기업은 예상되는 제품의 수명을 감안한 판매량과 매출액을 결정하고 이에 대응되는 단계별 원가를 적절히 파악하고 원가절감을 위한 노력을 하여 제품의 수익성이 확보되도록 하여야 하며 이러한 과정에서 수명주기원가계산은 매우 중요한 역할을 수행한다.

결국 기업은 수명주기원가계산을 통하여 제품의 개발부터 제품의 폐지에 이르는 전 과정에 걸쳐 발생하는 원가를 분석함으로써 어느 단계에서 어떠한 원가가 발생하고 어느 단계의 활동이 비부가가치활동인가의 구분도 가능하며 회사의 이익을 극대화할 수 있는 합리적 의사결정을 할 수 있게 된다.

수명주기원가계산의 장점은 다음과 같다.

① 제품의 수명 전반에 걸친 활동의 파악이 가능하며 제품의 품질과 관련하여 부가가치활동과 비부가가치활동의 구분도 가능하다.

② 제품의 개발부터 폐지에 이르는 전과정의 원가를 살펴볼 수 있으므로 원가의 합리적인 관리가 가능하다.

③ 제품별로 원가가 발생하는 단계가 다르므로 적절한 수익성을 확보하기 위한 제품의 판매가격을 결정할 때 유용한 정보를 얻을 수 있다.

④ 수명주기 전체를 통한 원가의 상호관계를 파악하는 것이 가능하다. 예를 들어 제품개발 초기에 많은 원가를 투입하여 제품의 품질을 향상시킨다면 판매 후 고객서비스단계에서 발생하는 원가의 발생을 감소시킬 수도 있다.

⑤ 제품별로 수명이 다르므로 투자액 및 원가를 회수하기 위한 기업의 합리적인

의사결정이 가능하다.

예제 02 수명주기원가계산

㈜신원산업은 20×1년초에 새로운 핸드폰을 개발하여 시판하려고 하고 있다. 회사가 파악한 제품의 수명 전체를 통하여 발생하는 각 단계의 원가는 다음과 같다.

	단위당 변동비	고정비
연구개발단계	–	₩2,000,000
제품개발단계	–	4,000,000
제조원가	₩60	7,000,000
마케팅비용	20	1,500,000
물류비용	10	500,000
사후서비스원가	10	1,000,000
계	₩100	₩16,000,000

제품의 수명은 3년으로 예측하고 있으며 매년 판매량은 다음과 같이 예상된다.

20×1년	10,000단위
20×2년	25,000
20×3년	15,000
계	50,000단위

회사는 제품의 원가에 20%의 이익을 가산하여 판매가격을 정하고 있다.

요구사항

1. 회사는 수명주기원가계산을 적용하여 판매가격을 결정한다. 단위당 판매가격을 구하고 수명주기손익계산서를 작성하시오.
2. 전통적인 원가계산에 의한 단위당 판매가격을 구하고 손익계산서를 작성하시오. 단, 회사는 과거에 제품개발비와 제조원가를 제품의 원가로 인식하였다.

해설

1. 수명주기원가계산

(1) 단위당 판매가격

$$\text{단위당 총원가} = ₩100 + \frac{₩16,000,000}{50,000\text{단위}} = ₩100 + ₩320 = ₩420$$

단위당 판매가격 = ₩420 × 120% = ₩504

(2) 수명주기손익계산서

수명주기매출액	₩504×50,000=		₩25,200,000
수명주기원가			
연구개발비		₩2,000,000	
제품개발비		4,000,000	
제조원가	60×50,000+7,000,000=	10,000,000	
마케팅비용	20×50,000+1,500,000=	2,500,000	
물류비용	10×50,000+500,000=	1,000,000	
사후서비스원가	10×50,000+1,000,000=	1,500,000	21,000,000
수명주기영업이익			₩4,200,000

2. 전통적인 원가계산

(1) 단위당 판매가격

$$단위당\ 총원가 = ₩60 + \frac{₩11,000,000}{50,000단위} = ₩60 + ₩220 = ₩280$$

단위당 판매가격=₩280×120%=₩336

(2) 전통적인 손익계산서

매출액	₩336×50,000=		₩16,800,000
원가			
연구개발비		₩2,000,000	
제품개발비		4,000,000	
제조원가	60×50,000+7,000,000=	10,000,000	
마케팅비용	20×50,000+1,500,000=	2,500,000	
물류비용	10×50,000+500,000=	1,000,000	
사후서비스원가	10×50,000+1,000,000=	1,500,000	21,000,000
영업이익			(₩4,200,000)

제3절 목표원가관리(TCM)

1. 목표원가관리의 의의

목표원가관리(target cost management)는 원가기획 또는 목표원가계산(target costing)이라고도 하는데, 제품의 개발 및 설계단계에서부터 소비자의 제품에 대한 욕구와 수용가능한 가격을 파악하여 목표이익을 확보할 수 있도록 목표원가를 설정하는 것을 말한다.

전통적인 원가시스템에서는 사전조사를 통하여 소비자의 욕구(needs)를 파악하고 소비자의 욕구에 맞는 제품을 개발하였다. 제품을 개발하고 설계하는 과정에서 제품의 예상제조원가가 산출되었으며 이러한 원가에 이익을 가산하여 판매가격을 결정하였다. 그리고 제품을 본격적으로 생산하면서 공정의 비합리적·비효율적인 활동을 제거하면서 원가절감을 하도록 노력하였다. 그러나 이러한 전통적인 접근방법에서는 중요한 과정이 결여되어 있는데, 그것은 소비자가 해당 제품에 대하여 적절한 가격을 얼마로 생각하고 있으며, 소비자가 지불할 수 있는 금액이 얼마인지에 대한 고려가 없다는 것이다.

따라서 목표원가관리에서는 제품을 개발하기 전에 사전의 시장조사를 통하여 소비자가 원하는 가격과 경쟁사의 가격을 파악하여 목표가격을 설정하고 여기에서 회사의 목표이익을 차감하여 목표원가를 찾아낸다. 그리고 제품의 개발단계에서부터 제조의 과정에 이르기까지 이러한 목표원가에 맞도록 제품을 설계하고 생산을 한다.

전통적인 원가계산과 목표원가관리를 비교하면 다음과 같다.

구분	전통적인 원가계산	목표원가관리
기업의과제	고객의 욕구에 맞는 제품개발	고객의 욕구와 고객이 원하는 가격에 맞는 제품개발
접근순서	소비자욕구 파악 → 제품설계 → 예상원가 산정 → mark－up 가산 → 예상판매가격의 결정 → 제품생산	소비자욕구와 수용가능가격의 파악 → 목표가격의 설정 → 목표이익 차감 → 목표원가 결정 → 제품설계 → 제품생산
주요관점	기술적 관점의 제품개발	기술적 관점과 재무적(목표원가관리) 관점의 제품개발
엔지니어링	기술엔지니어링(technology engi－neering) : 제품이 최적의 기능과 성능을 유지하도록 기술적인 측면에서 제품을 개발하고 설계	가치엔지니어링(VE; value engi－neering) : 제품을 공학적인 방법을 통하여 개발하고 설계하되 목표원가를 유지할 수 있도록 설계
원가절감	제조단계에서 원가절감을 하기 위하여 노력한다.	제조 이전의 단계인 연구개발과 제품설계 및 개발단계에서 수명주기원가를 고려하여 원가절감을 하도록 노력한다.

2. 목표원가의 설정방법

(1) 공제법

주로 신제품의 목표원가를 설정하는 방법으로 목표판매가격에서 목표이익을 차감하여 계산한다. 회사는 목표판매가격을 결정하는 과정에서 고객이 원하며 수용가능한 가격을 파악하고 제품의 수명주기를 전체를 통한 목표이익을 설정한다. 따라서 목표원가관리에서는 원가에 대한 관리뿐만 아니라 이익에 대한 관리 및 기획까지 그 범위에 포함된다.

목표이익이 설정되면 목표판매가격에서 목표이익을 차감하여 목표원가를 계산하게 되는데, 이러한 과정에서 제품의 수명주기원가에 대한 고려는 필수적이라 할 수 있다. 즉 최근에는 제품생산을 위한 자동화 설비투자 및 설비투자의 고도화 등으로 인하여 제품의 수명주기상 초기에 상당부분의 원가가 발생하게 된다. 따라서 목표원가관리는 이러한 연구개발, 제품개발 및 설계의 단계에서부터 원가를 전사적으로 관리해야 한다.

(2) 누적법

기존제품을 개량하여 판매할 때 주로 적용되는 방법으로 기존제품의 원가에 추가되는 기능과 관련된 원가는 가산하고, 제거되는 기능과 관련된 원가는 차감하여 목표원가를 계산한다.

예제 03 목표원가관리_공제법

㈜오정산업에서는 목표원가관리기법을 도입하기로 하고 회사가 개발하려는 A제품과 관련된 자료를 다음과 같이 수집하였다.

* 고객이 수용가능한 A제품의 단위당 가격 : ₩1,200
* 제품수명주기를 통한 A제품의 예상수요량 : 400,000단위
* 목표이익 : 매출액의 30%
* A제품 개발을 위한 상위활동에서 발생하는 비용
연구개발비용 : ₩80,000,000
제품설계비용 : ₩40,000,000

요구사항

A제품의 목표원가를 공제법에 의하여 구하시오.

해설

단위당 목표이익 = ₩1,200 × 30% = ₩360
총목표원가 = ₩1,200 − ₩360 = ₩840
목표원가 = 총목표원가 − 상위활동원가

$$= ₩840 - \frac{₩120,000,000}{400,000\text{단위}}$$

= ₩540

예제 04 목표원가관리_누적법

㈜두원산업은 목표원가가 ₩1,000으로 설정되어 있는 B제품을 개량하려고 한다. 다음의 B제품의 개량과 관련된 원가자료이다.

B제품의 예상 수요량	20,000단위
설계변경비용	₩2,000,000
추가사항	
죠그셔틀기능	단위당 ₩100
자동녹음기능	단위당 ₩50
제거사항	
자동센서장치	단위당 ₩200
화면표시장치	단위당 ₩250

요구사항

개량된 B제품의 목표원가를 누적법에 의하여 구하시오.

해설

종전의 목표원가 : ₩1,000

가산할 원가 : $\frac{₩2,000,000}{20,000단위}$ + ₩100 + ₩50 = ₩250

차감할 원가 : ₩200 + ₩250 = ₩450

새로운 목표원가 = ₩1,000 + ₩250 − ₩450 = ₩800

목표원가관리는 전사적인 원가관리를 강조하므로 회사 내의 설계, 기획, 생산, 마케팅, 고객서비스 등 모든 부서가 참여하여 목표원가를 설정하도록 하여야 본래의 효과를 얻을 수 있으며, 또한 부품공급업체를 목표원가 설정과정에 참여시켜 회사가 설정한 목표원가를 달성할 수 있도록 지도 및 교육하는 것도 매우 중요한 과정이 된다.

제4절 카이젠원가계산

제3절에서 살펴본 목표원가관리가 상위활동단계에서의 대폭적인 원가절감을 강조하는 개념이라면 카이젠원가는 제조단계에서의 점진적인 원가절감을 강조하는 개념이다.

최근의 제품은 그 특성상 설비투자의 집중화, 자동화설비, 컴퓨터 통합생산방식의 도입 등으로 인하여 연구개발, 제품개발 및 설계의 단계에서 거대한 금액의 원가가 발생한다. 목표원가관리는 이러한 연구개발, 제품개발 및 설계의 단계에서 발생하는 원가를 목표이익을 달성할 수 있도록 통제하고 제어하는 것을 강조한다.

한편, 상위활동의 단계에서 목표원가에 대한 결정이 이루어지면 제조공정에서는 획기적인 원가절감을 기대하기는 곤란하다. 따라서 제조공정에서는 공정에 가장 익숙한 근로자들이 소규모이지만 점진적인 노력을 통하여 원가를 절감할 수 있도록 하여야 하며 이러한 접근방법을 원가계산에 적용한 것을 카이젠(かいぜん, kaizen, 改善이라는 의미의 일본어)원가계산이라고 한다.

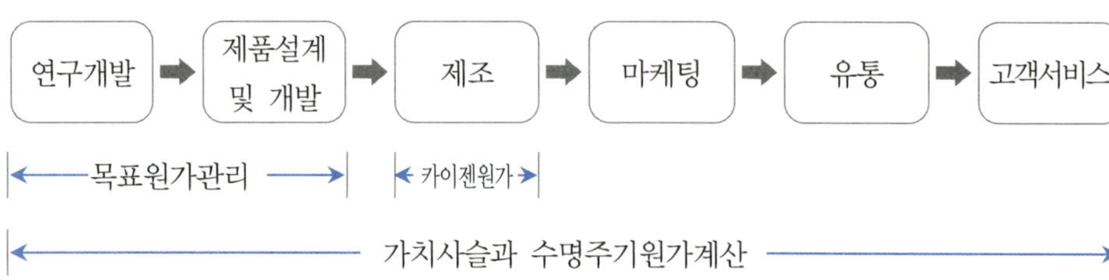

한편, 카이젠원가계산을 표준원가계산과 비교해 보자.

표준원가계산에서는 공정엔지니어와 관리자들이 원가통제목적으로 표준원가를 설정하고 사후에 발생하는 실제원가와 비교하여 성과평가에 반영하는 것을 목적으로 한다. 따라서 공정의 개선 및 원가절감은 공정엔지니어와 관리자들이 주도적인 역할을 수행하며 제조공정은 안정적인 상태에 있다고 본다. 또한 표준의 설정은 차이분석의 결과를 피드백하여 수정하게 되므로 보통 1년에 한 번 정도 표준원가가 수정 및 변경된다.

그러나 카이젠원가계산에서는 제조공정에 가장 익숙한 근로자들이 지속적이고 점진적인 노력을 통하여 제조공정의 문제점을 개선할 수 있고 원가절감도 가능하다고 본다. 따라서 공정개선의 주체는 현장근로자들이 되며 사전에 설정된 원가절감목표와 실제 절감된 금액을 비교하는 과정을 거치게 되고 이러한 원가절감목표는 표준원가에 비하여 매우 자주 설정되고 변경된다. 따라서 카이젠원가계산은 표준원가계산과는 달리 주로 원가절감을 주목적으로 삼게 된다.

제5절 제약이론(TOC)과 스루풋원가계산

1. 제약이론

제9장 예산 및 의사결정회계에서 제한된 자원하의 제품배합의 의사결정문제를 살펴보았다. 제9장에서 살펴본 내용이 공정 내에 존재하는 제한된 자원으로 인한 문제를 다루는 내용이라면 제약이론은 공장 전체에서 공정간의 흐름을 고려하여 일부 공정에서 제한된 자원으로 인하여 병목현상이 발생하는 경우 이를 해결하기 위한 이론이다.

제약이론(TOC; theory of constraints)은 공정흐름상 제한된 자원으로 인하여 일부 공정에서 병목공정(bottleneck)현상이 나타나는 경우 병목공정에서 나타나는 제약요소(장애요소)를 단기적으로 최대한 사용가능하도록 관리하여 병목현상을 완화하고, 생산을 원활하게 하여 조직의 성과를 최대화하기 위한 이론을 말한다.

예를 들어 제조공정이 X공정과 Y공정의 연속공정으로 구성되어 있는 경우 X공정의 최대생산량이 15,000단위이고 Y공정의 최대생산량이 10,000단위라고 가정하자. 이 회사가 생산할 수 있는 최대생산량은 얼마일까? 제조공정 전체의 최대생산량은 10,000단위로 국한된다. 이는 Y공정이 제조공정 전체에서 병목공정(장애공정)이 되기 때문에 X공정에서 10,000단위 이상을 생산하여도 Y공정의 생산능력 제한으로 인하여 공장 전체에서는 10,000단위밖에는 생산할 수 없는 것이다. 이러한 경우 회사가 X공정에 신규투자를 통하여 생산능력을 확충하여도 회사 전체의 최대생산량에는 변화가 없다. 따라서 Y공정에서의 제약요소를 파악하여 이를 완화시켜야 Y공정의 생산능력이 증가하고, 이에 따라 X공정의 생산량을 Y공정에서 처리할 수 있으므로 회사 전체의 생산능력이 증가하게 된다. 결국 병목공정을 파악하여 병목공정 내의 제약요소를 완화하던가 혹은 제거하여야 회사 전체의 생산능력이 증가하고 성과가 좋아지게 된다.

2. 제약이론의 기본개념 및 제약상황하의 의사결정

제약이론은 직접재료비만을 변동비로 보고 나머지의 모든 원가는 고정비로 간주한다. 실무적으로도 단기적으로는 근로자들을 임의로 해고하기 곤란하므로 직접노무비의 경우 고정비의 성격을 갖는 경우가 많다. 또한 최근 연봉제의 확산으로 인하여 직접노무비의 고정비화는 더욱 가속화되고 있다. 따라서 원가를 직접재료비와 운영비용으로 구분하며 재고자산과 유형자산 등에 대한 투자액의 개념을 중시한다.

(1) 스루풋공헌이익(throughput contribution)

판매가격에서 직접재료비를 차감한 금액으로 재료처리량(throughput)공헌이익 혹은 현금창출공헌이익이라고도 한다.

(2) 운영비용(operating cost)

직접재료비를 제외한 원가로 직접노무비와 제조간접비, 판매관리비가 포함된다. 제약이론은 단기적 분석을 위주로 하므로 직접노무비, 감가상각비, 보험료, 임차료, 전력비 등은 단기적으로는 변하지 않는 고정비로 분류한다.

(3) 투자액(investments)

원재료, 재공품, 제품 등 재고자산에 대한 투자와 설비, 건물 등의 유형자산에 대한 투자액을 포함한다.

따라서 제약이론은 운영비용과 투자액을 줄이고 스루풋공헌이익을 최대화하여야 기업 전체의 성과를 높일 수 있다는 것을 강조한다. 한편, 제약이론에서 제약상황을 관리하는 절차는 다음과 같다.

① 각 공정의 생산능력을 파악하여 병목공정을 파악하고 병목공정 내에서 생산에 장애가 되는 모든 제약요소를 파악한다. 이 과정에서 조직원 전체에게 제약요소의 관리가 매우 중요하며 제약요소 단위당 스루풋공헌이익을 높이는 것이 기업의 성과를 높이는 중요한 요소라는 것을 인지시킨다.

② 비병목공정, 즉 생산에 장애요소가 없는 공정의 자원을 병목공정의 제한자원에 연계시킨다. 비병목공정의 유휴자원을 병목공정의 제한자원으로 이동 혹은 재배치시키든가, 비병목공정의 비제한자원의 생산일정 등을 병목공정의 제한자원의 생산일정에 맞추든가 하는 과정을 거쳐 제한자원을 최대한 활용할 수 있도록 한다.

③ 병목공정의 생산능력이나 효율성을 증가시킬 수 있는 조치를 취한다. 즉 병목공정에 추가인원을 투입하든가, 설비의 증설을 통하여 생산능력을 확충하고 효율성 증가를 위하여 노력한다.

예제 05 제약이론

㈜병목산업은 연속공정인 X공정과 Y공정을 통하여 절단과 조립활동을 수행하고 있다. 각 공정과 관련된 자료는 다음과 같다.

	X(절단)공정	Y(조립)공정
최대 생산량	100,000단위	80,000단위
실제 생산량	80,000단위	80,000단위
고정운영비	₩2,000,000	₩2,400,000

회사가 생산하는 제품의 단위당 판매가격은 ₩200이며 절단공정초에 직접재료비 ₩80이 투입되고 있다.

요구사항

다음의 요구사항은 각각 독립적이다.

1. 회사가 Y공정에 ERP시스템을 임차하여 가동하면 Y공정의 생산량이 10,000단위 증가한다고 한다. ERP시스템의 임차료가 ₩1,000,000인 경우 ERP시스템의 임차 여부를 결정하시오.
2. 회사가 새로운 설비를 임차하여 Y공정에 투입하면 생산량이 15,000단위 증가한다. 회사가 설비를 임차하기 위하여 지불할 수 있는 최대의 금액은 얼마인가?
3. X공정의 생산능력을 50,000단위 증가시킬 수 있는 설비를 ₩2,000,000에 임차하려고 한다. 구입 여부를 결정하시오.

4. 회사는 ㈜하청산업에 원재료를 공급하여 주고 단위당 ₩100과 ₩200,000을 지급하는 조건으로 제품 8,000단위의 조립을 위탁하려고 한다. 위탁조립 여부를 결정하시오.
5. X공정에서 500단위의 불량품이 발생하는 경우 관련원가는 얼마인가?
6. Y공정에서 1,000단위의 불량품이 발생하는 경우 관련원가는 얼마인가?
7. 현재 Y공정에서는 700단위의 불량품이 발생하고 있는데 새로운 가공장비를 ₩100,000에 임차하면 700단위의 불량품 발생을 막을 수 있다고 한다. 장비의 임차 여부를 결정하시오.

해설

1. Y공정 ERP시스템의 임차 여부

ERP시스템의 구입에 따른 증분이익의 계산

증분스루풋공헌이익	(₩200－₩80)×10,000단위＝	₩1,200,000
증분비용 : ERP 임차료		1,000,000
증분이익		₩200,000

증분이익이 ₩200,000 증가하므로 ERP시스템을 임차한다. 참고로 Y공정의 고정운영비 ₩2,400,000은 고정비이므로 생산량과는 관계없다.

2. Y공정 설비구입에 대한 최대지불가능금액

설비임차에 대하여 지불할 수 있는 최대의 금액은 설비임차로 추가생산이 가능한 제품의 증분이익이다.

증분스루풋공헌이익	(₩200－₩80)×15,000단위＝	₩1,800,000

따라서 회사는 설비임차를 위하여 최대 ₩1,800,000까지 지불할 수 있다.

3. X공정 설비의 임차 여부

현재 회사의 병목공정은 Y공정이기 때문에 X공정의 생산량을 증가시켜도 Y공정의 생산량은 증가하지 않는다. 따라서 증분이익이 발생하지 않는 설비를 임차하는 것은 의미없는 투자이므로 설비를 임차하지 않는다.

4. 위탁가공 여부

증분스루풋공헌이익	(₩200－₩80)×8,000단위＝	₩960,000
증분비용 : 위탁비용	₩100×8,000단위＋₩200,000＝	1,000,000
증분이익		(₩40,000)

위탁가공을 하면 손실이 ₩40,000 발생하므로 위탁가공하지 않는다.

5. X공정 불량품의 관련원가

X공정은 현재 유휴생산능력이 있으므로 500단위의 관련원가는 직접재료비뿐이다.

₩80×500단위=₩40,000

6. Y공정 불량품의 관련원가

Y공정은 현재 유휴생산능력이 없으므로 1,000단위의 불량품의 관련원가는 단위당 ₩80의 직접재료비와 단위당 ₩120(=₩200−₩80)의 기회비용, 즉 단위당 판매가격인 ₩200이다.

₩200×1,000단위=₩200,000

7. 장비의 임차 여부

증분수익	₩200×700단위=	₩140,000
증분비용 : 임차료		100,000
증분이익		₩40,000

증분이익이 ₩40,000이므로 장비를 임차한다.

3. 스루풋원가계산

스루풋원가계산[5](throughput costing)은 제약이론의 영향을 받아 유일한 변동비인 직접재료비만을 제품원가로 간주한다. 따라서 고정운영비인 직접노무비와 제조간접비는 모두 기간비용으로 간주되므로 스루풋원가계산의 손익계산서는 다음과 같다.

매출액	×××
직접재료비	×××
현금창출공헌이익	×××
운영비용	×××
영업이익	×××

5) 초변동원가계산(super variable costing)이라고도 한다.

원가분류의 측면에서 전부원가계산, 변동원가계산, 스루풋원가계산(초변동원가계산)을 비교하면 다음과 같다.

자산화 여부	전부원가계산	변동원가계산	스루풋원가계산
제품원가	직접재료비	직접재료비	직접재료비
	직접노무비	직접노무비	직접노무비
	변동제조간접비	변동제조간접비	변동제조간접비
	고정제조간접비	고정제조간접비	고정제조간접비
기간비용	변동판매관리비	변동판매관리비	변동판매관리비
	고정판매관리비	고정판매관리비	고정판매관리비

예제 06 스루풋원가계산

㈜대청봉은 20×2년 제품 8,000단위를 생산하여 7,000단위를 단위당 ₩25에 판매하였다. 20×2년의 원가자료는 다음과 같다.

	단위당 변동비	고 정 비
직 접 재 료 비	₩3	–
직 접 노 무 비	2	–
제 조 간 접 비	5	₩16,000
판 매 관 리 비	4	36,000

기초제품재고는 없었으며 재공품은 없는 것으로 가정한다.

요구사항

1. 전부원가계산에 의한 손익계산서를 작성하시오.
2. 변동원가계산에 의한 손익계산서를 작성하시오.
3. 초변동원가계산에 의한 손익계산서를 작성하시오.
4. 전부원가계산 영업이익과 변동원가계산 영업이익의 차이를 설명하시오.
5. 전부원가계산 영업이익과 초변동원가계산 영업이익의 차이를 설명하시오.

해설

1. 전부원가계산 손익계산서

매출	7,000×@25=		₩175,000
매출원가			
기초제품재고액		–	
당기제품제조원가	8,000×@10+16,000=	96,000	
기말제품재고액	1,000×@12*=	12,000	84,000
매출총이익			91,000
판매관리비	7,000×@4+36,000=		64,000
영업이익			₩27,000

$* \ ₩12 = ₩10 + \frac{₩16,000}{8,000단위}$

2. 변동원가계산 손익계산서

매출액	7,000×@25=		₩175,000
변동비			
변동매출원가			
기초제품재고액		–	
당기제품제조원가	8,000×@10=	80,000	
계		80,000	
기말제품재고액	1,000×@10=	10,000	
		70,000	
변동판매관리비	7,000×@ 4=	28,000	98,000
공헌이익			77,000
고정비			
고정제조간접비		16,000	
고정판매관리비		36,000	52,000
영업이익			₩25,000

3. 초변동원가계산 손익계산서

매출액	7,000×@25=		₩175,000
직접재료비매출원가	7,000×@3=		21,000
현금창출공헌이익			154,000
운영비			
직접노무비	8,000×@2=	16,000	
제조간접비	8,000×@5+16,000=	56,000	
고정판매관리비	7,000×@4+36,000=	64,000	136,000
영업이익			₩18,000

4. 전부원가계산과 변동원가계산의 영업이익 조정

변동원가계산 영업이익		₩25,000
(+)기말제품에 배부된 고정제조간접비	1,000×@2*=	2,000
(−)기초제품에 배부된 고정제조간접비		−
전부원가계산 영업이익		₩27,000

* $@2 = \dfrac{₩16,000}{8,000단위}$

5. 전부원가계산과 초변동원가계산의 영업이익 조정

초변동원가계산 영업이익		₩18,000
(+)기말제품에 배부된 가공비	1,000×@9*=	9,000
(−)기초제품에 배부된 가공비		−
전부원가계산 영업이익		₩27,000

전부원가계산과 초변동원가계산에서 제품원가의 차이는 가공비(직접노무비와 제조간접비)이므로 기초재고와 기말개고에 포함된 가공비를 가감하여 전부원가계산과 초변동원가계산의 영업이익의 차이를 계산한다.

가공비 = 직접노무비 + 제조간접비

= (₩2×8,000) + (₩5×8,000 + ₩16,000) = ₩72,000

* 단위당 가공비 = $\dfrac{₩72,000}{8,000단위}$ = ₩9

제6절 활동기준경영관리(ABM)

제2장에서 살펴보았던 활동기준원가계산(ABC)이 주로 정확한 제품원가계산을 위한 것이라면 활동기준경영관리(ABM; activity based management)는 활동기준원가계산의 분석과정에서 산출된 정보를 이용하여 의사결정, 성과평가, 예산설정, 제조원가 절감, 효율적인 공정관리, 원가통제 등을 적용하는 것을 목적으로 하는 경영관리기법을 말한다.

활동기준경영관리는 기본적으로 공정가치분석(process value analysis)을 통하여 구매의 과정에서부터 제조, 생산 및 판매의 과정에 이르기까지의 모든 활동을 분석하여 활동을 제품의 품질 및 가치와 관련되어 있고, 기업의 가치와도 관련되어 있는 부가가치활동(value added activity)과 제품이나 기업의 가치와는 관련이 없는 비부가가치활동(non－value added activity)으로 구분을 한다.

부가가치활동은 제품의 가치와 관련된 활동으로서 부가가치활동 중에서도 효율적으로 수행된 활동에서 발생한 원가를 부가가치원가(value added cost)라고 한다. 한편, 부가가치활동으로 인한 원가는 부가가치표준(value added standard)을 설정하여 실제로 발생한 활동과 비교하고 차이를 분석하여 부가가치표준 범위 내의 원가는 효율적인 활동으로 인한 원가로 간주하여 부가가치원가로 분류한다. 그러나 부가가치표준을 벗어나는 활동은 비효율적인 생산활동을 의미하므로 부가가치표준을 벗어나는 활동과 관련된 원가는 비부가가치원가(non－value added cost)로 분류한다. 따라서 비부가가치원가는 부가가치활동 중에서 효율적으로 수행되지 않은 활동관련원가와 제품의 가치와는 관련이 없는 비부가가치활동 관련원가를 말한다.

비부가가치활동의 예로는 공정 내에서 원재료나 제품 등의 저장(storage), 공정간 이동(moving), 다음 공정으로 대체되기 위한 대기(waiting)활동, 불량품의 재작업활동 등을 들 수 있는데, 이러한 활동은 제품의 생산에 필요한 활동이 아니므로 공정 내에서 제거되어야 효율적인 공정관리와 원가절감이 이루어진다.

활동기준경영관리는 공정가치분석을 통한 활동의 분석이 이루어지면 일차적으로 공정 내의 활동 중 비부가가치활동을 엄격하게 분석하여 제조공정에서 제거하며, 이차적으로 부가가치활동이라 할지라도 부가가치표준을 설정하여 실제로 발생하는 부가가치활동이 부가가치표준에서 벗어나지 않도록 관리·감독하고 차이가 발생한 부분에 대하여는 그 원인을 규명하여 성과평가에 반영함으로써 효율적인 공정관리, 원가의 절감 및 원가통제를 이루게 된다.

예산설정의 측면에서 살펴보면 전통적인 예산설정은 주로 제품생산량에 근거한 예정조업도에 따른 예산수립이었다. 그러나 활동기준경영관리에서는 활동중심점에 따라 원가를 발생시키는 원가동인이 다르기 때문에 활동별 예정원가동인수를 파악하여 활동기준예산을 수립하므로 전통적인 예산보다 정확하고 목적적합한 정보를 산출할 수 있다. 또한 원가차이분석의 측면에서도 전통적인 원가차이분석은 원가를 직접재료비, 직접노무비, 변동제조간접비, 고정제조간접비로 구분하여 조업도를 기준으로 원가차이를 분석하였으나 활동기준경영관리에서는 활동에 따른 표준활동동인수와 표준가격을 설정하고 실제 발생한 활동별 원가와 비교하여 차이를 분석함으로써 원가를 좀더 세분화하여 원가동인에 따라 효율과 비효율의 구분이 가능해진다.

예제 07 부가가치원가와 비부가가치원가의 구분

㈜천마산업은 공정가치분석을 통하여 회사 내의 활동을 구분하였고 제품 10,000단위 생산을 위한 부가가치표준을 다음과 같이 설정하였다.

활동	원가동인	부가가치표준	표준원가
구매	주문횟수	50 회	₩1,000 /회
원재료저장	원재료의수	–	
기계절삭	기계시간	500 시간	2,000 /시간
공정이동	이동횟수	–	
조립	노동시간	4,000 시간	500 /시간
품질검사	검사횟수	1,000 회	400 /회
포장	포장묶음의수	100 회	300 /회

당기 중 제품 10,000단위를 생산하는 데 실제 발생한 원가와 원가동인수는 다음과 같다.

활동	실제 원가동인수	실제원가
구매	50회	₩60,000
원재료저장	200,000단위	30,000
기계절삭	520시간	1,100,000
공정이동	80회	40,000
조립	4,000시간	2,300,000
품질검사	1,000회	450,000
포장	100회	35,000
계		₩4,015,000

요구사항

각 활동의 원가를 부가가치원가와 비부가가치원가로 구분하시오.

해설

활동	실제원가	부가가치원가		비부가가치원가
구매	₩60,000	50×₩1,000=	₩50,000	₩10,000
원재료저장	30,000		–	30,000
기계절삭	1,100,000	500×₩2,000=	1,000,000	100,000
공정이동	40,000		–	40,000
조립	2,300,000	4,000×₩500=	2,000,000	300,000
품질검사	450,000	1,000×₩400=	400,000	50,000
포장	35,000	100×₩300=	30,000	5,000
계	₩4,015,000		₩3,480,000	₩535,000

제7절 균형성과표(BSC)

제12장 성과평가회계 제5절 참조

제8절 적시생산시스템(JIT)

제14장 재고관리모형 제2절 참조

저자 약력

오 세 훈

공인회계사
삼덕회계법인 근무
한국생산성본부 강사
이나우스 아카데미 강사
서울대학교 경제학과 졸업
(전) 국방부 조달본부 근무
세동회계법인 근무

〈저서〉

- 재무제표분석과 경영관리(㈜영화조세통람)
- 원가관리회계(도서출판 탐진)
- 객관식 원가관리회계(도서출판 탐진)

photo by 오세훈

원가관리회계실무

저 자 오세훈
발 행 인 서원진
편집·교정 류현수, 김영림, 박가온
편집디자인 방영미, 이은희, 황자애
발 행 처 ㈜조세통람
펴 낸 날 2007년 5월 2일 초판 발행
2023년 12월 7일 개정6판 발행

저자와의 협의하에 인지생략

주 소 서울특별시 중구 동호로 14길 5-6(신당동)
등 록 1976. 11. 5. 제9-81호
대 표 전 화 02) 2231-7027
F A X 02) 2234-1754
구 입 문 의 02) 2231-7027~9
I S B N 979-11-6064-288-9 13320
정 가 **55,000원**

(주)조세통람은 좋은 책을 만들기 위해 독자 여러분의 의견을 기다립니다.
• 독자 의견 및 도서 문의 메일 : E·mail(josetop@inaus.co.kr)